신라 삼한일통의식 비판

저자 윤경진

서울대학교 인문대학 국사학과를 졸업하고, 같은 대학교 대학원에서 석사학위와 박사학위를 취득하였다. 현재 경상국립대학교 사학과 교수로 재직하고 있다.

주요 저서로는 『고려사 지리지의 분석과 보정』(2012, 여유당), 『고려 지방제도 성립사』(2022, 서울대학교 출판문화원), 『신라는 정말 삼국을 통일했을까』(공저, 2023, 역사비평사) 등이 있다.

신라 삼한일통의식 비판

2024년 11월 30일 초판 1쇄
지은이 | 윤경진
펴낸곳 | 여유당출판사
펴낸이 | 조영준

출판등록 제2021-000090호
주소 경기도 고양시 일산동구 호수로 662, 1322호
전화 02-326-2345 전송 02-6280-4563 | 전자우편 yybooks@hanmail.net
블로그 http://blog.naver.com/yeoyoubooks | 인스타그램·페이스북 @yeoyoudang

ISBN 979-11-94100-0401(93910)
잘못된 책은 구입하신 서점에서 바꾸어 드립니다.

신라 삼한일통의식 비판

윤 경 진 지음

여유당

책머리에

고려시대사를 전공한 필자가 고대사에 발을 들여 새로운 여정을 시작한 지 10여 년이 지났다. 그동안 주된 연구 분야인 고려 지방제도에 대해서도 꾸준히 논문을 발표했지만, 연구의 중심은 고대사로 옮겨져 있었다. 새롭게 탐구를 시작한 신라의 삼국통일 문제가 워낙 논쟁적이기 때문이었다.

필자의 고대사 연구는 2013년 청주운천동비에 대한 논문을 발표하면서 시작되었다. 건립 시기가 7세기 후반으로 알려져 있던 이 비는 실제로는 나말려초에 건립된 것임을 논한 글이었다. 비문에 실린 후원자 명단의 양식이 당시 필자가 연구하던 나말려초 재지관반과 같은 형태라는 것이 단서였으니 기존 연구와 전혀 무관하지는 않은 셈이다.

이 비는 신라가 동질의식을 바탕으로 삼국을 하나로 통합하려는 전쟁을 벌였고 결국 통일을 달성했다는 이른바 삼한일통의식의 핵심적인 근거 자료였다. 자연히 삼한일통의식과 관련된 여러 사항에 눈길이 가게 되었다. 곧이어 삼한일통의식의 문헌적 근거인 무열왕의 태종 시호 기사와 김유신 헌의 등을 검토하였고, 이들 또한 후대에 가공된 것임을 확인하였다.

이러한 연구 결과는 필자에게 상당한 충격을 주었다. 그동안 발해사를 고려하여 신라의 통일을 평가하는 데 소극적이기는 했지만, 그렇다고 아예 부정하는 것도 아니었으니 통상적인 이해와 별로 다르지 않았다. 그러나 연구 과정에서 7세기 신라의 삼한일통의식이 실증적 근거를 갖추지 못했다는 것을 알게 되었다. 여기서부터 신라의 통일 자체에 깊은 의문을 품었고, 한편으로 자료를 바라보는 눈길이 더 비판적이고 예민해졌다.

먼저 삼한일통의식의 실체를 파악하는 작업을 진행하였다. 그 사례를 하나하나 찾아보니 9세기에 비로소 확인되었기에 신라후기 정치사와 연계하여 그 성립 과정과 의미를 탐구하였다. 그 결과 9세기 중반 체제 분열의 위기에 대응하기 위한 이데올로기로서 삼한일통의식이 나타나게 되었다는 해석을 내렸다.

연구를 계속할수록 기존의 통설과 다른 결과가 나왔다. 그 내용이 학계의 일반적 이해와 정면으로 충돌하자 기존 시각을 견지하는 연구자들의 반론이 있었다. 학문적으로 그 내용에 수긍이 가지 않았던 필자는 적극적으로 재반론에 나섰다. 그 과정에서 새로운 논점이 추가되고 논의의 폭도 점점 넓어졌다. 그럴수록 필자의 확신 또한 굳어졌다.

2016년부터 신라의 통일 문제에 새로운 화두를 던졌다. 671년 「답설인귀서」에 나오는 "평양이남 백제토지"에 대해 기존에 "평양 이남의 고구려 토지와 백제 토지"로 해석한 것을 문법적 실증적으로 비판하고, 그것이 "평양 이남이 곧 백제 토지"라는 의미임을 입증한 것이다. 이에 따르면 신라는 백제만 병합한 것이 분명하고, 최종적으로 확보한 영토에 고구려 땅은 들어가지 않는다. 따라서 신라의 통일도 원천적으로 성립하지 않는다.

이를 계기로 삼한일통의식과 관련된 추가 논의를 이어가는 한편에서 영토와 영토의식에 대한 연구도 진행하였다. 2019년 한 학술지의 기획에 따라 저간의 논의를 간추려 제시하였고 다시 한번 논쟁을 진행하였다. 최근에는 신라 통일의 주인공으로 평가되는 김유신의 서사를 탐구하여 신라의 통일에 대한 인식이 후대에 가공된 사적을 통해 형성되었음을 지적하였다.

이렇게 연구와 논쟁을 이어가다 보니 10년이라는 시간이 훌쩍 지나갔다. 애당초 생각하지 못했던 수준으로 논의가 진행되었기에 이쯤에서 한 차례 저간의 논의를 정리해야 하지 않을까 하는 생각이 들었다. 근본 논지는 그대로이지만 계속 세부 논점이 추가되고 일부 생각이 달라진 부분도 없지 않기 때문이다. 필자의 입론을 온전히 전하려면 하나의 완성된 체계로 재정리할 필요가 있어 보였다.

다만 그간 진행해 온 작업이 양적으로 적지 않아 먼저 삼한일통의식에 대한 논의를 정리하고, 영토와 관련된 부분은 필요한 내용을 일부 보충한 뒤 따로 엮기로 하였다. 처음부터 기획된 구성이 아니다 보니 거친 느낌을 지울 수 없지만, 부족한 부분은 앞으로 보완할 기회가 있을 것으로 생각한다.

그동안의 연구 여정에서 신라의 삼국통일이라는 담론이 그 익숙함에 비해 학문적으로 너무나 허술하다는 사실에 놀랐고, 그럼에도 통설로 굳어진 인식을 수정하는 일이 쉽지 않다는 것을 새삼스레 느꼈다. 오랜 기간 학계의 통설이자 사회의 통념이었기에 거기서 다시 많은 것이 산출되었고 그만큼 인식의 관성도 강고하였다. 하지만 그것만으로 근거의 원천적 빈약함이 메워지는 것은 아니니 비판 또한 계속될 수밖에 없다.

이미 지나간 시간의 역사를 탐구하는 것은 그 진실을 알기 위해서이고, 진실을 찾는 일은 지금을 살아가는 연구자의 의무이다. 시대가 그것을 어떻게 받아들일지는 그다음 문제이고, 필요하다면 언제라도 논의가 이루어질 것이다. 그것을 준비하는 발판으로서 이 책에 의의를 부여하고자 한다.

그동안의 논의 과정에 참여한 여러 연구자에게 존경과 감사의 뜻을 표한다. 부족한 기반에서 출발한 필자가 안목을 넓히고 생각의 깊이를 더하는 데 많은 도움을 받았다. 입장과 시각 차이를 넘어 학문적 논쟁이 왜 필요한지 체감하였다. 그 과정이 없었다면 필자의 연구는 훨씬 허술했을 것이다. 아울러 어려운 여건에도 기꺼이 이 책의 출판을 맡아 주신 여유당출판사 조영준 대표에게 20년을 넘어서는 인연의 소중함을 함께 담아 감사의 마음을 전한다.

2024년 늦가을이 머무는 곳 진주에서

윤 경 진

책머리에 • 4
서론 • 9

1부 | 삼한 인식과 삼한일통의식

1장_ 삼한 인식의 연원과 확장
1. 삼한 인식의 연원 • 39
2. 삼한 인식의 확장 • 51

2장_ 일본과 신라의 삼한 인식 문제
1. 일본의 삼한 인식 •78
2. 7세기 신라의 타자 인식 • 92

2부 | 7세기설의 근거 자료 비판 1 : 금석문 자료

1장_「청주운천동비」의 검토
1. 비문의 내용과 성격 • 113
2. 정치·사회사적 내용을 통한 건립 시기 파악 • 151

2장_ 신라후기 금석문에 나타난 삼한일통의식
1. 7~8세기 금석문에 나타난 삼한일통의식 검증 • 203
2. 9세기 금석문에 나타난 삼한일통의식 • 229

3부 | 7세기 설의 근거 자료 비판 2 : 문헌 자료

1장_ 태종 시호 기사의 삼한일통의식
1. 태종 시호 기사의 비판적 검토 • 245
2. 태종 시호의 의미와 추상 배경 • 263

2장_ 김유신 사적과 삼한일통의식
1. 김유신 헌의의 사실성 비판 • 281
2. 김유신 설화와 삼한일통의식 • 298

4부 | 7세기 전쟁의 재인식과 김유신 서사의 형성

1장_ 7세기 전쟁의 재인식과 『김유신행록』의 찬술
1. 중대 말 7세기 전쟁의 재인식 • 321
2. 『김유신행록』의 찬술 경위 • 338

2장_ 『김유신행록』의 서사 구성과 지향
1. 김유신 중심의 사적 재구성 • 353
2. 김유신 평가 사적의 가공 • 370
3. 김유신의 신이성 과시 • 390

5부 | 9세기 중반 삼한일통의식의 출현

1장_ 흥덕왕대 체제 정비와 김유신 추봉
1. 헌덕왕-흥덕왕대 체제 위기와 대응 • 399
2. 김유신의 흥무대왕 추봉 시기와 의미 • 414

2장_ 신무왕-문성왕대 정치 변동과 삼한일통의식의 출현
1. 신무왕대 전후 무열왕계의 동향 • 429
2. 문성왕대 무열왕계의 복권과 삼한일통의식의 출현 • 446

6부 | 삼한일통의식의 확립과 심화

1장_ 경문왕의 통합정책과 삼한일통의식의 확립
1. 경문왕의 통합 이념과 정책 • 465
2. 황룡사구층목탑의 개건과 삼한일통의식의 확립 • 480

2장_ 신라의 진한 정체성과 '마한-고구려' 인식
1. 신라의 진한 정체성 • 495
2. '마한-고구려' 인식의 함의 • 512

결론 • 529
참고문헌 • 539
찾아보기 • 548

서 론

1. 연구의 배경과 목적

4세기 후반 백제와 고구려의 충돌로 시작된 한반도의 전쟁은 5세기 후반 고구려의 남하와 6세기 중반 신라의 한강 진출을 거치며 점점 격화되었다. 삼국 상호간의 제휴와 대립, 치열한 대중국 외교전, 그리고 수(隋)·당(唐)의 고구려 침공이 더해지면서 삼국의 역사도 복잡하게 전개되었다. 300년 가까이 이어진 삼국의 전쟁은 결국 7세기 중반 신라와 당의 연합군에 의해 백제와 고구려가 차례로 멸망하면서 막을 내렸다.

삼국의 전쟁은 신라가 삼국을 통일하는 과정으로 인식되면서 한국 고대사 이해의 틀을 형성하였고, 신라의 통일은 현재의 우리 민족이 형성되는 중요한 전기로 받아들여졌다. 결과적으로 삼국통일은 학계의 통설이자 사회의 통념이 되었고, 오랜 기간 학교 교육과 대중 매체를 통해 재생산되며 확고한 상식으로 뿌리를 내렸다.

하지만 신라의 통일이 모두에게 보편적으로 받아들여진 것은 아니다. 한쪽에서는 신라의 통일을 실체적으로 인정하고 나아가 민족통일로서 그 역사적 가치를 강조하고 있지만, 다른 한쪽에서는 신라의 통일을 온전하게 인정하지 않으며 민족통일로서의 역사성에도 회의적인 입장을 보이고 있다. 후자의 시각은 7세기 전쟁의 결과를 신라의 백제병합으로 보며, 발해의 존재를 강조하면서 신라와 발해를 '남북국(南北國)'으로 묶어 이해하는 입론으로 이어졌다.

사실 신라의 통일과 발해의 존재는 모순되는 측면이 있다. 신라의 통일은 삼국의 역사가 신라로 수렴되었다는 의미이다. 반면 발해가 우리 역사에 포함되는 근거는 고구려를 계승했다는 데 있다. 고구려 역사가 발해로 이어졌다면 신라는 고구려 역사를 수렴하지 못한 것이며, 따라서 통일은 성립하지 않는다. 우리 학계와 사회에서 발해가 우리의 역사임을 부정하는 사람은 거의 없지만, '신라의 통일' 또한 강고하게 유지되고 있다.

통상 7세기 전쟁 후 신라가 백제 영토와 고구려 영토 일부를 확보한 것으로 이해하고 있다. 고구려 영토 대부분을 상실했지만 그래도 조금은 차지했으니 '불완전한 통일'은 된다고 본 것이다. 고구려를 신라와 발해가 나눠 가진 셈이고 발해 역사는 계승되지 못했으니 발해가 고구려 계승자라고 보더라도 결과적으로 고구려 역사는 신라로 귀속된다고 본 듯하다.

그런데 신라의 통일을 말하는 실질적인 준거는 영토가 아니라 이념에 있다. 아무리 신라가 고구려 영토 일부를 차지했다고 하더라도 그것은 극히 일부분이고 대부분은 발해가 차지했으니 영토를 가지고 '통일'을 논하는 것은 처음부터 한계가 분명하다.

그럼에도 신라의 통일을 긍정하는 것은 신라의 전쟁이 삼국의 동질의식을 토대로 이를 하나로 통합해야 한다는 이념에 입각해 있었고 그것을 실현했다고 보기 때문이다. 근대적 의미의 '민족' 또한 '민족의식'으로 표현되는 동질의식에 기초하여 수립되는 것이라 할 때, 신라의 전쟁에 수반된 이 이념은 신라의 통일을 긍정하고 민족 형성의 전기로 평가하는 준거가 되었다.

실제로 자료에는 신라가 7세기 전쟁을 '삼한(三韓)'의 일통(一統)'으로 설명하는 내용이 발견된다. 삼한은 한반도 남부에 있던 정치체들을 가리키던 마한(馬韓)·진한(辰韓)·변한(卞韓)을 통칭하는 말이다. 그런데 역사적 실체로서 이들이 소멸하고 삼국이 정립된 뒤 '삼한'은 삼국 공통의 역사적 연원을 나타내는 말로 사용되었다.

통설은 삼국이 삼한을 통해 자신들의 동질적 연원을 인식하고 있었고, 신라 또한 이에 근거하여 삼국을 하나로 합쳐야 한다는 이념 아래 전쟁을 수행했다고 본다. 비록 그 결과가 미흡했으나 그 동기에 비추어 신라의 전쟁은 '통일'로 평가하기에 충분하다는 것이다. 이러한 이념을 '삼한일통의식'으로 개념화할 수 있다.

7세기 전쟁에서 나당전쟁이 강조되는 것도 이 때문이다. 당은 동질적 존재인 삼국의 대척점에 있는 '외세'이기 때문이다. 신라가 당의 힘을 빌렸다는 것보다 나중에 유민들과 합세하여 당군을 몰아냈다는 것이 더 중시되었다. 이 때문에 나당전쟁의 종료를 실질적인 통일의 시점으로 잡고 있다.

하지만 신라의 통일을 부정하는 견해에서는 이 이념에 대해서도 비판적이다. 처음부터 신라의 전쟁은 백제에 대한 보복과 병탄에 주안점이 있었다는 것이다. 삼한일통의식은 전쟁 후 중대 왕권이 확립되면서 체제 통합을 위해 표방되었다고 보았다. 그런데 이 견해는 전쟁에 대한 평가에는 제한을 두지만, 궁극적으로 신라의 전쟁에 연동하여 중대 초기에 삼한일통의식이 수립되었다고 보는 점에서는 차이가 없다.

이는 두 견해의 자료적 기반이 다르지 않기 때문이다. 현재 7세기 후반 신라의 삼한일통의식을 보여주는 몇 개의 자료가 있다. 이를 준거로 그 이념을 전쟁 전으로 소급할 수 있다고 보느냐, 아니면 소급할 수 없다고 보느냐에서 차이를 보일 뿐이다. 사실 이 자료들을 수용한다면 사후적으로라도 전쟁을 통일로 평가하고 그에 부합하는 방향에서 국가를 운영하게 되므로 통일의 역사성을 부여할 여지가 생긴다. 다시 말해 7세기 후반 삼한일통의식을 인정한다면, 그리고 그 이념이 전쟁 후 신라의 체제 운영에서 구현되었다면, 전쟁의 목적이나 내용은 통일이 아니었더라도 그에 상응하는 역사적 의미를 부여할 수 있다는 것이다.

그러나 이 자료들이 과연 7세기 후반의 상황을 반영하고 있는가 하는 데 문제가 발생한다. 사실 신라의 통일은 근대 역사학의 평가가 아니라 이미 역사 속에서 굳어진 것이다. 이를 그대로 수용한 바탕에서 연구와 교육이 이루어졌기 때문에 해당 자료들에 대한 검증은 이루어지지 않았다. 모두가 당연하게 받아들인 것이다.

신라의 통일이 워낙 상식화된 내용이다 보니 그에 대한 자료도 많을 것으로 생각하기 쉽지만, 실제 7세기 삼한일통의식을 뒷받침하는 핵심 자료는 단 3개에 불과하다. 물론 방증적으로 논의될 수 있는 자료가 몇 개 더 있지만, 직접 삼한일통의식을 제시하는 자료는 소수이다. 반면 신라의 통일에 부합하지 않는 자료는 훨씬 많지만, 통일을 당연시하다 보니 이에 대해 그렇게 유의하지 않았다.

삼한일통의식의 근거 자료 중 두 개는 문헌 자료이고, 나머지 하나는 금석문 자료이다. 문헌 자료는 『삼국사기(三國史記)』 신라본기 신문왕 12년조에 실린 태종(太宗) 시호 기사와 열전에 수록된 김유신 헌의(獻議)이다. 전자는 무열왕의 태종 칭호가 '일통삼한(一統三韓)'의 공업으로 인해 받은 것이라는 취지를 담고 있고, 후자는 김유신이 유언에서 자신의 공업으로 "삼한이 한 집안이 되었다[三韓爲一家]"라고 말한 것이다.

금석문 자료는 1982년에 발견된 「청주운천동비(淸州雲泉洞碑)」이다. 비문 중에 "삼한을 합쳐 땅을 넓혔다[合三韓而廣地]"라는 구절이 있다. 이 비는 일부만 남아 있어 정확한 건립 연대는 알 수 없으나, 발견 직후 7세기 후반에 건립된 것으로 비정된 이래 이것이 그대로 굳어졌다. 이 자료들을 따른다면 7세기 삼한일통의식은 명백한 사실이 된다.

그런데 이 자료들은 그렇게 확실한 증거 능력을 가지고 있지 못하다. 『삼국사기』는 12세기 고려에서 만든 역사서이며, 그것도 기존 『구삼국사(舊三國史)』를 대체한 것이어서 후대에 생성된 자료가 들어갔을 가능성이 높다.

두 문헌 자료가 모두 김유신과 관련된다는 점도 의문을 증폭시킨다. 『삼국사기』에는 유독 김유신 기사가 많다. 이는 그의 전기인 『김유신행록(金庾信行錄)』을 다수 채용했기 때문이다. 그런데 이 책은 당시에 이미 꾸며낸 이야기가 많다는 지적이 있었다. 위의 두 자료도 가공된 것일 수 있다는 말이다. 당연히 7세기 사정에 부합하는지, 혹여 가공된 것은 아닌지 검증해야 한다.

　　「청주운천동비」도 마찬가지이다. 남아 있는 내용 중에 비의 건립 연대는 나오지 않음에도 뚜렷한 근거 없이 비의 건립 시기를 추정하였다. 비문에 등장하는 "수공(壽拱=垂拱) 2년(686)"이 결정적 증거가 되었지만, 이는 비의 건립 시점이 아니며 비의 건립 시점과 가깝다는 근거도 없다. 당연히 비문의 내용과 표현 등에서 시간적 속성을 추출해야 하는데 그러한 작업이 제대로 이루어지지 않았다. 이미 상식화된 '삼국통일'에 맞추어 비문을 이해한 경향이 있다.

　　「청주운천동비」를 제외하면 현재 삼한일통의식을 보여주는 금석문 자료는 모두 9세기 이후에 작성된 것들이다. 그리고 이전 시기 문헌 자료에는 '통일'과 거리가 먼 내용이 허다하다. 위 세 자료가 7세기의 사정을 반영하는 것으로 확정할 수 없다면, 현재 남아 있는 자료에 비추어 삼한일통의식의 수립은 9세기로 내려갈 수밖에 없다.

　　이것은 그동안 7세기 삼한일통의식에 바탕을 두고 설명하였던 역사상에 대한 전면적인 재고가 불가피함을 의미한다. 그리고 신라의 통일 여부에 대한 논의도 새롭게 진행되어야 한다. 신라가 전쟁 후 통일에 대한 인식을 가지고 있지 않았다면, 실제 통일을 이룬 것이 아닐 수 있다. '통일'이라는 선입견에 의해 해석된 부분들을 원점에서 다시 생각해 보아야 한다.

　　한편 삼한일통의식이 9세기에 출현했다면, 이는 당시에 자신의 전쟁 경험을 통일로 인식하게 되었다는 뜻이다. 왜 그러한 필요가 생겼는지, 그리고 이 이념이 언제쯤 출현하여 어떤 과정을 통해 확립되었는지에 대한 설명이 있어야 한다.

본서는 이러한 문제의식에 기반하여 그동안 7세기 삼한일통의식을 설명하는 자료들이 후대에 만들어진 것임을 논증하고, 9세기에 삼한일통의식이 성립하는 역사적 과정을 추적하려는 것이다. 이를 통해 '삼국통일'이라는 기축 담론을 재고할 필요성을 제기하는 한편, 차후 새로운 시각에서 한국 고대사를 연구하는 전환점을 마련하고자 한다.

2. 연구 동향과 문제 제기

1) 연구 동향

삼한일통의식은 신라의 통일과 직결된 문제로서 통일에 대한 논쟁을 그 연원으로 한다. 『삼국사기』 편찬 이후 신라의 통일은 부정될 여지가 없었다. 고구려·백제·신라의 '해동삼국(海東三國)'은 7세기 전쟁을 거치며 신라만 남게 되었고, 신라가 나중에 이를 '일통삼한'으로 재평가한 것을 『삼국사기』가 수용했기 때문이다.

고려의 건국과 후삼국 통일은 신라의 '일통삼한'을 부정한 것이었다. 고려는 고구려와 자신을 하나의 나라로 간주하였고, 백제를 병합한 신라를 흡수함으로써 삼한의 일통을 달성한 것으로 표방하였다. '일통삼한'은 신라가 아니라 고려가 달성한 공업이었다. 고려의 '개국(開國)'은 왕건이 즉위가 아니라 후삼국 통일을 준거로 하였고, 왕건은 고려의 창업주가 아니라 "삼한을 일통한 군주"로 평가되었다.[1]

---

1   윤경진, 2016 「고려의 三韓一統意識과 '開國' 인식」 『한국문화』 74

그러나 고려중기를 거치면서 고려와 고구려는 역사적으로 분리되었고,[2] 고구려는 결국 고려에 선행한 삼국의 하나로 귀착되었다. 따라서 고려가 '일통삼한'을 자임하더라도 그에 앞서 신라에 의해 백제와 고구려가 멸망함으로써 '일통'이 실현되는 구도가 유도될 수 있었다.

이후 근대로 넘어오면서 신라의 통일은 별다른 의문 없이 학계와 사회에 수용되었다. 7세기 전쟁 이후를 '통일신라'로 부르는 데서 이러한 인식이 단적으로 드러난다.[3] '삼국통일' 자체가 확립된 역사적 명제가 된 탓에 그 내용을 실증적으로 확인하려는 연구는 별로 없었다. 그보다 통일의 의미와 영향을 제시하는 연구가 주류를 이루었다. 이 부분에서 통일의 이념적 측면이 강조되었다.[4] 영토상의 불완전성을 이념적 요소로 메꾼 것이다. 삼국이 '삼한'으로 표상되는 동질의식을 가지고 있었으며 이것이 7세기 전쟁의 바탕이 되었다는 설명은[5] 이러한 이해에 개념적 규정력을 제공하였다.

한편 일각에서는 신라의 '삼국통일'을 부정하고 당시 전쟁을 백제병합으로 제한하였다. 이 경우 고구려 역사는 발해로 이어지기 때문에 해당 시기를 '통일신라'가 아니라 '남북국시대'로 보게 된다. 남북국의 개념은 발해를 우리 역사로 다루어야 함을 역설한 유득공(柳得恭)의 인식에 뿌리를 두고 있으며, 근대 초기 신채호(申采浩)의 역사학에서 연구사적 기반을 마련하였다.[6]

2   윤경진, 2020 「고려중기 고구려계승의식의 변화와 '句高麗'」『歷史와實學』72
     윤경진, 2022 「고려중기 東神聖母의 재해석과 仙桃聖母」『한국문화』98
3   '통일신라' 개념의 역사성에 대해서는 윤선태, 2007 「'통일신라'의 발명과 근대역사학의 성립」『新羅文化』29 참조.
4   이호영, 1981 「신라 삼국통일에 관한 재검토 : 통일의식을 중심으로」『史學志』15
5   盧泰敦, 1982 「三韓에 대한 認識의 變遷」『韓國史硏究』38
     邊太燮, 1985 「三國統一의 民族史的 意味 : '一統三韓' 意識과 관련하여」『新羅文化』2
     李昊榮, 1996 「新羅의 統一意識과 '一統三韓' 意識의 成長」『東洋學』26
     노태돈, 2009 『삼국통일전쟁사』서울대학교출판부
6   金瑛河, 1983 「丹齋 申采浩의 新羅三國統一論 : 滄江 金澤榮의 서술논리와 비교하면서」『民族文化硏究』17
     김영하, 2007 『新羅中代社會硏究』一志社

이후 7세기 삼한일통의식에 대한 비판도 적극 제기되었다. 삼한일통의식은 전쟁의 이념적 기반이 아니라 전쟁 후 중대 왕권이 표방한 허위적 인식일 뿐이라는 것이다.[7] 이에 기존 삼국통일론의 입장에서 반론이 있었고,[8] 다시 백제병합론에서 7세기 전쟁의 성격에 대한 논의를 진행하였다.[9] 백제병합론은 전쟁에 '통일'의 의미를 부여하는 데에는 부정적이지만, 삼한일통의식을 7세기의 이념으로 보는 점에서는 차이가 없다. 단지 그 이념을 전쟁 전으로 소급하는 데 반대하는 것일 따름이다(이하 '7세기설'로 통칭함).

자료적 측면에서 논쟁이 본격적으로 시작된 것은 삼한일통의식의 핵심 근거인 「청주운천동비」(이하 '운천동비'로 약칭함)[10]에 대한 비판적 연구가 나오면서부터이다. 비가 7세기에 건립되었다고 볼 근거가 없으며, 비문의 내용과 특정 표현의 시간적 속성을 보면 나말려초에 건립된 것으로 판단된다는 것이다.[11]

곧이어 태종 시호 기사와 김유신 헌의 등 문헌 자료에 대한 비판도 이어졌다. 태종 시호 기사는 『삼국유사(三國遺事)』에 실린 것이 원전이며, 이는 후대에 가공된 설화이므로 그 내용을 7세기에 적용할 수 없다는 것이다. 김유신

---

7 金瑛河, 1999 「新羅의 百濟統合戰爭과 體制變化 : 7세기 동아시아의 國際戰과 사회변동의 一環」『韓國古代史研究』 16
   김병남, 2004 「신라의 삼국통일 의식과 그 실제」『韓國思想과文化』 24
   김영하, 2010 「一統三韓의 실상과 의식」『韓國古代史研究』 59
8 노태돈, 2011 「7세기 전쟁의 성격을 둘러싼 논의」『韓國史研究』 154
9 김영하, 2014 「신라의 '통일' 영역 문제 : 교과서 내용의 시정을 위한 제언」『韓國史學報』 56
   김영하, 2016 「7세기 동아시아의 정세와 전쟁 : 신라의 백제 통합과 관련하여」『新羅史學報』 38
   김영하, 2019① 「신라의 '백제통합'과 '일통삼한' 재론2 : 핵심 사료의 쟁점과 해석을 중심으로」『韓國古代史研究』 95
   김영하, 2019② 「신라의 '삼국통일론'은 타당한가」『역사비평』 129
   김영하의 일련의 논고는 필자가 2013년부터 지속적으로 제기한 논점에 대한 이견도 포함하고 있다.
10 이 비는 통상 '청주운천동신라사적비'로 지칭되고 있지만, 실제로는 고려초기의 비석이며 '寺蹟碑'가 아니라 '塔碑'로 파악되므로 '청주운천동비'로만 칭한다.
11 윤경진, 2013① 「「청주운천동사적비」의 건립 시기에 대한 재검토」『史林』 45

헌의도 무장인 김유신이 표방할 수 없는 유교정치이념을 담고 있어 역시 후대에 가공된 것으로 파악하였다.[12]

한편 구체적인 삼한 용례를 검토하여 삼한일통의식은 9세기에 비로소 성립했다고 지적하고(이하 '9세기설'로 칭함),[13] 7세기에 삼한의 정체성이 수립되었다고 볼 수 없다는 점도 밝혔다.[14] 그리고 9세기에 삼한일통의식이 출현하고 확립되는 과정에 대한 정치사적 검토가 이어졌다.[15] 최근에는 삼한일통의식 형성의 자료적 토대가 된 김유신 서사에 대해서도 집중적인 분석이 진행되었다.[16]

이러한 일련의 문제 제기에 대해 통설을 지지하는 연구자들의 반론이 있었다. 대개 9세기설에서 제시한 주요 지표들에 대해 이견을 제시한 것으로,[17] 7세기설의 핵심 근거였던 운천동비가 중심이 되었다. 태종 시호 기사나 김유신 헌의의 자료적 신뢰성을 유지하려는 입장도 더러 있지만, 이 자료들이 후대에 만들어졌을 가능성을 부정하기 어렵다.

반면 운천동비는 금석문 자료이므로 그것이 7세기에 건립되었다면 가장

---

12 윤경진, 2013② 「新羅 太宗(武烈王) 諡號 논변에 대한 자료적 검토 : 原典에 대한 이해를 중심으로」『歷史와實學』 51
    윤경진, 2013③ 「新羅 中代 太宗(武烈王) 諡號의 追上과 재해석」『韓國史學報』 53
13 윤경진, 2014① 「신라 통일기 금석문에 나타난 天下觀과 歷史意識 : 三韓一統意識의 성립 시기 고찰」『史林』 49
14 윤경진, 2014② 「三韓 인식의 연원과 통일전쟁기 新羅의 天下觀」『東方學志』 167
15 윤경진, 2015① 「신라 興德王代 체제 정비와 金庾信 追封 : 三韓一統意識 출현의 일 배경」『史林』 52
    윤경진, 2015② 「신라 神武-文聖王代의 정치 변동과 三韓一統意識의 출현」『新羅文化』 46
16 윤경진, 2023① 「金庾信 說話의 敍事와 三韓一統意識」『震檀學報』 140
    윤경진, 2023② 「『金庾信行錄』의 찬술 배경과 경위」『東國史學』 77
    윤경진, 2023③ 「『金庾信行錄』의 서사 구성 방식과 의미」『歷史와實學』 81
    윤경진, 2015③ 「신라 景文王의 통합정책과 皇龍寺九層木塔의 改建 : 9세기 三韓一統意識의 확립과 관련하여」『韓國史學報』 61
17 박승범, 2014 「7세기 전반기 新羅危機意識의 실상과 皇龍寺9층木塔」『新羅史學報』 30
    김수태, 2014 「신라의 천하관과 삼국통일론」『新羅史學報』 32
    김수태, 2015 「일연의 삼한·삼국통일론」『서강인문논총』 43
    박남수, 2016 「신라 문무대왕의 삼국통일과 宗廟制 정비」『新羅史學報』 38

확실한 근거가 되기에 여기에 논의가 집중되었다. 대개 10세기의 사정을 반영한다고 지적된 지표들이 7세기에도 나올 수 있다는 취지가 주류를 이룬다. 이에 9세기설에서는 7세기설의 반론이 가지는 실증적 논리적 문제를 비판하면서 논쟁을 이어갔다.[18] 이어 삼한 용례를 둘러싼 논쟁도 있었다. 당초 삼한일통의식을 전쟁 이전으로 소급하는 견해는 중국에서 삼국을 아우르는 표현으로 '삼한'이 사용된 것을 두고 삼국의 동질의식이 중국에 전해진 결과라고 이해하였다.[19]

이러한 기조에서 삼한 용례에 대한 검토를 통해 7세기설을 주장하는 의견이 있었고,[20] 『일본서기(日本書紀)』에 보이는 삼한 인식이 7세기 신라 삼한일통의식의 영향을 받은 것이라는 주장도 나왔다.[21] 이에 9세기설에서는 중국과 일본의 삼한 용례를 재검토하여 해당 사례들이 7세기 삼한일통의식을 입증할 수 없음을 논하였다.[22] 한편 기존 백제병합론에서도 반론이 있었다.[23] 신라의 통일에 대해서는 부정적이지만 7세기 후반 삼한일통의식은 인정하며, 영토와 관련해서는 9세기설과 해석을 달리하기 때문이다. 이에 대해서도 9세기설의 반론과[24] 백제병합론의 재론이[25] 이어졌다.

한편 운천동비의 서체(書體)가 7세기의 것이라는 새로운 주장이 제기되었

---

18 윤경진, 2016 「三韓一統意識의 성립 시기에 대한 재론 : 근거 자료에 대한 검토를 중심으로」『韓國史研究』175
19 노태돈, 1982 앞의 논문
20 전진국, 2016① 「'九韓'의 용례와 '韓'에 대한 인식」『新羅史學報』36
     전진국, 2016② 「三韓의 용례와 그 인식」『韓國史研究』173
21 노태돈, 2016 「삼한일통의식의 형성 시기에 대한 고찰 : 일본서기 '삼한' 기사의 분석을 중심으로」『木簡과文字』16
22 윤경진, 2016 「중국·일본의 '三韓' 인식에 대한 재검토 : 신라 삼한일통의식의 성립 시기와 관련하여」『木簡과文字』17
23 김영하, 2018 「신라의 '백제통합'과 '일통삼한' 재론 : 최근의 사료 비판과 해석을 중심으로」『韓國古代史研究』89
24 윤경진, 2019① 「삼한일통의식은 7세기의 이념인가 : 백제병합론의 반론에 대한 재론」『韓國古代史研究』93
25 김영하, 2019① 앞의 논문

으나[26] 9세기설에서는 해당 서체가 7세기설의 근거가 될 수 없으며 오히려 나말려초에 부합한다고 반박하였다.[27] 이 과정에서 '탑(塔)'과 '소(昭: 光宗)' 등 비의 건립 시기를 판단하는 데 결정적 근거가 될 수 있는 글자가 새로 판독 되었다.

2019년 9세기설에서는 저간의 논쟁을 지표별로 종합 정리하며 다시 문제를 환기하였다.[28] 이에 7세기설에서 반론을 펴고[29] 다시 9세기설이 반박하는 논쟁이 있었다.[30] 이 논의 역시 삼한일통의식 문제와 영토 문제를 함께 다루었는데, 영토 문제에 좀더 집중되었다.[31] 최근에는 운천동비의 판독 문제를 둘러싸고 또 한 번 논쟁이 있었다.[32]

2) 문제 제기

2013년 시작된 삼한일통의식 논쟁은 10년이 넘은 지금까지도 진행 중이다. 그리고 긴 논쟁에도 불구하고 학문적으로 새로운 전기를 마련하는 데에는 이르지 못하고 있다. 그만큼 학계에서 신라의 '통일'이 강고하게 자리를 잡고 있기 때문이지만, 한편으로 그동안 논쟁이 효과적으로 진행되지 않은

---

26 전진국, 2019 「「청주운천동신라사적비」의 제작 연대 검토 : 서체와 주변 환경을 중심으로」 『韓國史研究』 184
27 윤경진, 2019② 「「청주운천동사적비」의 건립 시기와 건립 배경 : 최근 비판에 대한 반론과 추가 판독」 『韓國史研究』 186
28 윤경진, 2019③ 「신라의 영토의식과 삼한일통의식」 『역사비평』 126
29 기경량, 2019 「'일통삼한 의식'과 표상으로서의 '삼한'」 『역사비평』 128
    전덕재, 2019 「신라는 삼국을 통일하려고 하였을까」 『역사비평』 128
30 윤경진, 2019④ 「신라 '삼국통일' 논쟁의 논점과 방향」 『역사비평』 129
31 해당 논쟁은 2023년 책으로 출간되었다(정요근 엮음, 2023 『신라는 정말 삼국을 통일했을까』 역사비평사).
32 하일식, 2023 「운천동사적비의 역사환경, 판독 교정」 『木簡과文字』 30
    윤경진, 2023 「「청주운천동비」의 판독과 건립 시기에 대한 종합적 검토」 『木簡과文字』 31

탓도 크다.

이 문제는 운천동비 논의에서 극명하게 나타난다. 7세기설의 반론은 운천동비를 중심으로 이루어졌다. 그만큼 결정적인 자료인 동시에 불완전한 상태여서 여러 해석이 나올 수 있기 때문이다. 그런데 지금까지 논의를 보면 몇 가지 중요한 문제가 지적된다.

첫째, 7세기설은 그것을 입증할 수 있는 능동적인 근거를 제시하지 못했다는 점이다. 운천동비 논의의 초점은 그것이 7세기에 건립되었다고 볼 근거가 없다는 데 있다. 현재 남아 있는 비문의 내용을 검토할 때 10세기에 가장 부합한다는 것이 비판론의 주 논지이다.

그런데 7세기설의 반론은 "운천동비는 언제 세워진 것인가"라는 본원적 문제를 가지고 진행된 것이 아니라 "운천동비는 7세기에 세워진 것이다"라는 이미 수립된 전제 아래 진행되었다. 그러다 보니 반론의 내용이 비판의 여러 지표 중 일부에 대해 그것이 "7세기에도 나올 수 있다"라는 형식으로 전개되었다. 이런 논의는 유효한 논리적 실증적 토대를 갖추지 못했거니와 근본적으로 해당 지표와 10세기의 관련성을 부정하지 못한다. "10세기에는 나올 수 없는" 지표, 다시 말해 "7세기에만 나올 수 있는" 지표가 요구되지만, 유효한 근거가 제시된 바 없다.

둘째, 이렇게 전제된 인식의 영향으로 관련 논의에서 고려시기 자료에 대한 검토가 거의 이루어지지 않았다는 점이다. 비판의 주요 논점은 비문 내용의 역사성을 찾아보니 대부분 고려초기에 더 부합한다는 것이다. 그렇다면 이에 대한 반론은 당연히 실제 고려초기에 부합하는지에 대한 검증이 수반되어야 한다. 그런데 기존 논의는 비문 내용을 7세기에 맞추어 이해하려고 할 뿐, 고려초기에 부합하는지는 따져보지 않았다. 그 결과 7세기설의 반론은 고대사 자료만 가지고 운천동비의 내용에 부합할 만한 것을 찾아 제시하는 식으로 전개되었다. 하지만 고려시기 자료를 충분히 검토한다면 비문 내용에 대한 이해도 크게 달라질 수 있다.

이 문제는 비가 처음 발견되었을 때부터 발생하였다. 현존하는 불교비 대부분이 신라말 이후에 건립된 것이다. 그런데 왜 이 비를 '사적비(寺蹟碑)'로 규정하면서 이것이 나말려초의 것일 가능성을 고려하지 않았는지, 왜 이후 연구자들은 다른 가능성에 대해 생각해 보지 않았는지 아쉬움이 크다. 비의 발견 직후 이것이 7세기 신라의 삼한일통의식을 보여주는 근거로 적극 채용되고 그 내용이 이후 연구에서 그대로 재생산된 영향이 커 보인다.

나말려초에는 승려비가 다수 건립되었다. 선입견 없이 고려에서 건립된 승려비의 내용을 자세히 들여다보면 그 맥락이 운천동비의 것과 크게 다르지 않다는 것을 인지할 수 있다. 더하여 신라의 '통일'에 대한 고정된 인식에서 벗어나 고려의 후삼국 통일이 가지는 역사적 함의를 감안한다면, 이 비의 건립 시기에 대한 이해도 쉽게 정리될 수 있을 것으로 생각한다.

셋째, 저간의 논의가 운천동비의 건립 시기에 집중할 뿐, 그로부터 파생되는 제반 역사상에 대해서는 크게 유념하지 않았다는 점이다. 비의 7세기 건립은 비문에 나타난 삼한일통의식이 7세기의 것임을 주장하는 매개로만 이용될 뿐, 그 이상의 논의는 없었다.

그런데 이 비가 7세기의 것이라면 그 안에 담긴 내용들은 모두 7세기의 사정을 반영한다. 그렇다면 나머지 내용들도 모두 7세기에 적용할 수 있다. 곧 신라는 7세기부터 이미 불교비를, 그것도 지방에서 세운 것이다. 그런데 현존하는 나머지 불교비는 모두 9세기 이후의 것이다. 7세기 후반 지방에서 사찰비까지 세웠다는 것이 기존 불교사 이해 내용과 양립되는지 의문이 든다. 기존 논의에는 이에 대한 명확한 문제의식이 없다.

한편 운천동비와 함께 삼한일통의식 논의의 핵심 자료가 되는 태종 시호 기사나 김유신 헌의에서도 비슷한 문제가 발생하였다. 『삼국사기』의 태종 시호 기사는 실권이 없는 당 중종(中宗)이 구칙(口勅)으로 문제를 제기하고, 사대의 명분에 저촉된 문제가 신라의 답변만으로 해결되는 등 불합리한 전개를 보인다. 그리고 『삼국유사』에 실린 같은 모티브의 설화를 대비하면 이것이 가공된 것임이 바로 드러난다. 그럼에도 연구자들은 이를 사실적 측면에서 이해하려는 모습을 보인다. 유교정치이념이 구사되는 김유신 헌의를 7세기의 사실로 인정하려는 경향도 마찬가지이다. 이것은 신라의 통일에 대한 고착된 인식과 함께 사료에 대한 경직된 접근을 보여준다.

이에 본서는 삼한일통의식을 둘러싼 저간의 논쟁을 종합하고 신라 삼한일통의식의 역사성을 제시하는 한편, 연구 시각의 전환과 사료 비판에도 유의하고자 한다. 삼한일통의식의 개념적 연원과 이데올로기로서의 함의, 관련 자료들의 신뢰성과 시간성을 짚어보고, 그것이 어떤 역사적 과정을 통해 출현하고 확립되어 나갔는지 추적할 것이다.

3. 연구 방법과 연구 내용

1) 연구 방법

(1) 연구 시각

본서가 다루는 주제와 관련하여 신라의 통일에 대한 논의는 크게 세 가지 논점을 생각할 수 있다. 이는 ① 신라는 삼국을 통일하려고 했는가(의도), ② 신라는 삼국을 통일했는가(결과), ③ 신라는 삼국을 통일했다고 생각했는가(인식) 등이다. 이들은 서로 밀접히 연결되어 있지만 각기 층위가 다른 문제이기 때문에 그 의미를 나누어 이해할 필요가 있다. 본서는 이 중 ③을 다루는 것이다.

①은 ②에서 "삼국을 통일했다"라는 명제가 수립되면 큰 의미가 없다. 통상 "신라는 삼국을 통일하려고 했고, 그래서 통일했다"라는 맥락이 수립되기

때문이다. "통일하려고 하지 않았는데 통일했다"라는 맥락은 논리적으로는 가능할지 몰라도 현실적으로 성립하기 어렵다. 이에 삼국통일론은 전쟁 이전에 삼국의 동질의식을 설정함으로써 "통일하려고 했다"라는 이해를 연역적으로 수립했지만, 이는 그 자체로 실증된 바가 없다.

한편 "삼국을 통일하지 않았다"라는 명제를 수립할 경우, 애초부터 통일할 의도가 없었던 것인지, 아니면 통일하려고 했는데 하지 못한 것인지를 따지게 된다. 다시 말해 "통일하려고 했는가"는 "통일했다"라는 명제부터 검증한 뒤에 논할 문제인 것이다. 다만 앞서 언급한 것처럼 신라가 "통일하려고 했다"라는 것은 실증된 바 없다.

다음에 ②와 ③에도 유사한 논리적 관계가 개재하고 있다. "삼국을 통일했다"라는 명제가 수립되면, "통일했다고 생각했다"라는 명제는 자동으로 성립한다. 통일해 놓고 하지 않았다고 생각할 이유가 없기 때문이다. 하지만 신라의 통일이 모든 명제를 만족할 정도로 입증되었다고 보기 어렵다. 발해 문제를 논외로 하더라도 전쟁의 결과가 '통일'이라는 평가와 부합하지 않는다.

"신라는 삼국을 통일했는가"라는 주제는 '통일'을 어떻게 규정할 것인가에 따라 내용이 달라질 것이지만, 일차적으로 영토가 중심이 된다. 통상 7세기 전쟁으로 신라가 백제 영토와 고구려 영토 일부를 차지한 것으로 인식되고 있다. 이 인식을 보여주는 대표적인 자료가 『삼국사기』 지리지이다.

그 서문에서는 신라가 자국 및 백제 영토, 그리고 고구려 남경(南境)에 각각 3주(州)를 설치하여 9주를 편성했다고 설명하고 있다. 그리고 본문에서는 각 군현의 연혁을 기술하면서 상주·양주·강주 소속 군현은 본래 신라의 군현으로, 한주·삭주·명주 소속 군현은 본래 고구려의 군현으로, 웅주·전주·무주 소속 군현은 본래 백제 군현으로 적었다. 이처럼 9주를 3주씩 삼국으로 분속(分屬)한 것은 통일의 면모로 여겨졌다. 고구려 영토를 많이 상실했지만 그래도 그것이 전쟁 후 신라 영토의 1/3을 구성하므로 '삼국통일'의 준거가 될

수 있어 보인다.[33]

그러나 『삼국사기』 지리지의 삼국 분속 내용은 사실과 다르다. 명주 남부는 초기부터 신라 영토였고 고구려 영토가 된 적이 없다. 강주 서남부 지역은 백제가 멸망할 때 비로소 신라 영토가 되었다. 특정 지역이 해당 국가로 귀속되는 시점도 제각각이어서 삼국 분속의 기준 시점을 설정할 수도 없다. 결국 9주의 삼국 분속은 실제 상황을 반영한 것이 아니라 신라의 9주 편성을 역으로 삼국에 맞춘 것이다. 이는 『삼국사기』 편찬 당시의 역사인식을 반영한다.[34]

여기에 더하여 671년 「답설인귀서(答薛仁貴書)」에 보이는 "평양이남(平壤已南) 백제토지(百濟土地)"의 해석에도 유의해야 한다. 삼국통일론에서는 "평양이남의 고구려토지와 백제토지"로 해석했는데, 이는 신라가 확보한 영토에 고구려 땅이 포함되어 있다는 전제에 맞춘 것으로, 명백한 오역이다. 서로 표현 방식이 다른 '평양이남'과 '백제토지'를 병렬로 파악할 문법적 근거도 없다.

이 구문은 "평양이남이 곧 백제토지"라는 의미로 해석해야 한다. 평양이남은 공간적 범위를, 백제토지는 국가적 귀속을 나타낸다. 영토는 가변적이다. 신라가 백제 토지에 대한 영유권을 가진다고 할 때, 어디까지가 백제토지인가에 대한 규정이 뒤따를 수밖에 없다. 이것은 현재 주소와 상호(주인)를 같이 나타내는 것과 같은 원리이다.

"평양이남이 곧 백제토지"라는 것은 영토의 본원적 귀속을 기준으로 한 것이다. 백제는 패강(대동강)까지 자국의 고유 영토로 인식했고 신라는 이를 채용하여 자신의 영유권을 주장하였다. 신라는 성덕왕 때 패강 이남을 공인받

---

33 『三國史記』 김유신열전 말미에 실린 史論에서 김유신의 공적을 평가하며 "合三土爲一家"라고 한 것도 이러한 인식과 맞닿아 있다. 이러한 『삼국사기』 지리지의 내용이 삼국통일론의 실질적인 역사적 준거가 되었다.

34 윤경진, 2012 「『三國史記』 地理志 수록 군현의 三國 分屬」 『韓國史學報』 47

음으로써 비로소 백제 영토를 온전히 확보하였다. 따라서 본원적으로 신라가 확보한 영토에 고구려 영토는 들어가지 않는다.[35]

이처럼 "신라는 삼국을 통일했다"라는 명제는 매우 불안하다. "신라는 삼국을 통일했다고 생각했는가"라는 주제가 중요해진 것은 이 때문이다. "삼국을 통일했다고 생각했다"라는 명제로 "삼국을 통일했다"라는 명제를 보강한 것이다. 그러나 여기에는 논리적 오류가 있다.

"삼국을 통일했다"(p)라는 명제가 참이면, "삼국을 통일했다고 생각했다(q)"라는 명제도 참으로 볼 수 있다($p{\rightarrow}q$). 앞서 말한 것처럼 통일했는데 안했다고 할 이유가 없기 때문이다. 그런데 그 역($q{\rightarrow}p$)은 참이 아닐 수 있다. 하지 않고서 했다고 주장하는 것이 얼마든지 가능하기 때문이다. 결국 "삼국을 통일했다고 생각했다"라는 명제를 가지고 "삼국을 통일했다"라는 명제를 뒷받침할 수 없다.

그런데 이 구도에서 "삼국을 통일했다고 생각하지 않았다($\sim q$)"는 명제가 수립되면, "삼국을 통일하지 않았다($\sim p$)"는 참이 된다($\sim q{\rightarrow}\sim p$). 신라가 삼한일통의식을 가지고 있지 않았다면, 이는 신라의 통일을 부정하는 결정적인 준거가 되는 것이다.

여기서 관건은 '시기'이다. 생각은 시기에 따라 바뀔 수 있기 때문이다. 신라에서 삼한일통의식이 존재한 것은 분명하지만, 언제부터 그렇게 생각했는지가 중요하다. 삼한일통의식이 7세기 전쟁의 결과로 통일과 연동된다면, 당연히 전쟁 직후부터 그러한 인식이 나타날 것이다. 7세기 삼한일통의식이 확인되어야 하는 것이다.

그런데 7세기보다 훨씬 후대에 비로소 확인된다면, 삼한일통의식은 전쟁과 직접 연계될 수 없다. 그것은 전쟁에 대한 인식이 달라진 결과이기 때문

---

35 윤경진, 2016 「671년 「答薛仁貴書」의 '平壤已南 百濟土地'에 대한 재해석 : 백제의 영토의
    식과 浿河의 새로운 이해」 『역사문화연구』 60

이다. 통일 문제와 별개로 삼한일통의식 자체의 역사성을 탐구해야 하는 이유가 여기에 있다.

이 작업은 크게 두 가지로 나뉜다. 하나는 삼한일통의식의 출현 시기를 명확히 파악하는 것이다. 그런데 이것은 '이념'이기 때문에 후대의 시각에서 과거 사실에 소급하여 투영될 수 있다는 점에 유의해야 한다. 따라서 관련 자료들이 실제 해당 시점의 인식을 반영한 것인지, 아니면 후대의 관점에서 만들어진 것인지 반드시 따져보아야 한다. 7세기 삼한일통의식의 근거 자료에 대한 비판적 검증이 필요하다는 의미이다.

다른 하나는 이와 같은 검증 결과로 실제 삼한일통의식이 후대에 성립된 것으로 확인될 경우, 이전의 인식은 어떠했는지, 그리고 어떤 배경에서 어떤 과정을 거쳐 새로운 인식이 나타나게 되었는지 추적하는 것이다. 이는 정치 이념의 측면에서 전쟁 이후 신라사의 전개 과정에 대한 이해가 필요함을 의미한다.

본서는 이러한 시각에 바탕을 두고 7세기 삼한일통의식의 근거 자료를 비판적으로 검증하고 실제 삼한일통의식이 출현하는 시기를 가늠하는 한편, 이 이념이 출현하는 역사적 과정을 구체적으로 알아보고자 한다.

(2) 연구 자료

본서는 7세기 삼한일통의식의 근거 자료를 검증하고, 이것이 9세기에 출현하는 역사적 과정을 밝히려는 것이다. 따라서 관련 자료에 대한 분석과 비판이 큰 비중을 차지한다. 연구에 활용될 자료는 문헌 자료와 금석문 자료로 나뉜다.

① 문헌 자료

대다수 한국 고대사 연구가 그러하듯이 본서 역시 『삼국사기』를 기본 자료로 하며, 여기에 『삼국유사』가 보완적으로 활용된다. 그리고 주제에 따라 중국 및 일본의 사서, 그리고 『고려사(高麗史)』 등도 참고된다.

문헌 자료의 활용에서 가장 중요한 요소는 역시 비판적 이해이다. 삼한일통의식은 역사에 기반한 정치이념이기 때문에 관련 자료가 '사실' 자체보다 해당 사적에 대한 '인식'을 담은 것이 많다. 이 중에서도 설화와 전기(傳記) 형태로 된 것들은 사적 자체가 과장·왜곡되거나 가공된 것일 수 있어 특히 주의가 필요하다.

설화는 어떤 사건이나 사실을 모티브로 형성되므로 이를 통해 해당 사적에 접근하는 것이 가능하다. 그러나 어디까지나 후대의 관점에서 내용을 구성하기 때문에 서사 내용을 직접 그것이 다루는 시기의 역사적 사실로 치환할 수는 없다. 모티브가 된 사적과 그에 대한 해석을 명확히 구분하고, 설화가 무엇을 말하고자 하는지 파악해야 한다. 전기 또한 특정 사적을 바탕으로 하지만, 해당 인물 중심으로 서사를 구성하면서 과장과 변형·왜곡이 발생한다. 개중에는 실재하지 않은 사적을 가공하거나 다른 사람의 사적을 가져다 쓰는 경우도 적지 않다.

고대사 연구 자료가 부족하다 보니 설화나 전기 자료도 가급적 사실적 측면에서 해석하려는 경향이 있다. 예를 들어 태종 시호 기사는 『삼국사기』 신라본기에 실려 있어 실제 당과 신라 사이에 외교적 공방이 있었던 것으로 보는 경우가 많다. 당시가 측천무후 집권기인데 중종이 주체로 등장하는 것이나 신라의 해명만으로 문제가 해결되는 것이 과연 현실성이 있는지 의문이 들 수밖에 없지만, 그렇다고 사적 자체를 부정한 경우는 별로 없다.

그런데 『삼국유사』에도 해당 논변 기사가 보인다. 당 황제의 문제 제기, 신라의 해명, 당의 용인이라는 맥락은 동일하지만, 서사 구성에 차이가 있고 명백한 허구적 내용도 포함하고 있다. 『삼국사기』 기사는 『삼국유사』가 채록한 원전을 가져와 재정리한 것으로서 사적 자체를 신뢰할 수 없다. 그럼에도 기존에는 이에 대한 검증에 소홀하였다.

이 기사를 포함하여 삼한일통의식 관련 자료 대부분에 김유신이 등장한다. 『삼국사기』에 김유신 서사가 많은 것은 그의 전기인 『김유신행록』(이하

'행록'으로 약칭함)을 채용했기 때문이다. 신라의 통일이 확고한 전제가 되고 김유신이 그 주역으로 표상되는 데에는 이 자료가 결정적인 역할을 하였다.

그런데 열전 찬자는 행록에 꾸며낸 이야기가 많다고 지적하였다. 응당 김유신 서사에 대해 더욱 비판적인 검증이 수반되어야 함에도 기존에는 이에 대한 고려가 부족하였다. 본서에서는 문헌 자료, 특히 김유신 관련 자료에 대한 비판적 검증에 역점을 둘 것이다.

② 금석문 자료

문헌 자료의 제약이 큰 고대사 연구에서 제작 당시의 상황을 직접 보여주는 금석문 자료는 큰 가치를 가진다. 하지만 한계도 명백하다. 가장 중요한 문제는 판독과 시기 비정이다. 자료 상태가 온전하지 않은 경우, 모호한 글자들을 어떻게 판독하느냐에 따라 내용이 달라진다. 그리고 비의 건립 시기가 명확하지 않은 경우, 이를 어느 시점에 비정하느냐에 따라 해당 시기의 역사상이 달라진다.

글자 판독은 금석문 자료의 활용에서 항상 따라다니는 난제이다. 운천동비 또한 일부만 남아 있고 비문 상태가 좋지 않아 주요 부분에 판독 문제가 걸려 있다. 그중에는 비의 건립 시기와 직결되는 것도 있다. 그런데 자획을 통한 추정은 보는 사람의 시각에 따라 달라질 수 있다. 이를 보완하고 객관성을 높이려면 문법과 문맥을 통한 접근이 병행되어야 한다.

비문처럼 격식을 갖춘 한문은 뚜렷한 형식성을 가진다. 단어 구성이나 문법적 연결, 대구(對句)의 구사 등에서 정형화된 패턴이 존재하기 때문에 특정 위치에 오는 글자의 속성을 가늠할 수 있다. 따라서 이 속성을 염두에 두고 자획을 탐구하면 글자 판독의 정확도를 높일 수 있다. 곧 자획을 통해 유추되는 글자 중에 해당 문맥에 부합하는 글자가 무엇인지 찾는 것이다. 본서에서는 운천동비의 이해와 관련하여 이러한 판독을 시도할 것이다.

한편 판독이 분명하더라도 시기 비정이 중요한 문제가 되기도 한다. 이를 극명하게 보여주는 사례가 「임신서기석(壬申誓記石)」이다. 두 청년이 임신년에 충도(忠道)를 맹세하고 전년(前年)에 경전 학습을 다짐한 내용을 담은 이 비석은 552년 또는 612년에 건립된 것으로 이해되었다. 이것은 비문을 남긴 두 청년의 면모를 화랑과 연결했기 때문이다. 그러나 이들이 화랑이라는 근거는 어디에도 없거니와 화랑은 신라말까지 존재하였다.

문제는 경전 학습이다. 이들이 시(詩:詩經)·상서(尙書)·예(禮:禮記)·전(傳:春秋左傳)의 학습을 다짐한 것은 당시 유교 경전에 대한 교육과 학습이 일반화되었음을 보여준다. 그런데 7세기 전후 신라가 이 정도의 유교 이해 수준을 가졌다고 보기 어렵다. 자신의 진로를 '유(儒)'로 선택한 강수(强首)는 기초 경전과 문장 교재를 학습했을 뿐이다. 화랑의 활동 또한 무예 단련 위주였다.

그런데 비문 중에는 "만약 나라가 크게 어지러우면[若國不安大亂]"이라는 구문이 나온다. 국가의 대란을 '가정'하고 있는데, 이는 비문 작성 시기가 대란의 시대가 아니라는 것을 반증한다. 7세기 초는 삼국의 전쟁이 극한으로 치닫던 시기여서 대란을 가정한 비문의 내용이 7세기 전후의 사정을 반영한다고 보기 어렵다.

결국 경전 학습 내용이 시기 비정의 준거가 되어야 하는데, 이 경우 비문 작성은 국학(國學) 설립 이후로 내려갈 수밖에 없다. 그것도 일반 청년이 오경(五經)의 학습을 다짐할 정도라면 유교 교육이 상당히 진전된 시점이어야 한다.[36]

운천동비 역시 비의 건립 시기를 확인할 수 있는 직접적인 정보는 없지만 비문 내용 중에 시간성을 가진 용어나 표현이 다수 보여 이를 통해 시기를 가늠할 수 있다. 개중에는 여러 시대에 나타날 수 있는 것도 있으므로 관련 지표들을 종합적으로 검토하여 그것이 어느 시점으로 수렴되는지를 가늠하

---

36 윤경진, 2019 「「壬申誓記石」의 제작 시기와 신라 중고기의 儒學 이해에 대한 재검토」 『木簡과文字』 22

는 것이 중요하다.

특히 해당 내용이 다른 자료들을 통해 파악되는 역사적 내용과 부합되는지 따져보아야 한다. 「임신서기석」의 경전 학습이 7세기 초 신라 사회의 상황과 맞지 않는다는 점이 그러한 예이다. 본서에서는 이러한 문제를 충분히 고려하면서 비의 건립 시기와 내용적 특징을 파악할 것이다.

2) 연구 내용

본서는 모두 6부로 구성되며, 7세기 삼한일통의식의 근거 자료에 대한 비판적 검증과 9세기 삼한일통의식의 형성 과정을 다룰 것이다.

1부에서는 '삼한' 개념의 역사성과 용례를 통해 삼한일통의식의 의미와 출현 시기를 가늠할 것이다. 삼한은 한반도 남부의 정치체를 총칭하던 한(韓)에 마한·진한·변한의 세 부류가 있다는 의미에서 형성된 개념으로서 한 내부의 이질성을 반영하였다. 그런데 역사적 실체로서 삼한이 소멸한 후 이 말은 중국 동쪽에 있던 삼국을 범칭하는 용어로 사용되었다. 여기에는 삼국의 역사적 연원이 같다는 의미가 내포되어 있었다. 이를 통해 통합의 당위 또는 결과를 제시하는 이념이 바로 삼한일통의식이다.

이러한 개념은 중국에서 사용하던 것이 신라에 전해진 것이다. 따라서 삼한 용어가 신라에서 어떻게 사용되었는지 추적하면 삼한일통의식의 성립 시기나 의미를 판단할 수 있다. 삼한은 중국에서도 그 의미가 확장되는 양상을 보였고 일본에서도 한반도의 정치체를 가리키는 말로 사용되었는데, 이들의 의미에 대해서도 짚어볼 것이다.

2부에서는 삼한일통의식이 7세기의 이념이라는 통설의 자료적 근거 중 금석문 자료에 대해 검증할 것이다. 문헌 자료에 앞서 금석문 자료를 먼저 검토하는 것은 이것이 규정적인 위치에 있기 때문이다.

논의의 관건은 역시 운천동비이다. 이 비는 7세기 삼한일통의식의 핵심적인 근거이며, 이는 다시 신라의 통일을 설정하는 실증적 토대가 되고 있다. 저간의 논쟁이 운천동비 위주로 진행된 것은 이 때문이다. 이에 자획과 문맥을 함께 고려하여 비문을 새롭게 판독하고 내용의 구성을 짚어볼 것이다. 그리고 주요 내용적 지표와 서체 등 그동안 논의된 제반 주제들을 종합하여 비의 건립 시기를 파악할 것이다.

이어 신라 금석문 자료들을 종합적으로 고찰하여 실제 삼한일통의식의 출현 시기를 가늠할 것이다. 금석문 자료는 당시 상황을 직접 반영하거니와 체제 이념인 삼한일통의식이 당시 금석문 내용에 투영될 개연성이 높다. 이에 신라 금석문 중에서 이외 연관될 수 있는 사례를 분석함으로써 삼한일통의식이 9세기에 비로소 출현하고 있음을 확인할 것이다.

3부에서는 7세기 삼한일통의식의 자료적 근거 중 문헌 자료에 대해 살펴볼 것이다. 이것은 『삼국사기』 신라본기에 실린 태종 시호 기사와 열전에 실린 김유신 헌의가 대표적이며, 기타 김유신 관련 설화들이 참고된다.

태종 시호 기사는 무열왕의 '태종' 칭호가 '일통삼한'의 공업에 따라 추상(追上)되었다는 내용을 담고 있다. 그런데 그 원전 기사가 『삼국유사』에 실려 있으나, 이것은 명백한 허구를 포함하고 있다. 이에 두 기사를 대비하여 태종 시호 기사가 7세기 삼한일통의식의 근거가 될 수 없음을 밝히고, 실제 태종 칭호가 가지는 정치적 의미를 종묘제도와 관련하여 해석할 것이다.

김유신 헌의는 문무왕에게 유언으로 당부한 것으로, 여기서 김유신은 자신의 공업을 "삼한이 한 집안이 되었다[三韓爲一家]"라고 제시하였다. 헌의 내용을 보면, 나당전쟁이 진행 중임에도 당시를 소강(小康)으로 평가하거나 문무왕을 수성(守成)의 군주로 간주하는 등 실상과 맞지 않는 내용이 파악된다. 그리고 이 서사는 위징(魏徵)의 유표(遺表)를 차용한 정황이 나타난다. 이러한 지표들을 지적함으로써 이 역시 7세기의 사정을 반영한 것으로 볼 수 없음을 논할 것이다. 그리고 김유신 설화 중 삼한일통의식과 연관되는 서사들의 함의를 짚어봄으로써 김유신 서사가 가지는 문제점을 확인할 것이다.

4부에서는 삼한일통의식이 출현하는 배경으로서 중대 말 7세기 전쟁에 대한 재인식과 하대 초『김유신행록』의 찬술에 대해 살펴볼 것이다.

행록은 김유신의 현손 장청(長淸)이 찬술한 김유신의 전기로서『삼국사기』김유신열전의 저본이 되었다. 현재 삼한일통의식을 설명하는 문헌 자료 대부분이 김유신과 관련되어 있다는 점에서 행록이 삼한일통의식의 자료적 기반이 되었음을 짐작할 수 있다. 이에 행록이 언제 왜 편찬되었으며, 그것이 삼한일통의식의 형성에 어떤 영향을 미쳤는지 가늠할 것이다. 그리고 이는 중대 말 무열왕과 문무왕을 불천지주(不遷之主)로 삼으면서 백제병합에 국한되었던 7세기 전쟁의 공업을 고구려를 포함하는 '양국평정'으로 재인식하는 상황과 밀접히 관련되어 있어 이를 함께 검토할 것이다.

행록은 현전하지 않으나 김유신열전의 저본이 되었으므로 열전 내용 대부분이 행록을 토대로 하였다고 보아도 무리가 없다. 이에 해당 서사들이 어떻게 만들어졌는지 검토할 것이다. 특히 태종 시호 기사처럼『삼국유사』에 그 원형이 보이는 사례들을 대비 검토함으로써 서사의 의도를 파악하고, 이를 통해 김유신 서사가 7세기 역사를 직접 설명하는 자료가 될 수 없음을 논할 것이다.

5부에서는 9세기에 삼한일통의식이 출현하는 계기와 과정을 왕위쟁탈전으로 표상되는 하대 초의 정치 상황과 연계하여 살펴볼 것이다.

통합의 역사적 당위를 담은 삼한일통의식은 체제 분열의 위기에 대응하는 이데올로기의 성격을 가진다. 이 점에서 헌덕왕대 김헌창(金憲昌) 부자의 반란과 흥덕왕대 김유신의 흥무대왕(興武大王) 추봉(追封)이 주목된다. 전자는 지방에서 국가 건설을 도모한 것으로, 체제 분열의 위기에 대응하는 통합 이념의 필요성을 환기하였다. 후자는 김유신을 7세기 전쟁의 주역으로 공인하여 무열왕계의 권위를 삭감하는 것으로, 무열왕계가 일으킨 반란에 대응하는 이념 정책으로서 의미가 유추된다.

삼한일통의식은 현전하는 자료 중 문성왕대 건립된 「성주사비」에서 처음 확인된다. 이것은 흥덕왕 사후 전개된 왕위쟁탈전을 거쳐 신무왕 정권이 수립되는 데 기여한 김양(金陽)의 활동과 관련된다. 무열왕의 후손인 그의 정치적 부상은 7세기 전쟁을 다시 국왕 중심으로 보는 전환을 가져왔고, 이것이 삼한일통의식의 출현을 추동한 것으로 이해된다. 이에 헌덕왕-흥덕왕대 상황의 연장에서 신무왕-문성왕대의 정치 과정을 분석함으로써 삼한일통의식이 출현하는 맥락을 확인할 것이다.

6부에서는 삼한일통의식이 체제 이념으로 확립되는 양상을 확인하고, 이것이 다시 과거의 역사를 이해하는 준거로 작용하는 양상을 살펴볼 것이다.

황룡사구층목탑은 신라 중심의 천하를 희구한 것이었는데, 경문왕 때 탑을 개건(改建)하면서 넣은 사리함의 명문에는 탑을 세운 결과 삼한을 합쳤다는 인식이 담겨 있다. 이는 삼한일통의식이 체제 이념으로 확립되었음을 보여준다. 탑의 개건은 문성왕 때부터 도모한 것이었고, 경문왕은 저간의 분쟁을 해소하고 정치적 통합을 도모했다는 점에서 당시 정치 과정과 삼한일통의식의 연관성이 추출된다.

이후 삼한과 삼국을 일대일로 대응하는 인식이 나타난 것은 삼한일통의식이 심화되면서 이전의 역사를 이해하는 준거가 되었음을 보여준다. 신라는 지역과 대표성을 매개로 삼한 중 진한을 자신의 연원으로 설정하였다. 한편 마한은 중국 사서의 내용에 기초할 때 백제로 연결되지만, 최치원은 마한을 고구려로 연결하였다. 이는 선행 역사에 대한 신라의 이해와 관련된 것으로, 그 맥락과 이유를 알아볼 것이다.

1부
삼한 인식과 삼한일통의식

1장_ 삼한 인식의 연원과 확장
2장_ 일본과 신라의 삼한 인식 문제

1장_ 삼한 인식의 연원과 확장

1. 삼한 인식의 연원

1) 한과 삼한

삼한(三韓)은 중국에서 처음 사용한 명칭이므로[1] 그 연원에 대한 탐구는 중국 자료에 보이는 삼한의 용례와 그것에 담긴 인식 내용을 살펴보는 데서 출발한다. 이 작업은 중국이 왜, 혹은 무엇을 근거로 삼한을 삼국의 범칭으로 사용했는지 파악하는 데 초점이 있다. 역사적 실체로서 삼한과 관련이 없는 고구려가 삼한에 포섭되는 의미가 무엇인지 이해하는 것이 관건이다. 이에 먼저 삼한 개념이 등장하는 과정을 짚어보고, 이어 역사적 실체로서 삼한이 소멸한 뒤 삼국 나아가 동국(東國) 역사 전반을 나타내는 범주로 확장되는 양상을 검토하기로 한다.

삼한은 본래 현 한반도 남부 지역에 있던 세 개의 한, 곧 마한·진한·변한을

---

1 김한규는 東國이나 海東과 달리 '韓' 계열의 이름은 우리나라 사람들이 스스로 사용하였고 중국 등이 이를 인용하여 사용했다고 보았으나(김한규, 1994 「우리 나라의 이름 : '東國'과 '海東' 및 '三韓'의 槪念」 『李基白古稀紀念論叢』 간행위원회, 1445쪽), 韓이 自稱이라는 근거는 없다. 한은 하나의 국가나 내적 연대를 가진 존재가 아니라 다수의 정치체를 포괄하는 범주이며, 이들을 바라보는 외부의 시선에 의해 설정된 것이다.

통칭하는 개념이었다. 삼한의 용례는 『후한서(後漢書)』에 처음 보인다.[2] 『후한서』 동이전의 서두 목록에는 '삼한' 항목이 있다. 그리고 본문에는 "한에는 세 부류가 있으니 마한·진한·변진이다[韓有三種 一曰馬韓 二曰辰韓 三曰弁辰]"라고 서술하였다. 곧 삼한은 "세 부류의 한"을 약칭하는 개념인 것이다. 마한·진한·변진 각각의 나라 수를 적으면서 아울러 "모두 78국[凡七十八國]"이라 하여 한의 전체 나라 수를 따로 적었다.[3] 세 부류를 구분하는 한편, 이를 '한'으로 포괄하고 있었던 것이다.

본문에서도 삼한 용례가 확인된다.

> 마한이 가장 큰데, 함께 그 부류를 세워 진왕을 삼았다. 목지국에 도읍하고 삼한의 땅을 모두 다스렸다.[4]

위의 내용은 진왕(辰王)이 삼한을 다스리는 존재였다는 것으로, 삼한이 하나의 권력에 의해 통치되고 있다는 인식을 담고 있다.[5]

이들의 동질성은 본원적으로 '한'이라는 명칭을 통해 표현되며, 그 안에 세 부류가 있어 각기 명칭을 달리하는데, 이들을 아울러 '삼한'으로 부르기도 한 것이다. 이 경우 삼한은 한과 실질적으로 같은 범주가 되지만, 의미상 중요한 차이가 있다. '한'은 이들을 다른 부류와 구분하는 내적 동질성을 표상하는 반면, '삼한'은 한 내부에 존재하는 이질성을 반영한다.

"한에는 세 부류가 있다[韓有三種]"의 '한'은 다른 부류, 이를테면 같은 편

---

2   『後漢書』는 南朝 宋의 范曄이 편찬한 것으로, 西晉의 陳壽가 편찬한 『三國志』보다 편찬 시기가 늦으며, 『후한서』의 三韓 이해 또한 『삼국지』의 것을 계승하고 있다. 그런데 『삼국지』에는 '삼한' 용례가 직접 나타나지 않기 때문에 『후한서』의 내용을 준거로 삼한 인식의 성격을 살펴보면서 필요한 경우 『삼국지』의 내용을 부연하기로 한다.

3   『삼국지』에는 세 韓을 구분하지 않고 국명을 열거하였고, "凡五十余國"이라고 정리하였다.

4   『後漢書』 권115, 列傳75 東夷 三韓, "馬韓最大 共立其種爲辰王 都目支國 盡王三韓之地"

5   『삼국지』는 "弁辰韓合二十四國 大國四五千家 小國六七百家 總四五萬戶 其十二國屬辰王 辰王常用馬韓人作之"라고 하여 진왕이 삼한 전체를 통괄했다는 『후한서』 기록과 차이가 있다.

목에 수록된 부여(夫余)·읍루(挹婁)·고구려(高句驪) 등과 구분하는 의미가 있다. 따라서 그 구성원에게는 다른 부류와 구분되는 공통성이 상정된다. 이에 대해 "삼한 땅의 왕이 되었다[王三韓之地]"의 '삼한'은 앞에 있는 마한을 염두에 두고 진한과 변진을 아우른 것이다.

다음은 타자와 구분하는 개념이 '삼한'보다는 '한'이라는 것을 잘 보여준다.

> 건무 20년에 한인 염사 사람 소마시 등이 낙랑에 와서 공물을 바쳤다. 광무제가 소마시를 한의 염사읍군으로 삼고 낙랑군에 속하여 사계절 조알하게 하였다. 영제 말에 한·예가 함께 강성해져 군현이 통제하지 못하므로 백성이 어지러움을 괴로워하며 한으로 유망해 들어가는 사람들이 많았다.[6]

위에서 낙랑에 공물을 바친 소마시(蘇馬諟) 등을 '한인(韓人)'으로 칭하고 있다. 그는 한에 속한 소국의 하나로 판단되는 염사(廉斯) 출신으로서 염사의 읍군(邑君)에 봉해졌지만, 염사가 삼한 중 어디에 속했는지는 말하지 않았다. 이는 한 내부에서 삼한의 구분이 뚜렷하지 않았음을 보여준다.

또한 영제 말엽에 한(韓)·예(濊)가 강성해지면서 사람들이 한으로 유입되었다고 말한 것 역시 한을 하나의 단위로 보는 것이다. 이는 낙랑이나 예와 구분되는 실체로서 한을 상정하는 것으로, 마한이나 진한의 구분은 그 동질성 안에서 나뉘는 하위 범주가 된다. 한에는 세 부류가 있다고 한 것은 이러한 인식을 집약하고 있다.

건무(建武) 20년 한인의 낙랑 귀부에 대해 본기에서는 다음과 같이 적었다.

> 가을에 동이의 한국인이 무리를 이끌고 낙랑에 와서 내부하였다.[7]

---

6   『後漢書』 권115, 列傳75 東夷 三韓, "建武二十年 韓人廉斯人蘇馬諟等 詣樂浪貢獻 光武封蘇馬諟爲漢廉斯邑君 使屬樂浪郡 四時朝謁 靈帝末 韓濊幷盛 郡縣不能制 百姓苦亂 多流亡入韓者"
7   『後漢書』 권1下, 光武帝紀1下 建武 20년, "秋 東夷 韓國人 率衆 詣樂浪內附"

위의 기사에는 내부(內附)한 무리를 동이(東夷)에 속하는 '한국인(韓國人)'으로 적고 있다. 한을 하나의 '국(國)'으로 인식하면서 그 내부의 구분은 드러내지 않았다. 한편 한 내부에서 '세 부류[三種]'의 차이에 대한 인식도 찾을 수 있다.

> 진한은 노인들이 스스로 말하기를, "진(秦)의 유망민이 고역을 피해 한국에 오니 마한이 동쪽 지역의 땅을 떼어주었다"라고 한다. (중략) (그 말이) 진나라 말과 비슷하여 혹은 그들을 진한(秦韓)이라고도 한다.[8]

위의 기사는 진한의 연원과 관련하여 진(秦)의 유망민이 한국으로 피난해 들어와 정착하면서 형성되었다는 전승을 인용한 것이다. 여기에도 '한국'이라는 범주가 나온다. 한국 안에 마한이 있고, 진의 유망민이 정착하면서 진한(辰韓=秦韓)이 형성되었다는 것인데, 이는 한국의 '동질성' 안에 마한과 진한의 '이질성'이 있음을 보여준다. 이 이질성은 언어의 차이를 통해 확인되었다.

진한과 변진에 대해서는 유사성과 이질성이 함께 지적되었다.

> 변진은 진한과 잡거하는데 성곽과 의복은 모두 같지만, 언어와 풍속은 다른 것이 있다.[9]

변진의 성곽과 의복이 진한과 비슷한 것은 잡거(雜居)하는 현상과 맞물려 있지만, 언어와 풍속이 다르다는 것은 그 연원의 차이를 시사한다. 이는 진한이 진으로부터 망명한 무리라는 이해와 연결된다. 지역적으로 혼재하여 생활 형태는 유사하지만, 그 연원과 고유성이 서로 다른 존재라는 인식이 담겨 있다. 이러한 속성은 『삼국지』에서 진한의 연원과 관련하여 "그 언어가

---

8 『後漢書』 권115, 列傳75 東夷 三韓, "辰韓 耆老自言秦之亡人 避苦役 適韓國 馬韓割東界地與之 (중략) 有似秦語 故或名之爲秦韓"

9 『後漢書』 권115, 列傳75 東夷 三韓, "弁辰 與辰韓雜居 城郭衣服皆同 語言風俗有異"

마한과 같지 않다[其言語不與馬韓同]"라고 한 것에서도 분명하게 드러난다.

결국 『후한서』는 현재의 한반도 일원에 있던 소국들을 '한국'이라는 일반적 범주를 통해 이해하면서, 한편으로 그 내부에 세 부류가 있다는 인식 구조를 보인다. 한 이외의 존재와 구분할 때에는 '한'으로 범칭하면서 한 내부를 인식할 때에는 마한과 진한 등으로 구분하였다. 중국의 시각에서 동이에 속하는 다양한 부류의 하나로서 한은 단일한 실체로 인식되었기 때문에 일반적으로는 한의 하위 범주를 구분하지 않았다.

하지만 한 안에는 지리적으로 나뉘고 언어와 습속이 다른 부류가 있었기 때문에 내부 사정을 담은 기사에서는 이들을 구분하였다. 따라서 이들의 동질성은 '한'으로 개념화되며, '삼한'은 그 안에서 내적 차이를 가진 세 부류의 통칭으로 규정된다. 앞서 편찬된 『삼국지』에는 '삼한'이 나타나지 않는 것으로 보아 아직 한의 내적 차이에 대한 인식이 뚜렷하지 않았음을 짐작할 수 있다. 반면 『후한서』 편찬 단계에서 삼한 용례가 등장하는 것은 한 내부의 이질성에 대한 인식이 수립되었음을 보여준다. 이는 지역성과 더불어 그 연원이나 언어의 차이 등을 통해 뒷받침되었다. 이렇게 수립된 삼한 인식은 이후 사서에 계승되면서 새로운 내용이 추가되거나 이해 내용의 변화를 보이게 된다.

현 한반도 지역에 삼국이 정립하면서 중국 사서에서는 한 항목이 없어지고 대신 백제·신라 항목이 나타나게 되었다. 기존에 항목을 유지하던 고구려를 포함하여 삼국을 중심으로 그 연원이 정리되었다. 그런데 『남제서(南齊書)』[10]에는 삼한과 관련하여 흥미로운 구절이 보인다.

가라국은 삼한의 부류이다.[11]

10 『南齊書』는 南朝 梁에서 편찬하였다.
11 『南齊書』 권58, 列傳39 東夷, "加羅國 三韓種也"

가라국(加羅國)은 『삼국지』나 『후한서』에는 보이지 않는 명칭이다. 내용으로 보면 한에 속하는 나라의 하나가 되겠지만, 그 소속을 한, 혹은 그로부터 분류되는 진한이나 변한이 아니라 삼한으로 표시한 점이 특이하다.

이는 한으로 범주화되던 실체가 소멸한 뒤 가라국의 연원을 밝히면서 삼한 중 어디에 속하는지 판단할 수 없었던 결과로 보이지만, 한편으로 삼한이 보편적 범주로서 한과 같은 의미로 사용되는 추이를 보여준다. 한을 전제로 할 때 그 내부의 이질적인 종류를 표상하던 삼한은 한이 소멸하면서 현실적인 의미가 없어졌고, 대신 이후 성립한 나라들의 연원을 나타내는 보편적 범주로서 새로운 의미를 획득하게 된 것이다.

이런 개념 변화와 관련하여 『양서(梁書)』[12] 제이(諸夷)전의 다음 내용이 참고된다.

> 동이의 나라는 (중략) 위나라 때 조선 동쪽의 마한·진한 부류가 대대로 중국과 통교하였다.[13]

위에서 동이(東夷)를 설명하는 과정에서 중국과 통교하는 주체로서 마한과 진한을 언급하였다. 이전 사서에는 한(韓)이나 제한국(諸韓國)[14]으로 통칭되던 것이 마한·진한으로 바뀐 것이다.

이는 해당 부류를 포괄적으로 인식하던 범주로서 한(제한국)을 대신해 그 안에 있던 마한과 진한이 실질적인 인식 단위로 수립된 것을 보여준다. 이러한 구분을 전제로 이들을 포괄하는 개념은 한이 아니라 삼한으로 귀결된다. 종래의 삼한은 한을 전제로 그 안의 이질적 부류를 나타내는 것이었다. 그런데 남북조시기에 이르면 마한과 진한 등을 일차적인 범주로 인식함에 따라

12　『梁書』는 629년 唐의 姚思廉이 편찬하였다.

13　『梁書』 권54, 列傳48 諸夷, "東夷之國 (중략) 魏時 朝鮮以東馬韓辰韓之屬 世通中國"

14　『三國志』 권30, 魏志30 烏丸鮮卑東夷傳, "景初中 明帝密遣帶方太守劉昕 樂浪太守鮮於嗣 越海定二郡 諸韓國臣智 加賜邑君印綬 其次與邑長"

삼한은 이들을 묶어 인식하는 개념으로 전환되었다. 이 경우의 삼한은 따로 존재하는 마한과 진한의 동질성을 표상하는 데 초점이 놓이게 된다.

한편 『양서』는 백제와 신라의 연원을 다음과 같이 설명하였다.

> ① 백제는 그 선조가 동이의 세 한국이었으니 마한과 진한과 변한이다. 변한과
> 진한은 각각 12국이고 마한에는 54국이 있었다. 대국은 만여 가(家), 소국은
> 수천 가로 모두 10만여 호(戶)가 있었다. 백제는 곧 그중 하나이다.[15]
> ② 신라는 그 선조가 본래 진한의 부류이다.[16]

위의 기사는 백제의 연원인 동이에 세 한국이 있었다고 적고 있다. 이것은 처음부터 각각을 구분 인식한 것으로, 한을 하나의 실체로 먼저 파악한 『후한서』의 인식과 차이가 있다. 이는 중국과 통교하던 주체를 '한'으로 일괄하지 않고 "마한·진한의 무리[馬韓辰韓之屬]"로 지칭한 것과 상통한다.

한편 백제의 연원에 대해 세 한국 중 어디에 속하는지는 명시되어 있지 않다. 『후한서』는 삼한 각각의 나라 수를 적은 뒤 "무릇 78국으로서 백제(伯濟)는 그중 한 나라이다. 큰 것은 만여 호, 작은 것은 수천 가이다"[17]라고 적고 있어 역시 백제의 소속을 명시하지 않았다. 그런데 『삼국지』는 마한 소속 국명을 열거하면서 그 안에 백제국을 넣고 있어 백제가 당초 마한 소속으로 인식되었음을 알 수 있다. 결국 『양서』는 삼한 소국을 '한(제한국)'으로 총괄하는 인식에서 벗어나 삼한 각각을 구분한 것이다.

그런데 『위서(魏書)』[18]는 "그 선조는 부여에서 나왔다"[19]라고 하여 백제의

---

15 『梁書』 권54, 列傳48 諸夷, "百濟者 其先東夷有三韓國 一曰馬韓 二曰辰韓 三曰弁韓 弁韓辰韓
　　各十二國 馬韓有五十四國 大國萬余家 小國數千家 總十余萬戶 百濟即其一也"
16 『梁書』 권54, 列傳48 諸夷, "新羅者 其先本辰韓種"
17 『後漢書』 권115, 列傳75 東夷, "凡七十八國 伯濟是其一國焉 大者萬余戶 小者數千家"
18 『魏書』는 北齊의 魏收가 편찬하였다.
19 『魏書』 권100, 列傳88 百濟, "其先出自夫余"

연원을 부여(夫余=夫餘)로 연결하였다. 그리고 『주서(周書)』[20]는 "그 선조는 대개 마한의 속국으로서 부여의 별종(別種)이다"[21]라고 했는데, 지역적으로는 마한 소속으로 파악하면서도 그 연원을 부여로 연결한 것이다. 결국 백제는 부여에서 출발하여 마한에 정착한 나라가 된다.

한편 『양서』는 신라를 진한의 일종으로 정리하였다. 여기에 '진한(秦韓)'이라는 명칭과 관련하여 진의 유망민들이 이주해 왔다는 전승을 수용하였다. 결국 신라는 진에서 연원하여 진한으로 귀착된 부류가 되는 셈이다. 이는 백제가 부여의 별종으로 마한에 속한다는 인식과 같은 양상이다.

이렇게 보면 백제와 신라는 각각 부여와 진으로 그 연원이 올라가므로 본원적으로 이질적인 존재가 된다. 그리고 이들이 속한 마한과 진한 또한 '한'으로서 동질성보다 백제 및 신라와 연결되어 이질적인 측면이 부각된다. 이 경우 이들을 '한'이라는 하나의 범주로 묶어 단일성을 설정하기 어려워진다.[22]

하지만 과거 "한에는 세 부류가 있다"로 표상되는 동질성에 대한 인식 또한 존재했기 때문에 이후 이들의 동질적 연원을 설정할 수 있는 역사적 토대는 유지되었다. 백제와 신라의 이질성으로 인해 그 연원으로서 마한과 진한의 이질성이 부각되는 것처럼 역으로 마한과 진한의 동질성은 그 후신으로 백제와 신라의 동질성을 유도할 수 있는 근거가 된다.

---

20 『周書』는 唐 太宗의 명으로 魏徵이 편찬하였다.
21 『周書』권49, 列傳41 異域上, "其先蓋馬韓之屬國 夫余之別種"
22 『양서』백제전에서 "今言語服章 略與高驪同"이라 하여 양국의 동질성을 유도할 수 있는 내용이 보인다. 그리고 『구당서』신라전에서 "其風俗刑法衣服 與高麗百濟略同"이라 하였다. 이에 이들을 연결하여 삼국간의 동질성을 인정하고 그것을 통합한 단일 개념으로서 '삼한' 용어를 만든 것으로 해석한 견해가 있다(이성규, 2003 「고대 중국인이 본 한 민족의 원류」 『韓國史市民講座』 32, 123쪽). 그런데 『양서』의 설명은 백제와 고구려에 한정된 것으로 신라가 포함되어 있지 않고, 『구당서』에는 언어의 동질성에 대한 언급이 없다. 이는 『삼국지』에 보이는 마한과 진한의 언어 차이를 환기한다. 삼국 정립 후 중국의 시각에서 삼국 문화의 형태적 유사성을 인지하더라도 이는 다분히 중국과 다른 양상을 포괄적으로 파악한 결과로, 언어처럼 실질적인 삼국의 내적 동질성을 설명할 수 있는 지표는 아니다. 중국이 말하는 삼국의 동질성은 외부 관찰자의 시선과 더불어 외교적 수사의 속성을 가진다.

이러한 과정을 통해 백제와 신라의 동질성을 표상하는 범주로 성립한 것이 바로 '삼한'이다. 신라와 백제의 연원으로서 진한과 마한을 구분하는 토대에서 다시 이들을 동질적 범주로 묶는 것이다. 그리고 이를 확장하여 실제 한과 직접 관련이 없던 고구려까지 삼한의 범주에 넣었다. 곧 중국 동쪽이 세 나라로 정립된 상황에서 이들을 하나의 역사적 단위로 인식하면서 그 연원으로 삼한을 채용한 것이다. 여기에는 '한'이라는 범주가 가지는 역사적 특성이 작용하고 있는데, 다음에는 이 부분에 대해 자세히 살펴보기로 한다.

2) '한'의 개념과 역사성

　삼한 개념의 역사성을 고찰할 때 가장 의문이 드는 부분은 당초 삼한과 병립하던 고구려가 어떤 맥락에서 삼한의 범주에 들어가게 되었는가 하는 점이다. 이것은 중국이 동이 내지 삼국을 삼한으로 범칭하게 된 준거가 무엇인가 하는 문제로 연결된다.

　이에 대해서는 역사적 실체로서 한(韓)을 다룬 연구에서 설명이 있었다.[23] 여기서 고구려를 삼한으로 부르는 것과 관련하여 두 가지 준거가 제시되었다. 하나는 낙랑군과 대방군의 삼한 통제를 매개로 해당 지역이 한지(韓地)라는 인식이 수립되었고, 여기에 고구려가 낙랑군 지역을 정복함으로써 중국이 고구려를 한으로 인식하게 되었다는 것이다. 지역적인 측면에서 접근한 것이라 할 수 있다. 다른 하나는 종족적·문화적 측면에서 고구려가 속한 예맥(濊貊)과 한의 유사성을 설정한 것이다.[24] 아래에서는 이 두 준거에 대해 짚

23　조영광, 2008「7세기 중국인들의 對高句麗 '三韓' 호칭에 관하여」『白山學報』81
24　최진열 역시 이와 같은 입론을 보였으며(최진열, 2012「唐代 高句麗 표기 기피현상 : 隋唐 墓誌銘의 國名 표기 분석을 중심으로」『東北亞歷史論叢』38), 이는 삼한 인식에 대한 기초를 닦은 노태돈의 연구(盧泰敦, 1982「三韓에 대한 認識의 變遷」『韓國史研究』38)를 토대로 하고 있다.

어보기로 한다.

먼저 낙랑·대방과 관련된 설명에 대해 검토해 보자. 여기서 제시된 자료는
다음과 같다.

> ① 환제와 영제의 말엽에 한·예가 강성하여 군현이 통제하지 못하니 백성이 한
> 국으로 많이 유입되었다. ② 건안 중에 공손강이 둔유현 이남의 황무지를 분할
> 하여 대방군을 삼고 공손모와 장창 등을 보내 유민을 모으게 하였다. 군대를 일
> 으켜 한·예를 정벌하니 옛 백성이 조금씩 나왔다. 이후 왜·한이 마침내 대방에 통
> 속되었다. ③ 경초 중에 명제가 몰래 대방태수 유흔과 낙랑태수 선어사를 보내
> 바다를 건너 2군을 평정케 하였다. (중략) 부종사 오림이 낙랑이 본래 한국을 통
> 어하므로 진한 8국을 나누어 낙랑에게 주었다. 관리가 통역하는 데 차이가 있어
> 신지가 한의 분노를 일으켜 대방군의 기리영을 공격하였다. 당시 태수 궁준과
> 낙랑태수 유무가 군대를 일으켜 정벌했는데 궁준은 전사하고 2군이 마침내 한
> 을 멸하였다.[25]

위의 기사는 『삼국지』에 나오는 내용으로 한(漢) 군현과 한(韓)의 관계를 보
여주는 자료로 널리 인용되고 있다. ①은 2세기 중후반, ②는 2세기 말에서 3
세기 초, ③은 3세기 중반에 각각 해당한다. 한·예가 강성해지면서 주민이 유
출되자 대방군을 설치하고 한·예를 정벌하였고, 이를 통해 옛 백성이 돌아오고
한·예도 대방에 통속되었다는 내용이다. 그 뒤 2군과 한의 갈등으로 다시 군사
적 충돌이 있었다.

---

25 『三國志』 권30, 魏志30 烏丸鮮卑東夷傳, "桓靈之末 韓濊强盛 郡縣不能制 民多流入韓國 建安
中 公孫康分屯有縣以南荒地 爲帶方郡 遣公孫模張敞等 收集遺民 興兵伐韓濊 舊民稍出 是后倭
韓遂屬帶方 景初中 明帝密遣帶方太守劉昕 樂浪太守鮮於嗣 越海定二郡 (중략) 部從事吳林 以
樂浪本統韓國 分割辰韓八國 以與樂浪 吏譯轉有異同 臣智激韓忿 攻帶方郡崎離營 時太守弓遵
樂浪太守劉茂興兵伐之 遵戰死 二郡遂滅韓"

이를 통해 2군의 중심 기능이 삼한에 대한 통제였으며, 그러한 임무를 담당한 2군이 중국의 입장에서 한 그 자체로 받아들여졌다고 보기도 한다. 그러나 통상 통속관계에서 하급 단위가 상급 단위의 범주에 흡수 인식될 수는 있어도 상급 단위가 하급 단위로 범주화되는 것은 생각하기 어렵다. 곧 낙랑의 통속을 받는 한이 낙랑으로 인식될 수는 있어도 낙랑이 한으로 인식되었다고 볼 수는 없다는 것이다.

위 기사를 보면 낙랑과 제한(諸韓)이 무력으로 충돌하는 양상도 나타나고, 2군이 한을 멸했다는 내용도 보인다. 실상 '통속'이라는 것도 중국 왕조의 시각이며, 낙랑에 대한 한의 예속성은 같은 영역 범주로 인식될 정도로 강력했다고 보기 어렵다. 따라서 낙랑이 한에 대한 통제를 매개로 한으로 간주되었다는 설명은 무리가 크다.

다음 자료 또한 이러한 이해를 뒷받침한다.

　　낙랑의 외이 한·예·맥이 각기 무리를 이끌고 와서 조공하였다.[26]

위의 기사는 『삼국지』 위(魏) 경원(景元) 2년(261)의 것으로, 한·예·맥을 "낙랑의 외이(外夷)"로 칭하고 있다. 이것은 낙랑과 한 등이 명확히 구분되었음을 보여준다. 이 시기는 앞서 인용한 기사에서 대방태수(帶方太守) 궁준(弓遵) 등의 활동이 언급된 경초(景初) 연간(237-239)보다 20여 년 뒤이다. 당시 낙랑이 그 외이로 규정된 한과 같은 영역 범주로 인식되었다고 보기 어렵다.

한편 이와 관련하여 다음 자료에 대한 이해가 문제된다.

　　영화 9년 3월 10일 요동한현도태수령 동리가 만들었다.[27]

26　『三國志』 권4, 魏志4 三少帝紀 景元 2년 7월, "樂浪外夷韓濊貊各率其屬來朝貢"
27　『譯註韓國古代金石文』 永和九年銘塼, "永和九年三月十日遼東韓玄菟太守領佟利造"

위의 기록은 평양역 구내 공사 중 발굴된 이른바 '동리묘'의 전돌에 새겨진 명문이다. 영화(永和)는 동진(東晉)의 연호로서 영화 9년은 353년이다. 이 구문은 동리(佟利)가 "요동한현도태수령(遼東韓玄菟太守領)"이라는 직함을 칭한 것으로 해석된다.

이 구문의 '한'은 동리가 칭한 태수 직함을 구성하는 것으로서 '한군(韓郡)'으로 파악할 수 있다. 다만 한군은 설치 사실이 확인되지 않기 때문에 동리가 자칭한 허구의 직함으로 보기도 한다.[28] 그리고 이 한은 낙랑군과 대방군의 관할인 한예(韓濊)의 '한'을 의미한다고 보는 것이 일반적이다.[29] 이에 낙랑 지역의 인물이 한의 태수를 칭했다는 것은 이 지역을 한의 땅, 혹은 이곳으로 통하는 제1관문으로 간주하였기 때문이라고 보기로 한다.[30]

하지만 태수 직함 중 요동과 현도가 실재한 군인데 그 사이에 허구의 지명을 끼워 넣었다는 것은 납득하기 어렵다. 그리고 이 직함의 '한'이 반드시 제한(諸韓)을 가리킨다는 것도 근거를 찾을 수 없다. 그렇다면 한군은 가공의 군이 아니라 실재한 다른 군의 이칭일 가능성이 있다.

동리의 묘가 있는 평양 일대는 본래 낙랑군 소속이다. 요동과 현도가 언급된 것에 비추어 그가 칭한 태수 직함에 낙랑이 빠졌다는 것은 석연치 않다. 실직이든 자칭이든 요동과 현도를 관할하는 존재라면 자신의 묘가 있는 낙랑도 그 범위에 들어가는 것이 합리적이다. 여기서 한이 낙랑을 나타낸다는 이해를 얻을 수 있다.

문제는 낙랑의 이칭으로 사용된 '한'이 앞의 기사에 보이는 '제한'에서 채용된 것으로 볼 수 있는가 하는 점이다. 전술한 것처럼 제한이 낙랑에 통속

---

28 여호규는 동리가 정착한 樂浪故地와 직접 연관된 관직이 없다는 점에서 현실에서 기능한 것이 아니라 이상적인 사후세계를 꿈꾸기 위해 자칭했다고 보았다(余昊奎, 2009 「4세기 高句麗의 樂浪·帶方 경영과 中國系 亡命人의 정체성 인식」『韓國古代史硏究』 53, 179쪽).

29 임기환, 2004 『고구려 정치사 연구』 한나래, 165-168쪽

30 조영광, 2008 앞의 논문, 141쪽

되었다는 것을 근거로 낙랑을 한으로 불렀다고 볼 수는 없다. 따라서 낙랑을 한으로도 칭한 이유는 다른 맥락에서 찾아야 한다.

여기서 353년이라는 시점에 주목할 필요가 있다. 고구려는 미천왕 때인 313년 낙랑을 침공하여 남녀 1천여 구를 노획했는데,[31] 이때 고구려가 낙랑을 병합한 것으로 보고 있다. 이어 314년 대방군을 침공하였다.[32] 이후 낙랑군의 활동은 더 이상 보이지 않으며, 대신 고구려가 낙랑의 중심지였던 평양을 경영하는 모습이 나타난다.

한편 315년에는 현도군을 공격하였다.[33] 미천왕은 앞서 302년에도 현도군을 공격한 바 있다. 하지만 낙랑과 달리 현도군을 차지한 것은 아니었다. 385년 고구려가 다시 요동과 현도를 공격하여 남녀 1만여 구를 잡아온 기사가 보인다.[34] 그러나 곧바로 연(燕)의 모용농(慕容農)이 반격하여 요동군과 현도군을 복구하였다.[35] 결국 동리묘가 만들어진 353년 당시 요동군과 현도군은 중국 군현으로 유지된 반면, 낙랑군은 고구려에 흡수되어 소멸한 상태였던 것이다.

따라서 고구려 영토 안에 건설된 동리묘에서 그가 칭한 태수 직함에서 소멸한 낙랑은 직접 표방될 수 없었다. 다만 동리가 태수 직함을 가진 것에서 드러나듯이 당시 구 낙랑 지역이 고구려의 내지로 전화되지 않은 상태였던 것으로 짐작된다.[36] 이렇게 고구려는 자국에 새로 편입되어 변경으로 남아

---

31 『三國史記』권17, 高句麗本紀5 美川王 14년 10월, "侵樂浪郡 虜獲男女二千餘口"
32 『三國史記』권17, 高句麗本紀5 美川王 15년 9월, "南侵帶方郡"
33 『三國史記』권17, 高句麗本紀5 美川王 16년 2월, "攻破玄菟城 殺獲甚衆"
　　『三國史記』권17, 高句麗本紀5 美川王 3년 9월, "王率兵三萬 侵玄菟郡 虜獲八千人 移之平壤"
34 『三國史記』권18, 高句麗本紀6 故國壤王 2년 6월, "王出兵四萬 襲遼東 先是 燕王垂命帶方王佐 鎭龍城 佐聞我軍襲遼東 遣司馬誷景將兵救之 我軍擊敗之 遂陷遼東玄菟虜男女一萬口而還"
35 『三國史記』권18, 高句麗本紀6 故國壤王 2년 11월, "燕慕容農將兵來侵 復遼東玄菟二郡 初 幽冀流民多來投 農以范陽龐淵爲遼東太守 招撫之"
36 고구려는 중국 출신 유력자에게 의제적 직함을 수여하여 옛 군현 지역에 대한 간접 지배를 도모한 것으로 생각된다. 이와 관련된 기존 논의에 대해서는 여호규, 2009 앞의 논문 참조.

있던 낙랑군을 '한'으로 칭했던 것이다.[37]

앞서 인용한 경원 2년 기사를 보면, 한은 본래 예·맥과 함께 낙랑의 외이로 인식되었다. 외이는 낙랑을 둘러싼 외방의 존재들이다. 이들이 한·예·맥으로 구분된 것은 방향에 따른 것으로, 각각 남쪽·동쪽·북쪽에 해당한다. 이는 중국의 전통적인 관념에 따라 낙랑이 자신의 주변에 사이(四夷)를 설정하고 각각에 이름을 붙인 것이다. 다만 서쪽은 바다고 그 건너가 중국이어서 따로 외이를 설정하지 않았다.

그런데 낙랑이 고구려에 병합되면서 그 자체가 고구려의 외이가 되었고, 고구려는 남쪽에 수립된 자신의 외이를 '한'으로 칭하였다. 고구려가 낙랑을 정복함으로써 한으로 인식될 단서를 마련했다고 보기도 하지만,[38] 고구려에 의해 낙랑 지역이 한으로 범주화되었다고 보는 것이 타당할 것이다.

이것은 「광개토왕릉비」의 수묘인연호(守墓人烟戶)에 보이는 "신래한예(新來韓穢)"를 통해 뒷받침된다. 이 구문은 고구려가 자신의 외부 존재를 '한예'로 범주화했음을 보여주기 때문이다. 고구려는 낙랑을 병합하면서 낙랑이 가지고 있던 관념을 자신의 천하관에 도입하였다.[39] 그리고 이 과정에서 고구려에 정복된 낙랑도 '한'으로 규정되었다. 물론 이는 낙랑이 고구려의 남쪽에 위치하기 때문에 기존의 한과 하나의 범주로 묶인 결과이다.

결국 동리묘 전돌 명문에 보이는 한은 통상 삼한으로 부르는 지역을 나타내는 것이 아니라 고구려에 흡수된 낙랑군을 나타내는 명칭이다. 고구려는

---

37 佟利墓보다 4년 뒤에 조성된 안악 3호분의 佟壽는 "護撫夷校尉 樂浪相 昌黎玄菟帶方太守"를 칭하고 있다. 현도와 대방이 태수 직함에 사용된 반면, 낙랑은 그보다 상위인 相의 직함에 사용되고 있다. 이로 보아 낙랑은 현도와 대방 등을 포괄하는 명칭으로 사용되고, 과거 낙랑군은 韓으로 지칭한 것으로 생각할 수 있다. 한편 낙랑에 대해서만 '한'이라는 새로운 명칭을 적용한 것은 과거 낙랑이 중심지로서 고구려 등을 外夷로 규정했던 것에 대응하여 고구려가 새로운 중심을 자처하며 과거의 중심이었던 낙랑을 외이로 규정한 결과로 이해된다.

38 조영광, 2008 앞의 논문, 142-146쪽

39 「광개토왕릉비」에 나타난 고구려의 천하관에 대해서는 노태돈, 1988 「5세기 金石文에 보이는 高句麗人의 天下觀」『韓國史論(서울대 국사학과)』 19 참조.

한을 외이로 거느리는 존재이므로 이를 통해 고구려가 한으로 인식되는 단서를 찾을 수는 없다.

이번에는 고구려와 한의 동질성과 관련된 문제를 따져보자. 논점이 되는 자료는 다음과 같다.

예(穢)는 곧 한예로서 동이의 별종이다.[40]

위의 기사는 선진(先秦) 시기 문헌인 『일주서(逸周書)』에 보이는 예(穢)에 대해 서진(西晉) 시기 인물인 공조(孔晁)가 주석한 내용이다.

이 구문에 대해 "예를 한예라고 불렀다"라고 해석하면서 당시 사람들이 한과 예를 구분해서 부를 필요가 없는 동종(同種)이거나 적어도 족원(族源)이 같은 동류로 받아들였다고 이해하기도 한다.[41] 그리고 이를 전술한 「광개토왕릉비」의 '신래한예'와 연결하여 한·예 두 세력의 병칭이 아니라 실재로 구분이 애매해진 두 집단을 뭉뚱그려 지칭한 것으로 보았다. 또한 예가 고구려를 구성한 중심 종족인 맥과 아울러 '예맥'으로 통칭되었음을 근거로 한과 예도 예와 맥만큼은 아니더라도 보다 넓은 범주에서는 동류로 인식되었을 가능성이 높다고 하였다.

이러한 설명은 결국 고구려는 맥이고, 맥은 예와 동류로 파악되며, 예는 다시 한과 동류로 간주되었기 때문에 고구려가 한으로 인식될 수 있다는 논리를 가진다. 그러나 이 논리는 '한예'나 '예맥'이 각각의 동질성을 준거로 형성된 개념이며, 그 준거가 동일하다는 것이 입증되어야 비로소 성립할 수 있다.[42]

---

40 『逸周書』 권7, 王會解, "穢 韓穢 東夷別種"
41 조영광, 2008 앞의 논문, 147쪽
78 이성규는 韓과 濊貊의 차이를 분명히 지적하면서 이들의 동질성을 강조하는 것은 민족의 원류를 단일한 계통으로 설정하려는 선입관이 작용한 것이라고 비판하였다(이성규, 2003 앞의 논문, 129-130쪽).

실상 '예맥'이나 '한예'처럼 두 대상을 병칭하는 것은 반드시 명칭에 등장하는 두 부류만을 나타내는 것은 아니며, 일정 범주에서 대표되는 둘을 뽑아 제시함으로써 전체를 표현한 것일 수 있다.[43] 한예는 한과 예를 병칭한 것이지만 해당 범주에 한과 예만 있는 것이 아닐 수 있고, 반드시 한과 예가 내적인 동질성이나 동원성을 가지는 것도 아니다.[44]

고구려에서 말한 '한예'는 고구려의 외부, 특히 남쪽과 동쪽에 있는 존재들이라는 포괄적 의미로 보아야 한다. 당시 고구려의 남쪽에는 『삼국지』에서 말한 삼한은 소멸하였고 백제와 신라가 있었다. 고구려가 인식한 예가 동쪽의 외부 세력으로서 말갈과 연결된다면,[45] 한은 백제·신라를 포괄할 수 있다. 여기에 새로 편입된 낙랑 지역도 '한'으로 칭해졌다. 한예는 이들을 모두 아우르는 범주로서 고구려가 하나로 묶어 인식한 것일 뿐, 그들이 내적인 동질성을 가지고 있음을 보여주는 것은 아니다.

마찬가지로 공조의 주석에서 말한 내용은 『일주서』에 보이는 예에 대해 동진 시기 사람들이 인식하고 있던 한예를 매개로 풀이하고 부연 설명을 덧붙인 것이다. 곧 "예는 한예이다"라고 한 것은 한과 예가 같은 부류여서가 아니라 '한예'라는 당시 범주를 통해 과거 기록에 나오는 예(穢)를 설명한 것에 불과하다. 의역하자면 "『일주서』에 보이는 예는 지금 한예라고 부르는 부류에 해당한다" 정도가 될 것이다. 그리고 이 한예 또한 "동이의 별종"이라는 설명에서 나타나듯이 동이에 속한 부류를 범칭한 것일 뿐이다.

결국 낙랑과 대방의 한 지배와 고구려의 낙랑 정복을 묶어 고구려를 한으

---

43 夷狄이라는 말은 東夷와 北狄만 말하는 것이 아니라 四夷를 통칭하는 개념이다. 蠻夷·戎狄 같은 표현도 마찬가지로서 사이 중에서 둘을 뽑아 대표 명칭을 만든 것일 뿐이다. 따라서 병칭된 둘 사이의 어떤 공통성을 담보하지는 않는다.

44 이성규는 先秦 문헌의 貊이 때때로 주변 민족에 대한 범칭으로 사용되고 있음을 들며 문헌에 보이는 모든 '맥'을 예맥으로 이해하는 것은 곤란하다고 지적하였다(이성규, 2003 앞의 논문, 119쪽).

45 『삼국사기』 진흥왕 9년(548) 기사에 보이는 濊의 실체는 말갈로 보는 것이 일반적이다(『三國史記』 권4, 新羅本紀4 眞興王 9년 2월, "高句麗與穢人 攻百濟獨山城").

로 인식했다고 주장하거나 '고구려=맥'과 예맥, 한예를 연결하여 고구려와 한의 친연성을 유도하는 것은 모두 논리적으로 결함을 가지며, 실증적으로도 뒷받침되지 않는다. 따라서 고구려가 삼한으로 설정되는 것은 이와 다른 맥락에서 이해해야 하는데, 이에 대해서는 뒤에서 다시 언급할 것이다.

한편 낙랑의 한씨(韓氏)는 고조선 왕족에서 유래했으며, 그 일부가 남하하여 진한을 형성하면서 낙랑이 이 지역을 한으로 칭하였다는 견해도 있다.[46] 이 견해는 『삼국지』에서 준왕(準王)이 남천(南遷)하여 한왕(韓王)이 되었다는 기사를 신뢰하지 않았다. 준왕의 남천 이전에 한이라는 명칭이 있었음을 부정한 것이다. 대신 『삼국지』의 주소(註疏)에 인용된 『위략(魏略)』에서 준왕의 남천 후 현지에 남아 있던 사람들이 한씨를 모칭(冒稱)했다는 기사를 채용하였다.[47] 또한 낙랑의 전돌 명문에 많이 등장하는 한씨도 실질적으로 고조선 왕실로 판단하였다.

그리고 진의 유망민들이 진한을 형성했다는 전승을 부정하고 이를 조선의 유민으로 이해했는데, 이는 『삼국사기』 신라본기에서 진한 6부의 연원을 '조선유민(朝鮮遺民)'이라 설명한 것과 연결된다. 그리고 낙랑군이 설치되어 이 지역과 직접 교섭하면서 낙랑인들이 처음으로 '한'이라는 명칭을 사용했으며, 이것이 마한과 변한으로 확장되었다고 보았다.

이에 대해 먼저 조선인의 진한 이주라는 상황을 확증할 수 없다는 점이 지적된다. 준왕의 남천 전승이 후대에 만들어진 것이라면, 이로부터 유도되는 조선유민의 한 이주 또한 신뢰하기 어렵다.[48] 물론 고대 사회에서 인구 유동은 늘 상정되지만, 역사적 연원에 대한 뚜렷한 인식을 수반할 정도의 이동이

---

46 전진국, 2012 「한(韓)의 유래와 그 명칭의 형성」 『정신문화연구』 129

47 『三國志』 권30, 魏志30 烏丸鮮卑東夷傳 裴松之注, "魏略曰 其子及親留在國者 因冒姓韓氏 准王海中 不與朝鮮相往來"

48 신라가 자신을 진한으로 인식하는 것은 하대 이후에 비로소 확인된다(본서 6부 2장 참조). 따라서 신라의 연원을 조선유민으로 연결한 것은 실상 고려에 들어와 형성된 인식일 가능성이 높다.

있었는지는 확인되지 않는다.

진한의 기원을 진의 유망민으로 보는 것은 '진한(秦韓)'이라는 이표기에서 발생한 서사로 보인다. 그리고 진한이 조선유민에서 비롯되었다는 것은 준왕 전승을 진한에 가져다 붙인 결과이다. 곧 준왕이 남천하여 정착한 한은 마한으로 보는 것이 일반화되었지만, 일각에서는 이를 진한으로 연결한 것이다. 이는 진 유민의 망명과 준왕의 남천을 연결하여 생성된 후대의 인식에 불과하다.

다음에 한씨 칭성이 지역 명칭으로서 '한'이 생성되는 근거가 될 수 있는가 하는 의문이 제기된다. 한씨가 낙랑에서 큰 세력을 형성한 것을 토대로 남하한 무리 중에도 한씨가 많았고, 이로 인해 이들이 사는 지역이 한으로 지칭되었을 것이라고 보았다.[49] 하지만 특정 성씨 집단의 이주에 의해 해당 성씨가 지명으로 전화될 수 있는 것인지는 의문이며, 한반도 남부 지역을 포괄하는 명칭이 된다는 것은 더욱 현실성이 없다. 같은 글자이기 때문에 언뜻 양자를 연결할 여지가 있어 보이지만, 성씨로서 '한'과 지명 내지 집단명으로서 '한'은 층위가 다르다.

한편 이러한 해석은 그 근거가 된 『위략』 기사에 의해 부정될 수 있다. 해당 기사에는 준왕 후예들의 한씨 모칭을 언급한 뒤, "준왕은 해중(海中)으로 가서 왕이 되었으나 조선과는 서로 왕래하지 않았다"라고 적고 있다. 한씨 모칭과 주민의 남하는 '단절'로 인식되고 있었으며 따라서 남천 집단이 한씨를 칭했다고 볼 근거도 없다. 그리고 낙랑의 전돌 명문에서 여러 성씨가 등장하는 데서 나타나듯이 한씨가 다수라고 해도 그들이 낙랑을 지배하고 있었다고 단정할 수 없다. 이런 상황에서 한씨로 인해 남방의 존재들이 '한'으

---

49 이것은 준왕이 韓地로 남천했기 때문에 韓王이 된 것이 아니라 韓姓을 가진 준왕이 새로 왕이 되었기 때문에 그 땅을 韓으로 부르게 되었다는 견해(金庠基, 1948 「韓·濊·貊移動考」 『史海』 창간호 ; 1974 『東方史論叢』 서울대학교출판부)와 유사하다.

로 지칭되었다는 설명은 무리가 크다.[50]

'한'이라는 명칭이 어떻게 유래했는지는 명확히 알 수 없다. 그것은 예나 맥도 마찬가지이다. 다만 다른 명칭이 비칭(卑稱)인 데 비해 한은 중국의 국명 및 성씨에도 있기 때문에 다양한 전승과 인식이 만들어진 것으로 보인다. 이처럼 부회 가능성이 있는 만큼 현재로서는 한의 명칭을 한씨와 연결하는 것은 적절치 않다고 본다. 사실 이 부분에서 중요한 것은 한이 어디에서 유래했는가가 아니라 이것이 이후 동국 역사의 준거로서 자리하게 되는 과정이다. 한에서 비롯된 삼한이 동국 역사의 대표 개념이 되고 동국의 역사적 정체성을 제공함으로써 현재의 국호로까지 이어지는 맥락을 충실하게 이해해야 한다는 것이다.

---

50 이성규는 王符의 『潛夫論』에 周 宣王 때에도 韓侯가 있었고 그 후 韓西 역시 韓姓이었는데 위만에게 정벌되자 海中으로 옮겨 거처했다는 내용을 근거로 韓侯와 조선, 나아가 한후와 삼한의 연결을 논하는 것에 부정적인 입장을 보였다(이성규, 2003 앞의 논문, 128-129쪽). 대신 주변 민족을 중국 유수의 국명으로 표기한 점에 주목하고 기자의 후예로서 辰 역시 殷系의 변방 종족을 나타낸 것이며, 그 후신으로서 중국계(특히 殷系)임을 표현할 수 있으면서 현지의 실정과도 어울리는 명칭으로 '한'을 고안한 것으로 추정하였다(이성규, 2003 앞의 논문, 132-134쪽). 이 역시 준왕의 남천 전승에 의거하여 은-기자-조선-한의 연결성을 설정한 셈이다. 한이 다른 주변 지역 집단 명칭과 달리 중국 국명의 하나였던 만큼 준왕의 남천 전승에서 그 유래를 찾는 것도 가능해 보이지만, 여전히 풀리지 않는 문제도 있다. 곧 한이 결국 중국계라는 인식의 산물이라면 이후 지식인들 또한 삼한 지역에 대해 중국과의 관련성을 제시했을 법한데, 그러한 흔적이 확인되지 않는 것이다. 따라서 같은 글자를 쓴다고 하여 한을 중국의 국명이나 성씨와 연결하는 것은 더 분명한 방증이 수반되지 않는 한 작위적 설명을 넘기 어렵다.

2. 삼한 인식의 확장

1) 삼국과 삼한

앞에서는 한과 삼한의 개념적 관계를 자세히 짚어보고, 한 명칭의 유래에 대한 논의를 비판적으로 검토하였다. 이번에는 역사적 실체로서 삼한이 소멸한 후 동국 역사를 표상하는 개념으로 삼한이 사용되는 구체적인 양상을 살펴보기로 한다.

이것은 크게 두 가지 논점을 통해 도모할 수 있다. 하나는 자료에 보이는 삼한 용례를 어떤 의미로 이해할 것인가 하는 점이고, 다른 하나는 고구려를 포함하는 삼한 인식의 준거가 무엇인가 하는 점이다. 전자는 자료에 보이는 삼국, 그중에서도 고구려와 관련된 다양한 용어에 대한 검토과정에서 삼한 문제를 다루는 것으로, 특히 당대(唐代)에 제작된 묘지명 자료가 소개되면서 활기를 띠었다. 후자는 이를 바탕으로 고구려를 한 내지 삼한으로 연결할 수 있는 기제를 찾는 작업이다. 이 중에는 한과 직접 연결하는 입론도 있고 조선(기자)을 매개로 연결하는 입론도 있다. 여기서는 먼저 자료에 나타나는 삼한 용례에 대한 이해 문제를 중심으로 살펴보기로 한다.

삼한 용례는 문헌 자료와 금석문 자료에서 폭넓게 보인다. 최근 한 명칭에 대한 탐구의 연장에서 삼한 용례를 검토한 연구가 있다. 삼한을 동이에 대한 범칭이라는 맥락에서 이해하면서 그 안에 삼국의 범칭으로서 의미를 포함하였다.[51] 동이와 마찬가지로 삼한도 범칭으로서만 이해함으로써 '역사적 동질성'에 대한 고려는 미약하다.

역사적 실체로서 삼한이 소멸한 후 중국 자료에서 동국을 가리키는 범칭

---

51   전진국, 2016 「三韓의 용례와 그 인식」 『韓國史硏究』 173

으로 삼한이 사용된 가장 이른 사례는 『위서(魏書)』 양고(陽固)전에 수록된 그의 「연색부(演賾賦)」이다. 해당 구문은 다음과 같다.

> 석목으로 가려다가 청구로 수레를 돌렸네. 수양에서 옛사람을 방문하고 또한 상구에서 도를 물었네. 삼한의 누누함을 보고, 훼복의 유유함을 알았네.[52]

위에 보이는 '삼한'은 역사적 실체로서 삼한이 아니라 기존에 '동이'라고 부르던 것을 범칭한 것이다. 하지만 동국 내지 삼국에 대한 '역사적 정체'라는 의미를 담고 있다고 보기는 어렵다. 역사적으로 삼한에 주목하는 이유는 그것이 지칭하는 대상의 역사적 동질성 내지 동원성을 담보하는 용어이기 때문이다. 위의 사례는 아직 그러한 의미를 부여하기 어렵다.

당시 중국의 동쪽에 고구려가 있었으므로 이를 고구려라고 이해하기도 하지만[53] 양고가 고구려를 적시하여 삼한으로 지칭한 것은 아니다. 단지 중국 동쪽에 있는 외부 존재에 대한 새로운 표현일 뿐이다. 이는 그 대구에서 오랑캐의 옷을 뜻하는 '훼복(卉服)'을 말한 것에서 뒷받침된다. 또한 "수양(首陽)에서 옛사람을 방문한다"라고 한 것은 백이(伯夷)·숙제(叔齊)의 고사를 말한 것으로, 부조리한 현실에서 도피하고자 하는 뜻을 표현하고 있다.

이 글은 양고가 모함으로 관직을 박탈당한 뒤 유랑하며 지은 것이라는 점에서 굴원(屈原)의 「어부사(漁父辭)」를 연상시킨다. 그리고 이러한 현실 인식에 연결된 삼한과 훼복은 공자가 구이(九夷)에 살고 싶다고 한 『논어』의 구절과도 맥이 닿는다.[54] 이에 비추어 양고가 말한 삼한은 같은 구문에 나오는 청구(靑丘)와 더불어 중국이라는 범위에서 벗어난 동방을 나타낸 것이며, 그 역

---

52 『魏書』 권72, 列傳 60 陽固, "聊右次於析木兮 遄回駕於靑丘 訪古人以首陽兮 亦問道於 鶦鳩 睹三韓之累累兮 見卉服之悠悠"
53 전진국, 2016 앞의 논문.
54 『論語』 子罕, "子欲居九夷 或曰 陋如之何 子曰 君子居之 何陋之有"

사성에 대한 구체적인 이해를 수반한 것이라고 보기 어렵다. 물론 이것이 차후 그 구성원의 역사적 동질성을 나타내는 개념으로 이어질 단서를 보여준다고 볼 여지는 있다. 이에 대해 『수서(隋書)』에 보이는 우작(虞綽)의 글은 명확히 고구려를 삼한으로 칭하고 있다는 점에서 양고의 사례와 차이를 보인다.

> 내소가 원망을 일으키니 황제가 직접 동정하였다. 말이 만 번을 오가니 이에 헌영에 이어하였다. 육사가 정벌을 행하니 삼한이 숙청되었고, 삼가 천벌을 행하여 환하게 밝혔다.[55]

위의 기사는 수 양제가 대업(大業) 초기에 요동을 원정할 때 수행한 우작이 큰 새를 발견하고 상서로 여긴 양제의 명을 받아 지은 명(銘)의 일부이다. 여기에 "삼한숙청(三韓肅淸)"이라는 구절이 보인다. 이는 앞에 있는 동정(東征)의 결과로 설정되어 있다. 양제의 요동 정벌은 곧 고구려 원정을 말한다.

당시는 역사적 실체로서 삼한이 존재하지 않으므로 위의 삼한은 동방(해동) 내지 고구려에 선행하는 역사적 존재를 표상한다. 따라서 그것이 본래 '셋'으로 나뉘어 있었다는 구분은 의미가 없다. 고구려는 셋으로 나뉘어 있던 한과 연결되지 않기 때문이다. 결국 삼한은 그 자체가 단일한 속성을 가지며, 이를 연원으로 하는 삼국의 역사적 동질성을 유도하게 된다.

이것은 이전까지의 삼한 인식과 명확한 차이를 보인다. 당초 삼한은 많은 소국으로 구성된 한, 곧 제한국(諸韓國)을 지역, 또는 역사적 연원에 따라 세 부류로 구분한 것이었다. 이 세 부류는 지역 차이와 더불어 언어와 습속의 차이도 존재하므로 삼한은 한으로 묶이는 포괄적 범주 안에서 이질적인 부류를 구분하는 기능을 하였다.

---

55 『隋書』 권76, 列傳41 文學 虞綽, "來蘇興怨 帝自東征 言複禹績 乃禡軒營 六師薄伐 三韓肅淸 鵝行天罰 赫赫明明"

그런데 삼국이 성립하면서 과거 다수의 소국을 포괄하는 범주로서 한은 소멸하였고, 삼국의 연원과 관련하여 마한과 진한 각각으로 분리된 인식만 남게 되었다. 그런데 수대(隋代)를 전후하여 동방의 국가들에 대해 '삼한'이라는 역사적 연원을 설정하는 인식이 나타났다. 현실적으로 구분되고 상쟁을 벌이는 이질적 존재로서 삼국을 역사적 동질성으로 묶는 새로운 범주가 만들어진 것이다.

이러한 역사적 동질성은 중국의 시각에서는 자신과의 이질성을 나타내게 된다. 이에 중국 왕조는 자신과 다른 역사를 가진 동방의 국가들을 '삼한'으로 범칭하였다. 따라서 삼한은 삼국을 넘어 동방의 역사 자체를 대표하는 범주로 확장되었다. 이러한 추세는 당대에 들어 뚜렷하게 나타났다.

먼저 『수서』[56] 지리지 서문에 다음 내용이 보인다.

> 효무제에 이르러 멀리 정벌하는 데 힘써 남쪽으로 백월을 겸병하였고, 동쪽으로 삼한을 평정하였다.[57]

위에서 효무제의 "동정삼한(東定三韓)"은 한 무제의 조선 공멸을 말한다. 따라서 여기서 삼한은 고조선을 가리킨다. 이는 우작의 글에서 고구려 원정을 "삼한숙청"으로 표현한 것과 같은 맥락이다. 이들을 연결해 보면 삼한은 중국의 시각에서 동방의 역사 전체를 대표하는 용어로 정착하였음을 알 수 있다.[58] 과거 한이 있던 지역에 국한되지 않고 고구려와 조선까지 포괄하는 범주로 확장된 것이다.

『양서』 제이전에서 "위나라 때 조선 동쪽의 마한·진한 부류가 대대로 중국과 통교하였다"라고 한 것을 보면, 조선과 삼한은 공간적으로 구분 인식되

---

56 『隋書』는 636년 唐 長孫無忌·魏徵 등이 편찬하였다.
57 『隋書』 권29, 志24 地理上 서문, "逮於孝武 務勤遠略 南兼百越 東定三韓"
58 이는 남방의 역사 단위를 '百越'로 표현한 것과 같은 맥락이다.

고 있었다. 그런데 『수서』에서는 조선을 삼한의 범주에 넣어 이해한 것이다. 『양서』편찬이 『수서』보다 다소 앞서기는 하지만, 모두 당 태종대에 편찬된 것이다. 그럼에도 이러한 차이가 나타나는 것은 삼국과 관련된 수대 및 당대 초기의 역사적 경험이 『수서』에 투영되었기 때문이다.

『수서』배인기(裴仁基)전에 첨부된 사평(史評)에는 다음 내용이 보인다.

> 바야흐로 서쪽으로 엄채을 넘보고, 남쪽으로 유구를 토벌하며, 팔적의 군대를 살펴 통솔하고, 삼한의 땅을 여러 번 밟았다.[59]

위에서 "삼한의 땅"은 수의 원정 대상이 된 동방을 나타낸 것으로,[60] 구체적으로는 고구려 방면을 말한다. 이 역시 삼한이 고구려를 나타내는 용어로 사용된 사례이다. 현실의 고구려는 역사적으로 삼한의 땅에 포함되는 것이다.[61]

이처럼 삼한은 과거에 있던 세 개의 한에 국한되지 않고 그와 병존한 고구려, 혹은 그 이전의 고조선까지 아우르는 개념이 되었다. 이는 중국의 시각에서 고구려·백제·신라로 정립된 동방의 역사적 연원을 '삼한'으로 일괄한 결과이다. 동방에는 삼한으로 규정되는 하나의 통시대적 단위가 설정되며, 그 안에 있던 모든 존재는 삼한으로 간주되었다. 따라서 수·당대의 현실적 존재인 삼국은 삼한을 매개로 역사적 동질성을 확보하게 된다.

이러한 양상은 『구당서(舊唐書)』의 기사를 통해 구체적으로 확인할 수 있다. 먼저 태종대 인물인 저수량(褚遂良)전의 기사를 보자.

> 당시 태종이 고려를 직접 원정하고자 하여 측근 신하에게 이르기를, (중략) 저수

---

59 『隋書』권70, 列傳35 裴仁基, "方西規奄蔡 南討流求 視總八狄之師 屢踐三韓之域"

60 서쪽의 奄蔡, 남쪽의 流求에 대응하여 八狄은 북쪽, 三韓은 동쪽을 표상한다.

61 같은 인식이 東夷傳 史評에도 보인다(『隋書』권81, 列傳46 東夷, "二代承基 志包宇宙 頻踐三韓之域 屢發千鈞之弩 小國懼亡 敢同困獸 兵連不戢 四海騷然 遂以土崩 喪身滅國").

량은 태종이 삼한에 뜻을 품고 있어 그것이 후회를 남길까 우려하였다.[62]

위의 기사는 태종이 고구려 원정을 도모하며 측근에게 그 뜻을 드러내자 저수량이 이를 만류하는 내용 중 일부이다. 저수량은 태종의 고구려 원정 의도를 두고 그 뜻이 삼한에 있다고 해석하였다.[63] 『수서』에 보이는 사신(史臣)의 인식과 마찬가지로 원정 대상이 되는 고구려를 삼한으로 칭한 것이다.

한편 말갈 추장 출신으로 요동군왕(遼東郡王)에 책봉된 이다조(李多祚)에 대해 당 예종은 '삼한귀종(三韓貴種)'으로 표현하였다.[64]

이다조는 대대로 말갈 추장 가문이었으므로 삼국 때에는 고구려에 복속된 부류였을 것이다. 그런 그를 '삼한귀종'으로 표현한 것은 고구려 멸망 후에도 그 권역에 있던 부류들을 삼한의 범주에 넣어 이해했음을 보여준다. 고구려가 삼한에 포함되면서 고구려가 있던 지역 또한 역사적으로 삼한으로 귀속된 것이다.

이처럼 고구려까지 삼한에 포함되면서 삼한은 삼국을 아우르는 개념으로 굳어지게 되었다. 이러한 모습은 당 고종이 백제 의자왕에게 보낸 새서(璽書)에 집약되어 나타나 있다.

해동삼국에 이르러서는 나라를 세운 지 오래되었고, 경계를 나란히 하며 땅이 개 이빨처럼 서로 맞물려 있다. 요즘에 와서는 마침내 혐의와 간격이 생겨 전쟁이 번갈아 일어나 편안한 해가 거의 없어 삼한 백성들의 목숨이 위태로울 지경에 이르게 되었다. (중략) 지난해에 왕과 고려, 신라 등의 사신이 나란히 입조하

---

62 『舊唐書』 권80, 列傳30 褚遂良, "時 太宗欲親征高麗 謂侍臣曰 (중략) 遂良以太宗銳意三韓 懼其遺悔"
63 당의 백제 공멸 사적을 기록한 「唐平濟碑」에도 백제 공멸이 '삼한의 평정'으로 표현되어 있다(『譯註韓國古代金石文』, 唐平濟碑, "一擧而平九種 再捷而定三韓").
64 『舊唐書』 권109, 列傳59 李多祚, "李多祚 代爲靺鞨酋長 (중략) 睿宗即位 下制曰 (중략) 故右羽林大將軍上柱國遼陽郡王李多祚 三韓貴種 百戰余雄"

므로 짐이 이번에 원수를 풀고 다시 화목하게 살도록 명하였다.[65]

위의 기사는 신라의 요청으로 당이 백제에 사신을 보내 침공을 자제하도록 유시하는 내용을 담고 있다. 여기서 당은 고구려·백제·신라를 통틀어 '해동삼국(海東三國)'으로 부르고 있다. 당시 멀리 일본을 제외하면 중국의 동쪽에는 고구려·백제·신라의 삼국만 남기 때문에 이같이 표현한 것이다.

그런데 뒤이어 삼국의 상쟁으로 피해를 입는 백성을 가리켜 "삼한의 백성[三韓之氓]"으로 부르고 있다. 결과적으로 해동삼국과 삼한은 같은 것이 된다. 삼한의 백성은 삼국의 구성원을 하나로 인식하는 표현으로서 화해 종용의 중요한 명분이었다. 이는 삼한이 삼국의 역사적 동질성을 표상하는 개념이 되었음을 분명하게 보여준다.

이번에는 최근에 활발하게 소개되고 있는 당대 묘지명 자료에 나타난 삼한 인식에 대해 살펴보자. 검토 대상이 되는 자료는 고구려 유민의 묘지명과 당대 관인의 묘지명으로 나눌 수 있는데, 전자는 고구려 유민의 정체성에 대한 인식을, 후자는 고구려 내지 삼국을 바라보는 당의 일반적 시각을 반영한다.

전자와 관련하여 최근까지 소개된 고구려 유민의 묘지명 자료를 종합적으로 검토하여 그중에 고구려 유민의 출신을 평양·삼한·조선 등으로 표기한 사례가 있음에 주목하고 그 의미를 분석한 연구가 참고된다.[66] 여기에서 흥미로운 사실이 지적되었다.

우선 고구려 유민과 돌궐 등의 출신은 대부분 출신 국가 명칭을 표기하지

---

65 『舊唐書』 권199, 列傳149 東夷 百濟, "至如海東三國 開基自久 幷列疆界 地實犬牙 近代已來 遂構嫌隙 戰爭交起 略無寧歲 遂令三韓之氓 命懸刀俎 (중략) 去歲王及高麗新羅等使幷來入朝 朕命釋玆讎怨 更敦款穆"

66 최진열, 2009 「唐人들이 인정한 高句麗人의 正體性 : 唐代墓誌銘에 보이는 高句麗의 別稱(朝鮮·三韓·扶餘) 分析을 중심으로」 『東北亞歷史論叢』 24
    해당 사례로는 遼東郡平壤城人(泉男生), 遼東平壤人(高足西), 遼東三韓人(高玄), 遼東朝鮮人(泉男産) 등이 있다.

못했던 반면, 백제 유민과 중앙아시아 출신은 조국의 명칭을 온전히 표기했다는 것이다. 이러한 현상은 전자의 경우 당과 껄끄러운 관계에 있어 이들의 정체성을 말살하고자 한 반면, 후자는 정복하기 쉬운 상대였거나 평화로운 관계였기에 그 정체성을 인정했다고 보았다.[67]

이 논지에 기본적으로 수긍이 가지만, 고구려와 백제의 차이에 대해서는 명확한 이해가 필요하다. 이들의 가장 큰 차이는 고구려의 영토가 당으로 귀속된 반면, 백제는 신라 영토로 들어갔다는 점이다. 곧 고구려 유민의 정체성이 부각되면 자칫 자신의 영토 안에서 고구려 부흥운동이 촉발될 위험이 있었던 반면, 백제는 당의 영토와 무관하기에 그 국명을 용인하더라도 문제될 것이 없었다.

유의할 부분은 이 차이가 신라에서는 정반대로 나타날 수 있다는 점이다. 신라는 백제 영토에 대해서는 온전한 병합을 도모하면서 고구려 유민을 받아들여 일시적이지만 고구려국을 세워주기도 하였다. 이는 고구려가 당시 신라의 영토 밖에 있던 나라였다는 것과 무관하지 않다.[68] 당과의 외교 문제가 걸려 있어 제약이 있었지만, 당이 백제의 정체성을 용인한 것처럼 신라도 정치적 필요에 따라 고구려의 정체성을 인정할 수 있었다.

한편 출신지 표시에 사용된 구체적인 지명에 대한 검토도 있었다. 우선 '요동'은 진한(秦漢) 이래의 요동군을 지칭하는 것이 아니라 고구려를 가리키는 단어로 인식되었으며, 이 때문에 공식 문서와 행정구역 명칭에는 '요동'이란 단어를 사용하지 않았다고 보았다. 이는 고구려왕에게 내린 작호가 요

---

67 최진열, 2009 앞의 논문, 224-227쪽
68 신라는 백제 영토에 대한 영유권만 확보하고 있었다. 671년 「答薛仁貴書」의 "平壤已南 百濟土地"는 "평양 이남이 곧 백제토지"라는 의미로서 신라의 영유권에 고구려 영토는 포함되지 않았다(윤경진, 2016 「671년 「答薛仁貴書」의 '平壤已南 百濟土地'에 대한 재해석 : 백제의 영토의식과 浿河의 새로운 이해」 『역사문화연구』 60). 한편 이 문제에 대한 통설의 비판과 그에 대한 재반박이 있었다. 논의 내용에 대해서는 윤경진, 2019① 「신라의 영토의식과 삼한일통의식」 『역사비평』 126 및 윤경진, 2019② 「신라 '삼국통일' 논쟁의 논점과 방향」 『역사비평』 129 참조.

동군공(遼東郡公)이었으나 고구려 멸망 후 보장왕을 조선군왕(朝鮮郡王)으로 봉작하는 변화에 주목한 것이다.[69]

이러한 설명은 타당성이 있지만, 묘지명에서 '요동'을 상위 범주로 먼저 제시한 의미가 드러나지 않는다. 요동은 본래 요동군이 설치된 지역이므로 중국은 이곳이 자신의 영토로 귀속되어야 한다는 인식이 있었다.[70] 이 명칭을 실제 요동을 차지한 고구려의 봉작명에 사용함으로써 이러한 의지를 투영하였다. 백제와 신라에게 대방군과 낙랑군을 적용한 것처럼 현도군을 적용할 수 있음에도 요동군을 선택한 것은 중국의 영토의식과 무관하지 않다.

그런데 고구려 공멸 후 요동은 당의 영토로 귀속되었으므로 자신의 영토 안에 편입된 보장왕의 봉작명에 이를 사용할 이유가 없었다. 이를 그대로 봉작명에 사용한다면 오히려 이전의 고구려가 존속한다는 의미가 될 수 있었다. 이에 '요동' 대신 과거 기자의 역사와 연계되어 중국으로 귀속될 수 있는 '조선'을 사용하였다. 결국 고구려의 존속과 멸망이라는 차이가 봉작명의 변화를 가져온 것이다.

그런데 출신지 표기는 정치적 속성이 강한 봉작명과 반대되는 의미를 가진다. 곧 해당 인물이 당에 귀속된 존재이므로 출신지를 '요동'이라는 중국 영토의 범주를 전제로 삼은 것이다. 그리고 실제 고구려 출신이라는 것은 조선과 삼한 등으로 표기했는데, 이들은 결국 요동의 하위 범주가 된다. 따라서 묘지명의 출신지 표시에 나오는 요동이 고구려와 동일 개념이기 때문에 사용되었다고 볼 수는 없다.

한편 출신지 표기에 등장하는 조선과 삼한은 과거 설치된 군현의 명칭과

69　최진열, 2009 앞의 논문, 236쪽

70　최진열은 이전 논문에서 고구려를 '遼' 내지 '遼東'으로 지칭한 것은 고구려의 땅이 漢의 군현이었음을 강조하고 고구려는 수·당이 회복해야 할 故土라는 인식을 반영한 것으로 보았다 (최진열, 2012 앞의 논문, 222쪽). 이러한 관점에서 수·당의 고구려 원정을 요동 수복운동으로 평가하기도 한다(拜根興, 2002「激動의 50년 : 高句麗와 唐 關係 硏究」『高句麗硏究』14, 421-429쪽; 김유철, 2004「中國 史書에 나타난 高句麗의 國家的 正體性」『高句麗硏究』18, 36쪽).

관계가 없으며, 조선국 내지 삼한국 사람이라는 의미라고 이해하였다. 그리고 고구려 멸망 후 보장왕이 조선군왕에 봉해지는 것에서 조선이 고구려를 나타내는 것임을 적시하고, 현도군의 속현 가운데 고구려현이 있었음을 매개로 고구려는 본래 고조선의 영토였다는 논리를 유도하였다. 다시 말해서 두 나라의 역사적 동질성 혹은 계승성을 암묵적으로 인정했기 때문에 고구려를 조선과 동일시했다는 것이다. 평양에 도읍했다는 점도 이러한 이해를 뒷받침하는 요소로 언급되었다.

그런데 이 문제는 단순히 '동일시'라는 의미만으로 설명되기는 어렵다. 특정 용어를 채용한다는 것은 그것이 가지는 함의를 취하는 것이므로 이에 대한 이해가 요구된다. 봉작명을 바꾼 것은 전술한 것처럼 고구려 영토가 당에 귀속된 데 따르는 것으로 보이지만, 굳이 조선을 취한 데에는 나름의 이유가 있었을 것이다.

이에 대해서는 두 가지를 생각할 수 있다. 하나는 기자(箕子)가 분봉(分封)된 곳이라는 점이고, 다른 하나는 한(漢)에 의해 공멸된 나라라는 점이다. 어느 경우든 이는 동국이 아닌 중국의 역사로 귀속되는 것으로 해석될 수 있다. 곧 고구려가 본원적으로 중국으로 귀속된다는 명분을 수립함으로써 고구려의 정체성을 소멸시키는 효과를 의도했다는 것이다. 이 때문에 묘지명에서도 고구려 출신을 '조선인'으로 지칭한 것이다.

그런데 삼한은 맥락이 다소 다르다. 이와 관련하여 삼한 인식에 대한 기존 입론[71]을 그대로 수용하여 삼국의 동질성에 따른 표현으로 보았지만, 삼국이 삼한으로 표상되는 역사적 동질의식을 지니고 있었다고 볼 근거가 없다.[72] 앞

---

71 노태돈, 1982 앞의 논문

72 한편 김유철은 수·당의 삼한 인식이 삼국의 것을 수용한 데 따른 것이라는 노태돈의 입론을 비판하고, 삼국에 대해 동일한 작위를 설정하여 중국사적 정통성을 부여함으로써 지배력의 확대를 도모하는 과정에서 삼국을 삼한으로 표현하는 방안을 고안했다고 보았다(김유철, 2004 앞의 논문, 39-40쪽). 다만 그것이 東夷에 대한 범칭에서 삼국을 지칭하는 개념으로 구체화되는 과정과 궁극적으로 역사적 동질성을 유도하는 측면까지는 주목하지 않았다.

서 인용한 고종의 새서에 보이듯이 삼국의 역사적 정체로서 삼한은 당이 삼국의 화해를 종용하는 과정에서 외교적 수사로 제시되었다. 삼국의 실제 인식과 별개로 중국이 고구려를 포함하는 삼국에 대해 삼한의 동질성을 제시했고, 이 때문에 고구려 멸망 후 그 유민을 삼한인으로 부를 수 있는 근거가 생긴 것이다.[73] 다시 말해 고구려가 당의 영토로 귀속된 것을 전제로 '고구려=삼한'의 인식을 더한 것이다.

이번에는 당대 관인의 묘지명 자료에 나타난 삼한 용례를 살펴보자. 여기에는 해당 자료에 보이는 삼한과 마한·변한 등의 용례를 검토한 연구가 있다.[74] 이하 당대 묘지명 자료는 논자의 인용 내용을 재인용한 것이다. 그런데 이들은 동이의 범칭으로서 의미가 강하다. 논의에 인용된 몇 개의 사례를 통해 이를 확인해 보자.[75]

① 屈突詮墓誌：桃都雜種 桂婁遺噍 憑馬韓之險隔 傲鯷壑之深阻

② 劉節墓誌：方爾禓於馬韓 俗鐵前驅 乃除氛於免堞

③ 李他仁墓誌：父孟眞 本朝大相 幷以鯷壑景靈 卞韓英伐 國楨人干 疊祉蓮花

④ 邊眞墓誌：往以三韓作逆 九種不賓 鼓月騎以長驅 指霜伐而獨遠

⑤ 張成墓誌：九種以之冰銷 三韓於焉電散 旣而狼山霧靜 却走馬於蓮峰 鯷壑波淸 返歸牛於桃野

⑥ 龐德威墓誌：往以三韓未附 鯷壑驚波 九種猶迷 鼈津駭浪

⑦ 張仁楚墓誌：神兵作氣 無資一鼓之誼 肅愼歸降 坐滅三韓之俗

위에서 마한 또는 삼한의 용례를 보면, 그 대구에서 특징적인 모습이 발견된

---

73 묘지명에 나오는 삼한은 요동의 하위 범주로 인식되고 있다는 점에서 동이를 삼한으로 범칭하는 것과는 차이가 있다.

74 전진국, 2016 앞의 논문, 8-10쪽

75 인용문 일부는 최진열, 2012 앞의 논문에서 제시한 자료를 통해 보충하였다.

다. 우선 ①, ③, ⑤, ⑥ 등 네 사례에서 '제학(鯷壑)'이 보인다. 제학은 제해(鯷海)·제잠(鯷岑)으로도 표현되는데, 중국 동쪽의 발해(渤海)를 가리키며 동방의 별칭으로 사용되었다.[76] 여기서 삼한은 제학과 마찬가지로 동방의 별칭으로 사용된 것이다. 또한 ④, ⑤, ⑥에서는 '구종(九種)'이라는 표현이 나온다.[77] 구종은 동이에 9개의 부류가 있다는 관념에서 나온 말로서 통상 '구이(九夷)'로 표현된다. 삼한은 구이의 또다른 명칭이며, 동이를 그 지역에 있던 역사적 존재를 통해 표현한 것이다. 이 삼한은 현실에 있는 삼국까지 포괄할 수 있는 개념이지만, 그 구성원의 역사적 동질성을 나타내는 개념으로 수립된 것은 아니다.[78]

이러한 내용을 통해 다음 두 가지 사항을 지적할 수 있다. 하나는 삼국 외

---

76 한국고전종합DB의『桂苑筆耕集』권20,「祭劍山神文」의 역주 참조. 한편 李瀷은『星湖僿說』에서 "鯷岑者 指我國也 漢書云 會稽海外 有東鯷壑 分爲二十餘國 以歲時來獻"이라고 고증하였다(『星湖僿說』권2, 天地門).

77 당대 묘지명에서 고구려의 별칭으로 쓰인 삼한 용례 중 다수가 九種과 함께 나온다. 최진열이 조사한 사례 중 이러한 구성을 보이는 경우를 추가로 몇 가지 제시하면 다음과 같다(최진열, 2012 앞의 논문, 228-237쪽).
趙靜安墓誌 : 貞觀十八年 從太宗文皇帝門罪東夷 麾戈一擧 三韓粉魄於黃龍 機弭繳張 九種碎身於玄菟
馬寶義墓誌 : 洎以三韓肆虐 恃玄菟以蜂飛 九種挺妖 阻黃龍而蝟聚
姬溫墓誌 : 于時三韓蟻衆 驚濤阻於白狼 九種鴟張 凝氛晦於玄菟
張和墓誌 : 更九種強梁 蟻結靑丘之域 三韓叛換 鴟張紫塞之□
連簡墓誌 : 屬三韓舊壤 九種遺黎 恃玄菟以稽誅 控滄波而作梗
王思訥墓誌 : 往者三韓作梗 九種挺妖 君倚杖劍狼川 橫戈鯷壑 朝鮮之靜 君有力焉

78 당대 묘지명 중에서 삼한은 고구려를 가리키는 경우가 가장 많다. 이에 고구려의 별칭으로서 삼한의 의미에 주목하기도 한다(조영광, 2008 앞의 논문 ; 권덕영, 2014『唐 墓誌의 고대 한반도 삼국 명칭에 대한 검토』『韓國古代史硏究』75). 고구려를 삼한으로 칭한 사례가 많은 것은 일차적으로 당이 실제 접경하며 충돌한 나라가 고구려이고 그 영토가 당에 흡수되어 묘지명에도 자주 등장한 결과이다. 실상 삼한은 백제와 신라를 지칭하는 용어로도 사용되었으며, 진한 또한 삼국 모두에서 용례가 나타난다. 당대 묘지명에 보이는 삼한 또한 東夷나 遼東과 마찬가지로 범칭의 의미를 벗어나지 않는다는 것이다. 따라서 고구려의 별칭으로서 삼한의 의미를 찾기보다는 역사적으로 삼한과 병존하던 고구려가 삼한의 범주에 들어가고 이후 삼한이 삼국, 그리고 이를 통합한 역사적 후신의 칭호로서 보편화되는 과정과 의미를 이해하는 것이 중요하다.

에 동방의 여러 부류까지 삼한에 포함되었는가 하는 점이다. 당대 묘지명에서 삼한이 동이의 범칭처럼 사용되었으므로 결국 삼국 이외의 존재들도 삼한에 포함된 것으로 볼 수 있다. 문제는 이러한 삼한은 '일통삼한'의 삼한과는 의미가 다르다는 점이다.

'일통삼한'의 삼한에는 삼국 이외의 존재는 포함되지 않는다. 『삼국사기』에 나오는 말갈이나 예가 삼한의 범주에 들어가거나 혹은 동질적 존재로 묶이는 인식은 찾을 수 없다. 다시 말해 중국에서 동이를 포괄하여 삼한으로 인식했다는 것은 '일통삼한'의 이념과 직접 연결되지 않는 것이다.

다른 하나는 삼국 전쟁기에 당이 삼국에 대해 삼한의 동질성을 강조했고 고구려 출신 인물을 '삼한인'이라고 부르기도 했지만, 당대 묘지명 일반에서는 그러한 인식이 분명하지 않다는 점이다. 당이 고구려 원정을 환기하며 삼한을 언급하는 경우가 보이지만, 이 경우도 표현 방식에 따라 동이 등으로 치환될 수 있다. 곧 삼한은 고구려를 특정하기 위해 쓰인 것이 아니라 동이의 범칭으로 사용하는 경향이 강한 것이다. 고구려가 그 대표적 존재로 부각되었을 뿐이다.

이처럼 삼한의 범주를 제시한 당 사회의 인식에서 삼한은 삼국에 국한되는 역사적 동질성의 표현으로 나타나지 않는다. 이것은 같은 시기 신라에서 역사적 정체로서 삼한 인식이 대두했다고 보기 어렵게 만드는 요소이다. 삼한의 정체성은 삼국의 화해를 종용하는 당의 외교적 수사로 제기되는 수준이었으며, 신라 또한 삼한을 자신의 정체로 받아들이지 않았다. 따라서 당대의 삼한 용례는 7세기 신라의 삼한일통의식을 제시하는 준거가 될 수 없다.

2) 조선과 삼한

이번에는 조선과 삼한의 관련성에 대해 천착해 보자. 관련 논의에서 고구려를 포함하는 삼한 인식의 준거로 주목한 것은 기자(箕子) 내지 기자조선이다. 여기에는 두 가지 논리 구조가 담겨 있다. 하나는 준왕의 남천 전승에 근거하여 기자와 삼한의 관계를 설정하는 것이고, 다른 하나는 중국이 고구려를 역사적으로 기자와 연결했다고 보는 것이다. 이를 통해 삼한과 고구려를 모두 기자의 후신으로 포섭함으로써 고구려까지 포괄하는 삼한의 범주가 성립했다고 이해하였다.[79]

그러나 이러한 논리 구조는 타당하다고 보기 어렵다. 먼저 기자와 삼한의 연결을 보자. 위만의 공격으로 나라를 빼앗긴 준왕이 남천하여 마한을 정복하고 자립하여 한왕(韓王)이 되었다는 『후한서』 기사[80] 등이 기자와 삼한을 연결하는 근거로 채용되었다.

그러나 『후한서』에는 해당 기사 뒤에 "준왕의 후손은 단절되었고, 마한인이 다시 자립하여 진왕이 되었다[准后滅絶 馬韓人 復自立爲辰王]"라는 구절이 있다. 준왕의 사적은 마한의 중간에 일시적으로 성립한 것일 뿐이므로 이 기록은 준왕의 사적을 마한의 역사로 규정하는 근거가 되기 어렵다. 삼한 내지 마한이 기자의 후예로서 정통이 된다는 해석은 조선후기 역사 이해의 산물이며, 이를 7세기 중국의 인식으로 소급할 수 없다.

이제 고구려와 기자의 연관성에 대해 짚어보자. 근거 자료는 다음과 같다.

① 고려의 땅은 본래 고죽국입니다. 주나라 때 기자를 분봉하였고, 한나라 때 3군으로 나누었으며, 진나라에서 역시 요동에 통속시켰습니다. 지금 신속하지 않아 따로 외역이 되었기 때문에 선제께서 미워하였고 정벌하려 한 지 오래 되었습니다.[81]

---

79   전진국, 2016 앞의 논문, 11-13쪽
80   『後漢書』 권85, 列傳75, "初 朝鮮王準 爲衛滿所攻 乃將其餘衆數千人 走入海攻馬韓 破之 自立爲韓王"
81   『隋書』 권67, 列傳32 裴矩, "高麗之地 本孤竹國也 周代以之封於箕子 漢世分爲三郡 晉氏亦統遼東 今乃不臣 別爲外域 故先帝疾焉 欲征之久矣"

② 식사에 변두와 보궤, 준조, 뇌세를 사용하니 자못 기자의 유풍이 있었다. (중략) 그 풍속에 음사가 많으니 영성신과 일신, 가한신, 기자신을 섬긴다.[82]

①은 『수서』 배구(裵矩)전의 기록이고, ②는 『구당서』 고려전의 기록이다. ①에서는 고구려에 선행한 역사를 열거하면서 기자를 언급하였고, ②에서는 고구려 문화에 대해 기자의 유풍과 기자신을 말했다. 이를 근거로 중국인들이 고구려 역사를 기자와 연결 인식하고, 기자의 풍속이 있었던 것을 중시한 것에서 고구려를 삼한에 포함하거나 고구려 자체를 삼한으로 여겼다고 이해하였다.[83]

그러나 ①의 논점은 고구려가 아니라 '고구려 땅'이다. 당시 고구려가 차지하고 있던 영역에 대해 그곳에 있었던 이전 역사를 언급한 것일 뿐이다. 따라서 이것만으로 고구려와 기자를 하나의 역사로 연결할 수 없다. 여기서 배구는 고구려 땅이 본래 중국의 것이라는 인식을 드러내고 있다. 주 무왕이 기자를 봉했다는 것은 이어지는 내용에서 한이 3군을 설치하고 진(晉)이 요동에 통속시켰다는 것과 같은 맥락이다. 곧 이 부분은 요동이 본래 의관(衣冠)의 땅, 곧 중국 영토라는 의식을 표현한 것이다.[84]

그런데 이어서 "지금 신속(臣屬)하지 않고 외역(外域)이 되었다"라고 하였다. 이는 요동을 고구려가 차지한 상황을 가리킨다. 곧 중국의 땅이라는 역사성과 외역으로 분리된 현실이 대비되는 것으로, 중국에 속하는 기자의 역사는 외역인 고구려와 연결되지 않는다.

---

82 『舊唐書』 권199, 列傳149 東夷 高麗, "食用籩豆簠簋罇俎罍洗 頗有箕子之遺風 (중략) 其俗多淫祀 事靈星神日神可汗神箕子神"

83 전진국, 2016 앞의 논문, 10-12쪽

84 이성규는 이 기사를 근거로 고구려까지 포함한 '삼한'의 개념이 고구려를 침공 복속시키기 위한 명분을 확보하기 위해 고안된 것이라고 이해하였다(이성규, 2003 앞의 논문, 124쪽). 그러나 고구려 침공의 명분은 그 지역이 본래 중국 땅이라는 것이며, 삼한은 중국의 外域이기 때문에 침공의 명분이 서지 않는다. 고구려가 삼한이 되는 것은 우작의 글에서 보이듯이 동이에 대한 범칭으로서 삼한에 고구려가 포섭되면서 나타난 현상이다.

그리고 이로 인해 선제(先帝)가 정벌하고자 했다는 것은 곧 이 지역을 중국이 되찾아야 한다는 당위를 담고 있다. 결국 배구의 지적은 수의 고구려 원정을 정당화하는 맥락에서 나온 것이다. 따라서 이에 근거하여 기자와 고구려를 역사적으로 연결했다고 이해할 수 없다.

다음 기록도 이와 동일한 인식을 보여준다.

> 요동의 땅은 주에서 기자의 나라로 삼았고 한에서는 현도군이었는데, 위·진 이전에는 가까이 봉작한 범위 안에 있어 신속하지 않는 것을 허락할 수 없었던 것입니다. 만약 고려와 예를 다툰다면 사이가 어떻게 우러르겠습니까.[85]

위의 기사는 『구당서』 온언박(溫彦博)전의 것이다. 당 고조가 고구려가 수에 칭신(稱臣)하다가 양제에 맞선 것을 지목하고, 칭신하면서 스스로 존대(尊大)하는 행위를 묵과할 수 없다는 뜻을 보이자 이를 만류하며 한 말이다.

여기서 온언박은 기자 책봉과 사군(四郡) 설치를 언급하며 "위(魏)·진(晉) 이전에는 가까이 봉작한 범위 안에 있어 신속하지 않는 것을 허락할 수 없었다"라고 하였다. 그도 배구와 마찬가지로 요동이 본래 중국 땅이라고 본 것이다.[86] 다만 배구는 '수복'의 관점에서 고구려 침공의 당위를 수긍한 반면, 온언박은 '외역'이 된 것에 초점을 두어 침공에 반대하였다.

②는 고구려의 문화적 양상에 대한 것으로서 기자의 유풍(遺風)과 기자신(箕子神) 숭배를 언급하고 있다. 기자는 기본적으로 두 가지 상징성을 가진다.

---

85 『舊唐書』 권61, 列傳11 溫彦博, "遼東之地 周爲箕子之國 漢家之玄菟郡耳 魏晉已前 近在提封之內 不可許以不臣 若與高麗抗禮 則四夷何以瞻仰"

86 『삼국사기』에서 당이 파견한 相里玄奬이 蓋蘇文의 신라 침공을 만류하면서 "요동이 본래 중국 땅이지만 고구려가 차지한 것을 문제삼지 않았다"라고 한 말에서도 이러한 인식구조가 드러난다(『三國史記』 권21, 高句麗本紀9 寶臧王 3년 정월, "旣住之事 焉可追論 今遼東諸城 本皆中國郡縣 中國尙且不言 高句麗豈得必求故地"). 사신으로 와서 영토 귀속에 대해 말했다는 것은 후대에 가공된 서사일 수 있지만, 영토적 관점에서 요동을 바라보는 하나의 시각을 담고 있다.

하나는 주 무왕이 기자를 조선에 책봉한 것을 통해 중국과 동국의 사대외교 전통을 표상한다. 중국 왕조는 기자를 매개로 동국이 옛날부터 중국의 천하 질서에 편입된 존재임을 확인하였다. 다른 하나는 기자가 정전(井田)과 팔조 법금(八條法禁)을 실시함으로써 동국이 이른 시기에 중국의 문명 교화를 받았 다는 것을 표상한다. 이 때문에 유교 이념 및 의례의 도입에 수반하여 기자 에 대한 인식도 강화되었고, 중국식 제도나 유교적 문화에서 긍정적으로 평 가할 수 있는 면모를 흔히 '기자의 유풍'으로 표현하였다.

한편 고구려가 차지한 요동 지역이 본래 기자의 땅이라고 인식된 것에 비 추어 이 지역에 기자를 신격으로 숭배한 사적이 있었고 이를 고구려가 수용 한 것으로 짐작된다. 하지만 기자는 고구려가 숭배한 여러 토착신의 하나였 을 뿐이다. 이는 해당 기사에서 영성신(靈星神)·일신(日神)과 함께 음사(淫祀)의 하나로 열거된 것에서 드러난다.

기자가 고구려와 역사적으로 연결되는 모습 또한 찾을 수 없다. 고구려는 부 여에서 연원한 것으로 생각하였고, 시조 주몽을 낳은 유화(柳花)를 부여신(夫餘 神)으로 숭배함으로써 이를 표상하였다.[87] 그리고 독자적인 천손의식(天孫意識) 도 표방하고 있었으므로 자신을 또다른 역사적 존재와 연결할 여지는 별로 없다. 결국 기자는 고구려와 삼한을 연결하는 역사적 매개가 될 수 없다.

이번에는 당대 묘지명 중 조선과 삼한의 관계에 대한 자료를 살펴보자.

① 李他仁墓誌 : 大唐挺埴萬寓 采翡掇犀 頓綱八條之國
② 高慈墓誌 : 公諱慈 字智捷 朝鮮人也 (중략) 況乎地綑三韓人承八敎

①에서는 '삼한'과 '팔조(八條)'가 나오고, ②에서도 '조선'과 '삼한'이 '팔교

---

87 고구려의 유화 숭배에 대한 자세한 내용은 채미하, 2006 「高句麗의 國母信仰」 『北方史論 叢』 12 참조.

(八敎)'와 함께 나온다. 조선과 삼한은 같은 의미로 사용되고 있으나 모두 동국을 나타내는 병렬적인 개념으로 채용된 것으로, 양자의 역사적 연결을 보여주지는 않는다. 앞서 살펴본 사례에서 삼한과 함께 언급된 구종(九種)이나 제학(鯷壑)과 같은 관계인 것이다.

여기서 조선은 팔조(팔교), 곧 팔조법금에서 드러나듯이 기자가 책봉된 곳이라는 인식에 따라 채용된 것이다. 수대부터 나타난 이러한 인식은 당이 고구려를 공멸하면서 더욱 뚜렷해졌고, 이에 따라 당대 묘지명에서 고구려를 '삼한'과 더불어 '조선'으로도 칭하게 되었다고 생각한다. 이 경우 조선과 삼한이 역사적으로 연결되어 동국을 조선으로 칭하는 인식이 보편화될 수도 있어 보인다. 하지만 실제로는 이후 계속 삼한이 대표 개념으로 쓰인 것은 조선과 삼한이 역사적 선후 관계로 연결되지 않은 것을 반증한다. 조선이 삼한에 선행하므로 양자가 연결되었다면 당연히 그 연원을 조선으로 소급해 올렸을 것이기 때문이다.

오히려 삼한이 보편적 용어로 굳어지면서 시기가 앞선 조선을 대신하는 용어로도 사용되었다. 앞서 인용했듯이 한 무제의 조선 정벌을 '삼한의 평정'으로 표현한 것은 그 예이다.[88] 기자를 매개로 고구려가 삼한에 포섭되었다면, 이들의 정체성은 당연히 기자와 조선으로 설정되었을 것이며, 조선 공멸을 삼한 평정으로 설명할 이유도 없다.

결국 조선을 삼한으로 지칭하는 것은 동국을 삼한으로 규정하는 인식이 확립된 후 이것을 이전의 역사까지 포섭하는 범주로 확대한 결과이다.[89] 당대 묘지명에서 조선과 삼한이 함께 등장하는 것은 바로 이러한 인식 변화의 표현이다.

---

88 『隋書』권29, 志24 地理, "逮於孝武 務勤遠略 南兼百越 東定三韓"
89 김한규는 해동이 중국과 구분되는 권역을 가리켰다는 점을 적시하며, '해동'의식의 형성이 고조선과 삼한을 연결하고 삼국을 하나의 정치 문화적 단위로 통합하게 하는 결과를 만들었다고 이해하였다(김한규, 1994 앞의 논문, 1442-1443쪽).

이제 중국이 동국의 역사적 정체성을 삼한으로 설정한 이유에 대해 정리해 보기로 한다. 먼저 삼한의 동질성에 대한 준거로 설정되는 '한'의 의미부터 짚어보자. 한의 동질성을 설정하고 이를 예맥으로 확대하는 경우가 많지만, 엄밀히 한이 처음부터 어떤 동질성을 설정할 수 있는 범주는 아니었다.

여기서 "낙랑의 외이 한·예·맥"이라는 구절을 다시 음미해 보자. 이것은 낙랑을 중심으로 그 주변의 존재를 외이(外夷)로 볼 때 그 부류가 셋으로 설정되는 것을 보여준다. 이 세 부류는 낙랑을 중심으로 남쪽은 한, 동쪽은 예, 북쪽은 맥으로 범주화한 것이다.[90] 고구려를 '맥'이라 한 것은 이들이 낙랑의 북쪽에 있었기 때문이다.

결국 한은 낙랑의 남쪽에 있는 부류를 통칭하는 것이므로 예나 맥과 동질성을 설정할 수 있는 근거는 없다. 한 또한 그 명칭이 어디에서 온 것이든 그것이 해당 부류의 동질성을 담보하지 않는다. 전술한 것처럼 고구려 또한 낙랑을 병합한 후 자신의 외이를 한(남쪽)과 예(동쪽)로 범주화하였다.

오히려 한에 세 종류가 있다고 한 것은 그 내부의 이질성에 대한 인식을 반영한다. 이 이질성은 우선 언어에서 지적된다. 진한에 대한 설명에서 "그 언어가 마한과 같지 않다[其言語不與馬韓同]"라고 하여 언어의 차이를 명시하였다. 언어의 차이는 지리적 단절과 연결되는데, 마한이 황해도에서 전라도에 이르는 서부 지역에 분포한다면 진한은 대체로 소백산맥 이남의 경상도 일원에 자리하였다. 『삼국지』 한(韓)전의 기사는 대개 마한에 대한 것이다. 마한은 낙랑 및 대방과 인접해 있었기 때문에 이들과의 교류와 충돌이 자주 있었고, 그것이 기록에 남은 것이다. 따라서 이 내용을 그대로 진한에 적용하기 어렵다.

---

90 후한 말의 趙岐는 『孟子』에 주석하면서 貊을 '夷貊之人'으로 해석하고 '貊在北方'이라고 설명하였고, 鄭玄이 『周禮』 職方氏에 있는 四夷와 九貉(九貊) 등에 대해 주석한 내용에서 "北方曰貉狄"이라 하였다. 이성규는 이러한 사례를 제시하며 적어도 후한시대 사람들도 맥을 북방 종족으로 인식했음을 지적하였다(이성규, 2003 앞의 논문, 120쪽).

한편 변한(변진)은 "의복과 거처는 진한과 같고 언어는 서로 비슷한데 귀신에게 제사하는 데 차이가 있다[衣服居處與辰韓同 言語法俗相似 祠祭鬼神有異]"라고 하였다. 마한과 진한 사이와 같은 지리적 단절과 언어의 차이를 수반하지 않지만,[91] 외부의 시각에서 이질성이 보일 정도의 문화적 차이는 있었다.

이처럼 삼한은 본래 한 내부에서 이질성을 반영하는 범주였으나 후대에는 동질성을 표상하는 개념으로 바뀌었다. 삼한이 소멸하면서 그 내부적 이질성에 대한 인식도 소멸하였고, 이후 수립된 존재, 곧 삼국의 역사적 연원을 나타내는 개념이 됨으로써 동질성의 범주로 성격이 바뀌게 된 것이다.

그렇다면 삼국의 연원과 관련하여 조선이 아니라 삼한이 역사적 정체로서 자리잡은 이유는 무엇일까. 조선은 당초 동국의 역사 범위에 들어가지 않았다는 점에 유의할 필요가 있다. 기자는 은(殷: 商) 출신이고 그가 왕이 된 조선은 주(周)의 책봉을 받아 그 천하에 속하였다. 이곳은 중국이 자신의 고유 영토라고 생각한 요동에 있었다고 여겨졌다.[92]

이에 대해 중국 역사의 범주에 들어가지 않는 동국의 역사적 실체가 바로 삼한이다. 따라서 당이 해동삼국을 설정하면서 이들의 연원을 조선으로 잡을 수는 없었고, 이에 삼한을 채용한 것이다. 이런 조건에서 고구려가 조선으로도 칭해진 것은 지역적으로 일치한다는 점과 더불어 고구려 멸망으로 그 지역이 중국 영토로 편입되었기 때문으로 보인다.[93]

---

91 위만의 조선은 한 무제에 의해 공멸되었고 그 자리에 사군(四郡)이 설치되었으므로 이 역시 중국의 시각에서 조선을 자국의 역사로 포섭할 소지를 가진다. 『후한서』에는 변진과 진한이 언어도 달랐다고 되어 있다.

92 위만의 조선은 한 무제에 의해 공멸되었고 그 자리에 사군(四郡)이 설치되었으므로 이 역시 중국의 시각에서 조선을 자국의 역사로 포섭할 소지를 가진다.

93 이에 대해 백제와 신라를 조선으로 지칭하는 예는 발견할 수 없다. 전술한 것처럼 辰韓六部의 기원을 朝鮮遺民에서 찾은 것은 후대의 인식에 따른 것이다.

2장_ 일본과 신라의 삼한 인식 문제

1. 일본의 삼한 인식

1) 『일본서기』의 삼한과 제한

중국 사서와 더불어 일본 사서에도 한 및 삼한과 관련 기사가 보인다. 특히 8세기 초반에 편찬된 『일본서기(日本書紀)』에 나타난 한 및 삼한의 용례는 같은 시기 신라의 삼한 인식을 가늠하는 데 참고할 수 있다. 이에 『일본서기』에 보이는 삼한이 삼국을 포괄적으로 가리키거나 그 일원으로 한 나라를 가리키며, 이는 신라의 인식을 받아들인 결과라는 주장이 있었다.[1] 곧 『일본서기』의 삼한 인식을 통해 신라의 삼한일통의식의 형성 시기를 역으로 추론한 것이다. 아래에서는 이 추론이 타당한 것인지 검증해 보기로 한다.

가장 먼저 지적되는 것은 『일본서기』에 보이는 삼한 인식의 연원을 바로 신라로 연결할 수 있는가 하는 점이다. 이것은 삼한 인식을 확인할 수 있는 것이 신라에 국한된다면 타당할 수 있지만, 다른 연원을 상정할 수 있다면 그 연결 관계에 대한 직접적인 증명이 요구된다.

1 　　노태돈, 2016 「삼한일통의식의 형성 시기에 대한 고찰:일본서기 '삼한' 기사의 분석을 중심으로」 『木簡과文字』 16

처음 삼국을 삼한으로 인식한 것은 중국이며 수·당대에 보편화되었다. 7세기 후반 신라와 일본의 교류가 활발했다는 점을 통해 삼한 인식이 신라로부터 유입되었을 것으로 보았지만, 당시 일본은 중국과도 교류가 있었으므로 삼한 인식이 유입 창구를 신라로 제한할 수 없다.

『일본서기』에는 7세기 들어 당과의 교류가 나타난다. 608년 소야신매자(小野臣妹子)를 당에 파견했고,[2] 당은 배세청(裵世淸)을 사신으로 보냈다. 이에 일본은 이들을 위해 난파(難波)의 고려관(高麗舘) 위에 신관(新舘)을 지어 주었다.[3] 이후 당 학문승(學問僧)의 도래가 여러 차례 나타난다. 특히 623년에 온 승려 혜제(惠齊)와 혜광(惠光), 의원 혜일(惠日) 등은 당의 국학(國學)에 유학하는 자가 모두 성취가 있음을 전하고, 당은 법식(法式)을 갖춘 나라라며 지속적인 교류를 권하였다. 이러한 내용은 일본이 학문승이나 국학 유학생을 통해 중국의 삼한 인식을 접했을 가능성을 시사한다.

이런 상황에서 『일본서기』의 삼한 인식이 신라에서 유입된 것임을 논증하기 위해서는 먼저 중국에서 유입되었을 가능성을 부정해야 한다. 이와 관련하여 천지(天智) 원년 기사에 보이는 "꽃과 열매의 나무는 삼한에서 가장 기름지다[華實之毛 則三韓之上腴焉]"라는 구절이 주목되었다. 이 구문은 662년 백제 부흥전쟁 중 부여풍(扶餘豊)과 복신(福信) 및 일본군 장수들이 피성(避城)으로 거점을 옮기기 위한 논의를 하는 중에 등장한다.

이 구절은 『문선(文選)』에 수록된 「서도부(西都賦)」의 구문을 차용한 것으로, 원문에는 "꽃과 열매의 나무는 구주에서 가장 기름지다[華實之毛 則九州之上腴焉]"로 되어 있다. 곧 '구주(九州)'가 '삼한(三韓)'으로 대체된 것이다. 그런데 수·당 시기 삼한이 구주나 천하의 의미로 쓰인 경우가 확인되지 않는다는

---

2 『日本書紀』권22, 推古 15년 7월 庚戌, "大禮小野臣妹子遣於大唐 以鞍作福利爲通事"

3 『日本書紀』권22, 推古 16년 4월, "野臣妹子至自大唐 唐國號妹子臣曰蘇因高 卽大唐使人裵世淸 下客十二人 從妹子臣至於筑紫 遺難波吉士雄成 召大唐客裵世淸等 爲唐客更造新舘於難波高麗舘之上"

점을 들어 여기에 나타난 삼한 인식은 수·당에서 유입된 것이 아니라고 주장하였다.[4] 하지만 이 내용은 이 주장과 반대되는 의미로 해석된다.

중국에서 구주는 자신의 천하를 나타내며, 삼한은 자신에게 속하지 않는 동이 또는 삼국을 나타내는 범주이다. 다시 말해 구주는 '자신'을, 삼한은 '타자'를 나타내는 개념이기 때문에 본원적으로 호환될 수 없다. 따라서 중국에서 양자를 동일시하는 용례가 없다는 지적은 무의미하다.

반면 신라는 새롭게 확장된 자신의 영토를 구주로 편성하였다. 그리고 삼한은 자신의 정체로 받아들이게 된다. 따라서 양자는 모두 신라 자신을 나타낼 수 있다. 하지만 구주 편성 당시에 신라가 자신을 삼한으로 인식했다는 직접적인 근거가 없으므로 구주를 삼한으로 대체하여 표현한 것이 신라의 인식이라는 판단을 내릴 수 없다.

그리고 천지 원년 기사에서 '구주'를 '삼한'으로 바꾼 것은 양자가 같은 의미라서가 아니라 구주를 쓸 수 없기 때문이다. 구주는 자신의 천하를 구성하는 관념이다. 그런데 일본에게 한반도는 타자이기 때문에 해당 지역에 구주의 관념을 채용할 이유가 없다. 그리고 후술하듯이 일본에게 삼한은 기본적으로 자신의 번국(藩國)이라는 의미를 가지고 있었다. '구주' 대신에 '삼한'을 넣은 것은 곧 한반도에 대해 타자이자 번국이라는 의미를 드러낸 것이다. 이것은 물론 『일본서기』의 시각에서 만들어진 인식이다.

이처럼 중국에서 구주는 자신의 공간을, 삼한은 타자의 공간을 나타내며, 천지 원년 기사에서 「서도부」의 '구주'를 '삼한'으로 바꾸어 채용한 것 또한 일본 시각에서 타자인 한반도를 나타내기 위한 것이다. 『일본서기』의 인식은 중국의 인식 구조를 그대로 따른 것인 반면 신라의 삼한 인식은 타자가 아닌 자신을 나타내는 것이므로 위 구절은 신라의 인식이 반영된 것으로 볼 수 없다.

신라가 삼한 인식을 수용한다는 것은 자신의 정체성과 관련된다. 자신의

---

4   노태돈, 2016 앞의 논문, 121-122쪽

연원이 삼한임을 인정해야 하고 나아가 백제·고구려와의 연원적 동질성도 수립해야 한다. 「성덕대왕신종」의 명문에서 드러나듯이 신라는 자신의 독자적 연원을 설정하고 있었다.[5] 여기에 전쟁 당시까지 백제와 고구려를 '적국'이나 '원수'로 간주한 신라가 곧바로 삼국의 동질적 연원을 표상하는 삼한 인식을 받아들였다고 보기 어렵다.

반면 일본에게 삼한은 자신의 정체성과는 무관하며, 자신들이 교류하던 한반도의 여러 나라들에 대한 인식과 연결된다. 더하여 일본의 번국이라는 의미가 부여되어 있었다. 삼국이 삼한으로 포괄되는 초점이 그 역사적 연원이 아니라 일본과의 관계에 의해 규정된다. 이렇게 삼한의 의미가 다른 맥락이라면, 삼한이 삼국을 가리킨다는 것만으로 일본의 삼한 인식이 신라로부터 유입된 것이라고 볼 수 없다.

이번에는 『일본서기』에 보이는 삼한 인식의 구체적인 내용을 살펴보자.

> 이에 고려와 백제 두 나라의 국왕이 신라가 문서를 거두어 일본국에 항복했다는 것을 듣고 몰래 그 군세를 엿보도록 하고 이길 수 없음을 알고는 스스로 군영 밖에 와서 머리를 조아리고 서약하기를, "지금 이후로는 길이 서번이 되어 조공을 그치지 않겠습니다"라고 하니 이에 내관가둔창으로 정하였다. 이것이 이른바 삼한이다. 황후가 신라로부터 돌아왔다.[6]

위의 기사는 신공(神功) 섭정 9년 11월 기사로서 『일본서기』에 나오는 삼한의 첫 용례이다. 신공의 원정으로 신라가 일본에 항복한 후 그 소식을 들

5　윤경진, 2014「신라 통일기 금석문에 나타난 天下觀과 歷史意識 : 三韓一統意識의 성립 시기 고찰」『史林』49, 16-18쪽

6　『日本書紀』권9, 神功皇后 攝政前紀 9년 11월, "於是 高麗百濟二國王聞 新羅王收圖籍 降於 日本國 密令伺其軍勢 則知不可勝 自來于營外 叩頭而款曰 從今以後 永稱西蕃 不絶朝貢 故因 以定內官家屯倉 是所謂之三韓也 皇后從新羅還之"

은 고구려와 백제 역시 일본의 서번(西蕃)이 되어 조공을 바치기로 서약했는데, 이들을 일컬어 '삼한'이라 했다는 것이다. 여기서 삼한 부분은 뒤에 신공의 귀환을 언급한 것에서 드러나듯이 중간에 설명을 위해 삽입한 것이다. 이것은 이후 『일본서기』에 나오는 삼한을 미리 정의해 준 것으로, 삼한 개념이 『일본서기』 편찬 단계에서 비로소 수립된 것임을 시사한다.[7]

이후 『일본서기』에 나오는 삼한은 기본적으로 일본의 번국을 통칭하거나 그중 한 나라를 가리키는 말로 사용되었다. 곧 삼국이 삼한으로 지칭되는 준거는 '일본의 번국'이라는 공통성에 있었던 것으로, 삼국의 역사적 동질성과는 함의가 다르다. 일본이 신라의 삼한 인식을 도입하여 이 용어를 채용했다면, 이들을 번국으로 묶는 데 있어서 그 역사적 동질성에 대한 인식도 표현되었을 것이다. 삼국의 역사적 동질성은 이들을 묶어 인식하는 데 유효한 논리적 근거가 될 수 있기 때문이다.

주목할 점은 『일본서기』에 앞서 712년에 완성된 『고사기(古事記)』에는 고구려를 번국으로 인식하는 모습이 드러나지 않는다는 점이다. 『고사기』에는 신라와 백제가 신공에게 항복했다고 되어 있다. 이에 삼국을 삼한이라고 칭하고 그것이 신라로 통합되었다는 신라인의 인식이 7세기 후반 이후 일본에 전해졌고, 다시 그러한 삼한이 이른 시기부터 일본의 종속국이었다는 일본식의 삼한 인식을 형성하게 되었다고 보기도 한다.[8]

그러나 신라에서 그러한 삼한 인식이 수립되고 다시 7세기 후반 일본에

7 『일본서기』의 삼한 기사는 종전부터 내려오던 자료에 의거해 정리한 것이며, 그 원전에 이미 삼한 기사가 있었을 수 있고, 이 경우 '삼한' 개념이 720년보다 훨씬 이전에 성립되었을 수 있다는 주장이 있다(塚國義信, 1969 「三韓の用語に關する一考察 : 日本書紀資料論研究序說(上)」 『日本歷史』 258 ; 노태돈, 2016 앞의 논문, 114쪽에서 재인용). 그러나 삼한이 원전에 있던 것이라면 삼한 용례가 처음 나올 때 그것이 삼국을 가리키는 말이라고 주기했을 것이며, 미리 "是所謂之三韓也"라고 정의할 이유가 없다. 여기서 삼한은 일본에 복속된 존재라는 함의를 띠고 있기 때문이다. 이 정의는 후술할 『고사기』와 『일본서기』에 보이는 고구려 인식 내용의 차이와 더불어 삼한 인식이 『일본서기』 편찬 단계에 비로소 수립된 것임을 보여준다.
8 노태돈, 2016 앞의 논문, 114-115쪽

전해졌다면, 응당 『고사기』에도 고구려를 포함하는 삼한 인식이 나타나야 합리적이다. 고구려가 번국에 포함되지 않았다면 적어도 『고사기』 편찬 이전에는 『일본서기』에 보이는 삼한 인식이 성립되지 않았다는 것이며, 이는 이전에 신라의 삼한 인식이 일본에 전달되었다고 보기 어렵다는 것을 의미한다. 따라서 이것만으로 신라가 삼한일통의식에 의해 전쟁을 수행했다거나 전쟁 후 체제 정비에 이 이념을 투영했다는 설명을 유도할 수 없다.

일본은 뒤에 기존의 백제·신라 외에 고구려까지 자신의 번국으로 보는 인식을 새로 수립하였고, 이를 효과적으로 나타내는 범주로 '삼한'을 채용한 것으로 보인다. 이런 양상은 『일본서기』 단계의 인식 변화로 설명하는 것이 타당하며, 『고사기』를 넘어 7세기 신라의 인식으로 연결하는 것은 곤란하다.

이번에는 『일본서기』에 보이는 한 인식을 검토함으로써 삼한 인식이 나타나는 배경과 맥락을 이해해 보기로 한다. 실상 『일본서기』의 삼한 인식은 중국과 마찬가지로 기존의 한에 대한 인식에서 확장된 것일 가능성도 있다. 먼저 다음 기사를 보자.

> 천웅장언과 구저 등이 백제에서 이르렀다. 이때 황태후가 기뻐하며 구저에게 묻기를, "해서의 제한을 이미 너희 나라에 주었는데 지금 무슨 일로 이리 자주 오느냐"라고 하였다. 구저 등이 아뢰기를, "천조의 큰 은택이 멀리 우리나라에까지 미치니 우리 왕이 기쁨에 넘쳐 마음을 가눌 수 없어 돌아가는 사신 편에 지극한 정성을 바치는 것입니다. 비록 만세까지라도 어느 해인들 조공하지 않겠습니까"라고 아뢰었다.[9]

위의 기사는 신공 섭정 50년의 것으로서 해서(海西)의 제한(諸韓)을 너희 나

9　『日本書紀』 권9, 神功皇后 攝政50년 5월, "千熊長彦氏等等至自百濟 於是皇太后歡之問久曰 海西諸韓旣賜汝國 今何事以頻復來也 久氏等奏曰 天朝鴻澤 遠及弊邑 吾王歡喜踊躍 不任于心 故因還使 以致至誠 雖逮萬世 何年非朝"

라(백제)에 주었다는 부분이 주목된다. 이는 한에 대한 일본의 인식을 단적으로 드러내고 있기 때문이다.

위에 언급된 '해서제한'의 사여는 다음 기사를 통해 내용을 파악할 수 있다.

> 갑자년 7월에 백제인 구저, 미주류, 막고 세 사람이 우리나라에 와서 "백제왕이 동방에 일본이라는 귀국이 있다는 것을 듣고 우리를 보내 그 귀국에 조공하게 했습니다. 그래서 길을 찾다가 이곳에 이르게 되었습니다. 만약 신들에게 교시하여 길을 통하도록 한다면 우리 왕이 반드시 군왕에게 덕이 있다고 할 것입니다"라고 했습니다.[10]

위의 기사는 신공 46년 기사 중에 인용된 것으로서 갑자년은 신공 44년이다. 이에 따르면 백제는 동쪽에 일본이 있음을 듣고 구저(久氏) 등을 보내 조회하고 조공을 위한 길을 열 것을 청한 것으로 되어 있다. 그 후 신공 49년에 신라를 공격하고 가라(加羅) 등 7국을 평정하였고, 이어 남만(南蠻)과 미다례(彌多禮)를 격파하고 이를 백제에 내려주었다는 내용이 보인다.[11]

이듬해 일본이 백제에 내려주었다는 '해서제한'은 바로 이곳을 가리킨다.

결국 '제한'은 일본이 정벌한 곳이자 백제에 내려준 지역을 가리키며, 『일본서기』 원전에서 '한'은 본원적으로 일본의 지배라는 속성을 내포한다. 여기서 삼한은 이러한 전통적 인식에 바탕을 두고 한반도가 삼국으로 정립되고 이어 백제와 고구려가 멸망하는 상황에 따라 기존 번국 인식에 고구려를 넣어 수립한 범주라고 정리할 수 있다.

---

10 『日本書紀』 권9, 神功皇后 攝政46년 3월, "百濟人久氏彌州流莫古三人到於我土曰 百濟王聞東方 有日本貴國 而遣臣等令朝其貴國 故求道路以至于斯土 若能教臣等令通道路 則我王必深德君王"

11 『日本書紀』 권9, 神功皇后 攝政49년 3월, "擊新羅而破之 因以平定比自㶱 南加羅 喙國 安羅 多羅 卓淳 加羅七國 仍移兵西廻至古爰津 屠南蠻彌多禮 以賜百濟 於是 其王肖古及王子貴須 亦領軍來會"

2) 동한·남한·하한

『일본서기』에는 한에서 파생된 개념으로 동한(東韓)·남한(南韓)·하한(下韓) 등이 등장한다. 우선 동한은 다음 두 용례가 보인다.

> ① 백제인이 내조하였다[『백제기』에는, "아화왕이 왕위에 있으면서 귀국에 예의를 갖추지 않았기 때문에 우리의 침미다례 및 현남·지침·곡나 등 동한의 땅을 빼앗았다. 이에 왕자 직지를 천조에 보내어 선왕의 우호를 닦게 하였다"라고 되어 있다].[12]
>
> ② 이 해에 백제의 아화왕이 죽었다. 천황은 직지왕을 불러, "그대는 본국으로 돌아가서 왕위를 잇도록 하라"라고 말하였다. 그리고 동한의 땅을 주어 보냈다[동한은 감라성·고난성·이림성이다].[13]

①에서 침미다례(枕彌多禮)와 현남(峴南)·지침(支侵)·곡나(谷那)는 고유 지명이지만, 동한(東韓)은 이들을 포괄하는 지역 범주이다. 이것은 ②에서 "동한은 감라성(甘羅城)·고난성(高難城)·이림성(爾林城)이다"라고 한 것에서 재차 확인된다. 이 중 침미다례는 신공 49년 원정에서 백제에 내려준 땅으로 나오는 미다례와 같은 곳으로 생각되며, 신공 50년 기사에 나오는 '해서제한'에 포함된다.

한편 ②에서 동한의 구체적인 지명으로 나오는 이림(爾林)은 현종(顯宗) 3년 기사의 주기에 고구려 땅으로 설명되어 있다.[14] 두 기사 사이에는 200여

---

12 『日本書紀』권10, 応神 8년 3월, "百濟人來朝 [濟記云 阿花王立无禮於貴國 故奪我枕彌多禮 及峴南支侵谷那東韓之地 是以遣王子直支于天朝 以脩先王之好也]"

13 『日本書紀』권10, 応神 16년, "是歲 百濟阿花王薨 天皇召直支王謂之曰 汝返於國以嗣位 仍且 賜東韓之地而遣之[東韓者 甘羅城 高難城 爾林城是也]"

14 『日本書紀』권15, 顯宗 3년, "是歲 紀生磐宿禰跨據任那 交通高麗 將西王三韓 整脩宮府 自稱 神聖 用任那左魯那奇 他甲冑等計殺百濟適莫爾解於爾林[爾林高麗地也]"

년(120년을 조정하면 80여년)의 시차가 있다. 이로 보아 이 설명은 고구려 땅이 '동한'으로 인식되었다는 것이라기보다는 과거 동한으로 지목된 땅이 고구려에 귀속된 상태라고 인식한 것이 아닐까 한다.

이렇게 보면 동한은 백제와 신라, 혹은 백제와 고구려 사이의 일정 지역을 나타내는 것으로 판단할 수 있다. 그리고 이 지역은 해서제한에도 해당할 것인데, 이 경우 동한은 제한의 일부를 구성할 것이다.

남한은 다음 용례 하나만 보인다.

> 오히려 남한에 군령과 성주를 두는 것이 어찌 천황을 배반하고 조공의 길을 차단하려는 것이겠는가. 그저 바라는 것은 많은 어려움을 이기고 강적을 물리치는 것이니, 무릇 그 흉악한 무리가 누구인들 붙으려고 하지 않겠는가. 북적(고구려)은 강대하고 우리나라는 미약하니, 만일 남한에 군령·성주를 설치하고 방호시설을 수리하지 않는다면 이 강적을 방어할 수 없을 것이며, 또한 신라를 제어할 수 없을 것이다. 그러므로 오히려 이들을 두어 신라를 압박하고 임나를 위로할 것이다. 만일 그렇게 하지 아니하면 멸망 당해 조빙할 수 없을까 두렵다. 이를 천황에게 주청하고자 하니 그 책략의 둘째이다.[15]

위의 기사는 흠명(欽明) 5년(544)의 것으로서 백제가 남한 지역에 관리를 두어 고구려를 방어하고 신라를 견제하며 임나를 보호하는 효과를 도모하고자 일본에 요청하는 내용을 담고 있다.

---

145 『日本書紀』 권19, 欽明 5년 11월, "猶於南韓 置郡令城主者 豈欲違背天皇遮斷貢調之路 唯庶剋濟多難殲撲强敵 凡厥凶黨 誰不謀附 北敵强大 我國微弱 若不置南韓郡領城主 修理防護 不可以禦此强敵 亦不可以制新羅 故猶置之 攻逼新羅 撫存任那 若不爾者 恐見滅亡 不得朝聘 欲奏天皇 其策二也"

여기서 남한이 구체적으로 어디를 가리키는지는 분명치 않다.[16] 다만 그 내용과 관련하여 두 가지 사실이 주목된다. 하나는 남한에 군령(郡令)과 성주 (城主)를 두는 것이 북적(北敵), 곧 고구려를 방어하기 위한 것이라고 한 점이고,[17] 다른 하나는 이를 발판으로 신라를 제어하는 동시에 임나를 보호한다는 것이다.

그렇다면 남한은 백제와 고구려 또는 신라와의 경계 지역으로 설정한 범위가 되며, 이는 전술한 동한과도 상통한다. 다만 같은 사서에서 '동'과 '남'이라는 다른 방위를 사용한 것으로 볼 때, 양자가 동일 지역을 가리킨다고 보기는 어렵다. 그렇다면 동한과 남한은 제한(諸韓) 중에서 동쪽과 남쪽을 구분하는 것이며, 이 경우 동한은 신라 방면, 남한은 백제 방면으로 파악할 수 있다.

한편 하한은 다음 세 용례가 보인다.

① 백제가 기신 내솔 미마사, 중부 내솔 기련을 보내어 하한과 임나의 정사를 아뢰고, 아울러 표를 올렸다.[18]

② a. 진수련을 보내 백제에 명하기를, "임나의 하한에 있는 백제의 군령과 성주는 일본부에 귀속시켜야 한다"라고 하였다. 아울러 조서를 가지고 가서 선포

---

16 南韓은 『삼국사기』에도 용례가 보인다. 곧 신라 혁거세 53년에 東沃沮에서 사신이 와서 말을 바치며 그 이유로 "남한에 성인이 나왔다는 말을 들었다"라고 한 기사(『三國史記』 권1, 赫居世居西干 53년, "東沃沮使者來獻良馬二十匹曰 寡君聞南韓有聖人出 故遣臣來享")와 고구려 유리명왕 22년 왕의 사냥을 만류하던 陝父가 좌천된 것을 분하게 여겨 남한으로 가버렸다는 기사에 등장한다(『三國史記』 13, 高句麗本紀1 琉璃明王 22년 12월, "王田于質山陰 五日不返 大輔陝父諫曰 (중략) 王聞之震怒 罷陝父職 俾司官園 陝父慎 去之南韓"). 여기에 보이는 남한은 각각 동옥저와 고구려를 기준으로 제시한 것이다. 이것은 고구려까지 한(삼한)에 포함하여 인식한 상태에서 구분되는 남쪽 지역을 지칭한 표현일 수도 있지만, 한편으로 한이 고구려나 동옥저의 남쪽에 있다는 의미에서 사용된 것일 수 있다. 다만 앞 기사의 경우 명백히 신라를 한으로 지칭한 것인데, 이는 후대의 인식이 투영된 것이 분명하다. 이미 고구려까지 한으로 인식된 상황에서 생성된 개념일 가능성이 커 보인다.

17 백제의 郡令과 城主 논의는 김수태, 2002 「百濟 聖王代의 郡令과 城主」 『百濟文化』 31 참조.

18 『日本書紀』 권19, 欽明 2년 7월, "百濟遣紀臣奈率彌麻沙 中部奈率己連 來奏下韓任那之政 幷上表之"

하기를, "그대가 여러 번 표를 올려 꼭 임나를 세우겠다고 말한 것이 10여 년이 되었다. 표에서 아뢴 바는 이와 같지만 아직도 이루지 못하였다. 대저 임나는 그대 나라의 대들보이다. 만일 대들보가 부러지면 어떻게 집을 짓겠는가. 짐의 걱정이 바로 여기에 있다. 그대는 모름지기 빨리 세우도록 하라. 그대가 만약 빨리 임나를 세운다면, 하내직[하내직은 이미 윗글에 보인다] 등은 자연히 물러나게 될 것이니, 어찌 말할 필요가 있겠는가"라고 하였다. b. 이날 성명왕이 조칙을 듣기를 마치고 삼좌평과 내두 및 여러 신하에게 두루 묻기를, "조칙이 이와 같으니, 또한 어떻게 할 것인가"라고 하였다. 삼좌평이 답하기를, "하한(下韓)에 있는 우리 군령과 성주 등은 나오게 할 수 없습니다. 나라를 세우는 일은 빨리 조칙을 따르는 것이 마땅합니다"라고 하였다.[19]

③ 조칙이 이와 같았는데 마침 인기신이 신라에 사신으로 간다는 것을 듣고 따라 보내어 천황이 선포한 조칙의 내용을 물었습니다. 조칙에는 "일본부의 신하와 임나의 집사는 신라에 가서 천황의 조칙을 들으라"라고 하였고, 백제에 가서 명을 들으라는 말씀은 없었습니다. 나중에 진수련이 이곳을 지날 때, "지금 내가 백제에 파견되는 것은 하한에 있는 백제의 군령과 성주를 내보내려고 하는 것이다"라고 말했습니다.[20]

위의 기사는 모두 흠명 재위 초기의 것이다. ①에서 백제가 '하한임나(下韓任那)'의 정사를 보고했다는 내용이 보인다. 이 경우 하한과 임나는 병렬적인

---

19 『日本書紀』권19, 欽明 4년 11월 甲午, "遺津守連 沼百濟曰 在任那之下韓百濟郡令城主 宜附日本府 幷持詔書 宣曰 爾屢抗表 稱當建任那十餘年矣 表奏如此 尙未成之 且夫任那者爲爾國之棟梁 如折棟梁 誰成屋宇 朕念在茲 爾須早建 汝若早建任那 河內直等[河內直已見上文] 自當止退 豈足云乎 是日 聖明王聞宣勅已 歷問三佐平內頭及諸臣曰 詔勅如是 當復何如 三佐平等答曰 在下韓之我郡令城主 不可出之 建國之事宜早聽聖勅"

20 『日本書紀』권19, 欽明 5년 2월, "宣勅如是 會聞印哥臣使於新羅 乃追遣問天皇所宣詔 曰 日本臣與任那執事 應就新羅 聽天皇勅 而不宣就百濟聽命也 後津守連遂來 過此 謂之曰 今余被遣於百濟者 將出在下韓之百濟郡令城主 唯聞此說 不聞任那與日本府 會於百濟 聽天皇勅 故不往焉 非任那意"

관계이다. 그런데 ②-a에서는 "임나의 하한에 있는 백제의 군령과 성주"라는 표현이 나온다. 이 경우 하한은 임나의 하위 범주가 된다. 이를 양립시켜 이해한다면 하한은 임나와 공간적으로 구분될 수 있지만, 한편으로 임나의 세력권에 포함된 것으로 인식될 수 있는 지역이다.

하한에는 백제의 군령과 성주가 파견되어 있었다. ②-b와 ③에는 모두 이 내용이 보인다. 이것은 앞서 살펴본 남한과 같은 양상이다. 여기서 남한과 하한이 사실상 같은 지역이라는 것을 알 수 있다. 이때 하한에 임나는 포함되지 않는 것을 감안하면, 동한과 남한(하한)은 임나를 둘러싼 제한(諸韓)을 두 구역으로 구분 인식한 것으로 판단된다.

이러한 내용에 비추어 동한과 남한은 각각 진한과 변한에 비정할 수 있다. 『송서(宋書)』의 왜왕(倭王) 책봉 기사에서 그 단서를 찾을 수 있다.

> 태조 원가 2년에 찬(贊)이 또 사마 조달을 보내 표를 받들고 방물을 바쳤다. 찬이 죽자 동생 진(珍)이 즉위했는데, 사신을 보내 공물을 바치며 '사지절도독왜백제신라임나진한모한육국제군사안동대장군왜국왕'을 자칭하였다.[21]

위에서 왜왕은 자신의 통치 범위를 왜, 백제, 신라, 임나, 진한(秦韓=辰韓), 모한(慕韓=牟韓: 弁韓) 등 6국으로 제시하였다. 이것은 『일본서기』에서 일본 및 그와 관계를 맺고 있는 한반도의 여러 나라에 상응하는데, 진한과 모한이 열거된 점이 주목된다. 곧 일본은 백제와 신라, 임나 외에 한반도에 '한'으로 지칭되는 두 지역을 따로 설정하고 있었던 것이다.

『삼국지』에 "진한은 마한의 동쪽에 있다"라고 설명된 점을 고려할 때, 진한은 그 위치에 따라 동한으로도 불렀던 것으로 보인다. 모한은 변한과 통용

---

21 『宋書』권97, 列傳57 夷蠻 倭國, "太祖元嘉二年 贊又遣司馬曹達奉表獻方物 贊死 弟珍立 遣使貢獻 自稱使持節都督倭百濟新羅任那秦韓慕韓六國諸軍事安東大將軍倭國王"

되는데,[22] 그 위치와 '동한-진한'에 비추어 남한에 조응한다. 결국 일본은 북쪽의 고구려를 제외하고 한반도 남부의 여러 나라에 대한 지배를 표방했는데, 여기서 백제·신라·임나와 함께 열거된 진한과 모한(변한)은 각각 『일본서기』에 보이는 동한과 남한에 해당함을 알 수 있다. 이는 일본이 이른 시기부터 한반도의 한(韓)에 대해 인지하고 있었음을 보여준다.

중요한 것은 진한(동한)과 모한(남한)이 백제·신라 등과 병존한 것으로 인식되었다는 점이다. 이것은 삼국의 연원을 삼한으로 설정하면서 그 연장에서 삼국을 삼한으로 통칭하는 것과 명확히 구분된다. 곧 일본에서 '삼한=삼국' 인식은 이들을 병렬적으로 보는 것보다 후대에 성립한 것이다.

그렇다면 일본은 어떤 맥락에서 삼국을 삼한으로 지칭하게 된 것일까. 여기에는 두 단계의 인식 변화가 상정된다. 하나는 일본의 한반도 지배를 표상하던 동한과 남한이 소멸한 것이다. 남한과 하한은 흠명기를 끝으로 더 이상 나타나지 않는다. 대신 백제를 '한'으로 칭하는 기사가 출현한다.

> 소아대신 도목숙녜 등을 왜국 고시군에 보내 한인 대신협둔창[한인이라 한 것은 백제이다]과 고려인 소신협둔창을 두고 기국에 해부둔창을 두었다.[어떤 책에는 "곳곳에 있던 한인들을 대신협둔창의 전부로 삼고 고려인을 소신협둔창의 전부로 삼았다" 라고 한다. 이는 곧 한인과 고려인을 전부로 삼았던 까닭에 둔창이라 이름한 것이다.][23]

위의 기사는 흠명 17년(556)의 것으로서 한인(韓人)과 고려인(高麗人)이 대비적으로 언급되고 있다. 그리고 한인에 대해서는 백제를 가리키는 것으로

---

22 下韓이 南韓과 같은 대상을 나타낸다고 보면 '下'가 '南'의 뜻을 가진 것으로 볼 수도 있지만, 한편으로 卞韓의 오기 내지 이표기일 가능성도 있다. '下'와 '卞'은 글자가 유사하기 때문이다. 하지만 『일본서기』에는 辰韓 등 삼한의 개별 명칭이 나타나지 않기 때문에 단정하기는 어렵다.

23 『日本書紀』 권19, 欽明 17년 10월, "遣蘇我大臣稻目宿禰等於倭國高市郡 置韓人大身狹屯倉 [言韓人者 百濟也] 高麗人小身狹屯倉 紀國置海部屯倉[一本云 以處處韓人爲大身狹屯倉田部 高麗人爲小身狹屯倉田部 是卽以韓人高麗人爲田部 故因爲屯倉之號也]"

주기하였다. 이전에 백제는 한에 포함되지 않았다. 이 시기에 백제인을 한인으로 칭한 것은 동한과 남한이 소멸한 뒤 일본이 자신의 지배 대상으로서 한을 백제에 투영한 결과로 보인다. 그리고 한인과 고려인이 구분되는 것은 이 시기까지도 고구려가 한에 포함되지 않았음을 보여준다.

다음 단계는 백제와 고구려가 멸망한 뒤 삼국을 모두 '한'으로 통칭하는 것이다. 삼한 인식은 여기서 도출되며, 이것이 한 지배의 시원으로 설정된 신공-응신 시기에 투영되었다. 다음 기사 또한 삼국을 한으로 포괄하는 인식 구조를 담고 있다.

> 고려인·백제인·임나인·신라인이 함께 내조하였다. 그때 무내숙녜에게 명하여 여러 한인들을 이끌고 연못을 만들게 하였다. 이 때문에 이 연못을 이름하여 한인지라 불렀다.[24]

위 기사는 응신 7년의 것으로서 일본에 내조한 고구려와 백제·신라·임나 사람들을 통칭하여 '한인'으로 부르고 있다. 그런데 이것은 원전의 기사가 아니라 후대에 한인지(韓人池)라는 연못의 기원을 설명한 것으로 당시의 인식이 투영되어 있다. 주목되는 것은 한이 삼국만으로 구성되지 않고 임나까지 포함하고 있다는 것이다. 한이 일본의 지배 대상을 가리키는 보편적 의미로 사용되었기 때문으로, '삼한'을 매개하지 않고서도 삼국을 포함하는 통칭으로서 '한'을 수립한 것을 보여준다.

그런데 임나가 소멸하고 삼국이 정립된 상태에서 이들을 '한'으로 통칭하면 자연스럽게 삼국에 대해 삼한이라는 개념을 적용할 수 있게 된다. 이미 중국 사서에 보이는 '한'을 채용한 만큼 삼한에 대해서도 인지하였을 것

---

24 『日本書紀』 권10, 応神 7년 9월, "高麗人百濟人任那人新羅人 並來朝 時命武內宿禰 領諸韓人 等作池 因以名池號韓人池"

이고, 전통적으로 자신의 지배 대상으로 간주된 한반도의 정치체를 '한'으로 통칭해왔으므로 고구려를 새롭게 포섭하는 용어로 '삼한'을 채용한 것이다.

결국 『일본서기』의 삼한이 삼국을 가리킨다는 것만으로 이것이 신라의 삼한 인식을 수용한 것이라거나 삼한일통의식을 반영한 것이라고 설명할 수 없다. 일본의 한 내지 삼한 인식은 중국의 개념을 들여오면서 자신의 관점에서 규정한 것일 뿐이다.

2. 7세기 신라의 타자 인식

1) 신라의 백제·고구려 인식과 '삼국'

삼한은 그 역사적 실체가 소멸한 뒤 수·당 시기에 중국과 구별되는 동방의 정치체를 아우르는 개념으로 널리 사용되었다. 동국 또는 해동이 중국과의 공간적 구분을 수반하는 개념이라면, 삼한은 서로 다른 역사적 전통을 드러내는 데 본령이 있다. 이러한 중국의 삼한 인식은 주변국의 인식에도 영향을 미쳤다. 일본은 한 내지 삼한을 자국의 지배를 받는다고 표방한 한반도의 정치체를 포괄하는 용도로 사용하였다. 그렇다면 같은 시기 신라는 한 또는 삼한과 관련하여 어떤 인식을 가지고 있었을까.

현재 7세기 신라가 삼국의 동질적 연원으로서 삼한을 설정하고 있었다고 보는 것이 일반적이다. 이것은 「청주운천동비」와 『삼국사기』 신라본기 신문왕 12년조에 나오는 태종 시호 기사,[25] 그리고 열전에 실린 김유신의 헌의

---

25 『삼국유사』에도 같은 내용의 기사가 있으나 일부 내용과 표현에 차이가 있다.

등 뚜렷한 삼한 인식을 담은 자료들이 있기 때문이다. 그러나 이들은 신뢰성을 확보한 자료들이 아니기 때문에 실제 7세기 인식을 반영한 것인지 검증이 필요하다. 이 작업은 2부와 3부에서 집중적으로 진행할 것이므로 여기서는 그에 앞서 당시 신라의 타자(他者) 인식을 검토하기로 한다. 이를 통해 기존에 말하는 바와 같은 삼한 인식이 수립될 만한 여건이었는지 가늠할 수 있을 것이다.

이것은 신라가 실제 삼국을 하나의 범주로 인식했는지에 대한 검토와 7세기 전후 신라의 한 인식을 유추할 수 있는 구한(九韓)에 대한 검토로 나누어 진행할 것이다. 전자는 신라가 타자를 백제와 고구려로 국한하여 '삼국'이라는 범주를 수립했는지와 이들을 어떤 존재로 인식했는지를 중심으로 살펴볼 수 있다. 우선 다음 자료에 주목해 보자.

> 고구려가 백제·말갈과 군대를 함께 하여 우리 북쪽 경계를 침범하여 33성을 취하니 왕이 사신을 당에 보내 도움을 청하였다.[26]

위의 기사는 무열왕 2년(655)의 것이다. 여기에 당시 고구려·백제와 더불어 말갈이 신라를 위협하는 존재로 지목되고 있다. 『삼국사기』 신라본기와 백제본기에는 신라·백제를 침구하는 외부 세력으로 말갈이 자주 등장한다. 이 말갈은 중국 사서에 나오는 말갈이 아니라 현 강원도 동부 내륙과 함경남도 일원에 분포하던 부류를 말한다.[27]

---

26 『三國史記』 권5, 新羅本紀5 太宗武烈王 2년 정월, "高句麗與百濟靺鞨連兵 侵軼我北境 取三十三城 王遣使入唐求援"
27 『삼국사기』에 나오는 말갈의 실체에 대해서는 그간 많은 연구가 있었는데, 일반적으로 알려진 말갈이 아니라 영동·영서 지역에 존재하던 정치 집단으로 이해되고 있다. 본고에서 주목하는 것은 신라인들이 북방에 있는 외부 존재로서 고구려와 별도로 말갈을 인식하고 있었다는 점이다. 『삼국사기』의 말갈에 대한 연구사적 검토로는 金鎭光, 2009 「『三國史記』 本紀에 나타난 靺鞨의 性格」 『高句麗渤海硏究』 35 참조.

신라가 자신을 침구하는 존재로 말갈까지 언급하므로 신라를 포함한 한반도의 정치체는 4개가 된다. 말갈이 백제 등과 같은 수준의 '국(國)'으로 존재한 것인지는 알 수 없지만, 적어도 신라가 이들을 백제 등과 병렬적으로 인식한 것은 분명하다. 그리고 후술하듯이 말갈을 '국'으로 표현하는 사례도 보인다. 따라서 당시 신라의 시각에서 자신과 고구려·백제로만 구성되는 통상적인 의미의 '삼국' 범주는 성립하지 않는다.

이와 비슷한 내용을 김유신열전에서도 찾아볼 수 있다.

> 공의 나이 17세가 되어 고구려와 백제, 말갈이 영토를 침범하는 것을 보고 강개하여 구적을 평정할 뜻을 가지게 되었다. 홀로 중악의 석굴에 들어갔다. (중략) 노인이 이에 말하기를, "너는 어리지만 삼국을 병탄할 마음을 가지고 있으니 장하지 않은가"라고 하며 이에 비법을 전수하였다.[28]

위의 내용은 김유신이 중악 석굴에 들어가 수행하던 중 한 노인을 만나 나눈 대화의 일부이다. 여기서 김유신은 나라가 외침으로 어려움을 겪자 강개한 마음으로 입산하여 하늘로부터 힘을 얻고자 했으며, 한 노인이 나타나 그에게 비법을 알려주었다는 내용이다.

주목되는 것은 노인이 김유신에 대해 "삼국을 병탄할 마음[幷三國之心]"을 가지고 있다고 언급한 부분이다. 당초 김유신은 고구려·백제·말갈이 나라를 침범하는 것을 보고 구적(寇賊)을 평정할 뜻을 가졌다고 하였다. "삼국을 병탄할 마음"은 이 내용에 조응한다. 곧 여기서 '삼국'은 신라를 포함하는 통상적 의미의 삼국이 아니라 신라에 위협을 가하는 외부의 세 나라를 가리키는 것이다.

---

28 『三國史記』 권41, 列傳1 金庾信 上, "公年十七歲 見高句麗百濟靺鞨 侵軼國疆 慷慨有平寇賊之志 獨行入中嶽石崛 (중략) 老人乃言曰 子幼而有幷三國之心 不亦壯乎 乃授以祕法 (후략)"

이 세 나라, 곧 고구려·백제·말갈을 '병탄[幷]'의 대상으로 설정한 점도 주목된다. 이 내용이 신라까지 포함한다면 '병탄'이 아니라 '통합[統]'이라는 맥락으로 나오는 것이 개념적으로 타당하다.[29] 내용에서도 이들을 '구적'으로 규정하고 있는데, 이 경우 이들은 공멸이나 평정의 대상일 따름이다.[30] 무엇보다 원래 하나였다는 인식, 혹은 이를 표방할 수 있는 일정한 동질성에 대한 인식이 보이지 않는다. 반면 해당 서사에는 이들을 '국수(國讐)'로 지칭하는 등 극단적인 적대감이 나타나고 있다.

위의 기사는 후대에 가공된 것이며, 서사 성립 당시의 인식이 투영되어 있다. 그런데 그 내용이 전술한 무열왕 2년 기사와 다르지 않다. 이것은 김유신의 활동기에 신라가 고구려와 백제, 그리고 말갈의 위협에 노출되어 있었고, 이후에도 그러한 구도에서 당시 역사를 바라보았다는 것을 보여준다.

중고기 이래 말갈은 신라의 북변을 침구하는 존재로 빈번하게 등장한다. 말갈이 동해안 방면에서 신라와 경계를 맞댄 존재로 나오기도 하고,[31] 고구려가 신라를 침구할 때 말갈과 함께 들어오는 경우도 자주 보인다.[32]

말갈이 고구려·백제와 구분되는 부류였음은 구서당(九誓幢)의 편성에서 단적으로 드러난다. 구서당 중 백금서당(白衿誓幢)은 문무왕 12년(672)에 백제민으로 편성하였고, 황금서당(黃衿誓幢)은 신문왕 3년(683)에 고구려민으로 편성하였다. 그리고 흑금서당(黑衿誓幢)은 그 이듬해 '말갈국민'으로 편성하였다. 말갈이 '국'으로 지칭되면서 고구려·백제와 구분된 것이다. 이는 7세기

---

29 고려에서 후삼국 통일을 '一統三韓', 또는 줄여서 '統三'으로 부르는 것에서 그러한 개념을 확인할 수 있다(『高麗史』 권93, 列傳6 崔承老, "我國家 統三以來 四十七年 士卒未得安枕 糧餉未免糜費者").

30 고구려와 백제가 병탄 내지 평정의 대상으로 간주된 것은 김유신열전의 다른 부분에서도 나타난다(『三國史記』 권43, 列傳3 金庾信 下, "是寺 庾信平麗濟二國 所營立也").

31 『三國史記』 권5, 新羅本紀5 太宗武烈王 5년 3월, "王以何瑟羅地連靺鞨 人不能安 罷京爲州 置都督以鎮之 又以悉直爲北鎮"

32 『三國史記』 권3, 新羅本紀3 慈悲麻立干 11년, "高句麗與靺鞨襲北邊悉直城"
　　『三國史記』 권3, 新羅本紀3 炤知麻立干 3년 3월, "高句麗與靺鞨入北邊"

중반 신라가 통상적인 의미의 '삼국' 범주를 수립하지 않았음을 명확히 보여준다. 당시 신라에게 '삼국'은 자신을 침구하는 외적을 가리키는 범주였다.

이러한 여건에서 고구려와 백제는 신라의 적 또는 원수로 간주되었다. 전술한 김유신열전 기사에서 이들을 구적·국수 등으로 지칭한 것은 그 반영이다. 그리고 문무왕의 유조(遺詔)에서도 같은 인식을 확인할 수 있다.

> 서쪽과 북쪽으로 정토하여 마침내 영토를 확정하였고, 반역하는 자는 토벌하고 손잡는 자는 불러들여 먼 곳까지 편안하게 하였다. 위로 선왕이 남긴 뜻을 위로하고 아래로 부자의 숙원을 갚았다.[33]

위에서 문무왕은 자신의 치세를 총평하면서 서쪽과 북쪽의 정토, 곧 백제와 고구려 정벌을 말하였고, 아울러 무열왕의 뜻을 이어 숙원을 갚은 것을 강조하였다. 여기서 '숙원'은 주지하듯이 대야성 전투에서 무열왕의 딸과 사위가 죽은 것을 가리킨다.[34]

신라와 백제·고구려로 구성되는 삼국의 범주는 당시 중국에서 제시한 것이었다. 우선 『구당서』의 다음 기사가 주목된다.

> 고조가 이미 해동삼국이 옛날부터 원한과 틈이 있어 번갈아 공벌한다는 것을 듣고 그들이 모두 번병으로서 화목에 힘써야 한다고 생각하여 이에 그 사신에게 원한의 이유를 물었다.[35]

---

33 『三國史記』권7, 新羅本紀7 文武王 21년 7월, "西征北討 克定疆封 伐叛招携 聿寧遐邇 上慰宗祧之遺顧 下報父子之宿冤"

34 문무왕 11년에 작성된 「答薛仁貴書」에는 백제 영토의 온전한 병합을 주장하면서 "신라와 백제는 累代의 深讎"라고 적시하였다.

35 『舊唐書』권199, 列傳149 東夷 新羅, "高祖旣聞海東三國舊結怨隙 遞相攻伐 以其俱爲蕃附 務在和睦 乃問其使爲怨所由"

위 기사는 당 고조가 외교적으로 삼국의 화해를 도모하는 사정을 설명한 것이다. 여기서 우선 '해동삼국(海東三國)'이라는 표현이 주목된다. 해동은 중국의 사해(四海) 천하관에서 동쪽 지역을 말하는데, 당은 이곳의 국가를 '삼국'으로 통칭하였다. 그리고 이어서 이들의 화목을 도모하는 이유로 모두 당에 사대하는 나라라는 것을 들었다.[36] 곧 삼국은 당과 외교를 맺고 있는 동방의 세 나라라는 뜻에서 범주화된 것이다.

이는 신라가 생각한 타자의 구성과 다르다. 해동으로 설정되는 공간에서 말갈은 신라에게 타자의 하나로 열거되지만, 당의 시각에서는 외교를 맺고 있는 국가가 아니므로 고려되지 않는 것이다. 태종도 이와 비슷한 인식을 보였다.

> 정관 초에 고려와 백제가 함께 신라를 정벌하여 연이어 군대를 수년 동안 풀지 않았다. 신라가 사신을 보내 급한 사정을 고하니 이에 주자사를 임시로 원외산 기시랑으로 삼아 사신으로 보내 삼국의 감정을 풀도록 타일렀는데, 고상한 의관을 보이니 동이가 크게 존경하였다. 삼국의 왕이 모두 표를 올려 사죄하니 내려 준 것이 아주 많았다.[37]

당시 고구려와 백제가 신라를 공격하자 신라는 당에 구원을 청하였고, 당 태종은 사신을 보내 화해를 종용했다는 것이다.[38] 이때 태종은 이들을 '삼국'

---

36 고조는 삼국의 화해를 외교 정책의 기본 방침으로 삼고 있었다. 삼국의 대당 외교의 실상과 당의 대응에 대해서는 윤경진, 2021① 「唐 高祖代 삼국의 對唐 외교와 史書의 인식」 『震檀學報』 137 참조.

37 『舊唐書』 권189, 列傳139 儒學上 朱子奢, "貞觀初 高麗百濟同伐新羅 連兵數年不解 新羅遣使告急 乃假子奢員外散騎侍郎充使 喩可以釋三國之憾 雅有儀觀 東夷大欽敬之 三國王皆上表謝罪 賜遣甚厚"

38 당시 당은 고구려와 백제가 連和하여 신라를 협공한다고 보고 있었으나 이는 사실과 다르다는 점이 지적되었다. 이른바 '麗濟連和'설은 신라의 외교전략으로 제시되었다고 보는 경우가 많으나 당 태종이 고구려 원정의 명분으로 신라 구원을 내세운 데 따른 것으로 보는 견해도 있다(윤경진, 2021② 「7세기 초 백제의 對隋 군사외교와 史書의 인식」 『嶺南學』 78).

으로 범칭했는데, 이는 고조가 말한 '해동삼국'과 같은 의미이다. 이는 설명 부분에서 이들을 '동이'로 칭한 것에서 바로 유추된다.

또한 고종이 신라와의 화해를 종용하며 백제 의자왕에게 보낸 글에도 '해동삼국'이 등장한다. 그리고 뒤이어 삼국의 전쟁으로 '삼한' 백성의 목숨이 위태롭다고 하였다.[39] 이것은 '삼국'을 '삼한'으로도 표현한 것으로, 나라를 세운 지 오래되었다는 표현과 연결되어 삼국의 연원을 삼한으로 설정하는 인식을 보여준다. 공통의 역사적 연원은 곧 현실에서 삼국이 화해해야 하는 당위를 제공한다.

이처럼 당은 초기부터 외교적으로 자신에게 사대하는 삼국을 하나의 범주로 설정하였고[海東三國], 이를 바탕으로 삼국에게 '삼한'이라는 역사적 연원을 설정하였다. 따라서 당과 외교관계를 맺고 있던 삼국이 이러한 시각에 영향을 받았을 여지가 있다. 그러나 실제 이들이 자신을 포함한 삼국의 범주를 형성하고 공통의 역사적 연원을 설정한 흔적은 확인되지 않는다. 따라서 삼국 상호간에 동질의식이 있었다고 말할 수 없다.

2) 중고기 신라의 천하관과 '구한'

앞서 살펴보았듯이 7세기 신라는 동질성의 관점에서 백제와 고구려를 아우르는 인식을 가지고 있지 않았다. 백제와 고구려는 자신을 침구하는 외적이었고 병탄 내지 평정해야 할 대상이었다. 이러한 대상에는 이들 외에 말갈도 있었다. 당은 자신과 외교관계를 맺고 있던 세 나라만을 인식 대상으로 삼음으로써 '삼국'의 범주를 수립했지만, 신라는 내부적으로 여전히 말갈을

---

39 『舊唐書』권199, 列傳149 東夷 百濟, "至如海東三國 開基自久 幷列疆界 地實犬牙 近代已來 遂構嫌隙 戰爭交起 略無寧歲 遂令三韓之氓 命懸刀俎 (중략) 去歲王及高麗新羅等使幷來入朝 朕命釋玆讎怨 更敦款穆"

별도의 국가로 간주하고 있었다. 이것은 신라가 이전 시기부터 나름의 시각에서 자신과 주변 타자와의 관계를 설정하고 있었음을 시사한다.

신라가 당의 시각을 받아들이기 이전에 수립한 타자 인식의 내용은 우선 다음 기록을 통해 엿볼 수 있다.

> 신라 사람들이 말하기를, "북쪽에는 말갈이 있고, 남쪽에는 왜인이 있으며, 서쪽
> 에는 백제가 있으니 이들이 나라의 해가 된다"라고 하였다.[40]

위의 기사는 『삼국유사』에서 말갈에 대해 고증하는 중에 인용한 것으로, 신라가 자신의 주변 지역에 방위별로 외적을 설정하는 인식을 보여준다.

이것은 중국의 전통적인 사이(四夷) 관념을 차용한 것이다. 주지하듯이 중국은 자신을 천하의 중심으로서 '중화'로 설정하면서 주변의 타자들을 방위별로 나누어 동이(東夷)·서융(西戎)·남만(南蠻)·북적(北狄)으로 범주화하였다. 이들은 다양한 존재들을 중국의 관점에서 묶어 인식한 것이기 때문에 내부적으로 어떤 동질성을 전제한 것이 아니다. 같은 원리에서 낙랑은 자신의 주변에 있는 정치체들을 남쪽의 한(韓), 동쪽의 예(濊), 북쪽의 맥(貊)으로 구분하였다.[41] 고구려 「광개토왕릉비」에 등장하는 "신래한예(新來韓濊)"는 이러한 낙랑의 관념을 가져오면서 자신을 천하의 중심으로 설정하고 남쪽과 동쪽의 외이(外夷)를 나타낸 것이다.

그런데 한에는 마한·진한·변한의 세 부류가 있었고, 이들은 언어와 문화에서 차이가 있었다. 그리고 각각은 다수의 소국으로 구성되었다. 이는 외이 인식이 실제 내부 구성과는 무관하게 범주화된 것임을 잘 보여준다.

신라도 이러한 관념에 따라 사방에 자신의 외적을 설정하였다. 그런데 『삼

---

40 『三國遺事』권1, 紀異 靺鞨, "羅人云 北有靺鞨 南有倭人 西有百濟 是國之害也"
41 본서 1부 1장 참조.

국사기』 기사에는 다소 형태가 다른 사례가 보인다.

> 짐이 부덕한데도 이 나라를 다스리는데, 서쪽은 백제와 이웃하고 남쪽은 가야와
> 접했으나 덕은 따르기에 부족하고 위엄은 두려워하기에 부족하다. 마땅히 성루
> 를 수리하여 침입에 대비해야 할 것이다.[42]

위의 기사는 파사이사금의 언급으로, 방비해야 할 외적으로 서쪽의 백제
와 남쪽의 가야를 지목하였다. 서쪽의 백제는 『삼국유사』 기사와 같지만, 남
쪽은 왜인이 아니라 가야로 되어 있다. 그런데 신라본기 기사를 보면 왜는
대부분 동변(東邊)을 침구하는 것으로 나온다.[43] 직접적이지는 않지만 위 기사
와 연결하여 동쪽의 외이를 왜로 설정했음을 유추할 수 있다.

이에 비추어 『삼국유사』 기사는 바다에 접한 동쪽에 대해서는 따로 외이
를 설정하지 않은 것이고, 『삼국사기』 기사는 왜가 동변을 침구하는 사정에
맞추어 남쪽의 외이를 가야로 바꾼 것으로 짐작된다. 다만 이것이 시기에 따
라 변화한 것은 아니며, 시각에 따라 다르게 설정한 것으로 이해된다.

이처럼 신라는 자신을 둘러싼 외부의 존재들을 중국의 사이 관념에 준하
여 인식하였다. 다만 이것은 자신을 침구하는 외적이라는 관점에서 설정된
것이다. 이 관념을 자기중심적으로 더 적극화하면 이들을 궁극적으로 자신
에 복속해야 하는 존재로 간주하는 천하관이 수립된다. 중국이 사이를 궁극
적으로 천자의 교화를 받아야 하는 존재로 상정한 것과 같은 원리이다.

7세기 신라가 이러한 형태의 천하관을 가지고 있었음을 보여주는 지표로
선덕여왕대 황룡사구층목탑의 건설과 그 연기설화에 나오는 구한(九韓)이 주

---

42 『三國史記』 권1, 新羅本紀1 婆娑尼師今 8년 7월, "朕以不德 有此國家 西隣百濟 南接加耶 德
   不能綏 威不足畏 宜繕葺城壘 以待侵軼"
43 왜가 南邊을 침구한 사례도 하나 보인다(『三國史記』 권3, 新羅本紀3 訥祇麻立干 24년, "倭人侵
   南邊"). 앞서 동왕 15년에는 東邊을 침구한 기사가 있다.

목된다. 주지하듯이 황룡사구층목탑은 선덕여왕의 정치적 난국을 타개하기 위한 이념적 조치로 건립된 것이었다.[44] 현실에서 신라를 침구하는 외적을 제압하고 그 연장에서 신라가 중심이 되는 천하의 완성을 희구한 것으로, 당시 신라의 천하관을 담고 있다.

『삼국유사』 황룡사구층탑조에 수록된 탑의 연기설화를 보면, 문수보살로부터 신라 국왕이 천축의 찰리종왕(刹利種王)이라는 설명을 들은 자장(慈藏)은 중국의 태화지(太和池)에서 신인(神人)을 만나 탑의 건립과 관련된 대화를 나누었다. 대화 내용을 추출 정리하면 다음과 같다.

> ① 또 묻기를, "너희 나라에 무슨 어려움이 있는가"라고 하니 ② 자장이 말하기를, "우리나라는 북쪽으로 말갈과 이어지고, 남쪽으로 왜인과 접하며, 고구려와 백제 두 나라가 번갈아 영토를 침범합니다. 이웃한 도적이 휩쓸고 다니는 것이 백성의 어려움입니다"라고 하였다. ③ 신인이 말하기를, "지금 너희 나라는 여자가 왕이 되어 덕은 있으나 위엄이 없기 때문에 이웃 나라가 도모하는 것이다. 마땅히 본국으로 속히 돌아가라"라고 하였다. ④ 자장이 묻기를, "고향에 돌아가면 장차 어떻게 해야 이익이 되겠습니까"라고 하니, ⑤ 신이 말하기를, "황룡사의 호법룡은 내 큰아들인데 범왕의 명을 받아 와서 이 절을 호위하고 있다. 본국에 돌아가 절 안에 구층탑을 지으면 이웃 나라가 항복하고 구한이 내공하여 왕업이 영원히 안정될 것이다. 탑을 지은 후 팔관회를 베풀고 죄인을 사면하면 외적이 해를 끼치지 못할 것이다. 다시 나를 위해 경기

---

44 신라 중고기 황룡사구층목탑 건립의 배경은 사상적 측면에서는 佛敎治國策, 또는 佛國土思想의 표현으로 이해하며, 정치적으로는 선덕여왕대 체제 위기에 대한 대응으로 보고 있다. 이에 대해서는 다음 논고들이 참고된다.
金相鉉, 1992 「黃龍寺九層塔考」 『張忠植華甲紀念論叢』 간행위원회
南東信, 2001 「新羅 中古期 佛敎治國策과 皇龍寺」 『新羅文化祭學術論文集』 22
申東河, 2001 「新羅 佛國土思想과 皇龍寺」 『新羅文化祭學術論文集』 22
박승범, 2014 「7세기 전반기 新羅 危機意識의 실상과 皇龍寺9층木塔」 『新羅史學報』 30

의 남쪽 연안에 절 하나를 지어 아울러 내 복에 이바지하게 하면 나 또한 그 덕에 보답할 것이다"라고 하였다.[45]

위에서 신인과 자장의 대화는 허구이지만, 목탑 건립의 배경으로 제시된 시대 상황은 당시, 또는 후대의 인식을 일정하게 반영하고 있다. 이와 관련하여 주목되는 부분은 목탑 건립의 효과로 언급한 "이웃 나라의 항복"과 "구한(九韓)의 내공(來貢)"이다.

이웃 나라[隣國]는 ②에는 이웃 도적[隣寇]으로 표현되어 있고, 구체적으로는 말갈과 왜, 그리고 고구려와 백제를 가리킨다. 이들은 신라의 주변에서 신라를 위협하는 존재로 지목된 부류들이다.[46] 반면 구한은 신라에 내공하는 상징적 존재이다. 곧 신라가 천하의 중심이 되어 복속한 부류들로부터 조공을 받는다는 의미를 담고 있다.[47] 여기서 구한이 신라의 천하관을 집약한 개념이라는 것을 알 수 있다.

다만 구한의 실체는 알 수 없다. 이에 대해 일연은 안홍(安弘)이 지었다는 『동도성립기(東都成立記)』를 인용하여 다음과 같이 설명하였다.

---

45 『三國遺事』권3, 塔像 黃龍寺九層塔, "又問 汝國有何留難 藏曰 我國北連靺鞨 南接倭人 麗濟二國 迭犯封陲 隣寇縱橫 是爲民梗 神人云 今汝國以女爲王 有德而無威 故隣國謀之 宜速歸本國 藏問 歸鄕 將何爲利益乎 神曰 皇龍寺護法龍 是吾長子 受梵王之命 來護是寺 歸本國成九層塔於寺中 隣國降伏 九韓來貢 王祚永安矣 建塔之後 設八關會 赦罪人 則外賊不能爲害 更爲我於京畿南岸置一精廬 共資予福 予亦報之德矣"

46 말갈과 왜는 신라가 사방에 설정한 外夷이고, 고구려와 백제는 7세기 전쟁에서 충돌한 적국이다. 이들이 나뉘어 제시된 것은 각각이 다른 시점에서 투영된 것임을 시사한다. 곧 말갈과 왜는 본래 설화에 있던 것이고, 고구려와 백제는 그보다 후대에 추가된 것으로 생각된다. 이때 백제는 본래 전통적 외이의 하나였으나 현실의 전쟁 대상이었기 때문에 이들과 분리 인식되었다.

47 고려 숙종대 金謂磾가 南京을 건설하고 三京에 巡駐하면 36국이 朝天할 것이라고 한 것이나, 인종대 妙淸 일파가 西京으로 천도하면 36국이 臣妾이 될 것이라고 한 것도 같은 맥락이다.

신라 제27대 여왕이 국주가 되니 비록 도는 있으나 위엄이 없어 구한이 침구하였다. 만약 용궁 남쪽 황룡사에 구층탑을 세우면 이웃 나라의 재앙을 누를 수 있을 것이다. 제1층은 일본, 제2층은 중화, 제3층은 오월, 제4층은 탁라, 제5층은 응유, 제6층은 말갈, 제7층은 단국, 제8층은 여적, 제9층은 예맥이다.[48]

위에서 신라가 여왕이 다스려 권위가 없기 때문에 외침에 시달린다고 한 것은 앞서 인용한 연기설화와 같지만 침공 주체가 구한으로 나오는 점이 다르다. 그리고 탑을 세운 결과를 "이웃 나라의 재앙을 누를 수 있다"라는 것으로 설명하였다. 결국 구한과 이웃 나라는 같은 존재이다. 이웃 나라가 현실에서 신라를 침공하는 주변 국가들을 가리킨다면, 구한은 이로부터 확장되어 신라에 복속하여 천하를 구성하는 존재를 표상한다.

저자로 지목된 안홍은 『삼국사기』와 『해동고승전(海東高僧傳)』에 등장한다. 『삼국사기』 신라본기에 따르면 그는 진흥왕 34년(573) 구법(求法)을 위해 수(隋)에 갔다가 돌아온 것으로 되어 있다.[49] 그리고 『해동고승전』에서 최치원의 「의상전(義湘傳)」을 인용한 부분에는 의상이 태어난 진평왕 건복(建福) 42년(625)에 안홍법사가 당에서 돌아왔다고 되어 있다.[50]

그런데 『동도성립기』가 실제 그의 활동 시기에 찬술되었을 가능성은 없다. 구한의 구성도 후대의 인식이 투영되어 있다. 『삼국사기』에는 왜가 일본으로 국호를 바꾼 것이 문무왕 10년(670)의 일로 되어 있어 안홍의 추정 생존 시기와 차이가 있다. 오월(吳越)도 9세기 말에 건국되었기 때문에 신라말

---

48 『三國遺事』 권3 塔像, 黃龍寺九層塔, "新羅第二十七代 女王爲主 雖有道無威 九韓侵勞 若龍宮南黃龍寺建九層塔 則隣國之災可鎭 第一層日本 第二層中華 第三層吳越 第四層托羅 第五層鷹遊 第六層靺鞨 第七層丹國 第八層女狄 第九層穢貊"

49 『三國史記』 권4, 新羅本紀4 眞興王 37년, "安弘法師入隋求法 與胡僧毗摩羅等二僧廻 上稜伽勝鬘經及佛舍利"

50 『海東高僧傳』 권2, 釋安含, "崔致遠所撰義相傳云 相眞平建福四十二年受生 是年東方聖人安弘法師 與西國二三藏 漢僧二人"

이후에나 인식할 수 있는 대상이다.[51]

흥미로운 것은 신라 진평왕-선덕여왕대 신라의 인접 국가인 고구려와 백제가 나오지 않는다는 점이다. 이는 이들이 신라와 구분 인식되지 않는 상황, 곧 삼한일통의식이 확립된 뒤의 상황을 반영한다.[52] 열거된 국명과 견주어 볼 때 고려의 후삼국 통일 후에 성립된 인식으로 짐작된다. 다시 말해 『동도성립기』는 고려초기에 안홍을 가탁하여 동도(동경), 곧 경주와 관련된 전승과 설화를 수집 정리한 자료이며, 여기에 황룡사구층목탑에 대한 내용도 들어 있었던 것이다.

하지만 실제 구성과는 별도로 7세기 전반 신라가 '구한'으로 표상되는 천하관을 가졌을 가능성은 인정된다. 삼한일통의식이 확립되고 사해의 천하관을 표방하던 고려가 따로 구한의 천하관을 내세울 여지가 없기 때문이다. 구한 개념은 내용적으로 삼한 인식에 선행한다.

구한은 구이(九夷) 관념에서 비롯된 것으로 짐작된다. 일연은 마한 항목 뒤에 구한과 관련된 고증을 수록했는데, 해당 내용을 추출하면 다음과 같다.

> ① 『주례』에서 직방씨가 사이와 구맥을 관장한다고 했는데, 동이의 부류로서 곧 구이이다[周禮職方氏 掌四夷九貊者 東夷之種 即九夷也].
>
> ② 『회남자』의 주에 이르기를, "동방의 이(夷)는 9종이다"라고 하였다[淮南子 注云 東方之夷 九種].

---

51 九韓이 7세기 중반의 상황을 반영한다고 보는 견해도 있지만(趙法鍾, 1989 「百濟 別稱 鷹準考」『韓國史研究』 66), 후대의 인식이 투영된 것이라는 이해가 일반적이다. 구한의 구성은 후대의 인식에 따라 추가된 것이지만, 구한 개념 자체는 7세기 중반의 것으로 본다. 구한에 대한 기존의 해석에 대해서는 全德在, 2004 「新羅의 對外認識과 天下觀」『역사문화연구』 20, 205쪽 참조.

52 九韓 중 鷹遊를 백제로, 濊貊을 고구려로 이해하기도 하지만 그렇다 해도 신라와 병존했던 고구려와 백제의 國號를 그대로 반영하지 않았다는 것은 이들을 복속 대상으로 설정할 수 없는 현실적 조건이 작용한 결과로 해석된다. 그것은 고구려의 후신인 고려 건국과 후삼국 통일이다.

③ 『논어정의』에 이르기를, "구이는 현도, 낙랑, 고려, 만식, 부유, 소가, 동도, 왜인, 천비이다"라고 하였다[論語正義云 九夷者 一玄菟 二樂浪 三高麗 四滿飾 五鳧臾 六索家 七東屠 八倭人 九天鄙].

④ 『해동안홍기』에 이르기를, "구한은 일본, 중화, 오월, 탁라, 응유, 말갈, 단국, 여진, 예맥이다"라고 하였다[海東安弘記云 九韓者 一日本 二中華 三吳越 四乇羅 五鷹遊 六靺鞨 七丹國 八女眞 九穢貊].

①은 『주례(周禮)』 직방씨(職方氏)의 업무 내용에서 추출한 것인데, 원전에는 다음과 같이 정리되어 있다.

천하의 지도를 관장하고 천하의 땅을 관장한다. 그 나라와 도비, 사이, 팔만, 칠민, 구맥, 오융, 육적의 인민과 그 재용을 변별한다.[53]

위의 내용 구성을 보면 인용문에 나오는 사이(四夷)와 구맥(九貊)이 본래 구분되는 존재임을 알 수 있다. 같은 책의 상서(象胥) 항목을 보면 "만·이·민·맥·융·적 나라의 사신을 관장한다"[54]라고 하여 직방씨의 내용과 동일한 구성이 나타난다. 이는 중국 주변의 부류들을 6개로 범주화한 것을 보여준다.

이 중 사이[55]와 구맥은 동쪽에 위치하여 이를 통틀어 '동이'라고 했으며 '구이'로도 칭하였다. 남방에는 만(蠻)과 민(閩)의 구분이 있었으나 이들 역시 '남만'으로 일괄되었으며, '팔만(八蠻)'으로 칭하는 경우가 많았다.

중국 사서나 경전에서 구이가 처음 보이는 것은 『상서(尙書)』의 주서(周書) 여오(旅獒)편이다.

---

53 『周禮』 夏官司馬 職方氏, "掌天下之圖 以掌天下之地 辨其邦國都鄙四夷八蠻七閩九貉五戎六狄之人民 與其財用"

54 『周禮』 秋官司寇 象胥, "掌蠻夷閩貉戎狄之國使"

55 四夷는 동서남북의 외방 부류를 통칭하는 개념으로도 사용된다.

상을 극복하고 마침내 구이와 팔만에 길을 통했다.[56]

위 구절은 주 무왕이 상(商)을 정벌한 뒤 주변의 이·만 지역을 아우르는 천하를 형성했음을 말한 것이다.

구이는 동이에 9개의 부류가 있다는 인식에 따른 것이다. ②에서 『회남자(淮南子)』를 인용하여 "동방의 이(夷)는 9종이다"라고 한 것은 이러한 해석을 담은 것이다. 하지만 실질적으로 구이에서 '9'라는 수치는 큰 의미가 없으며, 그 자체가 하나의 완성된 단위 개념으로 사용되었다.

예를 들어 『논어』에는 다음 구절이 보인다.

공자께서 구이에 살고자 하니 혹은 누추하지 않냐고 말하였다. 공자께서는 군자가 사는데 누추할 것이 뭐가 있겠냐고 하였다.[57]

공자가 살고 싶다는 뜻을 피력한 구이는 9개의 단위를 나타내는 것이 아니라 중국 동쪽 밖의 지역을 표현한 것으로, 실질적으로 '동이'와 같은 개념이다.

이러한 종수(種數)가 막연한 관념적 수치라는 것은 다른 부류의 종수가 자료마다 다르게 나타나는 데서 알 수 있다. 『예기(禮記)』에는 구이·팔만·육융·오적·구채(九采)가 열거되어 있다.[58] 『이아(爾雅)』에는 구이·팔적·칠융·육만을 일컬어 사해(四海)라 한다고 설명하였다.[59] 수치가 9, 8, 7, 6으로 체감하는 형태라는 점도 이것이 관념적인 표현임을 보여준다. 실제 사이와 구맥을 합쳐 인식했다면 전체 숫자는 산술적으로 13개이지만 그대로 '구이'로 범주화

56　『尙書』周書 旅獒, "惟克商 遂通道于九夷八蠻"
57　『論語』子罕, "子欲居九夷 或曰 陋如之何 子曰 君子居之 何陋之有"
58　『禮記』明堂
59　『爾雅』釋地 四極, "九夷 八狄 七戎 六蠻 謂之四海"

되었다.[60]

그러나 한편으로 수치에 주목하면 그에 상응하는 구성을 찾으려는 인식도 나타난다. 『후한서』 동이전에는 구이와 관련해 "이(夷)는 9종이다"라고 하면서 구체적으로 견이(畎夷)·어이(於夷)·방이(方夷)·황이(黃夷)·백이(白夷)·적이(赤夷)·현이(玄夷)·풍이(風夷)·양이(陽夷)를 열거하였다. 이들이 어떤 준거에서 분류된 것인지는 알 수 없지만, 황이·백이·적이·현이는 오행의 방위색 개념을 도입한 것이다. 동쪽을 나타내는 '청(靑)'이 없는 것은 구이 자체가 동방의 존재이기 때문으로 생각되지만 확실하지는 않다.

한편 『논어정의(論語正義)』에서는 구이를 현도·낙랑·고려·만식(滿飾)·부유(鳧臾)·소가(素家)·동도(東屠)·왜인·천비(天鄙)로 열거하였다. 현도와 낙랑은 한사군에 속하고 고려는 고구려를 가리킨다. 여기에 왜인 정도만 그 존재가 확인되고, 나머지는 정확한 실체를 알 수 없다. 고구려와 현도군이 존속하고 있던 시기 구이를 설정하면서 해당 지역에 있었거나 그렇게 생각되던 집단들을 정리한 것이 아닐까 추정될 뿐이다.

한편 ④의 내용은 안홍의 『동도성립기』 기사에서 추출한 것이다. 구한은 당(唐) 이전 중국 사서나 경전에서 그 용례를 찾을 수 없다. 『후한서』에서 한의 존재를 파악하고 그 안에 세 부류가 있어 삼한으로 범주화되는 상황을 고려하면, 이와 구분되는 구한을 따로 인식했을 가능성은 없어 보인다.

그렇다면 구한은 신라에서 구이를 모델로 수립한 개념일 가능성이 높다. 전술한 바와 같이 사이와 구맥으로 구분되던 것이 한편으로 구이로 범칭되었다. 자연 구맥과 구이는 같은 범주가 되며, 이와 맥 또한 같은 개념이 된다. 그런데 이·맥으로 간주되는 지역에 실체적으로 존재한 한(韓)을 적용하면, 구이나 구맥을 구한으로 개념화할 수 있다. 결국 구한은 기존 구이·구맥

---

60 南蠻의 경우 八蠻이 百蠻으로 표현되기도 하는데(『國語』 권5 魯語下, "昔武王克商 通道于九夷 百蠻"), 이는 남방 경략에 따라 해당 지역에 산재한 많은 부류들을 인식하게 된 결과로 생각된다. 百蠻은 百越로 표현되기도 한다(『鹽鐵論』 復古, "孝武皇帝攘九夷 平百越").

을 토대로 해당 지역에 있던 역사적 실체로서 한을 인식하면서 도출된 범주로 이해할 수 있다. 중요한 것은 이것이 중국이 아니라 신라의 천하관에서 수립되었다는 점이다.

구한이 당초 황룡사구층목탑의 건립과 직접 연계된 천하관이었는지는 단정할 수 없지만, 적어도 그 당시 신라가 구한으로 표상되는 천하관을 가지고 있었음은 분명해 보인다. 경문왕대 황룡사구층목탑을 개간할 때 작성한 「찰주본기(刹柱本記)」에는 탑의 건립이 가져온 결과를 "과연 삼한을 합쳤다[果合三韓]"라는 것으로 제시하였다. 이것은 신라가 자신을 삼한의 하나로 인식한 데 따른 것이다.

그러나 구한은 신라를 침구하거나 내공(來貢)하는 존재이기 때문에 그 안에 신라는 포함되지 않는다. 따라서 구한은 신라 하대 이전의 관념임이 분명하다. 그리고 독자 연호를 폐지하고 당과 본격적인 사대 외교를 전개하는 진덕여왕대 이후에는 자신을 천하의 중심으로 자처하고 주변 지역의 내공을 설정하는 인식을 직접 표방하기 어렵다. 결국 구한은 대외적으로 수·당에 사대적 자세를 취하면서도 내부적으로 독자 연호를 사용하고 있던 신라 중고 말기에나 적용할 수 있는 관념이다.

「찰주본기」에 기록된 설화에는 탑의 건립에 따른 예정 결과가 "해동의 여러 나라가 모두 너희 나라에 항복할 것[海東諸國 渾降汝國]"으로 제시되어 있다. 전승 설화의 '구한'은 「찰주본기」의 '해동제국'과 같은 개념이 된다. 당이 신라를 포함한 삼국을 '해동삼국'으로 지칭한 데서 드러나듯이 해동은 중국 중심의 천하관을 바탕으로 한다. 그리고 현실적 결과는 "과연 삼한을 합쳤다"라고 하여 자신과 연원을 같이 하는 부류의 통합으로 표방되었다.

반면 구한은 구이의 관념과 연계된 것이며, '내공'이라는 적극적인 사대 행위와 결부되어 있다. 이는 신라를 천하의 중심으로 표상하는 것이므로 중국 왕조와의 관계가 적극화되는 상황에서는 유지하기 어렵다. 진덕여왕 때 당의 지적으로 독자 연호를 폐기하였던 신라의 사정에서 볼 때, 구한 인식은 그 이전에 표방된 천하관으로 보는 것이 타당할 것이다.

이렇게 보면 구한의 천하관을 표방한 시기에 신라가 삼한의 정체성을 가졌을 가능성은 없다. 구한은 신라와 명확히 구분되는 외부 존재이지만, 삼한은 그 안에 신라가 포섭되어 있기 때문이다. 그런데 이후 신라가 당과 적극적 사대 외교를 맺게 되면서 내공하는 존재로서 구한을 설정하는 것은 불가능해졌다. 대신 신라는 중국의 삼한 인식을 수용하면서 자신을 그 하나인 진한으로 인식하였고, 이것을 다시 7세기로 소급 적용하면서 삼국 모두를 삼한으로 간주하고 신라가 이를 하나로 통합했다는 '일통삼한'의 이념을 수립하게 된다. 이러한 인식 변화는 9세기 이후에 비로소 확인할 수 있다.

2부
7세기설의 근거 자료 비판 1 : 금석문 자료

1장_ 「청주운천동비」의 검토
2장_ 신라후기 금석문에 나타난 삼한일통의식

1장_「청주운천동비」의 검토

1. 비문의 내용과 성격

1) 비문의 판독과 내용

「청주운천동비」(이하 '운천동비'로 약칭함)는 학계에 소개된 이후 판독을 둘러싸고 별다른 논란이 없었고,[1] 2003년 한 차례 정리가 있었다.[2] 그러다가 건립 시기에 대한 논쟁이 전개되는 과정에서 일부 글자에 대한 이견이 제기되었고,[3] 최근 비문 전반에 대한 재판독이 있었다.[4] 그리고 필자는 이에 대한 반론 과정에서 다시 판독을 진행하여 몇몇 글자에 대해 새로운 의견을 제시하였다.[5] 여기서는 이를 바탕으로 비문의 주요 내용을 정리함으로써 건립 시기 파악을 위한 토대를 마련하기로 한다.[6]

1 　盧泰敦, 1982 「三韓에 대한 認識의 變遷」『韓國史研究』38
　　車勇杰, 1983 「淸州 雲泉洞 古碑 調査記」『湖西文化研究』3
　　李丙燾, 1983 「西原 新羅寺蹟碑에 대하여」『湖西文化研究』3
2 　신정훈, 2003 「淸州 雲泉洞 新羅寺蹟碑 再檢討」『白山學報』65
3 　윤경진, 2019 「「청주운천동사적비」의 건립 시기와 건립 배경: 최근 비판에 대한 반론과 추가 판독」『韓國史研究』186
4 　하일식, 2023 「운천동사적비의 역사 환경, 판독 교정」『木簡과文字』30
5 　윤경진, 2023 「「청주운천동비」의 판독과 건립 시기에 대한 종합적 검토」『木簡과文字』31
6 　판독 의견은 필자가 수정한 글자와 내용 파악에 직접 관련되는 글자를 중심으로 한다. 최근 다수의 글자를 판독 불명으로 처리하거나 이견을 제시한 논고(하일식, 2023 앞의 논문)에 대해 필자가 기존 판독에 동의하는 부분은 번잡을 피하기 위해 따로 언급하지 않는다. 해당 글자에 대한 자세한 논의는 윤경진, 2023 앞의 논문 참조.

먼저 판독문을 제시하면 다음과 같다.[7]

[전면]

	a	b	c	d	e	f	g	h	i	j	k	l	m	n	o	p	q	r	s	t
1	□	□	□	□	□	□	三	尊	之	□	□	□	六	代	之	徽	緒	□	□	
2	□	□	□	□	□	□	□	□	□	□	□	□	□	國	主	大	王	□	□	
...																				
14	□	□	□	□	□	□	□	□	□	□	□	善	天	壽	山	長	□	□	□	□
15	□	□	□	□	□	□	陰	陽	□	□	□	□	□	□	□	上	下	□	□	□

[후면]

	a	b	c	d	e	f	g	h	i	j	k	l	m	n	o	p	q	r	s	t
1	□	□	□	□	□	□	□	□	□	□	□	□	□	□	□	□	□	□	□	□
2	□	□	□	□	□	□	□	□	□	□	發	□	□	□	□	□	□	□	□	□
3	□	□	□	□	□	□	趣	皎	皎	而		生	□	□	□	□	□	□	□	□
4	□	□	□	□	□	□		逐	燭	□	慈	□	□	□	□	□	□	□	□	□
5	□	□	□	□	□	□		河	洛	靈	圖	□	□	□	□	□	□	□	□	□
6	□	□	□	□	天	德	展	流	於	四	海	義	心	宣	揚	於	□	□	□	□
7	□	□	□	□	□	蘭	香	盛	而	長	流	貨	寶	繹	而	□	□	□	□	□
8	□	□	□	堅	固	善	根	具	足	□	□	常	行	廻	□	□	□	□	□	□
9	□	□	□	□	竪	鼓	之	場	精	廬	遍	起	交	兵	深	林	之	地	□	□
10	弔	伐	而	□	民	合	三	韓	而	廣	地	居	濱	海	而	振	威	□	□	□
11	□	仁	□	倉	府	充	溢	民	免	飢	寒	之	憂	水	土	□	□	□	□	□
12	□	丹	穴	委	羽	之	君	太	平	太	蒙	之	長	奉	玉	帛	□	□	□	□
13	□	塔	沙	門	普	慧	之	所	造	龜	文	鄉	生	知	行	□	□	□	□	□
14	□	壽	拱	二	年	歲	次	丙	戌	茅	茨	不	剪	僅	庇	經	像	□	□	□
15	□	□	化	矣	弟	子	海	心	法	師	意	通	明	敏	清	凉	□	□	□	□

---

7 현재는 비는 상단부가 손상되어 완만한 곡선 형태로 파여 있다. 측면의 첫 글자인 '主'
   의 위치로 볼 때 각 행의 상단에 한 글자씩 더 있었을 것으로 추정된다. 양쪽 가장자리와
   10·11행의 상단에 글자의 흔적이 보인다.

[측면]

	a	b	c	d	e	f	g	h	i	j	k	l	m	n	o	p	q	r	s	t
1	□	□	阿	干	□	□	□	□	□	□	□	□	□	天	仁	阿	干	□	□	□
2	主	聖	大	王	**昭**	亦	爲	十	方	檀	越	**感**	道	場	法	界	□	□	□	□
3	□	□	□	□	□	□	□	□	□	□	□	□	□	□	□	□	□	□	□	□

아래에서는 각 행별로 주요 글자의 판독 의견을 제시하고 내용을 파악해 보기로 한다.[8]

[전면 1행]

□□□□□□□三尊之□□□六代之徽緒□□

위에서 '존(尊)'은 '보(寶)'로 읽기도 하지만 자획이나 문맥상 '존'으로 보는 것이 타당하다. '대(代)'는 판독 불가로 보기도 하는데, 좌변은 글자가 파이기는 했으나 원래 획이 'ㅓ'으로 보이고, 우변도 'ㅏ'으로 판단할 수 있다.

'서(緒)'는 기존에 '경(經)'이나 '종(終)'으로 읽었는데, 좌변의 '糸'에 대해서는 이견이 없다. 이 글자는 '육대(六代)'와 상응하여 계보와 관련된 속성을 가진다는 점에서 우변이 불확실하지만 '서(緒)'로 판단할 수 있다.

이 구문의 구성은 "□三尊之□□"과 "□六代之徽緒"가 된다. 삼존(三尊)은 함께 경배하는 세 부처 또는 보살·성인을 말하는데, 신앙에 따라 다양한 형태로 구성된다. 육대(六代)는 6명으로 구성되는 어떤 계보를 말하는데, 이것은 통상 초조 달마(達摩)에서 육조 혜능(惠能)에 이르는 중국 선종의 계보를 나타낸다. 이에 대해서는 후술할 것이다.

---

8 판독용 탁본 사진은 후면과 측면은 趙東元 編, 1988『增補 韓國古代金石文大系(II)』원광대학교 출판국에 실린 것을, 전면은 단국대학교 석주선기념박물관, 2006『攝影名選 上 : 삼국시대-통일신라시대』에 실린 것을 이용하였다.

| 尊 | 代 | 緒 |

이에 상응하여 삼존은 중국 선종의 수립 이전 단계를 표상하는 것으로 짐작된다. 이에 석가모니와 선종의 효시가 되는 가섭(迦葉), 석가모니를 모신 아난(阿難)으로 추정해 볼 수 있다.[9] 휘서(徽緒)는 계보의 전승을 찬미하는 표현으로 『속고승전(續高僧傳)』 원광(圓光)전의 "휘서를 떨쳐 이었다[振績徽緒]"라는 구문에서 그 용례를 찾아볼 수 있다. 불교비에서는 대개 서두에 불교의 의미에 대한 일반론적인 서술이 들어간다. 이 행에 '삼존'과 '육대'가 등장하는 것은 이 부분이 비의 서두라는 것, 곧 이 면이 비의 전면이라는 것을 보여준다.

[전면 2행]

□□□□□□□□□□□□□□國主大王□□

말미의 네 글자 정도만 보인다. '대(大)'는 판독 불가로 보기도 한다. '국주(國主)'는 국왕을 가리키는 말로 신라와 고려 모두에서 사용되었다.[10]

[전면 14-15행]

□□□□□□□□□□□善天壽山長□□□□
□□□□□□□陰陽□□□□□上下□□□

---

9   석가·가섭·아난으로 구성되는 三尊像으로는 봉은사목삼존불상이 있다.
10   성덕왕 18년(719)에 조성된 「甘山寺彌勒阿彌陀像造像記」와 고려 태조 20년(937)에 건립된 「瑞雲寺了悟和尙碑」後記에 각각 '國主大王'이 보인다.

‘천수산장(天壽山長)’은 오랜 시간이 지나도 변치 않는 것을 표상하는데, 비문의 결락이 심하여 명확한 의미는 알기 어렵다. 후술하듯 이 비는 탑비(塔碑)로 추정되며, 전면은 탑주(塔主)의 행적을 기리는 본문으로 판단된다. 따라서 이 부분은 탑주의 행적이 길이 전승될 것임을 말한 것으로 짐작한다.

[후면 1-2행]

後面 1행과 2행의 글자는 거의 판독되지 않으며, 2행의 '발(發)' 정도가 새로 판독되었으나 분명치는 않다.

[후면 3행]

□□□□□□□趣皎皎而生□□□□□□□

‘생(生)’은 누군가의 출생을 말한 것이며, ‘교교(皎皎)’는 달빛처럼 희고 밝게 빛나는 모습을 나타낸다. 이 구문은 뒤에 나오는 제왕의 출생을 서술한 것으로 짐작된다.

[후면 4행]

□□□□□□□□遂燭□慈□□□□□□□

‘수(遂)’는 앞의 내용으로부터 시간적 경과나 논리적 귀결을 통해 수립되는 후속 상황을 나타낸다. ‘촉(燭)’은 명민함과 지혜로움을, ‘자(慈)’는 자애로움을 각각 나타내는데, 인물의 자질을 불교적 가치를 통해 표현한 것이다. 이 구문은 앞서 출생한 제왕의 성장을 담은 것으로 보인다.

[후면 5행]

□□□□□□□□□河洛靈圖□□□□□□□

'하락영도(河洛靈圖)'는 복희(伏羲)의 하도(河圖)와 하우(夏禹)의 낙서(洛書)를
말한다. 이는 해당 인물이 창업주임을 말하는 것으로, 자세한 내용은 뒤에서
따로 설명할 것이다.

[후면 6행]

□□□□天德展流於四海義心宣揚□□□□

'전(展)'은 기존에 '장(長)'으로 읽었으나 뒤에 '장류(長流)'라는 표현이 또 나
오고 있어 다른 글자로 보는 것이 타당하다. '장'과 유사한 형태이며 '흐르다
[流]'를 수식하는 글자로 '전(展)'을 찾을 수 있다. '장류'가 시간적 공간적으로
먼 곳을 표상한다면, '전류'는 넓은 곳, 또는 모든 곳에 펼쳐져 흐른다는 의
미로서 이어지는 사해(四海)와 조응한다.

'해(海)'는 불명으로 처리하기도 하지만 좌변의 'ㆍ'와 우변의 '每'를 충분
히 판단할 수 있다. 무엇인가가 흘러[流] 도달하는 대상으로서 바다[海]가 보
편적으로 상정된다는 점도 이를 뒷받침한다.[11]

문맥은 "天德展流於四海 義心宣揚□□□"의 대구로 구성된다. '천덕(天德)'
은 하늘로 상징되는 제왕의 교화, 곧 천하의 백성을 보살피는 기능을 표현한

展

海

다. 이에 대해 '의심(義心)'은 백성을 괴롭히는
악을 응징하는 제왕의 의지를 나타낸다. 천덕
이 펼쳐 흐르는 것이라면, '의심'은 '드날리는
[宣揚]' 것이다. 기존에는 그 뒤에 "만방으로

---

11 「大安寺寂忍禪師碑」에 보이는 "無法之法 流於海表"라는 구문을 참고할 수 있다.

[於萬邦]"를 추정하여 넣었는데, 해당 부분이 결락되어 알 수 없으나 내용적
으로는 문맥에 부합한다.

[후면 7행]
□□□□□蘭香盛而長流貨寶繹而□□□□□

이 구문은 "蘭香盛而長流 貨寶繹而□□"의 대구를 형성한다. '난향(蘭香)'은
제왕이 미치는 영향력을, '화보(貨寶)'는 그에게 바치는 세금이나 공물로서
복속을 상징하며, 제왕의 위세가 확대되는 과정을 묘사한 것이다. 천덕과 의
심이 전쟁을 통해 백성을 구원하고 악을 제압하는 과정이라면, 난향과 화보
는 이를 통해 수립된 제왕의 통치를 표현한 것으로 시간적 논리적 선후관계
를 가진다.

[후면 8행]
□□□堅固善根具足□□□常行廻□□□□□

전반부 구문은 "□□堅固 善根具足"의 형태로 구성되어 있다. 이어지는 구
문도 "□□□常 行廻□□"로 추정되지만 분명하지는 않다. '선근(善根)'은 좋
은 결과를 낳을 수 있는 자질과 행위를 말하며 '구족(具足)'은 이를 잘 갖추었
다는 의미이다. 이와 대구를 이루는 앞 구문은 흔들리지 않는[堅固] 신심(信
心)을 표현한 것으로 추정된다. 전체적으로 제왕이 불교에 귀의한 상황을 나
타낸다.

[후면 9행]
□□□□豎鼓之場精廬遍起交兵深林之地□□

遍

이 구문은 "□□豎鼓之場 精廬遍起"와 "交兵深林之地 □□□□"의 대구로 구성된다. 북을 세운다는 의미의 '수고(豎鼓)'와 무기가 교차한다는 의미의 '교병(交兵)'은 모두 전쟁을 상징한다. '정려(精廬)'는 사찰을 말하는 것으로, 전반부 구문은 전쟁을 치르던 곳에 사찰을 세웠다는 의미이다. 이는 당시 전쟁이 '내전(內戰)'의 성격을 띠고 있었음을 보여주는데, 이에 대해서는 후술할 것이다.

'편(遍)'은 그동안 '소(所)'로 읽던 글자이다. 그런데 글자 형태가 '소'로 보기 어렵고 전쟁터에 사찰을 세웠다는 문맥과도 자연스럽게 연결되지 않는다. 좌변 상단의 점이나 하단의 획으로 볼 때 '辶'을 유추할 수 있고, 우변도 형태상 '扁'으로 추정해 볼 수 있다.

[후면 10행]
弔伐而□民合三韓而廣地居濱海而振威□□□

이 행의 첫 글자는 하단만 남아 있어 판독이 곤란하다. 그런데 해당 구문은 "□□伐"이 "合三韓"과 대구를 이루고 있어 "□伐"이 하나의 단어를 형성한다. 그리고 이것은 뒤에 백성과 관련된 결과를 유도한다. 이러한 취지를 가지는 정벌의 유형을 남은 획의 형태와 연계하여 찾아보면 '弔伐'을 생각할 수 있다. 조벌은 포악한 군주를 몰아내어 백성을 구원한다는 의미이다. 남은 획을 보면 '弓'의 아랫부분과 유사하여 이를 조(弔)로 판독할 수 있다.

이 구문은 ①"삼한을 합쳐 땅을 넓혔다[合三韓而廣地]"와 ②"빈해에 거처하며 위세를 떨쳤다[居濱海而振威]"를 근간으로 한다. ①의 '지(地)'는 해당 구문이 땅과 관련된 제왕의 공업을 나타낸 것임을 보여주며, 앞 구문의 '민(民)'과 대응한다. 앞에 '벌(伐)'이 있는 것으로 보아 정벌을 통해 백성을 구원한다는 문맥으로 파악된다. '벌' 다음 글자인 '이(而)'는 그동안 판독하지 못했으나 이어지는 구문의 '이(而)'와 같은 연결어가 들어갈 자리이고, 실제 글자 상단

에 가로획이 보여 '이'로 판독
할 수 있다.[12]

弔　　　而　　　濱

한편 이 구문의 "합삼한(合
三韓)"은 제왕이 삼한을 일통했
다는 인식을 명확히 보여준다. 따라서 이 비가 7세기 후반에 건립된 것이라
면 이는 전쟁 후 신라가 삼한일통의식을 표방하고 있었음을 보여주는 확실
한 근거가 된다. 그러나 실제 이 비가 7세기 후반에 건립되었다고 볼 만한 증
거는 없으며, 내용적 지표 대부분은 10세기 상황에 해당한다. 이에 대해서는
뒤에서 자세히 설명할 것이다.

②는 이렇게 이룬 공업을 바탕으로 제왕의 위세가 해당 지역에 떨치는 것을
나타낸다. '빈(濱)'은 종래 '창(滄)'으로 읽던 것이다. ①과 대비할 때 이 글자는
'해(海)'와 합쳐 '거(居)'의 목적어가 된다. 그리고 ①의 삼한과 사실상 같은 대
상을 나타낸다. 그가 합친 삼한이 곧 위세를 떨치는 대상이 되기 때문이다.

그런데 파도가 치는 거친 바다를 나타내는 창해(滄海)는 '거(居)'의 공간을
나타내는 말로는 어색하다. 좌변이 'ㆍ氵'이며 '해'와 묶어 공간을 표현할 수
있는 글자로는 '빈(濱)'이 가장 유력하다. 자획을 보면 글자 중간부에 '人' 비
슷한 획이 나타나는데, 이는 '빈'의 중간 획이 손상된 것으로 짐작된다.

공간 개념으로서 '빈'은 "바다로 둘러싸인 모든 땅에 왕의 신하가 아닌 사
람이 없다[率土之濱 莫非王臣]"라는 『맹자』의 유명한 구절에서 유추된다. 우리
나라를 "동쪽 바닷가[東海之濱·東溟之濱]"로 부르는 경우가 종종 보인다.[13]

12　그 다음에는 백성의 '구원'에 해당하는 글자가 있었을 것인데, '救'나 '濟' 정도를 생각할 수
　　있다. 글자의 좌변에 'ㆍ氵'로 유추할 수 있는 자획이 보여 '濟'가 아닐까 하지만 남은 자획으
　　로는 판단을 내리기 어려워 가능성만 제시해 둔다.

13　『高麗史』 권21, 神宗 즉위년 10월 丙子, "伏念 某猥將縣力 叨襲藩封 表東海之濱 久陶於聲教"
　　『高麗史』 권33, 忠宣王 2년 7월 乙未, "三韓爲國 五季已王 雖居東溟之濱 實享南面之奉"

[후면 11행]

□仁□倉府充溢民免飢寒之憂水土□□□□□

이 구문은 "倉府充溢 民免飢寒之憂"가 하나의 단락을 구성한다. 9행에서 전쟁의 종식을 말하였고, 10행에서는 그 귀결로서 삼한의 통합과 제왕의 위세를 말하였다. 그리고 11행에서는 그 연장에서 민생의 안정을 말하는 흐름이다. '창부(倉府)'에 조응하는 '수토(水土)'는 보통 농사에 영향을 미치는 기후 여건을 나타내는데, 그 뒤에는 기후의 순조로움을 나타내는 표현이 있었을 것이다.

[후면 12행]

□丹穴委羽之君太平太蒙之長奉玉帛□□□□

이 구문은 "단혈위우의 군과 태평태몽의 장이 옥백을 받든다"로 해석된다. '군(君)'과 '장(長)'은 같은 뜻을 가지며 대구를 통해 하나의 단어[君長]로 조합된다. 따라서 '단혈위우'와 '태평태몽'도 조합되어 하나의 범주를 구성하는데, 이는 사방 먼 곳을 나타낸다.

단혈(丹穴)은 『산해경(山海經)』 중 남산경(南山經)에서 봉황이 있다는 전설상의 산으로[14] 남쪽 끝을 상징한다. 그리고 '태평(太平)'과 '태몽(太蒙)'은 각각 동쪽과 서쪽 땅끝을 가리킨다. 『이아(爾雅)』 석지(釋地) 항목을 보면, 제주(齊州) 남쪽의 태양을 이고 있는 곳이 단혈, 북쪽의 북두(北斗)를 이고 있는 곳이 공동(空桐), 동쪽의 해뜨는 곳이 대평(大平=太平), 서쪽의 해지는 곳이 대몽(大蒙=太蒙)이라 하였다.[15] 이를 비문과 대비하면 북쪽을 표시하는 '공동'을 제외한

14　『山海經』 南山經, "又東五百里 曰丹穴之山 其上多金玉 丹水出焉 而南流注于渤海 有鳥焉 其狀 如雞 五采而文 名曰鳳皇"

15　『爾雅』 권9 釋地, "岠齊州以南戴日爲丹穴 北戴斗極爲空桐 東至日所出爲大平 西至日所入爲大蒙"

세 가지가 모두 일치한다. 따라서 '위우(委羽)'가 '공동'과 마찬가지로 북쪽 끝을 상징한다고 보는 것이 합리적이다. 결국 이 구문은 "동서남북 먼 곳의 군장들"이라는 하나의 범주이다.[16]

'옥백(玉帛)'은 이 군장들이 제왕에게 바치는 예물을 말한다. 이것은 복속 의례를 나타내는 상징적 표현으로 널리 쓰였다. 다음은 그러한 예이다.

> 군방이 의리를 숭모하고 교화를 따르며 옥백을 다투어 바치고, 이웃 나라는 위 세와 덕망을 경외하여 금과 비단을 더 바치고자 하였다.[17]

위 기사는 고려 정종 9년(1043) 거란이 보낸 책봉문의 일부로서 거란 황제 가 자신의 위세를 과시하는 내용을 담고 있다.

방(方)은 방백(方伯)을 말하는 것으로, 여기서는 사대하는 주변국의 왕을 나 타낸다. 군방(群方)은 거란에 사대하는 나라들을 총칭하는 개념이다. 옥백을 받드는 것은 사대에 따른 복속의례를 행한다는 뜻이다.[18] 결국 이 기사의 군 방은 비문의 "단혈위우지군 태평태몽지장"에 상응한다.

[후면 13행]

□塔沙門普慧之所造龜文鄕生知行□□□□□

이 행은 판독에 가장 논란이 많은 부분이다. 그중 특히 주목할 부분은 '탑 (塔)'으로, 비의 성격과 건립 시기를 판단하는 데 결정적인 근거를 제공한다. 종

---

16 "丹穴委羽之君"이 "봉황이 날개를 맡긴 임금, 또는 위대한 先王이 국가를 맡긴 임금"으로 해 석한 견해가 있는데(하일식, 2023 앞의 논문, 313쪽), 이는 이 구문이 "太平太蒙之長"과 조합 되는 구도라는 것을 간과한 채 '委羽'를 풀어 해석한 것으로 문맥에 맞지 않는다.

17 『高麗史』 권6, 靖宗 9년 11월 辛巳, "群方則慕義向風 交馳玉帛 鄰國則畏威懷德 增納金繒"

18 이와 대구를 이루는 후속 구문은 宋과의 관계를 표상한다. 당시 거란은 송과의 전쟁에서 승 리한 후 송에게 매년 막대한 재화를 받았는데, 이를 '歲貢'으로 표현하였다.

래 이 글자는 '자(者)'로 판독하였다. 그런데 이것은 글자의 오른쪽 부분만으로 판단한 것으로, 이를 따르면 글자가 오른쪽으로 치우치게 된다. 다음 글자인 '사(沙)'의 좌변 'ⅰ'와 맞추어 보면 이 글자도 좌변이 있음을 확인할 수 있다.

또한 이 글자를 '자'로 보면 오른쪽 하단이 '日' 모양이 되어야 하는데, 가운데 가로획의 존재를 판단할 수 없다. 이는 '口'로 보는 것이 타당하다. 그리고 오른쪽 상단 획은 '++', 그 아래 획은 '八'의 형태가 나타난다. 곧 해당 글자의 모양이 '咨'과 유사한 것이다. 좌변의 상단 획은 점이 아니라 선의 형태를 띠고 있어 '土'임을 짐작할 수 있다. 자획의 형태만으로도 이 글자는 충분히 '탑(塔)'으로 판독할 수 있다.

이것은 문맥과 내용을 통해서도 뒷받침된다. 이 행의 전반부는 "…는 사문 보혜가 만든 것이다"라는 것으로서 앞 부분에 보혜가 만든 물건이 오게 된다. 곧 '만들다[造]'의 목적어가 되므로 "-라는 것"으로 해석되는 '자(者)'가 오기 어렵다. 이미 "만든 것[所造]"을 명시했으므로 이 자리에는 해당 물건의 명칭이 나오는 것이 순리이다.

그리고 이러한 문장 구조에서 앞에 배치되는 목적어를 한 글자로 표현하는 경우는 거의 없으며 통상 두 글자로 구성된다. 그리고 사찰에서 '조(造)'의 대상이 될 수 있는 것은 전각과 불상, 탑, 경판 각종 불교 용구 정도이다. 의미가 여기에 부합하며 현재 자획으로부터 유추될 수 있는 글자는 사실상 '탑'이 유일하다. 결락된 글자까지 추정해 본다면 보탑(寶塔)이나 묘탑(妙塔) 정도가 될 것이다.

이 글자가 '탑'이면 이 비는 승려의 사리를 안치한 승탑(부도)과 함께 세우는 탑비가 되며, 건립 시기는 승탑이 출현하는 나말려초 이후가 된다. 이 한 글자만으로 논란은 정리될 수 있으나 글자가 누가 보더라도 명확한 것은 아니기 때문에 내용적 검토가 수반될 수밖에 없다. 비의 성격에 대해서는 뒤에서 다시 언급할 것이다.

다음에 '향(鄕)'은 기존에 '해(海)'로 읽었던 부분이다. 그런데 좌변의 형태가 'ʔ'가 될 수 없다. 최근에는 '미(弥=彌)'로 읽기도 했지만 역시 자획과 부합하지 않는다. 이 글자는 자획이 세로로 삼등분된 형태이다. 이러한 형태의 글자로서 뒤의 '생(生)'과 결합하여 하나의 단어를 구성할 수 있는 글자를 찾으면, '향(鄕)'이 가장 유력하다.

塔
沙

글자의 세 부분을 '향'의 각 부분과 대비해 보면 형태가 유사하다는 것을 알 수 있다. 특히 글자의 왼쪽 부분의 흐름이 매우 비슷하다. 의미상으로도 '향생(鄕生)'은 앞의 '사문(沙門)'과 대구의 위치에서 후술할 '문(文)'의 약자로 파악된다. 이 점에서 한문 지식을 갖춘 지방 선비 정도로 이해할 수 있다. 이어지는 '지행(知行)'은 그의 이름이 된다.

龜

다음에 '귀(龜)'는 그동안 '야(也)'로 읽었다. 왼쪽 상단부가 유사하게 느껴질 수 있지만 해당 부분이 왼쪽으로 쏠려 있고 아래 획만 우측으로 길에 이어진 형태여서 통상적인 '야'의 자획과 차이가 크다. 이 글자를 '귀'로 본 것은 문맥을 고려한 것이다.

鄕

이 구문에서 '사문'과 '향생'이 대구가 되고 이들 이름으로 파악되는 '보혜'와 '지행'이 대구를 이룬다. 따라서 보혜가 만든 것과 마찬가지로 지행이 한 행위의 대상이 되는 것도 앞에 두 글자로 오게 된다. 곧 해당 글자는 '문(文)'과 합쳐져 하나의 단어를 구성하는 것이다. '지행' 다음 글자들을 그동안 '-가 만든 것[之所作]'으로 파악한 것도 지행이 글을 썼다는 맥락이기 때문이다. 보혜가 만든 것이 탑이라면 지행이 쓴 것은 탑비의 비문이 된다. 결국 해당 글자는 '문'과 함께 '비문'의 의미를 구성하면서 남아 있는 자획과 유사한 속성을 가지는 것일 텐데, 이에 가장 부합하는 것이 바로 '귀'이다. '귀문(龜文)'은 비문을 뜻하는 말로 흔히 사용되었다.

물론 남아 있는 획을 곧바로 '귀'로 판단하기에는 한계가 있다. 다만 '귀'

가 매우 복잡한 글자이고, 비문에서 약자나 이체자가 종종 쓰이는 사정을 고려하면, 어느 정도 유사성을 추출할 수 있다. 자획의 오른쪽 하단의 긴 획은 '귀(龜)'의 것과 유사하며, 중앙 세로획을 중심으로 좌우의 획을 축약한 이체자로 추정할 수 있다.[19]

이 구문은 사문 보혜가 탑을 조성하였고 향생 지행이 비문을 찬술했다는 것으로 해석된다. 이러한 내용은 탑을 세우고 비문을 찬술한 뒤 비가 조성되지 못했기 때문이다. 이에 대해서는 뒤에서 다시 언급할 것이다.

[후면 14행]

□壽拱二年歲次丙戌茅茨不剪僅庇經像□□□

이 행은 비문의 건립 시기를 7세기로 판단하는 근거가 된 부분이다. '수공(壽拱)'은 측천무후(則天武后)의 연호인 '수공(垂拱)'을 달리 쓴 것이며, 수공 2년은 신문왕 6년(686)이다. 기존에는 이 구문이 비의 건립과 멀지 않은 시점의 사적일 것이라고 추단하고 비의 건립 시기를 7세기 후반으로 파악하였다. 그러나 수공 2년이 비 건립과 관련된다거나 시기가 가깝다고 볼 근거는 없다. 금석문 자료에서 이전 시기의 사적을 언급하는 것은 흔한 일이며, 해당 사적의 시점과 금석문 작성 시점의 시차가 100년 이상 나는 경우도 많다.

"모자부전(茅茨不剪)"은 지붕을 얹는 재료인 띠풀을 다듬지 않았다는 뜻으로, 건물을 대충 지은 것, 곧 초창(草創)을 나타낸다. '겨우 덮었다[僅庇].'라고 한 것도 초창된 건물이 허름하고 부실함을 말한다. 이 표현은 중창의 당위와 새로 마련한 건물의 위용을 과시하려고 대비적으로 쓴 것이다. 비문에서 초창 사적을 말했다는 것은 비의 건립, 혹은 그 선행 조건인 탑 조성이 사찰 중창과 관련된다는 것을 시사한다. 사찰의 중창 경위는 뒤에서 다시 언급할 것이다.

---

19 비문 5행의 '圖'가 외곽 '口'이 생략되어 있다.

'상(像)'은 그동안 '전(傳)'으로 판독하던 것으로 최근 '상'으로 읽는 견해가 있었다.[20] 이 구문의 "모자부전"으로 지은 건물이 결국 사찰 전각이고 여기에 불상이 없을 수 없으므로 이 글자를 '상'으로 보는 것이 합리적이다.

像

[후면 15행]
□□化矣弟子海心法師意通明敏清凉□□□□

'의(矣)'는 '주(主)'로 읽기도 했는데, 남은 자획으로 볼 때 종결어인 '의'로 보는 것이 타당하다. '의(意)'는 그동안 불명으로 처리했는데, 상단의 '立', 중간의 '日', 하단의 '心'에 상응하는 자획을 유추할 수 있다. '통(通)'은 종래 '근(近)'으로 읽었는데, '辶' 안쪽의 글자가 '斤'보다는 '甬'으로 보는 것이 타당하지 않을까 한다. 해심(海心) 법사(法師)는 비의 건립과 직접 관련된 인물로서 뒤에 이어지는 내용은 그의 자질에 대한 설명으로 보인다.

한편 해심을 '제자(弟子)'라고 했을 때, 그가 누구의 제자인가가 논란이 될 수 있다. 이에 대해 앞에 나온 보혜의 제자로 보기도 하는데,[21] 보혜는 탑으로 추정되는 물건의 조성을 담당한 사람이기 때문에 해심과 사제 관계라고 보기 어렵다. 승려비를 보면 '제자'는 비문의 주인공에 대해 사업 참여자들을 칭하

矣

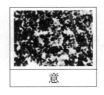
意

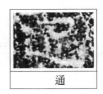
通

20 하일식, 2023 앞의 논문, 309쪽
21 하일식, 2023 앞의 논문, 315쪽

는 경우가 많다. 해심도 비문의 주인공에 대해 '제자'로 칭한 사례로 짐작된다.[22] 이 또한 「운천동비」가 탑비임을 시사한다.

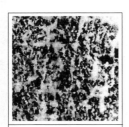
聖 阿
干

天
仁

阿
干

[측면 1행]
□□阿干□□□□□□□天仁阿干□□□□

비의 측면은 3행으로 구성되어 있다. 이 중 1행에는 '아간(阿干)'이라는 직명이 여러 차례 나온다. 다만 글자가 뚜렷하지 않아 '아간'의 판독을 부정하는 의견도 있다. 인명으로 짐작되는 '천인(天仁)'도 글자가 작고 글꼴이 어색하다는 등의 이유로 부정하였다.[23]

여기서 먼저 1행의 성격부터 짚어보자. 후술할 2행에는 주성대왕(主聖大王)이 단월이 되는 것에 대해 '역(亦)'이라고 하였다. 이는 그 앞에 다른 단월이 나오기 때문이다. 1행은 왕보다 앞서 사업에 참여한 사람에 대한 기록이므로 명단 형태로 나올 것이다.

아울러 측면의 글씨가 고르지 않다는 점도 생각할 필요가 있다. 예를 들어 2행의 '성(聖)'은 아래의 '대왕(大王)'이나 '시방(十方)'과 대비하면 글자가 크다는 것이 드러난다. 그리고 후면의 글자 배치와 대비하면 같은 공간에 글자가 더 들어가 있다는 것도 파악된다. 이렇게 글자 크기가 균일하지 않은 것은 후면과 측면의 서자(書者)가 다르다는 것을 의미한다. 측면은 서자가 정제된 필력을 갖추지 못했거나 글자 크기의 균일함이 중요

22　「太子寺朗空大師碑」에서 "國師之門 神足"으로 소개되는 讓景이 비의 건립을 주도한 것에서 海心의 위치를 유추할 수 있다.

23　하일식, 2023 앞의 논문, 310쪽

하지 않은 상황으로 판단된다.

그리고 1행이 2행에 비해 글자 간격이 좁은 것은 2행에 국왕이 등장하기 때문인 듯하다. 국왕을 언급할 때 행을 바꾸기도 하는데 측면에 3행이 들어갈 정도의 여백만 있기에 1행을 조밀하게 적어 2행을 주성대왕부터 시작하도록 조정한 것이라 짐작된다. 결과적으로 1행은 제한된 공간에 다수의 인명을 넣기 위해 글자가 작아지고 자간이 좁아지게 되었다. 뒤로 가면서 자간이 더 좁아지는 양상도 이로 인한 것이다.[24]

글자의 폭이 좁아진 양상은 '아간'으로 읽은 두 부분에서 잘 나타난다. 앞의 것을 보면 2행의 '성(聖)'과 대비해 마치 한 글자처럼 인식될 수도 있다. 하지만 글자의 비례상 한 글자로 보기 어렵고 둘 사이의 여백도 인지된다. 곧 이들은 자간이 좁혀진 두 글자이다. 그리고 이 중 아래 글자는 '간(干)'이 분명하다. 따라서 그 앞 글자는 '간'과 조합되는 글자일 것인데, 좌변의 존재를 알 수 있고 우변의 세로획으로부터 '可'를 유추할 수 있다. 곧 문맥과 자획에서 이 글자를 '아(阿)'로 보는 데 무리가 없다.

'천인(天仁)' 또한 판독에 문제가 없다. 글자가 작은 것은 1행 전체의 특징이므로 문제되지 않는다. 그 뒤의 두 글자는 앞서 읽은 '아간'과 형태가 비슷하며 글자는 더 뚜렷하다. 따라서 이 구문을 "천인아간(天仁阿干)"으로 판독하는 것이 타당하다.

한편 앞의 '아간'과 '천인' 사이에는 8자의 결락이 있는 것으로 보고 있는데, 이는 비문의 일반적인 글자 수를 기준으로 한 것이다. '천인아간'을 기준

---

24 이에 대해서는 1행이 나중에 추각된 것이라고 보는 견해도 있다(윤선태, 2018 「淸州 雲泉洞 寺蹟碑의 건립 연대」 한국목간학회 2018년 하계 워크샵 발표문). 2행이 먼저 작성된 것이라면 이것이 시작 행일 것인데, 현실적으로 시작 행과 모서리 사이에 새로 행을 넣을 정도의 여백을 남겨두었을 가능성은 없다. 또한 1행과 2행 사이의 간격은 2행과 3행 사이의 간격과 별 차이가 없다. 추각이라면 행의 간격이 상당히 좁게 나와야 할 것이다. 그렇다면 이것은 명단의 성격을 가진 내용을 한 행에 넣기 위해 처음부터 크기와 자간을 줄여 새긴 결과로 보는 것이 합리적이다.

으로 2행과 대비하면 2.5자 정도에 1명(4자)이 들어간다. 이렇게 보면 실제 해당 공간에는 3명(12자)이 들어갈 수 있다. 다만 이 문제는 차후 좀더 정밀한 판단이 필요하여 판독문에서는 잠정적으로 8자로 처리하였다. 아간에 대해서는 뒤에서 다시 설명할 것이다.

[측면 2행]

主聖大王昭亦爲十方檀越感道場法界□□□□

'소(昭)'는 앞서 살펴본 '탑(塔)'과 함께 비의 건립 시기를 판단하는 결정적 근거가 될 수 있다. 종래 '소(炤)'로 읽어 신문왕의 자(字)인 '일소(日炤)'와 연결하였다. 이에 대해 이 글자를 '소(昭)'로 보면 이는 고려 광종(光宗)의 이름이 된다. 그리고 비의 건립 시기도 광종대로 확정된다.

여기서 판독을 논하기에 앞서 이 구문의 문맥부터 짚어 보자. 일단 다음 글자는 '역(亦)'이 분명하다. 이 문장은 정형화된 한문이므로 '역' 앞에는 주어가, 뒤에는 술어가 온다. "A는 또한 B이다"인 것이다.

그렇다면 '대왕'과 '역' 사이의 글자는 대왕 이름이 될 수밖에 없다. 문맥과 자획에서 그 자리에 넣을 만한 부사어 등을 찾기 어렵기 때문이다. 이 글자를 종래 '소(炤)'로 판독하고 신문왕으로 연결했지만 왕 이름을 두고 자(字)를 쓴다는 것도 이상하고, 한 글자만 가져다 쓴다는 것은 더욱 상식에서 벗어난다. 신라에서 이런 형태의 한 글자 이름을 가진 국왕은 민애왕[明]뿐이다.[25] 그런데 그는 즉위한 지 얼마 되지 않아 장보고의 지원을 받은 우징(祐徵 : 신무왕) 세력에게 제거

昭

感

---

25 헌강왕[晸], 정강왕[晃], 진성여왕[曼], 효공왕[嶢], 경순왕[傅] 등도 이름이 한 글자이지만 자획이 다르거니와 민애왕을 포함하여 이들은 모두 9세기 후반 이후의 국왕들이다.

되었다. 그렇다면 주성대왕은 이름이 한 글자였던 고려 국왕에서 찾을 수밖에 없다.

이번에는 자획의 형태를 짚어보자. 이 글자는 좌변과 우변 두 부분으로 구성된다. 그리고 좌변은 자획이 네모 형태가 분명하여 '火'로 볼 수 없으며, '日'로 보는 것이 합리적이다. 우변의 자획도 '召'로 판단할 수 있다. 우변 상단부를 '刀'로 유추하는 것이 가능하다. 그 아래는 손상되어 파악이 어렵지만 본래 '口'였을 가능성이 있다. 이러한 내용을 종합할 때 이 글자는 '소(昭)'로 판독하는 것이 타당하다.[26]

'감(感)'은 종래 '급(及)'으로 판독하였다. 해당 자획이 '급'과 유사해 보이기 때문이다. 그런데 이 글자를 '급'으로 보면 문장이 어색해진다. 대왕의 행적을 설명하는 부분에서 '시방단월(十方檀越)'은 세상 모든 곳의 불사를 지원하는 존재라는 의미이다. 곧 세속의 측면에서 대왕의 역할을 말하고 있다. 이에 대해 '도량법계(道場法界)'는 불교적 구원 세계를 표상한다. '시방단월'과 '도량법계'가 대구를 형성하는 것이다. 이는 대왕이 '시방단월'이 '되어[爲]' 도량법계를 '어떻게 한다'라는 맥락을 띤다. 이렇게 보면 접속어가 아니라 동사가 와야 한다. 또한 이 글자를 '급'으로 판독하면 글자의 상하 폭이 좁고 아래 글자와의 간격이 커지는 문제가 생긴다. 이 여백에는 자획으로 볼 수 있는 흔적이 있다. '급'으로 읽었던 부분과 그 아래 자획이 합쳐진 다른 글자일 수 있다.

일단 아래 자획은 각 획이 횡으로 나란히 배치된 것으로 보아 '심(心)'으로 짐작된다. 이를 토대로 상단부가 '급(及)'과 비슷하고 의미상 도량법계를 목

---

26 이 글자를 '願'으로 보는 의견도 존재한다(하일식, 2023 앞의 논문, 311쪽, 주 50)). 이는 「감산사미륵아미타상조상기」의 명문에 보이는 '願'의 글꼴을 준거로 한 것이다. 그러나 이를 '願'으로 보면 이 구문은 신라식 한문 내지 이두문이 되는데, 이 부분에서 그런 문장 형태가 나타날 이유가 없다. '亦爲'라고 했으므로 그 앞에는 주어가 와야 한다. '大王'과 '亦' 사이에 들어갈 수 있는 내용은 왕의 이름 외에는 생각하기 어렵다.

적어로 받을 수 있는 글자를 찾는다면 '감(感)'이 가장 근사하다. "도량법계 (불교·승려)에 감응하다(감화되다)"라는 맥락이다. 곧 이 구문은 "주성대왕이 시방단월이 되고 도량법계의 감응을 받았다"라는 의미로서 불교를 지원하고 신앙하는 면모를 서술한 것이다.

함통(咸通) 8년(867)에 작성된 「취서사석탑사리함기」에는 "정토의 업에 감화되었다[感淨土之業]"라는 구문이 보인다.[27] '정토지업'은 곧 정토왕생을 위한 불교 수행을 말하는데, 이는 감응(감화)의 대상으로서 '도량법계'와 의미가 통한다. 이처럼 문맥과 자획에 비추어 해당 글자를 '감(感)'으로 판독하는 것이 적절할 것으로 본다.

[측면 3행]

여러 글자의 자획이 보이기는 하지만 문맥 파악이 어려워 추가 판독이 곤란하다. 2행에 주성대왕의 지원 사실이 서술된 것에 비추어 3행에 비의 건립 연도가 포함되어 있었을 것으로 추정된다.

2) 비의 성격과 건립 경위

앞에서는 「운천동비」의 비문을 각 행별로 판독하고 내용을 알아보았다. 이 중 '탑(塔)'은 비의 성격과 건립 시점을 가늠하는 데 결정적인 근거가 되지만 글자가 온전하지 않고 판독에 이견이 존재한다. 이에 비의 성격을 담은 지표들을 검토하여 비의 건립 시기와 속성을 파악해 보기로 한다.

---

27 『譯註韓國古代金石文』鷲棲寺石塔舍利函記

(1) 불교비 건립의 역사성

「운천동비」는 기본적으로 불교 사적을 담고 있는 불교비이다. 불교비는 통상 사찰의 사적을 담은 사찰비(사적비)와 승려의 사적을 담은 승려비로 나눌 수 있다.[28] 사찰비는 과거의 사적을 바탕으로 사찰이 중창되면서 그 전말을 담는 경우가 많다. 신라의 대표적인 사찰비인 「성주사비」와 「숭복사비」가 모두 이에 해당한다. 후자는 원효(元曉)나 아도(阿道) 등 과거의 고승을 기리는 숭모비와 승탑(부도)의 건립에 따라 세우는 탑비가 포함된다.

그런데 사찰비이든 승려비이든 「운천동비」를 논외로 하면 현재 남아 있는 사례는 모두 9세기 이후에 건립된 것이다. 사찰과 관련된 비로 가장 빠른 현존 사례는 810년에 작성된 내용을 담은 「인양사비」이다.[29] 하지만 이는 일반적인 사찰비가 아니라 탑과 금당이 조성되는 경위와 그 과정에 투입된 비용을 연차별로 정리한 문기(文記)를 새긴 것이다.[30] 문성왕대(839-857) 김입지(金立之)가 찬술한 「성주사비」가 사찰비의 성격을 가진 가장 빠른 사례이다.[31] 「운천동비」의 수공 2년에서 200년 가까이 지난 시점이다.

애장왕대(800-809)에 건립된 것으로 알려진 「고선사서당화상비」는 승려비로서 가장 빠르다.[32] 이어 헌덕왕 5년(813)에 「단속사신행선사비」가 건립되었고, 이후 선종의 유행과 함께 승탑이 건립되면서 탑비가 일반화되었다.

이처럼 현존하는 불교비가 모두 9세기 이후의 것인 상황에서 「운천동비」만 7세기 후반에 건립되었다는 것은 개연성이 크게 떨어진다. 사례가 제한

---

28 이차돈처럼 승려가 아닌 경우도 있지만 대부분 승려이므로 사찰비와 대비를 위해 인물 관련 비를 승려비로 범칭한다.

29 『譯註韓國古代金石文』仁陽寺碑

30 「인양사비」의 내용에 대해서는 다음 논고가 참고된다.
하일식, 1996 「昌寧 仁陽寺碑文의 硏究 : 8세기 말-9세기 초 신라 지방사회의 단면」『韓國史硏究』95
박홍국, 2008 「昌寧 仁陽寺碑文의 塔 關聯記事에 대한 검토」『新羅文化』32

31 『譯註韓國古代金石文』金立之撰 聖住寺碑

32 『譯註韓國古代金石文』高仙寺誓幢和尙碑

적이라고는 하지만 명확한 근거도 없는데 현존 사례보다 2세기 가까이 앞선 사례를 인정할 수 있는지 의문이다.

그런데 현존하는 사례 외에 문헌 등을 통해 7세기 사적비의 존재를 주장하는 견해가 있다. 곧 『신증동국여지승람』에서 경주 영묘사(靈妙寺)와 창림사(昌林寺)의 사적비가 확인되고 그 건립 연대가 "7세기 후반 이후"로 추정됨을 근거로[33] 신라에서 "686년 즈음"에 사적비를 세우는 문화가 있었다고 본 것이다.[34]

이에 먼저 근거 자료의 타당성을 검토하고, 이어 사찰비의 출현을 일반적 관점에서 이해해 보기로 한다. 근거로 제시된 자료의 하나인 영묘사의 비는 『신증동국여지승람』 경주부 제영(題詠)조에 수록된 서거정(徐居正)의 십이영(十二詠) 중 「영묘구찰(靈妙舊刹)」에 보인다.

> 남은 노인들은 지금까지 여왕을 이야기하고 [遺老至今談女主]
> 옛 종은 여전히 당 황제를 기억하네. [古鍾依舊記唐皇]
> 단갈을 어루만지며 한참 서 있는데, [摩挲短碣移時立]
> 벗겨지고 이끼 끼어 글자가 반은 이지러졌네. [剝落莓龍字半荒][35]

위에서 영묘사 경내에 '단갈(短碣)'이 있었음이 나타난다. 선행 연구에서는 이 단갈이 사적비일 수 있다는 간단한 추론과 함께 단갈로서 화려하지 않다는 점과 당 황제를 언급한 것에 의거하여 비의 건립 시기를 신라의 통일 전

---

33 곽승훈, 2006 『新羅 金石文 硏究』 韓國史學, 17-25쪽

34 전진국, 2019 「「청주운천동신라사적비」의 제작 연대 검토 : 서체와 주변 환경을 중심으로」 『韓國史硏究』 184, 170쪽
    아울러 「柴將軍精舍草堂碑」도 일종의 사적비라고 보면서 7세기 후반 사적비의 존재를 유도하기도 한다. 이는 비의 제목을 '精舍草堂'이라 한 따른 것인데, 실제 내용은 시장군의 활동이 중심을 이룬다. 이것은 「劉仁願紀功碑」처럼 전쟁에 참여한 당 장수의 기공비로 보는 것이 합당하다. 그리고 참전한 당 장수의 비이므로 신라의 사적비와 직접 연결할 수 없다.

35 『新增東國輿地勝覽』 권21, 慶尙道 慶州府 題詠

후로 보았다.[36]

그러나 이 글에서 단갈의 성격이나 입비 시점을 판단할 근거는 없다. 이 단갈은 글자의 박락을 통해 시간의 흐름을 인지하는 매개로 언급되었을 뿐이다. 또한 고종(古鍾)을 준거로 단갈을 이해하는 것은 지나친 비약이다. 문장의 구조를 보면 '당황(唐皇)'은 '여주(女主)'와 대구를 이루고 있고, 고종은 여주를 환기하는 '유로(遺老)'와 대비되고 있다. 유로처럼 옛일을 환기하는 매개로 차용된 것이므로 이 종이 꼭 당황과 관련될 이유는 없다.[37]

영묘사는 선덕여왕 때 창건되었고, 이후 신라는 당과 밀접한 관계를 맺었다. 『동국통감(東國通鑑)』을 편찬한 서거정은 7세기 신라의 사적을 인지하고 있었을 것이다. 영묘사 경내에 있던 고종은 그 사적을 환기하는 시적(詩的) 매개로 활용된 것이므로 단갈의 건립 시기를 추정하는 근거가 될 수 없다. 설사 고종에 7세기 기록이 담겨 있었다고 하더라도 단갈이 종의 주조 사적을 담았다고 볼 하등의 근거가 없다.

이 단갈이 영묘사 경내에 있었던 만큼 사적비나 기타 시설물에 대한 표지물일 가능성은 있다. 그렇다고 그것이 7세기 경에 건립되었다고 볼 수는 없다. 사적비는 보통 중창 과정에서 그 경위를 밝히기 위해 건립되며, 여기에 이전의 역사가 담긴다. 7세기 창사(創寺)를 말하더라도 이것이 사적비의 건립 시기가 될 수는 없다.

추정이기는 하지만 다음 기사는 이 비에 대한 하나의 단서를 제공한다.

선덕여왕이 절을 짓고 불상을 조성한 인연은 「양지법사전」에 갖추어 실려 있다. 경덕왕 즉위 23년에 장육상을 개금했는데, 조 23,700석이 들었다. [「양지전」에

---

36 곽승훈, 2006 앞의 책, 18쪽

37 시구의 '記'를 '기록하다'라고 해석하면 종의 명문에 당 황제가 기록되어 있다고 볼 수도 있지만 '기억하다'로 해석할 수도 있다. 이는 과거를 회상하는 장치로 기능하는 것이기 때문에 유로의 이야기와 마찬가지로 사실적 내용이 아닐 수 있다.

는 불상을 처음 조성할 때의 비용으로 되어 있다. 지금 둘 다 남겨둔다.][38]

위의 기사는 『삼국유사』 영묘사장육(靈妙寺丈六)조의 기록이다. 기사 본문에는 경덕왕 때 조(租) 23,700석을 들여 장육존상을 개금(改金)한 사적을 전하고 있다. 그런데 이 비용이 「양지법사전(良志法師傳)」에는 초성(初成) 비용으로 되어 있어 이를 세주로 밝혔다.

여기서 영묘사의 연혁에 대해 「양지법사전」 외에 다른 자료가 있었음을 알 수 있는데, 이것이 영묘사의 단갈, 혹은 그 내용을 담은 자료일 수 있다. 이 경우 이 비는 경덕왕 때의 사적을 담고 있으므로 비의 건립 시기는 이보다 후대로 내려가야 한다. 신라 하대에 등장하는 「성주사비」나 「숭복사비」의 사례를 염두에 둘 때, 영묘사의 사적비가 있었다면 이 또한 신라말에 건립되었다고 보는 것이 합리적이다.[39]

한편 창림사의 비는 『신증동국여지승람』 경주부 창림사조에 인용된 조자앙(趙子仰: 趙孟頫)의 「창림사비발문(昌林寺碑跋文)」에 김생(金生)이 쓴 「창림사비」가 언급된 것에 근거한다.[40] 그런데 김생은 경운(景雲) 2년(711)에 태어났으며 80대까지 활동하였다. 따라서 「창림사비」의 건립은 빨라야 8세기 중후반의 일이다. 더구나 그의 글씨를 모은 집자비(集字碑)일 가능성도 있다. 따라서 「창림사비」는 7세기 사적비의 존재를 입증할 수 없다.[41]

그밖에 최근 사천왕사지에서 발굴된 비편을 사적비로 추정한 견해[42]가 방

---

38 『三國遺事』권3, 塔像 靈妙寺丈六, "善德王創寺塑像因緣 具載良志法師傳 景德王卽位二十三年 丈六改金 租二萬三千七百碩 [良志傳 作像之初成之費 今兩存之]"

39 성주사는 백제의 사찰이 있던 곳에 건립되었고, 숭복사는 金元良이 창건한 鵠寺를 중창한 것이다. 「운천동비」역시 중창 사적이 유추된다.

40 『新增東國輿地勝覽』권21, 慶尙道 慶州府 古跡 昌林寺, "有古碑無字 元學士趙子昻昌林寺碑跋 云 古唐新羅僧金生所書其國昌林寺碑 字畫深有典刑 誰唐人名刻 無以遠過之也"

41 실제 「창림사비」는 신라말에 건립되었을 것으로 추정된 바 있다(곽승훈, 2006 앞의 책, 24-25쪽).

42 최장미, 2011 「사천왕사지 발굴조사 성과와 추정 사적비편」『木簡과文字』8

증으로 제시되었다. 그러나 해당 연구자는 사적비이거나 승려비일 수 있다는 잠정적 견해를 적었는데, 이는 기존에 사천왕사지에서 발견된「문무왕릉비」와 비교할 때 재질 및 발굴 위치가 다르다는 데서 도출된 것이다. 이 비편의 성격은 현재로서는 가늠할 수 없고, 연구자의 말대로 여러 가능성을 열어둘 수밖에 없다.

더구나 이 비가 사천왕사와 관련이 있다는 단정도 어렵다. 월지에서「명활산성비」가 나왔듯이 후대에 사찰을 보수하는 과정에서 다른 곳의 비편을 가져다가 석재로 쓴 것일 수도 있다. 이런 상황을 무시하고 비편을 사천왕사 창건 시점과 연계하여 7세기 사적비를 말하는 것은 무리가 있다.

이번에는 일반적 측면에서 사찰비의 출현 과정에 대해 살펴보자. 신라에서 세운 비의 추이를 보면, 중고기에는 순수비(巡狩碑)와 각종 법령비가 주류이며, 중대 이후 비로소 능묘비(陵墓碑)가 출현한다.[43] 현존하는 불교비 중에서 시점이 확인되는 것은 모두 신라말의 것이다.[44]

여기서 사례를 통해 신라에서 불교비가 출현하는 맥락을 구체적으로 짚어보자.「고선사서당화상비」(9세기 초)는 설중업(薛仲業)이 일본에 사신으로 갔을 때 그 재상이 그가 원효(元曉:617-686)의 후손임을 알고 크게 환대한 것을 계기로 김언승(金彦昇:헌덕왕)의 지원을 받아 세운 것이다.[45] 원효 사후 100년 이상 지난 시점에 특별한 계기로 비가 건립되었다는 것은 이전에 승려비를 세우는 것이 일반적이지 않았음을 보여준다.[46]

9세기「고선사서당화상비」의 출현은 당시 신라에서 불교 전통에 대한 재

---

43 신라 陵墓碑에 대해서는 朱甫敦, 2012「통일신라 (陵)墓碑에 대한 몇 가지 논의」『木簡과文字』9 참조.

44 여기서는 형식을 갖춘 비를 대상으로 이해하며, 각종 誓願을 담은 刻石은 그 성격이 다르므로 논외로 한다.

45 원효의 비 건립에 대해서는 郭丞勳, 1997「新羅 哀莊王代 誓幢和上碑의 建立과 그 意義」『國史館論叢』74 참조.

46 이에 앞서「이차돈순교비」의 原碑가 永泰 2년(혜공왕 2, 766)에 건립되었을 가능성도 지적되지만(본서 2부 2장 참조), 신라의 승려 중에서는 원효의 비가 효시가 된 것으로 생각된다.

인식이 이루어진 결과로 이해된다. 신라에서 불교가 공인되는 계기가 된 이 차돈의 순교를 담은 비와 신라에 불교를 전래한 아도(我道: 阿道)의 비가 건립된 것도 그 산물이다.

현전하는 「이차돈순교비(백률사석당기)」는 헌덕왕 때 만들어진 것으로 알려져 있다. 이는 비문 서두에 원화 13년이라는 시점이 나오기 때문인데, 『삼국유사』에 수록된 일념(一念)의 「촉향분예불결사문(髑香墳禮佛結社文)」에 따르면 이 해는 이차돈 묘에 예불하는 향도(香徒)가 결성된 시점으로 파악된다. 현전하는 비는 고려 때 만들어졌지만 비문 내용 중 향도 결성에 앞서 비가 건립된 것이 확인된다. 다만 그 시점이 향도 결성에서 멀지는 않은 것으로 짐작된다.[47]

한편 『삼국사기』 법흥왕 15년(528) "처음 불법을 행하였다[肇行佛法]"라는 기사의 세주에 한내마(韓奈麻) 김용행(金用行)이 찬술한 「아도화상비」에 대한 언급이 있다.[48] 찬술 시점은 드러나지 않으나 중대로 보는 견해가 있다.[49] 그러나 중대보다는 하대에 찬술되었을 가능성이 높다.

아도가 고구려에서 신라로 불교를 전한 것을 감안할 때, 「아도비」의 건립은 신라가 자신의 불교 전통이 고구려로 연결됨을 인정해야 가능한 일이다. 이는 물론 삼한일통의식의 수립에 수반된 것이다. 이와 관련하여 최치원이 찬술한 「봉암사지증대사비」의 다음 기사가 주목된다.

옛날 동표가 정치했을 때 백제에 소도의 의식이 있었던 것은 감천궁에서 금인을 제사한 것과 같고, 그 후 서진의 담시가 처음 맥(고구려)에 불교를 전한 것은 섭등이 동쪽으로 들어온 것과 같으며, 구려의 아도가 우리에게 불교를 전한 것은 강

---

47 「이차돈순교비」의 건립 시점과 내용에 대해서는 본서 2부 2장 참조.

48 『三國史記』 권4, 新羅本紀4 法興王 15년, "此據金大問鷄林雜傳所記書之 與韓奈麻金用行所撰 我道和尙碑所錄 殊異"

49 곽승훈, 2006 앞의 책, 19-23쪽

회가 남쪽으로 간 것과 같다.[50]

위 기사는 신라에 불교가 전래되는 과정에 대한 역사적 인식을 담고 있다. 특정 승려비에서 굳이 불교 전래 사적을 자세히 서술한 것은 이 시기에 불교 전통에 대한 인식이 고양되었음을 보여준다. 특히 이것이 백제와 고구려로 확장되고 있다는 점에 주목할 필요가 있다.

최치원은 당초 불교와 무관한 백제의 소도(蘇塗)를 불교 수용의 기반으로 인식하였다. 소도는 마한 지역에 있던 신성 구역으로 중국 사서에 보인다. 최치원이 사서를 통해 소도를 접한 것인지, 아니면 구 백제 지역에 남아 있던 소도 전통을 인지한 것인지는 분명치 않다. 다만 의식적으로 신라 불교의 전통을 백제로 소급하고 있는 점은 분명하다. 이는 물론 백제의 역사를 자신의 역사로 수용한 데 따른 것이다. 시대적 배경으로 동표(東表)의 정치(鼎峙), 곧 삼국의 정립을 말한 것은 삼국을 하나의 범주로 인식한 것이다.

그리고 아도가 신라에 불교를 전래한 사적도 제시하였다. 이 또한 고구려 사적을 신라의 역사로 포괄하는 맥락을 가진다. 같은 비문에서 "옛날 옹기종기 있던 삼국이 지금 장대하게 일가가 되었다[昔之蕞爾三國 今也壯哉一家]"라고 한 것은 그러한 인식을 집약한 것이다. 이에 비추어 볼 때 「아도비」는 「봉암사지 증대사비」의 건립과 가까운 시점에 건립되었을 것으로 짐작된다.

이처럼 9세기 들어 신라가 불교 전통을 재인식하면서 원효와 이차돈, 아도 등 관련 인물의 비를 건립하게 되었다. 사찰비의 출현은 이러한 인식이 인물을 넘어 사찰로 확장된 결과이다.

내용을 종합해 볼 때 불교비는 9세기 전후 신라가 불교 전통에 대한 인식을 강화하면서 나타난 것이다. 그동안 중대에 건립되었다고 이해한 사찰비

---

50 『譯註韓國古代金石文』鳳巖寺智證大師碑, "昔當東表鼎峙之秋 有百濟蘇塗之儀 若甘泉金人之祀 厥後西晉曇始始之貊 如攝騰東入 句驪阿度度于我 如康會南行"

사례 또한 근거 없는 추정이거나 신라말에 건립된 것으로 파악된다. 따라서 이보다 2세기 이상 앞선 시기에 「운천동비」가 건립되었다는 주장은 성립하기 어렵다.

(2) 비문의 구성

「운천동비」는 처음에 '사적비(寺蹟碑)'라고 명명된 것에서 드러나듯이 사찰비로 파악되었다. 이는 남은 비문에서 비의 주인공이 명확히 드러나지 않고, 건립 시기를 판단하는 준거가 된 수공 2년 기사에 전각 건립과 관련된 내용이 나오기 때문이다. 곧 사적비라는 이름은 수공 2년을 입비(立碑)와 관련된 시점으로 본 것과 표리를 이룬다. 그러나 비의 한 면이 거의 확인되지 않는 상황에서 이 구문을 가지고 비의 성격을 규정한 것은 섣부른 면이 있다.

그리고 기존의 판단에는 중요한 허점이 있다. 수공 2년 기사는 건립(중창) 대상이 되는 사찰의 이전 모습을 묘사한 것이다. 이 비가 사찰비라면 이로부터 중창으로 이어지는 과정이 비문의 중심이 되어야 한다. 당연히 비의 전면에 그 경위가 자세하게 정리될 것이다.

그런데 「운천동비」는 건물의 초창을 표현한 내용이 비의 후면에, 그것도 제왕의 사적을 길게 서술한 뒤에 나온다. 다음 행의 내용을 볼 때 해당 사적은 비문의 한 줄을 넘지 못한다. 수공 2년 기사에 이어지는 비의 하단에는 사업과 관련된 내용이 나올 것인데, 그것이 반 줄에 불과한 것이다. 이는 해당 사적이 비문의 중심 주제가 아니라는 것을 의미한다.

여기서 비교를 위해 비문 전체를 알 수 있는 「숭복사비」를 대비하여 살펴보자.[51] 비의 서두에는 불교의 중요성이 제시되어 있고, 바로 숭복사에 대한 소개가 이어진다. 곧 경문왕이 즉위 후 원성왕의 원찰로 세운 것이며, 이 절

---

51 중창 사적에 대해서는 뒤에서 자세히 짚어볼 것이며, 여기서는 비문 구성과 관련하여 필요한 부분만 간단히 언급한다.

이 본래 김원량이 창건한 것이라는 내용이 나온다(초창). 그리고 중창 배경으로 오랜 기간 볼품없는 건물이 겨우 기능만 유지했다는 서술이 이어진다. 그 뒤에는 중창의 결정적 계기로 경문왕의 꿈이 서술되어 있다.

이처럼 사찰비로서 초창 사적을 언급한다면 그 내용과 이후의 중창 과정이 자세하게 나와야 하며, 응당 비의 본문을 구성해야 한다. 이에 비추어 건물과 관련된 사적이 단 한 줄만 나오는 「운천동비」를 사찰비로 보기 어렵다. 그렇다면 이것은 승려비일 가능성이 높으며,[52] 이는 '탑(塔)'의 판독과 그대로 연결된다.

이와 함께 「운천동비」의 성격을 보여주는 단서는 '명(銘)'이다. 사찰비이든 승려비이든 이러한 비석은 대개 "비명병서(碑銘幷序)"의 형태를 가진다. 명이 비문의 본령이고, 그 앞에 적은 자세한 내용은 그 서(序)에 해당한다. 따라서 비명은 서의 끝에 자리하며, 명 뒤에는 보통 비의 건립에 참여한 사람들에 대한 소개와 명단, 건립 연도 등이 정리된다.

따라서 「운천동비」에도 당연히 명이 있었을 것인데, 현재 남아 있는 부분에서는 확인되지 않는다. 그런데 비의 후면에는 명이 들어갈 자리가 없다. 그리고 측면 내용은 사업 참여자에 대한 것이다.[53] 따라서 명은 전면에 있다고 볼 수밖에 없다.

이런 사례는 통상 전면이 본래 비문이고, 후면은 비를 세우게 되는 경위를

---

52 탑의 건립이 사찰 중창과 연동되어 있다면 탑비에도 사찰의 사적이 들어갈 수 있고, 반대로 사찰의 중창이 특정 승려의 활동에 힘입은 것이라면 사찰비에 해당 승려에 대한 기록이 들어갈 수 있다. 朗慧의 碑이지만 성주사의 창건 사적도 담고 있는 「聖住寺朗慧和尙碑」는 전자의 사례이고, 고려 공민왕 때 건립된 「普光寺重刱碑」에 사찰의 중창 경위와 더불어 圓明國師 沖鑑의 행적이 담긴 것은 후자의 예이다. 이러한 경우 어느 것이 비문의 본령인가에 따라 비의 성격이 나뉘고 이것이 비문의 형식을 결정할 것인데, 「운천동비」는 내용 구성으로 볼 때 사찰비로 규정하기 어렵다.

53 측면의 내용이 頌 또는 讚에 해당한다고 보는 견해가 있으나(하일식, 2023 앞의 논문, 315쪽), 頌이나 讚은 운문이다. 그런데 현재 판독문은 운문으로 볼 여지가 없다. 주성대왕을 단월로 지칭한 것에서 드러나듯이 이 부분은 비문의 가장 마지막에 들어가는 단월 명단에 해당한다.

담은 후기(後記)인 경우가 많다. 비문이 작성되었으나 바로 비를 세우지 못했다가 나중에 비로소 비를 세우게 될 때 이런 양상이 나타난다. 이러한 사례는 대개 탑비이다. 곧 승려 입적 후 탑을 세우고 비문도 작성했으나 곧바로 비를 세우지 못하다가 나중에 비로소 세우면서 그 경위를 추가하는 것이다.

나말려초 시기에 몇몇 사례가 보이는데, 「태자사낭공대사비」에서 그 전형을 확인할 수 있다. 후기 내용을 보면, 경명왕 때 낭공대사(朗空大師) 행적(行寂)이 입적한 후 왕이 시호와 탑명을 내리고 최인연(崔仁渷：崔彦撝)에게 비문을 짓도록 했으나 비를 세우지 못하다가 고려에 들어와 비로소 비를 세우게 되었다고 한다. 비의 전면은 최인연이 찬술한 본문이며, 후면에는 후기가 들어갔다. 그리고 측면에는 조선에서 비를 이전한 사적이 새겨져 있다.[54]

「태자사낭공대사비」의 명은 전면 말미에 있다. 그리고 후기에는 낭공의 문하로서 사업을 주도한 양경(讓景)과 장로(長老) 윤정(允正), 그리고 비문을 쓴 최인연에 대한 설명이 있다. 말미의 명단도 모두 승려이다. 이는 입비가 교단 내의 사업으로 진행되었기 때문이다.

입비가 국왕이나 정부의 지원으로 이루어졌다면 그에 대한 자세한 소개와 찬미가 들어간다. 이러한 사례로 「서운사요오화상비」가 있다. 이 비는 태조 왕건에 의해 중수(重修)된 것이다. 비의 전면은 요오화상(了悟和尚) 순지(順之)의 일대기이며 말미에 명이 있다. 후기에서는 비의 건립 경위에 대해 "이 비는 진한(신라)에서 글을 지었는데 일찍이 국휘(國諱)가 있으므로 저번에 조서를 받들어 보수하고 추존하였다"[55]라고 서술하였다. 비문은 신라 때 지은 것이고 비는 고려에서 세운 것이다. 따라서 본문 끝에 명이 있고, 그 뒤에 후기가 나온다. 후기의 내용은 태조에 대한 찬미가 대부분을 차지한다.

두 비는 입비 경위에서 다소 차이가 있지만, 본문은 신라 때 찬술되고 비

---

54 『譯註羅末麗初金石文』太子寺朗空大師碑

55 『譯註羅末麗初金石文』瑞雲寺了悟和尙碑, "此碑製自辰韓 曾題國諱 昨因奉詔 須補追尊"
    후기의 제목도 "國主大王重修故了悟和尙碑銘後記"로 되어 있다.

는 고려 때 세웠다는 공통성을 가진다. 이에 따라 비의 본문은 전면에 들어가고 후면에는 비의 수립 경위를 담은 후기가 있다. 여기에는 처음 비문이 작성된 사실과 당시에 비가 수립되지 못한 사정, 그리고 뒤에 비를 세우게 되는 계기나 배경이 들어간다. 명은 전면의 본문 끝에 있고, 사업 참여자 명단은 후면 말미에 들어간다.

「운천동비」의 구성은 이들과 크게 다르지 않다. 명은 전면에 있음이 분명하므로 후면은 후기에 해당한다. 이는 비의 본문 작성과 비 건립 시점이 다르다는 것을 의미한다. 이러한 상황은 후면 13행에서 보혜가 조성한 것과 지행이 찬술한 '문(文)'에 대한 서술이 나오는 것과 부합한다. 보혜가 조성한 것은 '탑'이고 '문'은 당시에 작성된 비문이다. 이는 「태자사낭공대사비」의 건립 경위와 상통한다.

뒤늦게 비를 세우는 과정에는 대개 사업을 지원한 존재가 등장한다. 비의 후면에 제왕의 공업이 자세하게 기록된 것은 그가 이를 지원했거나 가능하게 한 존재이기 때문이다. 승려들만 나오는 「태자사낭공대사비」와 태조 왕건이 등장하는 「서운사요오화상비」를 대비하면 그 성격을 명확히 알 수 있다. 이 맥락만으로도 후면에 등장하는 제왕이 태조 왕건임은 쉽게 짐작할 수 있다. 이는 비문에 나타난 제왕의 사적과 공업을 통해서도 확인되는데, 이는 뒤에서 자세히 살펴볼 것이다.

(3) 육대

「운천동비」의 내용 중 불교사의 맥락에서 시간성을 추출할 수 있는 지표로 전면의 '육대(六代)'가 주목된다. 육대는 말 그대로 6명으로 구성되는 계보를 말한다. 이러한 계보 관념이 적용되는 대상은 왕실이나 가문, 그리고 교단이 있다. 「운천동비」는 불교비이고 육대가 비문의 서두에 나온다는 점에서 이것이 교단의 계보와 관련됨을 알 수 있다. 그리고 앞의 '삼존(三尊)'과 마찬가지로 '육대'도 관용화된 단어일 것이다.

불교에서 육대를 관용적으로 사용하는 대표적인 사례는 중국 선종이다. 중국 선종은 달마(達磨)를 초조(初祖)로 삼아 혜가(慧可), 승찬(僧璨), 도신(道信), 홍인(弘忍)을 거쳐 혜능(慧能)에서 확립되었다. 혜능은 '육조대사(六祖大師)'로 부를 만큼 계보상의 위치가 강조되었는데, 달마로부터 혜능까지 내려오는 계보를 표상하는 개념이 바로 '육대'이다.

주지하듯이 선종은 특정 경전에 근거하지 않기 때문에 가르침을 이어가는 스승과 제자의 관계가 절대적이다. 이에 스승은 법맥(法脈)을 이어갈 제자를 지정하며 그 계승이 교단의 축을 형성한다. 따라서 선종에서는 계보에 각별한 인식을 보일 수밖에 없다.

나말려초 선종의 유행과 함께 많은 부도(승탑)가 만들어진 것도 교단을 이끈 조사(祖師)의 상징성을 담기 위한 것이다. 그리고 보통 조사의 일대기를 정리한 탑비를 함께 세웠는데, 여기에 그의 사승관계가 비중있게 서술되었다. 그 과정에서 계보의 연원으로서 '육대'를 언급한 사례가 다수 보인다.

먼저 다음 기록을 보자.

> 달마대사는 응진보살이라 일컬어졌는데, 남쪽 천축국을 떠나 동쪽 중국으로 와서 선풍을 전하였다. 심인을 간직하여 손상하지 않았고, 신의을 전수하여 떨어 뜨리지 않았다. 동산의 법이 점차 남쪽으로 전해지니 조계에 이르기까지 또한 육대이다.[56]

위 내용은 달마에서 조계(曹溪)에 이르는 것이 '육대'임을 말하고 있는데, 조계가 바로 혜능이다. 그 앞의 동산(東山)은 혜능에게 법맥을 전한 홍인을 말한다. 이들 사이에 이루어진 심인(心印)과 신의(信衣)의 전수는 법맥의 계승

---

56 『譯註羅末麗初金石文』鳳巖寺靜眞大師碑, "有達摩大師 是謂應眞菩薩 南天辭國 東夏傳風 護心 印以無刓 授信衣而不墜 東山之法 漸獲南行 至于曹溪 又六代矣"

을 표상한다. 육대는 중국 선종의 수립을 나타내는 핵심 개념인 것이다.

선종 육대의 관념은 다른 비문에서도 찾아볼 수 있다.

> ① 조법이 서로 이어져 심등이 끊어지지 않으니 꽃 하나를 따서 보여준 까닭이 육엽에서 다시 번영하였다.[57]
>
> ② 연꽃 하나가 연 곳을 육엽이 다시 빛냈다.[58]
>
> ③ 당에 이르러 승습한 자가 6명인데, 달마가 혜가에게 전하고, 혜가가 승찬에게 전하고, 승찬이 도신에게 전하고, 도신이 홍인에게 전하고, 홍인이 혜능에게 전하였다. 혜능 이후에는 둘로 나뉘었다.[59]

①에서 "꽃 하나를 따서 보였다[一花斂現]"라는 것은 석가가 꽃을 따서 보이니 가섭만이 그 뜻을 알고 미소를 지었다는 염화미소(拈花微笑)의 사적을 말하는 것으로, 통상 선종의 연원을 표상한다. '엽(葉)'은 대수(代數)를 나타내는 말로 왕대(王代)도 '엽'으로 표현되었다. "육엽에서 다시 번영하였다[六葉重榮]"라는 말은 중국에서 선종이 수립된 것을 말한다.

②의 "연꽃 하나가 연 곳[一蓮啓處]"은 가섭의 사적을, "육엽이 다시 빛냈다[六葉重光]"는 선종의 수립을 각각 말하는 것으로, ①의 구문과 같은 내용이다. ③에서 '승습(承襲)'은 ①에서 말한 조법(祖法)과 심등(心燈)의 전수를 말하는 것으로, 6명의 계승을 직접 열거하였다. 당시 비문의 주인공이 대개 선승(禪僧)이기 때문에 그의 행적을 말하기에 앞서 선종의 계보를 언급한 것이다.

이에 비추어 보면 「운천동비」에서 '육대'를 말한 것 또한 선종의 전통을 제시한 것으로 파악된다. 이를 통해 비문의 주인공이 선승이고, 이 비 또한

---

57 『譯註羅末麗初金石文』興法寺眞空大師碑, "祖法相承 心燈不絶 所以一花斂現 六葉重榮"

58 『譯註羅末麗初金石文』無爲寺先覺大師碑, "一蓮啓處 六葉重光"

59 『譯註羅末麗初金石文』淨土寺法鏡大師碑, "至唐承襲者 竊惟六人 摩傳可 可傳璨 璨傳信 信傳忍 忍傳能 能其後 分而爲二"

탑비라는 것을 확인할 수 있다. 이 역시 후면 13행에서 보혜가 조성한 것을 '탑(塔)'으로 판독하는 준거가 된다. 탑과 탑비의 건립은 선종의 유행에 따른 것으로, 「운천동비」 또한 나말려초에 건립된 것임이 분명하다.

(4) 수공 2년 기사의 성격

수공 2년 기사는 그동안 「운천동비」의 건립 시기를 판단하는 준거가 되었다. 그러나 이 기사는 비의 건립을 담은 것이 아니다. 통상 비의 건립 연도는 비문의 말미에 나오며, 뒤에 비의 건립과 관련된 구절, 이를테면 '립(立)'이나 '건(建)'과 같은 표현을 수반한다. 그리고 그 뒤에 단월이나 비 건립에 참여한 실무진 명단이 나온다. 수공 2년 기사는 앞서 있었던 어떤 사적의 시점을 말한 것일 뿐이어서 이로부터 직접 비의 건립 시기를 추출할 수 없다.

이러한 문제로 인해 일반적으로 수공 2년을 직접 비의 건립 연도로 보지는 않는다. 하지만 비의 건립과 직접 관련되는 사적으로 이해하는 경우가 많다. 여기에는 비문에 언급된 사적과 비의 건립 사이에 시차가 그리 크지 않을 것이라는 막연한 추측이 깔려 있다. 그러나 수공 2년 기사가 비의 건립과 근접한다는 단서 또한 없다.

사실 비문에 언급된 사적이 비의 건립과 수백 년 이상의 시차를 가지는 경우도 발견된다. 먼 시점의 사적이 문장 중에 언급된 사례를 몇 가지 들어 보자.

경문왕 때 작성된 「황룡사구층목탑사리함기」, 이른바 「찰주본기」에는 탑을 처음 세운 선덕여왕 때의 사적이 언급되어 있다.[60] 사리함 제작은 경문왕 12년(872)이고, 사적의 출발인 자장(慈藏)의 출가는 선덕여왕 7년(638)이다. 탑의 창건과 중수만으로 보더라도 두 시점은 200년 이상의 차이가 난다.

60　『譯註韓國古代金石文』皇龍寺九層木塔舍利函記, "皇龍寺九層塔者 善德大王代之所建也 昔有善宗郞眞骨貴人也 少好殺生 放鷹摯雉 雉出淚而泣 感此發心 請出家入道 法號慈藏 大王卽位七年 大唐貞觀十二年 我國仁平五年戊戌歲 隨我使神通入於西 國王之十二年癸卯歲 欲歸本國 頂辭南山圓香禪師"

또한 「영태이년명사리장치기」를 보면,[61] 옆면에는 영태 2년(766) 기사가 새겨져 있고, 밑면에는 순화(淳化) 4년(993)에 추가로 새긴 명문이 있다. 양자의 시차는 추기에 밝힌 것과 같이 228년이다. 고려초기에 200여 년 전에 만든 사리장치를 수리하고 명문을 추가한 것이다.

「전밀양소대리사지당탑조성기」를 보면,[62] 고려 예종 4년(1109)에 사찰을 중수한 사실을 문서에 기록하면서 이로부터 206년 전의 사적을 언급하고 있다. 이 해는 효공왕 8년(904)에 해당한다. 사적 내용은 황룡사 승려인 혜조(惠照)가 이곳의 주지였다는 것이다. 이는 해당 인물이 사찰의 연원을 인식하는 준거가 되었음을 보여주는데, 이는 낭혜와 성주사의 관계처럼 해당 사찰의 창건과 관련될 가능성이 높다.

이처럼 탑이나 사리장치 등이 수백 년 뒤에 중수, 또는 수리 과정을 거칠 경우, 명문에서 앞선 사적을 정리하고 중수와 관련된 내용을 적었다. 이때 앞선 사적과 중수 시점의 시차는 수백 년이 될 수도 있다.

따라서 먼저 수공 2년의 사적이 어떤 내용인지를 판단할 필요가 있다. 해당 사적은 "띠풀을 자르지 않고 겨우 경전과 불상만 덮었다[茅茨不剪 僅庇經像]"라는 것이다. 통상 특정 연기가 제시되면 그 뒤에는 해당 시점에 어떤 행위나 사건, 조치 등이 있었다는 내용이 이어진다. 따라서 이 구문도 그러한 맥락에서 의미를 찾아야 한다.

띠풀[茅茨]은 지붕을 이는 데 쓰는 재료이다. 이것을 자르지 않았다는 것은 길이나 끝단을 가지런히 하지 않았다는 것으로 이해된다. 곧 띠풀을 이어 지붕을 얹은 후 가지런하지 않은 처마선을 다듬게 되는데 이러한 단장을 하지

---

61 『譯註韓國古代金石文』永泰二年銘蠟石舍利裝置記, "自塔始成永泰二年丙午 到更治今年 淳化四年癸巳正月八日 得二百二十八年前 始成者朴氏 又更治者朴氏 年代雖異 今古頗同 益勵丹誠 重 修寶[塔]也 造匠玄長老 [塔]造主朴廉"

62 『韓國古代中世古文書研究』傳密陽小臺里寺址堂塔造成記, "乾統玖年三月九日記 至今二百六 新龍二年良中 律業皇龍寺沙門惠照亦 住持爲乎矣亦中 同寺依止 重大師學先亦 至今八 壬午年 入寺火香爲只"

않았다는 것으로, 대충 지은 초라한 건물을 표상한다.

비슷한 구문을 최치원이 지은 「숭복사비」에서 찾을 수 있다.

> 처음 절을 옮기는데 비록 보탑이 솟아나는 듯했지만 아직 절다운 모양을 갖추지
> 는 못했다. 가시덤불을 제거하고서야 언덕과 산이 구별되었고, 지붕에 띠풀을
> 섞고서야 비바람을 피할 수 있었다. 겨우 70년을 넘기는 사이에 갑작스럽게 9명
> 의 왕이 바뀌어 여러 번 전복되어 미처 꾸밀 겨를이 없었다.[63]

숭복사는 경문왕이 원성왕의 능을 수호하는 사찰로 삼은 곳이다. 본래 이
곳은 김원량이 세운 곡사(鵠寺)였다. 이곳에 원성왕릉이 들어선 후 사찰은 다
른 곳으로 이동하였고, 이곳이 퇴락하자 경문왕이 중수했으며, 헌강왕 11년
(885)에 절 이름을 '숭복사'로 정하였다.

위 구문은 사찰의 이동에 따른 사정을 묘사한 것이다. 서두는 절을 옮긴 곳
이 기존에 있던 곳보다 못하다는 취지이다. "아직 절다운 모양을 갖추지는 못
했다[未若化城]"라고 한 것은 사찰의 구성이나 건물이 부실하다는 의미로, 말
미의 "미처 꾸밀 겨를이 없었다[未遑崇飾]"라는 구문과 연결된다. "가시덤불을
제거했다[剗荊棘]"라는 것은 새로 터를 마련했다는 뜻이고, "띠풀을 섞었다[雜
茅茨]"라는 것은 순수 기와집으로 짓지 못했다는 뜻이다. 이는 뒤에 이루어진
화려한 '중창'에 대비되는 볼품없는 '초창'을 대비적으로 묘사한 것이다.

「운천동비」의 수공 2년 기사 또한 이와 같은 맥락을 가진다. "띠풀을 자르
지 않았다"와 "띠풀을 섞었다"는 모두 허름한 건물을 나타내고, "겨우 경전
과 불상만 덮었다"라는 것은 "비바람을 피했다[避風雨]"와 같은 표현이다.

이처럼 수공 2년 기사의 내용이 사찰의 초창을 반영한다면, 이는 입비 시

---

63 『譯註韓國古代金石文』崇福寺碑, "初 寺宇之徙也 雖同湧出 未若化城哉 得剗荊棘而認岡巒 雜
    茅茨而避風雨 僅踰六紀 驟歷九朝 而累値顚覆 未遑崇飾"

점이 될 수 없다. 당시 비석을 세운다는 것은 적지 않은 인력과 비용이 투입되는 사업이었다. 비문을 짓고서도 비를 세우지 못한 사례가 자주 보이고, 비의 건립에 많은 단월의 참여가 나타나는 것은 그 반영이다. 처음부터 대규모 공역을 벌인 것도 아니고, "모자부전" 수준의 건물을 짓는 마당에 비를 세운다는 것은 현실성이 없다.

「숭복사비」 또한 중창 과정에서 비로소 세운 것이다. 통상적인 사찰 중창 사례를 참고하면, 중창에 따른 「운천동비」의 건립 시기가 수공 2년에서 가까울 수는 없다. 왕경에 소재하고 왕실과 관련된 숭복사도 70여 년만에 중창되었다. 수공 2년을 입비 시점과 연결한 것은 처음부터 잘못된 것이다.

중창이나 수리 내용을 가진 금석문이나 고문서 자료를 보면, 기사 중에 해당 사적의 출발을 나타내는 기사가 제시되고, 이로부터 오랜 시간 후 중창이나 수리가 이루어지는 구성을 확인할 수 있다. 「운천동비」 또한 사찰의 중창과 연계되었을 여지가 큰데, 이 경우 초창 시점과 중창 및 입비 시점 사이에는 수백 년의 시차가 발생할 수 있다.

한편 비문에는 사찰의 초창을 나타낸 수공 2년 기사에 조응하여 사찰의 중창과 관련된 내용도 담길 것이다. 남아 있는 비문에서는 직접 드러나지 않으나 후면 13행의 내용은 이를 시사한다. 곧 사문 보혜가 탑으로 판단되는 물건을 조성하고 향생 지행이 비문을 찬술했다는 것은 이 사찰의 중창에 수반된 것으로 이해된다. 이 관계는 성주사의 사례를 통해 유추된다.

주지하듯이 성주사에는 사찰의 사적을 담은 김입지의 「성주사비」와 이곳에 주석한 낭혜의 탑비인 최치원의 「성주사낭혜화상비」가 있다. 후자에는 절의 창건 사적이 김입지의 비문에 자세하다고 소개하고 있다. 그런데 낭혜의 행적과 성주사 창건이 불가분의 관계에 있기에 「성주사낭혜화상비」에도 사찰과 관련된 언급이 보인다.

「성주사비」 비편 중에는 "삼한이 솥발처럼 섰을 때 백제국 헌왕(혜왕)의 태자[(三)韓鼎足之代 百濟國獻王太子]"라는 구절이 있다. 이는 성주사가 본래 백제 때 사찰이 있던 곳임을 말한 것이다.[64] 그리고 「성주사낭혜화상비」를 보면, 후원자 김흔(金昕)은 이곳이 조상 김인문이 수봉(受封)한 곳이며 그 사이 "절이 불타 반이 재가 되었음[金田半灰]"을 말한 뒤, 낭혜에게 "없어진 것을 일으키고 끊어진 것을 이어줄 것[興滅繼絶]"을 당부하고 있다. 곧 성주사는 과거 사찰이 있던 곳에 다시 사찰을 건립한 것이다. 실질적으로 새로 창건한 것일 수 있지만 그 사적에는 중창의 의미가 부여되었다.

「운천동비」의 내용도 비슷한 사적을 보인다. 성주사가 백제 때 사찰이 있던 곳을 기반으로 했다면, 「운천동비」가 세워진 사찰은 수공 2년에 초창된 곳을 바탕으로 한다. 이때 사찰의 상황을 「성주사낭혜화상비」에서는 "절이 불타 반이 재가 되었다"로 표현하였고, 「운천동비」는 "띠풀을 자르지 않았다"로 묘사하였다. 전자가 사실상 폐사(廢寺)된 상황이라면, 후자는 절의 명맥은 유지한 것일 수 있다.

이처럼 백제 때 사찰이 있던 곳에 낭혜의 주석으로 성주사가 창건되고 이곳에 낭혜의 비가 세워진 것처럼 수공 2년에 초창된 사찰에 「운천동비」 주인공의 활동으로 중창이 이루어지고 이곳에 그의 비가 건립된 것이다. 차이가 있다면 성주사는 낭혜의 비가 곧이어 세워진 반면, 「운천동비」는 그의 입적 당시에 세워지지 못하고 뒤에 비로소 건립되었다는 점이다. 이러한 사정으로 「성주사비」가 있음에도 「성주사낭혜화상비」에 절의 창건 전말이 들어간 것이고, 「운천동비」 역시 기존 사찰에 대한 언급이 들어간 것이다.

---

64 「崇巖山聖住寺蹟」에는 이 절이 백제 법왕 때 창건된 烏合寺에서 연원한 것으로 되어 있다 (黃壽永, 1972 「金立之撰 新羅 聖住寺碑(續)」『考古美術』 115, 3쪽).

2. 정치·사회사적 내용을 통한 건립 시기 파악

1) 창업주의 출현과 일통삼한

(1) 하락영도

비문 내용 중 비의 건립 시기를 추적할 수 있는 지표로서 가장 먼저 주목할 구문은 후면 5행의 "하락영도(河洛靈圖)"이다. 이것은 하도낙서(河圖洛書)를 말한다. 하도는 복희(伏羲)가 황하에서 얻은 것으로 팔괘(八卦)를 만드는 토대가 되었고, 낙서는 하우(夏禹)가 낙수(洛水)에서 얻은 것으로 통치의 대법(大法)이 담겨 있었다고 한다. 하도낙서의 출현은 새로운 천하의 탄생, 곧 창업과 관련된 상징으로 흔히 등장한다. 하우의 낙서가 곧 하(夏)의 시작을 표상하는 것에서 그 의미를 엿볼 수 있다.

창업주와 하도낙서의 연관성은 『삼국유사』 기이(紀異)편 서문에 잘 드러난다.

> 제왕이 일어날 때 천명에 부응하고 도록을 받아 반드시 다른 사람과 차이를 보인 연후에 대변을 타고 대기를 잡아 대업을 이루는 것이다. 그래서 하도가 나오고 낙서가 나오면서 성인이 일어난 것이다.[65]

위에서 제왕이 일어날 때 천명에 부응하여 도록(圖錄)을 받는다고 한 것과 하도낙서에 수반하여 성인이 일어났다는 것은 같은 내용이다. 제왕 또는 성인이 일어난다는 것은 창업주에 적용되는 표현이며, '도록=하도낙서'는 창업의 표상으로 인식되었다. 창업주에게 천명을 상징하는 하도낙서가 수반되는

---

65 『三國遺事』 권1, 紀異, "然而帝王之將興也 膺符命受圖錄 必有以異於人者 然後能乘大變 握大器 成大業也 故河出圖洛出書而聖人作"

것은 그가 기존 권력구조 밖에서 등장하여 제왕으로 성장하는 과정을 밟기 때문이다. 대변(大變)·대기(大器)·대업(大業)은 이러한 성장 과정을 나타낸다. 따라서 하락영도를 받은 제왕은 창업주이고 그의 활동은 대업을 이루는 과정이다. 비문 후면의 내용 대부분이 이 과정을 서술하고 있다.

이러한 인식이 7세기 말 신라에서 표방되고 있었다고 보기 어렵다. 신라 시조의 출현이나 무열왕 및 문무왕의 공업과 관련하여 이해하기도 하지만,[66] 어느 경우도 비문의 내용에 온전히 부합하지 않는다.

「김인문묘비」를 보면 "태조(太祖) 한왕(漢王)은 천령(千齡)의 성스러움을 열고 백곡(百谷)의 □에 임하였다"[67]라고 하였고, 그 앞 행에 '천명(天命)'이라는 구절도 보인다. 따라서 신라 시조에 대해 하도낙서의 관념을 투영하는 게 불가능하지 않다. 그러나 「김인문묘비」에 태조[68]는 신성한 존재로서 왕위에 임했다는 표현에 그친 반면, 「운천동비」의 제왕은 '전쟁'과 관련된 행적이 실려 있다는 점에서 분명한 차이를 보인다. 「문무왕릉비」에서도 태조의 실체로 파악되는 성한(星漢)에 대해 "하늘에서 자질을 받고 선악(仙岳)에서 신령함을 얻어 □□에 처음 임하셨다"[69]라고 하여 신성한 출생의 관점에서 설명될 뿐이다.

---

66 신정훈은 '하락영도'와 관련하여 『삼국유사』 기이편 서문을 인용하면서 이 구절의 전후에 제왕의 지위를 얻고 큰일을 이룰 수 있는 역사적 사건이 기술되어 있었을 것으로 추정하였다. 그러나 '신라비'라는 전제에서 이를 신라 시조에 관한 내용이거나 백제와 고구려를 통합하고 唐 세력을 축출한 무열왕과 문무왕에 관한 내용이었을 것으로 보았다(신정훈, 2003 앞의 논문, 136쪽). 또한 창업은 아니더라도 성골 왕계를 대신하는 새로운 왕계로서 무열왕계가 출발하는 것 또한 천명의 교체로 볼 수 있다는 견해도 있다(박승범, 2014 「7세기 전반기 新羅危機意識의 실상과 皇龍寺9층木塔」『新羅史學報』30, 332쪽 ; 전진국, 2016 「三韓의 용례와 그 인식」『韓國史研究』173, 16-17쪽). 하지만 실제 하락영도의 관념이 창업주가 아닌 중도의 왕위 교체에도 적용된다는 구체적인 사례를 제시하거나 무열왕계가 천명의 교체를 내세웠다는 증거가 수반되지 않는다면, 이 해석은 설득력을 가지기 어렵다.

67 『譯註韓國古代金石文』金仁問墓碑, "太祖漢王啓千齡之聖 臨百谷之□"

68 신라 始祖, 또는 太祖는 혁거세로 볼 수도 있고 김씨 왕계의 출발인 미추왕으로 볼 수도 있지만 후자로 보는 것이 일반적이다. 신라 태조에 대한 제반 논의에 대해서는 정연식, 2011 「신라태조 미추왕과 은하수 星漢」『韓國古代史研究』62 참조.

69 『譯註韓國古代金石文』文武王陵碑, "降質圓穹 誕靈仙岳 肇臨□□"

반대로 무열왕이나 문무왕의 행적은 전쟁이라는 관점에서는 부합할 수 있지만 이들을 '천명'과 '창업'의 관점에서 설명할 여지가 없다. 무열왕이 진평왕계를 대체하여 즉위하였고, 이것이 상대(上代)와 중대(中代)를 나누고 성골(聖骨) 국왕의 단절을 표상하는 것으로 인식되었지만, 이는 엄밀히 후대의 역사인식에 따른 것이다. 무열왕 또한 진흥왕의 증손이자 진평왕의 외손이기 때문에 굳이 천명과 창업의 관점에서 즉위를 합리화할 이유가 없다.

특히 그가 '태종(太宗)' 칭호를 받은 것은 태조의 정통 후계자라는 위상을 부여받았기 때문이다.[70] 따라서 그는 창업에 조응하는 하락영도의 명분이 적용되지 않는다. 하도낙서와 천명은 대개 기존 왕계와 관련이 없는 사람이 표방하며, 한편으로 기존 왕통을 부정하는 의미도 가진다. 창업주가 아닌 존재에게 하도낙서를 적용하는 사례는 보이지 않으며, 무열왕 또한 천명의 교체를 선언할 수준의 정치 논리를 찾기 어렵다.[71]

위 표현이 천명과 창업으로 평가되는 사적을 직접적인 배경으로 삼는 것이라면, 이는 고려 태조의 출현과 관련될 가능성이 높다. 이것은 비문의 내용이 7세기 신라의 전쟁보다는 고려의 후삼국 통일전쟁과 연관된다는 이해와 연결된다.

(2) 제왕의 공업 1 : 내전의 종식

비문 내용 중에는 전쟁과 그 종식에 대한 인식이 보인다. 이것이 7세기 신라의 전쟁에 부합하는지,[72] 아니면 고려의 후삼국 통일전쟁에 부합하는지를

---

70 무열왕의 태종 칭호 문제에 대해서는 본서 3부 1장 참조.

71 내물왕의 후손으로서 하대 왕계의 출발이 된 원성왕은 中興主를 나타내는 '烈祖' 묘호가 추상되었다는 점에서 무열왕보다 왕계 교체의 의미가 더 강하다. 하지만 원성왕의 사적이 담긴 「숭복사비」에서 원성왕은 '聖祖大王'으로 지칭되지만 '천명'과 연결한 흔적은 보이지 않는다. 따라서 무열왕의 즉위가 왕계의 혁신적인 교체이므로 '하락영도'를 적용할 수 있다고 보기 어렵다.

72 전진국, 2016 앞의 논문, 19쪽

검증함으로써 비문의 건립 시기를 유추할 수 있다.

비의 후면 여러 곳에 전쟁과 관련된 서술이 나타난다. 9행의 "…북을 세운 곳에는 절이 들어섰고 전투가 벌어진 깊은 숲에는…[□□竪鼓之場 精廬所起 交兵深林之地]"이라는 구문은 당시 사회가 전란을 겪은 뒤라는 것을 보여준다. 그런데 북을 세우고 무기가 교차하던 곳, 곧 전쟁터에 사찰이 건립되는 변화를 말한 것은 당시 전쟁이 외적과의 싸움이 아니라 '내전(內戰)'의 성격을 띠고 있음을 보여준다.

이어 10행 서두의 '벌(伐)'은 앞서 천명을 받은 제왕이 전란을 마무리하는 정벌을 단행한다는 의미로 짐작된다. 이어지는 "삼한을 합쳐 땅을 넓혔다[合三韓而廣地]"라는 구문은 전쟁의 결과가 '통합'이라는 것을 보여주며, 앞서 전쟁이 '분열'에 따른 것임을 전제한다. 그리고 11행에는 그 효과로 "창고가 가득 차고 백성은 굶주리고 추운 근심을 면했다[倉府充溢 民免飢寒之憂]"라고 서술하고 있다. 이것은 전쟁이 백성의 고난을 해결한다는 명분을 띠고 있음을 보여준다.

결국 「운천동비」에 서술된 사회상은 분열과 내전, 그리고 그로 인한 백성의 도탄으로 정리되고, 이에 대응하여 새로 출현한 제왕의 공업은 전란을 종식하여 통합을 이룩하고 백성을 구원하는 것으로 집약된다. 이에 제왕의 공업으로 제시된 내용에 대해 7세기와 10세기의 상황을 대조함으로써 그 시대성을 파악해 보기로 한다. 먼저 전쟁의 성격부터 짚어보자.

전란을 겪는 사회상은 신라의 7세기 전쟁이나 고려의 후삼국 통일전쟁에 모두 적용될 수 있고, 양자 모두 통상적으로 '통일'이라는 의미가 부여되고 있다. 그러나 내용을 들여다보면 두 전쟁은 성격이 전혀 다르다.

신라의 전쟁은 기존에 대치하고 있던 인접 국가를 공멸하는 것으로, 자신을 위협하는 '외적'을 평정한다는 명분을 가지고 있었다. 혜공왕이 무열왕과 문무왕을 불천지주로 삼을 때 그 명분은 "고구려와 백제를 평정한 것"이었다.

연구자에 따라서는 7세기 전쟁에 대해 "백제뿐만 아니라 고구려 유민을 구제하여 신라의 백성으로 삼는다"라고 이해하기도 한다.[73] 이 논지가 성립한다면, 당시 당 고종이 삼국의 역사적 연원을 같은 것으로 간주하며 제시한 "삼한의 백성[三韓之氓]"[74] 같은 포괄적 개념이 등장할 법하다. 하지만 당시 신라에서 이러한 인식은 찾을 수 없다.

9세기에 건립된 「월광사원랑선사비」에서는 무열왕이 백성이 도탄에 빠진데 통분하여 삼한을 일통한 것으로 서술하고 있다.[75] 하지만 이 비는 신라에서 삼한일통의식이 수립된 뒤에 건립된 것으로, 후대의 시각에서 무열왕의 업적을 평가한 것이기 때문에 7세기 전쟁에 소급 적용할 수 없다.[76] 여기서 말한 백성도 신라 백성에 국한된다. 외적의 침구로 도탄에 빠진 백성을 구하기 위해 외적을 평정한 것에 '일통삼한'의 의미를 덧붙인 것이다.

문무왕 11년(671)에 작성된 「답설인귀서」는 당시 전쟁에서 신라의 역할과 명분을 주장한 것으로, 전쟁을 바라보는 신라의 시각이 고스란히 담겨 있다. 여기서 신라는 당이 백제를 다시 세우려는 데 반발하며 신라와 백제는 "누대의 깊은 원수"이며 백제를 다시 세울 경우 훗날 후손들이 백제에 탄멸(吞滅)될 것이라는 우려를 표하였다.[77] 이것은 백제와 고구려의 백성을 '구제' 대상으로 설정했다는 설명과 배치된다.

또한 『삼국사기』 김유신열전을 보면, 그는 고구려와 백제, 말갈이 신라를 침탈하는 데 분개하여 "구적을 평정할 마음을 가졌다[有平寇賊之志]"라고 한다. 여기서 '구적'은 신라를 침탈하는 외적이다. 후대에 가공된 설화이지만 7세기 전쟁을 바라보는 신라인의 시각이 투영된 것으로서 「답설인귀서」의 인

---

73 박남수, 2016 「신라 문무대왕의 삼국통일과 宗廟制 정비」 『新羅史學報』 38, 306쪽
74 『三國史記』 권28, 百濟本紀6 義慈王 11년
75 『譯註韓國古代金石文』 月光寺圓朗禪師碑, "昔我太宗大王 痛黔黎之塗□ □□海之□□ 止戈三韓之年 垂衣一統之日 被□□□之□ 永除□□之災"
76 이는 혜공왕 때 무열왕과 문무왕의 공업을 '양국평정'으로 규정한 것과 충돌한다.
77 『三國史記』 권7, 新羅本紀7 文武王 11년 7월, "新羅百濟累代深讎 今見百濟形況 別當自立一國 百年已後 子孫必見吞滅"

식과 맥이 닿아 있다.

또한 당시 전쟁에 참여한 당 장수의 사적을 담은 「시장군정사초당비」(이하 '시장군비'로 약칭함)에도 당의 참전 이유를 "예맥이 신라를 잠식하기에"라고 적고 있다.[78] '예맥(穢貊)'은 외이(外夷) 또는 외적을 멸칭하는 것으로, 여기서는 백제와 고구려를 가리킨다. 이러한 자료들은 한결같이 7세기 전쟁의 명분을 "신라를 침구하는 외적을 평정하는 것"으로 밝히고 있다.

이와 달리 고려의 전쟁은 분열된 사회를 통합하고 고난에 빠진 백성을 구원한다는 명분을 명확히 수립하고 있었다. 태조는 즉위 후 궁예에 대해 "전주(前主)는 사군(四郡)이 흙처럼 무너질 때를 당하여 도적을 없애고 점차 영토를 개척했으나 해내(海內)를 겸병하는 데에는 이르지 못하였다"[79]라고 평가하였다. 그를 '전주'로 칭하며 그의 성과와 한계를 말한 것이다.

궁예의 성과는 사회가 무너진 상황에서 도적을 없애 백성을 구원한 것과 영토를 넓힌 것이었다. 이 과정에서 제압할 대상은 외부의 적이 아니라 내부의 도적이다.[80] 그리고 한계는 해내의 겸병, 곧 통일을 달성하지 못한 것이었다. 태조의 전쟁은 결국 궁예의 사업을 계승하여 해내 겸병을 이루는 것이며, 이는 후삼국 통일로 실현되었다.

현실에서는 후백제와의 경쟁에서 승리하는 것이 중요한 일이었지만, 그 또한 기존의 신라에서 분열되어 나온 존재이므로 궁극적으로 '통합'의 명분에서 인식되었다. 고려가 당초 신라에 존왕(尊王)을 표한 것은 정치적 명분이기는 하지만 신라의 신하임을 인정한 것이었고, 견훤 또한 처음 왕을 칭하지 못했다는 것에서 같은 명분을 표방했음을 알 수 있다.[81] 고려와 후백제는 각

---

78 『譯註韓國古代金石文』唐柴將軍精舍草堂碑
79 『高麗史』권1, 太祖 원년 6월 丁巳, "前主當四郡土崩之時 劃除寇賊 漸拓封疆 未及兼幷海內"
80 7세기 전쟁에서도 신라를 침구하는 존재를 '도적'으로 표현하지만 이는 외부에서 오는 존재이므로 내부의 혼란으로 인해 발생한 도적과 성격이 다르다.
81 고려의 尊王論에 대해서는 윤경진, 2018 「고려의 對後唐 외교와 신라: '尊王論'의 전개와 관련하여」『史林』66 참조.

기 신라와 구분되는 고구려와 백제의 정체성을 바탕으로 했지만 궁극적 목표는 신라를 대신하여 통합된 삼한의 주인이 되는 것이었다. 따라서 전쟁은 사회의 통합과 백성의 안정이라는 목표를 가질 수밖에 없었다. 삼한의 일통과 민생 안정에 대해서는 뒤에서 따로 검토할 것이다.

분열과 내전에 따른 시대 인식은 나말려초에 수립된 여러 승려비에서 확인할 수 있다. 신라말에 찬술된 「태자사낭공대사비」에는 당시 상황이 "재앙의 별이 삼한(三韓)을 비추고 독한 이슬이 사군(四郡)에 깔리니 깊은 산속에서도 숨어 있을 수 없었다"[82]라고 묘사되어 있다. 내전이 전국을 휩쓴 상황을 담은 것이다. 특히 "깊은 산속에서도 숨어 있을 수 없었다"라고 한 것은 「운천동비」에서 "무기가 교차하는 깊은 숲"과 같은 사정을 배경으로 한다.

또한 「무위사선각대사비」에서 당시 사회를 "사해가 끓어오르고 삼한이 시끄러웠다"[83]라고 한 것이나 「오룡사법경대사비」에서 "군대가 땅에 가득하고 도적들이 하늘에 넘치는데, 부처가 사는 곳의 사방에 보루가 많다"[84]라고 한 것은 모두 전국이 전쟁에 휩싸인 상황을 말해준다. 이에 상응하여 태조의 공업은 전쟁의 종식과 민생의 안정으로 표현되었다. 「흥녕사징효대사비」 음기에서 "사군에 연기가 소멸하고 온 나라에 먼지가 가라앉았다"[85]라고 한 것은 그 예이다.

내전의 종식을 표현한 「운천동비」의 내용과 나말려초의 사회상을 직접 연결할 수 있는 핵심 지표는 전쟁터에 사찰을 지었다는 것이다. 그런데 신라가 전쟁이 벌어진 지역에 사찰을 지은 사례는 찾기 어렵다. 반면 고려의 전쟁은 그러한 사적을 명확히 가지고 있었다. 대표적인 사례가 바로 신검(神劍)을 사로잡아 전쟁을 끝낸 황산에 개태사(開泰寺)를 지은 것이다.

---

82 『譯註羅末麗初金石文』太子寺朗空大師碑, "災星長照於三韓 毒露常鋪於四郡 況於巖谷 無計潛藏"
83 『譯註羅末麗初金石文』無爲寺先覺大師碑, "四海沸騰 三韓騷擾"
84 『譯註羅末麗初金石文』五龍寺法鏡大師碑, "兵戎滿地 賊寇滔天 三佛所居 四郊多壘"
85 『譯註羅末麗初金石文』興寧寺澄曉大師碑, "四郡煙消 一邦塵息"

창건 당시 베푼 법회에서 태조는 직접 소(疏)를 지었다. 여기서 그는 "원문 (轅門)이 자리한 곳에 녹야(鹿野)의 터를 열 수 있게 허락하기를 바랍니다"라고 기원하였다.[86] 원문은 군영의 문을 말하는 것으로, "원문이 자리한 곳"은 전쟁터를 표상한다. 녹야는 석가모니가 처음 설법한 곳으로서 "녹야의 터"란 설법이 이루어지는 사찰을 말한다. 곧 전쟁터에 사찰을 세운다는 취지로서 비문에서 말한 "북을 세운 곳에 절을 지었다"라는 내용에 그대로 부합한다.

(3) 제왕의 공업 2 : 삼한의 일통

이번에는 비문 중 삼한일통의식을 보여주는 10행의 내용을 집중적으로 살펴보자. 이 구문만 발췌 인용하면 다음과 같다. 문맥을 파악하기 쉽게 단락별로 번호를 붙여 구분하고 이해의 편의를 위해 의역을 더하였다.

> ① 조벌을 행하여 백성을 …하고 [□弔伐而□民]
> ② 삼한을 합쳐 땅을 넓혔다. [合三韓而廣地]
> ③ 빈해에 자리하여 위세를 떨치고 [居濱海而振威]
> ④ □□□□□□

①의 '민(民)'과 ②의 '지(地)'가 대응하는 것에서 ①과 ②가 하나의 단락을 구성함을 알 수 있다. 정벌을 통해 백성을 구제하고 삼한의 통합을 통해 영토를 넓혔다는 의미이다. ③과 ④는 그러한 공업의 결과로 수립되는 제왕의 권위를 나타낸다. 이 구성을 토대로 ②와 ③의 의미와 성격을 짚어보자.

이 부분과 관련하여 고려 태조의 후삼국 통일을 언급한 비문들이 "삼한을 평정하였다"라는 내용인 반면, 「운천동비」에는 "삼한을 합쳐 땅을 넓혔다"라는 내용이어서 차이가 있으며, 이는 삼국전쟁기의 사실로 보아야 한다는 주

---

86 『東人之文四六』 권8, 神聖王親製開泰寺華嚴法會疏, "願以轅門所住 許開鹿野之基"

장이 있다.[87] 7세기 전쟁과 10세기 전쟁의 핵심적인 차이를 영토 확장 문제로 본 것이다. 이것은 하락영도의 제왕을 무열왕으로 보는 것에 연동되어 있다.

그런데 이러한 해석은 실증적으로 두 가지 큰 결함이 있다. 하나는 사실적 측면에서 무열왕은 '일통삼한'의 공업을 이룬 바 없다는 점이다. 그의 치세에는 당과 연합하여 백제를 공멸했을 뿐이다. 그것도 당이 웅진도독부를 설치한 탓에 그 영토를 제대로 확보하지도 못했다. 그의 공업은 백제 평정에 국한되며, 영토 확장은 사실상 문무왕의 업적이다.[88] 혜공왕대 무열왕과 문무왕을 묶어 '양국평정'의 공업을 설정한 것을 보면, 앞서 무열왕에게 "삼한을 합쳐 땅을 넓혔다"라는 공업을 설정할 여지가 없다. 무열왕의 공업이 '일통삼한'으로 평가되는 것은 후대의 변화된 인식일 뿐이다.[89]

다른 하나는 근본적으로 고려의 '일통삼한'에 영토 확장이 포함되어 있다는 점이다. 여기서 고려 태조의 사업을 종합적으로 고려해야 한다. 태조의 공업은 현상적인 후삼국 통합에 국한되지 않으며, 북방 개척이라는 사업이 병행되고 있었다. 태조는 즉위 후 평양을 대도호부로 삼아 북방 개척의 교두보로 삼았고, 재위 중 청천강 남안까지 진출하였다. 고구려 계승을 표방하며 출발한 고려에게 고구려 구지(舊地)의 회복은 통일전쟁만큼이나 중요한 사업이었다. 그리고 그 결과인 북방 개척은 넓은 의미에서 "삼한을 합치는" 과정에 포함된다.

여기서 앞서 인용한 궁예에 대한 평가를 재차 음미할 필요가 있다. 태조는 궁예에 대해 "도적을 없애고 점차 영토를 개척했으나 해내를 겸병하는 데에

---

87 박남수, 2016 앞의 논문, 306-307쪽
　　하일식, 2023 앞의 논문, 318쪽
88 이에 문무왕을 무열왕과 엮어서 이해하기도 하지만 문무왕에게는 하락영도가 적용될 수 없다.
89 7세기 전쟁을 삼한의 일통으로 설명한 자료는 태종 시호 기사와 김유신 헌의, 그리고 후대의 설화가 분명한 일부 기사 정도이다. 「답설인귀서」나 「문무왕릉비」 등 당시에 작성된 자료에서 삼한의 일통은 나타나지 않는다. 이러한 요소를 감안하지 않은 채 영토 확장만 가지고 논하는 것은 실증적으로 결함을 가진다.

는 이르지 못하였다"라고 평가하였다. 도적을 없앴다는 것은 위의 ①에 조응하고, 영토를 개척했다는 것은 ②에 조응한다. 그런데 이 과정은 궁극적으로 "해내의 겸병"으로 나아가는 것인데, "해내의 겸병"이란 곧 "삼한을 합쳤다"와 같은 의미이다. 결국 삼한의 통합에는 영토 개척이 포함되며, 여기에는 당연히 고구려 구지를 회복하는 것도 들어간다.

이런 사정으로 인해 태조가 제압해야 할 대상에는 후백제 견훤 외에 북방의 여진(女眞)도 있었다. 「광조사진철대사비」를 보면, "지금은 나라의 원수가 점차 소요하고 이웃의 적이 번갈아 침구한다"라고 적고 있다.[90] "나라의 원수"는 신라 경애왕을 살해한 견훤을, "이웃의 적"은 북방을 침구하는 여진을 가리킨다.

이들을 아울러 제압해야 비로소 온전한 통일과 민생 안정이 확보된다. 이것은 "지금 남흉(南兇)이 아직 멸망하지 않았고 북적(北狄)도 우려되어 짐은 자나깨나 걱정하고 있다"라는 태조의 언급에서 잘 나타난다.[91] 또한 「비로암진공대사비」에서는 당시 상황을 "이때 두 적이 영원히 없어지고 삼한의 안개가 트였다"라고 표현했는데,[92] "두 적"은 후백제와 여진을 가리킨다.

여진 제압은 구지 회복을 통한 영토 확장으로 귀결된다. 따라서 "땅을 넓혔다[廣地]"를 근거로 비문의 내용을 7세기 상황으로 규정할 수 없다. 이것은 고려의 후삼국 통일전쟁에 온전히 부합하는 내용이다.

한편 「답설인귀서」에 보이는 "평양이남(平壤已南) 백제토지(百濟土地)"는 명백히 "평양 이남이 곧 백제 토지"라는 의미로서 백제 토지에 대한 영유권을 주장한 것이다.[93] 같은 글에서 비열성(卑列城)이 자신의 고유 영토라는 신라의

---

90 『譯註羅末麗初金石文』廣照寺眞澈大師碑, "今則國讐稍擾 隣敵交侵"

91 『高麗史』 권92, 列傳5 庚黔弼, "今南兇未滅 北狄可憂 朕寤寐憂懼"

92 『譯註羅末麗初金石文』毗盧庵眞空大師碑, "此時二敵氷銷 三韓霧廓"

93 윤경진, 2016 「671년 「答薛仁貴書」의 '平壤已南 百濟土地'에 대한 재해석 : 백제의 영토의식과 浿河의 새로운 이해」『역사문화연구』 60

주장에도 불구하고 당이 고구려 환속을 통보한 것 또한 같은 원리를 보여준다. 신라의 영토 확장은 백제 병합의 결과이지 삼한을 합친 결과가 아니다.

이번에는 ③의 의미에 대해 살펴보자. 이 구문은 ②에 의해 유도되는 상황이다. 곧 ②가 제왕의 공업을 말한 것이라면, ③은 그 공업을 바탕으로 수립되는 제왕의 권위를 나타낸다.

여기서 제왕이 자리하는 '빈해(濱海)'는 삼한의 통합을 통해 형성되는 천하를 나타내며, 그 천하에 제왕의 권위가 구현된다. "진위(振威)"가 제왕의 권위를 과시하는 것이라 할 때, 이 구문은 바로 해동천하(海東天下)의 모습을 반영한다. 곧 두 구문은 고려의 역사의식과 천하관을 담은 것이다.

고려는 고구려의 계승자로 출발했지만 통일과 함께 체제 이념으로서 삼한일통의식을 전면에 내세웠다. 그리고 자신이 주재하는 천하로서 '해동천하'를 설정하였다. 고려는 중국 천하관에서 사해(四海)의 동쪽에 있는 '해동'에 해당하지만, 동시에 그 해동을 토대로 자신의 독자적인 천하를 구성하였다. 고려 국왕은 이 천하의 주재자, 곧 '해동천자(海東天子)'로서 위상을 과시하였고, 이는 고려초기 비문에 고스란히 투영되었다. 이러한 독자적인 천하관은 원의 지배를 받으면서 폐기되었지만, 해동에 기반하여 하나의 공간 단위를 설정하는 인식은 그대로 유지되었다.[94]

다음 글은 이와 같은 구도를 갖추고 있다.

> 삼한이 나라를 이루어 오대에 이미 왕이 되었고, 비록 동명의 바닷가에 자리하지만 실로 남면의 봉숭을 받는다.[95]

위 기사는 고려 충선왕 2년(1310) 원이 왕의 3대를 추증하면서 보낸 제서

94　盧明鎬, 1999「高麗時代의 多元的 天下觀과 海東天子」『韓國史硏究』105
　　秋明燁, 2005「高麗時期 '海東' 인식과 海東天下」『韓國史硏究』129
95　『高麗史』 권33, 忠宣王 2년 7월 乙未, "三韓爲國 五季已王 雖居東溟之濱 實享南面之奉"

(制書)에 나오는 구문이다. "삼한이 나라를 이루었다[三韓爲國]"라는 것은 고려의 개국, 구체적으로는 삼한의 일통을 나타낸다. "동명의 바닷가에 자리하였다[居東溟之濱]"는 고려가 해동에 있다는 의미로서 「운천동비」의 "빈해에 자리하였다"와 같은 내용이다. "남면의 봉승을 받았다[享南面之奉]"라는 것은 왕으로 군림했다는 것으로서 「운천동비」의 "진위"에 조응한다.

이는 전체적으로 「운천동비」와 같은 구도를 보인다. 위 기사는 원의 체제 안에 들어간 상태임을 전제로 하지만, 동시에 고려국왕이 나름의 독자성을 가지고 있음을 인정한 것이다. 이러한 독자성은 국초 해동천하를 그 연원으로 하는 바, 「운천동비」는 그러한 국초의 인식을 잘 보여주고 있다. 천하관 문제는 뒤에서 사해(四海)와 관련하여 좀더 구체적으로 살펴볼 것이다.

(4) 제왕의 공업 3 : 민생의 안정

비문의 제왕은 내전을 종식하고 통합을 이룩한 후 민생을 안정시켰다. "창고가 가득 차서 백성이 굶주림과 추위 걱정에서 벗어났다"라는 구문은 이를 반영한다. 그런데 이 부분에 대해 「답설인귀서」에 피력된 전쟁기 신라 백성의 고난이나 문무왕이 유조(遺詔)에서 표방한 성과와 부합한다고 보고, 후삼국 통일 후에 고려인이 전쟁의 결과를 이런 문투로 표현한 사례가 없다고 주장한 견해가 있다.[96] 그렇다면 이러한 주장이 타당한지 그 논점을 구체적으로 짚어보자.

이 주장에서 제시한 「답설인귀서」의 내용은 662년 부분에서 "신라 백성은 풀뿌리도 오히려 부족하다"라고 한 것을 염두에 둔 것으로 보인다. 비문의 '기한(飢寒)'을 이와 연결한 것이다. 그런데 이 내용은 전체적인 맥락을 보아야 한다. 해당 기사를 인용하면 다음과 같다.

---

96 하일식, 2023 앞의 논문, 318쪽

전후로 운송한 것이 수만여 곡이니, 남쪽 웅진으로 운반하고 북쪽 평양에 공급했습니다. 작은 신라가 두 곳에 나누어 공급하니 인력은 극히 피로하고 우마는 죽어 없어졌습니다. 농사가 때를 잃고 곡식이 익지 않았으며 저축한 창고의 양곡은 조운으로 다 소진되었습니다. 신라 백성은 풀뿌리도 오히려 부족한데 웅진의 한병은 양곡에 여유가 있습니다.[97]

위에서 "농사가 때를 잃고[田作失時]"가 전쟁으로 인한 것일 수 있지만, 이는 농사 문제를 말할 때 항상 나오는 상투적 표현이다. 위에서 실제 신라 백성이 곤란을 겪는 요인으로 지목한 것은 전쟁 자체가 아니라 신라가 감당하기 어려울 정도의 양곡을 당군에게 공급한 것이었다. 백성의 식량이 부족하다고 내세운 것은 웅진의 한병(漢兵)은 여유가 있다고 한 것과 대비한 것으로, 군량 보급 차질로 인한 힐책에 대응하는 변론이다. 전쟁에 따른 직접적인 피해를 상정한 비문의 내용과 성격이 다르다.

다음에 문무왕의 유조는 "창고의 곡식이 언덕처럼 쌓여 있다"라는 것이다. 여기서도 문맥을 잘 봐야 한다. 전후 구문을 함께 인용하면 다음과 같다.

무기를 녹여 농기구를 만들어 백성이 오래 살게 하였고, 세금을 가볍게 하여 모두가 풍족하게 하였다. 민간이 안도하고 나라 안에 걱정이 없으니 창고의 곡식은 언덕처럼 쌓였고 감옥은 풀숲이 되었다.[98]

위에서 "무기를 녹여 농기구를 만든다[鑄兵戈爲農器]"라는 것은 전쟁의 끝

---

97 『三國史記』 권7, 新羅本紀7 文武王 11년 7월, "前後所送 數萬餘斛 南運熊津 北供平壤 蕞小新羅 分供兩所 人力疲極 牛馬死盡 田作失時 年穀不熟 所貯倉粮 漕運並盡 新羅百姓 草根猶自不足 熊津漢兵 粮食有餘"

98 『三國史記』 권7, 新羅本紀7 文武王 21년 7월, "鑄兵戈爲農器 驅黎元於仁壽 薄賦省徭 家給人足 民間安堵 域內無虞 倉廩積於丘山 囹圄成於茂草"

낮음을 말하는 상투적 표현이다.[99] 이어 "세금을 덜어주니 모두가 넉넉하다 [薄賦省徭 家給人足]"라는 구문도 마찬가지이다. 가혹한 세금이 민생을 피폐하게 하는 폐정(弊政)의 표상이듯이 가벼운 세금은 백성을 넉넉하게 만드는 인정(仁政)의 표상이다. 이것이 창고에 곡식이 쌓이는 직접적인 이유이며, 그에 수반하여 범죄가 없어진 상황을 대구로 제시하였다.

결국 해당 구문은 문무왕이 자신의 치세를 총평하면서 민생이 안정되었음을 과시하는 수사적 표현의 하나이다. 비문의 내용처럼 전쟁의 성과로서 직접 평가된 내용이 아니다.

고려에 이런 문투의 표현 사례가 없다는 지적도 사실과 다르다. 일단 백성이 굶주림을 면하고 창고가 찼다는 것은 안정기를 표방하는 상투적 표현이다. 전쟁 종식에 따른 성과로서 언제든지 사용될 수 있다. 그 자체가 뚜렷한 역사성이나 시간성을 가지기 어렵다.

하지만 굳이 시대와 맞춰본다면 7세기 전쟁보다 후삼국 통일전쟁에 더 부합한다. 고려의 전쟁은 사회적 혼란과 도적이 횡행하는 난국을 타개하는 것으로 표상되었다. 신라의 귀순을 얻어내고 후백제를 격파하는 것도 그 일환이었다.[100] 전술한 바와 같이 궁예의 업적을 평가할 때 "도적을 제거했다"라는 사실을 강조한 것은 이러한 인식을 반영한다.

그리고 비문 내용과 잘 부합하는 사례도 찾을 수 있다. 다음 구문을 보자.

지금은 일월이 다시 밝아지고 건곤이 다시 만들어지니 가는 곳마다 만민이 안락

---

99 고려 성종 때 병기를 녹여 농기구를 만들도록 한 일이 있었다(『高麗史』 권79, 食貨2 農桑 成宗 6년 6월, "收州郡兵 鑄農器").

100 이는 전술한 태조의 「개태사화엄법회소」에서 "거대한 악을 없애고 도적 떼를 소탕하여 도탄에 빠진 백성을 구원하고 마을에 농상을 펼쳤다[剗平巨孽 掃靜群偸 拯塗炭之生民 恣農桑於鄉里]"라고 한 데서도 잘 나타난다. 巨孽은 후백제이고 群偸는 전국에 횡행하는 도적을 말한다.

하고 사는 곳마다 구곡이 (풍성하다).[101]

위 기사는 「서운사요오화상비」 후기에서 태조의 업적을 찬양한 내용 중일부이다. "일월(日月)이 다시 밝아지고 건곤(乾坤)이 다시 만들어졌다"라는 것은 전쟁의 종식, 그리고 그 결과로 삼한의 일통을 나타낸다.

이어지는 구문은 그에 따른 결과를 말한 것이다. 모든 곡식을 말하는 구곡(九穀) 다음은 결락되어 내용을 알 수 없으나 대구를 볼 때 "만민(萬民)의 안락"에 대응하여 "구곡의 풍성"이 나올 것이다. 추위와 굶주림을 면하는 것이 곧 안락이고, 구곡이 풍성하면 창고가 가득하게 된다. 「운천동비」의 내용과 같다.[102]

이처럼 「운천동비」에 나타난 제왕의 출현과 공업은 한결같이 나말려초의 상황에 부합한다. 곧 이 제왕은 고려 태조가 분명한 것이다. 고려초기 승려비는 공통적으로 분열과 전쟁, 혼란과 민생 파탄 같은 사회상과 새로운 제왕으로 등장한 고려 태조가 도적을 제거하고 사회를 통합해 가는 과정을 찬미하고 있다. 「운천동비」 또한 전란의 수습과 삼한의 통합, 그리고 백성 구제가 분명하게 나타나고 있어 나말려초 승려비들과 뚜렷한 공통성을 보인다. 반면 신라 자료에는 부분적으로 이와 연결할 수 있는 내용이 있다 하더라도 전체적으로 비문의 내용에 부합하지 않는다. 따라서 「운천동비」의 건립 시기 또한 7세기가 아니라 고려초기로 보는 것이 타당하다.

---

101 『譯註羅末麗初金石文』 瑞雲寺了悟和尙碑, "今則日月重明 乾坤再造 到處則萬民安樂 所居則九穀□□"

102 「개태사화엄법회소」에는 "전쟁은 영원히 사라지고 농상은 사방에 항상 넉넉하여 곡식은 풍년들고 전국은 편안할 것[兵革永消於千祀 農桑常給於四方 禾稼豐登 封疆寧逸]"을 기원하는 내용도 보인다.

2) 사해의 천하관

(1) 신라 중대 천하관의 성격

「운천동비」의 건립 시기와 관련하여 가장 논란이 된 것은 사해(四海)의 천하관이다. 사해는 후면 6행에서 천덕(天德)이 흘러드는 대상으로 언급되고 있다. 천덕은 대구로 나오는 의심(義心)과 함께 모두 국왕의 덕업을 표상하는 것으로, 전자는 백성의 구휼과 위무를, 후자는 악의 토벌과 응징으로 표현된다. 이러한 공업이 펼쳐지는 대상이 사해이므로 제왕은 사해를 아우르는 존재이다.

사해는 중국을 중심으로 네 방향이 모두 바다로 둘러싸여 있다는 고대의 관념에서 비롯된 것으로서 천하를 상징한다. 당초 사해는 바다로 둘러싸인 '해내(海內)'와 상통하는 개념이었고, 그 범위에서 벗어나는 지역으로 '해외(海外)'가 존재하였다. 그런데 진·한 시기를 거치면서 사해는 해내와 해외를 아우르는 개념으로 확장되었다. 곧 사해는 '해내=중국'과 '해외=사이(四夷)'를 포괄하며,[103] 천자의 통치가 구현되어야 하는 당위가 설정된 공간이었다.[104]

이러한 맥락에서 사해는 그 중심으로서 중국을 전제하면서 그 주변 지역을 지배 범위로 간주한다. 그리고 주변 지역은 중국에 대한 복속의 표시로 조공을 바치게 된다. 기본적으로 중국의 시각에서 설정되며, 중국이 아닌 곳에서 이 관념을 표방한다면 이는 독자적인 천하관을 내세운다는 것을 의미한다. 반대로 중국과 사대하는 존재는 원칙적으로 이 개념을 표방할 수 없다. 신라가 7세기 후반 사해를 표방했다면 이는 중국을 배제하거나 그에 구애되지 않는 독자적인 천하관을 수립했다는 뜻이다.

12행은 이러한 사해의 관념과 연동된 구문이다. 우선 단혈·위우·태평·태

---

103 『爾雅』에는 九夷·八狄·七戎·六蠻을 두고 四海라 한다고 설명하고 있어(『爾雅』 釋地 四極, "九夷八狄七戎六蠻 謂之四海") 사해가 四夷에 대한 영향력을 내포하는 개념임을 알 수 있다.

104 金漢奎, 1982 『古代 中國的 世界秩序 研究』一潮閣, 69-78쪽

몽의 군장들은 '사해'로 표상되는 천하의 가장 끝에 있는 존재들을 표현한 것으로, 수평적 위치에 있는 '인국(隣國)'이 아니라 자신에게 복속하는 '외이(外夷)'를 나타낸다. 이들이 "옥백을 받든다[奉玉帛]"라는 것은 복속의 의미로 예물을 바치는 것을 말한다. 이것은 자신을 천하의 중심으로 설정하는 것으로서 사해의 천하관과 상통한다.

사해의 천하관과 옥백이 연동되어 표현된 사례로 다음이 있다.

> 지금 육합이 평안하고 사해가 맑아져 옥백이 이미 통하고 도로가 막히지 않았으니 이제 사이좋게 지내며 길이 우호 관계를 맺고 각기 그 영토를 지키는 것이 어찌 아름답지 않겠는가.[105]

위의 기사는 당 고조가 고구려에 보낸 조서의 일부로서 당의 천하관이 잘 나타나 있다. 여기서 육합(六合)은 땅덩어리를 총체적으로 표현한 것으로서 중국과 주변 나라들을 아우른다는 점에서 사해와 상통한다. 옥백과 도로는 주변 국가의 조공을 표상한다.[106] 이것은 당의 천하 통일 후에 주변 국가들이 그에 복속되었다는 인식을 담고 있다.

그렇다면 7세기 후반 신라가 사해의 천하관을 표방했을 가능성이 있을까. 이러한 천하관은 일종의 정치 이념이기 때문에 내부적으로 독자적인 천하관을 표방할 여지가 있고, 실제 그러한 맥락에서 해석될 수 있는 사례도 보인다.

그러나 사해는 타자와의 관계 속에서 천하 지배를 적극적으로 설정하는 것이기 때문에 단순히 자국 영토를 중심으로 천하관을 표방하는 것과는 층위가 다르다. 아래에서는 이 부분을 염두에 두고 신라의 천하관에 대해 짚어

---

105 『三國史記』 권20, 高句麗本紀8 榮留王 5년, "方今六合寧晏 四海淸平 玉帛旣通 道路無壅 方申緝睦 永敦聘好 各保疆場 豈非盛美"
106 비슷한 구문으로 경덕왕 15년(756) 당에서 보낸 조서에 "玉帛遍天下 梯航歸上都"라는 표현이 보인다(『三國史記』 권9, 新羅本紀9 景德王 15년 2월).

보기로 한다.

먼저 7세기 후반 신라가 보여준 천하관의 실제 내용을 살펴보자. 당시 신라는 나당전쟁에서 야기된 갈등을 해소하기 위해 당과의 사대 외교에 적극적이었다.[107] 「문무왕릉비」를 보면, 당 태종을 "대당태종문무성황제(大唐太宗文武聖皇帝)"로 표현하였고, 「김인문묘비」에도 "고종대황대제(高宗大皇大帝)"라는 표현이 보인다. 당시 신라가 사대관계를 맺고 있던 이들에게 극존칭을 사용한 것이다. 또한 같은 비에서 백제 공멸과 관련하여 "도중에 사대의 예를 어기니 대제께서 크게 노하였다[途違事大之禮 大帝赫然發憤]"라고 하여 뚜렷한 사대 이념을 표방하였다. 「운천동비」에 보이는 천하관과 사뭇 다른 양상이다.

신라는 중국과의 외교가 본격화하기 전에 '사방(四方)'으로 표현되는 나름의 천하관을 표방하였고, 이에 수반하여 독자 연호를 사용하였다. 지증왕 때 국호를 '신라'로 정하면서 "'신(新)'은 덕업이 날로 새로워진다는 뜻이고, '라(羅)'는 사방을 망라한다는 뜻이니 이것으로 국호를 삼는 것이 마땅하다"[108]라는 인식을 보였고, 진흥왕 때 「창녕비」에는 "사방이 달라지고[四方□改]"라는 관념이나 "사방군주(四方軍主)"라는 표현도 보인다.[109] 또한 「황초령진흥왕순수비」에는 "사방의 영토를 넓혀 널리 백성과 땅을 얻으니"[110]라고 하여 영토 확장에 따라 형성되는 자신의 천하를 설정하면서 이를 '사방'으로 표현하였다.

그러나 곧바로 "이웃 나라가 신의를 약속하고 우호의 사신이 오갔다[隣國誓信 和使交通]"라는 표현이 이어진다. 여기서 '사방'은 자신이 실제 통치하는

---

107 신라가 四海와 萬邦이라는 개념을 통해 천하의 중심으로 스스로를 표현하였던 것으로 추정하는 견해도 있다(신정훈, 2003 앞의 논문, 138쪽). 그러나 전쟁 직후 武后의 연호를 바로 받아들인 신라가 내부적으로 독자적 천하관을 표방했다는 것은 생각하기 어렵다.
108 『三國史記』 권4, 新羅本紀4 智證麻立干 4년 10월, "新者德業日新 羅者網羅四方之義 則其爲國號宜矣"
109 『譯註韓國古代金石文』 昌寧碑
110 『譯註韓國古代金石文』 黃草嶺眞興王巡狩碑, "四方託境 廣獲民土"

지역에 국한되며, 이를 벗어나 주변 국가까지 아우르는 개념은 아니다.[111]

구주(九州)의 편성도 같은 맥락이다. 신라가 전쟁 후 체제 정비를 통해 구주를 편성한 것도 하나의 천하를 상정하는 것이지만, 이 또한 어디까지나 자신의 통치 지역에 한정된다. 자기 영토의 구획이므로 여기에 해외는 들어가지 않는다. 곧 천하관으로서 구주는 해내에 적용되는 것이다. 이 점에서 구주는 사방을 편제한 개념으로 이해할 수 있다.[112] 결국 구주와 사해는 전혀 다른 범주이므로 구주를 가지고 신라의 사해 천하관을 유추할 수 없다.

구서당(九誓幢)도 마찬가지이다. 그 수를 9로 맞춘 것이 나름의 천하 형성을 반영한다고 볼 수 있지만, 어디까지나 전쟁 후 구성원들을 편제한 것일 뿐이다. 확장된 공간을 편성한 구주와 같은 층위이며, 타자와의 관계를 설정한 사해와 층위가 다르다.

한편 선덕여왕 때 황룡사구층목탑을 지으면서 희구한 "구한(九韓)의 내공(來貢)"은 보다 적극적인 천하관을 표방함으로써 정치적 위기를 타개하려고 했지만,[113] 당과의 사대 외교가 본격화된 진덕여왕대부터 독자 연호를 폐기하면서 천하관은 크게 위축되었다. 그리고 무열왕이 즉위하고 당군과 함께 전쟁을 벌이면서 기존의 독자적인 천하관은 더 이상 유지되기 어려웠다.

신문왕 7년(687)의 오묘(五廟) 제사는 전쟁 후 신라의 천하관을 반영하고 있다. 당시 신문왕은 사신을 보내 조묘(祖廟)에 제사를 지냈는데, 제사 대상이 '오묘'로 구성된 것은 '제후오묘(諸侯五廟)'의 원칙에 입각한 것이다. 이는 신라가 당에 대해 제후국으로 자임하고 있었음을 보여준다.

한편 제문에는 당시 신라의 천하관과 관련하여 주목되는 구절이 보인다.

---

111 四方은 본래 '方內'와 '方外'를 아울러 표상하는 것이었으나 점차 방외에 대한 인식이 소멸하여 결국 방내에 국한되는 개념으로 정착하였다. 사방의 개념적 추이에 대해서는 김한규, 1982 앞의 책, 56-68쪽 참조.
112 秦漢 시기 九州의 천하관에 대해서는 김한규, 1982 앞의 책, 78-83쪽 참조.
113 九韓에 대해서는 본서 1부 2장 참조.

종묘가 보호하신 덕분에 ① 건곤은 복을 내려 사변이 안정되고, ② 백성은 화평하고 이역은 내빈하며, ③ 예물을 바치고 직분에 종사하며 형벌은 맑아지고 소송은 그쳐 지금에 이르렀습니다.[114]

위의 내용은 종묘 제사를 통해 전쟁 후의 안정된 체제를 피력한 것이다. 여기서 자신의 지배 지역을 '사변(四邊)'으로 표시했는데, 사변은 사방과 마찬가지로 실제 자신의 지배가 미치는 공간으로서 '해내'에 해당한다. 이와 구분되는 '해외'는 ②에서 '이역(異域)'으로 지칭하며 이들의 활동을 '내빈(來賓)'으로 표현하였다.

곧 자신의 지배 지역인 '사변'과 자신에게 내빈하는 '이역'을 구분하면서 이를 아우르는 '사해'의 범주는 제시하지 않았다. 이는 자기중심의 천하를 의식하면서도 이역을 포함하는 사해를 내세우지 못하는 사정을 시사한다. 이는 물론 당에 대한 사대 때문이다.

'내빈'이라는 표현은 이러한 조건에서 사용된 것이다. 이 개념은 지배-복속이 아니라 원만한 외교관계를 표상한다. 『구당서』를 보면 "고종황제가 승평의 운세를 이어받고 검소한 기풍을 숭상하니 사이(四夷)가 내빈하고 구유(九有)가 모두 편안하였다"[115]라는 구문이 보이는데, 여기서 '내빈'은 그 대구에서 평화를 유도하는 역할을 한다.[116] 곧 주변 지역과의 원만한 관계를 도모했기 때문에 '내빈'을 말한 것이다. 만약 사이의 복속을 도모하는 내용이라면 사해 관념과 '조공(朝貢)'이 표방되었을 것이다.

자기중심의 천하관이 뚜렷하게 표현된 「광개토왕릉비」를 보면, "은택(恩

---

114 『三國史記』권8, 新羅本紀8 神文王 7년 4월, "奉賴宗廟護持 乾坤降祿 四邊安靜 百姓雍和 異域來賓 航琛奉職 刑淸訟息 以至于今"

115 『舊唐書』권22, 志2 禮儀2, "高宗天皇大帝 纂承平之運 崇朴素之風 四夷來賓 九有咸乂"

116 「성덕대왕신종」에 보이는 "四方隣國 萬里歸賓"도 이러한 취지를 담고 있다(『譯註韓國古代金石文』聖德大王神鍾銘).

澤)은 천하에 흡족하고 무위(武威)는 사해에 떨쳤다"[117]라고 하여 사해의 관념을 채용하였고, "백제와 신라는 예전에 속민(屬民)으로서 조공을 바쳤다"[118]라고 하여 복속과 조공을 적시하였다.[119]

고려초기에 건립된 「서운사요오화상비」의 후기에서 "외역(外域)이 왕에게 귀부하는 조공을 바치고"[120]라고 한 것도 같은 맥락이다. 여기서 말한 "외역의 조공"은 제문에 언급된 "이역의 내빈"과 차이가 있으며, 「운천동비」에 언급된 사방 군장의 "옥백을 받든다"와 부합한다.

사해는 외이까지 하나의 범주로 묶어 지배의 관철을 나타내기 때문에 자기중심의 천하관이 가장 강력하게 표현되는 용어이다. 신라가 자신의 천하를 사해로 표방하면 이는 결국 신라를 천하의 중심으로 두면서 당을 외이로 규정하는 결과를 초래할 수 있다. 외교관계가 형식적이라면 가능할 수 있어도 당시 당과 신라의 관계를 그렇게 볼 수는 없다.

결국 이웃 나라에 대해 자신과 구분된 상태의 우호 대상으로 보느냐, 아니면 자신의 지배가 관철되는 대상으로 보느냐에 따라 인식 내용이 달라지는 것이다. 전술한 당 고종의 조서는 원만한 관계를 강조한 의미에서 사이와의 관계를 '내빈'으로 표현한 반면, 「광개토왕릉비」는 강력한 영향력의 관철을 말하기 위해 '사해'를 채용하였다. 물론 당이 주변국에 대해 뚜렷한 군신관계를 도모하면서 표현도 그에 맞추어 바뀌게 된다. 신문왕의 제문은 "외역의 내빈"을 통해 안정된 관계를 표상하는데, 신라가 이와 다른 층위에서 사해에 준하는 관념을 표방한 흔적은 찾을 수 없다.

이 부분에서 "예물을 바치고 직분에 종사한다[航琛奉職]"라는 구문의 해석

---

117 『譯註韓國古代金石文』廣開土王陵碑, "于皇天 武威振被四海"
118 『譯註韓國古代金石文』廣開土王陵碑, " 殘新羅 舊是屬民 由來朝貢"
119 「광개토왕릉비」를 포함하여 5세기 고구려의 천하관에 대해서는 盧泰敦, 1988 「5세기 金石文에 보이는 高句麗人의 天下觀」『韓國史論(서울대국사학과)』19 참조.
120 『譯註羅末麗初金石文』瑞雲寺了悟和尙碑, "外域申歸王之貢"

이 논란이 될 수 있다. '항(航)'은 사신의 도래를 뜻하는 제항(梯航)을 말하고, '침(琛)'은 예물을 말한다. '봉직(奉職)'은 하급자의 직분 수행을 가리킨다. 이 부분은 외부의 존재가 신라에 복속되는 상황을 말하는 것으로 읽힐 수 있다.

그런데 전체 문장의 구조를 보면, 선왕들의 덕으로 이루어진 성과가 지금까지 이른다는 구도에서 그 사이에 열거된 사항은 세 묶음으로 분류된다. 이 때 ②에서 이역(해외)은 백성(해내)과 대칭되므로 ③의 "항침봉직"은 이역이 수행하는 사항이 아니라 뒤의 "형청송식(刑淸訟息)"과 짝을 이룬다.[121] 결국 이 부분은 신하들의 직분 수행을 표현한 것으로 보아야 한다. '항침'은 안정된 수취, '봉직'은 관리들의 충실한 복무를 나타내는 것이다. 형벌과 소송이 없어지는 것은 그 결과이다.[122]

한편 사해의 천하관을 인정하는 견해는 신라가 황제국 체제를 지향했다는 시각과 연결되어 있다.[123] 신라가 황제국의 면모를 가지고 있다면 사해의 천하관도 설정할 수 있다고 보는 것이다. 여기서 그 세부 지표에 대해 일일이 논할 여유는 없으므로 전반적인 이해 문제만 짚어보기로 한다.

가장 먼저 지적되는 것은 중고기와 중대, 하대를 같은 맥락에서 이해할 수 없다는 점이다. 일단 중고기에는 신라가 중국과 외교를 맺기는 했지만 사대의 규정력은 크지 않았다. 신라가 진덕여왕대까지 연호를 사용한 것은 그 반영이다. 따라서 이 시기에 황제국 면모를 과시했음은 충분히 인정될 수 있고, 따라서 사해를 표방했을 가능성 또한 배제할 수 없다. 하지만 전술한 것처럼 신라가 영토를 크게 확장하던 진흥왕대에도 '사방'을 사용했음에 비추

---

121 이것은 각 구문의 문법적 구조에서도 드러난다. "百姓雍和"와 "異域來賓"은 '2+2'의 구조인 반면, "航琛奉職"과 "刑淸訟息"은 '(1+1)+(1+1)'의 구조이다.

122 이는 비문 7행에 보이는 蘭香의 파급에 따른 貨寶의 유입과 비슷한 상황이다. 후술하듯이 이 구문은 고려 城主들을 포섭하면서 통합을 달성하는 과정을 나타낸 것으로, 통합 후 이루어지는 이역 군장들의 "奉玉帛"과 층위가 다르다. 제문의 "航琛奉職"도 전쟁 후 새로 통합된 지역에 대한 안정적 지배를 상징하는 것으로, 外域과의 관계를 나타낸 것이 아니다.

123 김창겸, 2004 「新羅 國王의 皇帝的 地位」『新羅史學報』 2, 218-227쪽

어 사해의 천하관을 적극적으로 상정하기 어렵다.

더구나 중고기의 인식을 중대에 그대로 적용할 수는 없다. 신라는 진덕여왕 때 연호를 폐지하고 당과 적극적인 사대 외교를 전개하였다. 중대 초기에 당과의 관계가 가지는 규정력은 전보다 더 커졌다. 당의 군사력을 빌어 백제를 공멸하였고, 전쟁 후에는 백제 영토 점유와 고구려 반중(叛衆)의 수용 문제로 갈등을 빚었다. 당이 문무왕의 관작을 삭탈하면서 두 나라는 전쟁까지 벌였다. 이 과정에서 작성된 「답설인귀서」에서 문무왕은 신라가 "국가의 주[國家之州]"가 되었음을 표명하였고,[124] 자신의 직함을 "계림주도독(雞林州都督)"으로 명시하였다. 결국 문무왕이 사죄하자 당은 비로소 그의 관작을 복구하고 전쟁도 종료되었다. 그만큼 당의 영향력은 더 커졌고 신라도 당과의 관계 개선에 노력하지 않을 수 없었다. 이러한 조건에서 사해의 천하관을 표방할 여지는 거의 없다.

「문무왕릉비」와 「김인문묘비」에서 김씨 왕실의 기원을 중국의 소호금천(少昊金天)과 김일제(金日磾)의 사적과 연결한 것은 자신의 기원을 중국에서 찾는 것이라는 점에서 독자적인 천하관과 배치된다. 중대 왕실에서 이러한 인식이 나타나는 것은 그만큼 중국 중심의 질서에 속함으로써 내부적인 권위를 확보하고자 했음을 보여준다. 신문왕대 종묘제도 도입 또한 그 일환이다.

이러한 맥락에서 볼 때 중대 왕권은 중고기와 같은 황제국의 면모를 과시할 수 있는 상황이 아니었으며 그럴 의사도 없었다고 생각된다. 이것은 전술한 바와 같이 「문무왕릉비」 등에서 중국 황제를 극존칭한 것에서 잘 나타난다.

물론 중대에도 내부적으로 태자나 황후, 짐(朕), 폐하(陛下)처럼 일부 황제적 용어를 관행적으로 사용했을 여지는 상존한다.[125] 하지만 국왕을 직접 황

---

124 여기서 '國家'를 신라로, '國家之州'를 所夫里州로 보는 경우가 있으나(박남수, 2016 앞의 논문, 275쪽), 「답설인귀서」에서 '國家'는 모두 당을 가리킨다.

125 이 경우에도 다수 사례가 『삼국유사』에 실린 것이라는 점을 감안해야 한다. 이것들은 설화적 요소가 많은 전승 자료를 채록한 것이기 때문에 당시의 상황을 그대로 반영한다고 볼 수 없다.

제로 지칭한 예가 없다는 점은 연호의 폐지와 맞물려 중대 천하관의 성격을 시사한다.

여기서 「성덕대왕신종」과 「고선사서당화상비」에 보이는 '제(帝)'가 신라 국왕을 가리킨다고 본 부분[126]에 대해 짚어보자. 「성덕대왕신종」의 구문은 "무릇 종이라는 것은 불토(佛土)에서 고증하면 계니(罽膩)에서 확인되고, 제향(帝鄉)에서 찾아보면 고연(鼓延)에서 제도가 시작되었다"[127]라는 것으로, 종의 기원을 '불토'와 '제향'에서 찾고 있다. 그런데 『산해경(山海經)』을 보면, "염제(炎帝)의 손자 고연이 처음 종을 만들었다"[128]라고 나온다. 이에 비추어 '제향'은 중국을 가리키는 것이 분명하다.

다음에 「고선사서당화상비」의 용례는 "길이 제관(帝關)을 사양하고 끊임없이 □굴에서 지내며 낙도(樂道)를 실천하였다"[129]라는 것이다. 전후에 결락이 있어 정확한 의미를 알 수 없으나 '제관'과 '□굴'이 대비되며 원효가 전자를 버리고 후자를 택했다는 맥락으로 읽힌다. 그리고 그 결과가 안빈낙도이니 전자는 부귀영화를 표상한다. 이것은 원효가 중국으로 유학하지 않고 신라에 남아 수행한 사적을 묘사한 것이다. 결국 여기서 '제' 또한 중국을 가리킨다.[130]

결국 당에 대한 사대가 권위의 준거로 확립된 중대 왕실에서 일부 황제적 용어를 사용했다고 해서 그것으로 당시의 천하관을 규정할 수는 없다. 나아가 이를 통해 가장 강력한 천하관인 사해를 사용했을 가능성까지 유도하는 것은 무리가 크다.

---

126 김창겸, 2004 앞의 논문, 219쪽

127 『譯註韓國古代金石文』 聖德大王神鐘銘, "夫其鍾也 稽之佛土則驗在於罽膩 尋之帝鄉則始制於 鼓延"

128 『山海經』 권18, 海內經, "鼓延是始爲鍾 爲樂風"

129 『譯註韓國古代金石文』 高仙寺誓幢和尙碑, "長辭帝關 不斷□窟 經行樂道"

130 '關'은 '闕'의 오독일 가능성도 있는데, 帝關으로 보면 중국으로 들어가는 관문을, 帝闕이면 중국 황제의 궁궐을 말하는 것으로 해석할 수 있다. 어느 경우든 중국 유학을 표상한다.

(2) 사해 인식의 성립 시기

『삼국사기』에는 신라가 자신의 천하를 '사해'로 표현한 사례는 찾을 수 없지만 제사지에 중사(中祀)의 하나로 사해가 나와 그 의미를 짚어볼 필요가 있다. 이와 관련하여 중국의 사전(祀典)을 모방한 것이면서도 신라의 독자적인 천하관을 표현한 것으로 보는 견해가 있다.[131] 일견 이를 토대로 사해의 천하관를 유도할 수도 있어 보이지만 양자는 엄연히 성격이 다르다. 제사지의 사해는 신라 영토에서 가장 외곽에 설정되었고, 그 의미는 신라의 통치력이 미치는 범위를 나타낸다. 물리적 관점에서 보면 제사처로서 사해는 사변(四邊)이나 사우(四隅)처럼 자신의 영토, 곧 해내를 표상하는 데 국한된다.

제사지의 중사는 산천에 대한 것으로서 오악(五岳), 사진(四鎭), 사해, 사독(四瀆) 등으로 구성된다. 이들은 통상 악진해독(嶽鎭海瀆), 또는 악해독(嶽海瀆)으로 통칭되는데, 악해독은 고려 및 조선의 사전에도 들어 있다.[132] 또한 제사지 서문에는 신라의 오묘를 언급한 뒤, "또 이르기를, '천자는 천지와 천하의 명산대천(名山大川)에 제사하고, 제후는 사직과 그 땅에 있는 명산대천에 제사한다'라고 하였으니 이 때문에 감히 예(禮)를 뛰어넘어 행하지 못한 것이 아니겠는가"[133]라고 설명하고 있다.

여기서 신라의 사해 제사가 제후의 예에 어긋난 것이 아니라는 사실을 판단할 수 있다. 실제 제사지에 신라의 천지 제사는 나와 있지 않다. 그리고 서문 말미에 "삼산(三山)·오악 이하의 명산대천을 대사·중사·소사로 나누었다"라고 하여 뒤에 정리된 내용이 기본적으로 명산대천 제사임을 밝히고 있다. 제사지의 사해는 실물의 바다로서 말 그대로 네 곳의 제사처를 말한 것이지

---

131 金昌謙, 2007 「新羅 中祀의 '四海'와 海洋信仰」『韓國古代史硏究』47, 168쪽
132 『高麗史』권59, 志13 禮1 吉禮大祀 社稷 仁宗 8년 4월 戊子, "日官奏 今旱甚 宜祈岳鎭海瀆諸
    山川及宗廟社稷 每七日一祈 不雨 則還從岳瀆如初 旱甚 則修雩 從之"
    『世宗實錄』76권, 世宗 19년 3월 13일 癸卯
133 『三國史記』권32, 雜志1 諸司, "天子祭天地天下名山大川 諸侯祭社稷名山大川之在其地者 是
    故不敢越禮而行之者歟"

만, 천하관으로서 사해는 이념적 범위를 표상하는 것이기 때문에 그 내용과
의미가 전혀 다르다.

그렇다면 「운천동비」에 보이는 것과 같은 사해의 천하관은 언제부터 등장
한 것일까. 『삼국사기』에는 제사지 외에도 사해의 용례가 몇 곳에서 보인다.
이를 근거로 신라가 사해 용어를 자유롭게 사용했다고 보기도 한다.[134] 그러
나 해당 용례는 경명왕 5년(921)의 논찬(論贊), 영류왕 5년(622) 당 고종의 조
서, 개로왕 18년(472) 북위 황제의 조서, 그리고 제사지 등 단 네 개뿐이다.
논찬은 고려 때 쓴 것이고 조서에 보이는 것은 중국의 천하관이다. 이를 두
고 신라가 자유롭게 사해 용어를 썼다고 하는 것은 타당하지 않다.

한편 『삼국유사』에 신라에서 사용한 것으로 볼 수 있는 사해 용례가 보인
다. 문무왕이 서제(庶弟) 거득(車得)에게 "총재(冢宰)가 되어 백관을 고르게 관
리하고 사해를 공평하게 다스리라"[135]라고 한 기사와 원종흥법(原宗興法)조에서
"이로 인해 삼한을 병합하여 나라를 이루고 사해를 아울러 집을 삼았다"[136]라
고 한 것을 들 수 있다. 이밖에는 일연의 찬시(讚詩)에 등장한다.

이런 사례를 실제 당시의 인식으로 보기도 하지만,[137] 근본적으로 이 전승
들은 설화적이고 내용도 시기에 부합하지 않는다. 먼저 거득 기사를 보자.
'총재'라는 말은 『삼국사기』에서 백제의 상좌평(上佐平)에 대해 "지금의 총
재와 같다"[138]라고 한 것에 비추어 후대의 표현으로 파악된다. 김영윤(金令
胤) 열전에서 그 조부인 김흠순(金欽純)에 대해 "문무대왕이 올려 총재로 삼았
다"[139]라고 한 것도 마찬가지이다.

총재는 『주례(周禮)』를 통해 보급된 용어이다. 중국 정사를 보면, 『사기(史

---

134 전진국, 2016 앞의 논문, 17쪽
135 『三國遺事』 권2, 紀異 文虎王法敏, "汝爲冢宰 均理百官 平章四海"
136 『三國遺事』 권3, 興法 原宗興法, "由是倂三韓而爲邦 掩四海爲家"
137 김수태, 2014 「신라의 천하관과 삼국통일론」 『新羅史學報』 32, 46쪽
138 『三國史記』 권25, 百濟本紀3 腆支王 4년 정월, "若今之冢宰"
139 『三國史記』 권47, 列傳7 金令胤, "文武大王 陟爲冢宰"

記)』에 한 차례 용례가 보이지만,[140] 이후 사서에서는 거의 등장하지 않는다. 총재는 『주례』 혹은 이를 전재한 자료의 전래와 함께 사용되었다고 보아야 하는데, 신라에서 『주례』 이해는 확인되지 않는다. 반면 고려에서는 일찍부터 용례가 보이고, 과거 과목에도 들어 있다. 따라서 거득의 일화는 신라말 혹은 고려에서 만들어진 것으로, 그 내용을 7세기에 적용할 수 없다.

이 설화는 무진주(武珍州) 상수소목전(上守燒木田)의 연원을 다룬 것이다. 그런데 기사 중에 "나라의 제도에 매번 외방의 주리 한 사람이 서울의 여러 관청에 올라와 복무하는데, 주에 '지금의 기인이다'라고 되어 있다[國之制 每以外州之吏一人 上守京中諸曹 注 今之其人也]"라는 구문이 있다. 여기서 '주(注)'라고 한 것은 일연이 단 것이 아니라 그가 채록한 원전에 있던 것이다. 곧 해당 원전 자체가 고려에서 만들어진 것이다.

원종흥법조의 기사 또한 설화로서 후대의 인식으로 파악된다. 적어도 『삼국유사』의 용례는 그 자체만으로 신라의 사해 천하관을 보증할 수 없다는 점은 분명하다.[141] 사해의 천하관은 분열을 극복하고 통일을 통해 새로운 천하질서의 수립이 천명되던 나말려초에 두드러지게 나타난다. 우선 신라의 사례로 진성여왕 4년(890)에 건립된 「월광사원랑선사비」가 제시될 수 있다. 여기서 무열왕의 공업에 대해 "백성이 도탄에 빠진 것을 통분하여 □해(海)의 …를 …하였다"라고 서술하고 있는데,[142] '□해'를 '사해'로 추정할 수도 있다. 그러나 해당 구문은 '동해(東海)'나 '빈해(濱海)' 등도 가능하므로 사해의 용례라고 확정할 수 없다.

다음에 고려초기의 사례를 몇 개 살펴보자.

---

140 『史記』권3, 殷本紀3 "三年不言 政事決定於冢宰 以觀國風"
141 이 설화는 「이차돈순교비」의 내용과 관련된다. 「이차돈순교비」는 헌덕왕대에 건립된 것으로 알려져 있는데, 이를 따르면 현재 금석문에서 '사해'가 나오는 가장 빠른 사례가 된다. 그리고 이 비는 '삼한'이 나오는 가장 빠른 사례도 되지만 실제로는 고려에서 건립된 것으로 파악된다. 이에 대해서는 2부 2장 참조.
142 『譯註韓國古代金石文』月光寺圓朗禪師碑, "痛黔黎之塗□ □□海之□□"

① 왕자는 사해를 집으로 삼고 만민을 자식으로 삼는다.[143]

② 사해가 끓어오르고 삼한이 시끄러웠다.[144]

위의 기록은 나말려초 사회를 사해의 관념에서 이해하고 있다. ①은 고려 태조가 진철대사(眞澈大師) 이엄(利嚴)을 초빙하여 나눈 대화 중에 나온다. 일반론적인 내용이지만 대화의 초점이 태조에게 통치의 방향을 조언하는 데 있어 당시의 천하관을 반영한다. ②에서는 사해와 삼한을 대칭적으로 사용하며 같은 공간을 표상하고 있다. 고려는 삼한의 정체성을 바탕으로 사해의 천하관을 중첩 구성한 것이다.[145]

이처럼 신라의 금석문에서는 보이지 않던 사해가 고려초기 금석문에서 뚜렷하게 나타나고 있다는 점에서 이 천하관은 사실상 고려에서 표방되었다고 보아야 한다. 따라서 「운천동비」의 건립 시기 역시 고려가 될 것이다.

(3) 운천동비의 삼한과 사해

「운천동비」의 6행에 보이는 사해는 제왕의 천덕(天德)이 유포되고 의심(義心)이 행사되는 대상이다. 그리고 10행에는 삼한의 통합이 언급되어 있다. 그런데 궁예에 대한 태조의 평가에서 드러나듯이 삼한의 통합은 해내의 겸병에 해당한다. 개념적으로 사해를 구성하는 한 축인 해외가 빠져 있는 것이다.

비문에서는 사해의 천하관과 삼한의 통합 사이에 발생할 수 있는 괴리를 메우기 위해 가상적으로 해외의 복속을 추가하였다. 12행에서 사방의 군장

---

143 『譯註羅末麗初金石文』廣照寺眞澈大師碑, "王者 以四海爲家 萬民爲子"

144 『譯註羅末麗初金石文』無爲寺先覺大師碑, "四海沸騰 三韓騷擾"

145 삼한과 사해의 개념적 일치는 「광조사진철대사비」에서도 확인된다. 당시 태조는 그가 먼 길을 마다하지 않고 삼한을 교화하러 왔다며 조언을 구하였고, 진철대사는 그 답으로 위의 내용을 언급하였다. 여기서 당시 고려가 삼한의 정체성과 사해의 천하관을 공유하고 있었음을 알 수 있다.

들이 옥백을 받든다고 한 것은 삼한 통합의 연장에서 해외의 복속을 표상함으로써 사해의 천하를 완성한 것이다. 이렇게 하면 사해와 삼한은 사실상 같은 범주가 된다. 전술한 바와 같이 고려초기 비문에서 삼한과 사해가 대칭적으로 쓰인 것은 이러한 원리에 따른 것이다.

이와 관련하여 주목되는 것이 7행에 보이는 난향(蘭香)의 파급에 따라 나타나는 화보(貨寶)의 유입이다. 해외 군장이 받드는 옥백(玉帛)은 삼한의 통합 이후에 나타난 현상이다. 반면 화보의 유입은 천덕의 사해 유포 다음에 나오는 상황이며, 전쟁의 종료 및 삼한의 통합에 선행한다. 결국 삼한의 통합을 기준으로 이전은 해내의 겸병, 이후는 해외의 복속에 해당하는데, 전자는 전쟁 과정에서 나타난 현실적 상황이다.

7세기 전쟁은 외적인 백제와 고구려를 공멸하는 과정으로, 이러한 내용을 적용하기 어렵다. 신라의 백제 정벌은 원한을 보복한다거나[146] 불인(不仁)을 응징하는 것으로 묘사되었다.[147] 이러한 내용은 회유와 귀순을 상징하는 난향과 화보로 표현되기 어렵다.

이것은 각지의 성주(城主)들이 분립하고 있던 후삼국 시기에 부합한다. 주지하듯이 고려는 중폐비사(重幣卑辭)를 내세워 각지의 성주들을 회유하는 데 주력하였다.[148] 난향은 성주들을 회유하는 태조의 정책을, 화보는 이에 대한 성주들의 고려 귀순을 표상한다. 결국 7행의 내용 역시 나말려초 상황에 잘 부합하는 것이다.

---

146 『三國史記』 권7, 新羅本紀7 文武王 21년 7월 1일, "寡人運屬紛紜 時當爭戰 西征北討 克定疆封 伐叛招携 聿寧遐邇 上慰宗祧之遺顧 下報父子之宿寃 追賞遍於存亡 疏爵均於內外"

147 『三國遺事』 권1, 紀異 太宗春秋公, "庾信謂定方曰 豈可以飛鳥之怪 違天時也 應天順人 伐至不仁 何不祥之有"

148 『高麗史』 권1, 太祖 원년 8월 己酉, "諭群臣曰 朕慮諸道寇賊 聞朕初卽位 或構邊患 分遣單使 重幣卑辭 以示惠和之意 歸附者 果衆 獨甄萱 不肯交聘"

3) 재지관반과 주성대왕

(1) 나말려초의 재지관반과 아간

「운천동비」의 건립 시기를 가늠하는 또다른 지표로 비의 측면에 새겨진 단월(檀越) 명단을 들 수 있다. 이들은 실제 비 건립에 직접 관여한 사람들로서 건립 당시의 사정을 그대로 반영하기 때문이다. 사업 참여자의 기재 형태, 그리고 이들과 함께 언급된 국왕이 누구인가를 통해 비 건립 시기를 파악할 수 있다.

신라후기와 고려초기에 제작된 비나 종의 명문에는 이를 제작하는 데 참여한 사람들의 명단이 기재되는 경우가 많다. 이들은 통상 이름과 함께 관직이나 관등을 적는데, 그 직제의 내용과 기재 방식이 시기에 따라 다르게 나타나고 있어 이로부터 시간성을 추출할 수 있다. 「운천동비」에서는 이러한 지표로 아간(阿干)이 주목된다.

측면의 1행에는 초두의 '□□아간'과 말미의 '천인아간' 등 두 명의 아간이 확인된다. 천인아간의 경우 인명과 아간이라는 직위[149]가 연칭된 것이며, 전술한 것처럼 두 아간 사이에는 12글자 정도가 결락되어 있어 역시 아간의 직위를 가진 3명이 같은 형태로 열거되었을 것으로 짐작된다.

여기서 우선 문제가 되는 점은 아간을 칭하는 인물들이 왕경인인가 아니면 지방민인가 하는 점이다. 이는 비의 건립 시기와 직결된 문제이다. 신라에서 지방민의 관등은 원칙적으로 아찬(阿湌=阿干)에 이를 수 없었다. 「규흥사종명」에 수록된 촌주(村主)의 관등에 삼중사간(三重沙干)이 보여 사간이 실질적인 승진 상한이었음을 유추할 수 있다. 이에 「운천동비」의 아간을 중앙의 고위 관리로 보고, 이름을 알 수 없는 아간을 7세기의 특정 인물에 비정한

---

149 관직과 관등의 구분이 불분명한 경우를 포함하여 이들을 포괄하여 지칭할 때 '직위'라는 용어를 사용하기로 한다.

견해도 있다.[150]

그러나 이것은 비의 건립을 7세기 말로 전제한 위에서 해석이 이루어진 것이다. 제작 시기를 특정하지 않을 경우, 아간을 왕경인으로 단정할 수 없다. 나말려초 지방사회에는 다양한 형태의 직위로 구성된 재지세력의 조직이 있었다. 이들을 통칭하여 '재지관반(在地官班)'으로 범주화하기도 한다.[151]

「흥녕사징효대사비」의 음기에는 여러 지역의 재지관반이 수록되어 있는데, 이 중 일부를 인용하면 다음과 같다.

> 평직(平直) 아간(阿干) 명주(溟州)
>
> 극기(剋奇) 대등(大) 명주
>
> 김예(金芮) 경(卿) 명주
>
> 연세(連世) 대감(大監) 명주
>
> 왕간(王侃) 대등 원주(原州)
>
> 덕찬(德榮) 사간(沙干) 죽주(竹州)
>
> 제종(弟宗) 사간 죽주[152]

위의 명단은 '인명+직위+지명'의 형식으로 되어 있다. 직위가 인명 뒤에 오며, 추가로 소속 지명을 덧붙였다. 지명은 인명이나 직위보다 작은 글자로 되어 있다. 이를 통해 명주(강릉) 지역에 아간의 직위를 가진 인물이 있었고 지역마다 지위에 차이가 있었음을 확인할 수 있다.

명주 외에 충주에서도 아간이 보인다. 「정토사법경대사비」 음기의 명단에

---

150 신정훈, 2003 앞의 논문, 144-148쪽

151 고려의 향리제는 지역마다 형태와 구성을 달리하던 재지관반을 일원적인 체재로 재편한 것이다. 재지관반과 향리제의 연결 관계에 대해서는 尹京鎭, 1997 「高麗前期 鄕吏制의 구조와 戶長의 직제」『韓國文化』20 참조.

152 『譯註羅末麗初金石文』興寧寺澄曉大師碑

는 '장희(張希) 아찬(阿粲)'을 비롯한 여러 명의 아찬이 실려 있다.[153] 이들에 이어 대등(朱=大等)의 직위를 가진 인물들이 나오고 있어 명주의 재지관반과 같은 양상을 보인다. 명주와 충주의 아찬은 중앙 관인이 아니라 재지관반이다.

또 「운천동비」에 보이는 아간 역시 중앙 관인이 아니라 재지관반일 가능성이 있으며, 이 경우 비의 제작 시기는 나말려초가 된다. 이에 신라 자료에 보이는 인명 기재 방식의 변화를 통해 이 문제를 구체적으로 분석해 보기로 한다.[154]

신라 중대에 제작된 금석문에 단월이나 실무진으로 참여한 중앙 관인들의 명단 형태는 「운천동비」의 것과 분명한 차이를 보인다. 경문왕 12년(872)에 작성된 「찰주본기」의 명문에는 탑의 개건에 관여한 인물들이 성전(成典), 도감전(道監典), 속감전(俗監典)으로 나뉘어 정리되어 있다. 이 중 도감전은 승려들이므로 제외하고, 성전과 속감전의 명단을 보면, "집사시랑(執事侍郎) 아간(阿干) 신(臣) 김팔원(金八元)"처럼 관직과 관등을 차례로 적고 이어 칭신(稱臣)한 뒤 인명을 적고 있다. 관등이 인명 앞에 오는 것은 중고기까지 관등이 인명 뒤에 배치된 것과 구분되는 현상이다.[155]

이러한 기재 방식은 인명 열거의 일반적 형태로 이해된다. 혜공왕 7년(771)에 제작된 「성덕대왕신종」에 수록된 참여자 명단 역시 이 원칙을 따르고 있다. 먼저 사업에 관련된 직명이 있고, 그 뒤에 중앙 관직이 있는 경우 그 직명이 들어가며, 이어 관등과 인명이 차례로 들어간다. "판관(判官) 우사

---

153 『譯註羅末麗初金石文』淨土寺法鏡大師碑
154 신라 관등제는 그동안 많은 연구 성과가 있었으나 주로 성립 과정에 초점을 두고 연구가 진행되었다. 근래 중대 및 하대의 변화 과정을 분석한 연구가 이루어져 참고된다. 이에 따르면 신라 중대 이후 관직제도의 정비와 분화에 따라 관등의 위상이 저하되어 나가면서 '관등+인명'의 기재 형태가 나타나고 이것이 기존의 '인명+관등' 기재 양식을 대체하게 되었으며, 하대에는 중국식 文散階의 영향으로 그 추세가 더욱 강화되었다고 한다(이재환, 2010 「新羅 中·下代 官等制의 성격 변화 : 人名官等의 표기 방식을 중심으로」『韓國史論』(서울대 국사학과)』56).
155 관등이 인명 앞에 오는 것은 「문무왕릉비」에서 처음 출현하며, 이후 일반화되는 추세를 보인다. 이것은 인명과 관등의 연결 고리가 깨지는 것을 의미하는 것으로 해석된다(이재환, 2010 앞의 논문, 99-104쪽).

록관사(右司祿館使) 급찬(級湌) 김충득(金忠得)"과 같은 형식이다.

이것은 인명이 본문에 나오는 경우도 동일하다. 「개선사석등기」의 "전국 자감경(前國子監卿) 사간(沙干) 김중용(金中庸)"이나 「보림사석탑지」의 "서원부 소윤(西原部小尹) 내말(奈末) 김수종(金遂宗)" 등이 그러한 사례이다.[156]

「운천동비」의 아간이 7세기 말의 중앙 관인이라면, 그 관등에 견주어 볼 때 중앙의 고위 관직을 보유했을 것이고 이것이 명단에 정리되었을 것이다. 「찰주본기」의 성전에서 간(干)을 칭하는 사람은 모두 중앙 관직이 있다. 지방 관들은 대내마(大奈麻) 이상으로 역시 모두 관직을 가지고 있다. 따라서 「운천동비」의 아간도 중앙 관인이라면 응당 관직이 나올 상황이다.

그리고 이들이 7세기의 중앙 관인이라면 아간 칭호가 인명 앞에 와야 한다. 그런데 측면 1행의 첫 아간은 앞에 두 글자 정도의 결락이 있다. 이것을 뒤의 '천인아간'과 대비하면 결락된 두 글자는 인명일 가능성이 높다. 달리 관직이 들어갈 자리가 없기 때문이다.

결국 「운천동비」의 아간은 인명 뒤에 자리하며 관직은 따로 표기되지 않은 것이다. 분명 7세기 중앙 관인의 인명 표기의 일반적 형태와 다르다. 따라서 이들은 재지세력으로 보아야 한다.

신라 중대에 '관직+관등+인명'의 형태로 정리되는 것은 '품계+관직+인명'의 형태로 정리되는 중국식 관제와 다른 모습이다. 중국 관제는 품계가 관직 운용을 위한 토대로서 보편성을 띠기 때문에 먼저 품계를 적고 그 뒤에 해당 인물이 보유하는 관직이 들어간다. 이때 양자의 고하(高下)가 일치하지 않을 경우 행수제(行守制)가 적용되기도 한다.

신라 중대의 인명 기재 방식은 중고기 이래 전통에서 중국식 관제로 넘어가는 과도기적 양상으로 해석된다. 「진흥왕순수비」를 보면, '부명+인명+관등'의 형태를 보인다. 이 구성에서 가장 우선적인 규정력을 가지는 것은 부

---

156 『譯註韓國古代金石文』 開仙寺石燈記 및 寶林寺石塔誌

명(部名)이다. 특정 인물의 지위는 소속 부에 의해 먼저 규정되며, 관등은 그 안에서 해당 인물의 등급을 제시하는 기능을 한다.

중대에 들어오면서 국왕 중심의 정치체제가 자리를 잡게 되었다. 이에 따라 명단에는 부명을 적지 않게 되었고 대신 국왕 중심의 일원적인 정치체제를 우선하게 되었다. 중앙과 지방의 관등이 경위(京位)로 일원화된 것은 이러한 변화를 뒷받침한다. 이에 따라 관등은 보편적 체제로서 인명 앞에 적게 되었다.

하지만 여전히 해당 인물의 신분적 지위를 반영하는 기능을 유지하고 있었기 때문에 관직이 먼저 정리되고 관등은 인명 바로 앞에 오는 형태로 귀결되었다. 결국 새로 확립되는 국왕 중심의 정치체제와 중고기 이래의 신분적 속성이 교차하는 기재 방식인 셈이다.

그런데 한편에서는 관등이 관직보다 먼저 정리되는 사례도 보인다. 문성왕 17년(855)내 작성된 「창림사무구정광탑지」를 보면, 관련자 명단 중 "검교사(檢校使) 아간(阿干) 전집사시랑(前執事侍郎) 김원필(金元弼)"이나 "전지수조관세택(專知修造官洗宅) 대내말(大奈末) 행서림군태수(行西林郡太守) 김양박(金梁博)" 등 관직보다 관등을 먼저 칭한 사례가 보인다.[157]

이것은 앞서 살펴본 일반적인 순서와 다른 것으로 중국식 관제의 영향으로 해석된다. 관직명에 행수제가 적용된 것은 이를 뒷받침한다. 관등의 신분적 속성이 점차 해소되고 관직 운영을 뒷받침하는 보편적 체계로서 의미가 뚜렷해지는 방향성을 보여준다.[158]

이번에는 지방민의 관등 표시에 대해 살펴보자. 8세기 중반 작성된 「화엄경사경발문」에는 사경(寫經)에 참여한 인물들의 명단이 수록되어 있다. 이들은 "지작인(紙作人) 구질진혜현(仇叱珎兮縣) 황진지(黃珎知) 내마(奈麻)"나 "경필사(經筆師) 무진이주(武珎伊州) 아천(阿干) 내마(奈麻)" 등 관등이 이름 뒤에 자

---

157 『譯註韓國古代金石文』昌林寺無垢淨光塔誌

158 이와 함께 관등의 규정력이 약화되면서 실제 관등을 가지고 있음에도 관등을 적지 않는 현상이 증가하였다(이재환, 2010 앞의 논문, 104-105쪽).

리하는 형태를 보인다.[159] 비슷한 시기 중앙 관인의 기재 방식과 다르다.

  그리고 이들 앞에는 소속 군현이 명시되었다. 이것은 중고기에 부명을 먼저 적었던 것과 상통한다. 지방민은 관등이 경위로 일원화되기는 했지만 중앙의 정치체제에 포섭되지 않았기 때문에 이전의 구성 원리가 그대로 남은 것으로 보인다. 관등이 인명 뒤에 오는 것도 비슷한 맥락이다.

  신라말 지방사회에서 인명 뒤에 관등을 적는 것이 일반적이었음은 다른 자료를 통해서도 확인된다. 흥덕왕 8년(833)에 제작된「연지사종명」에는 종의 제작에 참여한 청주(菁州: 康州)의 재지세력이 기록되어 있다. 여기에 경촌주(卿村主)인 삼장(三長) 급간(及干)과 주작(朱雀) 대말(大柰), 작한사(作韓舍)인 보청(寶淸) 군사(軍師)와 용년(龍年) 군사, 성박사(成博士)인 안해애(安海哀) 대사(大舍)와 애인(哀忍) 대사 등이 보인다.[160] 급간과 대말이라는 관등이 이름 뒤에 위치한다.

  반면「황복사금동사리함기」에는 사업에 참여한 명단 중 탑전(塔典) 부분에 승려 명단에 이어 실무자로 한사(韓舍=大舍) 일인(一仁), 한사 전극(全極), 사지(舍知) 조양(朝陽), 사지 순절(純節) 등이 열거되었다. 모두 관등이 인명 앞에 자리한다.[161] 이들은 중앙 관인으로서 관등이 인명 뒤에 오는 지방의 사례와 대비된다.

  다만 지방의 사례 중에도 인명 앞에 관등이 오는 예가 없지는 않다. 문성왕 18년(856)에 작성된「규흥사종명」에는 상촌주(上村主) 삼중사간(三重沙干) 요왕(堯王), 재이촌주(第二村主) 사간(沙干) 용하(龍河) 등의 명단이 나온다.[162] 이것은 중앙 관인처럼 '직명+관등+인명'의 방식을 따르고 있다. 이 종이 어디서 제작된 것인지는 확인되지 않으나 명단 서두에 현령(縣令)이 나오고 촌주

---

159 『韓國上代古文書資料集成』華嚴經寫經跋文
160 『譯註韓國古代金石文』蓮池寺鍾銘
161 『譯註韓國古代金石文』皇福寺金銅舍利函記
　　한편「무진사종명」에는 "天寶四載乙酉思仁大角干爲賜夫只山村无盡寺鍾成"이라 하여 각간이 인명 뒤에 오고 있다(『譯註韓國古代金石文』无盡寺鍾銘). 그러나 이것은 吏讀文 중에 나오는 것이기 때문에 일반적인 漢式 명단과 구분해야 한다.
162 『譯註韓國古代金石文』竅興寺鍾銘

직명이 보이므로 지방이라는 점은 분명하다.

그런데 이 사례는 중위제(重位制)가 적용되어 삼중사간까지 나오고 있다는 점이 특징적이다. 이는 9주의 하나인 청주(강주)의 경촌주(卿村主)가 급간에 그친 것과 대비된다. 물론 경촌주가 최고직이 아닐 여지도 있으므로 단정은 어렵지만, 사간이 상한선인 상황에서 현의 촌주가 삼중사간까지 오른 것은 예외적이다. 이로 보아 이 종이 제작된 곳은 왕경 인근이거나 중앙과 관계가 깊은 곳으로서 중앙 직제의 영향을 받은 경우로 추정된다. 적어도 현재 남아 있는 사례와 이후 추이로 볼 때, 「화엄경사경발문」이나 「연지사종명」처럼 인명 뒤에 관등이 오는 것이 보편적이었다고 판단된다.

이상에서 신라에서 다수의 인물을 정리하는 명단 형식에서 중앙과 지방의 차이가 있었다는 것을 알 수 있다. 중고기 '부명+인명+관등'의 형태에서 출발하여 중앙에서는 국왕 중심의 정치체계가 발전하면서 중대에 '관직+관등+인명'의 형태로 정리되다가 중국식 관계의 영향이 커지면서 '관등+관직+인명'의 형태도 나타나고 있었다.

그러나 지방은 중앙 정치체계의 변화에 큰 영향을 받지 않았기 때문에 중고기 이래의 관행을 이어 '지역+인명+관등'의 형태로 유지되었다. 지역에 따라 중앙 관제의 영향으로 관등을 인명 앞에 적는 경우도 있지만, 대부분 '인명+관등'의 방식을 따르고 있어 이것이 보편적이었다고 판단된다. 그리고 이러한 기재 형태는 고려초기에 작성된 금석문에서도 동일하게 나타난다.

결국 「운천동비」의 아간은 중앙관인이 아니라 지방민이며, 명단 구성은 '인명+관등'의 형식으로 여러 명이 나열된 형태였다. 그리고 이것은 이 비가 나말려초에 제작된 것임을 뒷받침한다.

(2) 주성대왕 소와 건립 지역

측면 1행의 재지관반 명단에 이어 2행에는 또다른 단월로 주성대왕(主聖大王) 소(昭)에 대한 서술이 나온다. 재지관반 명단이 여러 명이 나열된 형태인데 반해 주성대왕은 그 행적을 구체적으로 서술하고 있다. 이는 그의 참여를 특별하게 취급하고 있음을 보여준다.

전술한 바와 같이 '소(昭)'는 기존에 '소(炤)'로 판독하였고 '원(願)'으로 보는 의견도 있지만, 문법상 주성대왕의 이름이 들어가야 한다. 이 조건에서 자획을 고려할 때 '소(昭)'로 보는 것이 타당하다. 남은 획에서 좌변은 '火'보다 '日'에 가까워 보인다. 그럼에도 이를 '소(炤)'로 판독한 것은 다분히 처음부터 신문왕의 자(字)를 염두에 두고 역으로 추정한 결과로 보인다.

『삼국사기』의 신문왕 소개에는 "이름은 정명(政明)[명지(明之)라고도 하며, 자(字)는 일소(日怊)이다"이라고 되어 있다. 『삼국유사』 왕력(王曆)에는 '일소(日炤)'로 나오는데, '소(怊)'와 '소(炤)'가 글자가 비슷하여 서로 다르게 표기한 것이다.

그런데 『삼국유사』 대산오만진신(臺山五萬眞身)조에는 "신문왕 정명의 자는 일조(日照)이다"라고 적고 있다. '炤'는 '조'로도 읽는데, 이 경우 '조(照)'와 같은 뜻으로 사용된다. 무열왕의 딸로서 김유신과 결혼한 지소(智炤)가 지조(智照)로도 나오는 것에서 그 관계를 확인할 수 있다. 『삼국사기』에 보이는 "해가 비춘다[爲日所炤]"나 "일월이 비춘다[日月所炤]" 등도 마찬가지이다. 신문왕의 '일소'는 이 구문에서 온 것으로 짐작된다.[163]

연구자에 따라서는 신문왕의 자에서 '일(日)'을 '왈(曰)'로 고쳐 이해하고 '소(炤)'가 신문왕의 자라고 보기도 한다.[164] 그러나 자를 소개할 때 '왈'을 붙이는 경우는 찾아보기 어렵다. 그리고 자는 기본적으로 2자이다. 김흔(金昕)의 경우 "자는 태(泰)이다"라고 하여 외자인 것처럼 정리되어 있으나 이는 이

---

163 해당 기사에서 세주로 제시한 "明之"의 의미가 선뜻 이해되지 않는다. 후대에 字를 지을 때 이름의 한 글자에 '之'를 붙이는 경우가 흔히 보인다. 하지만 字의 사용이 일반적이지 않았던 시기에 그런 방식이 활용되었는지 단정하기 어렵다. 그런데 '日炤'가 "爲日所炤"의 의미라면 이는 '明'의 字意와 통한다. 그렇다면 이 구문은 신문왕의 이름을 풀이하는 과정에서 생성된 것일 수 있다. '政明'은 "정사를 밝게 한다"라는 의미인데, 이 중 '明'의 뜻이 "爲日所炤"로 풀이되는 것이다. "明之字日炤"는 이러한 설명이 자료의 전사 과정에서 변형된 것이 아닐까 한다.

164 박남수, 2016 앞의 논문, 307쪽

름으로 쓰인 '흔(昕)'이 포함된 '태흔(泰昕=大昕)'으로 고쳐 이해해야 한다.[165] 이는 종형제인 김양(金陽)의 자가 위흔(魏昕)인 것에서 쉽게 유추된다.

신라에서도 왕명을 그대로 사용하는 경우가 종종 보인다. 그런데 이 경우 이름을 온전히 밝힌다. 융기대왕(隆基大王: 성덕왕), 경응대왕(慶膺大王: 문성왕) 등을 찾아볼 수 있다. 특히 주목되는 사례가 「창림사무구정탑지」에 보이는 "국왕경응조무구정탑원기(國王慶膺造無垢淨塔願記)"라는 구문이다.[166] 국왕 칭호 뒤에 이름을 그대로 쓰고 있으며 '조(造)'의 주어가 되고 있다. 이에 비추어 「운천동비」의 '주성대왕'이 신문왕이라면 '정명(政明)'이라는 이름을 쓰는 것이 정상이며, 설사 '일소(日炤)'를 사용했더라도 2자가 모두 나와야 한다.

신라 중대 이후 이름이 한 글자인 경우는 모두 신라말의 국왕이며 그 행적도 비문의 내용과 맞지 않는다. 반면 고려 국왕의 이름은 모두 한 글자이다. 이 글자를 '소(昭)'로 판독하면 그는 고려 광종이 된다.[167] 그리고 이는 '탑(塔)'과 함께 비의 건립 시기를 판단하는 확실한 근거가 된다. 하지만 이 또한 여전히 판독에 이견이 있으므로 결정적 근거로서는 한계를 가진다.[168]

한편 주성대왕을 광종으로 보는 것은 전술한 아간과 더불어 입비 지역을 추정하는 준거가 된다. 통상 비편이 발견된 곳에 비가 건립되었을 것으로 보는 경향이 있지만, 실물 자료는 언제든지 이동할 수 있다는 점을 생각해야 한다. 본래부터 발굴 장소에 있던 것으로 전제하는 것은 위험하다.

---

165 金昕과 大昕의 상관성에 대해서는 논란이 있지만 그 행적을 대비하면 동일인으로 보는 것이 타당하다(윤경진, 2015 「신라 神武-文聖王代의 정치 변동과 三韓一統意識의 출현」 『新羅文化』 46, 218-226쪽).

166 『譯註韓國古代金石文』 昌林寺無垢淨塔誌

167 「고미현서원종(조련사종)」에는 광종이 '昭大王'으로 지칭되고 있다(『譯註羅末麗初金石文』 古彌縣西院鍾).

168 주성대왕을 十方檀越로 칭한 것도 광종의 행적과 상통한다. 최승로는 시무책에서 선대 국왕을 평가하면서 광종에 대해 "加以酷信佛事 過重法門 常行之齋設旣多 別願之焚修不少 專求福壽 但作禱祈 窮有涯之財力 造無限之因緣 自輕至尊 好作小善"라고 하여 과도한 불교 신봉과 불사를 비판하였다. 이를 불교계의 입장에서 보면 시방단월의 면모로 읽힐 수 있다.

「운천동비」도 청주 운천동 지역과 관련지어 이해하면서 주변 지역의 여건이나 유적 현황을 방증으로 사용하는 경우가 있다.[169] 그런데 현재 비문에는 비의 건립 지역을 직접 파악할 근거는 없다. 더구나 「운천동비」는 파손된 상태에서 다른 용구로 오랜 기간 사용되던 것이다. 당연히 입비처에서 이동할 수밖에 없다. 비의 한 면이 깊이 파인 것은 지속적으로 충격을 가하는 형태로 장기간 사용되었음을 보여준다. 그만큼 여러 차례 이동했을 가능성이 크다.

비의 무게를 감안하면 원거리 이동이 어렵다고 볼 수도 있으나 비의 무게가 이동의 제한을 보증할 수는 없다. 경주 월지에서 「명활산성비」가 나온 것은 비나 비편이 이동할 수 있음을 보여준다. 「태자사낭공대사비」는 본래 경북 봉화에 있던 것을 조선시대에 영주로 이건한 사례이다. 비가 근대 이후에 이동한 것이라면 차량을 이용할 수 있으므로 원거리 이동도 가능하다. 따라서 운천동 지역의 상황을 파악하고 주변 사찰 유적을 논하는 것은 처음부터 의미가 없다.

입비처는 비의 건립 시기에 직접 영향을 미치지는 않는다. 다만 비문의 내용 중에는 입비처를 추론할 수 있는 단서가 없지 않다. 그리고 이는 비의 성격이나 입비 경위를 이해하는 데 참고할 만한 내용을 제공한다. 이에 해당 내용을 좀더 살펴보기로 한다.

먼저 주목할 단서는 단월 명단에 보이는 아간이다. 앞서 지적한 바와 같이 아간은 나말려초 재지관반 직제의 하나이다. 그런데 청주 지역에는 아간 직제가 없었다. 광종 때 건립된 「청주용두사지철당간」 명문에는 청주의 재지관반이 대등(大等)과 시랑(侍郎)·경(卿) 등이 보이고, 대등의 대표로 짐작되는 당대등(堂大等)이 등장한다. 여기서 대등이 청주 지역의 최고 직위라는 것을 알 수 있다. 청주에 대등보다 상위의 직위는 없었으므로 비문의 아간은 청주

---

169 전진국, 2019 앞의 논문
   하일식, 2023 앞의 논문

의 재지관반으로 보기 어렵다.

『고려사』 선거지(選擧志) 향직(鄕職)조를 보면, 성종 2년(983)의 향리 직제 개편에서 당대등이 호장(戶長)으로, 대등이 부호장(副戶長)으로 연결되어 있다. 그런데 실제로는 대등이 호장으로 연결되며 당대등의 후신은 복수의 정원을 가진 호장의 대표인 상호장(上戶長)으로 파악된다. 그리고 부호장의 전신은 고려초기 금석문에서 널리 확인됨에도 개편 기사에 나오지 않는 시랑으로 비정된다.[170] 이러한 직제는 청주처럼 대등이 최상층 직위였던 지역을 준거로 한 것이다.

그런데 「정토사법경대사비」를 보면 충주에는 대등보다 상위의 직위로 아간이 있었다. 명주도 아간이 보이지만 원주는 청주처럼 대등만 보인다. 통상 일반 군현급의 최고 관등은 사간이지만 9주 5경 지역은 최고위가 아간이었으며 대등이 그 예하 직제였다. 다만 고려 정부와의 관계가 원만하지 않았던 청주나 양길(梁吉)의 근거지였던 원주 등은 아간 직제를 쓰지 못하고 대등이 최고직이었다고 짐작된다.[171]

이처럼 재지관반 최고직의 지역성을 고려하면, 「운천동비」에 나오는 아간이 청주의 재지관반일 가능성은 희박하다. 이 경우 실제 입비처는 아간의 직제가 있던 곳일 텐데 가장 가능성이 높은 곳은 충주이다. 이 추정을 뒷받침하는 것이 바로 '주성대왕(主聖大王) 소(昭)'이다.

전술한 것처럼 소는 광종의 이름으로 파악되는데, 그는 태조와 충주 출신 신명왕후(神明王后) 유씨(劉氏)의 아들로서 충주는 그의 외향(外鄕)이다. 또한 광종 묘정(廟庭)에 배향된 유신성(劉新城)은 충주에 있는 「정토사법경대사비」에 나오는 아간 신성(新城)과 동일인으로 파악된다.[172] 이는 광종과 충주의 밀

---

170 윤경진, 1997 앞의 논문
171 尹京鎭, 2002 「高麗初期 在地官班의 정치적 위상과 지방사회 운영」 『韓國史硏究』 116
172 具山祐, 2000 「고려초기 향촌지배층의 사회적 동향 : 금석문 분석을 통한 접근」 『釜山史學』 39, 93쪽

접한 관계를 보여준다.

광종이 비의 건립을 지원한 것은 바로 이러한 연고 때문으로 보인다. 그는 아간 명단 뒤에 "역시 시방단월이 되어"라고 되어 있는데, 이는 해당 사업이 당초 왕명으로 진행된 것이 아니라 뒤늦은 입비에 광종이 추가로 지원한 것임을 시사한다. 이는 교단 내의 사업으로 진행된 「태자사낭공대사비」 건립과 대비된다. 유신성의 사례로 볼 때 충주의 재지관반과 광종 사이에는 충분한 연결선이 있었고, 이에 광종이 충주의 사업을 지원하게 된 것이라 짐작된다.

충주는 수공 2년(686) 기사에 나타나는 사찰 초창의 단서도 제공한다. 수공 2년은 신라가 지방에 사찰을 건립한 사례로는 상당히 빠른 것이다. 문무왕의 명으로 의상(義湘)이 부석사(浮石寺)를 창건한 것이 이보다 10년 전인 문무왕 16년(676)의 일이다. 부석사 창건이 의상에 대한 각별한 예우의 표현이라는 점을 고려할 때, 이로부터 불과 10년 뒤에 사찰이 창건된 것은 남다른 역사성을 시사한다. 이 부분에서도 충주가 가장 유력해진다.

신라의 5경 가운데 가장 먼저 설치된 것이 진흥왕 때 설치된 국원경(國原京), 곧 충주이다. 이곳은 신라가 소백산맥을 넘어 한강 방면으로 진출하는 교두보였다. '국원'이라는 명칭도 남다른 의미를 상징한다. 앞서 신라는 지증왕 때 아시촌(阿尸村)에 소경을 두고 6부 및 남지(南地)의 민호를 이주시켰는데,[173] 국원경 역시 설치 이듬해 귀척(貴戚) 자제 및 6부의 호민(豪民)을 이주시켰다.[174]

그리고 문무왕 14년(674)에는 진골을 9주 5경에 출거(出居)케 하는 조치가 있었다.[175] 그런데 이 시점에는 9주 5경이 완비된 상태가 아니었다. 당시 소경은 국원경 하나밖에 없었다. 따라서 이 조치는 일차적으로 국원경에 취해

---

173 『三國史記』 권4, 新羅本紀4 智證麻立干 15년, "春五月 置小京於阿尸村 秋九月 徙六部及南地人戶 充實之"

174 『三國史記』 권4, 新羅本紀4 眞興王 19년 2월, "徙貴戚子弟及六部豪民 以實國原"

175 『三國史記』 권40, 雜志9 職官 外位, "文武王十四年 以六徒眞骨出居於五京九州 別稱官名"

진 것이며, 이후 5경으로 확대된 것을 모아 정리한 것으로 이해할 수 있다.

진골의 출거는 문화의 이식을 수반한다. 당연히 진골들의 신앙과 문화생활을 위해 사찰이 필요했을 것이다. 이 점에서 신문왕의 체제 정비 직후 가장 먼저 국원경에 사찰이 마련되었을 가능성이 크다. 「운천동비」에 보이는 수공 2년 기사는 이 사적을 반영하는 것으로 생각된다.

이 사찰은 신라말의 전란기를 거치면서 황폐해졌다가 비문의 주인공인 승려의 활동으로 복구 과정을 거친 듯하다. 그의 활동은 태조에 대한 찬미가 나타나는 것으로 보아 태조대를 전후한 시기일 것이다. 그의 입적 후 탑이 조성되었지만 탑비는 함께 건립되지 못하였다. 그 뒤 광종대에 이르러 탑비가 건립된 것이다.

4) 비문의 서체 문제

최근 「운천동비」의 건립 시기를 7세기로 판단하는 새로운 근거로 제시된 것이 바로 서체(書體)이다. 그동안 서예사 분야에서 신라 및 고려의 서체에 대한 연구가 폭넓게 이루어졌다.[176] 이에 그 성과에 기초하여 「운천동비」의 서체를 파악하고 이를 준거로 시기 비정을 시도한 것이다.

그 골자는 「운천동비」에 구사된 서체가 북위풍(北魏風)에 고신라풍(古新羅風)을 담고 있으며, 이는 초당풍(初唐風)이 대세를 이루던 고려초기 서풍과 부

---

176 논의와 관련된 주요 성과를 제시하면 다음과 같다.
　　李完雨, 1998 「서예(삼국)」『(신편)한국사(8)』 국사편찬위원회
　　李完雨, 1998 「서예(통일신라)」『(신편)한국사(9)』 국사편찬위원회
　　정현숙, 2008 『新羅와 北魏·隋·唐의 書藝 比較 研究』『서예학연구』 13
　　이영철, 2010 『高麗時代 金石文의 書藝風格 考察』『동방논집』 3-2
　　정현숙, 2013 「통일신라 서예의 다양성과 서풍의 특징」『서예학연구』 22
　　한국서예학회 엮음, 2017 『한국서예사』 미진사

합하지 않는다는 것이다. 먼저 서예사의 일반적 추이를 통해 "고려초기에 초당풍이 대세였다"라는 명제를 수립하고, 이어 「운천동비」의 서체가 북위풍과 고신라풍이라는 해석을 인용함으로써 그 시점을 7세기로 규정하였다.[177]

여기서 기존 서체 연구의 타당성을 논하거나 「운천동비」의 서체에 구체적인 의견을 제시하기는 어렵다. 하지만 서예사 연구 성과가 비의 건립 시기를 판단하는 근거로 채용된 만큼 그 논지의 실증적 타당성을 짚어볼 필요가 있다.

서체는 특정 양식이 특정 시기에 유행하고 그 유행이 바뀌어 나가기 때문에 나름의 시간적 속성을 가진다. 비단 서체뿐만 아니라 고고학이나 미술사 분야에서는 보편적으로 유물의 양식에 따라 편년을 하고 이를 기반으로 그 변화와 의미를 논한다. 그러나 이러한 방법론에는 몇 가지 고려할 사항이 있다.

먼저 텍스트를 포함한 자료의 경우, 해당 내용과 양식상 특징 사이의 관계 설정이 필요하다. 문헌사학은 텍스트 분석을 통해 역사상을 찾아내는 데 본령이 있다. 텍스트에 제작 시점을 담은 명확한 구문이 없다면, 텍스트 내용의 시간성을 통해 자료의 시기를 판단한다. 실물 자료에서 텍스트가 없거나 그 내용을 파악하기 어려울 경우, 양식이나 재질 등은 시기 설정의 방법이 될 수 있다. 서체도 그러한 속성을 가진다.

그런데 유물의 편년은 일차적으로 제작 시기가 명확히 확인되는 자료를 기준으로 삼는다. 가장 중요한 것은 해당 유물에 포함된 텍스트이다. 명문이 있는 경우 그로부터 추출되는 시간 지표는 해당 양식의 유행 시기를 파악하는 가장 중요한 준거이다. 따라서 텍스트를 포함한 자료는 그 내용으로부터 시기를 추출하는 것이 우선이다.

서예사 연구도 대부분 텍스트로부터 도출된 자료의 조성 시기를 토대로 해당 시기의 서체를 설명한다. 양식 등 비텍스트 요소가 절대 편년이 가능할 정도의 규정력을 가지지 않는다면, 이것이 텍스트에서 유도되는 시간성에

---

177 전진국, 2019 앞의 논문

우선하는 지표가 될 수는 없다. 당초 「운천동비」의 건립 시기를 7세기 후반으로 본 것 자체도 '수공 2년'이라는 기사를 통해 유도된 판단이 그대로 굳어진 것이다. 서예사 연구도 이 시점을 준거로 「운천동비」의 서체를 논하였다.

서체에 의한 시기 비정을 통해 텍스트 지표의 '모호성'을 해결할 수 있다고 생각할 수도 있지만, 그것이 실제 비문 내용의 시간성까지 규정할 정도인지 따져보아야 한다. 사실 앞서 논의한 것처럼 「운천동비」에 건립 연도는 나오지 않지만 이를 유추할 수 있는 적지 않은 지표가 있다. 그에 반해 서체는 시간 지표로서 매우 불완전하다.[178]

「운천동비」의 서체를 7세기의 것으로 보는 근거는 그것이 나말려초 비문의 서체와 다르다는 것, 그리고 시기적으로 앞서는 북위풍과 고신라풍이 들어 있다는 것이다. 양식의 변화가 존재하는 상황에서 그 차이는 원천적으로 해당 양식의 '발생' 시점의 차이에 따른 것이다. 그러나 모든 양식 차이가 바로 제작 시기의 차이로 귀결될 수는 없다.

일반적으로 새 양식이 곧바로 이전 양식을 대체하지는 않는다. 새 양식은 그 발생의 '상한'을 설정할 수는 있어도 원론적으로 '하한'을 설정할 수는 없다. 새 양식의 출현 후에도 '공존'의 시기가 상정되고, '유제'와 '복고'의 상황도 나타날 수 있다. 동일 양식에서 시차가 발생할 수 있다는 것으로, 여기에는 여러 가지 요소가 관련된다.

우선 생각할 수 있는 것은 '지역성'이다. 특정 시기 '선진', 혹은 '고급'으로 간주되는 새 문화가 유입되었을 때, 이것은 대개 중심지에 정착한다. 중앙에 권력과 문화가 집중되어 있던 고대 국가에서 지방이 중앙의 문화를 수용하는 데에는 많은 장벽이 존재한다. 이로 인해 지방에서 중앙과 동일한 문화가 일반화되기까지 많은 시간이 소요된다. 따라서 같은 양식이 중앙과 지방에

---

178 실상 書體 같은 양식상의 문제에서 '추세(Trend)'와 '사례(Case)'는 다른 것이다. '추세'는 다수의 사례로부터 추출되며 전반적인 경향성을 보여주지만 그것이 모든 '사례'를 규정할 수는 없다. 그 추세에서 벗어나는 사례도 존재할 수 있기 때문이다.

서 나타나더라도 양자는 큰 시차를 가질 수 있다.

비슷한 원리로 '계급성'도 지적된다. 같은 지역이라 하더라도 상류층에서 수용한 '고급' 문화가 중하층으로 확산되는 데 역시 장벽이 존재하여 그것이 공유되기까지 시간이 걸릴 수밖에 없다.

또한 '유제'나 '복고'의 요소도 생각해야 한다. 유행이 지난 것을 후대에 개인 또는 지역에서 유지하거나 복구할 수 있다. 나말려초 백제계 석탑 출현은 이를 잘 보여준다. 백제계 양식이라고 해서 백제 때 건립된 것으로 단정할 수 없듯이 예전에 유행한 서체를 담았다고 해서 바로 제작 시기를 소급할 수는 없다.

특히 서예는 문자 생활과 미술 문화의 속성을 공유한 것으로, 당시로서는 상당히 '고급' 문화에 속한다. 문자는 국왕 내지 국가 권위의 표현물이었고, 서체는 이를 더욱 세련되게 구현하는 방안이었다. 당연히 공문서를 다루는 관청과 왕경 상류층 중심으로 보급되었다. 자료나 서자(書者)가 지방 기반이라면 중앙에 비해 시간적으로 늦게 출현할 수밖에 없다. 또한 중앙이 유행에 따른 양식 변화에 민감하게 반응하는 데 대해 지방은 그 영향을 덜 받기 때문에 이전 양식이 중앙보다 더 오래 지속될 수 있다. 7세기 유행한 서체가 10세기 지방에서 나온다고 하더라도 이상한 일은 아니다.

이러한 이해를 바탕으로 보면 해당 논의에서 제시된 내용은 오히려 10세기 건립을 뒷받침할 수 있다. 이에 해당 내용을 좀더 구체적으로 짚어보자.

먼저 신라 서예사의 내용은 다음과 같이 정리된다.[179]

①-a 7세기 후반 「문무왕릉비」와 「김인문묘비」는 초당(初唐) 해서(楷書)가 확인되는 초기 사례이며, 「성덕대왕신종」 등을 거쳐 9세기 이후 대부분의 선사비(禪師碑)가 초당 해서로 쓰였다. 초당풍은 구양순(歐陽詢)의 해서와 왕희지(王羲之)의 행서(行書)로 대표된다.

---

179 전진국, 2019 앞의 논문, 151-155쪽

①-b 7세기 이후 신라 금석문이 모두 초당풍으로 쓰인 것은 아니며, 남조 및 북위의 서풍이 9세기 자료인 「법광사석탑지」(846)나 「민애대왕석탑사리호기」(863), 「개선사석등기」(868) 등에서 확인된다.

①-c 6세기 이전 고신라풍이 9세기까지 꾸준히 이어지는 모습도 보이는데, 「백률사석당기(이차돈순교비)」(818)는 삼국시대의 해서풍이 잔존하고 있다. 「정원이년명석비」(786)와 「방어산마애삼존명」(801)도 고신라풍의 글씨로 본다. 「인양사비」(810)는 당의 해서와 왕희지풍의 행서, 그리고 고신라풍이 섞여 있어 통일신라시대 다양한 서예 사조를 보여준다.

다음에 고려시대 서예에 대한 설명은 다음과 같다.[180]

②-a 고려초기 서예 자료는 대개 선사비이며, 여기에 구사된 해서는 초당 해서풍(구양순)이 근간을 이룬다. 이환추(李桓樞)와 장단열(張端說)이 다수의 비문을 썼다. 중기 이후로는 안진경(顔眞卿)과 소식(蘇軾)의 해서체가 유행하였다.

②-b 신라말에서 고려초에 이어 집자비(集字碑)가 유행하며, 최치원과 김생 등의 서풍이 그대로 이어졌다. 신라의 서풍이 고려에 전해지고 있지만, 그 연원과 내면은 구양순의 해서와 왕희지의 행서를 발전시킨 초당의 서풍이 근간이었다.

②-c 구족달(具足達)이 쓴 「지장선원낭원대사비」(940)와 「정토사법경대사비」(943)의 글씨는 북위의 서풍에 구양순과 안진경 서체가 함께 나타난다. 고려초에도 북위풍이 간간이 이어지고 있었으나 어디까지나 초당 서풍에 녹아 있는 것으로, 9세기 이전의 신라 금석문과 같이 고풍의 필의가 농후한 것은 아니다.

다음에 「운천동비」의 서체에 대한 분석 결과는 다음과 같이 제시되어 있다.[181]

---

180 전진국, 2019 앞의 논문, 156-159쪽
181 전진국, 2019 앞의 논문, 160-166쪽

③-a 당대(唐代)의 필법도 보이지만 전체적으로 북위의 서풍을 띠고 있다. 다양한 서풍이 혼합되어 있고 필법에 변화가 많다. 「문무왕릉비」 등에 나타나는 초당의 해서와 차이가 있다. 초당 해서 일변도로 되기 이전에 주로 쓰인 북위의 해서체가 주를 이루며, 고신라풍의 글씨도 종종 확인된다. 「시장군비」와 유사성 및 동시대성이 확인된다.

③-b 나말려초 비문은 「운천동비」의 서체와 비교할 수 없을 정도로 세련되고 예술성을 강조한 모양새이다. 나말려초 시기의 글씨와 쓰는 방식이 기본적으로 다르며, 이는 단순한 서자의 차이가 아니라 시대에 따른 서체의 변화로 보아야 한다. 서체의 경향성을 볼 때 「운천동비」는 결코 나말려초 시기에 작성되었다고 할 수 없다.

이상의 논지에 대해 논리와 실증의 측면에서 문제를 짚어보자. 첫째, 서체의 관계성에 대한 설명에 논리적 결함이 보인다. 신라의 서풍을 '초당 해서풍'으로 규정하고 이것이 고려초기에도 근간을 이룬다고 봄으로써 「운천동비」의 서풍을 판단하는 준거를 마련하였다. 그러나 9세기에도 고신라풍이 존재한다는 것을 적시하고 있다. 고신라풍이 2세기 이상 신라 사회에 잔존한 것인데,[182] 이 중 다수가 지방에서 제작된 것이다. 또한 고려초에도 북위풍이 간간이 이어지고 있다고 하였다. 그렇다면 고신라풍과 북위풍이 혼재된 「운천동비」가 10세기에 건립되었다고 보는 데 서체상의 장애는 없다.

서예사적으로 나타나는 이러한 논리적 문제점을 피하기 위해 북위풍의 존재에 대해 "초당 서풍에 녹아 있는 것"으로 설명하였다. 그러나 이 설명은 논리적 맥락이 뒤집혀 있다. 북위풍이든 고신라풍이든 이는 과거에서 내려오는 것이고, 초당 서풍은 이들보다 후대에 수용된 것이다. 그렇다면 북위풍이

---

182 신라 중대 이후 양상을 '다양성'이라는 관점에서 이해하면서 그중 하나로 "고신라풍과 남북조풍의 전승"을 들고, 하나의 유형화가 가능할 정도의 사례를 보이고 있으며 그 시점도 9세기 후반까지 내려간다는 지적이 있다(정현숙, 2013, 앞의 논문).

초당 서풍에 녹아 들어가는 것이 아니라 기존 북위풍에 초당풍이 가미되는 형태로 설명되어야 한다. 이 추세가 진전되면 일각에서는 전형적인 초당풍을 세련되게 구사하지만 일각에서는 여전히 종래의 서풍이 남아 있는 상태로 여러 양식이 혼재된 서체를 보이게 된다. 이러한 추세와 구도에서 보면, 당풍이 보이면서도 북위풍과 고신라풍이 담긴 「운천동비」가 고려초기에 등장하는 것이 이상하지 않다.

둘째, 서체 비교 자료의 설정에 문제가 보인다. ③-a에서 「운천동비」가 초당 해서풍이 뚜렷한 「문무왕릉비」와 다르고 고신라풍과 북위 서풍이 담긴 「시장군비」와 유사하다고 제시하고, 이로부터 「운천동비」와 「시장군비」의 동시대성을 유도하였다. 그런데 「시장군비」가 660년대 초반에 제작된 것이라면, 신문왕대 초반에 건립되었을 「문무왕릉비」보다 20년 정도 앞선다.

「시장군비」는 초당 해서체로 넘어가는 과도기적 양상이고 「문무왕릉비」는 초당풍의 모습을 확연히 보여주는 것으로 설명된다. 이를 단선적으로 이해하면 「시장군비」와 동시대성을 가진 「운천동비」는 「문무왕릉비」보다 앞선 것으로 비정해야 한다. 그러나 비문에 수공 2년이 나오므로 이는 불가능하다.

따라서 「운천동비」가 「문무왕릉비」보다 뒤에 제작되었으면서 앞 시기 「시장군비」와 유사성을 보인다면, 이는 서자의 차이로 귀결될 수밖에 없다. 논리적으로만 본다면 나말려초 비문과 「운천동비」의 차이 또한 시대 차이가 아니라 서자의 차이로 설명될 여지를 가지는 셈이다. 이는 ③-b에서 시대성의 차이로 환원한 것과 배치된다.[183]

나말려초 사례에 대한 비교에서도 문제가 지적된다. 비교 대상으로 설정

---

183 관련 서예사 연구에서는 기존 견해에 따라 「운천동비」를 7세기의 것으로 보면서 「문무왕릉비」와 비교할 때 나타나는 서체의 차이를 왕경과 지방이라는 '지역성'의 반영으로 이해하였다(정현숙, 2013 앞의 논문, 51쪽). 그러나 「운천동비」의 건립 시기를 7세기로 보게 되면, 비문의 阿干을 중앙 관인으로 보아야 한다. 이 경우 비의 건립 지역이 지방이라 하더라도 사업은 중앙에서 벌인 것이어서 그 書者 또한 중앙 관인이 될 것이다. 이것은 「문무왕릉비」의 서체와 차이가 보이는 것을 중앙과 지방의 차이로 설명한 것과 모순을 일으킨다.

된 자료는 대부분 왕명으로 찬술된 것들이다. 집자비를 제외하면 서자도 대개 중앙 관인이다. 당시로서는 최고 수준을 자랑하는 이들이다. 이러한 수준을 후삼국 통일 직후 고려의 지방사회가 공유했다는 것은 생각하기 어렵다.

「문무왕릉비」와 「시장군비」의 근본적인 차이는 20년의 시차가 아니라 비문을 쓴 서자의 차이일 가능성이 높다. 「문무왕릉비」나 「김인문묘비」는 당시 최고의 서자가 참여했을 것이지만, 지방에 건립된 「시장군비」는 전쟁에 종군한 휘하 관원, 또는 연고가 있는 승려가 담당했을 것이라고 보면[184] 그 차이는 분명할 수밖에 없다. 나말려초 선사비와 「운천동비」의 차이도 같은 맥락을 띤다. 왕명으로 건립되거나 중앙의 지원을 받은 선사비를 준거로 「운천동비」의 서체를 논한 것 자체가 방법론적으로 결함을 가지는 것이다.

「문무왕릉비」나 나말려초 선사비는 서체의 전형성이 드러난다. 반면 「운천동비」나 「시장군비」는 여러 서체의 혼합 양상이 나타난다. 이 차이는 서자가 교육을 통해 전형 서체를 습득했는가의 여부에서 발생한다. 전문 훈련을 통해 전형 서체를 명확히 구사할 능력을 확보했다면, 그의 글씨에서는 당연히 전형성이 두드러질 것이다. 그렇지 않으면 당시까지 경험했던 여러 서체가 혼재되고 개인의 변용이 커질 수밖에 없다. 자연 후자는 유행이 지난 과거의 서체가 남아 있을 여지가 크다.

셋째, 고려초기 서체의 양상에 대한 이해에 문제가 있어 보인다. 먼저 집자비의 유행에 대한 해석을 들여다보면, 집자된 서체가 초당풍임을 근거로 고려초기 또한 초당의 서풍이 근간을 이루었다는 해석을 내리고 있다. 신라에 들어온 초당풍 서체가 고려에서도 최신 내지 고급 문화로서 위상을 유지했음은 분명하다.

그러나 이는 역으로 해당 서체의 '제한성'을 유도한다. 곧 해당 서체를 구

---

184 「시장군비」의 서체가 신라체에서 당풍으로의 변화를 보여주는 과도기적 글씨라고 지적하며 서자가 신라인이었을 것으로 보기도 한다(정현숙, 2008 앞의 논문, 199쪽).

사할 수 있는 지역이 국한되거나 인적 자원이 제한될 수 있다는 것이다. 집자비는 당시에 원하는 수준의 글씨를 구사할 수 있는 사람이 부족할 때 타개책이 된다. 이는 고려초기 비문의 찬자와 서자에 대한 검토를 통해 유추된다.

주지하듯이 고려초기 선사비의 비문 대부분을 최언위(崔彦撝)가 지었다. 이러한 독점적 찬술은 그의 문장이 뛰어나 태조의 총애를 받은 점이 중요했겠지만 한편으로 왕명에 따라 비문을 지을 수 있는 인물이 부족했던 탓도 있다. 신라의 변경이었던 고려에서 신라의 유학생 출신이나 중국 귀화인은 중국식 문화를 구사할 수 있는 중요한 자원이었고 그만큼 희소하였다.

이러한 양상은 서예도 다르지 않았다. 당시 비문의 서자로 태조대의 이환추(광조사진철대사비[185]·보리사대경대사비·비로암진공대사비)와 광종대의 장단열(봉암사정진대사비·고달원원종대사비)이 여러 차례 등장하는 것이 그 예이다. 이들이 사용한 성씨로 미루어 신라 왕경 출신의 유학생이거나 중국 귀화인일 것으로 추정된다. 이를 통해 서예 부문에서 인적 자원의 제한을 짐작할 수 있다. 집자비는 이러한 조건에서 좋은 글씨를 얻는 방안이었다.[186]

이에 대해 구족달(정토사법경대사비)의 사례는 주목을 요한다. 그는 「지장선원낭원대사비」에는 '구족달(仇足達)'로 나온다. 이는 성씨가 뚜렷한 이환추·장단열과 다른 면모이다. 또한 그가 신라 관등인 사찬(沙粲)을 칭한 것도 이환추 등과 다른 점이다. 구족달은 신라 왕경 출신이나 귀화인이 아니며, 신라 내부에서 서예를 습득한 사례로 판단할 수 있다.

그런데 구족달의 글씨는 북위의 서풍에 구양순과 안진경 서체가 함께 나타난 것으로 설명되고 있다. 곧 신라 이래의 서풍에 최신 서풍이 추가된 것이다. 여러 서체가 공존하던 시기에 국내에서 서예를 학습한 인물에게서 나

---

185 「광조사진철대사비」의 書者는 李奐相으로 판독되고 있는데 '奐'은 '桓'과 음이 같고 '相'은 '樞'의 판독 차이일 여지가 크다.
186 「흥법사진공대사비」는 당 태종의 글씨를 집자하였다. 이는 태조 親製라는 특성에 맞추어 당 태종의 권위를 활용하는 방안으로 이해된다.

타날 수 있는 자연스러운 현상이다.[187]

구족달의 사례는 고려초기 북위풍의 존재를 보여주는데, 이는 ②-a에서도 언급된 내용이다. 그런데 정작 소결에서는 "(고려초에) 신라 하대까지 잔존했던 고신라풍의 글씨나 남북조풍의 서체는 더 이상 찾아보기 어렵게 되었다"라고 설명하여 논리적 모순을 보인다. 결국 고려초기 초당풍을 전형으로 놓고 「운천동비」가 이로부터 벗어난 것임을 부각하기 위해 고려초기 서체 양상을 그에 맞춰 서술한 것이다.

이러한 문제는 김정희(金正喜)와 서긍(徐兢)의 언급을 인용한 부분에서도 발견된다. 김정희는 "신라와 고려 시기에는 오로지 구양순체만 익혔다"라고 평가하였다.[188] 이는 고려에서 구양순체가 유행하며 보편적 서체로 자리잡은 데 대한 김정희의 인식을 보여줄 뿐이다. 고려초기 북위풍과 초당풍의 혼재에 대한 이해를 반영하지도 않고, 초당풍에 북위풍이 녹아들어 있다는 설명의 근거가 될 수도 없다.

서긍은 "고려 사람들은 대개 옛 서체를 법식으로 여김이 많고, 감히 억설이나 자기 소견의 속체(俗體)를 함부로 쓰지 않는다"라고 평가했는데, 이는 승평문(昇平門)의 제방(題牓)이 구양순체인 것을 보고 한 말이다.[189] 이 또한 12세기 고려에서 구양순체가 중앙의 고급문화로 유행하면서 표준화된 사정을 보여주는 것이다. 이것이 10세기 지방에서 북위풍의 서체가 존속되고 있

---

187 여기서 비문에 보이는 鄕生 知行이 주목된다. 沙門 普慧가 '탑'으로 판단되는 물건을 만들었고 지행은 글을 지은 사람으로서 글씨까지 썼을 가능성이 있다. 왕명으로 찬술된 경우에는 대개 서자가 따로 있지만 찬자가 글씨까지 쓰는 경우도 종종 보인다. 일례로 「쌍계사진감선사비」는 최치원이 짓고 썼다. 지방에서 별도의 정부 지원 없이 이루어진 사업에서는 그 경향이 더 두드러질 것인데, 고려 광종대 건립된 「용두사지철당간」은 前翰林學生 金遠이 "撰兼書"한 것으로 되어 있다. 판독에 논란이 있지만 지행은 '鄕生'으로 지칭되고 있어 중앙에서 활동하는 관인이 아니다. 곧 그의 글씨는 최신의 세련된 서체가 아니라 전통적 서체와 여러 양식이 혼합된 서체를 구사할 여지가 큰 것이다.

188 『阮堂全集』 권8, 雜識, "吾東書法 羅麗二時 專習歐體 今存舊碑 尙可遡得其一二"

189 『高麗圖經』 권4, 門闕 昇平門, "題牓之字 金書朱地 有歐率更之體 大抵麗人多法古 不敢以臆說己見 而妄爲俗體也"

음을 부정하는 근거가 될 수는 없다.

결국 「운천동비」의 서체를 7세기의 것으로 보는 설명은 고려초기 초당풍의 전형성과 그에 벗어나는 「운천동비」의 차이를 시대적 차이로 치환하기 위해 구성한 것으로 설득력이 떨어진다. 오히려 관련 서예사 연구는 고려초기 지방에서 북위풍과 고신라풍이 담긴 비가 출현할 수 있음을 잘 설명해 주고 있다. 곧 고신라풍의 전통 위에 북위풍이 들어와 혼재되고, 다시 구양순체를 위시한 초당 서풍이 들어오면서 '공존'과 '대체'의 과정을 밟는 흐름이 상정된다. 그리고 한편으로 이것이 신라 왕경에서 고려의 지방으로 확산되는 추세가 더해지면, 「운천동비」의 건립 시기는 무난히 10세기로 설명할 수 있다.

2장_ 신라후기 금석문에 나타난 삼한일통의식

1. 7~8세기 금석문에 나타난 삼한일통의식 검증

1) 「무열왕릉비」와 「문무왕릉비」

신라의 삼한일통의식이 7세기에 수립되었다는 주장은 「운천동비」 외에 몇몇 금석문에서도 유추되었다. 삼한일통의식이 직접 드러난 것은 아니지만 보는 관점에 따라서는 그런 맥락에서 해석할 수 있는 단서가 있기 때문이다. 여기서는 그런 단서가 실제 삼한일통의식을 유도할 수 있는 것인지 검증해 보기로 한다.

우선 신라 중대 초기에 제작된 금석문으로는 「무열왕릉비」와 「문무왕릉비」, 그리고 「김인문묘비」가 있다. 이들은 신라가 7세기 전쟁을 마무리한 후 건립된 것이고 국왕 및 왕족과 관련된다는 점에서 전쟁 결과로 수립된 신라의 천하관과 역사의식을 살필 수 있는 자료가 된다. 특히 무열왕과 문무왕은 전쟁의 주역으로서 그 비문에는 이들의 위상 및 공업에 대한 당시의 인식이 반영될 것이므로 7세기에 삼한일통의식이 수립되었다면 비문에 그러한 지표가 담길 가능성이 높다.

그러나 「무열왕릉비」는 현재 비문은 없어진 채 제액(題額)만 남아 있고, 「문무왕릉비」 또한 비편을 통해 일부 내용만 확인할 수 있을 따름이다. 따라서 이들로부터 온전한 역사상을 찾아내는 것은 근본적으로 한계가 있다. 하지만 부족한 상태로라도 비의 건립 과정과 성격, 남아 있는 비문의 분석 등을 통해 그에 담긴 천하관과 역사의식의 단면을 추출한다면, 삼한일통의식의 존재 여부를 가늠하는 매개가 될 수 있다. 이에 두 비문에서 이와 관련 내용을 찾아 분석해 보기로 한다.[1]

(1) 「무열왕릉비」

먼저 「무열왕릉비」에 대해 살펴보자. 「무열왕릉비」는 비신은 없어지고 귀부와 이수만 남아 있다. 이수의 제액에는 "태종무열대왕지비(太宗武烈大王之碑)"라고 적혀 있다. 무열왕은 신라 국왕 중에 예외적으로 묘호에 해당하는 칭호를 가지고 있다.

무열왕의 태종 칭호는 통상 '일통삼한(一統三韓)'의 공업으로 인해 부여된 것으로 이해되고 있다. 『삼국사기』 신문왕대 기사에는 당의 중종(中宗)이 구칙(口勅)으로 무열왕의 태종 시호를 문제 삼자 신라에서 무열왕이 '일통삼한'의 공업으로 인해 태종 시호를 받게 된 것이라고 해명하는 내용이 실려 있다. 『삼국유사』에는 논변의 주체가 중종이 아니라 고종으로 되어 있고, 논변의 전개 과정도 차이가 있다. 그리고 무열왕의 공업도 '일통삼국(一統三國)'으로 되어 있는데, 그의 공업을 '일통'으로 설명한 점에서는 상통한다.

이 기사는 실질적으로 무열왕보다 김유신에 초점을 두고 있으며, 논변 사건도 김유신의 공업을 부각하기 위해 가공된 것이다. 그리고 태종 시호는 무열왕계의 정통성을 확증하기 위해 채용된 것으로, 이후 무열왕은 통상 '태종왕'으로 지칭되었다.[2]

그런데 이러한 이해에서 한 가지 문제가 되는 것이 바로 「무열왕릉비」이

---

1 「김인문묘비」는 천하관이나 역사의식을 직접 추출할 수 있는 구문이 제한적이고, 「문무왕릉비」의 내용과 연계되는 부분도 있다. 이에 「문무왕릉비」 분석에 연동하여 살펴보기로 한다.

2 무열왕의 태종 시호에 대한 자세한 내용은 본서 3부 1장 참조.

다. 이 비의 제액에 '태종무열대왕'이라는 칭호가 적혀 있기 때문이다. 능비는 상례가 끝나고 능을 조성할 때 함께 세울 것이라는 통상적 이해에 비추어볼 때, 능이 조성되는 문무왕대에 이미 태종 시호가 부여되었다고 볼 여지가 있다. 이것은 신문왕 초기 정치적 도전을 극복하고 종묘제도 정비를 통해 왕통을 확립하는 과정에서 비로소 태종 시호를 올렸다는 이해와 상충된다.

그러나 실제 「무열왕릉비」가 문무왕 초에 건립되었다고 단정할 근거는 없다. 일반적인 생각과 달리 능의 조성보다 후대에 능비가 건립될 수 있다. 따라서 비의 제액 내용이 태종 시호의 성립 시점을 판단하는 직접적인 근거가 되지는 않는다.

능비가 반드시 능을 처음 조성할 때 건립되는 것이 아님은 후대 사례에서 쉽게 확인할 수 있다. 이성계 아버지 환조(桓祖)의 「정릉비(定陵碑)」는 고려말에 처음 찬술되었으나, 조선 왕조 개창 후 비문 내용을 새로 작성하여 다시 세웠다. 이성계 첫 부인이자 정종과 태종의 생모인 신의왕후(神懿王后) 한씨(韓氏)는 1391년에 사망했지만 그의 능인 제릉(齊陵)의 신도비(神道碑)는 태종 18년(1418)에 새로 세운 것이다. 두 사례는 모두 추존(追尊)에 따라 바뀐 내용을 담고 있다.

이렇게 보면 「무열왕릉비」는 처음 능을 조성할 때 세운 것이 아니라 뒤에 세웠거나 기존의 것을 대체하여 새로 세운 것일 수 있다. 태종 시호의 추상은 환조나 신의왕후의 추존처럼 묘주(墓主)의 위상에 중요한 변화를 가져오는 만큼, 비가 있더라도 바뀐 내용을 반영하여 다시 세워야 하는 상황이다.

「무열왕릉비」와 「문무왕릉비」는 신라 능비의 첫 사례로 판단된다. 그만큼 능비 조성은 국왕에 대한 통상적인 조치가 아니라 공업이나 위상과 관련하여 특별한 의미를 띤다. 특히 새로운 왕계의 수립과 전쟁의 공업에서 두 국왕은 밀접히 연결된다. 따라서 능비 조성을 통해 공업과 위상을 기린다고 할 때, 두 국왕의 능비는 신문왕 때 함께 조성되었을 가능성이 높다. 곧 무열왕의 능비는 태종 시호를 추가로 올린 데 수반하여 이루어진 조치이며, 이때 「문무

왕릉비」도 함께 세운 것이 아닐까 한다.[3]

비의 제액에 "태종무열대왕"이라 하여 '태종'과 '무열'이 함께 나오는 것도 이러한 맥락에서 이해할 수 있다. 무열왕은 대개 '태종왕'으로 칭해졌다. 『삼국사기』를 보면 권3의 목록에 선덕왕(善德王), 진덕왕(眞德王)에 이어 태종왕으로 열거하고 있다. 그리고 무열왕 항목 초입에서만 "태종무열왕이 즉위하니 이름은 춘추이다[太宗武烈王立 諱春秋]"라고 적었다. 그런데 문무왕에 대해서는 "태종왕의 원자"로 적고 있어 '태종왕'이 보편적 칭호였음을 보여준다. 신라본기를 작성하는 원전에 '무열왕'이 아니라 '태종왕'으로 되어 있었으며, 『삼국사기』 편찬 과정에서 '태종무열왕'으로 적은 것이다.

금석문 자료에도 대부분 '태종왕'으로 나온다. 시기적으로 가까운 「김인문묘비」는 물론[4] 진성여왕 4년(890)에 건립한 「월광사원랑선사비」에도 역시 '태종대왕'으로 되어 있다. 신라말까지 공식 명칭은 태종왕이었던 것이다. 이에 대해 '무열왕'은 최치원이 찬술한 「성주사낭혜화상비」 등 일부 사례에만 보인다.

이렇게 보면 「무열왕릉비」의 제액에서 "태종무열대왕"으로 칭한 것이 오히려 예외적이다. 하지만 '태종'이 당초 묘호에서 온 것이고 기존 시호인 '무열'을 공식 폐기한 것은 아니기 때문에 원론적으로 병칭이 가능하다.

실상 7세기 전쟁과 관련된 무열왕의 공업은 '무열' 시호에 담겨 있다. 그리

---

3 『삼국사기』 신라본기 태종무열왕조의 말미에는 葬地와 諡號에 대한 내용만 있고 碑에 대한 언급은 없다. 반면 『삼국유사』에는 "有碑"라 하여 비의 존재를 언급하고 있으나 장지가 다르게 되어 있다. 이것이 실제 다른 곳인지, 아니면 같은 곳을 다르게 기재한 것인지 판단하기 어렵지만, 장지가 다르게 적힌 것은 이를 파악하는 자료가 달랐기 때문이고 이는 해당 사적의 준거 시점이 달랐을 가능성을 수반한다. 이를 통해 「무열왕릉비」가 처음 능을 조성할 때가 아니라 나중에 건립되었을 가능성을 읽을 수 있다. 가장 가능성이 높은 것은 신문왕 때 태종 시호를 추가로 올린 시점이다. 물론 더 후대일 수도 있다. 설혹 앞서 비를 세웠다 하더라도 새로 칭호를 올렸기 때문에 비를 새로 세우거나 적어도 題額을 수정해야 하는 상황이었다. 후대의 사례이지만 조선 숙종 때 魯山君이 端宗으로 복위된 뒤 기존의 『魯山君日記』의 표지 제목만 '端宗實錄'으로 바꾼 것도 하나의 참고가 된다.

4 『譯註韓國古代金石文』金仁問墓碑, "太宗大王 歡美其功 特授食邑三百戶"

고 추상한 '태종' 칭호는 원래 묘호로 사용되는 것이고, 그 의미는 왕위 계승의 정통성에 있다. 이러한 복합적 평가에 수반하여 능비를 조성한 것이므로 양자를 병칭하는 것이 자연스럽다. 하지만 이후 '무열'보다 '태종'이 가지는 정치적 의미가 커지면서 '태종'이 '무열'을 대신하는 시호처럼 사용된 것으로 보인다. 다시 말해 전쟁의 공업은 결과적으로 문무왕에게 귀착되었고, 그에 수반하여 무열왕의 위상은 '정통성'의 수립에 초점을 두게 되면서 '무열왕' 대신 '태종왕'이 보편적으로 쓰이게 된 것이다.

한편 이러한 이해에 대해 「무열왕릉비」가 신문왕 때 세워졌다면 「문무왕릉비」가 먼저 세워졌다는 의미가 되므로 「무열왕릉비」는 문무왕 때 세워졌다고 보아야 한다는 비판이 있었다.[5] 하지만 앞서 설명한 대로 선왕의 비석이 반드시 사후에 바로 세워졌다고 볼 이유는 없다.[6] 『삼국유사』에서 무열왕의 사망 기사 뒤에 "비가 있다[有碑]"라고 한 것은 비를 세웠다는 뜻이 아니라 비의 존재를 언급한 것일 따름이다.

여기서 『대동금석서목(大東金石書目)』에 소개된 「무열왕릉비」에 대한 설명이 논란이 될 수 있다. 이 책은 낭선군(朗善君) 이오(李俣: 1637-1693)가 찬집한 『대동금석서(大東金石書)』의 부록으로 정리된 목록집이다. 이오는 낭원군(朗原君) 이간(李偘)과 함께 조선후기 왕실 자료의 수집에 많은 활동을 한 인물이다.[7] 『대동금석서목』에는 「무열왕릉비」에 대해 김인문이 글씨를 썼고 용삭(龍朔) 원년, 곧 문무왕 원년(661)에 건립한 것으로 적고 있다. 이에 따르면 무

---

5 김수태, 2014 「신라의 천하관과 삼국통일론」 『新羅史學報』 32, 40-47쪽
6 「무열왕릉비」의 건립에 대해서는 당과의 긴장이 고조되던 때의 일로서 웅진의 就利山會盟이 있던 665년 무렵으로 보는 견해도 있고(朱甫敦, 2012 「통일신라 (陵)墓碑에 대한 몇 가지 논의」 『木簡과文字』 9, 47-49쪽), 나당전쟁에서 신라가 승리한 676년 사이에 건립된 것으로 보는 견해도 있다(김수태, 2014 앞의 논문, 51쪽). 어느 경우든 문무왕대에 건립된 것으로 보는 것은 동일하다.
7 李偘은 숙종 때 개성의 태조 潛邸의 舊基인 敬德宮과 穆淸殿에 「조啓靈慶之碑」를 건립하는 데 결정적인 역할을 하였다. 이에 대해서는 윤정, 2007 「조선후기 開城 潛邸舊基의 표장과 국왕의 인식 : 숙종·영조대를 중심으로」 『조선시대 문화사(상)』 一志社 참조.

열왕 사후 바로 능비가 건립된 것으로 볼 수도 있다.

그러나 이오가 그렇게 정리한 근거에 대해 의문이 생긴다. 이보다 앞선 시기에 조위(曹偉: 1454-1503)가 무열왕릉을 둘러보고 감회를 적은 시에 당시 비의 상태에 대한 내용이 보인다.

> 우뚝 솟은 여러 길 봉우리가 [斗起數仞峯]
>
> 덩그러니 엎드린 짐승같네. [穹窿如伏獸]
>
> 부러진 비석은 풀숲에 누워 [斷碣臥荒草]
>
> 우러러 거북이 머리를 바라보네. [昂然見龜首]
>
> 말에서 내리니 머리카락이 쭈뼛하고 [下馬髮蕭森]
>
> 공손히 서서 소매를 여미었네. [拱立斂雙袖]
>
> 비석을 만지며 비문을 읽어보지만 [摩挲讀碑文]
>
> 비가 결락하여 확실히 알 수 없네. [缺落難實究][8]

위의 시를 통해 풀숲에 「무열왕릉비」의 비편이 남아 있었음을 알 수 있다. 그런데 조위가 비문을 읽어보려 했지만 결락되어 알 수 없었다. 이에 대해 실제로는 판독이 가능한 수준이었다고 이해하는 경우도 있지만 읽을 수 있는 상황을 이렇게 묘사하지는 않았을 것이다.

이오가 『대동금석서』를 찬집한 것은 조위가 비편을 확인한 후로 200여 년이 지난 시점이다. 그 사이에 비편마저 없어졌을 수도 있고, 설사 남아 있었더라도 비문의 상태는 더 열악해졌을 것이다. 그리고 비문의 판독이 가능했다면 본문에 실렸을 것이다. 이오는 비의 존재만 파악하고 비문 내용은 확인할 수 없는 상태였기에 목록에만 넣은 것이다.

그렇다면 서자(書者)와 건립 연도는 그의 추정에 따라 제시되었을 가능성

---

8   『梅溪集』 권1, 武烈王陵

이 높다. 무엇보다 문무왕 원년이라는 연도는 신뢰하기 어렵다.[9] 이 해 6월 무열왕이 사망하고 문무왕이 즉위했지만 문무왕은 당의 요구로 인해 상중임에도 불구하고 고구려 원정에 참여하였다.[10] 그는 8월에 직접 군대를 이끌고 나갔다가[11] 10월 29일에 당의 사신이 온다는 말을 듣고 왕경으로 돌아왔다. 이 사신은 조문하고 전왕(前王), 곧 무열왕에게 치제한 뒤[12] 이듬해 정월까지 체류하였다. 이때 비로소 문무왕의 관작을 봉하였다.[13]

전근대 사회에서 비를 세운다는 것은 상당한 비용과 시간이 소요되는 사업이었다. 더구나 「무열왕릉비」는 문무왕대에 건립되었다면 신라에서 처음 건립되는 능비이고, 세련된 귀부와 이수를 갖추고 있었다. 상식적으로 문무왕 원년의 상황은 이러한 비를 세울 수 있는 여건이라고 보기 어렵다.[14]

김인문이 글씨를 썼다는 것도 의문이 든다. 이에 대해 명확한 판단을 내리기는 어렵지만 능비라는 위상과 무열왕의 아들로서 당에 유학하고 온 그의 이력 등을 통해 추론한 것이 아닐까 한다. 『해동금석원(海東金石苑)』에서 "김인문이 찬술하고 글씨를 쓰고 제액을 썼다[金仁問撰書並篆額]"라고 한 것은 『대동금석서목』의 서술을 더 확대해석한 것이다. 이로 보아 『대동금석서목』의 설명도

---

9   이오가 유년칭원에 따라 문무왕 원년이라고 했을 수도 있는데, 이 경우도 사정은 크게 다르지 않다.

10 『三國史記』 권6, 新羅本紀6 文武王 원년 6월, "入唐宿衛仁問儒敦等至 告王 皇帝已遣蘇定方領水陸三十五道兵 伐高句麗 遂命王擧兵相應 雖在服 重違皇帝勅命"

11 『三國史記』 권6, 新羅本紀6 文武王 원년 8월, "大王領諸將 至始飴谷停留"

12 『三國史記』 권6, 新羅本紀6 文武王 원년 10월 29일, "大王聞唐皇帝使者至 遂還京 唐使弔慰兼勅祭前王"

13 『三國史記』 권6, 新羅本紀6 文武王 2년 정월, "唐使臣在館 至是 冊命王爲開府儀同三司上柱國樂浪郡王新羅王"

14 『대동금석서목』에는 「김유신비」(실제로는 「김인문묘비」)를 소개하면서 "唐高宗咸亨四年癸酉立 羅文武王十三年也"라고 하였는데, 소개된 비편에 건립 연도는 나와 있지 않다. 이 해는 김유신의 沒年이며, 『삼국사기』 김유신열전에는 그의 사후에 비를 세우도록 한 내용이 보인다. 이오는 이를 준거로 비의 건립 시점을 추정한 것이다. 「무열왕릉비」가 문무왕 원년에 건립했다는 지적도 이런 식으로 유추된 것일 수 있다.

찬자의 추론일 가능성이 높다.[15]

신라 하대 국왕의 능비도 사후 곧바로 비가 건립되지는 않았다. 「성덕왕비」는 경덕왕 13년(754)에 건립되었다.[16] 성덕왕 사후 20년 가까이 지난 시점이다.[17] 또한 「흥덕왕릉비」도 비편에 보이는 요극일(姚克一)이 경문왕 12년(872)에 조성된 「찰주본기」와 「대안사적인선사비」를 썼다는 점에서 비슷한 시기에 건립된 것으로 보고 있다.[18] 흥덕왕 사후 30여 년이 지난 시점이다.

이처럼 신라후기에도 왕의 사후 관행적으로 능비가 건립되는 것은 아니었다. 그보다는 정치적으로 선왕의 위상을 높일 필요가 있을 때 간헐적으로 능비가 조성된 것으로 짐작된다. 무열왕에 대해서만 그의 사후에 바로 비를 건립했다고 볼 이유가 없다.

(2) 「문무왕릉비」

「문무왕릉비」는 파손된 상태에서 몇 개의 비편만 남아 있다. 비편은 조선 정조 20년(1796) 경에 경주부윤 홍양호(洪良浩)에 의해 처음 발견되어 그 탁본이 『해동금석원(海東金石苑)』에 실리게 되었다고 한다. 그 뒤 1961년 경주에서 홍양호가 발견한 비편 중 비신 하부에 해당하는 비편이 발견되었고, 2009년 다른 비편도 발견되어 탁본이 전하는 비신을 모두 수습하게 되었다.

비의 건립 시기는 알 수 없으나 비문 찬자의 직책이 '국학소경(國學少卿)'으로 되어 있어 국학이 설치된 신문왕 2년(682) 6월 이후로 보는 것이 일반적

---

15 주보돈은 이오가 비문에서 김인문을 확인하고 적었을 가능성을 언급했지만(주보돈, 2012 앞의 논문, 39쪽), 조위 단계에 이미 마멸이 심했다는 언급에 비추어 수긍하기 어렵다.

16 『三國史記』 권9, 新羅本紀9 景德王 13년 5월, "立聖德王碑"

17 이는 첫 태자의 사망에 따른 정치적 위기를 선왕의 권위를 통해 메우고자 한 것으로 해석된다. 이후 혜공왕이 태어나 태자가 되었는데, 경덕왕은 어린 후계자의 위상을 보강하기 위해 「성덕대왕신종」을 발원하였다(윤경진, 2023 「『金庾信行錄』의 찬술 배경과 경위」 『東國史學』 77, 90-91쪽).

18 주보돈, 2012 앞의 논문, 53쪽

이다.[19] 비문 내용은 1961년 비편 발견 후 논의가 있었고,[20] 이후 비문을 새롭게 판독하고 내용을 상세하게 검토하였다.[21] 여기서는 기존 성과를 바탕으로 천하관 및 역사의식과 관련된 내용을 추출하여 검토하기로 한다.

> **[전면 3행]** ① (…)의 갈래이다. 경진의 햇살 비추는 삼산의 궁궐이다. ② 동쪽으로 개오의 지경에 맞닿고, 남쪽으로 □계의 □에 접하며, ③ (북쪽으로) 황룡을 접하여 주몽을 타고, (서쪽으로 …) 백무를 이었다. [派 鯨津之映 三山之闕 東拒開梧之境 南鄰□桂之□ □接黃龍駕朱蒙 □□□□承白武][22]

이 구절은 신라의 공간 인식을 담고 있다. 우선 ①은 통상 "派鯨津氏 映三山之闕"로 나누어 읽고 있다. 그런데 '경진(鯨津)'과 '삼산(三山)'이 대구를 이루는 구도라는 점에서 '씨(氏)'는 '지(之)'일 가능성이 높고 '영(映)'은 앞 구문에 붙어야 할 것으로 본다.

'경진'은 "고래가 사는 큰 바다" 정도로 번역하고 있다. 명(銘)에서도 "뼈를 경진에 부수었네[粉骨鯨津]"라는 구문이 보이는데, 이는 문무왕의 해중릉을 입증하는 근거로 이용되기도 한다. 그러나 '경진'은 실물의 바다를 말하는 것이 아니라 우리나라를 가리키는 상징적 표현이다. 이는 고려 성종 2년(983) 송이 보낸 책봉문에서 "삼한의 옛 구역과 백제가 남긴 봉토를 차지하니 그 땅이 경진을 장악하고 정성은 천자를 받든다[其有三韓舊域 百濟遺封 地控鯨津 誠尊象闕]"[23]라고 한 것에서 확인된다. 여기서 경진은 "삼한의 옛 구역" 및

---

19 今西龍, 1921 「新羅文武王陵碑に就きて」『藝文』12-7 ; 1933 『新羅史研究』近江書店

20 洪思俊, 1961 「新羅 文武王陵 斷碑의 發見」『美術資料』3
　　洪思俊, 1962 「「新羅 文武王陵 斷碑」追記」『考古美術』26

21 金昌鎬, 1986 「文武王陵碑에 보이는 新羅人의 祖上認識 : 太祖星漢의 添補」『韓國史研究』53
　　李泳鎬, 1986 「新羅 文武王陵碑의 再檢討」『歷史敎育論集』8

22 『譯註韓國古代金石文』文武王陵碑
　　이하 인용문도 동일하다.

23 『高麗史』권3, 成宗 2년 3월 戊寅

"백제가 남긴 봉토"를 아우르는 공간을 나타낸다.

이 구문 앞에는 "사해를 열어 일가로 삼았고, 육합을 일통하여 영역을 빛 냈다[闢四海以爲家 一六合而光宅]"라고 하여 사해와 육합, 곧 천하를 아우르는 천자의 위상을 밝히고 있다. 경진은 천자의 사해에 대응하여 제후인 고려를 가리키는 말로 '해동'과 같은 의미이다.[24]

경진과 대구를 이루는 삼산은 분명치 않지만 제사지 대사(大祀) 항목에 나오는 삼산이 아닐까 한다. 김유신 설화에 신라의 호국신으로 등장하는 것을 볼 수 있는데, 이러한 속성으로 인하여 그 자체가 신라를 가리키는 말로 사용된 것으로 보인다.[25] 이러한 삼산의 이미지는 「성덕대왕신종」에 보이는 "동해 가에 여러 신선이 숨어 있는 곳[東海之上 衆仙所藏]"과도 연결된다.[26] "여러 신선이 숨어 있는 곳"은 곧 '삼산=신라'와 같은 곳을 나타낸다.

다음에 ②에서 '개오(開梧)'와 '□계(桂)'는 동·남의 끝에서 신라와 경계를 대고 있는 지역을 상징한다. 개오는 『여씨춘추(呂氏春秋)』에서 그 용례를 찾을 수 있다.

> 십리 사이에는 귀로도 들을 수 없고, 유장 밖에서는 눈으로도 볼 수 없으며, 삼무의 궁에서는 마음으로도 알 수 없는데, 동으로 개오에 이르고 남으로 다영을 위무하며, 서로는 수미를 복속시키고 북으로는 담이를 품는 일은 어떠하겠는가.[27]

여기서 '개오'는 특정한 국가나 부류를 가리키는 것이 아니라 막연히 동쪽 끝에 있는 존재를 상징한다. 『한어대사전(漢語大辭典)』에 따르면, 개오는 "고

---

24 鯨津과 비슷한 원리에서 우리나라를 상징하는 명칭으로는 鯤岑(鯤壑)이 있다.

25 鵠嶺이 고려를 가리키는 말로 사용된 것과 비슷한 양상이다.

26) 『譯註韓國古代金石文』聖德大王神鍾銘

27) 『呂氏春秋』5, 審分覽, "十里之間而耳不能聞 帷牆之外而目不能見 三畝之宮而心不能知 其以東至開梧 南撫多䫈 西服壽靡 北懷儋耳 若之何哉"

대 전설 속에 동방의 가장 끝에 있는 씨족"이라고 한다. 수미(壽靡)는 수마(壽麻)라고도 하며, "우리나라 고적(古籍) 중에 기록된 가장 먼 곳의 서방 고국(古國)"으로 설명하였다. 다영(多覼)과 담이(儋耳) 역시 남방과 북방의 끝에 있는 존재로 나온다. 결국 이들은 관념적으로 사방의 끝을 표상함으로써 자신의 천하를 공간적으로 설정한 것이다.

이러한 관념은 '개오'를 차용한 「문무왕릉비」에도 동일하게 나타난다. 곧 당시 영토 확장을 통해 형성된 자신의 공간을 중국 고대의 극변(極邊) 인식을 가져와 제시한 것이다. 이에 비추어 '□계' 또한 개오처럼 남쪽의 어떤 존재를 표상하는 것으로 이해할 수 있으나 글자가 온전치 않아 정확한 판단은 어렵다.[28]

한편 ③은 나머지 두 방향에서 실제 접하고 있는 이웃 나라를 나타낸다. 주몽(朱蒙)은 그 이름에서 고구려를 가리킨다는 것을 알 수 있다. "□접(接)"이라고 한 것에서 그 내용이 '인접'을 나타낸다는 것을 유추할 수 있는데, 결락된 앞 글자는 '북(北)'이 될 것이다. 백무(白武)는 흰색이 서쪽을 나타낸다는 점에서 백제를 말하는 것으로 추정된다.

이렇게 표현 방식이 나뉜 것은 동쪽과 남쪽이 바다이기 때문이다. 곧 해당 방향에서 신라 영토는 바다를 접하면서 끝나는 것인데, 그 너머에 관념적인 부류를 설정하여 자신의 경계를 나타내었다. 반면 북쪽과 서쪽은 실제 다른 나라와 접하고 있으므로 이들을 상징화한 개념으로 대체하여 표현하였다.

결국 이 부분은 고구려나 백제에 대한 '정토'를 나타내는 것이 아니라 신라의 동서남북 경계를 나타내면서 '인접'을 표현한 것이다. 그리고 이 구문은 비문의 2행에 자리하고 있어 문무왕의 공업을 서술할 위치가 아니다. 신라의 공간적 위치를 상징적으로 묘사한 것일 따름이다.

---

28 굳이 추정해 본다면 '衡桂' 정도를 생각할 수 있다. 『漢語大詞典』에 따르면 형계는 衡州를 가리키는 것으로 漢代에 이곳이 桂陽郡에 속했기 때문에 나온 표현이라고 한다. 이곳은 春秋時代에 楚의 땅으로서 남쪽을 표상한다.

한편 이러한 공간 인식은 신라 중고기의 전형적인 사방(四方) 인식과 연결된다. 『삼국사기』를 보면 신라를 기준으로 사방에 인접한 외적을 설정하고 있다. 동쪽이 왜, 남쪽이 가야, 서쪽이 백제, 북쪽이 말갈이다.[29] 이 중 가야를 정복한 뒤에는 바다에 접하므로 동쪽과 같은 맥락에서 바다 건너의 존재를 설정하게 될 것이다. 이 부분은 실제 경계를 접한 것이 아니기 때문에 중국의 변경 개념을 빌어 설정하였다. 또한 고구려와 접경하고 양국간에 무력 충돌이 발생하면서 북쪽의 외적은 자연스럽게 말갈에서 고구려로 옮겨가게 되었다.[30]

이처럼 「문무왕릉비」에는 신라를 중심으로 설정되는 천하관이 투영되어 있다. 여기서 고구려와 백제는 북쪽과 서쪽에서 자신과 경계를 맞댄 존재이며, 이는 바다를 접한 동쪽과 남쪽에 관념의 존재를 설정한 것과 조합을 이룬다. 이런 조건에서 삼국을 하나로 아우를 수 있는 새로운 천하관이나 정체성의 수립은 생각하기 어렵다. 천하관의 측면에서 '일통삼한'은 결국 삼국이 하나의 천하, 혹은 그에 준하는 공간적 단위를 구성한다는 인식인데, 「문무왕릉비」의 공간 인식은 이러한 의미와 연결되지 않는다.

[전면 4행] 이름과 실제가 다 이루어지고 덕과 지위가 겸하여 융성해지니, 땅은 팔인까지 걸쳐 있고 그 훈공은 삼□을 넘어서니 높고도 넓도다. [名實兩濟 德位兼隆 地跨八夤 勳超三□ □巍蕩蕩]

---

29 『삼국유사』에 인용된 내용을 보면 신라는 북쪽의 말갈, 남쪽의 왜인, 서쪽의 백제를 설정하고 있는데(『三國遺事』 권1, 紀異 靺鞨, "羅人云 北有靺鞨 南有倭人 西有百濟 是國之害也), 『삼국사기』 신라본기를 보면 왜는 대부분 동쪽에서 침구하고 있다. 이에 대해 남쪽의 외적은 가야로 상정된다.

30 7세기까지도 말갈은 고구려와 구분된 존재로 신라를 침공하는 주체의 하나였다(『三國史記』 권5, 新羅本紀5 武烈王 2년 정월, "高句麗與百濟靺鞨連兵 侵靺我北境 取三十三城 王遣使入唐求援"). 이는 당시까지 신라가 자신과 백제·고구려로 구성되는 '삼국'의 범주를 수립하지 않았음을 보여준다.

이 구문은 결락된 글자를 두고 논란이 있는데, 각각 '한(韓)'과 '외(巍)'로 보는 것이 일반적이다.[31] 뒷 글자는 같은 글자를 반복하는 형식이 분명하므로 '외'로 보는 것이 타당하지만, 앞의 글자를 '한'으로 보는 것은 직접적인 근거가 없다.

후술할 「당평제비」가 그 근거로 제시되기도 하지만 중국 장수 소정방(蘇定方)의 공업을 문무왕에게 그대로 적용했다고 할 수는 없다. 무엇보다 문무왕의 평정 대상에 신라 자신이 들어갈 수 없다는 점을 유의해야 한다.

이 구절이 포함된 구문의 내용을 음미해 보자. '팔인(八夤)'은 『회남자(淮南子)』에 "구주의 밖에 팔인이 있다[九州之外 乃有八殯(夤)]"[32]라는 구문에서 온 것으로, 구주(九州)는 기존 영토를, 팔인은 새로 확보한 영토를 각각 상징한다. 곧 문무왕의 영토 확장을 팔인으로 표현한 것이다.

그 대구인 "공훈이 '삼(三)□'를 '뛰어넘었다[超]'"도 같은 방식으로 해석된다. '과(跨)'와 '초(超)'는 모두 '넘어서다'라는 의미이므로 공훈의 관점에서 비교 대상이 나와야 한다. 기존에는 이것을 "삼한에서 뛰어나다"라고 해석하고 있으나 이는 결락된 글자가 '한'이라는 추정에 맞추어 '초'를 '뛰어나다'라고 해석한 것이다. 그러나 이 '초'는 "-에서 뛰어나다"가 아니라 "-를 뛰어넘다"로 해석해야 한다. 이 해석은 다음 문장을 통해 방증된다.

덕화는 삼황오제를 뛰어넘으니 예전에도 이런 일 보았던가. [化超三五見何曾][33]

위 구문은 조선전기 학자인 최항(崔恒)이 지은 「세조만장(世祖挽章)」 중 일부이다. 세조의 덕화(德化)가 삼오(三五), 곧 삼황(三皇)·오제(五帝)를 뛰어넘었

---

31 노태돈, 2016 「삼한일통의식의 형성 시기에 대한 고찰 : 일본서기 '삼한' 기사의 분석을 중심으로」 『木簡과文字』 16, 122쪽

32 『淮南子』 墜形訓

33 『東文選』 권18, 光陵挽章(崔恒)

다는 내용이다. 문무왕의 훈적에 대해서도 '삼□'는 비교 대상으로 보는 것이 적절하다. 여기서 결락된 글자가 '오(五)'라는 것을 유추할 수 있다.[34]

문무왕이 삼황오제와 비교되는 것은 천하의 형성에 있다. 문무왕은 백제와 고구려를 공멸함으로써 그동안 삼국이 정립해 있던 해동에서 유일한 나라로 남았다. 신라라는 천하가 새로 구성된 것이다. 물론 이것은 자신의 영토에 국한되는 천하관이며, 신라라는 세계의 확장이라는 의미를 담고 있다. 그 자체로는 '일통삼한'이 의미가 유도되지 않는다.

[전면 6행] 15대조 성한왕은 하늘에서 자질을 받고 선악에서 신령함을 얻어 □□에 처음 임하셨다. [十五代祖星漢王 降質圓穹 誕靈仙岳 肇臨□□]

이 구절은 김씨 왕실의 시조 인식과 관련하여 주목되었던 부분이다. 성한(星漢)의 실체에 대해서는 논란이 있지만 통상 김씨 왕계의 출발인 미추왕으로 보고 있다.[35]

주목되는 것은 성한의 탄생 및 자질과 관련하여 원궁(圓穹)과 선악(仙岳)을 말하고 있다는 점이다. 원궁은 하늘을 가리키는 것으로, 그로부터 자질을 받았다는 것은 그 출자가 하늘과 연결된다는 뜻이다. 이에 조응하여 선악은 신령한 땅으로서 신라를 가리킨다. 신라의 신성성과 독자성을 표상한다는 점에서 원궁과 선악은 신라 이외의 다른 존재와 공유될 수 없다. 본원적으로 백제와 고구려를 동질성의 관점에서 아우를 수 없는 인식이다.

---

34 『靑莊館全書』에 수록된 「壯勇營春帖」에는 "超三已洽馨香德 邁百方融畫象治"라는 구절이 있는데, '超三'은 三皇을 뛰어넘는다는 것이고 '邁百'은 百王보다 낫다는 뜻이다(『靑莊館全書』 권20, 雅亭遺稿12 壯勇營春帖). 또한 『大觀齋亂稿』에 수록된 「春臺賦」에서 "超三五之閻闔 杳百王之制作"이라는 구절도 찾을 수 있다(『大觀齋亂稿』 권1, 春臺賦). 이 내용은 한국고전종합DB를 통해 확인하였다.

35 星漢의 실체 및 문무왕과의 대수 계산에 대한 기존 논의에 대해서는 정연식, 2011 「신라태조 미추왕과 은하수 星漢」 『韓國古代史研究』 62, 218-230쪽 참조.

시조(태조) 성한의 신성성과 관련된 인식은 「김인문묘비」에도 나타나 있다. 4행의 "태조 한왕께서는 천령의 (…) 성스러움을 열고 백곡의 (…)에 임하시니[太祖漢王 啓千齡之□□□聖 臨百谷之□□□□]"에 보이는 태조 한왕(漢王)은 「문무왕릉비」의 성한과 같은 인물로 파악된다. 「문무왕릉비」에서는 문무왕을 기준으로 그 조상인 성한을 파악한 것이라면, 「김인문묘비」에서는 실질적인 왕업의 출발로 자리한 '태조'로서 위상에 초점을 두고 있다.

그런데 「김인문묘비」의 3행에는 "□오의 임금 소호가 □허하여 성자를 나누어 벽해를 넘어오고 금천이 명□하여(…)[□五之君 少昊□墟 分星子而超碧海 金天命□]"라는 구절이 있다. 이 부분은 자획이 분명치 않아 판독에 이견이 있다. '오(五)' 앞의 글자는 문맥으로 보아 '구(九)'로 추정된다. '구오'는 천명을 받은 군주를 나타낸다. '호(昊)'는 판독이 분명치 않은데, 통상 김씨 왕실의 연원으로 간주되는 소호금천(少昊金天)과 연결하여 '소호'로 이해하고 있다.

'자(子)'는 '우(于)'로 판독하고 있는데, 해당 구문이 '이(而)'를 사이에 두고 '초벽해(超碧海)'와 대구를 이루고 있기 때문에 어조사인 '우'가 올 수 있는 자리가 아니다. 자획이 유사하고 '성(星)'과 단어를 구성하는 글자라는 점에서 '자(子)'로 보는 것이 적절할 듯하다. "성자를 나누어[分星子]"는 신성성을 표상하며 '푸른 바다를 넘어[超碧海]'는 중국에서 연원한 혈통이 바다 건너 신라로 왔다는 의미로 추정된다.

이에 대해서는 무열왕릉과 그 뒤의 서악동고분군이 북극오성(北極五星)을 표현한 것이라고 이해하면서 그 배치를 "별을 나누었다"로 표현한 것이라고 해석한 견해도 있다.[36] 그러나 문맥상 이것이 무열왕릉을 나타낸다고 볼 근거는 없으며, 다음 행에 있는 태조 한왕의 신성성을 표현한 것으로 보는 것이 합리적이다. 무열왕과 관련된 표현으로 보더라도 혈통의 신성성과 더불

---

36 정연식, 2012 「제왕의 별 북극오성을 형상화한 무열왕릉」 『역사문화연구』 41, 23-24쪽

어 그 연원에 대한 인식을 담았다는 점에서는 차이가 없다.[37]

[전면 12행] 대당의 태종문무성황제께서 [大唐太宗文武聖皇帝]

비문에는 당 태종에 대해 극도의 존칭이 구사되고 있다. 이는 당시 신라가 당과 적극적인 사대 외교를 전개하였던 사정을 그대로 반영한다. 「김인문묘비」에도 당 고종에 대해 "대황대제(大皇大帝)"라고 부르고 있어 당에 대한 강력한 사대의식을 확인할 수 있다. 이는 중대 초기 신라가 당을 중심으로 하는 천하 질서에 속해 있다고 인식했음을 명확히 보여준다.

이에 비추어 보면 「문무왕릉비」 3행에 보이는 '사방' 인식은 당을 중심으로 하는 천하를 전제로 신라가 확보한 자신의 공간을 드러낸 것으로 보아야 한다. 「운천동비」에 보이는 '사해(四海)'처럼 중국을 의식하지 않는 적극적인 천하관과는 차이가 있다.[38]

[전면 20행] 적도에 이르러 [至賊都]

이 기사에 앞서 18행에 '웅진도행군대총관(熊津道行軍大總管)'이 보이고, 21행에 '용삭 원년', 곧 문무왕 원년(661) 기사가 이어진다. 여기서 이 사적이 백제를 공멸한 것임을 알 수 있다. 주목되는 것은 백제의 도읍을 '적도(賊

---

37 「문무왕릉비」와 「김인문묘비」는 무열왕계의 정통성을 확증하기 위해 太祖 星漢에 대한 인식을 강하게 표출하고 있지만, 이후에는 무열왕 자체가 왕통의 준거가 되기 때문에 始祖(太祖)에 대한 적극적인 인식이 요구되지 않는다. 그리고 삼한일통의식이 전면화되는 것은 시조의 신성성과 독자성에 대한 인식이 쇠퇴하는 것과 짝하는 현상이다.

38 四方과 四海는 모두 중국의 천하관에서 유래한 것이지만 외교적 관점에서 그 함의는 차이가 있었다. 중국 왕조에서 보낸 문서에서는 통상 중국 중심의 천하를 '사해'로 표현하고 있다. 일례로 고구려 영류왕 5년 당 고조가 보낸 詔書에 "六合寧晏 四海淸平"이라는 구절이 보인다(『三國史記』 권20, 高句麗本紀8 榮留王 5년). 따라서 사대 외교를 펴는 쪽에서는 이와 동일한 천하관을 사용할 수 없다. 반면 사방은 이러한 경향성이 나타나지 않는다.

都)'라고 표현하고 있다는 점이다. 백제에 대한 적대적 인식을 보인 것으로, 문무왕 11년(671) 「답설인귀서(答薛仁貴書)」에서 백제를 "누대의 깊은 원수[累代之深讎]"로 규정한 것과 맥을 같이 한다. 문무왕이 유조(遺詔)에서 자신의 공업으로 백제에 원한을 갚은 것을 말한 것도 이와 상통한다.[39] 이런 상황에서 신라와 백제의 동질의식을 상정하기 어렵다.

> **[후면 2행]** 아홉을 하나로 합치고, 동쪽을 바로잡고 서쪽을 정벌하였다. [直[40]九合
> 一 匡東征西]

이 구문은 문무왕의 공업을 총괄한 것으로, 바로 다음 행에는 문무왕의 홍서 기사가 이어진다. "직구합일(直九合一)"은 기존의 9개를 하나로 합쳤다는 것이다. '구(九)'가 하늘을 상징하는 수라는 점에서 이를 하나로 합쳤다는 것은 곧 나름의 천하관을 드러낸 것이다.

여기에 반영된 천하관은 일단 두 가지로 생각해 볼 수 있다. 우선 황룡사 구층목탑 연기설화에 보이는 구한(九韓)과 연결해 볼 수 있다. 구한은 구이(九夷)와 상통하는 개념으로서 구이는 중국 주변의 부류 중 동이의 종류가 9개라는 관념에서 도출된 것이다. 구한은 이를 토대로 신라가 나름의 천하관을 표현한 것으로 추정되는데, "직구합일"은 이러한 구한을 하나로 통합했다는 의미로 해석할 수 있다. 하지만 이는 중국을 지배 대상에 넣거나 혹은 아예 관념에서 배제하는 것으로서 비문에 보이는 당에 대한 적극적인 사대의식과 상충된다. 또한 구한은 신라 자신을 포함하지 않기 때문에 자신과 타자의 융합을 표현하는 내용이 될 수 없다.

---

39 『三國史記』권7, 新羅本紀7 文武王 21년 7월, "上慰宗祧之遺顧 下報父子之宿冤"

40 이 글자는 통상 '直'으로 판독하지만 '直九'가 '合一'과 대칭을 이룬다는 점에서 보면, '値', 또는 '置'일 가능성이 높아 보인다. 하지만 분명하지는 않으므로 잠정적으로 그대로 '直'으로 판단한다.

그렇다면 '구'는 공간으로서 천하를 표상하는 구주(九州)로 연결해 볼 수 있다. 구주는 행정 구획의 관점에서 통치 지역이 되는 천하를 표상하는 것으로, 신라가 전쟁 후 구주를 설치한 것은 그 표현이다. 이는 외부의 존재 및 그와의 관계를 전제하지 않기 때문에 적극적인 의미의 천하관은 아니며, 당에 대한 사대와도 충돌하지 않는다.

신라의 구주는 신문왕 5년(685) 청주(菁州)가 설치되면서 비로소 완성되므로 엄밀히 문무왕의 치적은 아니다. 그러나 백제 병합 후 백제 지역에 주(州)가 설치되었고 신문왕 5년 조치는 구주 설치의 마무리가 된다. 전술한 것처럼 비의 건립 시기를 종묘제도 정비 이후로 보면 구주 설치가 문무왕대의 사업으로 소급될 소지는 충분하다. '합일'은 이렇게 설치된 9주가 하나의 체제를 구성했다는 맥락으로 읽을 수 있다.[41]

한편 "광동정서(匡東征西)"는 동서 방면을 평정했다는 것인데, 전술한 바와 같이 신라에게 동쪽은 왜, 서쪽은 백제를 표상한다. 이에 대해서는 무열왕의 백제 공멸에 이어 문무왕이 백제의 부흥운동을 제압하고 이를 지원하던 왜 세력까지 물리친 상황을 반영하는 것으로 해석할 수 있다. 하지만 문무왕의 정복 활동을 일반적으로 표상한 것일 뿐, 동쪽과 서쪽의 구체적인 대상을 설정한 것이 아닐 수도 있다.

이는 문무왕의 유조에서 "서쪽과 북쪽으로 정토하여 마침내 영토를 정하였다[西征北討 克定疆封]"라고 한 것과 결국 같은 내용이다. "광동정서"는 "서정북토"에 조응함에 비추어 "직구합일"은 "극정강봉"에 조응한다. 여기서도 "직구합일"이 구주로 표상되는 자국 영토의 수립을 말하는 것임을 확인할 수 있다.

이처럼 「문무왕릉비」에는 고구려와 백제를 통합하여 하나를 구성했다는

---

41 '直'을 '置'로 읽으면 '置九'는 구주를 설치했다는 의미로 '合一'은 이를 통해 하나의 체제가 완성되었다는 의미로 이해할 수 있다.

인식은 드러나지 않는다. 그보다는 중국에 대한 사대를 전제로 자신이 일정한 천하를 구성했다는 인식을 드러내고 있다. 실상 "직구합일"은 합일의 대상이 구주로 짐작되는 '9'로 설정되었다는 점에서 통합 대상이 '3'으로 설정되는 '일통삼한'의 이념과 양립하기 어렵다. 이는 문무왕에 대한 평가에서 삼한일통의식의 수립을 도출할 수 없음을 보여준다.

이상 「무열왕릉비」의 제액과 「문무왕릉비」에서 7세기 후반의 천하관 및 역사의식과 관련된 내용을 추출하여 살펴보았다. 당시 신라는 시조 성한의 신성성을 계승한다는 점에서 독자 연원의 인식을 가지고 있었으며, 백제 병합을 통해 나름의 천하를 형성했으나 이는 당 중심의 천하 질서를 전제로 하는 것이었다. 삼한을 자신의 연원으로 인정하거나 백제와 고구려를 포괄하는 새로운 형태의 천하관을 설정하지 않았다는 점에서 삼한일통의식의 수립을 말하기 어렵다.

2) 「성덕대왕신종」·'의봉사년개토'명기와·「당평제비」

삼한일통의식을 7세기의 이념으로 보는 핵심 근거는 「운천동비」이지만 몇몇 금석문이 방증 자료로 언급되었다. 혜공왕 때 제작된 「성덕대왕신종」이 대표적이다. 이와 함께 문무왕대에 제작된 '의봉사년개토(儀鳳四年皆土)'명기와를 '삼국통일'과 연계하여 이해한 견해도 있고, 최근 논의과정에서 「당평제비」를 방증 사례로 제시하기도 하였다. 이들은 그 자체가 삼한일통의식의 근거가 된 것이 아니라 '삼국통일'이라는 전제에 맞추어 해석된 경향이 있어 그 타당성에 대해 검증할 필요가 있다.

(1) 「성덕대왕신종」

「성덕대왕신종」은 '봉덕사종'이라고도 하며 성덕왕을 기리기 위해 제작되

었다. 성덕왕의 아들인 경덕왕이 발원했으나 이루지 못한 것을 혜공왕이 동
왕 7년(771)에 완성하였다. 종의 명문 중 제작 목적 및 시대적 배경 부분에서
천하관이나 역사의식을 유추할 수 있는 구절이 발견된다.[42]

> 그래서 사방의 이웃 나라가 만리에서 찾아오니 오직 기풍을 흠모할 뿐 전쟁을 일
> 으키려는 시도가 없었다. [所以四方隣國 萬里歸賓 唯有欽風之望 未曾飛矢之窺][43]

이 구절은 성덕왕의 덕업에 대한 설명의 일부로서 주변국과의 관계를 설
정하고 있어 천하관의 일단을 엿볼 수 있다. 우선 "사방의 이웃 나라[四方隣
國]"라는 표현이 눈에 띈다. '사방'은 자신을 중심으로 주변의 존재들을 인식
하는 것이지만 근본적으로 자신의 지배 범위를 구획하는 의미가 강하다. 이
에 맞추어 그 바깥에 있는 부류를 '인국(隣國)'으로 지칭하였다.

이들과의 관계 또한 '귀빈(歸賓)'으로 표현하고 있다. 이것은 대외관계에
서 자신의 우월성을 내포하지만 근본적으로 수직적인 '군신(君臣)' 관계가 아
니라 수평적인 '교린(交隣)' 관계로 설정한 것이다. 이는 자신을 천하의 중심
으로 삼아 주변의 모든 존재를 하위로 인식하는 형태의 천하관과 대비된다.
"만리귀빈(萬里歸賓)"은 먼 나라에서도 사절이 온다는 것으로, '존중'의 의미
는 있지만 '복속'을 상징하지는 않는다.[44] '흠풍(欽風)'은 이웃 나라에 대한 신
라의 문화적 자부심과 우월감을 보여주지만 동시에 침략을 뜻하는 '비시(飛
矢)'와 대구를 이루고 있다. 이는 통상적인 주변국과의 우호·적대 관계를 각
각 표현한 것이다. 곧 '귀빈'은 전쟁하지 않는 우호 상황을 말한 것이므로 외

---

42 「성덕대왕신종」의 명문 판독과 해석 및 범종 제작과 관련된 문제 등에 대해서는 李昊榮,
    1975 「聖德大王神鐘銘의 解釋에 관한 몇 가지 문제」『考古美術』 125 참조.
43 『譯註韓國古代金石文』 聖德大王神鍾
    이하 인용문도 동일하다.
44 이러한 내용은 신문왕 7년(687) 종묘 제문에서 "異域來賓"이라 한 것과 같은 맥락이다.

이(外夷)가 내공(來貢)하는 것과는 다른 수준의 관계이다.

「운천동비」의 내용은 이와 층위가 다르다. '사방'이 아니라 '사해'를 표방하면서 지배 범위 밖에 있는 존재를 인정하지 않고 있다. 또한 "먼 곳에 있는 군장들이 옥백을 받든다[奉玉帛]"라고 하여 자신을 천하의 중심으로 설정하고 주변 지역의 복속을 명시하였다.[45] 여기서 「성덕대왕신종」과 「운천동비」에 보이는 천하관의 차이를 확인할 수 있는데, 이는 각각이 제작된 시기 및 당시의 대외관계가 달랐음을 보여준다.

한편 명문 말미의 사(詞)에는 신라의 연원에 대한 인식이 보인다.

> 동해 가에 여러 신선이 숨은 곳이 있으니 땅은 도학에 자리하고 경계는 부상에 접하였다. 여기에 우리나라가 있어 합쳐 한 고장이 되니 훌륭한 성덕이 세상에 드물게 새롭다. [東海之上 衆仙所藏 地居桃壑 界接扶桑 爰有我國 合爲一鄕 元元聖德 曠代彌新]

인용문 앞에는 천지(天地)의 생성에 대한 서술이 있다. 위에서 "합쳐 한 고장이 되었다[合爲一鄕]"라는 구절은 일견 삼한일통의식과 연결할 수 있어 보인다. 하지만 삼한일통의식은 단순히 "하나가 되었다"라는 의미만으로 구성되지 않는다. 일통의 대상이 '삼국'이고 그 원형이 '삼한'이라는 역사의식을 토대로 한다.

위의 내용에는 '합(合)'의 결과로 '우리나라=한 고장'의 구도만 제시될 뿐 '합'의 대상이 명시되어 있지 않다. 신라말 최치원이 지은 「봉암사지증대사비」에서 "옛날에 옹기종기 있던 삼국이 지금은 장대하게 일가가 되었다[昔之蓁爾三國 今也壯哉一家]"라고 한 구문과 분명한 차이를 보인다. 따라서 성덕왕을 찬양하는 운문의 내용으로 나오는 이 구문을 근거로 삼한일통의식을 말하기 어렵다.

문맥상 이것은 신라라는 국가의 탄생, 곧 독자 기원을 표상하는 것으로 해

---

45 본서 2부 1장 참조.

석된다. 곧 앞에서 천지의 형성을 제시한 뒤 그 한 곳에 신라라는 나라가 존재한다는 내용이다. 여기서 신라에 선행하는 역사적 존재는 인정되지 않는다. 그리고 "여러 신선이 숨은 곳[衆仙所藏]" 및 "도학(桃壑)"은 「문무왕릉비」에 보이는 '선악(仙岳)'과 같은 의미로서 신라 영토, 정확히는 국가가 발원한 왕경의 신성성을 도교적 맥락에서 표현한 것이다.

이러한 상황에서 "이곳에 우리나라가 있다"라고 하고 "합하여 한 고장이 되었다"라고 한 것은 신라라는 나라의 '성립'을 나타내는 것이지 일통에 의한 '확대'를 가리킨다고 보기 어렵다. 물론 「문무왕릉비」에 보이는 "직구합일(直九合一)"과 같은 의미로 이해할 수도 있으나 '합일'의 대상이 나타나지 않는다는 점에서 내용에 분명한 차이를 가진다.[46]

또한 뒤이어 "훌륭한 성덕이 세상에 드물게 새롭다"라고 한 것은 앞서 즉위한 역대 국왕의 성덕을 말하는 것으로 국가 형성 이후를 총칭한다. 만약 "합위일향"을 '일통삼한'으로 생각하면 '성덕'은 무열왕대 이후를 말하게 되는데, 천지 창조부터 시작한 문장의 맥락상 자연스럽지 않거니와 명문 어디에도 이러한 의식의 단서를 찾을 수 없다. 「문무왕릉비」에 태조 성한 이래의 왕통을 설정한 것을 볼 때, 위 구절 역시 국가 수립 이래의 왕위 계승을 포괄하는 것으로 보아야 할 것이다.

이처럼 「성덕대왕신종」은 신라의 독자 기원과 주변국과의 교린을 담는 등 나름의 천하관을 피력하고 있지만, 「운천동비」에 보이는 사해의 천하관과는 층위가 다르다. 따라서 「성덕대왕신종」을 통해 신라 중대의 삼한일통의식을 설명할 수 없다.

---

46 굳이 추정하자면 신라가 사로 6촌에서 출발하고 이것이 왕경 6부를 구성하였음을 표현한 것이 아닌가 한다. 이와 관련하여 524년에 건립된 「울진봉평신라비」에서 '新羅六部'라고 표기한 것을 두고 당시까지도 6부 영역만을 신라라고 인식한 결과로 보는 견해가 참고된다 (全德在, 2004 「新羅의 對外認識과 天下觀」『역사문화연구』 20, 226쪽). 이러한 6부에 기초한 신라 형성에 대한 인식이 「성덕대왕신종」에서 '合爲一鄕'으로 표현된 것이 아닌가 한다.

(2) '의봉사년개토'명기와

근래 신라 중대 삼한일통의식의 방증 사례로 '의봉사년개토'명기와가 주목되었다. 이 기와는 사천왕사지를 비롯해 경주 전역에서 출토되고 있다. 의봉 4년은 문무왕 19년(679)이다. '개토(皆土)'는 "모든 땅이 우리나라[率土皆我國家]"라는 의미로 해석된 이래[47] 이를 삼한일통의식의 표현으로 보기도 한다. 또한 '개토'를 그렇게 해석하는 데에는 부정적이지만 당시 이 기와의 제작이 '일통삼한'과 연결된 정치적 상징성을 가지고 있다고 보는 의견도 있다.[48]

그러나 이것이 전쟁 후 문무왕대 정치적 이념에서 나타난 것일 가능성을 인정하더라도 이를 삼한일통의식의 표현으로 해석하는 것은 비약이다. 일단 '개토' 개념을 천하관의 표현으로 보기 어렵다. 이 명문 기와의 내용을 '일통삼한'과 연결하는 초점은 '개토'를 "모든 땅이 우리나라"라는 구문의 축약으로 보는 데 있다. 그러나 이 부분은 '개토'라는 구절의 해석을 따지기 전에 통상적인 명문 기와의 내용 구성 방식에 비추어 이해하는 것이 필요하다.

이 명문 기와는 매우 이른 시기의 것이어서 후대의 사례를 직접 적용하는 데 한계는 있지만, 기와에 짧은 명문을 넣는 의미를 짚어본다는 점에서 비교 분석을 도모할 수 있다. 사찰과 관련된 명문 기와는 대개 사찰 건물의 불사 과정에서 제작되며, 명문에는 사찰의 이름을 적거나 기와의 제작에 관한 내용이 들어간다. 특히 연기를 적는 경우 그 뒤에는 대개 기와 제작 사실이 들어가는데, 여기에 절의 명칭이나 제작자가 기재되는 경우도 보인다. '개토'에 대한 기존 해석처럼 이념적인 내용이 들어가는 경우는 적어도 현재 수습된 명문 기와에서는 찾기 어렵다.

'의봉사년개토'명기와가 출토된 월지에서 함께 나온 '조로이년'명기와의 명문을 인용하면 다음과 같다.

47 大坂金太郎, 1969 「「儀鳳四年皆土」在銘新羅古瓦」『朝鮮學報』53
48 최민희, 2002 「「儀鳳四年開土」 글씨기와를 통해 본 신라의 통일의식과 통일기년」『慶州史學』21

調露二年

漢只伐部君若小舍

三月三日作□[49]

위에서 조로(調露) 2년은 의봉 4년의 바로 다음 해인 문무왕 20년(680)이다. 명문은 내용 순서가 섞여 있는데, 대략 "한지벌부의 군약 소사가 조로 2년 3월 2일에 (기와를) 만들었다"로 해석된다. 여기서 조로 2년이 기와를 제작한 연도이다.

때로는 기와를 사용하는 건물과 관련된 내용이 들어가기도 한다. 부여 정림사지 출토 '태평팔년'명기와에는 "大平八年戊辰定/林寺大藏當(堂)草"라고 하여 정림사의 대장당(大藏堂) 지붕에 사용된 기와임을 표시하였다. 이 역시 연도는 기와의 제작 시기를 밝힌 것이다.

익산 사자암 출토 '지치이년'명기와의 명문은 "至治二年/師子寺/造瓦"라고 되어 있다. 이는 행을 나누어 사자사(師子寺)에 사용되는 기와를 제작했다는 의미로 볼 수도 있고, 연결하여 사자사에서 제작한 기와라고 볼 수도 있다. 이밖에 명문에 단순히 연기만 나오는 경우도 제작 시기로 보는 데 무리가 없다.

이렇게 보면 '의봉사년개토'명기와에 보이는 '개토' 또한 기와 제작을 나타내거나 제작자, 혹은 사용처 등에 해당한다. 그런데 이것이 제작자일 가능성은 없다. 사용처라고 보면 '개토'가 사명(寺名)이 되는데, 가능성이 없지는 않으나 아무래도 어색하다. 따라서 기와 제작과 관련된 내용으로 보는 것이 가장 합리적일 듯하다.

한편 '개토'의 의미를 이해하는 또다른 단서는 의봉 4년에 사천왕사(四天王寺)가 완성되었다는 점이다.[50] '의봉사년개토'명기와는 사천왕사를 비롯해 월

---

49 노명호 외, 2004 『韓國古代中世 地方制度의 諸問題』 集文堂
    이하 별도의 인용처를 밝히지 않은 명문 기와는 모두 이 책에 근거하였다.
50 『三國史記』 권7, 新羅本紀7 文武王 19년 8월, "四天王寺成"

지, 나원리사지 등 여러 곳에서 발견되고 있다. 이 때문에 이 기와가 보편적 사용을 위해 제작된 것으로 보고 그것이 '일통삼한'의 이념과 관련되었다고 해석하기도 한다.[51]

그러나 기와가 그것을 사용한 건물지에서만 나오는 것은 아니다. 기와는 일정 기간을 사용하면 전면적으로 교체하게 된다. 사찰 건물의 경우 주기적으로 기와를 새로 얹는 불사가 행해졌는데, 이때 제작된 기와에 제작 사실이나 발원과 관련된 명문이 들어가기도 한다.

그리고 폐기된 기와는 쓰레기로 버려지기도 하지만 잡석처럼 바닥을 다지는 일종의 기초 자재로 사용할 수 있다. 한 곳에서 서로 무관한 여러 시점의 기와가 섞여 나오는 것은 재활용에 따른 결과이다. 때로는 성곽처럼 건물지가 아닌 곳에서 기와나 토기 조각이 다량으로 나오는 것은 이것들을 잡석 대용으로 사용했기 때문이다. 따라서 출토되는 곳이 여러 곳이라 하여 이를 보편적 사용을 위한 제작 결과로 볼 수 없다.

기와는 특정 건물에 얹기 위해 제작되며, 기와를 얹는 것은 건물 축조의 마지막 공정이므로 해당 건물의 완성을 가리킨다. 의봉 4년에 사천왕사가 완성되었고 '의봉사년개토'명 기와가 사천왕사지에서 출토되고 있다는 점을 함께 감안하면, 이 기와가 사천왕사의 완성에 수반하여 제작된 것임은 충분히 인정된다. 다만 '개토'가 그와 관련된 개념이라고 보기는 어렵다는 것이다.

안성 봉업사지 출토 명문 기와 중 "戊午年瓦草作伯士"나 "辛酉年作"처럼 기와의 제작을 나타내는 글자로 '작(作)'이 들어가는 경우도 보인다. 앞서 인용한 '조로이년'명기와도 '작'이 보인다. 또한 창원 봉림사지 출토 명문 기와 중 "丙寅年鳳林寺瓦造"처럼 '와조(瓦造)'를 적은 경우도 있고, 경주 나원리사지 수습 명문 기와 중에 "壬寅年造"라는 내용도 찾을 수 있다. 이러한 사례에 비추어 볼 때, '개토'는 어떤 추상적 이념을 나타낸 것이 아니라 기와 제작을

51   최민희, 2002 앞의 논문, 23-27쪽

나타내는 용어로서 '작'이나 '와조'와 같은 의미로 이해하는 것이 타당하지 않을까 한다.

이처럼 '의봉사년개토'명기와는 문무왕 19년 사천왕사 창건 과정에서 제작된 것으로 보이지만 명문 내용이 어떤 이념을 나타내는 것으로 볼 수는 없으며, 기와 제작이나 건물 완성을 나타낸 것으로 짐작된다. 사실상 이념적 의미로 해석한 것 자체가 이미 신라의 '통일'을 전제로 유추된 것이라는 점에서 이 명문 기와가 신라 중대 삼한일통의식을 설명하는 근거가 될 수는 없다.[52]

(3) 「당평제비」

「당평제비(唐平濟碑)」는 당의 소정방이 백제를 공멸한 뒤 그 공업을 부여의 정림사지오층석탑 등에 새긴 것이다. 여기에 '삼한 평정'의 내용이 나오는 것에 근거하여 신라에서도 이에 대한 인식이 있었을 것이라는 지적이 있다.[53]

해당 구문은 다음과 같다.

천명을 거역한 자는 가을 서리로 바로 잡고, 귀순한 자는 봄 이슬로 적신다. 일 거에 구종을 토평하고, 다시 싸워 삼한을 평정하였다.[54]

위에서 금방 드러나듯이 '삼한(三韓)'은 '구종(九種)', 곧 구이(九夷)와 대구를

---

52 '개토'에 대해 기와가 제작된 年月日이 모두 오행에서 '土'에 해당한다는 해석도 있으며(이동주, 2013 「新羅〈儀鳳四年皆土〉명 기와와 納音五行」『歷史學報』 220), 이에 대한 반론도 있다 (崔珉熙, 2018 「'儀鳳四年皆土' 글씨기와의 '개토' 재론 : '納音五行'론 비판」『韓國古代史探究』 30). 기와 명문의 구성과 '조로이년'명기와에 年月日이 모두 나오는 것에 비추어 '개토'가 시간 표시일 가능성이 있다. 통상 시간 표시에 이어 '造'나 '作'과 같은 내용이 나온다는 점이 문제로 남지만 2자 3행으로 형태를 맞추면서 이 부분을 생략한 것일 여지도 있어 하나의 가능성으로 열어둔다. 이 경우도 '개토'는 이념과 무관하다.

53 전진국, 2016 앞의 논문, 14쪽

54 『譯註韓國古代金石文』唐平濟碑 "逆命者則肅之以秋霜 歸順者則涵之以春露 一擧而平九種 再捷而定三韓"

이루며 같은 대상을 나타내고 있다. 여기서 삼한은 중국의 시각에서 '동이'를 다르게 표현한 것일 뿐이다.[55]

수·당대에 이르면 동국의 역사와 공간을 삼한으로 범칭하는 것이 일반화되었다. 「당평제비」 또한 그러한 시대 상황을 반영한다. 그런데 그 내용을 신라가 인지했다는 것은 전혀 다른 차원의 문제이다. 중요한 것은 신라가 자신을 포함하는 범주로 '삼한'을 채용했는가에 있는데, 「당평제비」는 이 내용을 뒷받침하지 않는다.

2. 9세기 금석문에 나타난 삼한일통의식

1) 「이차돈순교비」의 건립 시기

법흥왕대 불교 공인을 위해 순교한 이차돈(異次頓)의 사적을 기록한 「이차돈순교비(異次頓殉教碑)」는 본래 경주 동천동 백률사 터에 있었기 때문에 「백률사석당기(栢栗寺石幢記)」라고도 부른다. 현재는 국립경주박물관으로 옮겨 보관하고 있다. 비는 6면으로 되어 있으며, 1면에는 이차돈이 순교하는 모습을 새겨 놓았고, 2면부터 비문이 새겨져 있다. 현재는 마멸이 심하여 비문 판독이 어렵지만, 이전에 글자를 목판에 새겨 인쇄한 자료를 통해 비문의 내용을 일부 파악할 수 있다.

정확한 건립 시기는 알 수 없으나 헌덕왕 10년(818), 혹은 헌덕왕 9년(817)

---

55 三韓이 九夷(九種)와 같은 개념으로 사용되는 것은 唐 墓誌銘에 흔히 확인할 수 있다. 이에 대해서는 본서 1부 1장 참조.

으로 추정하고 있다. 헌덕왕 10년은 비문 서두에 "원화십삼년(元和十三秊)"이라고 나오는 것을 비의 건립 시기로 본 것이다. 그런데『삼국유사』원종흥법(原宗興法)조에 인용된 일념(一念) 찬술의「촉향분예불결사문(髑香墳禮佛結社文)」을 보면, 국통(國統) 혜륭(惠隆) 등이 이차돈의 옛 묘에 비를 세웠다는 기사 뒤에 "원화십이년(元和十二年)"이라는 구절이 이어진다. 이 연도가 비를 세운 시점이라고 보기도 하는데, 앞의 자료와 1년의 오차가 있다. 이들을 사실상 같은 내용으로 보아 비의 건립 시기로 파악하는 것이 일반적이다.

이에 따르면「이차돈순교비」는 현재 확인된 금석문 중에서 삼한 인식이 나타나는 가장 이른 사례가 된다. 그러나 여기에는 논란의 소지가 없지 않고 비문 혹은『삼국유사』에 인용된 글의 내용을 9세기 초의 인식으로 볼 수 있는지도 의문이 든다. 이 문제는 신라에서 삼한 인식, 나아가 삼한일통의식이 수립되는 시기를 가늠하는 데 중요한 준거가 되므로 면밀한 검토가 필요하다. 비문의 내용과 건립 시기는 서로 연관되므로 함께 따져보기로 한다.

먼저 주제와 관련된 비문 내용을 추출 정리하면 다음과 같다.

① (2면) <원화 13년 무술 8월 10일에 부처 … 왕이 뜻을 잃어 이기지 못하고 순
   종하니 나라는 위축되고 백성은 고역이었다. 백성에게 … 거두어 불법을 일
   으키니 국왕은 먹고 잘 때> 막막하여 하늘을 우러러 부처를 불렀다. 아아![56]
② (3면) (중략) 만약 우리 천하에 불교가 유행하면 벌레 무리도 인간과 천상에 오
   를 수 있고, 나라는 풍족하고 백성은 편안하며, 삼한에 통하고 역시 사해로
   넓힐 수 있을 것이다.[57]

---

56 『譯註韓國古代金石文』栢栗寺石幢記, "<元和十三秊戊戌八月十日 佛(中缺)『(中缺)王失義 不戡
    順從 國隘民役 斂□□民 興隆佛法 國王寢膳> 塡臆 仰天呼佛 鳴"
57 『譯註韓國古代金石文』栢栗寺石幢記, "若我天下 佛教流行 蠕動之類 得昇人天 國豊民安 可通
    三韓 亦廣四海"

①은 비의 2면으로서 현재 비문 대부분이 결락되어 판독이 곤란하다. 인용 문에서 < > 부분은 『원화첩(元和帖)』 등을 통해 보충된 것이다. 하지만 이마 저도 내용이 온전하지 않아 한계를 가진다.

이 구절은 비의 서두로 추정되지만 이어지는 내용이 무엇인지는 알 수 없다. 뒤의 결락 부분이 어느 정도인지 가늠할 수 없기 때문이다. 다만 2면의 끝에 있는 '오(嗚)'가 3면의 '호내하(呼奈何)'로 이어지므로 < > 다음 부분은 2면의 말미에 해당한다. 그리고 비문은 7행 25자이므로 사이에 많은 내용이 들어갈 것이다.

원화 13년 뒤에는 비의 건립과 관련된 사적이 들어갈 것이 분명하지만 이 해에 비가 건립되었다고 단정할 수는 없다. 이 해의 사적과 비의 건립 사이에 많은 시차가 존재할 수 있다. 나아가 비를 다시 세우는 경우도 생각할 수 있으므로 여러 상황을 함께 고려해야 한다. 이에 대해서는 뒤에서 다시 언급할 것이다.

다음에 3면의 내용은 법흥왕대 이차돈의 순교 경위를 구체적으로 정리한 것인데, 불법의 전파와 관련하여 "삼한에 통하고 역시 사해로 넓힐 수 있을 것이다[可通三韓 亦廣四海]"라는 구절이 보인다. 해당 시기가 6세기임에도 신라를 '삼한'으로 지칭하고 있다. 이는 물론 비를 건립할 당시의 인식을 이차돈 사적에 투영한 것이다. 비의 건립 연도를 헌덕왕 10년으로 인정하면 이 시점에 신라는 자신의 정체성을 삼한으로 설정하고 있다고 판단할 수 있다.

그런데 의아한 것은 삼한과 더불어 사해(四海)에 대한 인식도 함께 나타난다는 점이다. 불법이 삼한에 통하고 또한 사해로 확장된다는 것은 삼한과 사해를 하나로 인식한 결과이다. 여기서 사해는 중국 중심의 천하를 말하는 것이 아니라 자신을 중심으로 설정한 천하를 표상하는 것으로, 내용상 삼한과 다르지 않다. 앞에서 "만약 우리 '천하'에 불교가 유행하면"이라고 한 것도 같은 맥락이다. 이에 따르면 '우리 천하'는 "삼한을 토대로 설정되는 사해"로 형상화된다.

그런데 사해는 '중국=해내'를 중심으로 주변의 '해외=사이'까지 아우르는 포괄적 천하관이기 때문에 중국과의 사대 외교 하에서는 사용하기 어렵다. 위 비문은 사대 외교에 구애되지 않는 태도를 보여준다는 점에서 여전히 당에 대한 사대 외교가 전개되고 있던 9세기 초에 나타날 수 있는지 의문이 든다.

이 문제는 두 가지로 생각할 수 있다. 하나는 중국과의 사대 외교를 고려하지 않은 '불교적 천하관'의 표현으로 보는 것이다. 명(明)에 대한 사대의식이 뚜렷했던 조선에서도 불교의 발원문 등에서는 천자에게만 적용되는 '만세(萬歲)' 등의 용어를 사용하였다. 마찬가지로 「이차돈순교비」에서도 그러한 불교적 천하관을 구사했다고 볼 수 있다.

다른 하나는 비의 건립 시기가 헌덕왕대보다 후대일 가능성이다. 실상 신라 금석문에서 9세기 이후 삼한에 대한 인식이 보편적으로 나타나는 반면, 사해의 천하관을 제시한 사례는 찾을 수 없다. 후술하듯이 「찰주본기」는 황룡사구층목탑의 건립이 삼한의 일통을 가져왔다고 명시하면서도 그에 조응하는 개념으로 '사해' 대신 '해동제국(海東諸國)'을 사용하였다. 앞서 9세기 초에 삼한과 연계된 사해의 천하관이 수립되었다면, 「찰주본기」에도 자신에 내항할 존재를 포괄하는 개념으로 사해를 채용했을 것이다.

사해를 통해 독자적인 천하관을 피력하는 것은 고려초기에 건립된 승려비에서 비로소 확인된다.

① 왕자는 사해를 집으로 삼고 만민을 아들로 삼는다.[58]
② 사해가 끓어오르고 삼한이 시끄러웠다.[59]
③ 걸어서 구름처럼 사해를 유람하니 가고 머무는 것에 그저 외로운 그림자만 벗할 뿐이었다.[60]

---

58 『譯註羅末麗初金石文』廣照寺眞澈大師寶月乘空塔碑, "王者 以四海爲家 萬民爲子"
59 『譯註羅末麗初金石文』無爲寺先覺大師遍光塔碑, "四海沸騰 三韓騷擾"
60 『譯註羅末麗初金石文』大安寺廣慈大師碑, "步而雲遊四海 行駐唯伴孤影"

④ 얼마 후 구천의 정가가 승하하고 사해의 금사가 끊어졌다는 것을 들었다.[61]

위의 사례들처럼 고려에서 건립된 승려비에는 사해가 자주 등장하지만 최치원의 「사산비명(四山碑銘)」을 포함해 신라에서 건립된 비문에는 사해가 보이지 않는다.

이렇게 보면 자신의 정체성을 삼한으로 설정하고 이를 중심으로 사해의 천하관을 피력한 것은 불교적 세계관의 표현으로만 보기 어렵다. 결국 「이차돈순교비」의 건립 시기가 고려초기로 내려갈 가능성이 제기된다. 이러한 해석은 「이차돈순교비」와 유사한 내용을 담고 있는 일념의 「촉향분예불결사문」에도 동일하게 적용된다.

이 글에는 「이차돈순교비」의 내용과 유사한 사적이 정리되어 있다.

① a. 타방의 보살이 세상에 출현하고 서역의 유명한 승려가 경내에 강림하였다. b. 이로 인해 삼한을 병합하여 나라를 이루고 사해를 덮어 집으로 삼으니, 덕스러운 이름을 하늘의 나무에 적고, 신비한 자취를 은하수 물에 드리웠다. c. 어찌 세 성인[아도·법흥왕·염촉을 말한다]의 위엄이 이루어낸 바가 아니겠는가. ② a. 그 뒤에 국통 혜륭, 법주 효원, 금상랑, 대통 녹풍, 대서성 진노, 파진찬 김억 등이 옛 무덤을 건축하고 풍비를 세웠다. b. 원화 12년 정유 8월 5일, 곧 제41대 헌덕대왕 9년으로, 흥륜사 영수 선사[당시에는 유가의 승려들은 모두 선사를 칭하였다]가 묘에서 예불하는 향도를 결성하여 매월 5일에 영혼의 신묘한 소원을 위해 단을 쌓고 범패를 행하였다.[62]

---

61   『譯註羅末麗初金石文』鳳巖寺靜眞大師圓悟塔碑, "俄聞九天之鼎駕昇遐 四海之金絲遏密"
62   『三國遺事』권3, 興法 原宗興法, "他方菩薩 出現於世 西域名僧 降臨於境 由是倂三韓而爲邦 掩四海(而)爲家 故書德名於天樹之樹 影神跡 於星河之水 豈非三聖威之所致也[謂我道法興厭髑也] 降有國統惠隆 法主孝圓 金相郎 大統鹿風 大書省眞怒 波珍喰金嶷等 建舊塋 樹豊碑 元和十二年 丁酉八月五日 卽第四十一憲德大王九年也 興輪寺永秀禪師[于時 瑜伽諸德皆稱禪師] 結湊斯塚 禮佛之香徒 每月五日 爲魂之妙願 營壇作梵"

위에서 ①은 불교가 전래되어(a) 그 덕에 통일을 이루었으니(b) 이는 불교 정착에 공을 세운 세 사람 덕이라고 말한 것이다. 그리고 ②는 이차돈을 기리기 위해 묘소를 정비하고 비석을 세운 사적(a)과 묘소에서 예불하는 향도를 결성한 사적(b)을 정리한 것이다.

①-b는 삼한을 통일하여 나라를 이루었다는 인식과 사해를 아우르는 천하의 수립을 말한 것으로서 삼한일통의식과 사해의 천하관이 뚜렷하게 피력되고 있다. 뒤에 이어지는 사적이 신라 때의 것이어서 이 또한 신라의 '통일'을 말하는 것으로 이해할 수 있어 보인다.

그런데 통일이라는 직접적인 현상을 지목하며 사해로 표상되는 천하의 구성을 말한 것은 통상 고려의 후삼국 통일에 적용되는 것이다. 고려의 통일은 삼한의 통합인 동시에 새로운 천하의 구성이었기 때문에 삼한과 사해 인식이 중첩적으로 나타나고 있었다. 불법의 힘으로 통일을 달성했다는 인식도 마찬가지이다. 주지하듯이 태조 왕건은 훈요십조(訓要十條)에서 자신의 대업, 곧 후삼국 통일이 부처에게 힘입은 것이라고 말하였다. 결국 ①은 불법의 전래와 그에 따른 궁극적 귀결로서 고려의 통일을 제시한 것으로, 이것이 이차돈을 포함한 세 성인의 공적임을 말함으로써 이차돈을 기리는 사적(②)을 유도한 것이다.

그런데 이렇게 보면 결사문의 작성 시점도 문제가 된다. 일연은 이 글이 "원화중(元和中)"에 작성된 것으로 보고 있다. 이는 본문 중에 "원화 12년 8월 5일"이 나오는 데 근거한 것이다. 문제는 그 뒤에 "곧 제41대 헌덕대왕 9년이다"라는 설명이 나오는 것이다. 일연이 덧붙인 것이라면 응당 '선사(禪師)'에 대한 설명처럼 세주로 들어갈 것이다. 본문에 직접 기술된 이 부분은 일념의 글에 들어 있던 것이며, 이를 포함한 일념의 글은 헌덕왕대의 것이 될 수 없다.

원화 12년이 어떤 사적의 시점을 나타내는 것인지도 문제가 된다. 통상 연도를 포함하고 있는 b의 내용이 a의 "풍비(豊碑)를 세웠다"에서 이어지는 내용으로 보고 비의 건립 시점을 나타낸다고 이해하였다. 하지만 이 경우 영수

(永秀) 선사가 이차돈의 묘에서 예불하는 향도(香徒)를 결성한 시점이 제시되지 않는 문제가 발생한다.

비의 건립 사적은 서두에 "그 뒤에[降有]"라고 표시되어 있다. 이는 앞의 세 성인 사적에서 후대로 내려온 시점을 나타낸다. 문맥으로 보더라도 풍비를 세운 뒤에 바로 원화 12년을 표시한 것은 선행 사적의 시점 표시라기보다는 새로운 시점의 사적을 설명하는 쪽에 가깝다. 원화 12년은 앞에 있는 풍비 수립 시점이 아니라 뒤에 이어지는 영수 선사의 향도 결성 시점으로 보아야 한다.

특히 영수 선사가 시작한 예불 행사가 매월 5일에 행해졌다는 점이 주목된다. 이는 "원화 12년 8월 5일"이라는 세밀한 시간 표시와 연결된다. 곧 영수 선사가 5일에 예불을 시작했기 때문에 이후 계속 5일에 행사가 이루어졌다고 이해되는 것이다. 이렇게 보면 원화 12년은 예불 향도가 시작된 시점이라는 것이 더 분명해진다.

그렇다면 국통(國統) 혜륭(惠隆) 등이 비를 건립한 것은 헌덕왕 9년 이전의 일이 되며, 헌덕왕 10년의 사적을 포함한 「이차돈순교비」 또한 혜륭 등이 건립한 비가 될 수 없다. 그리고 일념이 결사문을 작성한 시점도 원화 연간보다 후대여야 한다. 앞서 지적했듯이 사해 인식이 전면화되는 것은 나말려초의 일이며, 대개 고려에서 작성된 비문에서 확인된다. 따라서 삼한일통의식과 사해의 천하관을 명확하게 투영한 일념의 결사문도 고려에 들어와 작성된 것이 분명하다. 그런데 일연은 실제 작성 시점이 나오지 않은 결사문 중에 원화 연호가 나오는 것을 보고 이것이 '원화중'에 지은 것이라고 오해한 것이다.

이상의 내용을 종합해 보면, 이차돈 묘에서 이루어진 예불 향도는 헌덕왕 9년, 혹은 10년부터 시작되었고,[63] 일념이 말하는 결사는 고려에 들어와 이루어진 것으로 정리된다. 아마도 영수 선사가 결성한 향도는 이후 폐지되었다가 일념이 행사의 복구를 시도하면서 결사문을 작성한 것이 아닐까 한다.

---

63 비문은 8월 10일, 결사문은 8월 5일로 적고 있는데, '十'은 '五'의 오독일 가능성이 있다.

그리고 향도 결성에 앞서 국통 혜륭 등이 주도한 이차돈 비의 건립이 있었지만 이것이 현존하는 「이차돈순교비」는 아니다. 다만 비의 건립 및 향도 결성에 대한 전승이 있었고, 이를 토대로 건립된 것이 현존 「이차돈순교비」라고 이해된다. 이때 혜륭 등의 비 건립 시점을 추정하는 단서로 「이차돈순교비」의 다음 기사가 주목된다.

눈물을 날리며 시신을 보내 북산에 장사를 지내고 서산에 사당을 세웠다. 법흥왕 즉위 대동 15년 을미에서 지금 당 영태 2년 병오까지 253년인데, 이때 노백이 채찍을 들고 배회하며 고을 어귀에 이르러 옛 무덤을 바라보니 한 분묘에서 홀연히 유혼이 나왔다. 노백이 위로하여 말하기를, (후략)[64]

위의 기사는 비의 6면 내용 중 일부로서 이차돈 순교에서 253년 후인 영태(永泰) 2년, 곧 혜공왕 2년(766)에 발생한 사적에 대해 적은 것이다. 이차돈의 순교는 법흥왕 15년의 일인데, 중국의 대동(大同) 연호의 사용 시기와 맞지 않는다. 이 구절은 대동을 법흥왕의 연호로 오해한 결과가 아닌가 한다.[65]

한편 영태 2년 기사는 노백(老魄)이 유혼(幼魂)과 나눈 대화를 담고 있다. 비문의 결락으로 자세한 전말은 알 수 없으나 현실성이 없는 이야기가 수록된 것은 이것이 어떤 조치의 배경으로 인식되었기 때문이다.[66] 이렇게 보면 이 시점이 바로 결사문에서 언급한 비 건립과 관련된 전승을 담은 것이 아닐까 한다. 국통 혜륭 등이 '구영(舊塋)'을 수축하고 비석을 세웠다는 것과 위의 전

---

64 『三國遺事』 권3, 興法 原宗興法, "揮淚送殯 葬屍北山 立廟西山 彼法興王卽位大同十五乙未年來 今於唐永泰二年丙午 二百五十三 時有老魄 孜策便旋 至於邑際 觀望舊墳 於中 一墳 忽出幼魂 老魄弔曰(후략)"

65 『삼국사기』에는 나타나지 않지만 법흥왕 즉위 후 大同 연호를 사용했을 가능성도 생각할 수 있다.

66 혜공왕이 김유신 원찰인 鷲仙寺에 功德寶를 세우게 되는 계기로 미추왕과 김유신 혼령의 대화가 제시된 것에서 유사한 서사를 찾을 수 있다(『三國遺事』 권1, 紀異 未鄒王竹葉軍).

승에서 '구분(舊墳)'을 언급한 것도 두 내용의 연관성을 시사한다.

그렇다면 이차돈 순교 후 영태 2년에 이르러 그의 묘에 비가 건립되었고, 헌덕왕대 이곳에서 예불하는 향도가 결성되었던 것으로 이해할 수 있다. 그리고 고려에 들어와 현존하는 「이차돈순교비」가 건립되었고, 예불을 위한 결사도 새롭게 결성되었던 것이다.

「이차돈순교비」와 일념의 결사문은 이차돈의 사적을 정리하면서 약간의 차이를 보인다. 향도의 결성 시점을 「이차돈순교비」는 원화 13년으로, 결사문은 원화 12년으로 정리한 것이 그 예이다. 또한 전자는 첫 비의 건립 시점으로 추정되는 영태 2년의 사적이 제시된 반면, 후자는 첫 비의 건립 시점을 명시하지 않았다. 이러한 차이는 두 자료의 작성 시점이 원화 연간보다 훨씬 후대로서 전승 과정에서 차이가 생겼기 때문으로 짐작된다.

물론 비의 결락이 심한 상황에서 주요 사적의 시점을 명확히 판단하기는 어렵다. 하지만 삼한과 사해 인식을 담은 현존 「이차돈순교비」는 9세기 초에 건립되었을 가능성은 낮으며, 내용상 고려 때 건립되었다고 보는 것이 타당하다.

2) 신라말에 보이는 삼한일통의식

9세기 신라말 제작 시점이 분명하지 않은 「이차돈순교비」를 논외로 하면, 신라 하대 금석문 중에서 가장 먼저 삼한 용례가 발견되는 것은 김입지가 찬술한 「성주사비」이다.[67] 이 비는 최치원이 찬술한 「성주사낭혜화상비」에 앞서 성주사에 건립된 것으로서 최치원의 비문에도 인용되어 있다.[68] 현재 성주사지에서 발견된 여러 개의 비편이 「성주사비」로 파악된다.

---

67 비문의 구체적인 내용과 건립 배경 등은 본서 5부 2장에서 다룰 것이다. 여기서는 삼한일통의식의 출현 시기를 가늠하는 선에서 다룬다.

68 『譯註韓國古代金石文』聖住寺郞慧和尙碑, "故翰林郞金立之所撰聖住寺碑 叙之詳矣"

최치원이 「성주사비」에 기록된 내용이라고 밝힌 것은 낭혜의 행적과 더불어 단월들의 참여로 성주사를 창건하게 되는 경위이다. 이로 보아 「성주사비」는 낭혜 생전에 사찰의 창건을 중심으로 작성된 것이며, 「성주사낭혜화상비」는 낭혜 입적 후 그의 일대기를 중심으로 정리한 것으로 판단할 수 있다.

현재 남아 있는 비편에는 문성왕대에 죽은 위흔(魏昕), 곧 김양(金陽)이 나오고 있어 비의 건립 시점을 추정할 수 있다. 그는 신무왕 즉위에 공을 세운 뒤 정계의 핵심으로 떠올랐으며, 문성왕 19년(857)에 사망하였다. 비의 건립은 그 이전일 것이므로 대략 9세기 중반에 건립된 것으로 볼 수 있다.

단편적이고 불완전한 구문만 파악되기 때문에 정확한 내용을 알기 힘들지만, 비문 중의 "□한정족(韓鼎足)"과 진한(辰韓)이 주목된다.[69] '□한'은 그 뒤에 셋을 상징하는 '정족'이 오는 것에서 '삼한'임을 쉽게 알 수 있다. 또한 뒤에 '백제국(百濟國)'이 언급되고 있어 삼한이 삼국을 말한다는 것도 확인된다. 같은 비편의 '진한'은 신라를 가리킨다.

이처럼 「성주사비」가 건립되던 시기 신라는 백제를 포함하여 삼국을 삼한의 범주로 묶어 인식하였고, 신라 자신을 그 하나인 진한으로 간주하였다. 따라서 늦어도 9세기 중반에는 신라의 역사의식이 독자 연원에서 삼한(진한) 기원으로 바뀌었음을 판단할 수 있다.

현존하는 비편에서는 삼한과 연결되는 '일통' 인식은 직접 확인되지 않는다. 하지만 신라가 삼한의 정체성을 설정하고 자신을 진한으로 인식했으므로, 논리적으로 이는 일통으로 귀결될 수밖에 없다. 곧 삼한의 정체성은 신라의 역사의식으로서 삼한일통의식의 수립을 반영하는 것이다.

삼한일통의식이 뚜렷하게 확인되는 대표적인 금석문으로는 「찰주본기」가 있다. 황룡사구층목탑은 선덕여왕 14년(645)에 자장(慈藏)의 요청으로 건립

---

69 『譯註韓國古代金石文』金立之撰聖主寺碑

되었으며,[70] 경문왕 11년(871)에 왕명으로 개조하였다.[71] 「찰주본기」를 새긴 사리함은 개조 때 만들어 넣은 것으로서 경문왕 12년(872)에 제작되었다.

「찰주본기」에는 탑의 건립을 '일통삼한'과 연결하는 인식이 보인다.[72]

> 그 14년 을사에 처음 짓기 시작하여 4월에 □□하고, 찰주를 세웠다. 이듬해 공역을 마치니 철반 이상의 높이가 7보이고 이하의 높이가 40보 3척이다. 과연 삼한을 합쳐 □□를 이루니 군신이 안락하였다.[73]

「찰주본기」에는 탑과 관련된 사적이 정리되어 있는데, 위의 기사는 선덕여왕 14년에 탑을 건립한 상황을 적은 것이다. 주목되는 것은 탑의 건립이 가져온 결과를 "과연 삼한을 합쳤다[果合三韓]"라고 제시한 것으로, 이는 7세기 신라의 전쟁을 '일통삼한'으로 설명하고 있음을 분명하게 보여준다.

이 내용을 앞의 「성주사비」와 연결해 보면, 문성왕-경문왕대를 거치면서 신라의 삼한일통의식이 확립되었음을 판단할 수 있다. 실제 이후에 제작된 금석문 자료에는 보편적으로 삼한일통의식이 표현되고 있다.

우선 「찰주본기」와 같은 해에 건립된 「대안사적인선사비」에서 삼한에 대한 언급을 찾아볼 수 있다. 비문 중 대안사가 위치한 곳의 경관을 묘사한 부분에서 이곳을 "삼한의 명승지"로 칭하고 있다.[74] 삼한이 공간 인식의 준거가 된 것이다.

특히 대안사가 위치한 곡성군은 구 백제 지역으로, 본래 신라가 아니었

---

70 『三國史記』권5, 新羅本紀5 善德王 14년 3월, "創造皇龍寺塔 從慈藏之請也"

71 『三國史記』권11, 新羅本紀11 景文王 11년 정월, "王命有司 改造皇龍寺塔"

72 명문의 구체적인 내용과 건립 배경 등은 본서 6부 1장에서 다룰 것이다.

73 『譯註韓國古代金石文』皇龍寺九層木塔舍利函記, "其十四年 歲次乙巳 始構建 四月□□ 立利柱 明年乃畢功 鐵盤已上 高[七][步] 巳下高卅步三尺 果合三韓 以爲□□ 君臣安樂"

74 『譯註韓國古代金石文』大安寺寂忍禪師碑, "谷城郡東南有山 曰此桐裏 中有舍名曰大安 其寺也 千峰掩映 一水澄流 路逈絶而塵侶到稀 境幽邃而僧徒住靜 龍神呈之瑞異 蟲蛇道其毒形 松暗雲深 夏凉冬燠 斯三韓勝地也"

던 지역을 삼한의 범주에 넣고 있다. 이는 당시 신라를 삼한으로 인식하는데 따른 것으로서 '일통삼한'의 결과로 수립되는 것이다. 이를 「찰주본기」의 "과연 삼한을 합쳤다"와 연결해 보면, 신라는 삼한을 통합했으며 그렇게 통합된 신라 또한 삼한으로 칭해졌다는 것을 알 수 있다.

다음에 헌강왕 10년(884)에 건립된 「보림사보조선사비」에는 "어찌 사계(沙界)에서 생령(生靈)을 구원할 뿐이겠는가. 실로 삼한에 성화(聖化)를 돕기도 하는 것이다"[75]라고 하여 당시 사회를 '삼한'으로 지칭하고 있다. 여기서 삼한은 성화의 대상으로서 「대안사적인선사비」에서 "삼한의 명승지"라고 한 것과 같은 맥락을 띤다.

진성여왕 4년(890)에 건립된 「월광사원랑선사비」에는 더욱 뚜렷한 삼한일통의식이 확인된다.

> 옛날 우리 태종대왕께서 백성이 도탄에 빠진 것을 통분하고 □해가 □□한 것을 □하여 삼한에 전란이 끝나고 일통을 이룩한 날 … □□의 재앙을 영원히 없앴다.[76]

위의 비문은 결락이 심해 내용 파악이 어렵지만 구문 구조를 통해 대체적인 맥락을 이해할 수 있다. 이 중 태종대왕(무열왕)의 공업과 관련하여 "삼한에 전쟁이 끝나고 일통의 과업을 이룩한 날"이라고 언급하고 있다. 단순히 '일통삼한'의 상황만을 말한 것이 아니라 이를 무열왕의 공업으로 수렴하고 있다.

---

75 『譯註韓國古代金石文』寶林寺普照禪師碑, "豈唯濟生靈於沙界 實亦裨聖化於三韓"
76 『譯註韓國古代金石文』月光寺圓朗禪師碑, "昔我太宗大王 痛黔黎之塗□ □□海之□□ 止戈三韓之年 垂衣一統之日 被□□□之□ 永除□□之災"
　여기서 '□海'는 삼한과 사해가 대구로 나오는 사례에 비추어 보면 '四海'로 추정할 수도 있다. 그러나 이 구문에서 '三韓'은 뒤의 '一統'과 대구를 이루며, '□海'는 앞의 '黔黎'와 대구를 이룬다. 여기서 '□海'가 백성에 대응하는 공간을 표상할 것임을 알 수 있는데, 여기에는 東海나 鯷海·濱海 등이 모두 가능하므로 '사해'로 특정할 수 없다.

이러한 내용은 "김유신을 얻어 일통삼국을 이루었다"라는 태종 시호 기사의 인식[77]과 확연한 차이를 보인다. 무열왕대의 전쟁을 일통의 이념으로 이해하는 점에서는 상통하지만, 그 초점이 김유신이 아니라 무열왕으로 바뀐 것이다. 신라의 삼한일통의식은 하대 초기 김유신의 공업에 대한 평가에서 출발했으나 신라말에 이르러 무열왕에 대한 평가로 전환되었음을 짐작할 수 있다. 당초 '일통삼국'으로 제시했던 태종 시호의 의미가 '일통삼한'으로 확정되는 것도 이러한 추세와 맥을 같이 한다.

같은 비문에서 선사의 입적과 관련하여 "이름이 삼한에 실리고[名載三韓]"라고 하여 선사의 이름과 행적이 없어지지 않을 것임을 표현한 부분도 보인다. 이는 공간적 대상으로 신라를 삼한으로 표현한 것으로, 역시 신라의 삼한 정체성을 반영한다.

한편 9세기 중엽 이후로는 신라를 삼한으로 인식하는 이면에서 그 연원을 진한으로 연결하는 모습도 보인다. 이는 전술한 「성주사비」에서 먼저 확인된다. "진한경읍(辰韓京邑)"이란 곧 신라의 왕경을 가리킨다. 신라는 삼한을 일통하였고 그렇게 통합된 삼한으로 자신을 표현했지만 한편으로 통합 이전을 나타낼 때에는 자신을 진한으로 연결하였다.[78]

이러한 사례는 정강왕 원년(886)에 건립된 「선림원지홍각선사비」에서도 찾아볼 수 있다.

위대한 불일은 모든 땅에 두루 융성하지만, 법□은 방향을 가려 진한에 흘러오지 않았다.[79]

이 비는 상단과 하단이 모두 손상되어 전후 맥락을 파악하기 어렵다. 다만

---

77 태종 시호 기사의 성격에 대해서는 본서 3부 1장 참조.
78 신라의 진한 인식이 가지는 의미와 배경에 대해서는 본서 6부 2장 참조.
79 『譯註韓國古代金石文』禪林院址弘覺禪師碑, "大哉 佛日有土 皆周盛乎 法□簡方 不流辰韓"

위의 기사는 불일(佛日), 곧 부처의 지혜가 모든 세상에 비추는 것으로서 보편성을 가지지만 불법의 전래는 단계가 있어 진한에는 미처 들어오지 못했다는 내용으로 파악된다. 곧 불법의 신라 전래 과정을 염두에 둔 서술인 것이다.

이때 신라를 가리켜 '진한'이라 한 것은 '일통삼한' 이전의 상황을 나타낸다. 신라가 7세기 전쟁을 통해 삼국을 통합했다고 표방하며 삼한을 자신의 정체로 삼았지만, 전쟁 이전을 나타낼 경우에는 삼한 중에서 진한으로 연결한 것이다. 이러한 인식은 신라의 '일통삼한'을 전제로 수립되는 것이어서 그 자체로 삼한일통의식의 표현으로 이해할 수 있다.

이처럼 「성주사비」 이후 신라말에 건립된 금석문에는 '일통삼한' 이념이 보편화되는 것을 확인할 수 있다. 삼한은 일통의 대상인 동시에 일통에 의해 수립되는 결과로 설정되었다. 신라는 삼한을 일통하였고, 그렇게 통합된 신라 또한 삼한으로 간주된 것이다. 이것은 신라가 삼한으로 규정되는 하나의 통합된 실체를 이루게 되었다는 이념이다. 아울러 통합 이전과 연결할 때 신라는 삼한의 하나인 진한으로 인식되었다.

3부
7세기 설의 근거 자료 비판2:문헌 자료

1장_ 태종 시호 기사의 삼한일통의식
2장_ 김유신 사적과 삼한일통의식

1장_ 태종 시호 기사의 삼한일통의식

1. 태종 시호 기사의 비판적 검토

1) 『삼국사기』의 태종 시호 기사

7세기 신라의 삼한일통의식을 설명하는 대표적인 문헌 자료는 무열왕이 '일통삼한(一統三韓)'의 공업으로 인해 태종(太宗)이라는 칭호를 받았다는 기사이다. 『삼국사기』 신라본기 신문왕 12년(692)조에는 무열왕의 태종 시호(諡號)[1]를 둘러싸고 당과 신라 사이에 전개된 논변이 실려 있다. 당은 신라에서 '태종'이라는 묘호(廟號)를 사용한 것을 문제 삼았고, 신라는 무열왕이 '일통삼한'의 공업으로 인해 '태종'이라는 시호를 받았다고 변명하였다. 이를 근거로 그동안 7세기 전쟁을 삼한일통의식의 표현으로 평가하거나 적어도 신문왕대의 정치 이념으로 이해하였다.

그러나 기사 내용을 통해 무열왕의 태종 시호와 삼한일통의식을 논하기에 앞서 해당 기사의 자료적 속성에 대한 검증이 필요하다. 같은 사건을 담은

---

1 무열왕의 태종 칭호는 廟號에서 가져온 것이지만 『삼국사기』 기사에서는 '諡號'로 적고 있고, '무열왕' 대신 '태종왕'이 보편적으로 쓰인 것에서 드러나듯이 실제 기능도 시호에 상응하였다. 이에 명확한 의미 구분이 필요한 경우가 아니면 '시호'로 칭한다.

기사가 『삼국유사』 태종춘추공(太宗春秋公)조에도 실려 있는데, 기본 맥락은 같지만 내용 구성이나 표현 등에서 상당한 차이가 보이기 때문이다. 일례로 문제를 제기한 주체가 『삼국사기』에는 중종(中宗)으로, 『삼국유사』에는 고종(高宗)으로 되어 있다. 논변의 전개 방식도 다르고, 그 과정에서 구사되는 논리나 논변이 마무리되는 경위도 차이가 있다.

이에 대해서는 일찍이 검토가 있었다. 여기서 두 기사의 공통점과 더불어 차이점을 확인하고 각각에 반영된 인식 차이를 지적하였다. 그리고 태종 시호를 둘러싼 분규가 당 사신의 농간으로 야기된 것이라고 이해하였다.[2] 하지만 태종 시호에 대한 해석을 그대로 인정한 위에서 신라-당 관계와 태종 시호의 제정을 고찰함으로써 자료의 성격에 관해서는 두 책의 시각 차이를 지적하는 단계에 머물렀다. 이후 이를 다룬 연구들도 대개 『삼국사기』 기사를 준거로 하면서 사건의 존재를 인정했기 때문에 태종 시호와 '일통삼한' 명분에 대해서도 의문을 품지 않았다. 그러나 같은 사건을 다룬 두 기사에 내용적인 차이가 있다는 것은 사건의 시점이나 논변의 성격에 대한 '변형'의 가능성을 시사한다. 『삼국사기』에 실린 내용이 사실이 아닐 수 있다는 뜻이다. 따라서 태종 시호 기사의 원전이 당초 어떤 내용이었는지, 그리고 이것이 채록되는 과정에서 어떤 변형이 있었는지 따져보아야 한다. 그리고 내용에 따라서는 사건이 실제로 있었던 것인지, 아니면 후대에 가공한 것인지도 짚어보아야 한다.

이것은 태종 시호 기사의 내용과 논리의 문제점을 확인하는 데서 출발한다. 이에 두 책에 실린 기사 내용을 분석하고, 양자를 대조하여 기사의 원전과 변형을 파악함으로써 사건과 시호 명분의 사실성까지 검증해 보기로 한다. 먼저 『삼국사기』에 수록된 태종 시호 기사부터 검토해 보자. 기사 전문을 인용하면 다음과 같다.

---

2   黃雲龍, 1982 「新羅 太宗廟號의 紛糾始末」 『東國史學』 17

① 당 중종이 사신을 보내 구칙을 내렸다. 칙에 이르기를, "우리 태종 문황제께서는 신공과 성덕이 천고를 뛰어넘기에 승하한 날에 묘호를 태종이라 했는데, 너희 나라 선왕 김춘추가 그와 동일한 칭호를 사용하니 매우 참월하다. 조속히 개칭해야 할 것이다"라고 하였다. ② 왕이 여러 신하들과 더불어 의논하여 대답하기를, "소국의 선왕 춘추의 시호가 우연히 성조의 묘호와 서로 저촉되어 칙령으로 고치도록 했으니 신이 감히 명한 대로 따르지 않을 수 있겠습니까. 그러나 생각하건대 선왕 춘추는 자못 현덕이 있고, 하물며 생전에 양신 김유신을 얻어 한마음으로 정치를 펼쳐 삼한을 일통했으니 그 공업을 이룬 것이 많지 않다고 할 수 없으며, 세상을 떠날 때 온 나라의 신민들이 애모를 이기지 못해 추존의 칭호를 올렸으니 성조와 서로 저촉된다는 것을 깨닫지 못했습니다. 지금 교칙을 들으니 두려움을 이기지 못하겠습니다. 바라건대 사신은 궐정에 복명해 주십시오"라고 하였다. ③ (사신이) 이로써 아뢰니 뒤에 다시 별도의 칙이 없었다.[3]

위의 기사는 당 중종의 구칙(口勅)과 그에 대한 신라의 답변, 그리고 처리 결과로 구성되어 있다. 중종은 무열왕의 태종 시호가 당 태종이 묘호와 같아 참월하다며 개정을 요구하였다.

『삼국사기』 신라본기의 무열왕 기사 말미에는 "시호는 무열이다[諡曰武烈]"라고 하여 처음 '무열'이라는 시호를 올린 것이 명시되어 있다. 그리고 뒤이어 "태종이라는 칭호를 올렸다[上號太宗]"라고 하여 '태종'이 시호인지 묘호인지 분명치 않다. 권두 목록에는 '태종왕(太宗王)'으로, 항목 도입에는 '태종무열왕(太宗武烈王)'으로 되어 있다.

3　『三國史記』 권8, 新羅本紀 8 神文王 12년, "唐中宗遣使口勅 勅曰 我太宗文皇帝 神功聖德 超出千古 故上僊之日 廟號太宗 汝國先王金春秋 與之同號 尤爲僭越 須急改稱 王與羣臣同議 對曰 小國先王春秋諡號 偶與聖祖廟號相犯 勅令改之 臣敢不惟命是從 然念先王春秋頗有賢德 況生前得良臣金庾信 同心爲政 一統三韓 其爲功業 不爲不多 捐館之際 一國臣民 不勝哀慕 追尊之號 不覺與聖祖相犯 今聞教勅 不勝恐懼 伏望使臣復命闕庭 以此上聞 後更無別勅"

무열왕은 이후 통상 '태종왕'으로 불리고 있어 그 속성이 여타 국왕의 시호에 조응한다. 따라서 무열왕의 태종 칭호는 묘호보다는 시호로 간주하는 것이 타당할 듯하다. 물론 태종이 종묘를 매개로 설정되는 묘호에서 비롯된 것이 분명하고, 따라서 후술하듯이 그 의미도 묘호의 속성을 가져온 것이다. 하지만 제정된 명칭 자체는 시호를 대신하는 데 주된 의미가 있었다. 신라에서 '무열왕'이라는 명칭이 거의 사용되지 않은 것은 양자가 실질적으로는 대체 관계였음을 시사한다. 시호의 추상(追上)은 기존의 것에 '추가'하는 경우가 많지만, 무열왕의 경우에는 대개 추상된 시호만 쓰고 있어[4] '개정'의 의미를 강하게 내포한다.

당 중종의 지적에 대해 신라는 '일통삼한'의 공업을 기리기 위한 것이었다고 설명하였다. 이것은 무열왕의 태종 시호가 특별하고 예외적임을 말한 것이다. 이 설명을 그대로 수용할 경우, 신라의 전쟁은 '일통삼한'의 이념에 입각한 행위가 될 수 있다.

이에 대해 무열왕 때에는 백제를 공멸했을 뿐이고 고구려는 문무왕 때 비로소 멸망했기 때문에 무열왕에게 곧바로 '일통삼한'의 공업을 적용할 수 없다는 지적이 있었다. 이 견해는 태종 시호와 관련된 인식도 신문왕대에 비로소 수립되었다고 이해하였다.[5] 이것은 7세기 전쟁과 삼한일통의식을 직접 연결하는 것을 비판하는 입론이지만, 적어도 기사의 배경 시점인 신문왕대에는 정치 이념으로서 삼한일통의식의 존재를 인정한 것이다. 논란의 여지는 있어도 사료의 시점과 중국과의 논변, 그리고 태종 시호와 '일통삼한'의 관계에 대해서는 부정하지 않았다. 결과적으로 신라 중대 초기 정치 이념으로서 삼한일통의식이 실체적으로 성립하는 것이다.

그럼에도 해당 기사에 제시된 태종 시호의 의미가 후대의 인식에 의해 수

4 　'태종무열왕'이라는 칭호는 「무열왕릉비」 이수의 제액과 『삼국사기』 무열왕 항목의 서두에서만 확인된다.

5 　김영하, 2010 「一統三韓의 실상과 의식」 『韓國古代史硏究』 59

립되었음을 지적한 점은 주목할 필요가 있다. 여기서 한 걸음 더 나아가면 해당 사건의 실체는 물론 그 안에 담긴 태종 시호의 의미도 새롭게 이해할 여지가 생기기 때문이다. 이에 아래에서는 태종 시호 기사에 담긴 제반 문제점을 짚어보기로 한다.

먼저 지적할 점은 기사가 편집된 위치이다. 이 기사가 포함된 신문왕 12년조를 보면, 먼저 "봄에 대나무가 말랐다[竹枯]"라는 기사가 있고, 이어 태종 시호 기사가 있으며, 그 뒤에 7월의 신문왕 훙서 기사가 이어진다. 이것은 태종 시호 기사가 실제 '신문왕 12년'의 일로 파악되어 들어간 것이 아니라 막연히 '신문왕 때의 일'로 간주된 상태에서 신문왕대 말미에 삽입되었음을 시사한다.

다시 말해 신문왕 때의 일로 이해하면서도 구체적인 시점을 알 수 없기에 가장 마지막에 넣은 것이다. 다만 신문왕 재위 중의 일이어야 하므로 훙서 기사보다 뒤에 들어갈 수는 없다. 이러한 위치로 인해 처음 편집 의도와 별개로 신문왕 12년의 일로 이해될 여지가 생긴다.

이를 통해 태종 시호 기사는 연대기 편찬의 일반적인 전거 자료 외에 별도의 자료에서 채용된 것이며, 여기에는 논변이 신문왕 때의 일로만 되어 있을 뿐 정확한 연기가 기재되지 않았다는 것을 알 수 있다. 외교 사절의 왕래가 가지는 정치적 의미가 각별하고 실제 사행 기사가 대개 연월까지 밝히고 있다는 점, 그리고 신라 중대에 당 사신의 도래가 흔치 않았다는 점 등을 고려하면, 원전 자료에 사신의 도래 시점이 명시되지 않았다는 것은 납득하기 어렵다. 이것은 근본적으로 이 사건이 신문왕 때의 일이 아니거나 사건 자체가 실재하지 않은 것일 수 있다는 심증을 제공한다. 원전 자체가 다른 목적에서 생성되거나 윤색되었을 가능성이 있다는 것이다.

논변을 일으킨 주체가 당 중종으로 된 점은 많은 논란의 소지를 안고 있다. 이 시기 당은 측천무후(則天武后)가 집권하고 있었다. 신문왕이 훙서하고 효소왕이 즉위하자 당은 사신을 보내 조문했는데, 그 주체가 측천무후로 명시되어 있다.[6] 이 때문에 태종 시호 문제를 제기한 실질적인 주체는 측천무후이지만 정치적 판단에 따라 중종의 구칙이라는 형식을 빌렸다고 보기도 한다.[7]

그러나 효소왕 즉위에 따른 사신 파견이 분명한 상황에서 태종 시호 기사까지 인정하면 당에서 한 해에 두 차례 사신이 온 것이 된다. 이것은 당시 당과 신라의 외교 상황을 감안할 때 현실성이 떨어진다. 신문왕 재위 기간 중당의 사신은 즉위 직후에 온 책봉 사신이 유일하다. 효소왕대에도 즉위 직후 신문왕 조문과 효소왕 책봉을 위한 사신이 왔을 뿐이다. 따라서 신문왕 12년의 당 사신은 인정하기 어렵다.

이에 이 사건이 실제로는 신문왕 즉위 때 온 사신에 의해 제기된 것으로 이해하기도 한다.[8] 그러나 그러한 관계성이 상정된다면 당초 이 기사는 해당 사신 기사에 함께 정리되었을 것이다. 이 기사가 신문왕 원년이 아니라 신문왕 12년, 정확히는 신문왕 말미의 추가 기사로 들어갔다는 것은 양자의 관계가 고려되지 않았다는 것을 의미한다. 따라서 이 기사를 신문왕 원년의 일로 소급하는 것도 무리가 있다.

한편 중종이 구칙으로 문제를 제기했다는 설명도 내용의 신빙성을 떨어뜨린다. 신라 국왕이 당의 책봉을 받는 사대 외교에서 묘호의 저촉 문제는 '참월'로 지적되는 데서 드러나듯이 중대한 사안이었다. 신라가 종묘제도를 도입했음에도 시조 미추왕(太祖)과 무열왕(太宗), 그리고 열조(烈祖) 묘호를 받은 것으로 파악되는 원성왕을 제외하면 묘호를 채용한 사례가 확인되지 않는다. 이것은 물론 사대의 명분에 저촉되기 때문으로, 외교에서 묘호가 가지는 중대성을 반영한다. 고려가 원의 간섭을 받으면서 묘호가 폐지된 것에서 그 의미를 읽을 수 있다. 만약 조선처럼 사대에도 불구하고 묘호 사용이 용인되었다면 신라 역시 묘호가 지속적으로 제정되었을 것이다.

---

6   『三國史記』 권8, 新羅本紀8 孝昭王 원년, "唐則天遣使吊祭"

7   金子修一, 2001 「中國의 입장에서 본 三國統一」 『韓國古代史研究』 23, 11쪽

8   權悳永, 2005 「8-9세기 '君子國'에 온 唐나라 使節」 『新羅文化』 25, 97쪽

이러한 문제를 공식 문서가 아니라 구칙으로 전달했다는 것은 상식에서 벗어난다. 이 때문에 사신의 농간으로 문제가 발생했다는 해석이 나오기도 하지만,[9] 사신이 황제의 구칙을 사칭했다는 것도 생각하기 어려운 일이다. 더구나 무열왕의 공업을 찬양한 신라의 답변 정도에 상황이 수습되었다고 보는 것도 수긍하기 어려운 대목이다.

애초 당에서 무열왕의 태종 시호를 몰랐거나 외교적으로 문제 삼지 않았다고 보는 것은 가능하다. 하지만 일단 그 내용을 알고 문제를 제기했다면 이는 대단히 공식적인 절차를 통해 진행되었을 사안이다. 정식 문서도 아닌 구칙과 그에 대한 답변이 상세하게 자료에 남은 것도 이상한 일이다.

중종의 구칙이 등장하는 것은 당시가 측천무후 집권기로서 문서 발송의 주체 또한 측천무후였기 때문이다. 문제 제기의 주체를 당의 황제로 설정한 상태에서 이를 신문왕대 말미에 넣었을 때, 해당 황제를 측천무후로 적을 수 없기에 '중종'으로 간주하였고, 그가 외교 문서의 발송 주체가 될 수 없기에 '구칙'으로 처리한 것이다. 이것은 당의 황제를 추정해 넣은 것이 아니라 원전의 것을 변형한 것으로 파악되는데, 이에 대해서는 뒤에서 다시 언급할 것이다.

결국 태종 시호 기사는 무열왕의 공업을 '일통삼한'[10]으로 설정하는 신라 내부의 인식에 따라 만들어진 것이며, 이를 당의 인정이라는 요소를 매개로 당 태종의 공업에 우회적으로 견주는 효과를 유도한 것으로 판단된다. 이 부분이 유지되는 한, 사건 발생 시점이나 논변 주체 등은 인식에 따라 다르게 설정되거나 변형될 수 있다.

다음에 내용상으로도 선뜻 납득이 가지 않는 부분이 있다. 바로 무열왕에

---

9 황운룡, 1982 앞의 논문, 17-18쪽
10 『삼국유사』 수록 기사에는 '一統三國'으로 나오며, 이것이 원전의 내용으로 파악된다. '一統三韓'은 당 중종과 더불어 『삼국사기』에 정리되는 과정에서 변형된 것이다. 이에 대해서는 후술할 것이다.

대해 '일통삼한'의 공업을 설정하면서 "양신(良臣) 김유신을 얻어 함께 정치를 폈다"라는 내용을 전제로 깔고 있는 점이다. 선대 국왕의 공업을 총평하는 시호의 의미와 관련하여 특정 신하의 협력을 내세운다는 것은 자연스럽지 않다. 먼저 무열왕의 공업을 충분히 설정하고, 필요하다면 그에 이어 양신의 협조를 말하는 것이 순리이다.

무열왕에 대해 현덕(賢德) 정도만 적시하고 김유신을 말한 뒤 비로소 '일통삼한'의 공업이 나오는 것은 공업의 실질적인 주체가 김유신으로 귀결되는 구도이다. 문제를 제기한 당에 '신하'를 주된 명분으로 제시하는 것은 선대 국왕의 공업을 반감시킨다는 점에서 현실성이 없다.

이것은 당 태종의 공업에 대한 후대의 평가로부터 유도된 것이다. 당 현종 때 『정관정요(貞觀政要)』가 나온 이후 당 태종에 대한 평가는 흔히 위징(魏徵)과 같은 현신(賢臣)의 존재와 결부되었다. 무열왕의 태종 시호 및 평가가 당 태종을 의식하고 있다는 점과 관련하여 그 내용에서도 현신의 존재를 설정한 것이다. 후술하듯이 『삼국유사』에 수록된 기사에서는 당 태종에 대한 평가와 관련하여 위징이 등장한다.

그런데 김유신에 대해 "함께 정치를 폈다"리고 한 것은 위징과 같은 '보좌'의 수준을 넘어선다. 왕조 국가에서 정치는 국왕이 하는 것이고 신하는 이를 돕는 것이다. 김유신이 무열왕의 즉위에 공헌하였고 혼인으로 맺어져 있었기 때문에 정치적 비중이 컸겠지만, "함께 정치를 폈다"라고 할 정도로 그가 실제 정치에 깊이 간여했는지 의문이다. 설사 그렇다고 하더라도 국왕에 대해 이러한 평가를 붙일 수는 없다. 이는 명백히 후대의 관점에서 김유신의 위상을 부각하기 위해 수식한 서사로 보아야 한다.

이상에서 『삼국사기』에 수록된 태종 시호 기사는 신문왕대 말미에 삽입되어 있다는 점, 논변의 주체와 형식으로서 당 중종의 구칙이 언급된 점, 무열왕의 공업에 대한 평가가 김유신을 전제로 삼고 있는 점 등에서 그 실체를 그대로 인정하기 어렵다. 이 기사는 김유신 및 '일통삼한'과 연결된 태종 시호 인식을 당의 인정을 끌어들여 입증하려는 의도에서 생성된 것이며, 이는 해당 인식이 신문왕대가 아니라 더 후대에 수립된 것임을 의미한다.

2) 『삼국유사』의 태종 시호 기사

무열왕의 태종 시호를 둘러싼 논변은 『삼국유사』에도 실려 있는데, 내용 구성과 표현에서 『삼국사기』 기사와 상당한 차이가 있다. 이것은 일차적으로 해당 문제를 보는 두 책의 인식 차이에 따른 것이지만, 그에 앞서 인식 차이를 유도한 '원전'의 존재와 그로부터 발생한 '변형'의 맥락을 고려할 필요가 있다. 이에 전술한 『삼국사기』 기사의 문제점을 토대로 두 기사를 대비함으로써 태종 시호 기사의 원전과 변형에 대해 접근해 보기로 한다.

『삼국유사』 태종춘추공조에는 『삼국사기』 태종 시호 기사와 같은 내용의 기사가 두 번 나오는데, 해당 부분을 추출하여 제시하면 다음과 같다.

① 왕이 유신과 함께 신묘한 계책과 온 힘을 다해 삼한을 일통하여 사직에 큰 공이 있으므로 묘호를 태종이라 하였다.[11]

② a. 신문왕 때 당 고종이 신라에 사신을 보내 이르기를, "짐의 성고께서 현신 위징과 이순풍 등을 얻어 마음과 덕을 함께 하여 천하를 일통했기에 태종황제라 하였다. 너희 신라는 해외의 소국인데 태종 칭호는 천자의 명분을 범한 것이므로 의리상 불충에 해당한다. 속히 그 칭호를 개정하라"라고 하였다. b. 신라왕이 표를 올려 이르기를, "신라는 비록 소국이지만 성신 김유신을 얻어 삼국을 일통했기에 봉하여 태종이라 한 것입니다"라고 하였다. c. 황제가 표를 보고 이내 태자 때 일을 생각하는데, 하늘에서 허공에 부르기를, "33천의

---

11 『三國遺事』 권1, 紀異 太宗春秋公, "王與庾信 神謀戮力 一統三韓 有大功於社稷 故廟號太宗"

하나가 신라에 내려와 유신이 되었다"라고 하므로 책에 적어두었던 것을 꺼내 확인하고는 두려움이 그지없었다. 다시 사신을 보내 태종 칭호를 고치지 않아도 된다고 허락하였다.[12]

위에서 ①과 ②는 태종 시호와 관련된 핵심 내용은 같지만, ①은 간략히 축약된 모습이고 ②는 자세한 내용을 담고 있다. ①은 무열왕의 훙서 기사와 자녀 기사 사이에 들어 있어 무열왕 약전(略傳)의 일부로 『삼국사기』 기사를 축약하여 넣은 것이다.[13] ②는 항목 말미에 수록된 것으로서 전체 기사를 채록하여 첨부한 것임을 알 수 있다. ①을 넣었음에도 ②를 추가한 것은 그 내용이 『삼국사기』의 것과 사뭇 다르기 때문이다.

②는 『삼국사기』 기사와 대비할 때 당의 문제 제기, 신라의 논변, 당의 수용이라는 기본 구도가 같다. 그리고 무열왕이 김유신과 함께 이룬 공업 때문에 태종 칭호를 받았다는 취지도 동일하다. 하지만 구체적인 내용에서 많은 차이를 보인다.

두 기사가 기본적으로 같은 구성을 보인다는 것은 이들이 본래 같은 자료 내지 전승에 바탕을 두고 있다는 것을 의미한다. 그리고 구체적인 내용에서 차이가 나는 것은 전승 과정에서 다른 내용을 추가했거나 편집 방식이나 이해의 차이가 반영된 결과이다. 곧 원전에서 출발하여 각각 채록되는 과정에서 변형이 나타난 것이다. 따라서 두 기사의 차이가 발생하게 된 맥락과 변형의 방향성 등을 분석하면 태종 시호 기사의 원형을 이해할 수 있을 것이

---

12 『三國遺事』 권1, 紀異 太宗春秋公, "神文王時 唐高宗遣使新羅曰 朕之聖考得賢臣魏徵李淳風等 協心同德 一統天下 故爲太宗皇帝 汝新羅海外小國 有太宗之號 以僭天子之名 義在不忠 速改其 號 新羅王上表曰 新羅雖小國 得聖臣金庾信 一統三國 故封爲太宗 帝見表 乃思儲貳時 有天唱空 云 三十三天之一人 降於新羅爲庾信 紀在於書 出撿視之 驚懼不已 更遣使 許無改太宗之號"

13 『삼국사기』에서 무열왕의 태종 칭호를 '諡號'라 한 것과 달리 일연은 태종을 '廟號'로 간주하였다. 이는 시호와 묘호를 명확히 구분하는 인식이 투영된 결과이다. 『삼국유사』는 찬자의 입장에서 당시 상황을 이해하는 경향이 뚜렷한데, 직접 '신라왕'이라는 표현을 사용하는 것은 그 한 예이다. 태종 칭호에 대해서도 묘호에 해당한다고 이해한 것이다.

다. 이는 기사의 자료적 성격과 그에 담긴 내용의 사실성을 확인하는 토대가 된다.

먼저 전체적인 윤곽을 대비해 보자. 앞서 지적한 것처럼 두 기사 모두 당의 문제 제기, 신라의 논변, 당의 수용이라는 세 항목으로 구성되어 있다. 이를 항목별로 대비해 보면, 『삼국유사』의 것이 더 구체적이고 『삼국사기』의 것은 축약된 모습이다. 일단 『삼국유사』의 것이 원전에 가깝다는 심증을 얻을 수 있다.

다만 신라왕의 답변은 『삼국사기』의 것이 훨씬 자세하다. 이는 『삼국유사』가 원전을 축약한 것이거나 『삼국사기』가 내용을 보충한 것이다. 그런데 『삼국유사』에 수록된 신라왕의 답변은 지나치게 간략하다. 무열왕이 태종 시호를 받게 되는 경위를 정리했다는 점과 다른 항목의 분량 등을 고려할 때, 원전에서 이렇게 정리했다고 보기 어렵다.

이것은 『삼국유사』에서 『삼국사기』의 내용을 염두에 두고 줄인 결과로 이해된다. 『삼국사기』 신라본기는 신라의 역사를 국왕 중심으로 정리하는 것이다. 따라서 태종 시호 논변에서도 초점은 당 황제의 문제 제기보다는 신라의 답변에 있다. 곧 태종 시호에 대한 신라의 인식을 드러내기 위해 내용을 구체적으로 정리한 것이다.

반면 『삼국유사』의 편찬은 『삼국사기』에서 빠졌거나 부족한 부분을 보충한다는 목적을 띠고 있으며, 특히 신이(神異)한 사적의 채록에 무게를 두었다. 자연 『삼국사기』와 같은 원전을 채록하더라도 취사선택이 달라진다. 태종 시호 기사의 경우 『삼국사기』에 빠진 내용을 중심으로 정리하면서 신라왕의 답변은 굳이 자세하게 인용하지 않고 핵심 논지만 발췌 정리한 것이다.

이번에는 세부적인 차이를 하나하나 살펴보자. 가장 큰 차이는 문제를 제기한 황제가 중종과 고종으로 다르다는 것인데, 관련된 다른 문제들을 먼저 살펴본 뒤 그 바탕에서 다루기로 한다.

두 기사의 차이를 이해하는 첫 단서는 김유신을 가리키는 표현이다. 『삼국사기』에는 '양신(良臣)'이라 한 것을 『삼국유사』에는 '성신(聖臣)'으로 적고 있다. '성스럽다[聖]'라는 것은 통상 군주에 적용되는 표현이며, 신하에게는 '성현(聖賢)' 정도의 표현을 찾을 수 있다. 이에 비추어 김유신을 '성신'이라 한 것은 이례적이다. 『삼국유사』에서 일부러 김유신을 이렇게 부를 까닭이 없다고 보면, 원전에 '성신'으로 되어 있을 것이다. 신라왕의 답변은 축약된 것이지만 '성신'이라는 표현은 그대로 실린 것인데, 『삼국사기』의 것과 명확히 다르기 때문이다.

이 표현은 기사의 말미에 김유신을 33천(天)의 하나로 제시한 내용과 연결된다. 33천은 도리천(忉利天)의 다른 말로, 수미산(須彌山) 정상의 동서남북 각각에 천인(天人)이 사는 8개의 천성(天城)이 있으며, 중앙에 제석천(帝釋天)의 성이 있어 모두 33개의 천성을 구성한 데서 온 말이다. 김유신이 33천의 하나가 내려온 것이라는 설명은 곧 그가 수미산에 사는 천인의 신성성을 가지고 있다는 의미이다. 만파식적(萬波息笛) 설화 내용 중 그가 33천의 하나로 다시 천신(天神)이 되었다고 한 서술에서 그 의미가 확인된다.

따라서 성신은 그 자체로서 신하에 적용될 수 있는 용어가 아니거니와 불교적 세계를 표현하고 있어 『삼국사기』에 그대로 수용될 수 없었다. 이에 '양신'으로 수정한 것이다. 아울러 신비적이고 사실성도 인정할 수 없는 33천 부분도 삭제하였다. 『삼국유사』는 이 부분에서 원전 내용을 그대로 채용하였다.

한편 성신은 무열왕과 문무왕의 공업이 찬양되는 신문왕대에 나올 수 있는 평가로 보기 어렵다. 더구나 당 황제의 지적에 대한 답변 문서에서 이러한 표현을 쓰는 것은 불가능하다. 이것은 태종 시호 기사의 원전이 신문왕대보다 후대에 만들어졌으며, 무열왕보다 김유신을 중심으로 한 것임을 보여준다.

다음에 신라왕의 답변 방식에서 차이가 보인다. 『삼국사기』에서는 사신이 전한 구칙에 대해 논의한 뒤 해당 사신에게 사정을 설명하고 황제에게 잘 전해달라고 당부하였다. 그런데 『삼국유사』에는 신라왕이 표를 올렸고, 황제가 이를 본 것으로 되어 있다. 이 차이는 당초 문제가 제기된 방식과 연동된다. 『삼국사기』 기사는 구칙을 통해 문제가 제기되었으므로 이에 대해 따로 표를 올리는 것이 아니라 사신에게 구두로 답변하는 형태로 정리하였다.

『삼국유사』는 칙서인지 구칙인지 명시되지는 않았지만 표를 올렸다는 것은 칙서가 왔음을 시사한다. 전술한 바와 같이 태종 시호가 실제 문제가 되었다면 이것은 구칙으로 진행될 사안이 아니다. 응당 칙서가 오고 이를 해명하는 표가 가야 한다. 사건의 성격에 비추어 『삼국유사』에 보이는 형식이 내용적으로 합당하며, 『삼국사기』의 것은 변형이 가해진 것이다.

다음에 문제를 제기한 당 황제의 언급에 차이가 보인다. 두 기사 모두 당 태종의 공업을 칭송하고 신라 무열왕의 칭호가 참월하니 고치라는 맥락이다. 그런데 도입부에서 『삼국유사』 기사는 당 태종과 위징·이순풍(李淳風)의 관계를 제시한 반면, 『삼국사기』에는 이 내용이 없다.

『삼국사기』 기사에서 신라는 태종 칭호가 중복된 것이 우연이라고 주장하지만, 무열왕의 태종 시호가 시기적으로 가까운 당 태종을 배제하고 논의될 수 없다. 그리고 무열왕에 대한 평가가 김유신과의 연계성을 분명히 드러내고 있으므로 그와 대비되는 당 태종에 대한 평가에서도 동일한 구성이 나타나는 것이 합리적이다. 여기서도 『삼국유사』 내용이 원전에 가깝다는 것을 알 수 있다.

그런데 이 부분에서 『삼국사기』는 위징 등에 대한 내용을 삭제하고 태종의 공업을 "신공(神功)과 성덕(聖德)이 천고(千古)에 뛰어나다"라고 요약 처리하였다. 위징 등이 빠지는 것과 당 태종의 공업이 추상화되는 것은 『삼국사기』 찬자가 이 부분에 의문을 가졌기 때문이다.

사실 당 태종을 보좌한 위징이 역할은 '일통천하(一統天下)'와 연관되지 않는다.[14] 이는 다음 기록을 통해 확인할 수 있다.

---

14 이순풍은 역법을 전공한 인물로서 역시 '일통천하'와는 무관하다. 이 부분에 대해서는 4부 1장에서 다룰 것이다.

정관 이전에 나를 따라 천하를 평정하고 거칠고 험한 데 고생한 것은 방현령의 공이며, 정관 이후에 충간을 바치고 나의 잘못을 바로잡아 국가의 긴 이익을 삼은 것은 위징일 따름이다. 비록 옛 명신이라도 더할 바가 있겠는가.[15]

위의 기사는 당 태종이 자신의 공업과 관련하여 역할이 컸던 두 인물에 대해 평가한 것이다. 그는 천하를 평정한 것은 방현령(房玄齡)의 공이며, 위징은 충간(忠諫)을 통해 국가의 이익이 된 것이라고 하였다. 그에게 천하 평정은 정관(貞觀) 이전, 곧 즉위하기 전의 일이며, 위징의 공은 즉위 후 체제 정비 과정에서 수립된다.[16] 위징이 정관지치(貞觀之治)의 표상으로 부각되는 것은 이 때문이다.

이처럼 구분된 평가가 있었음에도 당 태종에게 짝하는 존재로 위징이 부각된 것은 태종의 정치에 대한 후대의 평가에서 위징이 키워드가 되었기 때문이다. 이는 『정관정요』의 영향이 컸다. 현종 때 정리된 『정관정요』는 태종의 정치를 이상적인 모습으로 정리하고 있다. 그것은 천하 평정보다 체제 정비에 무게를 둔 것이며,[17] 자연 위징의 충간과 이를 받아들이는 태종의 태도가 핵심을 이룬다.

『삼국사기』 찬자는 당 태종의 공업을 '일통천하'로 설정하고 여기에 위징 등을 연결한 원전의 이해 방식에 회의적인 생각을 가졌다. 이에 해당 부분을

---

15 『新唐書』 권97, 列傳 22 魏徵, "貞觀以前 從我定天下 間關草昧 玄齡功也 貞觀之后 納忠諫 正朕違 爲國家長利 徵而已 雖古名臣 亦何以加"

16 위징에 대한 태종의 이 같은 인식은 다른 기사에서도 확인된다. 『구당서』 위징열전에는 태종 즉위 초 신하들이 군대를 일으켜 四夷를 복속시킬 것을 건의했을 때, 위징만 무력 대신 학문을 증진하고 덕과 은혜를 베풀면 중국은 안정되고 遠人이 스스로 복속할 것이라는 주장을 폈고, 태종이 이를 받아들여 천하를 평안케 했다는 기사가 보인다(『舊唐書』 권71, 列傳 21 魏徵, "或欲耀兵振武 懾服四夷 唯有魏徵勸朕偃革興文 布德施惠 中國旣安 遠人自服 朕從其語 天下大寧 絶域君長 皆來朝貢 九夷重譯 相望於道 此皆魏徵之力也").

17 다음은 고려에서 당 태종의 업적을 체제 정비의 관점에서 이해한 사례이다.
『高麗史』 권20, 明宗 20년 9월 丙辰, "自古有國家者 所重在民 唐太宗 揀天下淸直有名之士 分補守令 撫綏黎民 事在簡策 垂法後世"

모두 삭제하고 추상적인 구문으로 대체하였다. 고려 광종 때 이미 『정관정
요』를 읽었음을 감안하면, 『삼국사기』 편찬 시기에 당 태종과 위징의 관계에
대한 인식 또한 분명하게 수립되었을 것이다. 하지만 어디까지나 충간과 체제
정비의 맥락에서 이해한 것이지 '일통천하'의 공업과 관련된 것은 아니었다.

한편 『삼국유사』 기사의 '일통삼국'이 『삼국사기』에서 '일통삼한'으로 바
뀐 점도 눈에 띈다. 통상 삼국통일은 '일통삼한'으로 인식되며 신라의 '통일'
과 삼한일통의식을 연결하여 이해하기 때문에 대개 양자에 개념 차이를 두
지 않는다. 하지만 『삼국유사』의 ①에서는 『삼국사기』와 마찬가지로 '일통삼
한'으로 적으면서 ②에서는 '일통삼국'으로 적고 있다는 점에 유의할 필요가
있다.

전술한 대로 ①은 『삼국사기』의 내용을 요약한 것이며, '일통삼한' 또한
『삼국사기』의 표현을 그대로 채용한 것이다. 반면 ②는 그와 다른 내용을 가
진 자료를 채용한 것이며 이것이 원전에 가깝다. '성신'이 원전의 것을 그대
로 채용한 것이듯이 그와 연계된 '일통삼국' 또한 원전의 표현이며, '일통삼
한'은 '양신'처럼 『삼국사기』에서 수정한 표현이다.

'일통삼국'은 『삼국유사』의 다른 항목에서도 찾아볼 수 있다.

> 배신 등이 상국에 온 지 10여 년이라 본국의 일은 모르는데, 단지 멀리 한 가지
> 들은 것이 있습니다. 상국의 은혜를 크게 입어 삼국을 일통하니 그 덕에 보답하
> 고자 새로 천왕사를 낭산의 남쪽에 창건하여 황수만년을 축원하며 길이 법석을
> 열고자 할 따름입니다.[18]

위의 기사는 사천왕사(四天王寺)의 창건에 관한 전승 중 일부이다. 당의 고

---

18 『三國遺事』권2, 紀異2 文虎王法敏, "陪臣等來於上國一十餘年 不知本國之事 但遙聞一事爾 厚
荷上國之恩 一統三國 欲報之德 新刱天王寺於狼山之南 祝皇壽萬年 長開法席而已"

종이 신라가 밀법(密法)을 써서 당의 군대를 물리친다는 의혹을 제기하자 당에 억류되어 있던 박문준(朴文俊)이 사천왕사의 창건은 당 황제를 축수(祝壽)하기 위한 것이라고 변명했다는 것이다. 여기에 신라가 상국(당)의 도움으로 "삼국을 일통했다[一統三國]"는 구절이 들어 있다. 따라서 본래 무열왕의 공업도 '일통삼국'으로 설정되어 있었을 것이다.

한편 삼한은 삼국 이전의 역사를 표상하며, '일통삼한'은 "삼한이 있던 지역이 하나로 되었다"라는 의미이다. 따라서 현실의 세 나라가 하나로 통합되었다는 '일통삼국'보다 더 본원적인 의미를 담고 있다. '일통삼국'은 현상적인 정치적 공간적 통합만으로도 제시될 수 있지만, '일통삼한'은 삼국이 연원적으로 '동질적'이라는 인식을 전제한다. 이 점에서 태종 시호 기사의 원전에서 '일통삼한'이 아닌 '일통삼국'으로 정리했다는 것은 해당 원전이 아직 삼한일통의식이 수립되지 않은 단계의 자료임을 시사한다.

결국 『삼국사기』는 '일통삼국'을 '일통삼한'으로 고쳐 정리한 것이 된다. 다시 말해 신라의 '통일'에 대한 인식이 '일통삼국'에서 '일통삼한'으로 전환되었으며, 『삼국사기』는 그러한 인식 변화를 반영하여 구문을 수정한 것이다.

끝으로 논의를 제기한 당 황제가 다르게 나타나는 부분에 대해 검토해 보자. 『삼국사기』와 『삼국유사』는 모두 태종 시호를 둘러싼 논변이 신문왕 때 일어났다고 보고 있다. 따라서 원전에서 이 사적이 신문왕 때의 일로 정리되었음은 분명하다. 문제는 원전에 당 황제가 어떤 형태로 기록되어 있었는가 하는 점이다.

이에 대해서는 먼저 원전에서 당 황제가 누구인지 명시하지 않았을 가능성을 생각할 수 있다. 곧 이 기사는 본래 막연히 신문왕 때 당 황제가 문제를 제기했다는 정도로 정리했는데, 전재 과정에서 이를 구체적으로 판단하여 넣었다는 것이다. 신문왕대에 조응하는 당의 황제는 고종과 중종이 모두 가능하다. 이 부분에서 두 책이 각기 다른 판단을 내렸을 수 있다.

그런데 『삼국유사』에서 당 황제의 문제제기 내용 중에 "짐의 아버지[聖考]"

라는 표현이 있다. 이는 당 황제가 고종이라는 내용과 조응한다. 당 황제를 고종으로 추정하면서 그에 맞추어 기사 내용도 고친 것이 되는데, 『삼국유사』에서 자료를 전재하는 방식에 비추어 굳이 이렇게 수정했다고 보기 어렵다.[19] 『삼국유사』는 '고종'으로 정리된 자료를 채록한 것으로 보는 것이 타당하다.

따라서 『삼국사기』에서 원전의 '고종'을 '중종'으로 고친 것으로 판단할 수 있다. 그렇다면 왜 고친 것인지에 대한 설명이 요구된다. 『삼국유사』의 기사가 원전을 반영하고 있고 당시 사신과 논변이 실재한 것이라면, 이 사건은 신문왕 즉위년에 당 고종이 보낸 사신에 의해 발생한 것으로 볼 여지가 커진다. 신문왕대 사적임을 전제할 때 당의 사신은 이 사신뿐이므로 문제를 제기하는 주체도 고종이 될 수밖에 없다.

그러나 이렇게 보면 『삼국사기』에서 굳이 이를 "중종의 구칙"으로 고친 이유를 해명할 수 없다. 그대로 신문왕 즉위년 기사에 이어 넣으면 되기 때문이다. 이 문제는 논변을 제기한 사신과 관련된 것으로 보인다. 『삼국유사』 기사에 의거하면 당과 신라 사이에는 세 차례 사신이 오간 셈이 된다. 먼저 문제를 제기한 당의 사신, 표문을 가지고 간 신라의 사신, 그리고 태종 칭호 사용을 허락한 당의 두 번째 사신 등이다.

그런데 연대기 자료에서 이 사신들은 전혀 확인되지 않는다. 당 황제가 고종이라는 점을 받아들이고 첫 사신을 신문왕 원년의 사신으로 판단할 경우, 그에 이어지는 신라 사신 및 두 번째 당 사신에 대해 연기를 특정할 수 없다

---

19 『삼국유사』에는 新羅 三寶와 관련하여 後高麗王이 등장한다. 이 후고려왕은 신라 삼보에 대한 설명을 듣고 신라 원정을 그만둔 것으로 되어 있어(『三國遺事』 권1, 紀異 天賜玉帶) 궁예를 가리킬 가능성이 높다. 반면 『고려사』에는 태조가 신라의 귀순 후 삼보에 대해 물은 기사가 보인다(『高麗史』 권2, 太祖 20년 5월 癸丑). 일연이 후고려왕에 대한 인식이 있었다면 궁예인지 왕건인지 적었을 것이나 그렇게 하지 않은 것은 원전에 '後高麗王'으로만 되어 있던 것을 그대로 수용한 결과이다. 이에 비추어 당 황제가 불분명하게 되어 있었다면 이를 굳이 특정 황제로 비정해 넣지 않았을 것이다.

는 난점이 생긴다. 이 때문에 논변을 고종의 사신 파견과 연결하여 이해할 수 없게 된 것이다.

이에 논변 사건은 말 그대로 '신문왕대'에 있었던 사건으로서 신문왕대 말미에 삽입하였다. 그리고 추가적인 사신 파견을 따로 설정하지 않았다. 이 상황에서 사신을 보낸 황제를 고종으로 유지하면 신문왕 즉위년의 사신과 연결될 수밖에 없으므로 이를 기사가 편집된 신문왕 말년에 맞추어 중종으로 수정하였다.

그런데 중종은 측천무후로 인해 직접 칙서를 보낼 수 있는 상황이 아니었기 때문에 구칙으로 처리하였다. 여기에 사신 파견이 추가 설정되지 않으므로 신라의 답변은 구두로 사신에 전한 것으로, 사용 허가 부분은 "별칙(別勅)이 없었다"라는 것으로 정리하였다. 이렇게 함으로써 『삼국사기』는 연대기에 나타난 사신 파견에 구애되지 않고 사건의 존재를 드러내는 효과를 얻을 수 있었다.

이상에서 보았듯이 『삼국사기』와 『삼국유사』는 태종 시호 기사에 대해 같은 원전을 채용한 것이며, 이 중 『삼국유사』의 것이 원전에 가깝다. 그런데 이 원전은 사실과 맞지 않거나 신뢰할 수 없는 설화적 내용을 담고 있어 그대로 인정할 수 없다. 김유신을 33천의 하나로 수식한 것이나 신하인 김유신을 실질적인 주역으로 부각한 것이 그 예이다. 이것은 이 서사가 김유신의 공업을 현창하기 위해 후대에 가공한 것임을 의미한다. 따라서 여기에 표방된 태종 시호의 의미 또한 사실로 받아들일 수 없으며, 그 준거가 된 '일통삼국'도 7세기 중반의 인식으로 인정할 수 없다.

『삼국사기』는 편집과 개서를 통해 당의 인정을 매개로 태종 시호와 '일통삼한'의 관계성을 드러내었다. 이것은 우회적으로 신라의 '통일'을 인정하는 취지를 담고 있다. 이후 원전의 문제점에도 불구하고 『삼국사기』 기사를 당대의 사실로 받아들임으로써 7세기 삼한일통의식을 상정하게 되었다. 그러나 『삼국사기』 기사는 원전의 편집과 수정을 통해 만들어진 것이고, 그 원전은 후대에 가공된 것이 분명하다. 따라서 이 기사를 근거로 7세기 삼한일통 의식의 존재를 입증할 수 없다.

2. 태종 시호의 의미와 추상 배경

1) 태종 묘호의 연원과 의미

태종은 통상 왕조 초기 태조에 버금가는 공업을 이룬 임금에게 올리는 묘호로 이해되곤 한다. 무열왕이 '일통삼한'의 공업에 근거하여 태종 시호를 받았다는 설명도 이러한 일반적 인식과 맥이 닿아 있다. 그러나 이 해석은 후대의 관점에 따른 것이다. 실제 태종 묘호가 처음 시작될 때부터 그러한 함의를 가졌는지, 그리고 무열왕의 태종 시호 추상 당시의 인식도 그러했는지 따져볼 필요가 있다.

종묘제도에서 창업주는 통상 고조(高祖), 혹은 태조의 묘호를 받는다. 그리고 태종은 태조의 계승자로서 정통성을 가지는 국왕에게 부여되는 것으로 나타난다. 특히 일반적인 장자(長子), 혹은 적통(嫡統)에 의해 안정적으로 계승되는 경우보다 계승 과정에서 굴곡을 겪은 뒤 왕통을 새로 수립한다는 명분에서 부여되는 경우가 많다. 아래에서는 당대(唐代)까지 태종 칭호의 주요 사례를 통해 이러한 원리를 확인해 보기로 한다.

태종 칭호의 연원은 은(殷)의 태갑(太甲)으로 올라간다.

제태갑이 덕을 닦아 제후가 모두 은에 귀부하니 백성이 편안해졌다. 이윤이 가

상히 여겨 태갑훈 3편을 지었고, 제태갑을 포장하여 '태종'이라 칭했다.[20]

태갑은 은(殷·商)을 세운 탕(湯)의 손자로서 폭정을 일삼다가 이윤(伊尹)에 의해 추방되었으나 곧바로 회개하여 은의 기틀을 다진 임금으로 알려져 있다.

『사기』에서는 태갑이 태종 칭호를 받는 이유에 대해 "덕을 닦아 제후의 귀부를 받고 백성을 편안케 한 것"으로 설명하고 있다. 앞서 태갑이 추방된 이유는 탕의 법제를 준수하지 않아 덕을 어지럽혔다는 것이었다. 결국 태갑이 복귀하여 탕이 마련한 은의 법제를 다시 세운 것이 수덕(修德)의 요체이며, 이것이 태종 칭호의 준거가 된다.

그런데 수덕은 군주의 일반적 자질이므로 그 자체가 태종이라는 특정 칭호를 받는 명분이라고 보기 어렵다. 태종 칭호의 본질은 제위 계승과 관련된다. 본래 탕의 태자는 태정(太丁)이었다. 태정이 즉위하기 전에 죽자 그 동생인 외병(外丙)이 제위를 이어받았다. 외병이 재위 3년 만에 죽자 다시 동생 중임(中壬)이 즉위하였다. 중임 역시 재위 4년 만에 죽자 이윤이 태정의 아들 태갑을 제위에 올렸다.

태갑의 즉위는 결과적으로 탕의 적장손이 왕통을 계승했음을 의미한다. 제위 계승이 장자로 가지 못하고 거듭 동생으로 내려가다가 태갑이 즉위하고 다시 그 아들 옥정(沃丁)으로 제위가 이어지면서 비로소 적장(嫡長)의 정통이 수립된 것이다.

이윤은 태갑이 반성을 통해 임금으로서 자격을 갖추고 그로부터 제위가 계승되는 구도가 마련되자 그 의미를 확증하기 위해 태갑에게 태종 칭호를 부여하였다. 그가 실질적인 정통의 출발임을 표상하여 그 후손의 계승에 명분을 확보한 것이다. 수덕은 태갑이 그러한 자리에 오를 수 있는 조건이지만

---

20 『史記』 권3, 殷本紀 太甲, "帝太甲修德 諸侯咸歸殷 百姓以寧 伊尹嘉之 乃作太甲訓三篇 褒帝太甲 稱太宗"

그 자체가 태종 칭호를 받는 본원적인 이유는 아니다.

다음에 묘호가 제도적으로 확립되는 한(漢)의 경우를 살펴보자.

> 처음 고조 때 제후와 왕도로 하여금 모두 태상황묘를 세우게 했는데, 혜제에 이
> 르러 고제묘를 높여 태조묘로 하였고, 경제가 효문묘를 높여 태종묘로 하였다.
> 일찍이 행차했던 군국에도 각기 태조묘 및 태종묘를 두었는데, 선제 본시 2년에
> 이르러 다시 효무묘를 높여 세종묘로 하고 순수한 곳에도 역시 세웠다.[21]

위의 기사는 한에서 군국묘(郡國廟)가 수립되는 경위를 설명한 것이다. 혜
제(惠帝) 때 고조의 사당이 태조묘(太祖廟)로, 경제(景帝) 때 문제(文帝)의 사당
이 태종묘(太宗廟)로, 선제(宣帝) 때 무제(武帝)의 사당이 세종묘(世宗廟)로 각각
설정된 것을 알 수 있다.

혜제는 고조의 둘째 아들로서 장자인 유비(劉肥)가 어머니의 신분이 미천
하다는 이유로 밀려나면서 대신 태자로 책봉되어 제위를 계승하였다. 그러
나 모후 여씨(呂氏)의 전횡이 이어졌고, 혜제 사후 10년 가까이 그가 집권하
며 그의 일족이 정계를 장악하였다. 이에 주발(周勃)과 진평(陳平) 등이 여씨
들을 숙청하고 문제를 옹립하였다. 문제는 고조의 넷째 아들이다.

문제의 즉위는 여씨에 의해 단절된 고조 이래의 왕통을 다시 정립한 것이
다. 그리고 경제는 문제의 아들로서 이후 문제의 후손이 제위를 이어갔다.
여기서 문제의 태종 묘호는 태조(고조)의 정통을 계승한 자로서 이후 왕통의
출발을 표상한다는 것을 알 수 있다.

이러한 의미는 다음 기사를 통해서도 확인할 수 있다.

---

21 『漢書』 권73, 傳43 韋賢, "初 高祖時 令諸侯王都皆立太上皇廟 至惠帝尊高帝廟爲太祖廟 景帝尊
孝文廟爲太宗廟 行所嘗幸郡國各立太祖太宗廟 至宣帝本始二年 復尊孝武廟爲世宗廟 行所巡狩亦
立焉"

① 예에 "'조'는 공이 있고 '종'은 덕이 있다"라고 했으니 고성의 묘를 태종이라 칭하고 위로 태조에 짝하여 한과 함께 끝없이 이어지도록 했습니다. 오래 안정되는 형세를 세우고 길이 다스릴 공업을 이루어 조묘를 계승하고 육친을 받든 것은 지극한 효입니다.[22]

② 고황제는 공업을 세워 한 태조가 되었고, 효문황제는 자애롭고 절검하여 태종이 되었습니다.[23]

①에 따르면 태종은 태조와 짝하는 존재로서 길이 안정된 통치의 기반을 마련하는 것으로 그 역할이 규정된다. 특히 체제 안정과 함께 "조묘(祖廟)의 계승"이 중요한 의미로 제시되고 있다. 또한 ②에서 한 고조와 문제의 묘호를 함께 설명한 것은 태종의 위상이 태조 계승에 있음을 드러낸 것이다. 이때 고조의 공업에 대응하여 문제의 자인절검(慈仁節儉)을 말할 것은 공업을 계승하여 체제를 안정시켰다는 것을 상징한다.

이러한 조건은 실제 태조 이후의 제위 계승이 굴곡을 겪는 데서 발생한다. 고조의 계승자인 혜제는 여씨의 전횡으로 인해 이후 왕계로 연결되지 못하였다. 이런 상황에서 문제가 새롭게 태조의 왕통을 계승하였고, 그로부터 왕계가 이어지게 되었다. 체제 안정은 이러한 계승의 정통성에서 토대가 마련된다. 바로 이 부분에 태종 묘호의 본령이 있다. 다만 이러한 의미는 직접적인 공업이 아니기 때문에 '수덕', 또는 '자인절검' 같은 도덕적 내용으로 수식되었다.

남북조시대에 들어가면 태종 묘호의 제정이 복잡한 과정을 거치는 것을 볼 수 있다. 진(晉)의 경우 선제(宣帝: 高祖)와 그의 장자인 경제(景帝: 世宗)에 이어 그의 친동생인 문제(文帝)가 즉위했는데, 그가 태조 묘호를 받았다. 이

---

22 『漢書』 권48, 傳18 賈誼, "禮祖有功而宗有德 使顧成之廟 稱爲太宗 上配太祖 與漢亡極 建久安之勢 成長治之業 以承祖廟 以奉六親 至孝也"

23 『漢書』 권68, 傳38 霍光, "高皇帝建功業爲漢太祖 孝文皇帝慈仁節儉爲太宗"

들은 무제(武帝: 世祖) 함녕(咸寧) 원년(275)에 일괄적으로 올린 것으로,[24] 고조
와 태조가 분리 설정된 점이 특징적이다.

그 뒤로 동진(東晉)의 원제(元帝: 中宗)는 선제의 증손이며, 그 이후로 원제의
장자인 명제(明帝: 肅祖), 명제의 장자인 성제(成帝: 顯宗), 성제의 동생인 강제
(康帝), 강제의 아들인 묵제(穆帝: 孝宗)로 이어졌다가 다시 성제의 아들인 애제
(哀帝), 애제의 동생인 폐제(廢帝)가 차례로 즉위하였다. 폐제가 밀려난 뒤 황
제가 된 간문제(簡文帝)는 원제의 소자(少子)로서 그가 태종 묘호를 받았다. 서
진에서 이미 고조와 태조, 세조 묘호가 모두 채용되었기 때문에 동진의 원제
는 중흥의 의미로서 중종 묘호를 받았지만,[25] 그는 실질적으로 동진의 출발이
었다.

간문제는 원제 이후 몇 차례 제위 계승이 이루어진 뒤 폐제를 대신해 제위
에 올랐는데, 이는 다시 원제의 왕통을 이어간다는 의미가 있었다. 이에 간
문제에게 태종 묘호를 올린 것이다. 그는 폐제를 쫓아낸 환온(桓溫)에 의해
제위에 올랐으며,[26] 재위 기간도 2년에 불과하여 특별한 행적을 남기지 않았
다. 하지만 그의 아들 효무제(孝武帝)가 즉위하면서 원제로부터 이어지는 왕
통을 새롭게 확립했다는 의미에 맞추어 태종 묘호를 받은 것이다.

이번에는 남조 송(宋)의 사례를 살펴보자. 창업주인 고조 무제에 이어 장자
인 소제(少帝)가 제위에 올랐으나 19세의 나이로 시해되었고, 이어 태조 문제
가 즉위하였다. 이어 문제의 3자인 세조 효무제가 즉위하였고, 다시 효무제
의 장자인 전폐제(前廢帝)가 제위를 이었으나 곧바로 폐위되었다. 대신 문제
의 11자인 명제가 즉위했는데, 그의 묘호가 태종이다.[27]

남조 송의 경우 태조와 태종은 창업 과정과 직접 관련이 없다. 태조는 고

---

24 『晉書』 권3, 帝紀3 武帝 咸寧 원년 12월 丁亥, "追尊宣帝廟曰高祖 景帝曰世宗 文帝曰太祖"
25 中宗은 쇠퇴한 殷의 왕업을 부흥시킨 것으로 인식된 太戊가 받은 칭호이다.
26 『晉書』 권9, 帝紀9 簡文帝
27 『宋書』 권8, 本紀8 明帝

조 무제의 장자였던 소제를 대체하며 즉위하였다. 그는 본래 묘호는 중종이었으나 세조가 다시 태조로 개칭하였다.[28] 전술한 진과 마찬가지로 송에서도 고조와 태조는 별개의 묘호로 사용되었다. 이것은 왕통의 출발을 새로 표상하기 위한 것으로 해석된다. 송의 태종은 태자를 거쳐 즉위한 전폐제를 밀어내고 제위에 올랐는데, 그의 태종 묘호는 세조-전폐제의 왕통을 부정하고 태조의 정통 계승자임을 확증하여 왕통을 새롭게 설정하는 의미가 있다.

남조 양(梁)에서도 태종 사례가 보인다. 태종 간문제는 고조 무제의 3자로서 형인 소명태자(昭明太子)가 죽은 뒤 태자로 책봉되었다. 무제가 후경(侯景)의 난으로 죽은 뒤 제위에 올랐으나 후경에 의해 폐위된 뒤 살해되었다. 당시 묘호는 고종(高宗)이었으나 뒤에 무제의 7자인 세조 원제가 즉위한 뒤 묘호를 태종으로 고쳤다.[29]

양 세조가 간문제에게 태종 묘호를 다시 올린 것은 공업에 대한 평가로 보기 어렵다. 그보다는 태조의 정통 계승자임을 인정하는 의미였다. 세조는 창업주 고조와 자신 사이에 태종을 둠으로써 정통성을 확보한 것이다. 이 사례는 계승의 관점에서 나중에 기존 묘호를 대신해 올린 것이라는 점에서 무열왕의 사례를 이해하는 데 참고가 된다.

당 태종 또한 이러한 틀에서 벗어나지 않는다. 그는 창업주 고조의 장자로서 태자에 책봉된 형 건성(建成)을 제거하고 즉위하였다. 그런 그에게 태종 묘호는 태자였던 형의 명분을 지우고 자신이 정통 계승자임을 드러내는 방안이었다. 정통성을 가진 형과 무력 경쟁을 통해 제위를 차지했기 때문에 형의 명분을 넘는 계승의 논리가 필요하였다. 이에 천하의 평정에 크게 기여했다는 공업을 내세운 것이다.

이상의 내용에서 당에 이르기까지 태종 묘호는 "계승의 정통성"이라는 관

---

28 『宋書』 권5, 本紀5 文帝
29 『梁書』 권4, 本紀4 簡文帝 ; 『梁書』 권5, 本紀5 元帝

점에서 부여된 것임이 분명하다.[30] 그럼에도 태종에 대한 인식에서 공업이라는 요소가 따라다니는 것은 당 태종을 태종 묘호의 전범으로 인식했기 때문이다. 그러나 원론적으로 태종의 공업은 태조의 정당한 계승자임을 보증하기 위해 채용된 것이기 때문에 태종 묘호의 본원적 의미와 공업은 구분해서 이해해야 한다. 다음에는 이러한 이해를 바탕으로 무열왕이 언제 어떤 이유로 태종 시호를 받았는지 검토해 보기로 한다.

2) 신문왕 7년의 종묘제도 정비와 태종 시호

당에 이르기까지 태종 묘호는 왕통 수립의 관점에서 채용되었다. 주로 창업주에서 이어진 기존의 왕계를 부정하고 새로 수립한 왕계를 정통으로 삼을 때, 그 실질적인 출발이 되는 임금이 태종 묘호를 받았다. 무열왕 인식의 준거가 된 당 태종도 여기서 벗어나지 않는다. 따라서 무열왕의 태종 시호 추상(追上)도 이 맥락에서 이해해야 할 것인데, 이를 위해서는 시호 추상이 언제 이루어졌는지에 대한 판단이 요구된다.

전술한 바와 같이 태종 시호를 둘러싼 논변은 가공된 것이지만, 이것이 신문왕대를 배경으로 제시된 것은 이와 관련된 모티브가 있었기 때문이다. 여기서 태종 시호가 신문왕 때 추상되었을 가능성이 제기된다. 이와 관련하여 우선 다음 기사가 주목된다.

대신을 조묘에 보내 치제하기를, "왕 모는 머리 조아려 절하며 삼가 태조대왕·진

---

30 후대의 왕조에서도 같은 원리를 찾을 수 있다. 宋의 태종은 형 태조 趙匡胤과 함께 송을 건국하고 五代의 혼란기를 통합하였다. 형이 의문사한 뒤에 제위를 계승했는데, 조광윤이 태조 묘호를 받았지만 실제 왕계는 태종으로부터 출발하였다. 한편 遼의 2대 황제인 태종은 태조 耶律阿保機의 차남으로, 장자이자 태자인 형 耶律突欲이 모후에 의해 폐위된 뒤 제위를 계승하였다.

지대왕·문흥대왕·태종대왕·문무대왕의 영령에 고합니다(후략)"라고 하였다.[31]

위의 기사는 신문왕 7년(687) 조묘(祖廟)에서 제사를 지내는 내용을 담고 있다. 여기에 태조와 태종의 명칭이 함께 보인다.

위 제문에 태종대왕이 나오므로 신문왕대에 태종 칭호가 있었음은 분명하다. 이때 '무열'을 시호로, '태종'을 묘호로 구분하면 태종 역시 문무왕 때 올린 것이라고 볼 여지도 있다.[32] 그러나 이후 신라에서는 무열왕보다 태종왕이 보편적으로 사용되었고, 하대 왕실의 출발이 되는 원성왕에게서 열조(烈祖) 칭호가 파악되는 것 외에는 묘호가 확인되지 않는다. '태종'이 묘호에서 가져온 것은 분명하지만 현실적 기능은 시호에 상응하기 때문에 '무열'과 '태종'은 통상적인 시호-묘호의 관계로 보기 어렵다. 또한 시호는 누적 사용될 수 있지만 굳이 묘호에서 태종 명칭을 가져오고 이를 주된 명칭으로 사용했다는 것은 해당 국왕에 대한 인식의 변화를 시사한다. 따라서 무열과 태종은 '병용'보다는 '대체'의 관점에서 이해할 여지가 크다.

흥미로운 것은 무열왕의 아버지 용춘의 시호가 '문흥'이고, 후계자의 시호가 '문무(文武)'라는 점이다. 문무 시호가 선행한 문흥과 무열 시호를 염두에 둔 것임을 어렵지 않게 유추할 수 있다. 따라서 문무왕 시호가 제정되었을 신문왕대까지 무열왕의 시호는 '태종'이 아니라 '무열'로 인지되었음이 분명하다. 이러한 시호의 구성을 감안할 때 태종 시호의 제정 시점을 문무왕대로 보기 어렵다.

물론 『삼국사기』신라본기 문무왕대 기사에 이미 '태종왕'으로 나오고 있어 논란의 여지가 있지만, 이것만으로 문무왕 때 태종 시호를 올렸다고 단정

---

31 『三國史記』권8, 新羅本紀8 神文王 7년 4월, "遣大臣於祖廟 致祭曰 王某稽首再拜 謹言太祖大王 眞智大王 文興大王 太宗大王 文武大王之靈"

32 이러한 이해는 종묘제도의 도입 시기도 문무왕대로 올려 보는 입론으로 연결된다(채미하, 2002 「신라 종묘제의 수용과 그 의미」 『歷史學報』 176, 49-55쪽).

할 수는 없다. 문무왕 때 자료를 그대로 반영한 것이 아니라면, 원전 자료가 정리되는 과정에서 '무열왕'이 '태종왕'으로 수정되었을 것이기 때문이다. 역으로 문무왕대 기사까지 '태종'으로 나온다는 것은 '무열'을 '태종'으로 교체했다는 이해를 뒷받침한다. 신라 일대에 걸쳐 태종왕으로 나오는 것은 그 귀결이다.[33]

이처럼 태종 시호의 추상은 신문왕대의 일일 가능성이 높다. 다만 정확히 언제 태종 시호를 추상했는지는 판단하기 어렵다. 위의 사료에 보이는 신문왕 7년에 비로소 태종 시호를 추상하면서 제사를 올린 것으로 볼 수도 있고, 이전에 이미 추상이 이루어졌을 수도 있다. 하지만 태종 시호의 추상 자체가 예외적인 조치라는 점과 태종 명칭이 묘호에서 가져온 것이라는 점을 감안하면, 이는 신문왕 7년의 오묘(五廟) 정비에 따른 조치라고 보는 것이 합리적이다.[34]

여기서 신문왕 7년의 조묘 제사의 특징에 대해 검토해 보자. 신라는 전년에 당에 사신을 보내 『예기(禮記)』 등을 요청하였고 측천무후는 『길흉요례(吉凶要禮)』를 필사해 주었다.[35] 종묘제도가 길례(吉禮)에 속하는 것이고 신라가 '제후오묘(諸侯五廟)'의 원칙을 수용한 것을 고려할 때,[36] 신문왕 7년의 제사가

---

33 『삼국사기』에서 무열왕 이후 '무열' 칭호는 聖骨과 眞骨, 中代와 下代를 구분하는 설명문과 최치원 열전에만 보인다. 『삼국유사』에는 용례가 없다. 금석문은 최치원이 찬술한 「聖主寺朗慧和尙碑」에만 보인다. 당에 유학해 관직을 지낸 최치원의 인식에서 태종 칭호를 사용할 수 없어 무열왕으로 칭했을 가능성이 높다. 고려말 일부 유학자들이 저술에서 睿宗-睿王처럼 고려 국왕의 묘호를 왕호로 바꾼 것과 같은 원리이다.

34 題額에 '太宗'이 표기된 「무열왕릉비」가 문무왕 초에 건립되었다고 보면, 태종 시호는 무열왕 사후 바로 올린 것이 된다. 그러나 陵碑의 수립이 특별한 의미가 있을 경우 후대에 비로소 건립될 수 있으며, 사후에 일차 건립했더라도 나중에 改建하거나 제액만 수정할 수도 있으므로 이를 문무왕대의 사례로 단정할 수 없다. 이에 대해서는 본서 2부 2장 참조.

35 『三國史記』 권8, 新羅本紀8 神文王 6년 2월, "遣使入唐 奏請禮記幷文章 則天令所司 寫吉凶要禮 幷於文舘詞林採其詞涉規誡者 勒成五十卷 賜之"

36 신라의 중국 종묘제도 수용 과정에 대해서는 나희라, 1997 「신라의 종묘제 수용과 그 내용」 『韓國史硏究』 98 참조.

사실상 오묘의 시정(始定)에 따른 후속 조치라고 보아야 할 것이다.[37]

유의할 점은 당시 제사가 '조묘'를 대상으로 하고 있다는 점이다. 제문에는 '종묘'라는 용어가 나오지만 이는 일반적 표현으로 볼 수 있다. 제사 대상을 조묘라고 칭한 것은 당시 오묘가 기존에 운영되고 있던 시조묘(始祖廟)를 확대 개편하면서 수립되었기 때문이다. 한의 조묘가 태조묘를 가리키는 데 비추어 신라의 조묘 또한 시조묘로 판단할 수 있다. 이는 후술할 애장왕대 오묘 개편 기사에서 "시조묘를 참배하고 태종대왕과 문무대왕의 두 사당을 따로 세웠다"라고 한 것에서 확인할 수 있다.

이처럼 기존의 시조묘에 오묘를 적용하여 시조와 4대의 신위를 봉안하게 되었고, 이에 상응하여 봉안된 신위 각각에 묘호가 제정될 상황이었다. 그러나 사대 질서에 입각하여 '제후오묘'를 적용할 때 이들에게 공식적으로 묘호를 올릴 수는 없었다. 사대 의례에 벗어나기 때문이다.[38]

태조는 후일 원성왕 및 애장왕대의 오묘 개편에서 '시조대왕(始祖大王)'으로 나오는데, 그는 김씨 왕계의 출발인 성한(星漢)을 가리킨다. 성한이 실제 누구인지에 대해서는 논란이 있으나 통상 김씨의 첫 왕인 미추왕으로 보고 있다.[39]

성한이 언제 태조라는 칭호를 받았는지는 분명치 않으나 「황초령진흥왕순수비」에 태조 명칭이 보인다. 따라서 진흥왕대 혹은 그 이전에 설정되었을 것이다. 왕호를 처음 사용하는 지증왕 때나 율령을 반포한 법흥왕 때도 생각

---

37 일반적으로 신문왕 7년 4월의 제사를 오묘 시정과 연결하고 있으나 양자를 구분하는 견해도 있다. 이에 대한 기존의 논의에 대해서는 채미하, 2004 「新羅의 五廟制'始定'과 神文王權」『白山學報』70, 275-281쪽 참조. 본서에서는 신문왕 7년의 제사를 오묘제 시행에 따른 것으로 이해한다.

38 신라에서 태조와 태종은 묘호라기보다는 시호의 관점에서 사용된 것이다. 원성왕의 열조 칭호는 새로운 왕계의 출발임을 드러내기 위해 무열왕의 태종 칭호에 대응하여 채용한 것으로 보이지만, 실제 공식적인 묘호로 사용된 것인지는 분명치 않다.

39 신라 태조에 대한 제반 논의에 대해서는 정연식, 2011 「신라의 태조 미추왕과 은하수 星漢」『韓國古代史研究』62, 208-218쪽 참조.

할 수 있으나 적극적인 영토 확장과 더불어 국왕의 위상이 제고되는 진흥왕 때의 조치일 가능성이 높다.

이러한 이해의 단서는 바로 진흥왕대에 '개국(開國)'이라는 연호를 사용했다는 사실이다. 신라는 법흥왕 23년(536) 처음으로 건원(建元)이라는 연호를 채용하였다.[40] 이어 진흥왕 12년(551)에 '개국'이라고 개원(改元)하였고,[41] 동왕 29년(568)에는 대창(大昌),[42] 33년(572)에는 홍제(鴻濟)라는 연호를 사용하였다.[43]

개국은 통상 창업주의 즉위를 나타낸다는 점에서 진흥왕의 개국 연호 또한 어떤 형태로든 시조 및 그의 즉위에 대한 인식이 개재되었을 것이다. 개국 연호의 도입과 더불어 시조의 위상을 환기하는 의미에서 태조 칭호를 부여하였을 것으로 생각된다.

곧 진흥왕은 김씨 왕계의 시조에게 태조 칭호를 부여함으로써 국가적인 차원에서 그 위상을 확립하였고, 이를 발판으로 개국 연호를 제정하여 자신의 치세가 새로운 국가의 출발임을 천명한 것이다. 결국 태조 칭호 제정은 체제 전환의 상징적인 조치라고 평가할 수 있다.

같은 원리에서 신문왕 때 새로 태종 칭호를 도입한 것 역시 체제적인 의미를 유추할 수 있다. 신문왕 7년의 종묘제도 정비는 그 매개가 되었다. 신문왕이 이 시점에 이르러 이러한 조치를 취한 것은 앞서 왕통과 관련된 중대한 상황이 있었기 때문일 것인데, 다음에는 이에 대해 구체적으로 살펴보기로 한다.

---

40 『三國史記』 권4, 新羅本紀4 法興王 23년, "始稱年號 云建元元年"
41 『三國史記』 권4, 新羅本紀4 眞興王 12년 정월, "改元開國"
42 『三國史記』 권4, 新羅本紀4 眞興王 29년, "改元大昌"
43 『三國史記』 권4, 新羅本紀4 眞興王 33년 정월, "改元鴻濟"

3) 무열왕계의 확립과 태종 시호 추상

태조의 정통 계승자로서 태종 묘호를 설정하는 것은 기존의 왕계를 부정하고 왕통을 새롭게 설정하는 것이었다. 따라서 필연적으로 왕통에서 배제되는 존재가 상정된다. 당 태종의 묘호는 태자였던 형의 정통성을 부정하고, 고조로부터 내려오는 새로운 정통을 수립하는 것이었다. 이는 물론 태종의 뒤를 이어 즉위한 황제들의 정통성을 보증하는 역할을 한다.

신문왕이 태종 묘호 추상을 통해 정통성을 부각하려 한 것은 일차적으로 무열왕의 출신 및 즉위 과정과 관련된다. 앞서 진흥왕의 태자는 장자인 동륜(銅輪)이었다. 그가 즉위 전에 사망하자 동생 금륜(金倫)이 왕위에 올랐다(진지왕). 그런데 진지왕에 이어 동륜의 아들이 즉위하였다(진평왕). 진평왕에게는 아들이 없었고 딸이 왕위를 이어받았다(선덕여왕). 이어 즉위한 진덕여왕 사후 진지왕의 손자인 김춘추가 즉위하였다. 김춘추의 아버지 용춘은 왕이 아니었다.

선덕여왕의 즉위는 전례 없는 일이어서 명분적 어려움을 겪어야 했다. 당에 청병 사신을 보냈을 때 황제가 여인이 임금인 점을 문제로 지적했다는 기록이나[44] 왕위를 노린 비담(毗曇)이 여왕의 통치를 문제삼았다는 기록은[45] 그 시점이나 내용의 사실성에 의문이 있지만, 여왕이 가지고 있던 정치적 명분의 난점을 반영하고 있다.

선덕여왕은 이 문제를 혈통의 신성성을 부각함으로써 타개하고자 하였다. 자장(慈藏)을 내세워 이른바 진종설(眞宗說)을 표방한 것은 그 일환이었다. 진평왕계가 전생에 석가모니 가문이었다는 이 논리는 국왕의 신성성을 극대화

---

44 『三國史記』권5, 新羅本紀5 善德王 12년 8월, "爾國以婦人爲主 爲鄰國輕侮 失主延寇 靡歲休寧 我遣一宗支 與爲爾國主 而自不可獨王 當遣兵營護 待爾國安 任爾自守 此爲三策"

45 『三國史記』권41, 列傳1 金庾信 上, "十六年丁未 是善德王末年 眞德王元年也 大臣毗曇廉宗 謂女主不能善理 擧兵欲廢之 (중략) 毗曇等謂士卒曰 吾聞落星之下必有流血 此殆女主敗績之兆也"

하는 것이었다.

황룡사구층목탑의 건립 또한 선덕여왕의 권위를 강조하려는 이념에서 나온 것이다. 『삼국유사』에 수록된 연기설화에는 자장을 만난 신인(神人)이 "신라는 국왕이 여인이어서 위엄이 없기 때문에 외침이 많다"라고 지적하는 내용이 보인다. 황룡사구층목탑은 이를 만회하는 조치로 인식되었다.[46]

진평왕계와 무열왕을 구분하는 성골(聖骨) 이념도 이와 관련되는 것으로 이해된다. 진덕여왕 사망 기사에 추가된 설명을 보면, 무열왕의 즉위를 기준으로 성골과 진골을 구분하고 있다.[47] 성골 이념이 실제 언제 어떤 식으로 형성된 것인지는 확실치 않지만,[48] 분명한 것은 기존 진평왕계의 표방에 견주어 볼 때 무열왕계는 혈통적 명분에서 약점을 가질 수 있다는 점이다. 이전까지 혈통의 신성성을 왕계의 명분으로 내세웠다면 무열왕의 즉위는 여기서 한발 벗어난 것으로 간주될 수 있었다.[49]

이것은 무열왕계에 대한 정치적 도전의 명분이 될 수 있었다. 무열왕과 문무왕은 7세기 전쟁을 통해 강력한 정치적 입지를 확보할 수 있었다. 그런데 전쟁이 마무리되고 체제 정비로 나아가야 하는 신문왕대에는 정치적 도전이 나타났다. 신문왕 즉위 직후에 소판 김흠돌(金欽突) 등이 모반했다가 복주되었고,[50] 며칠 뒤에는 이찬 군관(軍官)이 김흠돌의 모반에 연루되었다는 이유로 주살되었다.[51]

---

46 『三國遺事』 권4, 塔像 黃龍寺九層塔
47 『三國史記』 권5, 新羅本紀5 眞德王 8년, "國人謂始祖赫居世 至眞德二十八王 謂之聖骨 自武烈 至末王 謂之眞骨"
48 聖骨은 骨品制 연구의 중요 주제가 되고 있다. 관련 연구 동향은 박수진, 2021 「신라 성골 연구의 현황과 과제」 『新羅史學報』 52 참조.
49 김춘추의 어머니는 진평왕의 딸인 天明이므로 그 또한 진평왕계의 혈통적 기반을 가진다. 다만 그가 즉위 후 아버지 龍春을 大王으로 追封했다는 기사를 보면, 이후 무열왕계에서 이 부분은 중요한 의미를 가지지 못한 것으로 보인다.
50 『三國史記』 권8, 新羅本紀8 神文王 원년 8월 8일, "蘇判金欽突波珍湌興元大阿湌眞功等 謀叛伏誅"
51 『三國史記』 권8, 新羅本紀8 神文王 원년 8월 28일, "誅伊湌軍官"

이처럼 신문왕 즉위 직후에 모반 사건이 발생한 것은 신문왕의 왕위 계승이 안정된 상태가 아니었음을 보여준다. 김흠돌의 난은 문무왕의 왕권 강화로 입지가 약해진 진골 귀족의 도전으로 해석되기도 한다.[52] 하지만 그 이면에는 중대 왕권의 출발로서 무열왕 즉위에 대한 부정이라는 요소도 내재하고 있었다. 김흠돌의 난을 진압한 신문왕이 왕권 확립을 위해서는 힘의 우위를 확보하는 것 외에 자신의 왕통에 대한 명분 강화가 필요하였다.

이것은 신문왕 7년(687) 원자(元子)의 탄생을 계기로 전면화되었다. 신문왕의 첫 왕비는 김흠돌의 딸로서 태자 시절에 맞이하였다. 그러나 그는 아들이 없었으며, 아버지의 모반에 연좌되어 출궁(出宮)되었다.[53] 이어 신문왕은 김흠운(金欽運)의 딸을 왕비로 들였고,[54] 새 왕비가 원자(효소왕)를 낳았다. 신문왕으로서는 자신에 대한 도전을 제압하는 명분을 확립함과 더불어 새 왕비에서 얻은 원자로의 왕위 계승을 확증하는 조치가 필요하였다.

같은 해 종묘제도가 시행된 것은 그 산물이었다.[55] 이를 통해 신문왕은 자신이 종묘의 후계자이며 충의의 대상임을 천명하였다. 처음 김흠돌을 제거한 뒤 내린 교서에서는 "과인은 위로 천지의 도움에 힘입고 아래로 종묘 영령의 보살핌을 받았다"[56]라고 하였고, 군관을 숙청한 뒤 내린 교서에서는 "윗사람을 섬기는 법규는 충성을 다하는 것을 근본으로 하고, 관직에 처하는 의리는 두 임금을 섬기지 않는 것을 으뜸으로 삼는다"[57]라고 하였다.

---

52 김수태는 김흠돌 난의 원인으로 문무왕의 왕권 강화를 지목하면서 전쟁을 통한 진골귀족의 군사적 기반 약화와 6두품을 중심으로 한 관료적 질서의 수립이라는 두 가지 요소를 제시하였다(金壽泰, 1993 「新羅 神文王代 專制王權의 확립과 金欽突亂」 『新羅文化』 9, 163-170쪽).

53 『三國史記』 권8, 新羅本紀8 神文王 원년, "妃金氏 蘇判欽突之女 王爲太子時納之 久而無子 後坐父作亂 出宮"

54 『三國史記』 권8, 新羅本紀8 神文王 3년 2월, "納一吉湌金欽運少女爲夫人"

55 신문왕 7년의 오묘 제사가 신문왕 초기의 반란에 대한 대응이며, 원자의 출생을 직접적인 계기로 한다는 것은 다수의 연구자가 지적하고 있다. 이에 대한 자세한 논의는 채미하, 2004 앞의 논문, 275-281쪽 참조.

56 『三國史記』 권8, 新羅本紀8 神文王 원년 8월 8일, "寡人上賴天地之祐 下蒙宗廟之靈"

57 『三國史記』 권8, 新羅本紀8 神文王 원년 8월 28일, "事上之規 盡忠爲本 居官之義 不二爲宗"

종묘는 이러한 이념을 가시화하는 매개였다. 신문왕이 교서에서 종묘를 언급하고 있으나 이는 제도나 시설이 아니라 선왕(先王)을 표상하는 것이므로 그것만으로 당시에 종묘가 제도적으로 확립되었다고 볼 수는 없다. 곧 국왕의 정당성과 관련된 수사적 표현인 것이다. 다만 이러한 인식이 현실성을 가지기 위해서는 정비된 종묘가 필요하였다. 전술했듯이 신문왕 6년(686) 『길흉요례』가 도입된 것은 그 표현으로, 도입 이듬해 원자 탄생을 계기로 종묘제도를 전면 시행한 것이다.

이것은 결국 무열왕의 왕통을 계승한 자신의 위상을 분명히 하는 것이며, 새로 태어난 원자에게 그 명분을 계승시키는 것이었다. 따라서 그 전제가 되는 무열왕의 왕통을 보증하는 조치가 필요하였다.[58] 무열왕의 아버지 용춘이 문흥대왕으로 추존된 것은 무열왕이 국왕의 아들이 아니라는 약점을 보완하기 위한 것이었지만, 후계구도를 다지기 위해서는 더욱 확고한 명분이 요구되었다. 그것은 무열왕을 시조(태조) 이래 왕통에서 뚜렷한 정통성을 가진 존재로 확정하는 것이었다.

이에 앞서 진흥왕대에 시조 성한에게 태조 칭호를 올린 것을 바탕으로 무열왕에게 태종 시호를 올림으로써 태조의 정통 후계자로서 무열왕의 위상을 분명히 하였다. 기존의 진평왕계가 아니라 진지왕의 후손인 무열왕이 정통이라는 선언인 것이다. 이는 그 후손인 신문왕 자신의 권위를 확립하는 방안이며, 귀족들의 도전을 명분적으로 무력화시킴으로써 이후의 왕위 계승에 안정을 확보하는 방안이었다.

이러한 의미는 신라 하대에 오묘의 개정 과정을 통해 역으로 입증된다. 우

---

58 신문왕이 제문 말미에서 "垂裕後昆 永膺多福"이라고 언급한 것은 이후의 왕위 계승에 대한 인식을 담고 있다. 이에 종묘제도 시행이 직계 조상에게 원자의 '적통성'을 인정받는 조치였다고 평가한 지적이 주목된다(채미하, 2004 앞의 논문, 279-280쪽). 그런데 적통성의 출발은 태조에서부터 시작되며, 이것이 신문왕 자신과 원자로 이어지기 위해서는 무열왕의 적통성이 먼저 보증되어야 했다. 무열왕은 아버지가 왕이 아닌 상황에서 기존의 적통이었던 진평왕계를 이었기 때문에 적통성에 한계가 있었다.

선 『삼국사기』 제사지에는 혜공왕 때 오묘를 시정(始定)했다고 정리하면서 태종대왕과 문무대왕이 백제와 고구려를 평정한 큰 공덕이 있다 하여 '세세 불훼지종(世世不毁之宗)', 곧 불천지주(不遷之主)로 정하였고, 여기에 시조와 친묘(親廟) 2실을 합쳐 오묘를 구성한 것으로 되어 있다.[59] 오묘는 신문왕 때 처음 설정되었으므로 혜공왕 때 조치는 무열왕과 문무왕을 불천지주로 삼는 데 초점이 있었다.[60] 이는 신문왕 때 오묘제 시행을 통해 수립된 무열왕계의 정통의식을 무열왕과 문무왕의 세실(世室) 지정을 통해 확립한 것이다.

그러나 무열왕계의 왕위 세습은 혜공왕이 피살되면서 단절되었고, 내물왕의 10세손이자 성덕왕의 외손인 선덕왕(宣德王)이 즉위하였다. 그 역시 즉위 후 부친 효방(孝芳)을 개성대왕(開聖大王)으로 추존하였다. '개성'이라는 시호에서 자신의 왕위를 부각하려는 의도가 읽힌다.

그리고 그를 이어 즉위한 원성왕(元聖王)은 내물왕의 12세손으로, 이후 원성왕의 후손이 왕위를 계승하였다. 원성왕은 즉위 후 4대 조상을 왕으로 추존하였다. 그리고 성덕왕과 개성왕을 훼철하고 대신 자신의 부친과 조부를 넣어 오묘를 재구성하였다.[61] 원성왕이 4조를 모두 추존했음에도 무열왕과 문무왕을 그대로 둔 것은 즉위 초 무열왕계를 적극 부정하기 어려웠던 사정을 반영한다.

그런데 그의 증손자인 애장왕대에 다시 오묘가 개편되었다. 이번에는 무열왕과 문무왕의 사당을 따로 세우고 시조대왕과 명덕대왕(明德大王)·원성대왕·혜충대왕(惠忠大王)·소성대왕(昭聖大王)으로 오묘를 개편하였다.[62] 명덕왕은

---

59 『三國史記』 권32, 雜志1 祭祀, "至第三十六代惠恭王 始定五廟 以味鄒王爲金姓始祖 以太宗大王文武大王平百濟高句麗有大功德 並爲世世不毁之宗 兼親廟二爲五廟"

60 일반적으로 제사지의 오묘제 시정 기사는 혜공왕대 오묘제 개혁을 담은 것이며, 무열왕계의 결집에 주된 목적이 있다고 이해하고 있다. 혜공왕대 오묘제에 대해서는 다음 논고가 참고된다.
李文基, 1999 「新羅 惠恭王代 五廟制 改革의 政治的 意味」 『白山學報』 52
蔡美夏, 2000 「新羅 惠恭王代 五廟制의 改定」 『韓國史研究』 108

61 『三國史記』 권10, 新羅本紀10 元聖王 원년 2월

62 『三國史記』 권10, 新羅本紀10 哀莊王 2년 2월

원성왕의 부친이고, 혜충왕은 원성왕의 태자 인겸(仁謙)으로 소성왕이 즉위한 뒤 추존되었다. 애장왕은 시조 외에 자신의 직계 조상으로 오묘를 정리한 것이다.

이 과정에서 무열왕과 문무왕의 사당을 따로 세운 것은 불천지주였던 이들의 사당을 훼철할 수는 없지만 오묘에서 그 위상을 인정하지 않겠다는 의식을 반영하고 있다. 다시 말해 7세기 전쟁에서의 공업은 부정하지 않지만 왕통에서는 원성왕계의 정통성을 확립하고자 한 것이다.[63]

주목되는 것은 신문왕대에는 태조대왕으로 나오던 신위가 원성왕대 및 애장왕대 개편에서는 시조대왕으로 명칭이 바뀌었다는 점이다. 원성왕과 애장왕의 오묘 개편의 초점이 자신의 직계 조상을 넣는 것과 더불어 무열왕과 문무왕을 배제하는 추이를 보여준다고 할 때, 태조가 시조로 바뀌는 것은 단순한 혼용으로 보기 어렵다.[64]

앞서 지적했듯이 태종은 본래 태조와 짝을 이루는 묘호였다. 일단 태조에 이어 태종 묘호가 수립되면 태조의 정통 후계자라는 명분을 획득한다. 설사 태종을 별묘로 빼더라도 종묘에 태조가 상존하는 한 태종이 그 정통 후계자라는 명분은 살아 있게 된다. 태조는 태종의 확고한 위상을 보증하는 존재이다.

이에 원성왕은 태조를 시조로 바꿈으로써 태종의 위상을 태조와 직결시키는 인식을 차단하였다. 태조가 전제되지 않으면 태종은 특별한 의미를 가질 수 없다. 이를 발판으로 애장왕대에는 무열왕과 문무왕을 오묘에서 빼게 된 것이다.

아울러 시조가 태조로 규정되는 것이 진흥왕대의 일임을 고려할 때, 내물

---

63 최홍조, 2009 「新羅 哀莊王代의 政治改革과 그 性格」 『韓國古代史硏究』 54, 311-312쪽

64 제사지 서문에는 혜공왕 때 오묘 시정과 함께 "以味鄒王爲金姓始祖"라고 적고 있어 이러한 이해와 상충될 여지도 있다. 그러나 이 내용은 제사지 찬자의 서술이며, 특히 시조가 김씨라는 단서를 달고 있어 태조라는 묘호가 설정되는 구문이 아니다. 따라서 혜공왕대에 공식적으로 태조 칭호가 폐지되었다고 볼 근거는 되지 않는다.

왕계인 원성왕이 '태조'를 '시조'로 환원시킨 것은 결국 시조 이래의 왕통을 내물왕계 중심으로 인식하는 의미도 있다. 자연 태조의 정통 후계로서 태종의 위상은 크게 약화될 수밖에 없다.

이처럼 무열왕에게 태종 시호를 추상한 것은 신문왕 즉위 후 발생한 모반을 진압한 후 자신의 왕통을 명분적으로 보강하기 위한 조치였다. 새 왕통의 출발이 되는 무열왕을 김씨 왕실의 시조인 태조 성한의 정통 후계자라는 의미에서 태종으로 규정함으로써 그 손자인 신문왕 자신의 왕위를 보증하는 효과를 도모한 것이다. 이것은 진평왕계가 혈통의 신성성을 내세운 것을 부정하고 무열왕계의 정통성을 확립한 것이었다. 하대에 이르러 태조가 시조로 환원되고 태종이 오묘에서 탈락하는 과정은 당초 태종 시호가 왕통과 깊이 관련된 사안이었음을 반증한다.

이러한 흐름을 볼 때 태종 시호가 '일통삼한'의 공업을 통해 설정되었다는 것은 시호 추상 당시의 명분이었다고 보기 어렵다. 물론 7세기 전쟁이 무열왕-문무왕의 왕계에 탄탄한 정치적 기반을 제공하였고, 이것이 태종 시호 추상의 토대가 된 점은 충분히 인정된다. 하지만 그것이 무열왕에게 예외적으로 '태종'이라는 시호를 추상하는 직접적인 명분은 아닌 것이다.

굳이 묘호 채용을 통해 전쟁의 공업을 명시한다면 그것은 문무왕에게도 적용되어야 한다. 혜공왕대 '양국평정'의 공업을 명분으로 무열왕과 문무왕을 함께 불천지주로 삼은 것은 그러한 속성을 반영한다.

그렇다면 태종 시호의 명분이 왕통 문제에서 '일통삼한'의 공업으로 바뀌는 것은 후대에 달라진 인식의 산물로 보아야 한다. 그리고 혜공왕대에 불천지주 지정의 명분이 '양국평정'이었음을 감안하면, 태종 시호의 의미가 '일통삼국'으로 재인식되는 것은 그 이후가 될 것이다. 그 배경과 경위에 대해서는 4부에서 자세히 살펴볼 것이다.

2장_ 김유신 사적과 삼한일통의식

1. 김유신 헌의의 사실성 비판

1) 김유신 헌의의 내용 검토

태종 시호 기사와 함께 7세기 신라의 체제 이념으로서 삼한일통의식을 주장하는 근거가 된 문헌 자료는 김유신의 헌의(獻議)이다. 『삼국사기』 김유신열전에는 그가 문무왕에게 당부하는 유언이 실려 있다. 그 내용은 다음과 같다.

> 신이 어리석고 불초하니 어찌 국가에 도움이 될 것이 있겠습니까. 다행스러운 것은 현명한 왕이 부리는 데 의심이 없었고 임무를 맡기는 데 두 마음을 갖지 않았기에 왕의 현명함을 거들어 작은 공로를 이루어 삼한이 일가가 되고 백성은 두 마음이 없게 되었으니 비록 태평에 이르지는 않았더라도 역시 소강이라 이를 만합니다. 신이 보건대 예로부터 왕업을 계승한 임금은 모두 시작은 있지만 끝내 결실을 맺은 경우는 드뭅니다. 여러 대의 공적이 하루아침에 무너지는 것은 아주 애통한 일입니다. 바라건대 전하께서는 성공이 쉽지 않음을 알고 수성이 또한 어려움을 생각하여 소인을 멀리하고 군자를 가까이함으로써 조정은 위에서 화합하고 백성은 아래에서 편안해지며, 화란이 일어나지 않고 기업이 무궁하

게 되면 신은 죽어도 유감이 없겠습니다.[1]

위에서 김유신은 당시 신라의 상황을 두고 "삼한이 일가가 되었다[三韓爲一家]"라고 표현하였다. 이는 7세기 전쟁의 결과를 말한 것으로, 삼국을 '삼한'으로 인식하고 있다. 일가가 되었다는 것은 곧 통일을 이룬 것을 말한다.

이 구문은 본래 천하를 통일하거나 주변국에 확실한 영향력을 미치는 천자의 위세를 과시하는 "사해가 일가가 되었다[四海爲一家]"라는 구문을 차용한 것이다. 사해는 천하의 모든 존재가 천자의 교화 내지 지배의 대상이 된다는 이념으로서 일원적인 질서의 수립을 표상한다. 마찬가지로 이 구문에서 일가가 되는 삼한은 보편적 동질성을 전제하며, 이 동질성은 통일의 당위를 제공한다.

이러한 언급은 명백히 삼한일통의식을 반영하고 있다. 따라서 이 내용을 당시의 사실로 수용한다면 7세기 중반 삼한일통의식을 말할 수 있다. 그런데 문제는 이 헌의를 그대로 받아들이기 어렵다는 것이다. 일단 이 내용은 그의 전기에 등장하는 것으로서 후대에 가공된 내용일 수 있다.[2] 전기는 작자의 관점에 의해 사적이 가공되거나 표현이 윤색될 여지가 크다.

가장 먼저 지적되는 것은 국왕에 대한 인식이다. 국왕에게 당부하는 기사임에도 전체적으로 김유신 자신의 공업을 과시하는 맥락으로 되어 있다. 그가 말한 '성공(成功)'이란 무열왕의 공업을 표상하고, '수성(守成)'은 헌의를 전하는 대상인 문무왕의 역할을 나타낸다. 수성에 대비되는 성공은 통상 창업을 나타내는데, 무열왕의 경우 창업이 아니므로 이는 '일통삼한'을 가리키

---

1   『三國史記』 권43, 列傳3 金庾信 下, "臣愚不肖 豈能有益於國家 所幸者 明上用之不疑 任之勿貳 故得攀附王明 成尺寸功 三韓爲一家 百姓無二心 雖未至太平 亦可謂小康 臣觀自古繼體之君 靡不有初 鮮克有終 累世功績 一朝墜廢 甚可痛也 伏願殿下知成功之不易 念守成之亦難 疏遠小人 親近君子 使朝廷和於上 民物安於下 禍亂不作 基業無窮 則臣死且無憾"
2   김유신의 헌의는 기본적으로 魏徵의 遺表를 모방하여 구성한 것으로 파악된다. 이에 대해서는 뒤에서 따로 다루고 여기서는 내용 분석을 위주로 한다.

는 것으로 이해할 수 있다.

그런데 문맥상 '일통삼한'은 결국 김유신의 공업으로 귀결되고 있다. 물론 기본적으로 무열왕을 도와 이룬 것이라는 형식을 갖추고는 있지만, "척촌(尺寸)의 공을 이루었다"라는 표현은 "삼한이 일가가 되었다"라는 공업을 김유신에게 가져오는 기능을 하고 있다.

무열왕의 아들인 문무왕에게 김유신이 이같이 자평한다는 것은 현실성이 낮다. 무열왕이 이룬 공업을 잘 이어가라는 당부가 되는 것이므로 당연히 무열왕이 서사의 중심이 되어야 한다. 그런데 위에서는 무열왕을 적시하지 않은 채 자신의 공업을 말하고 있다. 왕의 역할은 김유신을 신뢰하여 임무를 맡긴 것으로 설명될 뿐이다.

이렇게 김유신이 자신의 업적을 내세운 것에 대해 원훈(元勳)이자 문무왕의 외숙이기 때문에 가능한 일이라고 보기도 한다.[3] 그러나 아무리 원훈이고 외숙이라고 하더라도 왕조 국가에서 선왕의 공업과 관련된 내용을 신하가 자신의 업적으로 내세우는 것은 생각하기 어렵다. 이것은 김유신의 말이 아니라 기사의 작자가 김유신을 평가하는 구도에 가깝다. 특히 무열왕이 김유신을 얻어 삼국을 일통했다는 태종 시호 기사보다 김유신을 더 전면화하고 있다는 점에서 그보다 후대에 만들어졌을 가능성이 높다.

다음에 무열왕과 문무왕을 성공과 수성으로 나눈 점도 유의해 보아야 한다. 이것은 혜공왕대 종묘제도 개정에서 백제·고구려 평정을 명분으로 두 왕을 함께 불천지주로 삼은 조치와 어긋난다. 이 조치는 중대 왕실이 두 왕을 하나의 공업으로 묶어 인식한 것을 보여주는데, 김유신 헌의는 이를 무열왕과 김유신의 공업으로 설정하고 문무왕은 수성의 군주로 분리하였다.

그런데 무열왕대에는 백제만 공멸하였고 고구려는 문무왕대에 멸망하였

---

3   김영하, 2018 「신라의 '백제통합'과 '일통삼한' 재론 : 최근의 사료 비판과 해석을 중심으로」『韓國古代史研究』89, 258쪽

다. "삼한이 일가가 되었다"라는 상황은 양국의 공멸이 전제되므로 이를 설정하더라도 문무왕대에 비로소 적용할 수 있다. 그리고 이 구도에서 문무왕은 수성이 아니라 성공의 군주가 되어야 한다.

이를 단적으로 보여주는 것이 만파식적(萬波息笛) 설화이다. 이에 대해서는 뒤에서 자세히 분석하겠지만, 이 설화에서 문무왕은 해룡(海龍)이 되어 김유신과 함께 신문왕에게 "수성의 보배"를 전해주고 있다. 이는 문무왕이 수성의 군주가 아니라는 것을 반증한다. 문무왕 유조(遺詔)에 나오는 "서정북토(西征北討)"나 「문무왕릉비」에 나오는 "광동정서(匡東征西)" 등의 표현을 보더라도 문무왕이 수성의 군주로 인식되었을 여지는 별로 없다.

문무왕을 굳이 수성의 군주로 규정한 것은 "삼한이 일가가 되었다"라는 것을 온전히 무열왕의 공업으로 삼았기 때문이다. 이러한 인식은 9세기 후반에 건립된 「월광사원랑선사비」에서 뚜렷이 확인된다.[4] 무열왕에 의해 '일통삼한'이 완결되었으면 문무왕은 수성의 군주가 될 수밖에 없다. 이는 무열왕과 문무왕을 묶어 '양국평정'의 공업을 설정한 혜공왕대 인식에서 명백히 달라진 것이다. 김유신 헌의 또한 이렇게 달라진 시각을 담으면서 그 공업을 김유신에게 귀결시켰다.

문무왕에 대한 평가는 당시 상황을 "태평(太平)에 이르지는 않았더라도 역시 소강(小康)이라 이를 만합니다"라고 평가한 것과 연결된다. 소강이란 기존의 혼란을 넘어 안정기로 접어들었다는 것을 말한다. 그렇다면 673년 신라사회는 소강이라고 평가할 만한 상황이었을까.

주지하듯이 이 시기는 나당전쟁이 한창일 때이다. 당은 문무왕이 백제 토지를 점거하고 고구려 반중(叛衆)을 받아들였다며 신라를 힐책하였고, 문무왕은 태종 때 이미 백제 토지에 대한 영유권을 인정받았고 백제·고구려 공멸과정에서 신라가 공헌했으므로 보상받을 권리가 있다며 맞섰다. 결국 674년

---

4 본서 2부 2장 참조.

정월 당 고종은 문무왕의 관작을 삭탈하였고 김인문을 신라왕으로 삼아 보내면서 갈등은 최고조에 달했다. 이 갈등은 이듬해 신라가 사죄사(謝罪使)를 보내고 당이 문무왕의 관작을 복구함으로써 해소되었다.

신라와 당의 갈등은 신라의 국가적 위기로 인식되었고, 이는 신라마저 공멸하려는 당의 야욕을 물리치는 설화를 낳았다. 대표적인 것이 김유신이 당군을 독살했다는 전승과 명랑법사(明朗法師)의 비법(祕法)으로 당의 수군을 패몰시켰다는 설화이다. 이는 나당전쟁이 신라에게 어떻게 인식되었는지를 잘 보여주는데, 자세한 내용은 후술할 것이다. 이러한 설화의 형성은 당시 신라 사회를 소강으로 평가하는 것과 전혀 맞지 않는다.

그가 척촌의 공을 이루었고 이를 준거로 문무왕에게 수성의 역할을 당부하려면 김유신의 활동으로 위기가 종식되었다는 전제가 필요하기에 임종 당시를 소강으로 평가한 것이다. 이는 물론 김유신을 부각하려는 기사 작자의 의도에 따른 것이다.

소강이라는 평가의 준거는 그 앞에 언급된 "삼한이 일가가 되었다"와 "백성이 두 마음이 없다[百姓無二心]"이다. 이 내용은 당시 상황, 또는 당시 사람들의 인식에 부합할까. 먼저 "삼한이 일가가 되었다"부터 짚어보자. 삼국통일론에서는 이를 실제 상황의 반영으로 받아들이며, 백제병합론에서는 허위적이지만 당시 그러한 이념을 표방한 것은 그대로 인정한다.

이와 관련하여 유의해 볼 부분이 보덕국(報德國)이다. 주지하듯이 보덕국은 신라가 고구려 유민을 받아들여 금마저(金馬渚: 익산)에 정착시킨 후 고구려를 세워 준 것에서 연원한다. 백제를 병합한 신라 경내에 고구려가 수립되었으므로 일견 상징적으로 '일통삼한'을 말할 수 있어 보인다.[5] 이 경우 영토적 측면에서 백제병합만으로 일통이 성립할 수 있다.

그러나 문무왕 10년(670) 수립된 금마저의 고구려가 불과 4년 뒤에 보덕

---

5   김영하, 2018 앞의 논문, 258쪽

국으로 바뀐 것은 이것이 그렇게 유효한 의미를 가진 것이 아님을 반증한다. 또한 구서당 중 고구려 유민으로 편성된 황금서당(黃衿誓幢)과 보덕성민으로 편성된 벽금서당(碧衿誓幢)·적금서당(赤衿誓幢)이 따로 있었던 것에서[6] 보덕국이 이미 고구려 정체성을 탈각했음을 확인할 수 있다. 따라서 673년 당시 금마저의 고구려(보덕국)가 존재한 것을 가지고 '일통삼한'의 이념을 유도할 수는 없다. 고구려 정체성이 계승되지 않은 것은 그러한 이념의 부재를 반증한다.

「답설인귀서」에는 당이 백제를 복구하려는 것에 대해 신라가 그 부당성을 지적하며, "신라가 이미 국가의 주(州)가 되었으니 두 나라로 나눌 수 없으므로 일가로 삼아 길이 후환이 없기를 바랍니다"라고 한 내용이 보인다.[7] 백제를 복구하면 후일 신라가 백제에 병탄될 것이라는 우려였다.

신라가 당시 상황을 "삼한이 일가가 되었다"로 인식했다면, 이 글에서도 그러한 논리를 내세울 법하다. 원래 근원이 같다면 백제병합의 명분 또한 강화될 것이기 때문이다. 하지만 신라는 백제가 흡수되어야 한다는 의미에서 '일가'를 말할 뿐이다. 후일 백제의 병탄 우려를 말한 것 또한 역사적 동질성과는 거리가 멀다.

여기서 앞서 고종이 삼국의 화해를 종용하며 의자왕에게 보낸 새서(璽書)에 주목할 필요가 있다. 이 글에는 "해동삼국(海東三國)"과 "삼한의 백성[三韓之氓]"이 언급되어 있다. 삼한이 명백히 삼국의 공통적 연원으로 제시된 것이

---

6 『三國史記』 권40, 雜志9 職官 下

7 최근 이 구문의 '국가'를 唐으로 보는 것을 비판하고, '國家之州'는 신라가 백제 사비에 설치한 所夫里州를 지칭한다고 본 견해가 있다(박남수, 2016 「신라 문무대왕의 삼국통일과 宗廟制 정비」 『新羅史學報』38, 275쪽). 그러나 "新羅旣是國家之州"에서 '是'는 "-이다"의 뜻으로서 "신라=국가지주"가 되기 때문에 '국가지주'를 소부리주로 볼 수 없다. 또한 「답설인귀서」에서 '국가'는 모두 당을 가리킨다. '국가지주'는 당이 신라를 雞林大都督府로 삼은 것을 나타내는 것으로, 답서의 말미에 문무왕의 직함을 雞林州都督으로 명시하였다. 어차피 신라는 당의 체제 안에 들어 있는 마당에 굳이 두 곳을 나눌 필요가 없다고 주장한 것이다.

다.[8] 고종이 외교문서에서 구사한 논리는 당연히 신라에도 영향을 미칠 수 있다.

그런데 「답설인귀서」에서 그러한 인식이 전혀 나타나지 않는 것을 보면, 당시 신라가 삼국의 역사적 동질성과 통합을 염두에 둔 '삼한'의 범주를 수립했다고 볼 수 없다. 그리고 이로부터 불과 2년 뒤에 여건이 별반 달라지지 않은 상황에서 전혀 다른 인식이 나온다는 것 또한 납득하기 어렵.

다음에 "백성은 두 마음이 없다"라는 것은 구성원이 신라에 순응한다는 의미이다. 앞의 삼한이 백제를 포함하고 있으므로 이 백성 또한 백제 주민을 포괄한다. 그런데 당시 이들의 동향은 "두 마음이 없다"라는 표방과 어긋난. 몇 가지 사례를 들어 보자.

> ① 왕이 백제의 남은 무리가 반복할 것을 의심하여 대아찬 유돈을 웅진도독부에 보내 강화를 청했으나 따르지 않고 이에 사마 예군을 보내 엿보게 하였다. 왕이 우리를 도모한다는 것을 알고 예군을 억류하여 보내지 않고 군대를 일으켜 백제를 토벌하였다.[9]
>
> ② 그 뒤에 함형 2년 신미에 문무대왕이 군대를 보내 백제 변지의 곡식을 짓밟게 하고 마침내 백제인과 웅진의 남쪽에서 싸웠다.[10]

①은 670년 신라가 웅진도독부를 공격하는 상황을 설명하고 있다. 백제가 멸망한 뒤에도 당이 웅진도독부를 설치하면서 신라는 백제 고지를 온전히 장악하지 못하였고, 각지에서 부흥운동이 전개되고 있었다. 이에 신라는 무력으로 이들을 제압하고 웅진도독부까지 공격하였다. ②는 671년 기사로서

---

8 『三國史記』권28, 百濟本紀6 義慈王 11년, "海東三國 開基日久並列疆界 地實犬牙 近代已來 遂構嫌隙 戰爭交起 略無寧歲 遂令三韓之氓 命懸刀俎 築戈肆憤"

9 『三國史記』권6, 新羅本紀6 文武王 10년 7월, "王疑百濟殘衆反覆 遣大阿湌儒敦於熊津都督府 請和 不從 乃遣司馬禰軍窺覘 王知謀我 止禰軍不送 擧兵討百濟"

10 『三國史記』권47, 列傳7 驟徒, "後咸亨二年辛未 文武大王發兵 使踐百濟邊地之禾 遂與百濟人 戰於熊津之南"

전년에 이은 신라의 백제 공격을 담고 있다. 여기서 '백제인'과의 전투가 언급되고 있다.

이 사례들은 이 시기까지도 신라와 백제의 전쟁이 계속되고 있었음을 보여준다. "백성은 두 마음이 없다"라는 설명과 정면으로 배치되는 상황이다. 이 상황이 2-3년 만에 극적으로 달라질 수는 없다.

이와 함께 김유신 헌의의 사실성을 의심하게 하는 또다른 지표는 "임무를 맡기는 데 두 마음을 갖지 않았기에[任之勿貳]"라는 구문이다. 이 구문은 『서경(書經)』에 보이는 "현인을 임용하는 데 두 마음을 갖지 않고, 사악한 이를 물리치는 데 의심을 하지 않는다[任賢勿貳 去邪勿疑]"라는 구문에서 가져온 것이다. 다만 헌의에서는 "거사(去邪)"를 "용지(用之)"로 바꾸었는데, 이에 대해서는 뒤에서 다시 설명할 것이다.

김유신이 이를 말했다면 그가 『서경』의 내용을 인지하고 있거나 당시 사회에서 이 구문을 활용할 정도로 경전에 대한 이해가 진전되었다는 의미가 된다. 그러나 평생 무장이었던 그가 『서경』을 공부했다는 것은 생각하기 어렵고, 당시 신라가 이 정도의 유교 경전 이해를 확보하고 있었다고 보는 것도 무리가 있다.

김유신의 언급에 대해 군신관계에 대한 일반적 덕목으로서 언급할 수 있다고 보기도 한다.[11] 그러나 논점은 군신관계의 덕목을 말한 것이 아니라 그것을 『서경』의 구문을 통해 표현할 수 있는 '주체'의 성격과 '시기'를 그대로 받아들이기 어렵다는 데 있다.

우선 김유신은 평생 무장이었고, 당시 화랑들은 무예 수련이 필수적이었다. 『삼국유사』에 실린 김유신의 성장 과정을 보면 "검술을 닦아 국선(國仙)이 되었다"라는 내용이 있다.[12] 『삼국사기』에 수록된 화랑이나 전쟁에서 활

---

11 김영하, 2018 위의 논문, 257-258쪽
12 『三國遺事』 권1, 紀異 金庾信, "修劍得術爲國仙"

약한 인물들의 사적에서 학문 수련은 찾아보기 어렵다. 이는 유교 경전에 대한 소양을 가지고 있던 작자가 김유신을 평가하는 수사로 동원한 것이다.[13] 물론 경전을 매개하지 않고서도 그 내용이 당시 사회에 일반화되었다면 해당 구문을 관용적으로 사용할 수 있다. 그렇다면 7세기 전후 신라 사회는 그 정도로 유교 경전을 이해하고 있었을까.

이를 가늠하는 근거가 된 것이 바로 「임신서기석(壬申誓記石)」이다. 이 비문은 임신년에 두 사람이 하늘에 충도(忠道)를 맹세한 내용과 전년인 신미년에 『서경』을 포함한 경전의 학습을 다짐한 내용을 담고 있다. 비의 건립 시점은 612년으로, 맹서 주체는 화랑으로 보는 경우가 많다. 이러한 입론을 따르면 595년에 출생한 귀족가문 출신의 화랑 김유신도 『서경』을 습득했을 수 있다.[14]

그러나 통설적 이해와 달리 이 비가 612년에 작성되었다고 볼 근거가 전혀 없다. 이러한 시기 판단은 초기에 비문의 주인공을 화랑으로 간주하고 화랑의 활약기에 비가 건립되었다고 추단하면서 그 시점을 552년 또는 612년이라고 제시한 것일 뿐이다.[15] 이를 이후 연구자들이 비판적 검증 없이 채용하면서 통설로 굳어졌다.

그러나 비문의 주인공을 화랑으로 볼 근거도 없고, 화랑이 활약하던 시기에 건립되었다고 볼 단서도 없다. 화랑은 신라말까지 존재하였다. 따라서 이 비를 7세기의 것으로 확정하고 이를 근거로 다시 7세기 신라의 유교 경전 이해를 가늠하거나 김유신 사례에 적용하는 것은 지나친 비약이다. 이 비의 제작 시기는 그 자체가 논증될 과제이며, 다른 자료를 이해하는 절대 편년의

---

13 김유신이 비담의 난을 진압할 때 "紂以赤雀亡 魯以獲麟衰 高宗以雉雊興 鄭公以龍鬪昌"이라며 중국 역대의 고사를 구사한 것은 후대의 가공을 명확히 보여주는데, 『서경』 구문의 원용도 같은 성격을 띤다.

14 김영하, 2018 위의 논문, 258쪽

15 李丙燾, 1957 「壬申誓記石에 대하여」 『서울대학교논문집(인문사회과학)』 5, 3-6쪽

준거가 될 수 없다.

무열왕대의 유명한 문장가인 강수(强首)의 경전 학습이 방증으로 거론되기도 한다. 그러나 그가 학습한 것은『효경(孝經)』등 기초 경전이나 문장 학습을 위한 교재인『문선(文選)』이 중심을 이루고 있다. 그리고 그의 활동기에 정계가 중국 외교문서를 제대로 해석하지 못했다는 일화가 나오는 것은 한문학 측면에서도 신라 사회의 역량이 축적되지 않은 상태임을 시사한다. 따라서 강수의 사적을 근거로 오경(五經) 학습이 등장하는「임신서기석」의 내용을 7세기 초에 적용할 수 없다.

최근에는 비문의 문법과 내용을 통해 이것이 7세기의 것이 아니라는 지적이 나왔다. 문법적 측면에서 이 비에서 사용된 문장은 자연스럽고 쉽게 이해할 수 있는 한자를 사용하고 있어 후대의 것일 가능성이 높다는 것이다.[16]

무엇보다 결정적인 것은 문장 내용에서 나타난다. 비문의 두 주인공은 임신년의 맹서 중 두 번째 항목에서 "만약 나라가 불안하고 크게 어지러우면 세상을 편안하게 할 것[若國不安大亂 世可寧]"이라고 하였다. 내용에 '만약'이라는 조건을 단 것은 "앞으로 발생할 수 있는" 상황을 가정한 것이다. 따라서 이 내용은 맹서 당시에는 적용되지 않으므로 비문 작성 시기는 나라가 '불안'하거나 '대란'에 빠진 상황이 아니다.

그런데 6세기 중반 이후 신라는 영토 확장과 더불어 백제와의 충돌이 격화되었고, 이는 7세기 전쟁으로 이어졌다. 당시 화랑 내지 청년들의 덕목은 무예를 닦아 전공을 세우는 것이었다. 결국「임신서기석」은 6세기 중반이나 7세기 초의 것이 될 수 없다. 이는 국학(國學) 설치 이후 유교 경전에 대한 교육과 학습이 보편화된 상황에서 작성된 것이다.[17] 따라서 비 건립 시점은 8세기 이후로 보는 것이 합리적이며, 김유신의 경전 인용을 뒷받침하는 근거가

---

16 최연식, 2016「新羅의 變格漢文」『木簡과文字』17, 51-52쪽
17 윤경진, 2019「「壬申誓記石」의 제작 시기와 신라 중고기의 儒學 이해에 대한 재검토」『木簡과文字』22

될 수 없다.

이처럼 김유신 헌의의 내용은 7세기 중반의 상황이나 인식을 반영한다고 볼 수 없다. 전쟁의 공업을 자신의 것으로 내세우고 문무왕을 수성의 군주로 규정한 것, 당시 사회를 소강으로 평가한 것은 당시의 실제와 동떨어진 것이다. 이러한 내용은 그의 헌의가 전쟁 후 신라의 체제 수립이 온전히 김유신의 공업에 따른 것임을 주장하기 위해 후대에 가공된 것임을 보여준다. 또한 『서경』 구절의 인용은 무장으로서 김유신의 속성이나 7세기 신라의 유교 경전 이해 수준과 맞지 않는다. 따라서 그의 헌의에 나타난 "삼한이 일가가 되었다"를 근거로 7세기 중반 신라의 삼한일통의식을 말할 수 없다.

2) 위징과 김유신

김유신 헌의는 위징의 유표(遺表)를 모델로 구성된 것으로 파악된다. 『구당서』에는 위징이 죽기 전에 태종에게 올린 글이 언급되어 있다.

> 천하의 일은 선과 악이 있는데 선인을 임용하면 나라가 평안하고 악인을 쓰면 나라가 어지러운 것입니다. 공경 중에는 성정에 애증이 있으니 미운 자는 그 악을 보고 사랑하는 자는 그 선을 봅니다. 애증 사이에 자세하고 신중해야 할 것입니다. 만약 사랑하되 그 악을 알고 미워하되 그 선을 알아, 사악한 자를 물리치는 데 의심이 없고 어진 이를 쓰는 데 두 마음이 없으면 흥기할 수 있을 것입니다.[18]

위 기사는 태종이 측근에게 한 말 중에서 위징의 유표를 인용한 부분이다.

---

18 『舊唐書』 권71, 列傳第21 魏徵, "天下之事 有善有惡 任善人則國安 用惡人則國亂 公卿之內 情有愛憎 憎者唯見其惡 愛者唯見其善 愛憎之間 所宜詳慎 若愛而知其惡 憎而知其善 去邪勿疑 任賢勿貳 可以興矣"

여기에 앞서 인용한 『서경』의 구문[去邪勿疑 任賢勿貳]이 나온다.

신하가 임종에 앞서 군주에게 당부의 말을 전하는 것은 나라를 생각하는 충신의 모습을 보여주는 대표적인 서사라는 점에서 두 사람의 일화는 상통한다. 이러한 조건에서 위징의 유표에 등장하는 『서경』 구문이 김유신 헌의에도 활용되고 있다는 사실은 후자가 전자를 토대로 만들어진 것임을 시사한다.[19]

실제 문헌에 실린 김유신 평가나 이해를 보면 그를 위징에 견주고 있음이 확인된다. 이를 가장 잘 보여주는 것이 『삼국유사』에 수록된 태종 시호 기사이다. 여기서 당 고종의 질책과 신문왕의 변명에서 위징과 김유신에 대한 부분만 추출하면 다음과 같다.

① 짐의 성고께서 현신 위징·이순풍 등을 얻어 마음과 덕을 함께 하며 천하를 일통했기에 태종황제라 하였다.

② 신라는 비록 소국이지만 성신 김유신을 얻어 삼국을 일통했기에 봉하여 태종

---

19 필자는 김유신 헌의가 『구당서』에 실린 위징의 유표와 같은 취지를 담고 있음을 발견하고 실제 헌의가 『구당서』 편찬 이후에 만들어졌을 가능성을 언급하였다. 이에 대해 위징의 유표가 王綝(미상-702)의 『魏鄭公諫錄』에 이미 수록되어 있음을 들어 이를 비판한 견해가 있다(김영하, 2019 「신라의 '백제통합'과 '일통삼한' 재론2 : 핵심 사료의 쟁점과 해석을 중심으로」 『韓國古代史硏究』 95, 388-390쪽). 이 책의 존재는 김유신의 헌의가 『구당서』에 실린 위징의 유표를 모델로 했을 것이라고 단정할 수 없는 조건이 되지만, 그것이 위징의 유표를 모방했다는 이해에 영향을 미치지 않으며, 그것이 후대에 가공된 것임을 부정할 수 있는 것도 아니다. 나아가 이것만으로 『구당서』를 준거로 헌의의 성립 시점이 고려초기로 내려갈 수 있다는 필자의 판단이 부정되는 것도 아니다. 이 책이 신라에 들어왔는지, 들어왔다면 언제 들어왔는지 알 수 없기 때문이다. 실상 이런 개인 저술이 신라에 들어왔을 가능성 자체가 희박하다. 우리나라에서 위징을 인식하는 핵심적인 매개는 『貞觀政要』인데, 이조차 신라에 유입되었는지 파악되지 않는다. 이러한 조건에서 구체적인 위징의 유표를 접할 수 있는 전거가 『구당서』라고 추정하는 것이 큰 무리는 아닐 것이다. 핵심은 김유신 헌의가 후대에 만들어진 것이고 따라서 그 내용을 7세기에 적용할 수 없다는 것, 따라서 그 안에 나오는 "三韓爲一家"를 7세기 인식으로 볼 수 없다는 것이다. 위징의 유표는 후대의 성립을 말하는 하나의 지표일 뿐이다. 이것을 배제하더라도 김유신 헌의에는 후대적 요소가 다수 존재한다.

이라 한 것입니다.

이 기사를 보면 무열왕의 공업이 당 태종에 비견되었고, 그에 상응하여 김유신은 위징·이순풍에 비견되고 있다. 무열왕과 당 태종의 대비는 '태종' 칭호를 매개로 이루어진 것이며, 그에 상응하는 공업 또한 '일통'으로 제시되었다. 마찬가지로 무열왕의 공업을 가능케 한 김유신의 위상을 위징과의 대비를 통해 제시하였다. 곧 위징이 있었기에 당 태종의 공업이 가능했다는 인식에 바탕을 두고, 무열왕의 공업 또한 김유신이 있었기에 가능했다는 평가를 유도한 것이다. 결국 이 기사는 무열왕에 대한 것이지만 내용의 초점은 김유신에게 있다.

그런데 위징의 역할은 태종의 '일통천하' 공업과 관련이 없다. 당 태종은 자신의 천하 평정을 도운 인물로 방현령(房玄齡)을 지목하였고, 위징은 즉위 후 충간(忠諫)으로 자신의 치세를 도운 인물로 평가하였다.[20] 따라서 태종 시호 기사에서 말한 '일통천하'를 도운 신하 또한 위징이 아니라 방현령이어야 한다. 그럼에도 위징을 내세운 것은 두 가지 측면에서 이해할 수 있다.

하나는 위징이 태종의 치세를 표상하는 대표적 인물로 널리 인식되었다는 점이다. 위의 서사에서 무열왕의 '일통삼국'은 김유신과의 협력을 통해 실현되었고, 무열왕은 태종 칭호를 통해 당 태종에 비견되었다. 따라서 무열왕에게 짝하는 김유신과 대비되어 태종의 공업을 가능하게 한 신하가 설정되는데, 여기에 태종 치세를 대표하는 위징을 넣음으로써 그가 '일통천하'의 파트너였던 것처럼 구성한 것이다.

다른 하나는 평생 '무장'으로 활동한 김유신에게 '충간'의 이미지를 부여하기 위한 장치가 된다는 점이다. 이는 태종 시호 기사에서는 직접 드러나지

---

20 『新唐書』 권97, 列傳22 魏徵, "貞觀以前 從我定天下 間關草昧 玄齡功也 貞觀之后 納忠諫 正朕違 爲國家長利 徵而已 雖古名臣 亦何以加"

않지만 헌의에서 분명하게 표현되고 있다. 이 점에서 김유신 헌의는 태종 시호 기사와 맥이 닿아 있다.

다만 태종 시호 기사는 헌의에서 말한 성공에 대한 서사에 국한되며, 헌의에서 김유신은 유언을 통해 문무왕의 수성에도 기여하는 존재로 설정되었다. 이는 김유신 헌의가 태종 시호 기사에서 더 확장된 인식을 담고 있음을 보여준다.

당 태종 치세의 주역으로서 위징은 『정관정요(貞觀政要)』의 편찬을 계기로 보편화되었다. 『정관정요』는 현종 때 태종의 정치를 이상화한 결과이며, 그 핵심에 위징이 있었다. 당 문종이 『정관정요』를 읽고 위징의 어짊을 생각하여 그 후손을 찾아 5세손인 위모(魏謩)를 발탁한 사례는[21] 『정관정요』의 중심에 위징이 있음을 보여주는 한편, 위징에 대한 정치적 인식이 『정관정요』를 통해 보편화되었음을 잘 보여준다.

우리나라에 『정관정요』가 들어온 시기는 정확히 알 수 없으나 그것이 보급된 것은 고려초기의 일이다. 광종이 항상 『정관정요』를 읽었다는 기록이 보이고,[22] 성종 때 최승로(崔承老)의 상서에도 『정관정요』가 언급되고 있다.[23] 이렇게 보면 위징의 이미지가 투영된 김유신 헌의는 고려에 들어와 비로소 생성되었거나 그러한 내용으로 윤색되었을 가능성이 높다.

이러한 이해를 뒷받침하는 단서는 김유신열전 말미에 실린 논찬(論纂)이다.

　① 당 이강이 헌종에게 대답하기를, "사녕을 멀리하고 충직을 나아가게 합니다. 대신과 더불어 말할 때에는 공경과 신의로 하여 소인이 끼어들지 않게 하고, 현자와 노닐 때에는 친함과 예의로 하여 불초한 자가 참여하지 않게 해야 합니다"라고 하였는데, 이 말은 성의가 있으니 실로 군주의 중요한 도이다. ② 그래서 『서경』

21　『新唐書』 권97, 列傳22 魏徵, "文宗讀貞觀政要 思徵賢 詔訪其后 汝士薦爲右拾遺 謩姿宇魁秀 帝異之"

22　『高麗史』 권2, 光宗 원년 정월, "大風拔木 王問禳灾之術 司天奏曰 莫如修德 自是 常讀貞觀政要"

23　『高麗史』 권93, 列傳6 崔承老, "竊見開元史臣吳兢撰進貞觀政要 欲勸玄宗勤修太宗之政 盖以 事體相近 不出一家而其政休明 可爲師範也"

에 이르기를, "어진 이를 임용함에 두 마음을 갖지 않으며, 사악한 이를 물리침에 의심하지 않는다"라고 한 것이다. 무릇 신라가 유신을 얻어 친근에 이간이 없고 위임에 두 마음이 없었으며, 계획은 행하고 말은 들어주어 받아주지 않는다는 원망이 없게 하였으니 육오 동몽의 길조를 얻었다고 할 것이다. ③ 따라서 유신이 그 뜻을 행할 수 있어 상국과 더불어 협모하여 삼토를 합쳐 일가를 이룸으로써 능히 공명으로써 마무리할 수 있었다.[24]

위 논찬의 내용은 크게 세 부분으로 구성되어 있다. 하나는 당 이강(李絳)이 헌종(憲宗)에게 한 말로서 신하를 대하는 군주의 자세에 대해 논한 것이다. 그는 "사녕(邪佞)을 멀리하고 충직(忠直)을 나아가게 할 것"을 주문한 뒤, 경신(敬信)과 친례(親禮)로써 대신과 현자를 대우해야 소인과 불초한 자가 개입할 수 없다고 부연하였다. 이러한 내용은 군자를 가까이하고 소인을 멀리하라는 김유신의 당부와 비슷한 취지를 담고 있다.

이강은 직도(直道)로 처신하여 명망이 높았으며,[25] 헌종 또한 그가 강직하다고 여겨 그의 말을 잘 따랐다고 한다. 논찬에서 이강의 말을 인용한 것은 김유신 헌의가 가지는 타당성을 뒷받침하기 위한 것이다.

다음에 『서경』의 해당 구문[任賢勿貳 去邪勿疑]을 인용한 것은 위징의 유표와 동일하며, 헌의의 '임용'에 대한 내용[用之不疑 任之勿貳]과 조응한다. 곧 논찬 작성자는 김유신의 이 말이 『서경』의 해당 구문에 상응한다는 것을 인지하고 이강을 통해 그 의미를 설명한 것이다. 그리고 그 원천은 위징의 유표이다.

---

24 『三國史記』 권43, 列傳3 金庾信 下, "唐李絳對憲宗曰 遠邪佞進忠直 與大臣言 敬而信 無使小人參焉 與賢者遊 親而禮 無使不肖預焉 誠哉斯言也 實爲君之要道也 故書曰 任賢勿貳 去邪勿疑 觀夫新羅之待庾信也 親近而無間 委任而不貳 謀行言聽 不使怨乎不以 可謂得六五童蒙之吉 故庾信得以行其志 與上國協謀 合三土爲一家 能以功名終焉"

25 『舊唐書』 권165, 列傳114 李絳, "絳以直道進退 聞望傾於一時"

그런데 김유신의 언급은 『서경』의 본래 구문과 맥락이 다소 다르게 변형되어 있다. 『서경』의 해당 구절은 '임현(任賢)'과 '거사(去邪)'의 두 행위가 맞물려 있다. 위징이나 이강이 말한 것도 같은 구도이다. 그런데 김유신 헌의의 구문은 모두 김유신에 대한 것이다. 다시 말해 '불의(不疑)'와 '물이(勿貳)'가 모두 김유신 임용과 신뢰에 대한 설명으로 사용된 것이다. 이것은 해당서사가 김유신에 대한 평가를 유도하기 위해 『서경』의 구문을 재구성한 것임을 명확히 보여준다. 대신 『서경』 구문의 본래 취지는 군자·소인의 분변으로 표현했는데, 이에 대해서는 뒤에서 언급할 것이다.

세 번째는 김유신을 임용한 결과로 얻어진 성과로서 "삼토를 합하여 일가를 삼았다[合三土爲一家]"를 말한 것이다.[26] 이것은 김유신 자신이 말한 공업의 내용에 상응한다. 특히 "김유신이 그 뜻을 행할 수 있었다"라고 한 것은 삼한의 일통이 본래 김유신의 뜻이었음을 드러내고 있다.[27]

그런데 이 해석은 헌의 내용보다 김유신을 더 부각하고 있다. 헌의에서 김유신은 "현명함을 거듭어 작은 공로를 이루었다"라고 하였다. 김유신이 '일통삼한'의 주역임을 말한 것이지만, 무열왕을 돕는 신하로서 본분이 깔려 있다. 그런데 논찬은 한 걸음 더 나아가 김유신의 본래 의지를 실현하는 것으

---

26 一統의 대상을 三土라고 한 부분은 '일통삼한'을 영토의 관점에서 표현한 것이다. 그런데 671년 「답설인귀서」에서 드러나듯이 신라는 평양이남이 백제의 고유 영토라고 생각하였다(윤경진, 2016 「671년 『答薛仁貴書』의 '平壤已南 百濟土地'에 대한 재해석 : 백제의 영토의식과 浿河의 새로운 이해」 『역사문화연구』 60). 거란의 1차 침공 당시 고구려의 고토를 내놓으라는 거란 소손녕의 요구에 고려 정계가 평양 이북을 할양하려고 한 것도 같은 맥락이다(윤경진, 2017 「고려 성종대 歷史繼承意識의 전개 양상」 『한국문화』 77). 곧 고려초기까지도 영토의 측면에서 신라는 백제 영토만을 병합했다는 인식이 유지되고 있었던 것이다. 따라서 일통의 대상을 '三土'로 표현하는 것은 고려 이후에 비로소 수립된 인식으로서 『삼국사기』 지리지 서문에서 신라가 자국 및 백제 영토와 더불어 고구려 南境을 차지했다는 설명과도 조응한다. 위의 논찬도 같은 기반에서 제시된 것이다.

27 이 내용은 楸南 환생설화에서 김유신이 화랑이 된 후 항상 고구려와 백제를 정벌할 일을 도모했다는 내용에서도 유추된다(『三國遺事』 권1, 紀異 金庾信, "年至十八壬申 修劍得術爲國仙 時有白石者 不知其所自來 屬於徒中有年 郎以伐麗濟之事 日夜深謀").

로 설명함으로써 무열왕을 그 보조자로 만들었다.

이 논찬은 헌의를 대상으로 하고 있지만, 내용은 김유신의 사적 전반에 대한 총평의 성격을 띠고 있다. 그런데 열전에 수록된 김유신 사적에는 '일통삼한'과 연관된 내용이 없다. 특히 그의 사적은 『김유신행록』을 토대로 구성되었는데, 열전 찬자는 이에 대해 꾸며낸 이야기가 많아 산락(刪落)하여 취할 만한 것만 추려 정리한다고 하였다. 그의 사적 전반에 대한 의구심을 가진 것이다.

그런데 그의 헌의에 대해서는 매우 적극적으로 평가하고 이를 그에 대한 총평의 준거로 삼았다. 이는 그의 헌의가 여타 사적과 근거 자료가 달랐으며, 그 내용이 논찬 찬자의 인식과 근접하고 있다는 것을 보여준다. 곧 이 서사는 『김유신행록』보다 후대에, 그리고 『삼국사기』 편찬에서 멀지 않은 시점에 만들어졌을 가능성이 높은 것이다.

한편 김유신 헌의는 군자와 소인의 분변을 제시한 점에서 위징의 유표나 이강의 언급과 다른 특징을 보인다. 위징은 『서경』의 현(賢)과 사(邪)를 선인과 악인으로 제시하였고, 이강은 충직과 사녕으로 대비하였다. 헌의에 나오는 군자와 소인은 현과 사, 선인과 악인, 충직과 사녕을 표준화한 범주로 제시한 것이다.

그런데 위징이나 이강이 『서경』의 '임현'과 '거사'에서 직접 해당 내용을 추출한 것과 달리 헌의에서는 해당 구문이 김유신 '임용(任用)'에 대한 서사로 변형되었고, 군자·소인은 수성(守成)의 방안으로 따로 제시되고 있다. 이는 헌의가 위징의 유표를 모델로 하면서 군자·소인 인식을 추가하여 재구성한 것을 보여준다.

군자·소인의 개념은 당대(唐代)에도 있었다. 그런데 이들이 정치 운영론의 기본 틀이 되는 것은 송대 붕당론(朋黨論)이 등장하면서이다. 정계를 군자의 당과 소인의 당으로 분류하면서 군자를 가까이하고 소인을 멀리하라는 것이 그 핵심 논리이다. 이 논리가 김유신 헌의에 그대로 투영되어 있다.

위징은 선인과 악인이라는 추상적 범주로 나누고 있고 군주의 애증을 지적하였다. 그리고 이강의 언급에 소인은 보이지만 군자는 나오지 않는다. 소인은 대신(大臣)과 대비하여 언급되며, 현인과 대비되는 불초(不肖)와 연결된다. 곧 그가 말한 소인은 지위가 낮거나 역할이 미미한 사람을 가리키는 것으로, 군자와 대비되는 범주로서 소인과 다르다. 여기서 헌의에 보이는 군자·소인이 개인과 관련된 일반적인 개념이 아니라 붕당의 성격을 가진 범주라는 것을 짐작할 수 있다. 이 또한 김유신 헌의가 고려에 들어와 형성되었음을 뒷받침한다.

결국 김유신 헌의는 실제 김유신의 언급도 아니고 7세기의 인식을 반영한 것도 아니다. 무열왕을 당 태종에 비견하고 그의 치세를 뒷받침한 위징의 사적을 김유신에게 투영하면서 위징의 유표를 차용하여 만든 것이다. 여기에 담긴 인식은 군자·소인의 분변이라는 붕당론적 요소도 담고 있다. 따라서 이를 통해 7세기 신라의 삼한일통의식을 설명할 수 없다.

2. 김유신 설화와 삼한일통의식

1) 추남 환생설화

『삼국사기』 김유신 열전에는 김유신의 활동 사적이 풍부하게 담겨 있지만, 전술한 김유신 헌의를 제외하면 실제 7세기 삼한일통의식을 보여주는 내용은 찾기 어렵다. 김유신이 고구려 공멸에도 기여했다는 취지의 서술이 일부 보이지만, 실제 당시 김유신의 역할은 극히 제한적이었다. 그럼에도 고구려 공멸에 대한 김유신의 의지나 역할이 상징적·우회적으로 표현된 것은 그 저본이 된 『김유신행록』에서 그의 공업을 '양국평정'으로 수립하려는 의도에

따른 것이다.[28]

그런데 『삼국유사』에 실린 김유신 설화 중에는 이보다 적극화된 평가를 유도하는 내용이 발견된다.[29] 고구려 공멸에서의 역할이 극적으로 묘사되고, 나아가 나당전쟁에 기여함은 물론 사후에 국가를 수호하는 역할까지 형상화되고 있다. 이러한 설화는 직접적이지는 않지만, 그의 공업을 '일통삼한'으로 끌고 가는 맥락을 가진다. 따라서 이 내용이 김유신 활동 때의 상황을 반영하거나 그와 가까운 시기의 인식을 담고 있다면, 이는 7세기 삼한일통의식을 유도할 단서가 될 수도 있다.

하지만 설화는 근본적으로 그것이 다루는 시기가 아니라 그것이 만들어진 시기의 인식을 반영하며, 이후 전승과 정착 과정에서 확대 또는 변형을 겪게 되므로 이를 그대로 해당 시기로 소급할 수 없다. 이에 김유신 설화 중 삼한일통의식으로 연결될 수 있는 단서를 가진 사례들에 대해 비판적으로 짚어보기로 한다.

우선 고구려의 첩자였던 추남(楸南)이 신라에서 김유신으로 환생했다는 설화가 주목된다. 이 설화는 열전 등에서 단편적으로 드러나는 김유신의 고구려 관련 사적이나 설화 중에서 가장 극적인 것이다. 『삼국유사』에 실린 설화의 대략을 정리하면 다음과 같다.

국선이 된 김유신은 항상 고구려·백제 정벌을 모색하고 있었는데, 이를 안 백석이라는 자가 그를 적국으로 유인하자 삼산의 신이 나타나 그를 도와주었다. 계

---

28 이에 대해서는 본서 4부 2장 참조

29 김유신 설화는 기존에도 다양한 접근이 있었지만, 대개 설화문학의 관점에서 진행되었고 개별 설화에 대한 검토가 일반적이다. 김유신 설화를 종합적으로 검토한 연구로는 다음이 있다.
權純烈, 1993 「三國遺事 所載의 金庾信屑話 研究」 『人文科學硏究(조선대)』 15
安永勳, 1998 『金庾信 傳承 研究』 경희대학교 박사학위논문
김상현, 2011 「一然의 一統三韓 認識」 『新羅文化』 38
朴成柱·金秀旻, 2008 「金庾信關聯 文獻史料와 說話의 比較」 『新羅文化』 31

략이 발각된 백석은 김유신이 전생에 고구려의 점쟁이 추남으로, 그는 나라에 물이 거꾸로 흐르는 변고에 대해 왕비가 음양의 도를 역행하였기 때문이라고 했다가 노한 왕비가 제시한 문제를 맞히지 못했다는 이유로 처형되었다. 이때 그는 "내가 죽은 후 대장이 되어 반드시 고려를 멸할 것이다"라고 했는데, 그날 밤 왕은 추남이 신라 서현의 부인 품에 들어가는 꿈을 꾸었고, 추남의 말이 현실이 될 것을 우려하여 그를 해하고자 백석을 보냈다고 한다.[30]

김유신을 도와준 삼산(三山)은 내력(奈歷: 奈林)·골화(骨火)·혈례(穴禮)를 말하는 것으로서 설화에서 이들은 자신을 호국신(護國神)으로 소개하고 있다.[31] 호국신이 보호한다는 것은 김유신 또한 호국하는 존재임을 반영한다. 그리고 그가 전생에 고구려 멸망을 서원한 추남이었다는 서사는 김유신이 고구려 멸망의 주역이라는 인식을 유도한다.

그런데 백석의 자백 내용에 대한 일연의 고증에 흥미로운 내용이 보인다.

나는 고려인이다[고본에는 '백제'라고 했으나 잘못이다. 추남은 곧 고려 사람이다. 또한 음양에 역행하는 것은 보장왕 때의 일이다]. 우리나라 신하들이 말하기를, "신라 유신은 우리나라의 점쟁이인 추남이다[고본에는 '춘남'으로 되어 있으나 잘못이다](후략)"라고 하였다.[32]

위에서 일연이 '고본(古本)'을 언급한 것에서 추남 환생설화가 두 개의 판본에서 채록되었음을 알 수 있다. 고본에는 "백제의 춘남(春南)"으로 되어 있

---

30 『三國遺事』 권1, 紀異 金庾信

31 『三國遺事』 권1, 紀異 金庾信, "我等奈林穴禮骨火等三所護國之神 今敵國之人誘郎引之 郎不知而進途 我欲留郎而至此矣"

32 『三國遺事』 권1, 紀異 金庾信, "我本高麗人[古本云百濟 誤矣 楸南乃高麗之士 又逆行陰陽亦寶藏王事] 我國群臣曰 新羅庾信是我國卜筮之士楸南也[古本作春南 誤矣]"

었는데, 자신이 채용한 저본에는 "고려의 추남"으로 되어 있었다는 것이다. 이에 대해 일연은 고본의 내용이 오류라고 판단하였다.[33] 그가 채록한 두 저본이 무엇인지는 알 수 없으나 '고본'이라고 한 것을 보면 편찬 시기가 다른 동명의 책임을 짐작할 수 있다.[34]

이와 같이 두 간본에 내용 차이가 있었다고 할 때, 고본의 내용이 설화의 원형일 것이다. 곧 이 서사는 본래 김유신이 전생에 백제의 춘남이었다는 것인데, 후대에 고구려의 추남으로 바뀐 것이다. 이 차이는 설화의 의도적 변형에 따른 결과로 이해된다. 곧 백제 평정의 주역으로서 김유신을 묘사한 설화를 고구려 평정에 대한 것으로 바꾼 것이다.[35]

한편 『삼국유사』에는 추남 설화와 유사한 형태의 양명(羊皿) 환생설화가 실려 있다. 이 설화는 두 가지가 채록되었는데, 먼저 '당서(唐書)'를 출처로 밝힌 설화는 다음과 같다.

---

33 일연은 逆行陰陽이 보장왕 때의 일이라고 언급했는데, 해당 사적의 실체는 알 수 없다. 김유신은 595년에 태어났기 때문에 보장왕대의 사적은 시기가 맞지 않는다. 일연이 참고한 저본에서 해당 내용을 가공해 넣었을 가능성이 높다.

34 가장 먼저 생각할 수 있는 것은 『古本殊異傳(新羅異傳)』과 고려의 朴寅亮이 찬술한 『殊異傳』이다. 『김유신행록』 또한 신라에서 찬술한 것과 고려중기에 유행한 본이 다른 것일 여지도 있다. 하지만 환생설화는 열전에 실린 김유신의 탄생 서사와 맥락이 다르다. 후손이 만든 전기에서 이러한 환생의 서사를 넣었을 가능성이 적다고 보면 출처는 『수이전』으로 보는 것이 적절할 듯하다. 물론 '고본'이라고 해서 반드시 동명이 아닐 수도 있으므로 단정은 어렵다.

35 이러한 변형을 엿볼 수 있는 또다른 사례로 고구려 첩자와 관련된 일화가 있다. 이에 따르면 김유신은 中秋 밤에 자제와 함께 대문 밖에 있었는데, '서쪽'에서 사람이 오는 것을 보고 그가 고구려 첩자임을 알아챈 뒤 그를 타일러 돌려보냈고, 이에 고구려 사람들이 "신라는 비록 작은 나라이지만 김유신이 재상으로 있으니 경시할 수 없다[新羅雖小國 庾信爲相 不可輕也]"라고 했다는 것이다. 그런데 첩자의 출현을 '서쪽'으로 표현한 것으로 보아 그는 본래 백제의 첩자였을 가능성이 있다. 전통적으로 신라는 서쪽의 外夷를 '백제'로 범주화했기 때문에 첩자가 '서쪽'에서 왔다고 적은 것은 그가 백제의 첩자임을 암시하는 복선으로 읽힌다. 김유신이 백제 원정에 나서는 것을 '西行'으로 표현한 예도 찾을 수 있다(『三國遺事』 권31, 列傳1 金庾信 上, "庾信又不入家 練軍繕兵向西行"). 그런데 이를 고구려 첩자로 바꾸고 고구려인들의 평가를 넣은 것은 결국 고구려를 제압하는 김유신의 위력을 표상하기 위한 變改이다.

이에 앞서 수 양제가 요동을 정벌할 때 양명이라는 비장이 있었는데, 전세가 불리해지자 죽기에 앞서 맹서하기를, "반드시 총신이 되어 저 나라를 멸망시키겠다"라고 하였다. 개(蓋)씨가 조정을 천단하게 되니 성씨가 '개'인 것은 양명의 응험이다.[36]

위의 설화는 개소문(蓋蘇文)의 '개(蓋=盖)'로부터 파자(破字)를 통해 양명(羊皿)이라는 이름을 만든 것으로, 고구려가 연개소문 때문에 망했다는 인식을 담고 있다. 다만 일연은 '당서'를 출처로 제시했지만 『구당서』나 『신당서』에는 이런 내용이 없다. 아마도 일연이 채록한 원전에서 출처를 그렇게 밝힌 것을 그대로 재인용한 것으로 짐작된다.

한편 '고려고기(高麗古記)'를 출처로 한 설화는 수 양제가 천하의 주인이면서도 고구려를 제압하지 못한 것이 부끄럽다는 심경을 토로하자 우상(右相) 양명이 "죽어서 고려의 대신이 되어 반드시 나라를 멸하여 제왕의 원수를 갚겠습니다"라고 했다는 내용이다. 양명의 지위와 서사에 차이는 있지만, 그가 개소문으로 환생하여 고구려를 멸망케 했다는 요지는 동일하다.

당초 '당서'를 출처로 제시한 것은 이 내용이 중국 자료, 혹은 중국으로부터의 전문을 통해 채록된 데 따른 것으로 짐작된다. 수 양제의 원정은 고구려의 '불신(不臣)'을 명분으로 하였고, 당 태종은 국왕을 시해한 연개소문의 행위를 원정의 주요 명분으로 삼았다. 이러한 시각에서 양명 설화가 만들어진 것으로 보인다. 이에 대해 '고려고기'는 고구려의 기록물이라기보다는 고구려의 사적이나 관련 설화를 모아 정리한 자료가 아닐까 한다. 일연의 시기에 고구려 당시의 기록물이 남아 있었다고 보기 어렵고, 고구려 멸망에 대한 서사가 고구려 자료에 들어갈 수는 없기 때문이다.

---

36 『三國遺事』 권3, 興法 寶藏奉老普德移庵, "先是 隋煬帝征遼東 有裨將羊皿 不利於軍 將死有誓曰 必爲寵臣滅彼國矣 及盖氏擅朝 以盖爲氏 乃以羊皿是之應也"

추남이 김유신으로 환생하여 고구려를 멸망케 했다는 설화도 이와 같은 맥락을 가지고 있다. 그런데 몇 가지 사항에 주목할 필요가 있다.

우선 양명 설화는 중국인이 고구려에 환생하여 나라를 혼란에 빠뜨려 멸망에 이르게 하는 구도이다. 이러한 서사가 나타나는 것은 수대 이래 여러 차례의 공격에도 불구하고 고구려를 제압하지 못한 경험이 투영되어 있다. 실질적으로 양명의 환생은 중국이 고구려를 정벌하는 하나의 방법이 되는 셈이어서 중국의 시각이 드러난다.[37]

반면 추남 설화는 고구려인이 신라에 환생하여 고구려를 공멸하는 형태이다. 이는 고구려의 내부 문제를 멸망의 원인으로 삼는 점에서는 양명 설화와 통하지만, 궁극적으로 고구려 공멸의 주체가 신라라는 인식을 수반한다. 양명 설화가 고구려의 내분에 의한 붕괴에 무게를 두고 있다면, 추남 설화는 신라, 구체적으로는 김유신의 능동적 역할에 의한 멸망을 말하고 있다.[38]

이와 관련하여 고본에 추남이 백제인으로 되어 있다는 점이 주목된다. 여기서 당초 고구려 멸망과 관련된 양명 설화를 바탕으로 김유신에 의해 백제가 멸망하는 설화가 만들어졌음을 유추할 수 있다. 이는 7세기 신라의 실질적인 전쟁 대상이 백제였다는 점에서 뒷받침된다.

그런데 신라는 고구려 공멸 과정에도 참여했기 때문에 당시 전쟁을 자국 중심의 시각에서 '양국평정'으로 인식하였고,[39] 이것이 '일통삼국'으로 확장되었다. 이에 따라 김유신의 공업도 고구려 평정을 아우르는 것으로 변형되

---

37 신라에서 생성된 설화일 가능성도 있지만, 고구려 멸망을 수와 고구려의 관계를 통해 설명하는 것은 당의 시각으로 보는 것이 합리적이다. 그리고 고구려 멸망에 신라는 그 주역이 아니었다는 점에서 설화가 신라에서 만들어졌을 가능성은 낮다.

38 추남 설화가 고구려의 입장에서 생겨난 것으로서 김유신이 고구려를 멸망시킬 위인이라는 고구려 사람들의 우려가 내포되어 있다고 보는 견해도 있다(김상현, 2012 앞의 논문, 235쪽). 하지만 이 설화는 김유신의 공업을 미화하는 것이므로 고구려에서 만들어졌다고 보기 어려우며, 후대에 가공된 것으로 보는 것이 타당하다.

39 이는 혜공왕대 '양국평정'을 내세워 무열왕과 문무왕을 불천지주로 삼은 것을 전환점으로 한다. 이에 대해서는 본서 4부 1장 참조.

면서 백제 공멸을 담은 추남 환생설화가 고구려와 관련된 것으로 변개되었다고 생각된다.

2) 당군 독살설

김유신은 백제·고구려 공멸은 물론 그에 이어진 나당전쟁에서도 중요한 역할을 한 것으로 묘사되었다. 고구려 공멸에서의 역할이 '양국평정'이라는 신라의 입론을 반영한다면, 나당전쟁에서의 역할은 이를 '일통삼국'으로 끌어가는 매개가 된다는 점에서 주목을 요한다. 『삼국유사』에는 '신라고전(新羅古傳)'을 전거로 다음 같은 전승이 수록되어 있다.

> 소정방이 고구려와 백제 두 나라를 토벌한 뒤 신라까지 정벌하려고 계속 머물러 있었다. 이에 김유신이 그 모의를 알고 당병에게 향응을 베풀어 독을 먹여 모두 죽으니 땅에 묻었다. 지금 상주 지역에 당교가 있는데, 이곳이 그들을 묻은 땅이라고 한다.[40]

위의 기사는 백제와 고구려를 공멸한 후 신라까지 넘보던 당군을 김유신이 독살했다는 내용을 담고 있다. 일연은 이에 대해 '당사(唐史)'를 인용하며 향전(鄕傳)에 근거가 없음을 논하였다.[41] 이 내용은 후대에 가공된 것으로 신

---

40 『三國遺事』권1, 紀異 太宗春秋公, "定方旣討麗濟二國 又謀伐新羅而留連 於是 庾信知其謀 饗唐兵鴆之 皆死坑之 今尙州界有唐橋 是其坑地"

41 소정방이 전쟁 중에 죽었다는 전승은 고려에서 널리 유포되었던 것으로 보인다. 이는 李奎報의 「祭蘇定方將軍文」에서 "문득 서쪽으로 돌아가지 못했기에 남은 사당이 이곳에 있다[便未西轅 故有遺祠在玆]"라고 한 것에서 유추된다(『東國李相國集』권38, 祭蘇定方將軍文). 그런데 이규보는 그 배경으로 당 태종의 고구려 원정을 지목하고 있어 『삼국유사』에 실린 전승과 다른 결을 보인다. 이에 대해 이규보가 우리나라를 가리키는 광의의 의미로 '고려'를 썼다고 보기도 하는데(李道學, 1985 「羅唐同盟의 性格과 蘇定方被殺說」『新羅文化』2, 21쪽), 정확히는 삼국 시기를 고구려 중심으로 보는 국초 이래의 인식이 담긴 것이다.

뢰할 수 없지만 왜 이런 전승이 만들어졌는지 짚어볼 필요가 있다.

　이 서사에서 우선 주목되는 것은 소정방의 등장이다. 그는 백제를 공멸한 주역이며, 뒤이어 고구려 원정에도 참여하였다. 그러나 662년 평양 공격 이후 한반도에서 활동한 사적이 확인되지 않는다.[42] 이는 이 설화가 의도적으로 소정방을 가탁해서 만들어졌음을 보여준다.

　소정방의 등장은 그가 백제 공멸 과정에서 신라군을 이끌던 김유신과 갈등을 빚은 것으로 인식되었기 때문이다.[43] 당시 소정방은 신라군이 군기(軍期)보다 늦게 도착한 책임을 물어 장군 김문영(金文穎)을 참하려 했으나 김유신이 "죄없이 모욕을 당할 바에는 당군과 먼저 결전을 치르겠다"라며 반발하자 그를 풀어주었다고 한다.

　또한 백제 공격을 배경으로 한 또다른 일화를 통해서도 갈등의 복선을 읽을 수 있다. 당시 소정방의 군영 위로 새가 맴도는 일이 있었는데, 이것이 원수가 다치는 징조라는 점괘가 나왔다. 두려워진 소정방이 진격하지 못하자 이에 반발한 김유신이 신검(神劍)으로 새를 겨누자 새가 찢어져 떨어졌고, 이

42　『三國史記』권22, 高句麗本紀10 寶藏王 21년 정월, "蘇定方圍平壤 會大雪解而退 凡前後之行 皆無大功而退"

43　일연은 古記를 전거로 총장 원년(668)에 소정방이 참전하는 기사를 실었는데, 이 또한 시기가 맞지 않는다. 이는 소정방을 통해 7세기 전쟁을 바라본 결과이다. 『고려사』에는 993년 고려를 침공한 거란의 蕭遜寧이 1018년의 침공에서도 지휘관으로 등장하는데, 당시 거란군의 지휘관은 蕭排押이었다. 이는 고려인이 당시 전쟁을 소손녕을 통해 인식한 결과이다. 또한 그가 대패하고 철군하자 거란 성종이 그의 낯가죽을 먼저 벗기고 죽이겠다고 했다는 일화가 있다(『高麗史』권94, 列傳7 姜邯贊, "契丹主聞之 大怒 遣使責遜寧曰 汝輕敵深入 以至於此 何面目 見我乎 朕當皮面 然後戮之"). 그러나 『遼史』에는 성종이 지휘관들의 잘못을 논하면서도 모두 용서하였고, 소배압도 免職으로 끝난 것으로 되어 있다(『遼史』권16, 本紀16 聖宗 開泰 7년 4월 乙亥 ; 『遼史』권88, 列傳18 蕭排押). 거란 장수의 이름을 1차 침공의 지휘관으로 착각하고 있거니와 전쟁 후 수년 동안 외교가 단절되어 있던 고려가 당시 거란 성종의 언급을 구체적으로 알았다는 것도 무리가 있다. 이 기사는 앞선 2차 침공에서 막대한 피해를 입었던 고려가 이번 침공에서 거란군이 전멸한 것을 바라보며 만들어낸 이야기로 보는 것이 합리적이다.

에 소정방도 출격하여 백제를 격파했다는 것이다.[44]

이 일화는 김유신을 백제 공멸의 주역으로 묘사하면서 소정방의 나약함을 대비하여 그의 위력을 과시한 것인데, 한편으로 작전 과정에서 양자의 갈등을 암시하고 있다. 이러한 갈등의 연장에서 김유신이 당군을 독살하는 전승이 만들어지고 소정방이 등장한 것이다.[45]

『삼국사기』에서 군기를 둘러싼 김유신과 소정방의 갈등은 신라본기에 실려 있지만, 내용상 김유신열전과 관련이 깊다. 김유신열전을 보면 무열왕 7년 6월에 신라가 소정방의 당군과 접촉하여 7월 10일에 사비성에서 만나기로 하고 소정방과 김인문 등이 기벌포를 통해 상륙한 내용 다음에 바로 "당과 신라가 합세하여 백제를 공격하여 멸망시켰는데, 이 전쟁에서 김유신의 공이 많았다[唐羅合擊百濟滅之 此役也 庾信之功爲多]"라고 적고 있다. 백제 공멸에서 김유신의 공이 크다고 하면서 정작 열전에는 구체적인 내용이 나오지 않는 것이다.

이것은 해당 내용이 신라본기로 들어가 있기 때문이다. 소정방이 제시한 군기는 바로 7월 10일을 말하는 것으로, 이들이 본래 하나의 맥락으로 정리되었던 것임을 알 수 있다. 이에 대해『삼국사기』찬자는 백제 공멸의 구체적인 과정은 신라본기에 넣고 열전에는 그 전후 상황만 남겼다.

다음에 당이 신라를 정벌하려고 했다는 내용은 양국의 극단적 갈등 관계를 제시하는 것이다. 김유신열전에서 이와 관련된 또다른 서사를 찾을 수 있다. 곧 당이 백제 공멸 후 사비에 주둔하며 몰래 신라를 정벌하려고 했다는

---

44 『三國遺事』권1, 紀異 太宗春秋公, "忽有鳥廻翔於定方營上 使人卜之 曰 必傷元帥 定方懼欲引兵而止 庾信謂定方曰 豈可以飛鳥之怪 違天時也 應天順人 伐至不仁 何不祥之有 乃拔神劒擬其鳥 割裂而墜於座前 於是 定方出左涯 垂山而陣 與之戰 百濟軍大敗"

45 신라와 당의 적대적 관계 설정에서 소정방이 매개가 되는 모습은 長春郞과 罷郞의 혼백이 소정방의 위세에 눌려 나라를 위해 힘을 쓰지 못하고 있다고 호소한 설화에서도 드러난다 (『三國遺事』권1, 長春郞罷郞, "臣等昔者爲國亡身 至於白骨 庶欲完護邦國 故隨從軍行無怠而已 然迫於唐帥定方之威 逐於人後爾").

것이다. 이를 안 신라 조정이 대책을 논의했는데 다미(多美)가 신라 백성을 백제인으로 위장하여 싸우는 방안을 제안하였고, 김유신도 동의하였다. 왕은 신라를 도와 백제를 공멸한 당과 맞서 싸우는 것을 부담스러워했는데, 김유신은 "개도 다리를 밟히면 주인을 문다"라며 허락을 청하였다. 결국 당은 신라가 대비한 것을 알고 포로만 잡고 9월 3일 철군하였다.

천자가 소정방에게 신라를 정벌하지 않은 이유를 묻자 "그 임금은 인자하여 백성을 사랑하고, 그 신하는 충성스러워 나라를 섬기며, 아랫사람은 윗사람을 부형처럼 섬깁니다[其君仁而愛民 其臣忠以事國 下之人事其上如父兄]"라고 답하였다. 소정방의 발언은 신라가 전쟁을 승리로 이끈 자신의 역량을 도덕적 관점에서 미화한 것이다. 이러한 인식은 전쟁의 성격을 평가하는 언급에서도 자주 나타나거니와 백제가 패망한 원인을 도덕적 타락으로 설명한 것과 표리를 이룬다.

이러한 서사는 나당전쟁을 바라보는 신라의 시각을 반영한다. 나당전쟁은 고구려 공멸 후 백제 토지의 귀속 문제로 불거졌는데, 열전 기사는 아예 처음부터 당이 신라까지 정벌하려 했다고 인식하였다. 김유신의 발언은 나당전쟁 당시 연로하여 역할을 하지 못했던 그가 당에 맞서 신라를 지키는 명분을 제공했음을 과시한 것이다. "개도 밟으면 주인을 문다"라는 과격한 표현은 당에 맞서는 신라의 상황을 대변하는데, 『삼국유사』에 실린 김유신의 당군 독살설은 이러한 기조에서 파생된 설화로 이해된다.[46]

이 서사들은 나당전쟁을 역사적 배경으로 당의 야욕에 대응하는 내용이라는 점에서는 같은 취지를 가진다. 다만 열전 기사는 이를 백제 멸망 후로 소

---

46 김유신열전의 서사에서는 소정방이 돌아간 것으로 되어 있고, 당군 독살설에서는 계속 주둔한 것으로 되어 있어 차이가 있다. 열전 기사가 『김유신행록』에 있던 것이라면 독살설은 이보다 더 후대에 생성된 설화로 짐작된다. 물론 행위 시점이 각각 백제 멸망 후와 양국 공멸 후로 다르고, 각 서사가 따로 구성되면서 서로 상충하는 부분이 나타날 수 있다는 점에서 이 역시 『김유신행록』에 있던 것일 수 있다. 하지만 독살설이 상주의 唐橋라는 다리와 관련된 설화라는 점에서 『김유신행록』보다 후대에 만들어진 것일 가능성이 높다.

급하면서 신라의 내적 역량을 소정방이 인정했다는 점에 주안점을 두고 있다. 반면 당군 독살은 신라가 당의 야욕을 차단한 직접적인 행위를 내세우면서 그 주역으로 김유신을 띄우고 있다는 점에서 차이가 있다.

이처럼 신라와 당이 대립하는 내용을 담은 설화로 『삼국유사』에 실린 사천왕사(四天王寺) 창건 기사를 찾을 수 있다. 대략의 내용을 정리하면 다음과 같다.

> 당이 고구려를 멸망시킨 후 신라를 침공할 의도를 보이자 각간 김천존의 건의에 따라 용궁에서 비법을 전수해 온 명랑법사를 불러 사천왕사를 창건하고 도량을 베풀었다. 당시 당의 수군이 신라 경계를 압박하자 우선 절을 가건물로 짓고 문두루밀법을 행하여 당군을 궤멸시킨 뒤 정식으로 사천왕사를 창건하였다. 이후에도 당군이 패몰하는 사태가 벌어지자 당 고종은 김인문을 따라왔다가 옥중에 있던 한림랑 박문준에게 밀법을 행하는 것이 아니냐고 의혹을 제기하였다. 이에 박문준은 신라가 상국의 은혜를 크게 입어 삼국을 일통했기에 그 덕에 보답하고 황수만년을 기원하기 위해 법석을 열었을 따름이라고 해명하였다.[47]

신라가 밀법을 행하여 당의 수군을 패몰시켰다는 서사는 후대에 가공된 허구이지만, 이를 통해 당시를 바라보는 시각을 읽을 수 있다.

우선 이 서사에는 당의 침략 의도와 신라의 대응이라는 구도가 깔려 있다. 당이 고구려를 멸망시킨 후 계속 주둔한 것에 대해 신라를 침공하려는 의도라고 본 것[時 唐之游兵諸將兵 有留鎭而將謀襲我者]은 김유신의 당군 독살설에 나오는 내용[定方旣討麗濟二國 又謀伐新羅而留連]과 동일하다.

이러한 상황 설명은 『삼국유사』 명랑신인(明朗神印)조에도 보인다.

---

47 『三國遺事』 권2, 紀異2 文虎王法敏

총장 원년 무진에 당의 장수 이적이 대군을 이끌고 신라와 합세하여 고려를 멸하였다. 뒤에 남은 군대가 백제에 머무르며 장차 신라를 습격하여 멸하려 하니 신라인이 그것을 알고 군대를 보내 맞섰다. 고종이 듣고 크게 노하여 설방에게 명하여 군대를 일으켜 장차 토벌하도록 하니 문무왕이 듣고 두려워하여 법사에게 비법을 베풀어 물리치도록 청하였다.[48]

위의 기사는 당이 양국 공멸 후 백제에 군대를 주둔시키면서 신라까지 멸망시키려 했고, 이에 신라가 무력으로 맞섰다는 내용이다.

그런데 671년 「답설인귀서」를 보면, 신라는 백제 토지에 대한 영유권과 전쟁에서의 공헌을 주장할 뿐, 당의 신라 공멸 기도를 유추할 만한 내용은 나타나지 않는다. 나당전쟁은 백제 토지에 대한 영유권을 둘러싼 분쟁에 가까우며, 당이 신라까지 공멸하려 했다는 내용은 사실로 보기 어렵다. 다만 당과의 무력 충돌은 신라에 큰 위기로 인식되었고, 그 여파로 후대에 당시 상황이 당의 신라 공멸 기도에서 비롯된 것으로 해석하게 된 것이다.

특히 고구려 공멸 후에도 이어진 당군의 주둔과 문무왕의 관작 삭탈은 그러한 시각을 더욱 증폭시켰다. 이에 맞추어 전쟁의 종료 또한 신라가 당을 물리침으로써 달성되는 맥락을 가지게 되고, 그에 상응하여 당군을 물리친 신라의 전과를 부각하는 서사가 만들어진 것이다.[49]

그 서사가 김유신의 당군 독살이나 명랑법사의 비법처럼 비현실적 내용으로 만들어진 것은 실제 신라가 전투를 통해 당군을 물리친 것이 아니었기 때

---

48 『三國遺事』 권5, 神呪 明朗神印, "總章元年戊辰 唐將李勣統大兵 合新羅 滅高麗 後餘軍留百濟 將襲滅新羅 羅人覺之 發兵拒之 高宗聞之赫怒 命薛邦興師將討之 文武王聞之懼 請師開祕法禳之"

49 통상 나당전쟁은 676년 伎伐浦 전투를 끝으로 종결되는 것으로 이해하고 있다. 그러나 기벌포 전투는 676년 상황이 아니며 전쟁은 買肖城 전투에서 신라가 패배한 뒤 사죄사를 보내고 당의 문무왕의 관작을 복구하면서 종결되었다. 매초성은 水谷城(買且忽:신계)으로서 전쟁 후 신라의 경계가 그 남쪽에서 형성된 것은 신라의 패전을 뒷받침한다(윤경진, 2017 「買肖城 전투와 羅唐戰爭의 종결: 『三國史記』 신라본기 675년 2월 기사의 분석」 『史林』 60).

문이다. 신라가 밀리는 상황에서 당군의 철수는 토번(吐番) 문제로 인한 것임이 지적되고 있지만,[50] 당시 신라로서는 그것을 가능케 한 특별한 조치나 초자연적 도움을 상정할 수 있었다.

결국 김유신의 당군 독살설은 당시 상황을 신라와 당의 대립이라는 구도에서 보면서 실재하지 않은 당의 신라 공멸 기도와 신라의 대응을 극적으로 묘사하기 위해 당교(唐橋)라는 지명을 매개로 가공된 것이다. 같은 맥락에서 문두루밀법(文豆婁蜜法)은 사천왕사의 창건을 매개로 서사가 만들어졌다.

이러한 서사는 당시 사적을 바라보는 후대의 시각 변화를 반영하고 있다. 7세기 전쟁은 신라가 주적이던 백제를 공멸하려는 것에서 출발하였고, 고구려까지 공멸한 후에는 신라가 자신을 괴롭히던 두 나라를 평정한 것으로 인식하였다. 이 단계에서는 신라와 당의 갈등이 크게 부각될 여지가 없다. 「문무왕릉비」나 「김인문묘비」에 보이는 당 황제에 대한 극존칭은 이러한 사정을 뒷받침한다. 이러한 상황에서 '일통삼국' 인식 또한 나올 수 없다.

반면 당이 백제와 고구려에 이어 신라까지 정벌하려고 하고 신라가 이에 맞서는 구도는 백제와 고구려를 신라와 같은 편에 놓는 인식을 유도한다. 다시 말해 본래 신라와 당의 연합과 이들의 공격을 받는 백제·고구려가 대칭되는 구도였다면, 이 서사에서는 신라와 당이 대립하고 앞서 당에 의해 멸망한 백제·고구려가 역시 멸망 위협에 놓인 신라와 같은 위치에 서는 구도가 된다. 그리고 같은 편에 있는 세 나라는 결국 신라로 귀결되므로 신라의 전쟁은 '일통삼국'의 의미를 가지게 된다.[51] 당의 도움을 얻어 이룬 '양국평정'이 아

---

50 徐榮敎, 2002 「羅唐戰爭과 吐蕃」 『東洋史學硏究』 79 ; 2006 『羅唐戰爭史 硏究』 아세아문화사
51 이 설화가 나당동맹의 와해기에 빚어진 일을 반영하고 있으며, 신라가 동맹의 성립부터 와해까지 견지해 온 자주성과 실리성을 반영하고 있다고 해석하기도 한다(이도학, 1985 앞의 논문, 29-30쪽 및 33쪽). 이것은 나당동맹을 당의 한반도 지배 야욕과 신라의 통일의지의 결합이라고 보는 시각에서 유도된 해석이다. 하지만 당의 도움으로 자신을 위협하던 백제를 공멸하고 그 토지를 병합한 신라가 당에 대해 적개심을 품었다는 것은 당시 상황에 견주어 자연스럽지 않다. 이것은 근본적으로 7세기 전쟁을 신라와 당의 대립이라는 구도에서 재인식한 결과로, 이 구도를 통해 7세기 상황을 설명하는 것은 곤란하다.

니라 당을 몰아내고 신라가 이룩한 '일통삼국'으로 전쟁의 의미가 바뀌는 것이다.

결국 신라와 당의 대립, 특히 신라의 당군 궤멸이라는 서사가 만들어지는 것은 7세기 전쟁을 '일통삼국'으로 보는 시각의 수립과 맞물려 있다. 이러한 시각은 『삼국유사』에 실린 태종 시호 기사에서 무열왕과 김유신의 공업을 '일통삼국'이라 한 것에서도 드러난다.

다만 이러한 서사들이 삼국의 본원적 동질성을 전제하는 것은 아니므로 이를 곧바로 삼한일통의식의 산물로 보기는 어렵다. 그보다는 이후 삼한일통의식이 출현하는 과정을 일정하게 반영하고 있다고 평가된다.

신라와 당을 대립적 관점에서 보는 시각은 무열왕과 문무왕이 '양국평정'의 공업으로 불천지주가 되는 혜공왕대까지도 나오기 어렵다. 이들의 공업은 필연적으로 당의 도움을 얻어 이루어졌다는 인식을 수반하기 때문이다. 이것은 661년 고구려 공격 때 김유신이 사졸들을 독려하며 "고구려와 백제 두 나라는 우리 영토를 침범하고 우리 백성을 해쳤다[麗濟二國 侵凌我疆場 賊害我人民]"라고 하고, 이어 "대국의 힘에 의지해 두 성을 멸하여 나라의 원수를 씻고자 한다[欲藉大國之力 滅二城以雪國讐]"라고 한 것에서 명확하게 드러나고 있다.[52]

이처럼 당군 독살설이나 사천왕사의 문두루밀법은 7세기 전쟁에 대한 신라의 인식이 '양국평정'을 넘어 '일통삼국'으로 나아가는 변화를 담고 있다는 점에서 신라 하대 이후에 만들어진 것으로 보아야 한다. 그리고 삼한일통의식의 출현은 여기에 다시 삼한의 정체성이 확보되어야 하므로 더 후대로 내려갈 수밖에 없다.

---

52 『三國史記』권42, 列傳2 金庾信 中

3) 만파식적 설화

김유신은 사후에도 국가 수호신으로 표상되었다. 이러한 서사를 담은 대표적인 설화는 취선사(鷲仙寺) 연기설화와 만파식적(萬波息笛) 설화이다.

취선사 연기설화는 김유신이 죽어서도 신라를 진호(鎭護)한다는 취지를 담고 있다. 그가 7세기 전쟁의 주역으로 표방되는 점을 고려하면, 그는 전쟁과 그 결과로 수립된 사회를 하나의 맥락으로 연결하는 역할을 하게 된다. 곧 분열의 극복과 통합의 실현이 신라 사회의 현실적 과제로 대두하고 그 역사적 준거로서 7세기 전쟁을 통합 과정으로 평가할 때, 김유신이 그 매개고리가 될 수 있는 것이다. 이 점에서 국가 수호신으로서 김유신의 면모는 후일 삼한일통의식을 유도하는 요소를 가지고 있다. 다만 취선사 연기설화에는 그러한 방향성이 직접 드러나지는 않고, 뒤에서 『김유신행록』의 편찬과 관련하여 검토할 부분이 있어 여기서는 따로 다루지 않는다.[53]

한편 만파식적 설화는 수호신으로서 문무왕이 전면에 부각된 서사를 가지고 있지만, 그와 함께 김유신이 수성(守成)의 보배를 전해주고 있다. 설화 내용 중에 "삼한의 진호"라는 표현이 등장하고, 배경 시기가 신문왕대여서 해석에 따라서는 7세기 삼한일통의식을 말하는 지표가 될 수도 있다. 그러나 어디까지나 설화인 만큼 서사의 형성과 변형의 맥락에 대한 검토가 요구된다.[54]

이 설화는 『삼국사기』와 『삼국유사』에 모두 보이는데, 전자는 설화 일부를 인용하고 신뢰할 수 없다는 의견만 덧붙인 형태이므로[55] 『삼국유사』에 실린

---

53 취선사 연기설화의 자세한 분석은 4부 1장 참조.

54 만파식적 설화는 그간 많은 연구가 있었다. 이에 대한 연구사적 검토로는 김성혜, 2018 「만파식적 관련 연구사 검토(1)」『新羅文化祭學術論文集』39 참조.

55 『삼국사기』樂志에는 만파식적과 관련하여 古記를 인용했는데, 만파식적 제작 경위만 간단히 언급하였다(『三國史記』권32, 雜志1 樂, "古記云 神文王時 東海中忽有一小山 形如龜頭 其上有一竿竹 晝分爲二 夜合爲一 王使斫之作笛 名萬波息 雖有此說 怪不可信"). 이 설명은 『삼국유사』의 것과 내용이 동일하여 같은 자료에 근거했음을 짐작할 수 있다.

설화를 토대로 살펴보기로 한다. 그 내용 중 김유신에 대한 부분을 추출하면 다음과 같다.

> 성고께서는 지금 해룡이 되어 삼한을 진호하며, 또한 김유신은 곧 33천의 하나로서 지금 내려와 대신이 되었습니다. 두 성인이 덕을 함께 하여 수성의 보배를 내어줄 것이니 폐하께서 해변에 행차하면 반드시 값을 매길 수 없는 큰 보배를 얻을 것입니다.[56]

위 기사는 신문왕 즉위 이듬해 동해에 작은 산이 감은사(感恩寺) 쪽으로 떠다닌다는 보고에 따라 점을 친 결과를 제시한 것이다.[57] 점괘에 따라 신문왕은 해변에 나아갔는데, 거북이 머리처럼 생긴 산 위에 낮에는 두 개로 있다가 밤에는 하나로 합쳐지는 대나무가 있어서 이를 가져다 만든 피리가 바로 만파식적이다.

이때 점괘 내용에는 몇 가지 주목할 사항이 보인다. 우선 성고(聖考), 곧 문무왕이 해룡(海龍)이 되어 '삼한'을 진호한다는 내용이다. 진호의 대상으로서 삼한은 당시 신라를 가리키므로 이 표현에는 신라가 삼한을 일통했다는 인식이 투영되어 있다. 따라서 위 설화가 정리된 시기에는 삼한일통의식이 수립되어 있었다고 이해할 수 있다.

---

56 『三國遺事』 권2, 紀異 萬波息笛, "聖考今爲海龍 鎭護三韓 抑又金公庾信乃三十三天之一子 今降爲大臣 二聖同德 欲出守成之寶 若陛下行幸海邊 必得無價大寶"

57 이 사적의 시점에 대해 본문에는 "壬午五月朔"으로 되어 있고, 일연의 주기에는 "一本云 天授元年 誤矣"로 되어 있다. 이에 따라 배경 시점을 682년으로 보는 설과 690년으로 보는 설이 있다. 그런데 만파식적의 서사는 허구이므로 이 시점을 준거로 설화의 내용을 해당 시기와 직접 결부하는 것은 곤란하다. 다만 이것은 설화를 구성하는 모티브가 된 어떤 사건이나 행위의 시점일 것이다. 설화의 주인공이 문무왕이므로 이는 신문왕의 감은사 행차 시점일 것으로 짐작된다. 그리고 국왕이 행차하는 대표적인 조건은 절의 창건과 낙성이다. 곧 682년은 감은사 창건 시점이고 690년은 낙성 시점으로 추정할 수 있다. 설화에서 "신문왕의 행차"를 설정하고 그 시점을 잡을 때 시각에 따라 그 준거가 달라지면서 차이를 보인 것으로 생각된다.

설화에서 감은사는 신문왕이 문무왕을 위해 창건한 원찰로 되어 있다. 그런데 일연이 부연하여 인용한 「사중기(寺中記)」에는 문무왕이 왜병을 진압하기 위해 이 절을 지었으나 완공을 보지 못하였고 죽어서 해룡이 되었다는 내용이 있다. 문무왕이 해룡이 되었다는 서사는 동일한데, 그의 뜻 내지 역할이 왜병을 진압하는 것과 삼한을 진호하는 것으로 차이를 보인다.

왜는 전통적으로 신라를 침구하는 남쪽 내지 동쪽의 외이(外夷)로 설정된 존재이다. 그런데 7세기 전쟁 당시 신라를 위협하던 외적은 고구려와 백제, 그리고 말갈이었다. 이것은 김유신의 입산 설화에서 그가 고구려·백제·말갈이 영토를 침구하는 것을 보고 분개하여 구적(寇賊)을 평정할 뜻을 품었다고 한 서술에서 잘 드러난다.[58]

그런데 「사중기」는 7세기 전쟁으로 이들이 모두 소멸한 뒤 신라를 위협하는 외적을 다시 왜로 설정하였다.[59] 이 서사는 기본적으로 감은사가 동해안에 있었던 데서 유도된 것이다. 그리고 여기서 고구려나 백제와의 통합이라는 이념은 나타나지 않는다.

반면 설화 본문은 외적을 특정하지 않고 '삼한'이라는 통합된 체제의 안정을 표방하고 있다. 만파식적을 불면 얻는 효과는 "군대는 물러가고 병은 나으며, 가뭄에는 비가 오고 장마에는 맑아지며, 바람은 그치고 파도는 평온해진다[兵退病愈 旱雨雨晴 風定波平]"로 제시되어 있다. 외적과 관련해서는 "군대는 물러간다"라는 관념적 표현만 나올 뿐이고, 전체 내용은 체제의 안정이라는 의미가 강하다.[60]

둘을 대비해 볼 때 이 설화는 당초 외적 격퇴를 모티브로 생성되었다가 체

58　『三國史記』권41, 列傳1 金庾信 上

59　현실적 측면에서 백제를 지원했던 왜의 존재를 의식한 것일 수도 있지만, 다른 구문과 대비해 볼 때 이념적 측면에서 이해하는 것이 타당하다.

60　병이 낫는다는 것은 외침과 함께 사회를 위협하는 가장 큰 요인인 전염병의 극복을 가리킨다. 가뭄과 홍수의 극복은 농업 생산의 안정을, 풍파의 진정은 사회 질서의 유지를 표상한다.

제 안정의 의미로 확장된 것으로 짐작된다. 삼한은 설화의 확장 과정에서 체제 안정의 표상으로 사용되었다. 따라서 이를 신문왕대에 적용할 수 없음은 물론이거니와[61] 설화 자체가 변형을 거친 것이어서 그것에 담긴 인식 또한 훨씬 후대의 것이라고 보아야 한다.

다음에 주목되는 것은 김유신을 33천의 하나라고 서술한 점이다. 이것은 『삼국유사』에 실린 태종 시호 기사에도 보여 그 연관성이 짐작된다.[62] 그런데 삼한의 진호는 해룡이 된 문무왕의 역할이고, 뒤에 이어지는 내용에서 김유신은 다시 천신(天神)이 되었다고 나온다.

만파식적을 얻게 되는 장소가 감은사 앞 바다이고 그 내용을 전하는 매개자로서 용이 출현하는 등의 서사를 보면, 이 설화는 본래 문무왕에 대한 것이었다고 생각된다. 그런데 여기에 김유신을 끼워 넣은 것이다. '두성인[二聖]'이 함께 수성의 보배를 전해준다는 서술은 김유신의 역할을 문무왕과 같은 것으로 평가하는 인식을 담고 있다.

설화의 서사를 종합해 보면, 해룡이 되어 왜병을 진압한다는 문무왕 전승이 먼저 만들어졌고, 이것이 다시 삼한의 진호라는 의미로 확대되는 한편, 김유신이 33천의 하나라는 전승이 추가되었음을 알 수 있다. 이는 결과적으로 문무왕을 매개로 김유신을 현창하는 취지를 가진다.

결국 이 설화는 본래 문무왕의 원찰인 감은사와 그 앞 바다에 있는 바위섬

---

61 기존 연구에서는 설화의 배경으로 신문왕 즉위 초에 있었던 金欽突의 난을 극복하고 정치적 개혁을 추진함으로써 전제왕권을 수립해 나간 사적을 지적하기도 한다(金相鉉, 1981 「萬波息笛說話의 形成과 意義」『韓國史研究』34, 12-16쪽). 그러나 이 설화의 서사에서 신문왕대의 상황을 반영하고 있다고 볼만한 요소는 드러나지 않는다. 그보다는 중대 왕권이 동요하면서 권위의 원천인 무열왕·문무왕대를 회상하거나 그 권위를 회복하려는 의도에서 생성되었다고 생각된다. 문무왕의 공업을 통해 권위를 내세우면서 감은사가 창건된 신문왕대를 배경으로 삼은 것이다.

62 김유신을 33천의 하나로 지목한 설화가 모두 신문왕대를 배경으로 한 것에 대해 신문왕대부터 그런 인식이 있었다고 보기도 한다(김상현, 2011 앞의 논문, 233쪽). 그러나 이는 전쟁 후 무열왕과 문무왕의 공업이 체제에 발현되는 시기, 곧 본격적으로 守成이 시작되는 신문왕대를 배경으로 삼은 결과일 뿐이다.

(대왕암)을 배경으로 하여 문무왕의 공업을 현 체제의 안정과 연결하면서 만들어진 것이다. 이 점에서 감은사의 연기설화라는 속성을 가진다. 일연이 채록한 「사중기」는 이 내용을 담은 것이다. 한편 취선사 연기설화에 보이는 바와 같이 김유신은 신라를 지키는 신으로 인식되었는데, 이것이 문무왕 사적에 개입되면서 설화가 재구성되었다. 이 설화가 『삼국유사』 본문에 수록된 것이다.

이러한 이해와 관련하여 『삼국유사』 원성대왕(元聖大王)조에 실린 기사가 참고된다. 이에 따르면 정원(貞元) 2년(786)에 일본왕 문경(文慶)이 신라를 침공하려다 만파식적이 있다는 말을 듣고 사신을 보내 이를 열람할 것을 요청하였다. 왕은 진평왕대에 그런 것이 있었다는 말은 들었으나 지금은 모른다고 둘러대고는 여러 차례 요청을 모두 회피하였고, 사신이 돌아간 후 내황전(內黃殿)에 보관하도록 하였다.[63] 이 서사가 「사중기」와 설화 본문 중 어느 것과 연계된 것인지는 분명치 않다. 일본의 침공을 모티브로 한 점은 「사중기」의 내용과 통하지만, 이 또한 삼한 진호의 범주에 넣을 수 있는 것이라 단정하기 어렵다.

그런데 만파식적 항목의 내용이 신문왕대 사적에 이어 효소왕 때 이름을 '만만파파식적(萬萬波波息笛)'으로 고친 사적을 언급하며 "그 전에 자세하다[詳見彼傳]"라고 하였다. 해당 사적은 백률사(栢栗寺)조에 실려 있다.[64] 이렇게 보면 원성대왕조의 기사도 만파식적에 대한 일련의 서사 중 하나로서 이들과 같은 자료에 기반했을 가능성이 높다.[65]

특히 유의할 부분은 중대 왕실의 실질적인 준거가 되는 문무왕을 배경으

---

63 『三國遺事』 권2, 紀異 元聖大王

64 『三國遺事』 권3, 塔像 柏栗寺

65 필자는 앞서 이것이 「사중기」와 같은 자료에서 채록한 것이라고 보았으나(윤경진, 2023 「金庾信 說話의 敍事와 三韓一統意識」 『震檀學報』 140, 54쪽) 원성왕의 등장을 감안할 때 「사중기」보다 시기가 늦은 설화 본문과 관련될 가능성이 높아 의견을 수정한다.

로 수립된 만파식적을 하대 왕실의 출발인 원성왕의 사적으로 연결한 점이다. 이와 관련하여 원성대왕조의 다음 기사가 주목된다.

> 왕의 아버지 대각간 효양이 조종의 만파식적을 전수받아 이에 왕에게 전하였다. 왕이 그것을 얻어 하늘의 은혜를 두터이 입었기에 그 덕이 멀리까지 빛났다.[66]

위의 기사는 전술한 일본왕의 열람 요청 기사 앞에 있다. 여기에 조종(祖宗)에서 내려오던 만파식적을 원성왕의 아버지 효양(孝讓)이 원성왕에게 전해준 것으로 나온다.

그런데 만파식적은 본래 문무왕이 신문왕에게 전해준 것이다. 그렇다면 이 서술은 원성왕이 중대 왕실을 대체한 사정을 만파식적 전수를 통해 드러낸 것으로 해석할 수 있다. 결국 만파식적 설화는 「사중기」에 보이는 서사가 먼저 만들어진 후 다시 설화 본문이 만들어진 것이며, 후자는 원성왕대 이후로 내려간다.

이러한 만파식적 설화의 성립 및 변형 시점과 관련하여 『삼국사기』 신라본기에 보이는 두 차례 국왕의 감은사 행차가 주목된다. 곧 혜공왕 12년(776)과 경문왕 4년(864)에 각각 감은사에 행차하여 바다에 망제(望祭)를 지냈다.[67] 신문왕대 이후 국왕이 감은사에 행차한 것은 이 두 사례만 보이며, 동해에 망제를 지낸 것도 미추왕 이후[68] 두 사례뿐이다. 물론 자료에서 누락된 것이 더 있을 수 있지만, 두 사례만 기록에 남은 것 또한 그것이 가지는 특별한 의미 때문일 것이다.

---

66 『三國遺事』권2, 紀異 元聖大王, "王之考大角干孝讓 傳祖宗萬波息笛 乃傳於王 王得之 故厚荷天恩 其德遠輝"

67 『三國史記』권9, 新羅本紀9 惠恭王 12년 정월, "幸感恩寺望海"
   『三國史記』권11, 新羅本紀11 景文王 4년 2월, "王幸感恩寺望海"

68 『三國史記』권2, 新羅本紀2 味鄒尼師今 3년 2월, "東巡幸 望海"

감은사는 문무왕의 원찰이므로 국왕이 이곳에 행차한다는 것은 문무왕의 공업을 환기하는 의미가 있다. 특히 혜공왕 때에는 '양국평정'의 공업을 내세워 무열왕과 문무왕을 불천지주로 삼았기 때문에 그의 공업이 현창되는 사정을 어렵지 않게 짐작할 수 있다. 혜공왕의 감은사 행차는 이러한 취지에서 이루어진 것으로 이해되며, 만파식적 설화는 이 사적을 감은사가 창건된 신문왕대로 소급하여 서사를 구성하면서 처음 만들어졌다.

경문왕의 감은사 행차도 이러한 전사(前史)를 재현하는 것이었다. 경문왕은 흥덕왕 사후 전개된 왕위쟁탈전을 종식하고 통합된 체제의 수립을 도모하면서 그 상징으로 당시 퇴락해 있던 황룡사구층목탑을 개건하였다. 이때 넣은 사리함의 명문, 곧 「찰주본기」에는 탑의 건립을 통해 "해동제국海(東諸國)의 내항(來降)"을 희구했고 "과연 삼한을 합쳤다[果合三韓]"라고 평가하였다. 이는 신라의 체제 이념으로서 삼한일통의식이 확립된 것을 보여준다.[69]

경문왕의 감은사 행차 또한 문무왕의 공업을 환기할 것인데, 특히 기존에 '양국평정'으로 평가되던 것이 이 시기에 이르면 '일통삼한'으로 확장되었다. 만파식적 설화 본문에 "삼한의 진호"가 등장하는 것은 이러한 시대적 배경에서 변형된 결과이다. 또한 흥덕왕 때 흥무대왕(興武大王)으로 추봉된 후 김유신 역시 '일통삼한'의 표상이 되면서[70] 문무왕의 공업을 함께 한 존재로 설화에 개입되었다. 결국 만파식적 설화는 7세기 전쟁에 대한 인식이 '양국평정'에서 '일통삼한'으로 전환되는 추이를 반영한다고 평가할 수 있다.

---

69 경문왕의 통합 정책과 「찰주본기」에 나타난 역사의식에 대해서는 본서 6부 1장 참조.

70 흥덕왕의 김유신 추봉은 헌덕왕 때 金憲昌의 난으로 직면한 체제 분열의 위기에 대응하여 그를 7세기 전쟁의 주역으로 공인함과 아울러 당시 전쟁의 성과를 '일통'으로 평가하는 바탕이 되었다(본서 5부 1장 참조). 이후 삼한일통의식이 출현하면서 김유신 또한 그 표상으로 부각되었다.

4부
7세기 전쟁의 재인식과 김유신 서사의 형성

1장_ 7세기 전쟁의 재인식과 『김유신행록』의 찬술
2장_『김유신행록』의 서사 구성과 지향

1장_ 7세기 전쟁의 재인식과 『김유신행록』의 찬술

1. 중대 말 7세기 전쟁의 재인식

1) '양국평정' 인식의 출현

7세기 삼한일통의식을 제시하는 문헌 자료는 모두 김유신과 관련되어 있다. 이는 그의 사적이 삼한일통의식의 형성에 중요하게 작용했음을 시사한다. 그리고 그의 사적은 『삼국사기』 김유신열전의 저본인 『김유신행록(金庾信行錄)』(이하 '행록'으로 약칭함)을 자료적 토대로 하고 있다.

행록은 김유신의 현손(玄孫) 장청(長淸)이 찬술한 것인데, 열전 찬자는 이 책에 꾸며낸 이야기가 많다고 지적하고 있어 김유신 사적의 이해에 엄정한 사료 비판이 요구된다. 이를 위해서는 이 책이 어떤 목적에서 찬술된 것인지, 그리고 이것이 이후 신라 사회에 어떤 영향을 미쳤는지 파악하는 작업이 필요하다. 이를 통해 삼한일통의식이 형성되는 배경과 기반에 대해서도 진전된 이해를 얻을 수 있을 것이다.

행록의 편찬은 정치적·사회적 위상이 낮아진 김유신 후손 내지 금관가야계의 복권을 위한 작업의 일환이라고 보는 것이 일반적이다.[1] 하지만 김유신 후손들의 지위가 하락한 것으로 볼 수 없으며 행록 또한 그들의 지위 강화를 위한 활동의 일환이라고 보는 견해도 있다.[2]

찬술 시기는 대체로 열전에 수록된 김암(金巖)이 일본에 다녀온 혜공왕 15년(779)에서 김유신이 흥무대왕(興武大王)으로 추봉되는 흥덕왕대 사이로 보고 있지만,[3] 편찬 시기를 경문왕-헌강왕대로 내려보는 견해도 있다.[4]

행록의 내용은 기본적으로 김유신을 7세기 전쟁의 주역으로 선양하는 것이다. 그것이 꾸며낸 이야기를 통해 제시되었다는 것은 당시까지의 역사인식과 다른 맥락에서 7세기 전쟁을 바라보았다는 것을 의미한다. 따라서 그 내용과 의미를 온전히 이해하려면 7세기 전쟁에 대한 인식의 추이와 행록 찬술을 전후한 시기의 정치적 상황을 먼저 짚어볼 필요가 있다.

진덕여왕을 이어 진지왕의 손자인 김춘추(무열왕)가 즉위하면서 그 후손이 왕위를 이어가게 되었다. 무열왕대에 백제가 멸망하고 문무왕대에는 고구려마저 무너지면서 신라는 한반도의 유일한 국가로 남았다. 신문왕대에는 연이은 모반과 보덕국(報德國)의 반란을 진압하여 정치적 안정을 확보하였고, 한편으로 종묘제도 정비와 국학(國學) 설치, 구주(九州) 정비 등 일련의 개혁

---

1 李基白, 1987「金大問과 金長淸」『韓國史市民講座』1
   선석열, 2001「신라사 속의 가야인들 : 金海金氏와 慶州金氏」『한국 고대사 속의 가야』 혜안
   李文基, 2004「金官伽倻系의 始祖 出自傳承과 稱姓의 變化」『新羅文化祭學術發表會論文集』25
2 曺凡煥, 2007「金庾信의 가계와 후손들의 활동 : '가야계 출신이어서 가지는 한계'의 학설로부터 자유롭게 하기」『新羅史學報』11
   이밖에 하대의 혼란기를 맞이한 정계에 이상적인 군신관계를 드러내 모범을 보이려는 목적에서 찬술되었다고 보는 견해(Vladimir M.Tikhonov, 1995「『三國史記』列傳 金庾信條가 內包하는 意義」『梨花史學研究』22)와 진골귀족의 왕위쟁탈전 속에 김유신계의 정치적 결속을 꾀하기 위해 찬술되었다는 견해(金晧東, 2011「金庾信의 追崇에 관한 연구」『新羅史學報』22)도 이와 같은 맥락에 있다.
3 주보돈, 2007「김유신의 정치지향 : 연구의 활성화를 기대하며」『新羅史學報』11
4 전덕재, 2020「『삼국사기』 김유신열전의 원전과 그 성격」『사학연구』139 ; 2021『삼국사기 잡지·열전의 원전과 편찬』주류성

을 통해 체제 운영의 기틀을 다졌다. 성덕왕대에는 마침내 패강(浿江: 대동강) 이남의 영유권을 인정받았고, 경덕왕대에는 전국적인 지방제도 정비를 실행하고 신개척지에도 군현을 새로 설치하였다.

이어 혜공왕대에는 종묘제도 개편이 있었다.[5] 『삼국사기』 제사지 서문에서는 신라의 종묘제도를 개괄하며 혜공왕대의 조치를 다음과 같이 설명하였다.

제36대 혜공왕이 처음 오묘를 정하였다. 미추왕을 김성의 시조로 삼고 태종대왕·문무대왕은 백제·고구려를 평정하는 데 큰 공덕이 있으므로 아울러 대대로 훼철하지 않는 임금으로 하고 친묘 둘과 더불어 오묘로 삼았다.[6]

제사지 서문에는 지증왕 때의 신궁(神宮) 창립에 이어 혜공왕대의 오묘 개정을 서술하면서 "처음 오묘를 정하였다[始定五廟]"라고 명시하였다. 그런데 신라본기에는 신문왕대에 오묘를 제정한 기사가 있다. 곧 신문왕 7년(687) 조묘(祖廟)에 제사를 지내면서 태조대왕·진지대왕·문흥대왕·태종대왕·문무대왕을 열거했는데,[7] 이는 태조와 신문왕의 4대조로 오묘를 구성한 것이다.

---

5 혜공왕대 종묘제도 개편에 대해서는 그간 적지 않은 연구가 이루어졌다. 주요 성과를 제시하면 다음과 같다.
   변태섭, 1964 「廟制의 變遷을 통하여 본 新羅社會의 發展過程」『歷史敎育』 8
   나희라, 1997 「신라의 종묘제 수용과 그 내용」『韓國史硏究』 98 ; 2003 『신라의 국가제사』 知識産業社
   李文基, 1999 「新羅 惠恭王代 五廟制 改革의 政治的 意味」『白山學報』 52
   蔡美夏, 2000 「新羅 惠恭王代 五廟制의 改定」『韓國史硏究』 108 ; 2008 『신라 국가제사와 왕권』 혜안
   안주홍, 2019 「신라 혜공왕대의 종묘제 개편과 그 함의」『역사와경계』 111
   강진원, 2020 「신라 중대 宗廟制 운영과 五廟 始定」『歷史學報』 245
   박남수, 2020 「신라 宗廟制의 정비와 운영 : 중국 종묘제의 변천 및 운영 원리와 관련하여」『新羅史學報』 49
   박초롱, 2022 『新羅 國家禮制 硏究』 이화여자대학교 박사학위논문
6 『三國史記』 권32, 雜志1 祭祀, "至第三十六代惠恭王 始定五廟 以味鄒王爲金姓始祖 以太宗大王文武大王 平百濟高句麗 有大功德 並爲世世不毁之宗 兼親廟二爲五廟"
7 『三國史記』 권8, 新羅本紀8 神文王 7년 4월

그럼에도 제사지 찬자가 혜공왕대의 조치를 '시정(始定)'이라고 한 것을 두고 여러 의견이 있다. 그런데 이 '시정'은 해당 기사의 찬자가 판단한 것이다. 신궁 설치도 신라본기에는 소지마립간 때의 일로 나온다.[8] 이로 보아 제사지 서문은 신라의 제사 연혁을 정리한 별도의 자료를 참고한 것으로 판단된다. 이 자료에서 혜공왕대 조치를 '시정'으로 제시하였고, 제사지가 이를 그대로 받아들인 것이다.

이때 '시정'의 준거는 신문왕 이래 통상적 오묘 운영과 다른 특징이 이때부터 시작된 점에 주목한 결과이다. 이에 대해서는 미추왕을 김성(金姓)의 시조로 삼은 것을 지적하기도 하지만, 같은 무열왕계에서 신문왕대의 시조 인식이 혜공왕대에 와서 달라질 이유가 없다.[9] 따라서 당시 조치의 핵심인 무열왕과 문무왕의 불천지주(不遷之主) 지정에 따른 것으로 보는 것이 합리적이다.

해당 조치가 있었던 구체적인 시점은 나와 있지 않으나 즉위 후 경덕왕을 부묘하는 과정에서 이루어졌다고 판단된다.[10] 이 시점에 경덕왕 부묘와 함께 무열왕이 조천(祧遷)할 차례가 되기 때문이다.[11] 오묘는 기본적으로 고정된 시조와 현 국왕의 4대조로 구성된다. 따라서 4대를 넘어가면 종묘에서 위패를 내어와 땅에 묻는 조천을 행하게 된다. 신라에서는 형제를 한 대수로 간주했기 때문에 혜공왕대에는 그의 5대조인 무열왕이 조천될 차례였다.

---

8 『三國史記』권3, 新羅本紀3 炤智麻立干 9년 2월, "置神宮於奈乙 奈乙始祖初生之處也"

9 시조 설정에 주목하는 것은 태조 星漢을 미추왕이 아닌 閼智나 모호한 존재로 보는 이해와 연결된다(강진원, 2020 앞의 논문, 164-171쪽). 하지만 왕계가 바뀐 것도 아닌데 신문왕대에 제시한 太祖(星漢)와 혜공왕대에 제시한 미추왕이 다른 사람일 수는 없다. 제사지는 '始定'이라는 의미에 맞추어 종묘의 기준인 始祖를 설명한 것이므로 묘호 변경이나 대상자의 교체를 유도할 수 없다.

10 애장왕대 종묘제도 개편이 재위 2년에 있었던 것에 비추어 혜공왕대의 조치도 재위 초반에 있었다고 볼 수 있다(강진원, 2020 앞의 논문, 164쪽).

11 『三國史節要』에서는 종묘제도 개편 시점을 혜공왕 12년(776)으로 정리하고 있고, 이 시점에 맞추어 '始定'의 의미를 찾기도 한다. 그러나 이것은 편년체로 정리하는 과정에서 찬자의 판단에 따라 혜공왕 12년조에 편집한 것일 따름이다. 이러한 편집은 이 해에 있었던 百官 제도의 복구 및 感恩寺 행차에 주목한 결과로 보인다.

하지만 무열왕은 이미 '태종(太宗)' 칭호를 받아 불천지주로 확정되어 있었다. 따라서 조천 대상은 다음 대인 문무왕으로 넘어가게 되는데, 혜공왕은 문무왕까지 불천지주로 삼았다. 이것은 당시 조치의 본령이 문무왕을 불천지주로 삼는 데 있었음을 보여준다.

주목할 부분은 무열왕과 문무왕을 하나로 묶고 그 명분을 '양국평정'으로 제시한 점이다. 백제 공멸은 무열왕대에 달성되었으므로 문무왕 단독으로는 '양국평정'이 수립되지 않는다.[12] 그리고 무열왕에게는 고구려 평정을 적용할 수 없다. '양국평정'은 무열왕과 문무왕을 묶어야 온전히 수립된다. 그 결과 무열왕은 태조의 정통 후계자라는 태종 칭호의 본래 명분보다 문무왕과 연계하여 수립되는 '양국평정'을 주된 명분으로 삼게 되었다. 이는 당시 '양국평정'이 새롭게 수립되는 인식임을 보여준다.[13]

7세기 신라의 전쟁 성과는 백제병합이었다. 문무왕 11년(671) 「답설인귀서(答薛仁貴書)」에서 신라는 '평양이남 백제토지'에 대한 영유권을 주장했는데, 이는 "평양이남이 곧 백제토지"라는 의미이다. 또한 당은 당시 신라가 점령한 비열성(卑列城)이 본래 고구려 영토라며 환속을 통보하였고, 신라는 이곳이 자신의 고유 영토라며 반발하였다. 이것은 신라가 고구려 영토에 대한 영유권이 없었음을 단적으로 보여준다.[14] 따라서 당시 전쟁 성과는 백제병합으로 국한되며, 고구려와 관련된 성과를 내세울 여지가 없었다.

---

12 많은 연구자가 '양국평정'을 '일통삼한'과 같은 의미로 서술하고 있다. 이는 7세기 전쟁으로 신라가 삼국을 통일했다는 고정 관념으로 인한 것이다. 그러나 백제·고구려 평정은 '적국'을 대상으로 한 것으로서 자신을 포함하지 않기 때문에 그 자체가 '일통'으로 치환될 수 없고, 공통의 정체성을 상정한 것도 아니므로 三韓의 범주를 적용할 수 없다. '일통삼한'은 '양국평정'이 자신을 포함하는 '일통삼국'으로 확장되고 다시 여기에 삼한의 정체성이 추가될 때 비로소 수립된다.

13 무열왕이 '일통삼국'의 공업에 따라 태종 칭호를 받았다는 태종 시호 기사는 이러한 인식 변화를 배경으로 한다.

14 윤경진, 2016① 「671년 「答薛仁貴書」의 '平壤已南 百濟土地'에 대한 재해석 : 백제의 영토 의식과 浿河의 새로운 이해」 『역사문화연구』 60

이 문제와 관련하여 「답설인귀서」의 다음 구문이 주목된다.

> 정벌 이후로 이미 9년이 지나 인력이 거의 소진되어 마침내 양국을 비로소 평정
> 하니 누대의 오랜 바람을 오늘에 이루었다. 당연히 나라는 충성을 다한 은혜를
> 입고, 사람은 힘을 다한 상을 받아야 한다.[15]

위 기사는 평양 공파 후 신라 병사들이 했다는 말이다. 우선 정벌 이후 9년
이 지났다는 것은 660년 백제 공멸 후 668년 고구려 공멸에 이르는 기간을
말하며, 양국의 평정은 "누대의 오랜 바람"이 실현된 결과로 제시되었다. 여
기서 주체가 신라라고 보면 신라가 당시에 '백제·고구려의 평정'을 도모하고
실현했다는 것으로 읽을 수 있다.

그러나 뒤에 이어지는 내용을 보면 그러한 맥락으로 보기 어렵다. 나라가
충성을 다한 은혜를 입어야 한다는 말은 고구려 공멸에 신라가 기여했으므로
그에 합당한 보상을 받아야 한다는 취지이다. 신라가 자신의 오랜 바람을 이
루었는데 당에게 보상을 요구한다는 것은 앞뒤가 맞지 않는다. 이 문장에서
'오랜 바람'을 성취한 주체는 당이고, 신라는 그것에 기여하는 위치에 있다.

여기서 글 서두에 인용된 당 태종이 한 말의 맥락을 음미할 필요가 있다.

> 내가 지금 고려를 정벌하는 것은 다른 이유가 아니라 너희 신라가 양국에 끼어
> 있어 매번 침구를 받아 편안한 해가 없음을 불쌍히 여긴 것이다. (중략) 내가 양
> 국을 평정하면 평양이남의 백제토지를 모두 너희 신라에 주어 길이 편안케 할
> 것이다.[16]

---

15 『三國史記』권7, 新羅本紀7 文武王 11년 7월, "自征伐已經九年 人力殫盡 終始平兩國 累代長
　　望 今日乃成 必當國蒙盡忠之恩 人受効力之賞"
16 『三國史記』권7, 新羅本紀7 文武王 11년 7월, "朕今伐高麗 非有他故 憐你新羅 攝乎兩國 每被
　　侵陵 靡有寧歲 (중략) 我平定兩國 平壤已南百濟土地 並乞你新羅 永爲安逸"

위에서 당 태종은 자신의 고구려 원정이 신라를 위한 것임을 표방하고, 양국을 평정한 뒤에 백제 토지를 신라에게 주겠다고 약속하고 있다. 당 태종이 실제 당시부터 백제 평정까지 도모한 것인지는 따로 짚어볼 문제이지만, 적어도 신라의 인식 내지 표방에서 양국의 평정은 태종이 천명한 사업이었다. 따라서 뒤에서 말한 '누대'는 무열왕과 문무왕이 아니라 당의 태종과 고종으로 보아야 한다. 그리고 신라가 요구한 대가는 태종이 약속한 백제 토지의 사여이다.

그런데 이러한 신라의 바람에 대해 이적(李勣)은 "신라는 앞서 군기를 놓쳤으니 또한 계산하여 정해야 할 것이다[新羅前失軍期 亦須計定]"라고 하였다. 또한 공로자 명단을 적어 당으로 보냈는데, 당은 "지금 신라는 아울러 공이 없다[今新羅並無功]"라고 하였다. 결국 신라는 고구려 공멸에서의 공헌을 내세울 뿐이며, 그마저도 온전히 인정받지 못하는 상황이었다. 신라 자신이 '양국평정'의 주체로 자임할 수 있는 여건이 아닌 것이다.

한편 문무왕이 남긴 유조(遺詔)에 고구려 평정을 유추할 수 있는 구문이 있지만 이 또한 검증이 필요하다.

> 과인은 운세가 혼란에 속하고 시대는 전쟁을 당하여 서쪽과 북쪽으로 정토하여 마침내 영토를 획정하였다. 반역을 토벌하고 우호를 불러와 이에 멀고 가까운 곳을 안정시켰다. 위로 선조가 남긴 염려를 위로하였고, 아래로 부자의 오랜 원한을 갚았다. 산 자와 죽은 자에게 두루 상을 주었고, 내외에 고르게 벼슬을 주었다.[17]

위의 기사는 유조의 도입부로서 자신의 치세를 총평한 것이다. 뒤에는 민

---

17 『三國史記』 권7, 新羅本紀7 文武王 21년 7월 1일, "寡人運屬紛紜 時當爭戰 西征北討 克定疆封 伐叛招携 聿寧遐邇 上慰宗祧之遺顧 下報父子之宿寃 追賞遍於存亡 疏爵均於內外"

생 안정과 관련된 내용이 이어진다.

여기서 우선 "서정북토(西征北討)"라는 구문이 주목된다. '서정'은 백제 공멸을, '북토'는 고구려 공멸을 각각 나타낸다. 문무왕은 태자 때 백제 공격에 나섰고, 즉위 후에는 고구려 공멸에 참여했으므로 이 표현이 나오는 것은 자연스럽다. 하지만 이것이 '양국평정'의 공업을 나타낸다고 보기는 어렵다.

우선 앞 구문의 "운세는 혼란에 속하고 시대는 전쟁을 당하였다[運屬紛紜 時當爭戰]"라고 한 것은 혼란과 전쟁의 시기에 즉위했다는 것이고, "서정북토"는 이로 인해 수행해야 했던 전쟁을 말한다. 그리고 이어지는 "마침내 영토를 획정하였다[克定疆封]"라는 것은 그 결과로 확보한 영토를 표상한다. 이 영토는 「답설인귀서」에서 문무왕 자신이 주장한 "평양이남 백제토지"의 확보를 지향한다. 다만 당이 인정하지 않아 신라의 영토는 예성강선에 그쳤다.

그런데 이 땅을 신라에게 주겠다는 당 태종의 약속은 양국의 평정을 조건으로 하고 있다. 「답설인귀서」의 내용은 고구려까지 공멸하였고 여기에 신라가 기여했으니 약속을 지키라는 취지이다. 따라서 '북토'가 고구려 공멸을 나타낸다고 하더라도 이것은 신라가 백제 토지를 확보하기 위한 조건일 뿐이다. 이 내용으로부터 신라의 고구려 평정이라는 공업은 유도되지 않는다.

이러한 속성은 이어지는 구문에서 더욱 뚜렷하게 나타난다. 구문의 구조를 보면, 운세와 시대에 대한 설명은 "서정북토"와 영토 획정의 배경이 되며, "위로 선조가 남긴 염려를 위로하였고, 아래로 부자의 오랜 원한을 갚았다[上慰宗祧之遺顧 下報父子之宿寃]"라는 것은 그 성과에 대한 평가를 담고 있다. 전반부의 '종조(宗祧)'는 종묘에 봉안된 선왕을 말하는데 여기서는 무열왕을 가리키며, '유고(遺顧)'는 그가 완결하지 못한 사업을 나타낸다. 곧 문무왕이 무열왕의 사업을 계승하여 완성했다는 취지를 국왕이라는 공적인 측면에서 말한 것이다. 무열왕 때 백제가 망하기는 했으나 부흥운동이 계속되고 있었고, 당의 웅진도독부 설치로 신라는 백제 토지를 온전히 확보하지 못하였다. 따라서 무열왕의 사업은 완결되지 않은 것으로, 문무왕은 나당전쟁을 통해 무열왕의 사업을 완성하고자 하였다.

후반부는 대야성에서 무열왕의 딸과 사위가 죽은 것을 보복했음을 말한 것이다. 보복의 내용은 곧 백제 병탄이다. 그 의미는 『삼국사기』 신라본기에 수록된 김춘추의 고구려 청병 기사에 보인다. 여기서 김춘추가 대야성 함락 소식을 듣고 "대장부가 어찌 백제를 병탄할 수 없단 말인가[大丈夫豈不能呑百濟乎]"[18]라고 말한 것으로 되어 있다. 선왕의 유고를 위로하고 부자의 숙원을 푸는 것은 모두 백제병합으로 귀결된다.

이번에는 「문무왕릉비」의 내용을 살펴보자. 문무왕의 유조가 자신의 공업에 대한 자평을 담고 있다면, 「문무왕릉비」는 비를 건립할 당시의 인식을 반영한다. 따라서 사후적으로라도 그의 공업을 '양국평정'으로 평가했는지 엿볼 수 있다. 현재 비편만 남아 있어 온전한 파악은 어렵지만 적어도 남아 있는 부분에서 고구려 평정의 공업을 확증할 만한 내용이 있는지 짚어볼 필요가 있다.

이와 관련하여 다음 구문이 주목된다.

> 동쪽으로 개오의 지경에 맞닿고, 남쪽으로 □계의 □에 접하며, (북쪽으로) 황룡
> 을 접하여 주몽을 타고, (서쪽으로 …) 백무를 이었다.[東拒開梧之境 南鄰□桂之□ □
> 接黃龍駕朱蒙 □□□□承白武][19]

위의 구문에서 논란이 될 수 있는 것은 "황룡(黃龍)을 접하여 주몽(朱蒙)을 타고"라고 한 부분이다. '주몽'이라는 말에서 이 구문이 고구려와 관련된다는 것을 알 수 있다. 이에 상응하여 이어지는 백무(白武)는 백제로 짐작된다. 이를 문무왕 유조에 보이는 "서정북토"와 연계할 때 그가 두 나라를 평정한

---

18 『三國史記』 권5, 新羅本紀5 善德王 11년
19 『譯註韓國古代金石文』 文武王陵碑

사실을 나타낸 것으로 이해할 수도 있다.

그러나 이 구문은 비문의 도입부로서 문무왕의 공업이 나올 위치가 아니다. 그리고 앞 구문에 보이는 '개오(開悟)'가 동쪽 끝을 나타내고 그에 상응하여 '□계(桂)'는 남쪽 끝을 상징한다. 모두 신라의 사방 경계를 표현한 것이다. 따라서 나머지 두 방향의 주몽과 백무 또한 인접 사실을 나타낸 것으로 보는 것이 합리적이다.[20] 결국 이 구문은 동서남북에서 '인접'한 대상을 상징적으로 묘사함으로써 신라의 공간적 위치를 제시한 것이다.

이처럼 중대 초기 왕실은 7세기 전쟁을 백제병합으로 인식하고 있었다. 고구려 공멸을 포함하는 '양국평정'은 당 태종의 사업이었고, 고종이 이를 계승하여 실현하는 과정에 신라가 기여함으로써 태종의 약속대로 백제 영토를 병합하는 것이 관건이었다. 나당전쟁은 이를 확보하기 위한 과정이었고, 성덕왕대 패강 이남을 공인받음으로써 실현되었다.

그런데 혜공왕대 종묘제도를 개편하면서 '양국평정'의 공업을 표방하고 이를 근거로 무열왕과 문무왕을 불천지주로 삼은 것은 7세기 전쟁에 대한 인식이 바뀐 것을 보여준다.[21] 바로 이 부분에 방점이 찍힘으로써 제사지에서 혜공왕대의 조치를 오묘의 시정으로 이해한 것이다. 이러한 변화는 당시의 정치적 과제와 관련되는데, 다음에는 이 부분에 대해 알아보기로 한다.

---

20 비문 내용에 대한 자세한 검토는 본서 2부 2장 참조.
21 이전에도 관념적으로 고구려 공멸을 자국의 공업으로 간주하여 '양국평정'을 표방했을 가능성이 없지는 않다. 그러나 고구려 땅에 대한 권리를 주장할 수 없었던 데서 드러나듯이 근본적으로 신라의 공업은 백제병합에 국한될 수밖에 없었다. 혜공왕대의 종묘제도 개편은 '양국평정'을 공식화한 것이라는 점에서 이전과 차이가 있다.

2) 종묘제도 개편의 목적과 영향

앞서 살펴본 것처럼 「답설인귀서」나 문무왕 유조, 「문무왕릉비」 등에서 7세기 전쟁을 '양국평정'으로 평가하는 인식은 발견되지 않는다. 공식적 측면에서 '양국평정'의 공업은 중대 말에 7세기 전쟁을 새로운 시각에서 평가한 결과이다. 그렇다면 이 시기에 왜 이러한 재평가가 나오게 되었을까. 무열왕과 문무왕의 불천지주 지정 문제는 혜공왕 즉위 초 경덕왕을 부묘(祔廟)할 때 제기된 것이므로 그 배경 또한 혜공왕 즉위를 전후한 시대적 상황에서 찾아야 할 것이다.[22]

주목할 부분은 혜공왕이 불과 8세의 어린 나이에 즉위했다는 점이다. 태후가 섭정했지만 국왕으로서 권위가 취약한 상황이었다. 그리고 이 문제는 경덕왕 때부터 이미 배태되고 있었다. 경덕왕은 효성왕의 동모제(同母弟)이고, 효성왕은 성덕왕의 제2자이다. 성덕왕의 장자는 일찍 죽은 것으로 보이며 효성왕에게도 아들이 없었기 때문에 동생인 경덕왕이 태자가 되어 왕위를 이었다. 이러한 여건으로 인해 경덕왕은 특히 후계자 문제에 부심했는데, 첫 왕비인 삼모부인(三毛夫人)이 자식이 없어 출궁(出宮)된 것이 대표적인 사례이다.[23]

그런데 후계자인 혜공왕은 경덕왕 17년(758)에 태어났다.[24] 혜공왕의 모후인 만월부인(滿月夫人)은 경덕왕 2년(743)에 들어왔으므로[25] 15년의 공백이

---

22 당시 종묘제도 개편에 대해 무열왕계의 결속을 강화한다거나 金良相 세력과 갈등을 빚었다고 보는 등 정치세력의 관점에서 해석하는 경우가 많은데, 이는 혜공왕 사후 전개되는 정치사에 맞추어 소급 이해한 것이다. 개편 배경이나 의미는 혜공왕 즉위가 가지는 조건에서 찾아야 할 것이다.

23 후계자 문제에 대한 경덕왕의 관심과 三毛夫人의 사적에 대해서는 김선주, 2011 「신라 경덕왕대 삼모부인(三毛夫人)의 생애와 정치적 의미」『歷史學研究』 44 참조.

24 『삼국사기』에는 경덕왕 17년 왕자의 출생 기사가 있는데, 이는 혜공왕 출생을 말한다(『三國史記』 권9, 新羅本紀9 景德王 17년 7월 23일, "王子生").

25 『三國史記』 권9, 新羅本紀9 景德王 2년 4월, "納舒弗邯金義忠女爲王妃"

있었던 셈인데, 그 사이 아들이 있었던 것으로 파악된다.

이는 동궁(東宮)의 운영을 통해 추론할 수 있다. 경덕왕 4년(745)에 동궁을 수리하였고,[26] 동왕 9년(750)에 동궁아관(東宮衙官)을 두었다.[27] 태자가 없는 상황에서 이러한 조치가 있기 어렵다고 보면, 자료에는 나타나지 않으나 앞서 아들이 있었고 그가 태자가 되었다고 판단된다. 동궁 수리는 아들의 출생에 따라, 아관 설치는 태자 책봉에 따라 이루어진 조치로 짐작된다.

그런데 이후 태어난 혜공왕이 '적자(嫡子)'로 즉위한 것을 볼 때, 앞서 동궁을 사용한 태자는 일찍 죽은 것으로 보인다. 그 시점은 알 수 없으나 경덕왕 13년(754)에 성덕왕의 비(碑)를 세운 것은[28] 후계자의 사망과 관련이 있어 보인다.

성덕왕 사후 10여 년이 지나 비를 세웠다는 것은 이 시기에 성덕왕의 권위를 내세울 필요가 생겼기 때문일 것이다. 여기서 후계자가 없어진 상황을 보완하려는 조치였음을 추론할 수 있다. 곧 「성덕왕비」의 건립을 통해 선왕의 권위를 높임으로써 후계자가 없어진 정치적 위기에 대응한 것이다. 이후 경덕왕은 동왕 19년(760)에 왕자 건운(乾運: 혜공왕)을 태자로 책봉하였다.[29] 그는 불과 3세의 나이로 태자가 된 것이다. 이는 그만큼 후계자 지명이 시급한 과제였음을 보여준다.[30]

하지만 어린 나이에 태자로 책봉된 만큼 후계자로서 입지는 취약할 수밖에 없으므로 이를 보완하는 조치가 필요하였다. 이와 관련하여 주목되는 것이 바로 「성덕대왕신종」의 조성이다. 이 종은 혜공왕 7년(771)에 완성되었는

---

26 『三國史記』 권9, 新羅本紀9 景德王 14년 7월, "葺東宮"

27 『三國史記』 권9, 新羅本紀9 景德王 11년 8월, "置東宮衙官"

28 『三國史記』 권9, 新羅本紀9 景德王 13년 5월, "立聖德王碑"

29 『三國史記』 권9, 新羅本紀9 景德王 19년 7월, "封王子乾運爲王太子"

30 이전 시기 태자가 책봉될 때의 나이를 알 수 없어 단정은 어렵지만, 경덕왕의 동궁 수리와 아관 설치 사이의 시차가 5년인 것을 볼 때 6세 정도에 태자 책봉이 이루어진 것으로 추정할 수 있다. 이에 비추어 혜공왕이 3세에 태자로 책봉되는 것은 예외적으로 빠른 것이다.

데, 명문 중에 경덕왕이 발원하여 조성했으나 뜻을 이루지 못하고 사망했다는 내용이 보인다. 그 시점이 '얼마 전[頃者]'이라고 되어 있어 경덕왕 말년에 사업이 시작되었음을 짐작할 수 있다.

이미 성덕왕의 비를 세운 상황에서 다시 그를 기리는 종을 조성하는 것은 다시금 성덕왕의 권위를 환기할 필요가 생겼기 때문이다. 그리고 이것은 어린 후계자와 무관할 수 없다. 자료에는 드러나지 않지만 경덕왕의 건강 문제 같은 사정이 개재된 것이 아닐까 한다. 그는 어린 후계자의 정치적 취약성을 선왕의 권위로 메우고자 한 것인데, 앞서 비를 세웠기에 이번에는 종을 주조한 것이다. 이 사업을 통해 경덕왕은 자신과 후계자가 성덕왕의 왕통을 계승한 존재임을 과시하여 정치적 기반을 다지고자 하였다.[31]

경덕왕의 우려는 혜공왕이 8세의 나이로 즉위하면서 현실이 되었다. 이는 혜공왕 즉위 초에 유달리 재변 기사가 많이 등장하는 것에서 표상된다.[32] 곧 혜공왕 2년(766) 정월에 "두 해가 함께 나오는[二日並出]" 현상이 있었고,[33] 2월에는 소가 5개의 다리를 가진 송아지를 낳았는데 다리 하나는 위를 향했다고 한다.[34] 또한 강주(康州)의 땅이 꺼져 못이 되었는데 물이 청흑색이었다.[35] 10월에는 하늘에서 북 같은 소리가 났고,[36] 이듬해 6월에는 지진이 있었다.[37] 이러한 일련의 재변은 혜공왕 즉위 초의 불안정한 정치 상황을 투영한 것으

---

31 혜공왕 6년 왕이 西原京에 행차하고 경로 주현의 죄수를 풀어준 것(『三國史記』 권9, 新羅本紀 9 惠恭王 6년 정월, "王幸西原京 曲赦所經州縣繫囚")은 종의 완성을 앞두고 성덕왕이 국서 주군을 순행한 사적(『三國史記』 권8, 新羅本紀8 聖德王 17년 2월, "王巡撫國西州郡 親問高年及鰥寡孤獨 賜物有差")을 환기함으로써 그를 계승한 혜공왕의 정통성을 강조하는 조치로 이해된다.

32 혜공왕대에 두드러지게 나타나는 재변의 정치적 함의에 대해서는 서영교, 2005 「신라 혜공왕대의 星變과 政變」 『民族文化論叢』 31 ; 이기봉, 2018 「신라 혜공왕대의 薦擧와 災異」 『新羅文化』 51 참조.

33 『三國史記』 권9, 新羅本紀9 惠恭王 2년 정월

34 『三國史記』 권9, 新羅本紀9 惠恭王 2년 2월

35 『三國史記』 권9, 新羅本紀9 惠恭王 2년 2월

36 『三國史記』 권9, 新羅本紀9 惠恭王 2년 10월

37 『三國史記』 권9, 新羅本紀9 惠恭王 3년 6월

로 해석된다.

예를 들어 두 해가 함께 나오는 것은 "하늘에는 두 해가 없고 땅에는 두 임금이 없다[天無二日 土無二王]"[38]라는 관념에 비추어 볼 때 현 국왕에 대한 도전을 암시한다.[39] 다섯 다리의 의미는 알 수 없지만 다리 하나가 위를 향했다는 것은 반역의 상징이 아닐까 한다. 이 역시 이후 전개되는 변란을 암시하고 있다.[40]

혜공왕이 변란 와중에 피살되는 기사의 도입부에는 다음 같은 설명이 있다.

> 왕은 어려서 즉위하였고 장성해서는 성색에 빠져 절도 없이 놀러 다녔다. 기강이 문란해져 재이가 자주 일어나고, 인심이 반측하여 사직이 위태하였다.[41]

위의 기사는 장성한 이후의 사정을 말하고 있지만 그 단서는 어려서 즉위한 것에서 찾고 있다. 재변 기사가 즉위 초에 집중적으로 나타나는 것도 이러한 인식과 무관하지 않다.

실제 혜공왕대에는 여러 차례 모반이 발생하였다. 혜공왕 4년(768) 대공(大恭)의 난에 이어[42] 동왕 6년에는 김융(金融)의 난이 있었고,[43] 동왕 11년에도 김은거(金隱居)와 염상(廉相)의 모반이 연달아 있었다.[44] 결국 혜공왕이 동

---

38 『高麗史』권2, 太祖 18년 10월 壬戌

39 이것은 2년 뒤에 발생한 大恭의 난과 관련하여 편년된 것으로 보기도 한다(辛鍾遠, 1990 「古代의 日官과 巫 : 샤마니즘의 政治思想史的 意義」『國史館論叢』13, 28쪽).

40 혜공왕 4년 6월에도 다수의 재변이 연이어 발생했는데(『三國史記』권9, 新羅本紀9 惠恭王 4년 6월, "京都雷電傷草木 大星隕皇龍寺南 地震聲如雷 泉井皆渴 虎入宮中"), 곧이어 7월에 대공의 난이 발생하였다.

41 『三國史記』권9, 新羅本紀9 惠恭王 16년, "王幼少卽位 及壯 淫于聲色 巡遊不度 綱紀紊亂 災異屢見 人心反側 社稷阢陧"

42 『三國史記』권9, 新羅本紀9 惠恭王 4년 7월, "一吉飡大恭 與弟阿飡大廉叛 集衆圍王宮三十三日 王軍討平之 誅九族"

43 『三國史記』권9, 新羅本紀9 惠恭王 6년 8월, "大阿飡金融叛 伏誅"

44 『三國史記』권9, 新羅本紀9 惠恭王 11년 6월, "伊飡金隱居叛 伏誅"

왕 16년(780) 지정(志貞)의 반란 와중에 피살됨으로써[45] 무열왕계는 막을 내렸다.

이러한 변란은 어린 국왕의 즉위에서 이미 예견되는 일이라는 점에서 그에 대한 대책도 당연히 강구되었을 것이다. 이 중 이념적 차원에서 모색되는 방안으로 대표적인 것이 정통성의 강화이다. 곧 선대 국왕의 권위를 통해 후사왕(後嗣王)의 위상을 보증함으로써 현실의 취약성을 보완하는 것이다. 경덕왕이 성덕왕을 통해 이러한 정치적 효과를 도모했다면, 혜공왕 즉위 후에는 더 강력한 조치가 필요하였다.

이에 왕계의 출발이 되는 무열왕과 문무왕을 불천지주로 삼음으로써 그 후계자인 혜공왕에게 확고한 명분을 마련하고자 하였다. 이때 불천지주로 삼는 명분으로 '양국평정'을 제시하였다.[46] 전술한 바와 같이 기존의 인식은 백제병합이었는데, 여기에 고구려를 포함시켜 '양국평정'으로 확대한 것이다.

한편 이러한 인식 전환의 매개로 성덕왕 35년(736) 패강(浿江) 이남의 영유권을 공인받은 것이 주목된다.[47] 신라의 전쟁 목적은 근본적으로 자신을 위협하는 백제를 병탄하는 것이었지만 이는 당의 '양국평정'을 통해 얻어지는 것이었다. 따라서 신라가 백제 토지에 대한 영유권을 내세울수록 고구려를 배제하는 구도가 뚜렷해질 수밖에 없었다.

그런데 신라가 패강 이남, 곧 '평양이남 백제토지'를 공인받아 숙원을 해결하면서 이를 확보하기 위해 내걸었던 명분에 구애될 필요가 없어졌다. 신라는 적어도 내부적으로는 7세기 전쟁을 자신의 공업으로 표방하는 것이 가능해졌다. 이 조건이 혜공왕 즉위를 계기로 정치 이념으로 발현된 것이다.

---

45 『三國史記』 권9, 新羅本紀9 惠恭王 16년 4월, "上大等金良相與伊飡敬信 擧兵誅志貞等 王與后妃爲亂兵所害"

46 성덕왕이 김유신의 손자 允中을 疏遠한 신하라는 지적에도 불구하고 연회에 부르면서 "신라의 안녕은 김유신 덕"이라고 말한 취지를 생각하면, 국가의 번영이 두 국왕 덕이라는 평가가 後嗣王에게 강력한 정치적 명분이 될 것임은 어렵지 않게 짐작할 수 있다.

47 『三國史記』 권8, 新羅本紀8 聖德王 35년 6월

이렇게 '양국평정'이라는 확대된 공업을 내세우려면 무열왕과 문무왕을 하나의 공업으로 묶는 것이 필요하였다. 이것이 불천지주 지정을 통해 확증되었고, 그 권위는 종묘 제사를 받드는 후대 국왕들에게 전승될 수 있었다. 이것은 어린 나이에 즉위한 혜공왕의 왕통을 보증하는 이념으로 유효하였다.

그런데 7세기 전쟁에 대한 재인식은 김유신에 대한 평가에도 영향을 미쳤다. 문무왕이 무열왕과 묶여 공업의 주체가 되면 기존에 무열왕의 정치적 파트너였던 김유신의 비중은 상대적으로 줄어들 수밖에 없었다. 반대로 무열왕과 김유신의 연대가 부각되면 문무왕은 부수적 위치로 밀리게 된다. 무열왕을 놓고 문무왕과 김유신이 길항 관계에 놓이는 것이다.

이러한 관계는 김유신 헌의와의 대비를 통해 파악할 수 있다. 이 서사는 문무왕을 직접적인 대상으로 하고 있다는 점에서 종묘제도 개편과 유사한 요소를 가진다. 그런데 문무왕의 위치를 어떻게 설정하느냐에서 양자는 근본적인 차이를 보인다.

김유신은 임종에 앞서 찾아온 문무왕에게 체제 안정을 위한 당부를 남겼다.[48] 그의 헌의는 "삼한이 일가가 되었다[三韓爲一家]"라는 구문을 통해 7세기 삼한일통의식을 보여주는 핵심 자료로 채용되었다. 그러나 『서경』의 구절을 인용하거나 군자·소인의 분변을 강조하는 등 무장으로서 김유신의 활동과 맞지 않는 내용을 담고 있고, 서사 자체가 위징(魏徵)의 유표(遺表)를 모델로 만든 것이어서 후대에 가공된 것임이 분명하다.[49]

이 서사는 문무왕에 대한 인식이 투영되고 있다는 점에서도 주목을 요한다. 이것은 문무왕에게 "성공이 쉽지 않음을 알고 수성이 또한 어려움을 생

---

48 『三國史記』 권43, 列傳3 金庾信 下, "臣愚不肖 豈能有益於國家 所幸者 明上用之不疑 任之勿貳 故得攀附王明 成尺寸功 三韓爲一家 百姓無二心 雖未至太平 亦可謂小康 臣觀自古繼體之君 靡不有初 鮮克有終 累世功績 一朝隳廢 甚可痛也 伏願殿下知成功之不易 念守成之亦難 疏遠小人 親近君子 使朝廷和於上 民物安於下 禍亂不作 基業無窮 則臣死且無憾"

49 이에 대한 자세한 검토는 본서 3부 2장 참조.

각하라[知成功之不易 念守成之亦難]"는 당부에서 확연히 드러난다. '성공(成功)'은 7세기 전쟁을 승리로 이끈 것을 말하며 그 주체는 무열왕이다. 그리고 문무왕은 이와 대비되는 '수성(守成)'의 군주로 규정되었다. 그에 앞서 "왕통을 계승한 임금[繼體之君]"을 말한 것도 문무왕을 염두에 둔 것이다. 결국 무열왕과 문무왕의 치세는 성공과 수성으로 구분된다.

이 구도에서 김유신은 무열왕과 함께 성공을 이룬 주역임을 자처하고 있다. 그가 이룬 척촌(尺寸)의 공은 곧 삼한이 일가가 된 것이며, 이에 힘입어 신라의 상황이 태평(太平)은 아니어도 소강(小康)은 될 수 있는 것이다. 이 성과는 현명한 군주의 임용에 힘입은 것인데, 이 왕은 무열왕이다. 결국 김유신 헌의는 7세기 전쟁의 공업이 무열왕과 김유신에 의해 달성되었으며, 문무왕은 이를 이어받는 수성의 군주일 뿐이라고 규정한 것이다.

반면 혜공왕대 종묘제도 개편에서 문무왕은 무열왕과 함께 '양국평정'을 이루었으므로 그 또한 성공에 해당한다. 그리고 이 공업에서 김유신은 신하로서 역할만 인정된다. 김유신 헌의는 김유신을 '양국평정'의 주역으로 제시하고 있다는 점에서 종묘제도 개편의 이념에 대한 반론의 속성을 가진다.

이처럼 혜공왕 초 문무왕을 무열왕과 묶어 '양국평정'의 공업을 수립하고 불천지주로 삼은 것은 그 후손인 혜공왕의 왕통을 확증함으로써 어린 나이에 즉위한 데 따른 취약성을 보강하려는 것이었다. 이것은 문무왕의 위상을 선양하는 데 본령이 있으며,[50] 그에 상응하여 무열왕의 정치적 파트너였던 김유신의 폄강을 수반하였다.[51]

---

50 혜공왕 즉위 후 문무왕이 강조되는 것은 혜공왕이 문무왕의 사실상 유일할 혈손이었기 때문이다. 중대 왕실의 계승 과정을 보면 왕실 외에 문무왕의 후손은 거의 없었던 반면, 김인문계는 번성하였다. 혜공왕대 모반은 주로 무열왕의 다른 아들들의 후손에 의해 발생했던 것이 아닌가 한다. 이들과 차별화된 혜공왕의 정통성은 결국 문무왕에 의해 보증되므로 그를 무열왕과 묶어 불천지주로 삼았고, 그 명분으로 '양국평정'을 내세운 것이다.

51 무열왕과 문무왕을 불천지주로 삼은 것이 무열왕계와 김유신계의 결집을 의도한 것이라는 견해도 있지만(이문기, 1999 앞의 논문, 834-839쪽), 무열왕과의 관계에서 문무왕과 김유신은 대체 관계에 있다는 점에서 문무왕의 불천지주 지정은 김유신을 폄강하는 의미를 가진다.

혜공왕이 피살되면서 무열왕계는 막을 내렸지만 7세기 전쟁은 백제병합에서 '양국평정'으로 재해석되며 체제 이념으로 자리를 잡았다. 이 이념은 더 격화된 체제 위기에 대응해야 했던 하대 왕실에게도 유효하였다.

하지만 왕계가 바뀐 상황에서 공업의 주체가 그대로 유지될 수는 없었다. 바로 이 부분에서 중대 왕실의 준거인 무열왕과 문무왕의 위상을 삭감하는 매개로서 김유신이 활용되는 구도가 드러난다.[52] 다음에는 이러한 이해를 바탕으로 행록의 찬자와 찬술 시기, 찬술 목적과 의미 등을 하대 왕실의 인식과 관련하여 알아보기로 한다.

2. 『김유신행록』의 찬술 경위

1) 행록의 찬자와 찬술 시기

『삼국사기』 김유신열전 찬자는 그 원전인 행록에 대해 다음과 같이 언급하였다.

> 김유신의 현손인 신라 집사랑 장청이 지은 행록 10권이 세상에 유행되는데, 꾸며낸 이야기가 자못 많아 산락하고 그중에서 기록할 만한 것을 취하여 전을 만든다.[53]

---

52 흥덕왕대 김유신을 흥무대왕으로 추봉하는 것은 바로 그 귀결이다. 이에 대해서는 5부 1장 참조.

53 『三國史記』 권43, 列傳3 金庾信 下, "庾信玄孫新羅執事郎長淸作行錄十卷 行於世 頗多釀辭 故 刪落之 取其可書者爲之傳"

위에서 행록의 찬자가 현손(玄孫) 장청(長淸)이라는 것과 그 내용에 양사(釀辭), 곧 꾸며낸 이야기가 많다는 것을 알 수 있다.

장청은 집사랑(執事郞)이라는 관직만 나타날 뿐, 더 이상의 행적은 확인되지 않는다. 그런데 그와 관련하여 김유신열전에 부록된 김암(金巖)이 주목된다. 김유신열전에는 자녀와 부인에 대한 소개가 있으나 원술(元述)의 일화를 제외한 나머지 아들들의 구체적인 사적은 실려 있지 않다. 원술의 일화 또한 그에 대한 김유신의 엄한 질책과 이를 받든 부인의 서사가 중심을 이룬다. 원술의 사적이지만 내용의 주인공은 김유신이다.[54]

그 뒤에 실린 윤중(允中)의 사적도 마찬가지이다. 그의 일화는 두 가지로, 성덕왕이 달구경 때 그를 부른 것과 당의 지시로 신라가 발해를 공격할 때 그를 지휘관으로 발탁한 것이다. 그런데 전자는 김유신 덕에 나라가 평안하다는 성덕왕의 말에 초점이 있고, 후자는 김유신의 후손을 지휘관으로 삼으라는 당 현종의 지시가 핵심이다. 이 또한 김유신에 대한 평가를 보여주는 데 본령이 있다.

그런데 윤중에 이어 수록된 김암은 김유신과 직접 관련된 내용이 없고, 개인적인 이력과 행적이 중심을 이루고 있다. 곧 당에 숙위(宿衛)하며 음양가법(陰陽家法)을 배운 것과 귀국 후 사천대박사(司天大博士)와 3개 주(州)의 태수(太守), 집사시랑(執事侍郞)과 패강진두상(浿江鎭頭上)을 역임한 것 등이다. 그리고 황충(蝗蟲)을 퇴치한 일화와 혜공왕 15년(779) 일본에 사신으로 갔을 때의 일화가 있다.[55] 그 뒤에 동년 4월의 취선사(鷲仙寺) 연기설화가 실려 있다.

이처럼 김암 전기는 원술이나 윤중과 달리 본인의 능력을 강조하는 취지이고, 열전의 다른 인물들에 비해 입전될 만한 두드러진 사적을 가진 것도 아니다. 그가 이런 형태로 김유신열전에 부록된 것은 다른 이유가 있었기 때

---

54 원술의 사적에 대해서는 4부 2장 참조.

55 이 일화는 당시 일본국왕이 그의 현명함을 알고 잡아두려 했으나 당의 사신이 알아보는 것을 보고 돌려보냈다는 내용이다. 이는 그의 능력과 함께 중국 유학을 과시하는 취지이다.

문일 텐데, 그 단서는 『삼국유사』에 실린 태종 시호 기사에서 찾을 수 있다.

이 기사에는 무열왕과 김유신의 '일통삼국(一統三國)'을 드러내기 위해 당 태종과 위징(魏徵)·이순풍(李淳風)의 '일통천하(一統天下)'를 대비하고 있다.[56] 그런데 위징은 태종의 '일통천하'와 관련이 없다. 실제 그 역할을 한 인물은 방현령(房玄齡)이며, 위징은 태종 즉위 후 체제 안정에 기여한 인물로 평가되고 있다.[57] 다만 후대에 태종의 치세를 상징하는 인물로 인식되었다. 이 기사에서 위징을 언급한 것은 무열왕을 당 태종에 견주며 김유신을 위징에 비견한 데 따른 것이다.

그런데 이순풍이 언급된 것은 의아하다. 이순풍은 음양가로 활동했으며, 정관 초기 체제 정비에 공헌한 것으로 평가되기도 하였다.[58] 그렇다고 그가 위징과 함께 태종을 보필한 핵심 인물로, 그것도 '일통천하'에 기여한 것으로 언급될 인물이라고 보기 어렵다. 이것은 일화를 꾸민 찬자가 그를 특별히 주목했기 때문이라고 볼 수밖에 없다. 위징이 김유신을 말하기 위한 장치라면 이순풍 또한 누군가를 염두에 둔 것인데, 여기서 김암 역시 음양가라는 점이 주목된다.

태종 시호 기사는 무열왕의 태종 칭호를 모티브로 한 것이지만, 그 내용은 결국 김유신이 '일통삼국'을 이룩한 주역이라는 인식을 담고 있다. 특히 김유신이 불교의 신격인 33천의 하나라는 내용은 이 설화가 김유신을 띄우기 위해 가공된 것임을 여실히 보여준다. 이를 통해 그 원전이 행록임을 짐작할 수 있는데, 여기에 이순풍이 언급되었다는 것은 행록의 찬자가 김암과 관련이 깊기 때문일 것이다.

---

56 『三國遺事』 권1, 紀異 太宗春秋公, "朕之聖考得賢臣魏徵李淳風等 協心同德 一統天下 故爲太宗皇帝"

57 『新唐書』 권97, 列傳22 魏徵, "貞觀以前 從我定天下 間關草昧 玄齡功也 貞觀之后 納忠諫 正 朕違 爲國家長利 徵而已 雖古名臣 亦何以加"

58 『新唐書』 권25, 志15 曆1, "貞觀初 直太史李淳風又上疏論十有八事 復詔善爲課二家得失 其七 條改從淳風"

여기서 행록의 찬자인 장청이 곧 김암이라는 판단을 얻을 수 있다. 곧 김유신열전에 그의 사적과 직접 관련이 없는 김암이 부록된 것은 그가 찬자로서 자신의 이력을 행록에 담았고, 이를 열전 찬자가 채록했기 때문이라는 것이다.[59]

물론 정황만으로 김암이 장청과 동일인이라고 단정하는 데에는 한계가 있다. 하지만 태종 시호 기사에 이순풍이 등장하는 것은 김암이 서사의 작자가 아니라면 설명하기 어렵다. 더하여 그의 전기가 보이는 특이한 양상은 충분한 심증을 제공한다. 여기에 두 사람의 대수가 같다는 점도 이를 뒷받침한다.

한편 행록의 편찬 시기는 명확히 파악되지 않는다. 다만 김유신열전의 마지막 기사가 혜공왕 말엽의 것임을 고려할 때, 찬술 시기는 여기서 멀지 않을 것이다. '현손'인 장청의 대수를 감안하여 찬술 시기를 중대말-하대초로 보는 데 큰 이견은 없다. 여기에 찬술 배경 내지 목적과 관련하여 왕계의 교체라는 정치 상황까지 고려하면, 원성왕대로 보는 것이 가장 합리적일 듯하다.[60]

그런데 최근 행록의 찬술 시기를 경문왕대로 내려보는 견해가 있어[61] 이에 대해 짚어볼 필요가 있다. 행록의 찬술 목적 및 그 영향을 가늠하는 데 결정적인 요소가 되기 때문이다.

행록의 찬술 시기를 경문왕대로 보는 근거는 크게 두 가지이다. 하나는 장청의 직함인 집사랑이다. 집사성(執事省)의 말단 관직인 랑(郎)은 경덕왕대 사(史)가 개정된 것으로, 혜공왕대 다시 사로 환원되었다. 행록이 혜공왕대 이전에 찬술되었을 가능성은 없으므로 그 시점은 사가 다시 랑으로 바뀌는 시기로 내려갈 수밖에 없으며, 이 경우 한화정책이 적극 추진된 경문왕-헌강왕

---

59 長淸과 金巖의 이름 차이는 그가 입당 숙위하면서 稱姓과 함께 改名한 결과로 보인다. 행록 찬자에 대한 정보는 국내에서 쓰던 이름으로 전승된 반면, 본문에는 재당 활동 때의 이름으로 실린 것이다. 이러한 원리는 당에서 활동하던 張保皐가 국내 기록에는 弓福으로 나오는 것에서 유추할 수 있다.

60 취선사 연기설화에서 金敬信(원성왕)이 등장하는 것은 행록의 편찬이 원성왕과 밀접히 관련됨을 시사한다.

61 전덕재, 2020 앞의 논문, 28-41쪽

대로 보는 것이 타당하다는 것이다.

다른 하나는 김유신을 태대서발한(太大舒發翰)으로 봉했다는 기사이다. 서발한은 각간(角干)의 이칭인 서불한(舒弗邯)의 이표기인데, 그 사례가 경문왕대 이후에 작성된 자료에만 보이므로 이를 담은 행록 또한 경문왕대 이후에 찬술되었다고 보아야 한다는 것이다.

그런데 이 논지의 가장 큰 걸림돌은 장청이 김유신의 '현손'으로 되어 있다는 점이다. 통상 현손은 손자의 손자를 말한다. 이 경우 그의 활동 연대는 경문왕대까지 내려갈 수 없다. 이에 논자는 현손을 '먼 후손'으로 해석했지만 장청의 사례가 그에 해당한다고 볼 근거는 없다.

김유신은 행록의 주인공이고 장청은 그 후손이다. 선조와의 관계가 중요한 상황에서 대수를 명확히 밝히는 것이 순리이다. 선덕왕과 원성왕은 각각 내물왕의 10세손과 12세손으로 명시되어 있고, 애장왕의 외조부 숙명(叔明)도 내물왕의 13세손이다. 김양(金陽)은 무열왕의 9세손으로 나온다. 이처럼 계보 관념에서 대수가 명확히 제시되고 있는데, 김유신을 현창하는 자료를 찬술한 장청 또한 구체적인 대수가 파악된 것으로 보는 것이 타당하다.[62]

한편 혜공왕대 이후 경문왕대까지 김유신 관련 사적이 거의 없다는 점도 찬술 시점을 내려보기 어려운 요소이다. 혜공왕대 이후 김유신 관련 기사는 흥덕왕대 흥무대왕 추봉이 유일하다. 그런데 이마저도 추봉 사실만 전하는 아주 단편적인 기사이다.

흥무대왕 추봉은 김유신의 위상을 표현할 수 있는 핵심적인 사적이고, 그 시기도 경문왕대에서 멀지 않다. 당연히 추봉 논의나 정계의 인식, 추봉에 따른 후속 조치, 이를 모티브로 한 서사 등이 풍부하게 담길 수 있다. 그런데 그런 내용이 전혀 없다는 것은 행록이 흥덕왕대 이전에 찬술되었고 추봉 기

---

62 일반적으로 먼 후손이라면 '遠孫'으로 기재했을 것이다. 굳이 대수에 혼선을 빚을 수 있는 '현손'으로 표시했다고 생각하기 어렵다.

사는 다른 자료를 통해 사실만 확인된 것임을 보여준다.

특히 열전 내용이 후손의 억울한 죽음과 김유신의 분노를 담은 취선사 연기설화로 마무리되고 있다는 점도 고려된다. 대왕 추봉으로 김유신의 위상이 한껏 높아진 것에 수반하여 김유신계의 복권도 충분히 예상할 수 있다. 행록이 이보다 후대에 찬술되었다면, 사적이 김유신의 분노로 마무리될 이유가 없다. 대왕 추봉은 궁극적으로 김유신의 분노를 해소하는 행위이고, 이는 공덕보(功德寶) 설치보다 훨씬 직접적인 조치이다. 따라서 이후에 행록을 편찬했다면 추봉과 관련된 서사가 충실하게 들어갔을 것이다.

이처럼 행록은 경문왕대 이후에 찬술되었다고 보기 어렵다. 그렇다면 논자가 주장한 해당 근거들은 어떻게 이해해야 할까. 우선 장청의 직함인 집사랑부터 짚어보자. 유의할 점은 집사랑이 장청의 행록 찬술 당시의 관직인가 아니면 전직(前職)인가에 따라 그 준거 시점이 달라질 수 있다는 사실이다. 장청 자신이 서문 등에 본인의 직함을 밝힌 것이 아니라면, 행록의 찬자는 그 이름과 직함, 김유신과의 관계 등이 구전(口傳) 형태로 전해질 수 있다. 그리고 장청이 혜공왕대 관제 개정 이전에 집사랑을 역임하였고 이것이 그의 이름과 연계하여 전승되었다면, 찬술 시점이 원성왕대라 하더라도 "집사랑 장청"이 나올 수 있다. 원론적으로 장청의 직함은 행록의 찬술 시점을 파악하는 준거가 될 수 없는 것이다.[63]

서발한도 마찬가지이다. 서발한은 서불한의 이표기이다. '벌(伐)'과 '불(弗)', '발(發)'은 모두 같은 말로서 음차(音借) 과정에서 이표기가 나타난 것이다. '한(邯)'과 '한(翰)'도 음이 같다.

---

63 장청과 김암을 동일인으로 보면 이 부분을 좀더 구체적으로 해석할 수 있다. 장청은 유학을 떠나기 전에 사용하던 이름이고 그때 직함이 집사랑이었다. 그리고 그는 유학 과정에서 이름을 김암으로 고쳤다. 그리고 행록에 수록된 그의 이력은 김암으로 제시되었다. 그런데 그가 국내에서 활동할 때 이름은 여전히 장청이었으므로 행록 찬자도 장청으로 전승되었다. 장청과 김암의 관계를 명확히 인지하지 못한 상황에서 장청의 이력이 개명 이전의 것만 파악된다면 그의 직함이 집사랑으로 나타날 수밖에 없다.

결국 서불한과 서발한은 명칭 개정에 따른 차이가 아니라 표기 과정에서 나타나는 변형이기 때문에 혼용이 가능하다. 실제 국초 이래 쓰이던 서불한도 서발한이 출현한 이후인 효공왕대 기사에 나오고 있어[64] 양자가 대체 관계가 아님이 드러난다. 따라서 원성왕대 자료에서 서발한이 나오는 것도 얼마든지 가능하다.

이처럼 행록의 찬술 시기를 경문왕대로 내려볼 근거는 없다. 통상적 이해대로 중대말-하대초, 그중에서도 하대 왕계가 시작하는 원성왕대로 보는 것이 적절할 것이다. 다음에는 이러한 판단을 바탕으로 행록의 찬술 목적 및 영향을 김유신계 및 하대 왕실의 입장과 연계하여 살펴보기로 한다.

2) 행록 찬술의 목적과 영향

하대 왕실이 수립되는 원성왕대를 전후하여 행록이 찬술된 후 흥덕왕대에는 김유신이 흥무대왕으로 추봉되었다. 신하를 대왕으로 추봉하는 예외적 조치는 무엇보다 김유신의 공업을 각별하게 인정한다는 의미라는 점에서 행록 찬술과 불가분의 관계에 있다. 곧 행록을 찬술한 목적과 하대 왕실이 이를 수용하는 의도가 같은 맥락을 가지는 것이다. 이에 그 함의를 구체적으로 알아보자.

혜공왕 피살 후 상대등 김양상(金良相)이 김경신(金敬信)과 함께 지정의 난을 제압하고 왕위에 올랐다(선덕왕). 그는 즉위 후 친부(親父)를 개성대왕(開聖大王)으로 추봉하였다.[65] 내물왕의 10세손인 그가 친부만 추봉한 것은 자신이 성덕왕의 외손이기 때문이다. 이에 성덕왕을 그대로 두면서 경덕왕만 조천

---

64 『三國史記』권12, 新羅本紀12 孝恭王 2년 정월, "以舒弗邯俊興爲上大等"

65 『三國史記』권9, 新羅本紀9 宣德王 원년

하고 친부를 부묘하였다.

그런데 선덕왕이 후계자 없이 사망하자 무열왕계인 김주원(金周元)과 내물왕계인 상대등 김경신 사이에 왕위 경쟁이 벌어졌고, 결국 김경신이 승리하였다(원성왕). 그는 내물왕의 12세손으로서 무열왕계와 직접 관련이 없었다. 이에 그는 즉위 후 4대를 추봉했지만 성덕왕과 개성왕만 철거하고 조 흥평왕(興平王)과 부 명덕왕(明德王)을 부묘하였다.[66] 이처럼 2대만 부묘한 것은 앞서 불천지주가 된 무열왕과 문무왕을 그대로 두었기 때문이다.

하지만 왕계가 교체되고 원성왕의 후손이 왕위를 이어가면서 이들의 위상은 하락하지 않을 수 없었는데, 이것은 종묘제도에도 반영되었다. 원성왕은 장자 인겸(仁謙)을 태자로 삼았으나 일찍 죽었다. 다시 왕자 의영(義英)을 태자로 삼았으나 그마저도 2년 만에 죽자 인겸의 아들이 왕위를 이었다(소성왕). 소성왕은 즉위 후 인겸을 혜충대왕(惠忠大王)으로 추봉하였다.[67] 원성왕과 혜충왕이 부묘되면서 원성왕 때 부묘되었던 흥평왕과 명덕왕이 조천되었다.[68]

소성왕에 이어 애장왕이 즉위하면서 오묘 구성이 전면 개편되었다.[69] 소성왕 즉위 후 시조와 무열왕, 문무왕, 그리고 원성왕과 혜충왕이 들어간 상황에서 앞의 3대가 모두 불천지주이므로 소성왕을 부묘하면 원성왕이 나갈 상황이었다. 그러나 왕계의 출발인 원성왕을 조천할 수는 없었다.

---

66 『三國史記』권10, 新羅本紀10 元聖王 원년 2월
   이 조치는 즉위 직후에 이루어진 것으로, 선덕왕은 처음부터 부묘되지 않은 것으로 보인다.
67 『三國史記』권10, 新羅本紀10 昭聖王 원년 5월
68 애장왕대의 五廟에는 明德王이 들어있어 앞서 惠忠王이 부묘되지 않았다고 볼 여지도 있으나 소성왕이 추존한 생부를 부묘하지 않았을 가능성은 없다. 이는 후술하듯이 애장왕 때 무열왕과 문무왕을 別廟로 옮기면서 한꺼번에 두 자리가 생김으로써 대수에 맞춰 명덕왕이 다시 부묘된 결과로 보인다.
69 신라의 종묘제도 전반을 다룬 논고 외에 애장왕대 개편을 주요하게 다룬 논고로는 다음이 있다.
   채미하, 2008 「애장왕대 오묘제의 경정」 앞의 책
   최홍조, 2009 「신라 애장왕대의 정치개혁과 그 성격」 『韓國古代史研究』 54
   안주홍, 2020 「신라 애장왕대의 종묘개편과 천자 지향」 『嶺南學』 73
   박초롱, 2022 「신라 하대 왕실의 종묘제 운영과 그 여파」 『史林』 81

하대 왕실에서 원성왕의 특별한 위상은 그가 중흥주를 나타내는 열조(烈祖) 묘호를 가지고 있었던 것에서 확인된다.[70] 다만 애장왕대 개편 기사에는 그대로 '원성대왕'으로 나오는 것으로 보아 당시에 열조 묘호가 추상되지는 않은 것으로 보인다. 무열왕과 문무왕을 별묘(別廟)로 옮김으로써 자리에 여유가 생기면서 원성왕 조천이 논의될 필요가 없었기 때문이다. 다만 일차로 조천이 제기될 상황이었던 만큼 이 과정에서 불천의 명분이 확인되었을 것이다.[71]

애장왕대 종묘제도 개편의 핵심은 무열왕과 문무왕을 별묘로 옮기는 조치에 있었다. 두 국왕을 그대로 둔 상태에서 원성왕까지 불천지주로 삼으면 자리는 하나만 남는데, 이것으로는 종묘제도를 정상적으로 운영하기 어려웠다. 다만 이미 불천지주로 수립된 두 국왕을 갑자기 조천하는 것도 정치적 부담이 적지 않았다. 이에 기존 불천지주의 위상을 인정하면서도 현실적인 오묘 운영을 위한 방안으로 별묘를 채용한 것이다. 이로써 애장왕은 4대조를 온전히 부묘할 수 있었고,[72] 이를 통해 원성왕의 정통 계승자로서 자신의 정치적 명분을 보강할 수 있었다. 애장왕 또한 어린 나이에 즉위했기 때문에 그 정통성을 확증하는 작업이 필요했다는 점에서 당시 개편은 혜공왕대의 조치와 같은 속성을 가진다.

이처럼 무열왕과 문무왕의 별묘 이동은 불천지주라는 위상을 전면 파기할 수 없었기 때문이지만, 그렇다고 이들이 오묘에 있을 때와 같은 권위를 유지

---

70 원성왕의 烈祖 묘호는 『삼국사기』에는 보이지 않으나 최치원이 찬술한 「崇福寺碑」에서 확인된다(『譯註韓國古代金石文』 崇福寺碑 "金城之离 日觀之麓 有伽藍號崇福者 乃先朝嗣位之初載 奉爲烈祖元聖大王園陵追福之所修建也").

71 필자는 앞서 열조 묘호가 경문왕 때 추상되었을 것으로 보았다가(윤경진, 2015 「신라 景文王의 통합정책과 皇龍寺九層木塔의 改建: 9세기 三韓一統意識의 확립과 관련하여」 『韓國史學報』 61) 최근 애장왕대로 보는 모순이 있었다(윤경진, 2023 「『金庾信行錄』의 찬술 배경과 경위」 『東國史學』 77). 애장왕대 발생한 원성왕 조천 문제는 무열왕과 문무왕의 별묘 이동으로 처리되었고, 본격적인 조천 문제는 경문왕 때 발생하므로 열조 묘호도 경문왕 때 추상된 것으로 보는 것이 타당할 것으로 생각되어 바로잡는다. 이에 대해서는 6부 1장 참조.

72 『三國史記』 권10, 新羅本紀10 哀莊王 2년 2월, "謁始祖廟 別立太宗大王文武大王二廟 以始祖大王及王高祖明德大王曾祖元聖大王皇祖惠忠大王皇考昭聖大王爲五廟"

할 수는 없었다.[73] 이것은 물론 원성왕 즉위부터 이미 전망된 것이었다.

이러한 분위기에서 김유신계의 동향이 주목된다. 김유신의 누이가 무열왕비가 되었고 그 소생이 문무왕인 만큼 그의 정치적 비중은 각별하였다. 그러나 이것이 후손에게 안정적으로 이어진 것은 아니었다.[74] 그나마 아들들에게는 부친의 후광이 작용했겠지만, 김유신 사후 그 영향력은 줄어들 수밖에 없었다. 그리고 손자대에는 벌써 정치적으로 소외되는 흐름이 나타나고 있었다.

적손(嫡孫) 윤중은 성덕왕 때 대아찬에 이르렀는데, 중추절 달구경에서 성덕왕이 그를 부르자 측근이 "소원(疏遠)한 신하"까지 부를 이유가 있냐고 만류하였다. 이에 성덕왕은 그의 조부인 김유신의 공으로 나라가 안정을 누리고 있다며 그를 불렀다고 한다.[75]

이 내용은 김유신 덕에 신라가 번영을 누리고 있음을 내세우는 것이지만, 이러한 일화가 제시된 것이나 그 과정에서 윤중을 "소원한 신하"로 표현한 것은 실제로 김유신의 후손이 정치적으로 소외되고 있었음을 반영한다.[76]

한편 열전에서 윤중에 대해 '적손'이라는 표현을 쓴 것이 눈길을 끈다. 김암에 대해서는 윤중의 '서손(庶孫)'으로 적고 있어 적서(嫡庶)의 구분의식이 나타난다. 이는 김유신의 아들들에게도 적용되는데 삼광(三光) 이하 5남 4녀는 지소(智炤)의 소생으로 되어 있고, 서자(庶子) 군승(軍勝)을 따로 언급하였다. 따라

---

73 오묘에 별묘 2실을 둔 것에 대해 天子七廟의 관념으로 이해하기도 하지만 별묘 2실은 기본적으로 오묘를 유지하는 방편이라는 점에서 동의하기 어렵다. 또한 별묘는 명분적으로 권위 유지를 위해 만든 것이지만 결과적으로 권위 하락을 유도할 수밖에 없는 이중성을 가진다. 통상 전자에 무게를 두고 보지만 후자의 측면 또한 분명히 존재한다. 이 부분에서 이견이 있지만 굳이 어느 한쪽을 규정적으로 평가할 필요는 없다고 본다.

74 일찍이 김유신 사후 그 가문이 정치·사회적으로 소외되었다는 지적이 있었다(이기백, 1987 앞의 논문, 99-101쪽).

75 『三國史記』 권43, 列傳3 金庾信 下

76 윤중의 일화는 김유신 가문의 쇠퇴를 반영하는 것으로 보는 것이 일반적이지만, 윤중을 성덕왕과 밀착된 핵심 인물로 보는 견해도 있다(조범환, 2007 앞의 논문, 65-57쪽). 그러나 이 일화는 김유신의 공업을 통해 정치적 소원을 반박하는 취지를 가진다. 실제 지위 하락이 진행된 것이 아니라면 '소원'을 모티브로 하는 일화가 나올 이유가 없다.

서 삼광 등이 적자가 되는데, 이는 물론 조선시대와 같은 처첩(妻妾) 개념에 따른 것으로 보기는 어렵다. 그보다는 가계의 정통성을 강조하고자 한 결과로 짐작된다.[77]

그런데 현실적으로 삼광 등은 지소의 소생이 될 수 없다. 지소는 무열왕의 3녀로서 무열왕 2년(655)에 김유신에게 하가(下嫁)한 것으로 되어 있다.[78] 김유신은 문무왕 13년(673)에 79세로 사망하므로 지소와 결혼할 때 나이는 이미 60세가 넘은 상태였다. 따라서 삼광 이하 자녀들은 김유신 본부인의 소생일 것이다. 지소는 소생이 없었을 가능성이 높은데, 김유신 사후 비구니가 된 것은 이를 뒷받침한다. 나이로 볼 때 지소는 무열왕의 측실(側室) 소생이며 정략결혼에 이용된 것으로 이해된다.

한편 신라본기에는 성덕왕 11년(712)에 김유신의 처를 부인(夫人)으로 봉작하고 매년 곡식 1천 석을 내려주도록 한 조치가 보인다.[79] 김유신열전에는 지소에게 남성(南城)의 조(租) 1천 석을 내려주도록 한 기사가 있는데, 두 기사는 같은 내용으로 파악된다.

지소가 이때 비로소 부인으로 봉작된 것은 김유신 사후에도 그에 대한 특별한 예우가 없었음을 시사한다. 지소의 상황을 볼 때, 김유신의 자손들 또한 정치적으로 소외되었을 소지가 농후하다. 성덕왕이 지소와 윤중에 보인 예우를 수록한 것은 이러한 소외 상황에 대한 반론의 의미를 가진다.

그리고 행록에서 김유신의 자녀들이 지소의 소생인 것처럼 변개한 것은 후손에 대한 예우의 정당성을 주장하기 위한 것으로 해석된다. 지소가 무열왕의 딸이라는 점을 내세우되 측실 소생인 점은 숨긴 것이다. 지소가 무열왕의 적실 소생이자 김유신의 본처이고 삼광 등이 지소의 소생이라면, 이들은 무열왕의

---

77 이는 윤중의 庶孫인 김암이 자신의 핸디캡을 선대의 적통을 내세워 보완하려는 의도를 담고 있다고 여겨진다.

78 『三國史記』 권5, 新羅本紀5 武烈王 2년 10월, "王女智照 下嫁大角湌庾信"

79 『三國史記』 권8, 新羅本紀8 聖德王 11년 8월, "封金庾信妻爲夫人 歲賜穀一千石"

외손이 되기 때문에 그만큼 후손들의 위상이 높아지는 효과를 얻을 수 있다.

한편 대수가 더 내려가 혜공왕대에 이르러 김유신 가문의 몰락은 더 가속되었다. 특히 김유신의 위세 자체가 삭감되는 상황이 나타났는데, 전술한 종묘제도 개편이 결정적이었다. 당시 조치는 무열왕과 문무왕을 묶어 7세기 전쟁의 주역으로 설정한 것으로서 문무왕의 부각에 상응하여 김유신의 비중 축소가 유도되었다. 가문의 위세가 하락하는 상황에서 이 조치는 김유신계의 정치적 도태를 전망하는 것이었다.

김유신계가 모반에 연루되는 것도 이러한 사정과 무관하지 않다. 『삼국유사』에 실린 취선사 연기설화를 보면, 경술년, 곧 혜공왕 6년(770)에 김유신의 후손들이 억울한 죽임을 당했다는 서술이 나온다.[80] 이것은 이 해에 발생한 김융의 난에 김유신 후손이 화를 입은 일을 말하는 것으로 파악된다.[81]

김유신 후손의 모반 연루는 정치적 불만이 그만큼 컸다는 의미로, 이전 시기의 정치적 위축을 시사한다. 그리고 모반의 실패는 김유신 가문에 더 큰 타격을 주었을 것이다. 이 점에서 김융의 난과 김유신계의 피화는 행록을 찬술하는 결정적 동기가 되었을 것으로 생각된다. 행록의 내용이 결국 중대 왕실에 대한 항변의 성격을 가지는 데서 이러한 배경과 동기를 유추할 수 있다.

취선사 연기설화에서 김유신이 자신의 공업을 보시(輔時)·구난(救難)·광합(匡合)으로 열거한 뒤 후손이 '죄 없이' 화를 입은 것을 지적하고, "군신이 나의 공렬을 생각하지 않는다[君臣不念我之功烈]"라고 분노한 것은 결국 김유신계가 무열왕계에게 전하는 말이다. 행록의 찬술은 김유신계가 가문의 몰락에 대응하여 위세의 근거인 김유신의 공업을 내세움으로써 반전을 꾀한 작업인 것이다.

이러한 상황에서 무열왕계의 단절과 원성왕계의 수립은 김유신계에게는

---

80 『三國史記』 권1, 紀異 未鄒王 竹葉軍, "往者庚戌年 臣之子孫無罪被誅 君臣不念我之功烈"

81 李基白, 1958 「新羅 惠恭王代의 政治的 變革」『社會科學』 2 ; 1974 『新羅政治社會研究』, 一潮閣, 232쪽

기회가 되었다. 일견 무열왕과 김유신의 관계를 볼 때 무열왕계의 단절이 김유신계의 위기로 해석될 수도 있지만, 이미 혜공왕대에 큰 타격을 받은 상황을 생각하면 왕계의 교체는 오히려 무너진 가문의 위세를 만회할 기회였을 것이다.[82]

원성왕계 또한 새 왕계의 위상을 높이기 위해 기존 무열왕계의 권위를 삭감할 필요가 있었다. 이 부분에서 무열왕계에게 배제된 김유신계를 끌어들이는 것은 효과적인 방안이었다. 특히 '양국평정'의 주역을 무열왕과 문무왕에서 김유신으로 바꿈으로써 무열왕계의 권위를 떨어뜨릴 수 있었다.

무열왕의 공업이 김유신을 얻어 이루어졌고 함께 정사를 폈다고 서술한 태종 시호 기사는 그러한 맥락을 잘 보여준다. 김유신의 공업은 무열왕과의 관계가 전제되므로 무열왕의 권위는 일정하게 유지될 수 있지만, 한편으로 해당 공업이 온전히 국왕의 것이 아니라 신하와 함께 이룬 것이라면 그만큼 무게가 줄어들게 된다. 그리고 무열왕과 하나의 공업을 형성하던 문무왕의 권위는 무력화될 수밖에 없다. 이것은 원성왕계의 정치적 필요에 부합하는 것이었다.

결과적으로 행록은 하대 왕실의 정치적 필요에 자료적 기반을 제공하였고, 이것이 적극 수용되면서 김유신의 위상이 현창되었다. 그 귀결이 바로 김유신을 흥무대왕으로 추봉한 것이다. 이것은 무열왕과 문무왕의 공업을 김유신으로 돌리는 확정적 조치로서 김유신을 정치적으로 활용하는 하대 왕실의 의도를 잘 보여준다.

그리고 이것은 7세기 전쟁에 대한 또다른 인식 변화를 추동하였다. 당시 전쟁이 '양국평정'에 국한되면 이는 언제든지 당시 국왕인 무열왕과 문무왕의 공업으로 환원될 수 있었다. 그런데 그 공업을 김유신의 것으로 돌리

---

82 취선사 연기설화의 모티브가 된 功德寶 설치는 김유신 위상의 폄강이 모반 가담으로 이어졌다는 인식에 따라 점점 불안해지는 왕권을 보완하기 위해 취한 유화책으로 이해된다. 그러나 곧이어 혜공왕이 피살되었고, 김유신계의 수용은 하대 왕실에 의해 이루어졌다.

고 전쟁의 결과에 체제적 의미를 부여하면 두 국왕의 공업은 상대적으로 희석된다. 이를 통해 '양국평정'이 '일통삼국'으로 확장되었고, 여기에 삼한의 정체성이 더해지면서 삼한일통의식이 출현하였다. 이에 수반하여 김유신은 '삼국통일'의 주역으로 평가되는 준거를 확보하였다. 이 점에서 행록의 찬술은 9세기 삼한일통의식이 출현하는 출발점으로 평가할 수 있다.

2장_『김유신행록』의 서사 구성과 지향

『김유신행록』(이하 '행록'으로 약칭함)은 현전하지 않아 그 내용을 알 수 없다. 그런데 『삼국사기』 김유신열전이 행록을 취사하여 구성한 것이어서 이를 통해 그 내용에 접근할 수 있다. 일부 기사는 행록 편찬 이후의 자료에서 가져온 것으로 판단되지만,[1] 이는 극히 일부이다.[2] 아울러 본기나 다른 인물의 열전, 지(志) 등에도 행록에서 가져온 것으로 짐작되는 기사들이 있어 『삼국사기』 편찬에 행록이 폭넓게 채용되었음을 알 수 있다. 그리고 『삼국유사』에도 역시 행록을 원전으로 하는 기사가 추출된다.

그런데 행록에 대해 열전 찬자는 꾸며낸 이야기가 많다고 지적하였고, 실제 열전에는 허구가 분명한 서사들이 다수 실려 있다. 그리고 다른 사람의 사적을 가져와 김유신 중심으로 재구성한 것도 확인된다. 이는 해당 사적이 가공된 허구이거나 실제 상황을 과장·윤색한 것일 가능성을 보여준다. 태종 시호 기사가 그러한 요소를 보여주는 대표적인 사례이지만, 이는 김유신 관련 서사 전반에서 나타나는 현상이다.

김유신 사적은 7세기 전쟁 상황을 담고 있어 당시 역사를 이해하는 기초

---

1   김유신 헌의는 내용상 고려에서 생성된 것일 가능성이 높다(본서 3부 2장 참조).
2   김유신 관련 기사 중 행록이 편찬되는 원성왕대 이후의 것은 흥덕왕대 흥무대왕 추봉 기사뿐이다. 이는 김유신열전 대부분이 행록에서 가져온 것임을 시사한다.

자료가 된다. 이에 그의 서사는 7세기 전쟁을 '삼국통일'로 평가하는 것과 연동하여 이해되고 있다. 하지만 그 내용이 가공과 변형을 내포하고 있다면 이를 사료로 이용하는 데 엄정한 비판과 검증이 필수적이다. 아울러 가공과 변형이 결국 7세기 전쟁을 김유신 중심으로 바라보는 후대의 시각을 담고 있다는 점에서 이에 대한 검토는 후대의 역사인식을 파악하는 작업도 된다.

열전에 실린 김유신 서사의 구성 방식은 크게 세 가지로 나누어볼 수 있다. 첫째, 다른 사람의 사적을 차용하여 만든 경우이다. 사적의 주인공을 김유신으로 바꾸거나 김유신을 끼워 넣어 비중을 늘리는 식이다. 본래의 주인공은 드러나지 않지만 특정 상황을 김유신 중심으로 꾸미는 경우도 여기에 포함할 수 있다.

둘째, 다른 사람을 통해 그의 공업이나 평가를 유도하는 경우이다. 이는 다시 신라 국왕과 중국 황제, 그리고 가족과 주변 인물로 나누어진다. 이는 특히 김유신의 활동이 미약했던 문무왕대 이후에 두드러진다.

셋째, 김유신의 신이성(神異性)을 과시하는 서사이다. 허구의 속성이 분명히 드러나지만 서사를 구성하는 과정에서 해당 시기의 사적을 모티브로 활용하거나 구성 당시의 인식을 투영하는 측면에서 나름의 역사성을 추출할 수 있다.

아래에서는 이러한 유형별로 주요 서사를 분석하여 행록 편찬의 의도와 이후 이것이 삼한일통의식의 출현에 미친 영향 등을 가늠해 보기로 한다.

1. 김유신 중심의 사적 재구성

1) 김춘추 사적과 김유신

먼저 다른 사람의 사적을 이용한 사례부터 살펴보자. 이 유형에서 가장 눈에 띄는 것은 김춘추의 사적에 김유신이 개입되는 경우이다. 둘은 결혼으로 맺어진 정치적 파트너이므로 이는 일견 당연한 부분이지만, 본래 김춘추를 중심으로 만들어진 서사가 김유신 중심으로 바뀌는 양상이 발견된다. 이 유형의 사례를 추출하여 차례로 살펴보자.

(1) 김춘추의 대고구려 청병

선덕여왕 11년(642) 백제의 대야성 함락으로 위기를 맞은 신라는 고구려로부터 원병을 얻어 백제에 보복하고자 하였다. 김춘추가 사신으로 갔으나 성과를 얻지 못하였다. 이 사적은 신라본기와 열전에 모두 수록되어 있는데, 두 기사는 사적의 실질적인 주인공이 다르고 그에 수반된 서사의 맥락도 다르다.

먼저 신라본기 기사의 대략을 정리하면 다음과 같다.

> 왕이 백제를 정벌하여 대야의 역을 보복하고자 김춘추를 고구려에 보내 청병하였다. 앞서 대야성에서 딸이 죽었다는 소식을 들은 김춘추는 "대장부가 어찌 백제를 병탄할 수 없단 말인가"라며 고구려 군대를 얻어 백제에 원수를 갚고자 하였다. 고구려 보장왕은 출병의 대가로 죽령 서북의 땅을 요구했으나 김춘추가 거부하자 별관에 가두었다. 김춘추가 몰래 사람을 보내 알리자 왕은 김유신에게 구하러 가게 하였다. 군대가 한강을 건너 경내로 진입하자 고구려는 김춘추를 돌려보냈다.[3]

위에서 김춘추는 대야주군주(大耶州軍主)였던 사위 품석(品釋)과 딸이 죽자 그 보복으로 '백제의 병탄'을 천명하며 청병에 나섰다.[4] 이 서사는 명백히 김

---

3 『三國史記』 권5, 新羅本紀5 善德王 11년
4 당시 신라가 백제에 대한 보복으로 병탄까지 도모했다고 보기는 어렵다. 이는 김춘추가 즉위 후 백제를 공멸한 것을 준거로 사적을 그의 포부로 소급한 것이다. 여기서 서사의 주인공이 김춘추임이 분명하게 드러난다.

춘추를 주인공으로 하며, 그가 즉위 후 이룬 백제 공멸이 핵심 모티브이다. 이는 "대장부가 어찌 백제를 병탄할 수 없단 말인가[大丈夫豈不能呑百濟乎]"라고 한 것에서 단적으로 드러난다. 이는 신라의 백제병합이라는 역사적 상황을 준거로 무열왕의 공업 실현 과정을 제시한 것이다. 반면 김유신은 억류된 김춘추를 구하기 위해 왕명을 받아 출정할 뿐, 당시 상황과 관련하여 별다른 서사를 보이지 않는다.

한편 열전 기사는 몇 가지 점에서 이와 차이를 보인다. 우선 열전에는 신라본기에 보이지 않는 두 사람의 대화가 실려 있다. 김춘추는 "나와 그대는 동체(同體)이고 나라의 고굉(股肱)인데 지금 내가 가서 해를 입는다면 그대는 무심할 수 있는가"라고 물었다.

이 서사는 김춘추의 말을 매개로 김유신을 그와 대등한 위치에 놓고 있다. 김춘추가 두 사람의 관계를 '동체'로 표현한 것에서 그 의미가 단적으로 나타나는데, 자신이 해를 입었을 때 무심할 수 있겠냐고 말한 것도 '동체'라는 전제에서 나오는 표현이다. 함께 나라의 고굉이라고 한 것이나 뒤에 삽혈(歃血)로 맹서한 것 또한 그러한 속성을 내포한다.

김춘추의 질문에 김유신은 다음과 같이 말한 것으로 되어 있다.

> 공이 만약 가서 돌아오지 않는다면 나의 말발굽이 반드시 고구려·백제 두 왕의
> 뜰을 짓밟을 것이다. 만약 이같이 하지 않는다면 장차 무슨 면목으로 나라 사람
> 들을 보겠는가.[5]

위에서 주목할 부분은 김유신이 "고구려와 백제 두 왕의 뜰을 짓밟겠다"라고 한 부분이다. 김춘추가 돌아오지 않는다면 그에 대한 보복을 말할 수 있

---

5   『三國史記』권41, 列傳1 金庾信 上, "公若往而不還 則僕之馬跡 必踐於麗濟兩王之庭 苟不如此 將何面目以見國人乎"

다. 하지만 김유신은 백제까지 묶어 말함으로써 '보복'의 차원을 넘어 '양국 평정'이라는 궁극적인 목표를 피력하고 있다.

이미 전쟁 중이던 백제와 더불어 김춘추의 청병 사적을 이용하여 고구려 평정의 명분 내지 당위를 유도한 것이다. 그리고 이것은 김춘추의 질문에 대한 답으로 나오지만 내용은 그의 의지와 목표로 수립되어 있다. "그렇게 하지 않는다면 장차 무슨 면목으로 나라 사람들을 보겠는가"라고 말한 것은 이를 뒷받침한다. 그리고 후술하듯이 그가 17세에 입산하는 배경으로 영토를 침범하는 고구려·백제·말갈의 평정을 천명한 것과도 연결된다. 이러한 서사는 김유신이 양국을 평정했다는 평가를 토대로 그 지향을 미리 제시한 것이다.

유의할 점은 백제를 병탄하겠다는 김춘추의 맹서가 열전에는 나오지 않는다는 사실이다. 김춘추가 주인공이 되는 가장 중요한 서사가 빠진 것이다. 대신 김춘추의 질문에 대한 김유신의 대답이 실려 있다. 이러한 대체 관계는 서사의 중심이 김춘추에서 김유신으로 바뀐 것을 보여주며, 청병을 통해 피력되는 공업의 내용도 '백제병합'에서 '양국평정'으로 바뀌었다.

다음에 김춘추가 귀환하는 맥락도 다르다. 신라본기에 따르면 김춘추는 구금 사실을 알린 뒤 왕명으로 김유신이 출정하면서 방환되었다. 왕의 조치는 사신 구금에 대한 통상적인 대응으로서 김유신의 차별적인 역할은 유도되지 않는다.

그런데 열전을 보면 김춘추가 뇌물을 써서 귀토지설(龜兎之說)의 아이디어를 얻어 방환의 명분을 얻어낸 것과 더불어 김유신의 역할이 강조되고 있다. 그는 약속한 기일이 지나자 "나라의 어진 재상이 타국에 잡혀있으나 어려움을 무릅쓰지 않을 것인가"라며 왕에게 출병을 청하였고, 첩자를 통해 이 소식을 들은 고구려왕은 앞서 들은 김춘추의 맹사(盟辭)를 의식하여 그를 돌려보낸 것으로 되어 있다. 맹사는 두 사람이 삽혈로 맹서한 내용으로, 김춘추가 기한 내에 돌아오지 않으면 김유신이 응징에 나선다는 약속을 확인한 것이다. 첩자에게 들은 소식은 실제 김유신이 출정한다는 것이다. 결국 김춘추

방환은 김유신을 의식한 결과가 된다.

이러한 차이는 원전이 달랐던 데서 발생한 것이다. 열전 기사 뒤에는 다음과 같은 내용이 덧붙여져 있다.

이것은 본기의 진평왕 12년 기사 내용과 하나의 일인데 조금 차이가 있다. 모두 고기에 전하는 것이므로 둘 다 남겨둔다.[6]

위에서 찬자는 김춘추의 청병 사적에 대해 두 고기(古記)의 기사를 아울러 수록함을 밝히고 있다. 열전의 경우 그 저본이 행록으로 파악되며, 신라본기 기사는 『구삼국사』의 것을 채록한 것으로 보고 있다.[7]

결국 이 사적의 당초 원전은 백제병합이라는 무열왕의 공업을 놓고 즉위 전 그의 활동을 선양한 자료이다. 이 서사가 『구삼국사』를 거쳐 『삼국사기』 신라본기에 채록된 것이다. 반면 열전 기사는 김유신의 '양국평정'을 예고하는 한편 김춘추의 귀환에도 그가 결정적 역할을 했음을 강조하는 맥락으로 해당 서사가 재구성된 것이다. 이는 그 출전으로 파악되는 행록에서 당시 신라 사회에 유포되어 있던 김춘추 서사를 가져와 김유신의 위상과 공업을 내세우는 내용으로 변개한 것이다.

(2) 비담의 난

선덕여왕 16년(647) 비담(毗曇)은 "여왕은 나라를 잘 다스릴 수 없다"라며 거병하여 폐위를 도모했다가 진압되었다. 신라본기에는 정월 거병한 기사와 같은 달 17일 주살된 기사만 나오지만, 열전에는 난을 진압하는 과정이 자세

---

6   『三國史記』 권42, 列傳2 金庾信 中, "此與本記眞平王十二年所書 一事而小異 以皆古記所傳 故兩存之"

7   김석형, 1981 「『구삼국사』와 『삼국사기』」 『력사과학』 1981-4, 5쪽
     진평왕 12년은 선덕여왕 11년의 잘못인데, 왜 이런 오류가 발생했는지는 분명치 않다.

히 실려 있다.

이 가운데 성변(星變)에 관한 내용이 주목된다. 반란군은 명활성에, 정부군은 월성에 주둔하며 대치한 상황에서 큰 별이 월성에 떨어지자 비담은 "별이 떨어진 자리에는 반드시 피가 흐르니 여왕이 패배할 징조"라며 기세를 올렸다. 왕이 두려워하자 김유신은 길흉은 사람에 달린 것이라며 "주왕(紂王)은 적작(赤雀)에도 망했고, 노(魯)는 기린을 얻고도 쇠약해졌으며, 고종(高宗)은 꿩이 울었음에도 흥하고, 정공(鄭公)은 용이 싸웠음에도 번창하였다"라고 말하면서 성변을 두려워할 이유가 없다고 하였다. 그리고 다음 날 별이 도로 하늘로 올라갔다는 말을 퍼뜨리고, 별이 떨어진 곳에 백마를 제물로 제사를 지내며 축문을 통해 난신적자(亂臣賊子)의 토벌을 천명하였다. 그리고 장수들을 거느리고 반란을 진압하였다.

여기서 그가 다수의 중국 고사를 인용한 점이 눈에 띈다. 이들은 『춘추(春秋)』와 『사기(史記)』 등에 보이는 것들이다. 당시 신라가 중국 고전에 등장하는 이러한 사적들에 대해 해석을 내리는 수준의 이해를 갖추었다고 보기 어렵다. 중국 유학승이나 초기 문장가에게서 기대할 수 있는 식견도 아니다.[8] 이는 신라에서 중국 역사에 대한 이해가 축적되거나 장기간 중국에 머문 사람이 해당 분야에 대한 지식을 갖춘 상황에서나 나올 수 있다. 곧 행록 찬자가 중국사에 대한 지식을 이용하여 김유신의 사적을 꾸민 것이다.

이와 함께 별이 도로 하늘로 올라갔다는 말을 퍼뜨린 것은 그의 지혜를, 별이 떨어진 곳에서 백마를 잡아 제사를 지낸 것은 주술적 능력을 표상한다. 그리고 축문에서 난신적자 토벌을 천명한 것은 유교적 명분론을 담고 있다. 이러한 서사는 후대에 다양한 층위에서 그의 사적을 꾸민 결과이다.

신라본기 기사를 볼 때, 그가 실제 난의 진압에 주도적인 역할을 한 것이라고 단정할 수 없다. 그가 무장인 만큼 난을 진압하는 정부군의 한 축을 담

---

8 신라 중고기 유학 이해 문제에 대해서는 본서 3부 2장 참조.

당했을 수도 있지만 서사의 핵심은 무장으로서 역량이 아니라 왕을 안정시키고 토벌의 명분을 제공하는 식견과 더불어 난의 진압에 동원되는 지혜와 주술적 능력 등을 과시하는 데 있다. 이는 의도적으로 그를 반란 진압의 주역으로 놓고 서사를 꾸몄음을 보여주는데, 이는 후술하듯이 그를 무열왕 즉위의 일등 공신으로 묘사한 서사와도 연결된다.

(3) 김춘추의 대당 청병

열전에는 진덕여왕 2년(648) 김춘추가 고구려에서 원병을 얻지 못하자 당으로 가서 군대를 청한 기사가 있다. 이때 당 태종은 김춘추에게 신라 김유신의 이름을 들었다며 그 사람됨을 물었다. 김춘추는 유신이 재지(才智)는 있으나 천자의 위세에 힘입지 않으면 이웃의 근심을 쉽게 제거할 수 없을 것이라고 답하였다. 태종은 군자(君子)의 나라라며 원병을 허락하고, 소정방에게 20만의 군대로 백제를 치도록 하였다고 한다.[9]

김춘추의 청병 기사는 신라본기에도 보인다. 당시 당에 간 김춘추는 태종이 연견(燕見)한 자리에서 소회를 묻자 백제의 침탈을 말하며 조공의 유지를 위해 군사 지원이 필요하다고 역설하였고, 태종이 출사(出師)를 허락한 것으로 되어 있다.[10] 열전 기사는 이 사적을 바탕으로 김유신을 끼워 넣어 재구성한 것으로 보인다.

이 과정에서 태종의 질문에 김춘추는 김유신의 능력을 인정하면서도 당에 대한 사대의 취지를 담아 말하였고, 태종은 그러한 겸양을 칭찬하였다. 이것을 뒤집어 생각하면 이들의 대화는 김유신이 백제 평정의 주역이며 당의 원

---

9 『三國史記』 권41, 列傳1 金庾信 上, "眞德王大和元年戊申 春秋以不得請於高句麗 遂入唐乞師 太宗皇帝曰 聞爾國庾信之名 其爲人也如何 對曰 庾信雖少有才智 若不籍天威 豈易除鄰患 帝曰 誠君子之國也 乃詔許 勅將軍蘇定方 以師二十萬 徂征百濟"

10 『三國史記』 권5, 新羅本紀5 眞德王 2년, "百濟强猾 屢肆侵凌 況往年大擧深入 攻陷數十城 以塞朝宗之路 若陛下不借天兵翦除凶惡 則敝邑人民盡爲所虜 則梯航述職無復望矣 太宗深然之 許以出師"

병은 보조적인 역할이라는 취지가 드러난다. 김춘추가 당의 지원이 없으면 "쉽게 제거하지 못할 것"이라고 말한 것에서 그러한 시각이 읽힌다. 이것은 태종의 출병 허락이 김유신에 대한 평가를 바탕으로 했음을 과시하려는 의도를 반영한다.

후속 기사를 보면 김춘추가 20만의 군대를 얻어 돌아왔는데, 김유신은 이미 백제와 대전을 벌여 20성을 함락하고 3만여 명을 참획했다는 전과를 과시하고, 품석 부부의 유골을 송환해 왔음도 말하였다. 그는 이것이 천행(天幸)일 뿐 자신의 힘은 아니라고 했지만, 이 서사는 결국 김유신의 공업을 전면화한 것이다.[11]

주목할 점은 20성 함락과 유골 송환을 내세운 부분이다. 이것은 대야성 함락 이후 신라가 백제에 대한 '보복'을 도모하던 사정과 연결할 때, 그 목적이 어느 정도 실현되었다는 의미를 내포한다.[12] 신라본기에서 김춘추가 보복의 내용으로 백제 병탄을 천명했지만, 이것은 대고구려 청병과 마찬가지로 무열왕의 공업을 소급한 것이다.

이러한 현실적 의미에 비추어 김유신의 성과는 대고구려 청병을 통해 도모했던 보복에 해당하며, 김춘추가 데려온 20만 당군은 관련 서사가 나타나지 않는 데서 드러나듯이 의미가 없어진다. 곧 실재하지 않은 당군 20만의 출병을 가공하면서 뒤에 김유신의 성과를 제시함으로써 당군의 활동은 말할 필요가 없어진 것이다. 결국 이 서사는 김춘추의 사행을 배경으로 김유신의 위신과 공업을 강조하는 취지로 만들어진 것이다.

---

11 『三國史記』 권41, 列傳1 金庾信 上, "春秋入唐 請得兵二十萬來 見庾信曰 死生有命 故得生還 復與公相見 何幸如焉 庾信對曰 下臣仗國威靈 再與百濟大戰 拔城二十 斬獲三萬餘人 又使品釋 公及其夫人之骨得反鄕里 此皆天幸所致也 吾何力焉"

12 대야성 함락 당시 신라는 백제에게 40여 성을 빼앗긴 것으로 되어 있고(『三國史記』 권5, 新羅本紀5 眞德王 11년 7월, "百濟王義慈大擧兵 攻取國西四十餘城"), 당에 간 김춘추의 발언에도 수십 성의 상실이 나온다. 결국 신라의 보복은 빼앗긴 성을 되찾는 것이 본령이며, 김유신의 20성 탈환은 보복이 어느 정도 실행된 것이 된다. 대야성 전역은 김춘추와 관련된 사안으로 부각된 것이며, 품석 부부의 유골 송환은 이 문제가 일단락되는 것을 의미한다.

(4) 무열왕의 즉위

진덕여왕이 후사 없이 죽은 뒤 김춘추가 왕위에 오르면서 중대 왕실이 시작되었다. 신라본기에는 군신(群臣)이 알천(閼川)에게 섭정을 요청했으나 그가 춘추에게 양보했다고 나와 있으며,[13] 이 기사에 김유신은 등장하지 않는다. 그런데 열전에는 당시 유신이 알천 등과 함께 김춘추를 옹립한 것으로 되어 있다.[14]

신라본기 기사는 알천의 양보를 통해 무열왕의 즉위 명분으로서 그의 자질을 내세운 형태이다. 현실적으로 김춘추의 즉위는 알천과의 경쟁에서 승리한 결과일 것인데 나중에 양보의 서사로 꾸민 것일 가능성이 높다. 그리고 경쟁 과정에 무장인 김유신의 역할이 있을 수도 있지만, 경위가 어떠했든 김춘추의 즉위는 그의 뛰어난 자질과 알천의 양보로 수식되었으므로 이것이 공식적인 명분이다.

열전 기사는 이를 김유신 중심으로 재구성하여 무열왕의 즉위가 김유신 덕이라는 취지를 드러내고 있다.[15] 이것은 무열왕계의 수립이 결국 김유신의 공로라는 의미도 된다.

한편 『삼국유사』에 알천 및 김유신과 연관된 일화가 보인다. 진덕여왕 때 알천·임종(林宗)·술종(述宗)·호림(虎林)·염장(廉長)·유신 등이 남산 울지암(亏知巖)에서 국사를 논의할 때 큰 호랑이가 나오자 알천이 태연히 격살했다는 내용이다. 그런데 기사 뒤에 "그러나 여러 공이 모두 유신의 위세에 감복하였다"[16]라는 내용이 덧붙여져 있다.

---

13 『三國史記』권5, 新羅本紀5 武烈王 總序, "及眞德薨 群臣請閼川伊飱攝政 閼川固讓曰 臣老矣 無德行可稱 今之德望崇重 莫若春秋公 實可謂濟世英傑矣 遂奉爲王 春秋三讓 不得已而就位"

14 『三國史記』권42, 列傳2 金庾信 中, "永徽五年 眞德大王薨 無嗣 庾信與宰相閼川伊飱謀 迎春秋伊飱卽位 是爲太宗大王"

15 앞서 무열왕의 즉위 과정에 대해 두 편목에 미묘한 차이가 있으며 이것이 원전의 차이로 인한 것일 수 있다는 지적이 있었다(주보돈, 2007 「김유신의 정치지향 : 연구의 활성화를 기대하며」 『新羅史學報』11, 9-10쪽).

16 『三國遺事』권1, 紀異 眞德王, "然諸公皆服庾信之威"

하지만 기사 중에 이러한 평가를 유도하는 내용은 보이지 않는다. 이 기사는 당초 알천에 대한 것으로서 그가 먼저 추대받게 된 역량을 담은 전승으로 이해된다. 그런데 여기에 김유신을 끼워 넣고 그의 우월한 역량을 말한 것이다. 기사 중에 춘추도 언급되지 않은 점에 비추어 유신이 국사 논의에 참여했다고 보기 어렵다. 유신이 가장 뒤에 열거된 것은 원래 명단에 없던 그를 덧붙인 결과로 짐작된다.[17] 이러한 변형은 알천을 누르고 춘추가 즉위하는 데 김유신의 위력이 작용했음을 과시하기 위한 것이다.

2) '양국평정'의 공업과 김유신

김유신은 김춘추의 주요 사적에 개입하면서 실질적인 주인공으로 부각되었다. 이는 무열왕의 공업을 김유신의 것으로 가져오는 역할을 하고 있다. 국왕인 김춘추의 역할보다 김유신의 공훈을 전면에 내세우는 경향이 보인다.

또한 무열왕의 공업은 문무왕과 연계되며 '양국평정'으로 확대되었는데, 이에 상응하여 김유신 사적도 '양국평정'을 유도하는 방향으로 구성되었다. 무열왕은 백제 공멸 후 사망했기 때문에 고구려 공멸과는 관련이 없다. 하지만 문무왕과 연계되면서 '양국평정'의 공업에 포괄되었다. 김유신 또한 고구려 공멸 때에는 연로하여 실질적인 역할을 하지 못했지만 서사 구성을 통해 당시에도 주역이었던 것처럼 묘사되었다. 당연히 백제 공멸에서도 그가 주역으로 부각되었다.

---

17 기사 중에 김춘추가 보이지 않는 것에 의문이 든다. 김춘추가 진덕여왕의 최측근이었다고 보면, 당초 그가 명단에 있었으나 유신이 들어가면서 빠진 것일 수 있다. 諸公이 유신에게 감복하는 서사에서 왕이 되는 김춘추가 그 일원이 되기는 어렵기 때문이다. 그러나 이것이 본래 알천의 위력을 보여주는 서사였음을 감안하면, 춘추가 처음부터 명단에 들어 있지 않았을 가능성도 있다.

이러한 속성은 전술한 김춘추 사적에서 이미 보이지만, 이밖에도 비슷한 맥락을 가진 사례들이 여럿 발견된다. 이에 해당 사례들을 하나하나 살펴보기로 한다.

(1) 백제 정벌 계획

김유신은 압량주군주(押梁州軍主)로 재임할 때 민심을 떠본 뒤 일을 도모할 만하다며 백제를 정벌하여 대량주(大梁州: 대야성)의 역(役)을 보복할 것을 청하였다. 왕이 힘의 차이를 우려하자 김유신은 인심이 중요하다며 "주왕(紂王)은 억조의 인구를 가졌지만 마음과 덕이 이반하여 주(周)가 어진 신하 10명으로 마음과 덕을 함께한 것만 못했습니다"[18]라고 하여 허락을 얻었다. 은(殷)과 주(周)의 사적을 구사하는 것은 전술한 비담의 난 서사와 같은 양상이다.[19]

특히 이 기사는 김춘추가 당에 가서 원병을 얻어 돌아오는 기사에 연결되어 있다. 김유신이 민심을 언급하며 백제에 대한 보복을 말한 것은 궁극적으로 백제 공멸의 동력을 김춘추의 청병이 아니라 김유신의 준비에서 찾는 것이다.

비슷한 서사 구조를 무열왕 2년(655) 도비천성(刀比川城) 전투 기사에서 찾아볼 수 있다. 당시 김유신이 이 성을 공격하여 이겼다는 간단한 기사 다음에 다음 내용이 이어진다.

> 이때 백제의 군신은 사치하고 음탕하여 국사를 돌보지 않으니 백성이 원망하고 신이 노하여 재난과 괴변이 누차 나타났다. 김유신이 왕에게 고하기를, "백제가 무도하여 그 죄가 걸주보다 심하니 이는 진실로 하늘에 순응하고 백성을 위로하며 죄를 벌할 때입니다"라고 하였다.[20]

---

18 『三國史記』 권4, 列傳1 金庾信 上, "紂有億兆人 離心離德 1不如周家十亂 同心同德"

19 이 구문은 『書經』에 나오는 주 무왕의 말을 차용한 것이다(『書經』 周書 泰誓, "受有億兆夷人 離心離德 予有亂臣十人 同心同德 雖有周親 不如仁人").

20 『三國史記』 권42, 列傳2 金庾信 中, "是時 百濟君臣 奢泰淫逸 不恤國事 民怨神怒 災怪屢見 庾信告於王曰 百濟無道 其罪過於桀紂 此誠順天吊民伐罪之秋也"

이 서사를 앞에서 언급한 사적과 연결해 보면, 김유신이 지속적으로 백제 정벌을 추진하고 있었다는 맥락이 나타난다. 백제의 무도한 상황을 제시하고 이를 인지한 김유신이 무열왕 즉위 후에도 정벌 논의를 이끌어갔다는 것이다.[21]

한편 도비천성 전투는 당시 활약한 취도(驟徒)와 김흠운(金欽運)의 전기에도 보인다. 다만 지명이 조천성(助川城)으로 나오며, 여기에 김유신은 등장하지 않는다. 김유신열전 기사는 지명이 다르고 전황에 대한 언급도 없어 당시 전투를 매개로 김유신의 백제 정벌 의지와 주도적 역할을 보여주는 서사로 만들어졌음을 짐작할 수 있다.

(2) 백제 공멸

무열왕 7년(660) 소정방이 이끄는 당군이 덕물도(德勿島)에 이르자 남천주(南川州)에 주둔한 무열왕은 태자(문무왕)를 덕물도로 보내 기일을 정하였다. 이어 당군은 해로로, 신라는 육로로 이동하여 사비도성에서 합류하여 백제를 공멸하였다. 이 과정은 신라본기와 열전 모두에 보이는데, 내용에 차이가 있다.

신라본기에 따르면 태자가 병선을 이끌고 가서 소정방을 만났고, 소정방은 태자를 통해 신라의 병마를 징집하였다. 이에 무열왕이 김유신 등으로 하여금 5만 군사로 응하게 했는데, 당군은 해로로 이동하여 기벌포(伎伐浦)로 가고 신라군은 육로로 진격하였다.[22] 열전에는 김유신 등이 태자와 함께 배

---

21 기사 중 "백성을 위로한다"라는 표현은 백제 백성이 대상이라는 점에서 동질의식을 유추할 수 있어 보인다. 그러나 이 구문은 잘못된 정치로 백성이 원망하는 것에 조응하며, 백성의 원망은 신의 노여움, 백성 위로는 하늘에 순응하는 것과 각각 조합되고 있다. 곧 이 구문은 백성과 하늘(신)을 연결하는 일반적 관념이며, 백제 백성에 대한 구체적 인식으로 해석할 수 없다.

22 『三國史記』권5, 新羅本紀5 武烈王 7년 6월 21일, "王遣太子法敏 領兵船一百艘 迎定方於德物島 定方謂法敏曰 吾欲以七月十日至百濟 南與大王兵會 屠破義慈都城 (중략) 王喜不自勝 又命太子與大將軍庾信將軍品日欽春〈春或作純〉等 率精兵五萬 應之 王次今突城"

에 군대를 싣고 간 것으로 되어 있다.[23]

그런데 정황적으로 김유신과 신라군이 덕물도까지 따라갈 이유가 없다.[24] 덕물도로 가는 목적은 소정방과 기일을 정하는 것이고 그 책임은 태자에게 있다. 신라본기에 따르면 김유신의 출동은 태자를 만난 소정방이 신라군을 징집한 데 따른 것이다. 김유신의 군대가 덕물도까지 갔다가 다시 육로로 진주하는 것 또한 불합리하다. 이로 보아 열전 기사는 나당연합군의 작전 수립을 담당한 태자의 활동에 김유신을 끼워 넣고, 서사 전체를 그의 군사적 활동 중심으로 구성한 것으로 판단된다.

(3) (북)한산성 방어

무열왕 8년(661) 고구려와 말갈 연합군이 북한산성(北漢山城)을 수십 일 동안 포위 공격하였다. 그런데 갑자기 큰 별이 적의 진영에 떨어지고 뇌우가 치면서 적이 놀라 물러갔다.

당시 전투는 신라본기와 열전 모두에 보이는데, 열전에는 기사 뒤에 다음 내용이 덧붙여져 있다.

처음에 김유신이 적이 성을 포위했다는 소식을 듣고 말하기를, "인력은 이미 다 했으니 음조에 힘입어야 한다"라며 불사에 가서 단을 설치하고 기도하였다. 마침 천변이 있으니 모두 지성이 감응한 것이라 하였다.[25]

---

23 『三國史記』권42, 列傳2 金庾信 中, "王命太子與將君庾信眞珠天存等 以大船一百艘 載兵士會之"
24 당시 태자는 병선 100척을 이끌고 갔고, 열전에는 여기에 군대를 싣고 간 것으로 되어 있다. 그런데 이 배는 당군에게 보급 물자를 전하기 위한 것으로 파악된다(윤경진, 2021 「7세기 초 신라 당항성(党項城)의 위치 재론(再論) : '당성(唐城)'설 비판과 '한강(漢江)'설 제기」 『歷史와實學』 76, 26쪽).
25 『三國史記』권42, 列傳2 金庾信 中, "初 庾信聞賊圍城曰 人力既竭 陰助可資 詣佛寺設壇祈禱 會有天變 皆謂至誠所感也"

위 기사는 적이 포위를 풀게 되는 천변이 김유신의 기도 덕이라는 취지를 담고 있다. 그런데 신라본기 기사에는 김유신이 나오지 않는다. 기도를 통해 천변을 불러온 주체는 성주(城主) 동타천(冬陁川)이다. 적의 집요한 공격에 맞서 20여 일을 버텼으나 힘이 다하자 동타천이 "지성으로 하늘에 고하니[至誠告之]" 천변이 일어났다는 것이다. 이 공으로 동타천은 대사(大舍)에서 대내마(大奈麻)로 승급하였다.

전황과 천변 서술에서 두 기사는 큰 차이가 없다. 다만 신라본기에는 성을 포위한 고구려 장수 뇌음신(惱音信)과 말갈 장수 생해(生偕)가 등장하고, 동타천의 방어 활동이 구체적으로 서술되고 있다. 열전에서 김유신의 서사를 덧붙이는 형태로 정리한 것을 보면, 해당 기사가 김유신의 사적을 포함한 다른 자료를 참고했음을 짐작할 수 있다.

그런데 이 기사의 원전으로 보이는 기사가 『삼국유사』에 보인다. 백제 공멸 후 그 잔여 세력을 추포(追捕)하는 과정에서 신라군이 주둔한 성이 고구려와 말갈의 군대에 포위당하는 사정은 열전의 기사와 같다. 그런데 이들이 포위한 성이 북한산성이 아니라 한산성(漢山城)으로 되어 있다.

당시 고구려·말갈 연합군은 술천성(述川城: 여주)을 공격한 후 이동했다는 점에서 한산성이 타당할 듯하다. 신라본기 기사도 한산성을 북한산성으로 고쳐 이해한 것이다. 『삼국사기』의 북한산성 용례 중에는 한산성으로 보아야 하는 경우가 여럿 보이는데,[26] 이 경우도 그러한 변형의 하나로 판단된다.

한편 설화에서 김유신이 취한 행동의 내용과 맥락도 다소 다르다. 김유신은 포위 소식을 듣고 "일이 급한데 인력이 미치지 못하나 신술(神術)을 써야 한다"라고 말하고, 성부산(星浮山)에 단을 쌓고 신술을 펴니 방출된 빛이 한

---

26 헌덕왕대 반란을 일으킨 김범문이 고달산적과 합세하여 북한산주를 공격한 것으로 되어 있는데, 실제로는 한산주를 공격한 것이다(윤경진, 2022 「삼국-신라후기 한강 항로의 운용」 『歷史學報』 253, 24-26쪽). 이에 대해서는 5부 1장에서 다시 언급할 것이다.

산성으로 날아가 적을 격파하고 신라군을 구해냈다는 것이다.[27] 여기서 본래 이 설화가 김유신의 주술적 능력을 담고 있었음을 알 수 있다.

열전 기사에는 신라가 백제 잔여 세력을 토벌하는 틈을 타 고구려와 말갈이 성을 포위하는 것으로 되어 있는데, 이 내용은 신라본기 기사에는 없다. 그런데 『삼국유사』에는 해당 내용이 있어 열전 기사가 여기서 가져온 것임을 알 수 있다.[28]

그리고 설화는 김유신이 능동적으로 신술을 펼쳐 천변을 불러오는 구도인데, 열전 기사는 단을 마련한 곳을 성부산에서 불사(佛寺)로 바꾸고 천변도 직접 불러온 것에서 기도에 감응한 것이라는 평가로 대체하였다. 이는 열전에서 주술적 요소를 줄여 재정리한 것을 보여준다. 특히 천변 기사 뒤에 덧붙이는 형태로 정리함으로써 김유신의 역할을 우회적으로 드러내는 방식으로 손질하였다.

결국 당시 한산성 방어 사적에 대한 기록은 성주 동타천의 활동을 담은 것과 이를 가져와 김유신을 주인공으로 가공한 설화가 있었으며, 이 중 김유신 설화는 행록에 있던 것으로 짐작된다.[29] 열전은 이 설화를 채용하면서 신비적 내용을 수정하여 첨부하는 형태로 처리하였다.

---

27 『三國遺事』 권1, 紀異 太宗春秋公, "庾信馳奏曰 事急矣 人力不可及 唯神術可救 乃於星浮山設 壇修神術 忽有光耀如大瓮 從壇上而出 乃星飛而北去 (중략) 忽有光耀 從南天際來 成霹靂擊碎 砲石三十餘所 賊軍弓箭矛戟籌碎皆仆地 良久乃蘇 奔潰而歸 我軍乃還"

28 이 설화를 사실적 측면에서 접근하여 투석기 부대를 급파하여 대응한 것으로 설명하는 견해도 있다(이상훈, 2016 「661년 북한산성 전투와 김유신의 대응」 『국학연구』 31).

29 성부산 설화가 행록이 아닌 다른 자료에서 채록한 것이라고 보는 견해도 있으나(전덕재, 2020 「『삼국사기』 김유신열전의 원전과 그 성격」 『사학연구』 139, 13쪽, 주 8), 당초 동타천의 사적이 원형이고 열전 기사는 해당 사적에 김유신의 기도를 덧붙이는 형태로 되어 있어 행록 기사를 그대로 넣은 것이라고 보기 어렵다. 이 구성은 동타천의 사적과 성부산 설화를 함께 참고하며 편집한 것으로, 설화의 출전은 행록으로 보는 것이 타당하다. 이러한 사례는 『삼국유사』 수록 취선사 연기설화가 『삼국사기』 김유신열전에 축약 수록되는 것에서 유추된다. 신라본기에 실린 태종 시호 기사도 마찬가지이다.

(4) 옹산성 함락

문무왕 원년(661) 당이 고구려를 공격하면서 신라에 군대를 내도록 하였고, 이에 신라가 출병하였다. 이때 백제의 잔여 세력이 옹산성(甕山城: 瓮山城)에 주둔하며 길을 막자 투항을 설득했으나 따르지 않으므로 공파하였다.[30] 이 사적은 신라본기와 열전에 모두 보인다. 두 기사의 핵심적인 차이는 설득 주체이다. 신라본기에는 문무왕이 사신을 보내 설득한 것으로 되어 있으나,[31] 열전에는 김유신이 투항을 설득한 것으로 되어 있다.[32] 문무왕이 직접 출정했으므로 투항을 권유한 주체도 당연히 문무왕일 수밖에 없는데, 열전 기사는 문무왕을 제쳐두고 김유신을 주역으로 내세운 것이다.

전투의 성격도 차이를 보인다. 신라본기에 따르면 당의 요구에 문무왕은 김유신을 대장군으로 삼고 군단을 편성하여 출정하였다. 군대가 시이곡정(始飴谷停)에 이르렀을 때 백제 잔여 세력이 옹산성에서 길을 막아 나아갈 수 없게 되자 이를 함락하고 웅현성(熊峴城)을 쌓았다. 10월 29일에 사신이 오자 문무왕은 왕경으로 돌아왔고, 김유신 등은 대기하며 후명(後命)을 기다렸다. 이듬해 정월 문무왕은 김유신 등에게 평양으로 군량을 운반할 것을 지시하였다.

당시 상황은 문무왕 11년(671) 「답설인귀서(答薛仁貴書)」에도 보인다. 이에 따르면 출병과 함께 군량 운반을 지시받은 신라는 웅진도독부가 고립되었다는 전갈을 받았다. 먼저 평양으로 군량을 나르면 웅진의 길이 끊기고 유진(留鎭)하는 당군이 적의 수중에 들어갈 것이라는 판단에 따라[33] 총관 유덕민(劉

---

30 김병남, 2013 「백제 부흥전쟁기의 옹산성 전투와 그 의미」 『全北史學』 42
    이상훈, 2015 「백제부흥군의 옹산성 주둔과 신라군의 대응」 『歷史敎育論集』 57

31 『三國史記』 권6, 新羅本紀6 文武王 원년 8월, "大王領諸將 至始飴谷停留 □使來告曰 百濟殘
    賊 據甕山城遮路 不可前 大王先遣使諭之 不服"

32 『三國史記』 권42, 列傳2 金庾信 中, "文武大王率庾信 仁問文訓等 發大兵向高句麗 行次南川州
    鎭守劉仁願以所領兵 自泗沘泛船 至鞋浦下陸 亦營於南川州 時 有司報 前路有百濟殘賊 屯聚瓮
    山城遮路 不可直前 於是 庾信以兵進而圍城 使人近城下 與賊將語曰(후략)"

33 『三國史記』 권7, 新羅本紀7 文武王 11년 7월, "若先送平壤軍粮 即恐熊津道斷 熊津若其道斷
    留鎭漢兵即入賊手"

德敏)과 문무왕은 먼저 옹산성을 격파하고 웅진현(熊津峴)에 성을 쌓아 웅진으로 가는 길을 열었다. 그리고 먼저 웅진으로 양곡을 보내려다가 눈을 만나 실패하였고, 이듬해 정월 평양으로 군량을 수송하게 되었다.

그런데 열전 기사는 당시 전황을 고구려 원정 과정으로 서술하고 있다. 이에 따르면 신라군은 고구려를 향해 가다가 남천주(南川州)에 이르렀고 유인원도 사비에서 배를 타고 와서 역시 남천주에 주둔하였다. 이때 옹산성에서 길을 막고 있다는 보고가 올라와 전투가 벌어졌다. 이 경우 옹산성은 남천주에서 고구려 방면으로 가는 길목에 있는 것이므로 웅진 근처로 파악되는 「답설인귀서」의 전황과 전혀 다른 지역이 된다.

결국 옹산성 전투는 본래 신라가 고립된 웅진도독부를 구하기 위해 웅진으로 가는 길을 여는 과정에서 발생한 것이다. 신라는 고구려 출정에 앞서 웅진을 구하는 것이 더 시급하다고 보아 이쪽에서 작전을 펼쳤고,[34] 고구려 방면으로의 양곡 운반은 그 뒤에 재개된 작전이었다. 열전에서 옹산성 전투가 고구려 공격 과정에서 발생한 것으로 바뀐 것은 결국 기사의 주인공인 김유신의 고구려 관련 공업을 드러내기 위한 것으로 해석된다.

이상에서 김유신열전 기사 중 김유신을 주인공으로 내세워 가공한 사례들을 살펴보았다. 본래 사적은 다른 사람이 주인공이거나 김유신이 직접 관련이 없는데, 열전 기사는 주인공을 김유신으로 바꾸거나 그의 역할을 부각하는 형태로 가공하였다. 이러한 변형은 열전의 저본인 행록에서 이루어진 것이다. 행록이 신라본기와 같은 사적을 수록했는데 내용이 다르다는 것은 같은 원전을 바탕으로 서사를 재구성했음을 보여준다. 이 과정에서 김유신을

---

34 「답설인귀서」의 서술은 평양으로의 군량 수송이 지체된 것에 대한 변명의 성격을 띠고 있는데, 여기서 신라가 고구려 방면보다 백제 방면에 더 주력하고 있음을 엿볼 수 있다. 곧 신라는 웅진이 백제 잔적의 수중에 넘어가는 것을 막는 것이 급선무였던 것으로, 신라의 실질적인 전쟁 목적이 백제의 병합이었음을 보여준다. 고구려 공멸 후 신라가 포상자 명단을 전했을 때 당이 신라는 공이 없다고 한 것도 이러한 행보에 대한 의구심을 드러낸 것이다.

주인공으로 내세우는 변형이 발생하였다.

이것은 행록의 찬술 목적을 잘 보여준다. 무열왕의 즉위에 따른 중대 왕실의 수립과 혜공왕대 무열왕과 문무왕의 불천지주 지정을 통해 공표된 '양국 평정'의 공업이 모두 김유신 덕이라고 내세우려는 것이다.[35] 이것이 『삼국사기』에 실림으로써 김유신은 7세기 전쟁의 주역으로 평가를 받게 되었다.

2. 김유신 평가 사적의 가공

김유신 서사는 기본적으로 본인의 능동적 활동이나 발언을 통해 그 공업과 역할을 드러내고 있지만, 타인의 평가를 통해 제시되는 사례도 여럿 발견된다. 이것은 상위 권력인 신라 국왕 및 당 황제의 인정이 중심을 이루며, 이를 통해 확보된 권위는 가문의 위상을 내세우고 다른 사람을 평가하는 준거를 제공하였다.

신라 국왕은 김유신의 주 활동기이자 관계가 밀착된 무열왕과 문무왕 외에 후대 국왕인 성덕왕, 그리고 설화를 매개로 시조 미추왕도 동원되었다. 중국 황제는 당 태종과 고종, 그리고 현종의 사례가 보인다. 김유신이 평가의 기준을 제공하는 서사는 후손에 대한 것과 부하에 대한 것으로 나누어 볼 수 있다. 아래에서는 유형별로 관련 서사를 찾아 살펴보기로 한다.

---

35 양국을 평정하는 신라의 역량을 도덕적 관점에서 평가하는 내용이 주로 김유신을 통해 피력되고 있다는 점도 이것이 그의 공업을 부각하기 위해 가공된 것임을 보여준다.

1) 신라 국왕의 평가

(1) 문무왕의 평가
① 661년 고구려 원정
김유신이 가장 활발하게 활동한 것은 무열왕대이지만 그에 대한 평가는 문무왕대에 집중되어 있다.[36] 연로하여 활동이 크게 줄었던 시기에 그동안의 공업을 종합적으로 평가하는 서사를 구성한 것이다. 특히 무열왕의 아들인 문무왕의 평가는 후대 왕들에게 그 계승을 요구하는 의미도 있다.

전술한 바와 같이 문무왕 원년(661) 고구려 원정에서 김유신은 양곡 운반의 책임을 맡았다. 이에 문무왕은 "공의 공덕은 어느 날인들 잊을 수 있겠는가[公之功德 曷日可忘]"라고 하였다. 일차적으로 어려운 임무에 나선 것에 대한 고마움을 표한 것이지만, 한편으로 그동안 누적된 공업에 대한 종합적 평가를 반영한다.

② 고구려 공멸
문무왕 8년(668) 나당연합군은 평양을 함락하고 고구려를 멸망시켰다. 당시 김유신은 원정에 참여하지 않았음에도 그의 위상과 역할에 대한 서사가 만들어졌다. 출정에 앞서 김흠순(金欽純)은 김유신이 동행하지 않으면 후회가 있을까 우려된다며 그의 참여를 요청하였다. 이에 문무왕은 다음과 같이 말하였다.

---

36 전술한 바와 같이 열전에는 642년 김춘추가 고구려에 사신으로 갈 때 김유신에게 "그대와 나는 同體이며 나라의 股肱"이라고 말한 내용이 있다. '동체'는 혼인으로 맺어진 친분을 바탕으로 한 정치적 결합을 표상하며, '고굉'은 이 서사가 무열왕 즉위 전인 데 따른 것이지만 한편으로 국가적 차원에서 무열왕의 공업이 김유신과 함께 이룬 것임을 암시하고 있다. 이것은 무열왕의 즉위가 김유신에 힘입었다는 인식과 연결되는 것으로, 가문 위세의 준거를 제공한다.

공 등 세 신하는 나라의 보배이다. 만약 모두 적지로 갔다가 혹시라도 뜻하지 않은 일이 생겨 돌아오지 못한다면 나라는 어찌할 것인가. 그래서 유신을 남겨두어 나라를 지키게 하여 은연히 장성 같이 끝내 걱정이 없게 하려는 것이다.[37]

위에서 세 신하는 김유신과 김흠순, 김인문을 말한다. 이들을 나라의 명운이 걸린 보배로 칭했는데, 김유신을 남겨두는 것을 두고 그가 참전하지 않은 것을 합리화하는 한편 "가장 귀중한 보배"라는 평가를 유도하였다. 그리고 그를 장성(長城)에 비유하며 나라를 지키는 역할을 말한 것은 그가 사후 호국신(護國神)으로 묘사되는 서사와 연결되는데, 이에 대해서는 뒤에서 따로 설명할 것이다.

한편 한산주에 도착한 문무왕은 김유신의 조부 무력(武力)이 백제 명농왕(明穠王), 곧 성왕의 침구를 격퇴한 사적과 부친 서현(舒玄)이 양주총관(良州摠管)으로 있을 때 백제의 침공을 막아낸 사적을 언급한 데 이어, 김유신이 조고(祖考)의 사업을 이어 사직의 신하로서 출장입상(出將入相)한 공이 막대하다고 평가하였다. 그리고 "그의 가문에 힘입지 않았다면 나라의 흥망을 알 수 없었을 것[若不倚賴公之一門 國之興亡未可知也]"이라고 하였다.

이것은 김유신 개인을 넘어 '가문'에 대한 평가를 제시한 것이다. 앞서 김유신의 동행을 요청한 김흠순은 그의 동생이다. 형제를 함께 나라의 보배로 평가한 데 이어 조부와 부친의 업적까지 더함으로써 가문의 지대한 공헌을 부각한 것인데, 이는 후술할 김유신의 '가훈(家訓)'과 연결되어 그 후손에 대한 예우의 당위를 제공한다.

한편 문무왕은 그에게 태대서발한(太大舒發翰)의 직과 식읍 500호를 내리고 여장(輿杖)과 상전불추(上殿不趨)의 특전을 주었다. 그런데 신라본기에는

---

37 『三國史記』 권42, 列傳2 金庾信 中, "公等三臣 國之寶也 若摠向敵場 儻有不虞之事 而不得歸
則其如國何 故欲留庾信守國 則隱然若長城 終無憂矣"

고구려 공멸 후인 10월 12일 그에게 태대각간(太大角干)의 지위를 내린 것으로 되어 있다. 당시 김인문을 대각간으로 삼고 기타 이찬(伊飡) 장군을 모두 각간으로 삼으며, 소판(蘇判) 이하도 1급씩 지위를 올려주었다.[38] 이어 주요 전공자에 대한 포상도 열거되어 있다.

이로 보아 당시 조치는 전쟁 종료 후 그동안의 공로에 대한 종합적 포상이며 김유신의 승급도 그 일환이었다고 판단된다. 여장과 상전불추의 특전 또한 은퇴자에 대한 예우의 성격을 띤다. 그런데 열전에서는 이 내용을 평양 함락 전의 기사로 넣음으로써 이것이 김유신에 대한 특별한 예우인 것처럼 만들었다. 이 역시 원정에 참여하지 않은 김유신에게 '양국평정'의 공업을 유도하기 위한 장치이다.

③ 672년의 재변

문무왕 12년(672) 요성(妖星)이 출현하고 지진이 발생하는 등의 재변이 있었다.[39] 이에 김유신은 자신의 위험을 알리는 것이지 나라의 재앙은 아니라고 하였다. 하지만 문무왕은 그것이 더 우려되는 일이라며 기양(祈禳)을 명하였다. 문무왕의 조치는 결국 김유신의 재앙이 국가의 재앙이라는 인식을 드러낸 것이다. 이것은 그를 "나라의 보배"로 칭하며 만약의 위험을 피하기 위해 전쟁에 참여시키지 않았다는 서사와 맥을 같이 한다.

당시 전쟁은 무열왕대에 시작되어 문무왕대까지 이어졌기 때문에 그 공업은 전쟁을 마무리한 문무왕에게 귀결된다. 그런데 열전에서는 문무왕을 통해 김유신의 공업을 확증함으로써 김유신을 그 중심에 놓았다. 이러한 서사는 문무왕의 공업을 김유신이 가져오는 구도이다. 나아가 실질적인 활동이

---

38 『三國史記』권6, 新羅本紀6 文武王 8년 10월 22일, "賜庾信位太大角干 仁問大角干 已外伊飡 將軍等 並爲角干 蘇判已下 並增位一級"

39 신라본기에는 동년 7월 혜성의 출현 기사가 보인다(『三國史記』권7, 新羅本紀7 文武王 12년 9월, "彗星七出北方").

없던 시기에 문무왕의 평가를 계속 제시함으로써 마치 김유신이 7세기 전쟁 전반에 걸쳐 중심이 되었던 것처럼 만들었다.

(2) 성덕왕의 평가

① 지소부인 봉작

열전에는 김유신의 부인 지소(智炤: 智照)가 김유신 사후 비구니가 되었고, 왕은 그에게 남성(南城)의 조(租)를 매년 1천 석 주도록 했다는 기사가 있다. 한편 신라본기에는 성덕왕 때 김유신의 처를 부인(夫人)으로 봉작하고 1천석을 내려주도록 한 기사가 있는데,[40] 양자는 같은 내용으로 파악된다.

당시 성덕왕은 "지금 중외가 평안하고 군신이 편히 지내며 걱정이 없는 것은 태대각간이 내려준 것"이라면서 아울러 내조한 공도 크다고 하였다. 이는 해당 조치가 김유신의 공업에 대한 보답임을 표방한 것이다.

그런데 이 해는 김유신이 사망한 지 39년이나 지난 시점으로, 이때 새삼 김유신의 공업을 명분으로 지소를 봉작한다는 것은 어색하다. 당시 지소는 결혼한 지 67년이나 지났기 때문에 나이도 80세를 넘겼을 것이다. 곧 성덕왕의 조치는 무열왕 소생인 지소[41]가 80세를 넘긴 데 따른 휼전의 성격을 띠고 있다. 그런데 열전은 이를 김유신의 공업 때문이라고 해석함으로써[42] 김유신에 대한 평가를 성덕왕대로 이어갔다.

② 윤중의 일화

김유신 전기 뒤에는 그의 손자 윤중(允中)의 일화가 두 개 실려 있다. 그중

40　『三國史記』권8, 新羅本紀8 聖德王 11년 8월, "封金庾信妻爲夫人 歲賜穀一千石"

41　결혼 당시 10대였을 나이를 감안할 때 지소는 무열왕비가 아니라 側室 소생일 가능성이 높다.

42　열전에는 三光 이하 5남 4녀가 지소의 소생인 것처럼 적고 있지만 지소와 결혼한 무열왕 2년에 김유신은 이미 60세가 넘었기 때문에 이들은 지소의 자녀일 수 없다. 이것은 지소가 무열왕의 딸임을 매개로 후손의 위상을 부각하려는 의도로 해석된다(본서 4부 1장 참조).

하나는 성덕왕이 중추절 연회에 그를 부르자 측근이 소원(疏遠)한 신하를 왜 부르냐고 만류했으나 왕은 "지금 과인과 경들이 평안하고 무사한 것은 윤중 조부의 덕이다[今寡人與卿等 安平無事者 允中祖之德也]"라며 그를 불러 연회를 즐겼다는 내용이다.

성덕왕의 언급은 김유신의 공업을 평가함과 아울러 후손에 대한 예우를 강조한 것이다. 이는 성덕왕이 "윤중을 잊고 버리는 것은 '선인은 자손까지 예우하는 의리[善善及子孫之義]'가 아니다"라고 말한 것에서 잘 드러난다. 결국 이 일화는 윤중의 전기로 되어 있으나 실질적인 초점은 김유신에게 있다. 전술한 지소 봉작이 김유신 부인에 대한 예우로 제시된 것처럼, 윤중의 일화 또한 같은 맥락에서 자손에 대한 예우의 정당성을 주장한 것이다.

(3) 미추왕의 평가

시조 미추왕도 설화를 통해 김유신의 공업을 평가하는 데 동원되었다. 열전 말미에는 혜공왕 때 미추왕릉에서 일어난 이상 현상으로 김유신의 원찰(願刹)인 취선사(鷲仙寺)에 공덕보(功德寶)를 설치하는 기사가 있다.[43] 그런데 『삼국유사』에 같은 내용을 가진 설화가 실려 있다.

그 뒤 37대 혜공왕 때, 대력 14년 기미 4월에 갑자기 회오리바람이 유신공의 무덤에서 일어났는데, 그 안에 한 사람이 준마를 타고 장군의 의장을 갖추었고, 또한 갑옷을 입고 무기를 든 40여 명이 그 뒤를 따라 죽현릉으로 들어갔다. 얼마 후 능 안에서 진동하며 통곡하는 소리가 들렸는데, 혹은 호소하는 말 같았다. 그 말에 이르기를, "신이 평생 왕을 보필하고 어려움을 구하며 통합을 이룩한 공이 있었고, 지금 혼백이 되어서는 나라를 진호하며 잠시도 재난을 물리치는 마음을

---

43 『三國史記』 권43, 列傳3 金庾信 下, "旋風坌起 自庾信墓至始祖大王之陵 塵霧暗冥 不辨人物 守陵人 聞其中若有哭泣悲嘆之聲 惠恭大王聞之恐懼 遣大臣致祭謝過 仍於鷲仙寺納田三十結 以 資冥福 是寺 庾信平麗濟二國 所營立也"

더럽히고 바꾼 적이 없었습니다. 지난 경술년에 신의 자손이 죄없이 주살을 당했으니, 군신이 제 공렬을 잊은 것입니다. 신은 멀리 다른 곳으로 옮겨 가서 다시는 애쓰지 않을 것입니다. 부디 왕께서 허락해 주십시오"라고 하였다. 왕이 답하기를, "나와 공이 이 나라를 보호하지 않는다면 백성들은 어쩌란 말인가. 공은 다시 전처럼 노력해 주시오"라고 하였다. 세 번 청했으나 세 번 불허하니 회오리바람이 이에 돌아갔다. 왕이 듣고 두려워 이에 상신 김경신을 보내 김공에게 가서 사과하고 공을 위해 공덕보를 세우고 밭 30결을 취선사에 바쳐 명복을 비는 자산을 삼도록 하였다. 취선사는 곧 김공이 평양을 토벌한 후 복을 심는 곳으로 설치했기 때문이다. 미추왕의 혼령이 아니었다면 김공의 노여움을 막을 수 없었을 것이니 왕이 나라를 보호한 것이 크지 않을 수 없다. 이 때문에 나라 사람들이 덕을 생각하여 삼산과 함께 제사하며 떨어뜨리지 않고 오릉의 위에 자리를 두니 대묘라 칭하였다.[44]

위 기사와 대비할 때 열전 기사는 혼령의 대화와 같은 허구적 내용이 없고 공덕보의 설치 경위만 간략히 정리하고 있다. 이때 김유신의 묘와 시조대왕의 능에서 일어난 이상 현상으로 혜공왕이 사람을 보내 사과한 사실은 나오지만 왜 사과했는지는 나오지 않는다.

이는 열전 기사가 완성된 서사를 갖추지 않은 것을 보여준다. 그 내용은 『삼국유사』기사에 실린 혼령의 대화에 나온다. 이를 통해 열전 기사가 해당 설화를 가지고 재정리한 것임을 알 수 있다. 이 설화가 열전에 축약된 형태

---

44 『三國遺事』권1, 紀異 未鄒王 竹葉軍, "越三十七世惠恭王代 大曆十四年己未四月 忽有旋風 從庚信公塚起 中有一人乘駿馬如將軍儀狀 亦有衣甲器仗者四十許人 隨從而來 入於竹現陵 俄而陵中似有振動哭泣聲 或如告訴之音 其言曰 臣平生有輔時救難匡合之功 今爲魂魄 鎭護邦國 攘災救患之心 暫無渝改 往者庚戌年 臣之子孫無罪被誅 君臣不念我之功烈 臣欲遠移他所 不復勞勤 願王允之 王答曰 惟我與公不護此邦 其如民庶何 公復努力如前 三請三不許 旋風乃還 王聞之懼 乃遣上臣金敬信 就金公陵謝過焉 爲公立功德寶田三十結于鷲仙寺 以資冥福 寺乃金公討平壤後 植福所置故也 非未鄒之靈 無以遏金公之怒 王之護國 不爲不大矣 是以 邦人懷德 與三山同祀而不墜 躋秩于五陵之上 稱大廟云"

로 실린 것을 볼 때 그 원전은 행록으로 판단된다.[45]

이에 『삼국유사』 수록 설화를 통해 서사의 성격을 구체적으로 짚어보기로 한다. 먼저 대력(大曆) 14년 4월이라고 구체적인 시점을 제시했는데, 이는 취선사에 공덕보가 설치되는 시점으로 이해된다. 이를 토대로 보가 설치되는 연유를 설화로 꾸민 것이다. 보의 설치는 당시 실제 있었던 일이며, 공덕보를 설치한 사찰이 취선사이므로 그 목적 또한 김유신의 명복을 빌기 위한 것으로 보는 데 무리는 없다. 그리고 김유신의 언급 중 경술년에 자손이 죄없이 주살되었다고 한 부분은 당시의 정치 상황에서 김유신 가문이 화를 입은 사정을 반영한다.[46]

결국 이 설화는 정치적 사건으로 김유신 후손이 화를 입었고 이로 인한 문제를 해소하기 위해 취선사에 공덕보가 설치된 사적을 바탕으로 만들어진 것이다. 혼령의 대화는 이를 극적으로 묘사하기 위해 가공된 것인데, 여기에 대화 당사자인 김유신과 미추왕에 대한 인식과 평가가 투영되었다.

김유신에 대한 평가는 그가 한 말 속에 담겨 있다. 그는 생전의 공업을 보시(輔時)·구난(救難)·광합(匡合) 등 세 가지로 제시하였다. '보시'는 시왕(時王)을 보필하는 신하의 역할을 말한 것인데, 특히 무열왕과의 각별한 관계를 표상한다. '구난'은 당시 신라가 겪고 있던 고난, 곧 외적의 침구를 물리친 것을 말한다. '광합'은 7세기 전쟁으로 백제를 병합한 것, 혹은 삼국을 일통한 것을 나타낸다.

아울러 그는 사후에도 나라를 진호(鎭護)하고 재난을 막아낸 것으로 되어 있다. 이것은 그를 호국신으로 표상한 것으로서 전술한 윤중의 일화에서 나

---

45 이는 태종 시호 기사에서 김유신이 33천의 하나라는 서술이 『삼국유사』에는 있으나 『삼국사기』에서는 삭제된 것과 같은 맥락이다.

46 이 내용은 혜공왕 6년(770) 金融의 난에 김유신 후손이 연루되어 화를 입은 것으로 이해되고 있다(李基白, 1958 「新羅 惠恭王代의 政治的 變革」 『社會科學』 2 ; 1974 『新羅政治社會研究』 一潮閣, 232쪽).

라의 평안과 무사함이 김유신 덕이라고 한 성덕왕의 말과 궤를 같이 한다. 아울러 추남(楸南) 환생설화에서 신라의 전통적 호국신인 삼산(三山)의 신이 그를 보호한 서사도 그가 사후 호국신으로서 위상을 가지는 것과 연결된다.

한편 미추왕은 그러한 김유신의 위상을 보증하는 역할을 하였다. 자손이 화를 입은 데 분노하여 떠나려는 그를 만류한 것이 그 핵심이다. "공이 떠나면 백성은 어쩌란 말인가"라는 미추왕의 말은 호국신으로서 김유신의 위상을 단적으로 보여준다. 미추왕이 아니었으면 김유신의 분노를 막을 수 없었을 것이라는 평가는 시조 미추왕의 권위를 통해 김유신의 위상을 확인하는 기능을 한다.

신라의 제사에서 미추왕이 차지하는 각별한 위치를 설명한 것도 마찬가지이다. 삼산은 신라의 국가 제사 중 대사(大祀)에 해당하며, 오릉(五陵)은 혁거세의 유해 5개를 장사지낸 곳으로 전승되었다. 이는 곧 미추왕이 국가 시조인 혁거세보다 상위이며, 국가 수호신인 삼산과 동격으로 각별한 권위를 가지고 있다는 의미다.

이때 그의 제사를 대묘(大廟)로 칭한 것은 그의 위상이 종묘제도의 도입으로 확립된 것임을 반영한다. 신라의 종묘는 신문왕 때 시조(태조)와 신문왕의 4대조로 구성되었다. 국가 제사의 중심으로서 종묘가 수립되면서 그 기준이 되는 시조 미추왕의 위상도 확립되었는데, 이를 전통적인 제사에 견주어 설명한 것이다.

미추왕의 각별한 위상에 조응하여 함께 나라를 진호하는 김유신의 위상도 분명해진다. 이때 김유신이 미추왕의 허락을 구하는 것은 그가 '신하'임을 반영한 것이지만, 한편으로 미추왕의 역할이 김유신의 분노를 막은 데서 평가되고 있다는 것은 김유신의 위상이 미추왕을 능가한다는 우회적 표현이다. 이는 결국 김유신의 공업을 과시하면서 중대 왕실이 권위를 삭감하는 취지를 담은 것으로, 무열왕이 김유신을 얻어 공업을 이루었다는 서사와 같은 속성을 띠고 있다.

2) 당 황제의 평가

김유신 서사에는 당의 황제도 여러 차례 등장하는데, 이에 대해서는 사실로 인정하는 경우가 많다. 하지만 당시 그의 위상이 컸다고 하더라도 당 황제가 주변국의 무장일 뿐인 그를 특정하고 각별한 평가를 말했다는 것은 그대로 믿기 어렵다. 이러한 내용이 그의 전기나 설화적 서사에서만 등장한다는 점에서 그 사실성에 의문을 가지지 않을 수 없다.

사대 외교에서 당 황제는 신라 국왕을 넘어서는 권위를 가진다. 이에 의도적으로 황제를 끌어들여 김유신의 권위를 높이고자 하였다. 특히 황제의 공인은 그의 후손에 대한 후대 국왕의 대우가 부당하다는 주장에 힘을 실을 수 있다는 점에서 그 의도성이 읽힌다. 이에 해당 사례들을 찾아 그 사실 여부와 의미에 대해 짚어보기로 한다.

(1) 태종의 질문

앞서 살펴보았듯이 열전에는 김춘추가 당에 갔을 때 태종이 김유신의 사람됨을 물은 기사가 있다. 태종이 김유신의 이름을 듣고 그에 대해 물었다는 것 자체가 의구심이 들지만, 이들의 대화도 음미할 필요가 있다. 이 대화는 태종이 직접 김유신을 평가한 것이 아니다. 김춘추도 그가 능력은 있지만 당의 도움이 절실하다는 취지로 답하였다. 그런데 결론적으로는 김춘추가 아니라 김유신이 서사의 중심이 된다.

김춘추의 답에 태종은 군자의 나라라며 출병을 허락하였다. 여기서 '군자'를 말한 것은 그의 답이 겸양의 표현이라고 본 데 따른 것이다. 대화에서 달리 '군자'의 평가를 유추할 수 있는 내용이 없기 때문이다. 이를 뒤집어 보면 백제 정벌에서 김유신의 역량을 본질로 놓고 당의 원병을 보조적 역할로 설정하는 구도가 된다. 태종의 질문은 김유신에 대한 각별한 평가를 유도하는 장치인 것이다.

(2) 고종의 김유신 봉작과 조서

① 김유신 봉작

열전에는 문무왕 5년(665) 당 고종이 사신을 보내 내빙(來聘)하면서 김유신을 봉상정경(奉常正卿) 평양군개국공(平壤郡開國公)으로 봉했다는 기사가 있다. 그런데 당시 당이 신라의 일개 무장을 봉작할 만한 특별한 이유가 없다. 백제 공멸은 신라의 요청으로 당이 원병을 보낸 것이고, 봉작은 거기서 5년이나 지난 나중 일이다. 고구려는 아직 공멸하지 못한 상태여서 신라가 포상을 요청할 계제도 아니다.[47]

그런데 당 사신의 도래와 관련하여 동년에 무열왕의 아들 문왕(文王)이 사망하자 당이 사신을 보내 조문한 사실이 주목된다.[48] 문왕은 앞서 김춘추를 따라 당에 갔다가 좌무위장(左武衛將)을 받은 뒤 남아서 숙위하였고, 귀국 후 무열왕 3년(656)에는 당에 사신으로 다녀오기도 하였다.[49] 이러한 관계가 있었기에 당에서도 조문 사절을 보낸 것으로 보인다.[50] 행록에서는 이 사행을 매개로 김유신 봉작을 가공한 것으로 짐작된다.

앞서 당은 무열왕이 죽고 문무왕이 즉위하자 사신을 보내 조문하는 한편 문무왕을 낙랑군왕(樂浪郡王) 신라왕으로 봉하였다.[51] 이후 당은 신라에 고구

---

47 『日本書紀』에는 신라의 上臣 大角干 庾信에게 배 1척을 내려주었다는 기사가 있다(『日本書紀』 권27, 天智 7년). 국왕과 함께 재상에게도 예물의 전달이 있었던 것이다. 비슷한 맥락에서 당에서도 그러한 조치가 있었다고 보는 경향이 있다. 그러나 당과 일본은 경우가 다르다. 신라는 일본과 교린 관계로서 백제 멸망 후 외교 과정에서 재상까지 선물이 갈 수 있다. 반면 당과는 사대 관계이고 백제 공멸은 신라의 요청에 따른 것이므로 당이 김유신까지 포상할 이유가 없다. 더구나 당의 포상은 김유신 전기에 나오는 것이므로 별도의 방증 없이 그것을 곧바로 사실로 보기 어렵다.

48 『三國史記』 권6, 新羅本紀6 文武王 5년 2월, "伊湌文王卒 以王子禮葬之 唐皇帝遣使來弔"

49 『三國史記』 권5, 新羅本紀5 武烈王 3년 7월

50 당시 사신은 왕에게도 예물을 전하였고 왕도 답례했는데, 이것이 본래 사행의 본령이고 이에 수반하여 조문이 이루어졌다고 보는 것이 합리적일 것이다.

51 『三國史記』 권6, 新羅本紀6 文武王 2년 정월, "唐使臣在館 至是 冊命王爲開府儀同三司上柱國樂浪郡王新羅王"

려 원정을 지원하도록 지시하였고, 백제 공멸과 관련하여 문무왕을 추가로 봉작하거나 포상한 내용은 나타나지 않는다. 오히려 문무왕 3년(663) 당은 신라를 계림대도독부(雞林大都督府)로 삼고 문무왕을 계림주대도독으로 임명하였다.[52] 이런 상황에서 당이 김유신을 특정하여 봉작한다는 것은 현실성이 없다.

그의 봉작과 관련하여 백제 공멸 후 소정방이 제안한 내용이 주목된다. 당시 소정방은 유신·인문·양도(良圖)에 대한 포상으로 백제 땅을 식읍(食邑)으로 주겠다고 제안했으나 김유신은 거부했다고 한다. 그런데 식읍 사여는 황제의 권한이라는 점에서 소정방의 제안은 사실로 보기 어렵다. 문무왕이 백제 땅을 임의로 차지했다는 이유로 관작을 삭탈당하는 상황인데, 소정방이 백제 땅을 신라 장수에게 식읍으로 주겠다고 제안한다는 것은 있을 수 없는 일이다. 김유신 봉작은 소정방의 제안과 맥이 닿아 있다.

한편 김유신의 봉작명이 '평양군개국공'이라는 점도 걸린다. 당시는 아직 고구려가 멸망하기 전이다. 그럼에도 그의 봉작명에 고구려 도읍을 넣은 것은 고구려 멸망을 염두에 둔 것으로, 그를 고구려 공멸의 주역으로 평가하는 인식을 담고 있다. 고구려 원정과 관련된 김유신의 공적은 문무왕 초의 식량 운반 이후로는 사실상 없었다.[53] 이러한 상황에서 고구려 공멸과 관련된 그의 공업을 드러내기 위해 봉작 사적을 만들어낸 것으로 이해된다.

② 고종의 조서

열전에는 고구려 공멸 후 당 황제가 이적(李勣)의 공업을 책록한 뒤 사신을 보내 신라가 군대를 보내 전쟁을 도운[濟師助戰] 것을 포상한 기사가 있다. 이

---

52 『三國史記』 권6, 新羅本紀6 文武王 3년 4월
53 신라본기를 보면, 667년 李勣의 고구려 공격 때 신라도 김유신 등이 군대를 이끌고 출병했으나 獐塞에 이르렀을 때 이적이 돌아갔다는 소식을 듣고 귀환하였고, 668년 고구려 공멸 때 김유신은 참여하지 않았다.

때 김유신에게도 조서를 내려 포상하고 그에게 입조(入朝)를 유시했으나 실행되지 못했다고 한다.

그런데 「답설인귀서」를 보면, 고구려 공멸 후 신라가 합당한 포상을 기대했는데 그렇지 않은 데 대한 실망과 우려를 피력하고 있다. 신라의 포상 희망에 이적은 신라가 앞서 군기를 잃은 점을 따지겠다고 하였고, 유공자 명단을 보냈음에도 당은 신라에게 공이 없다고 하는 상황이었다.[54] 결국 열전에서 신라의 지원을 포상했다는 것은 사실이 아니라 사후에 당위적 관점에서 가공한 내용이다. 따라서 함께 언급된 김유신 포상 또한 사실로 보기 어렵다. 이 역시 고구려 공멸에서 김유신의 역할을 부각하는 장치이다.

나아가 조서에 대한 서사도 허구로 판단된다. 고종의 조서는 집안에 내려오다가 5세손에 이르러 분실한 것으로 되어 있다. 황제의 조서가 있었다면 이것은 가문의 위세를 당 황제가 보증하는 증거가 되므로 당연히 가보로 전승되었을 것이다. 이때 분실을 말한 것은 조서의 존재를 드러내면서 동시에 현재 그것이 없는 상황을 합리화하는 전형적인 레토릭이다. 이 경우 조서는 실재하지 않았을 가능성이 높다. 입조를 유시했으나 이루어지지 않았다는 서술 또한 입조 유시 자체가 없었음을 반증한다.

분실 시점을 5세손이라고 한 점도 눈길을 끈다. 행록의 찬자인 장청은 김유신의 현손이다. 조서를 전승한 가문은 장손(長孫)으로 이어질 것이므로 장청이 방계 후손이라면 조서를 소장한 5세손과 활동 시기가 대략 일치한다. 이 경우 찬자가 조서를 직접 보거나 5세손으로부터 직접 들었다고 주장할 수 있고, 동시에 행록 찬술 시점에는 조서가 없어졌다는 설명도 가능해진다. 곧 조서의 존재를 주장하는 근거를 들되 직접 입증할 책임은 피하는 구성인 것이다. 이러한 구도는 역으로 조서가 가공되었음을 뒷받침한다.

---

54 『三國史記』 권7, 新羅本紀7 文武王 11년 7월, "英公漏云 新羅前失軍期 亦須計定 新羅兵士得聞此語 更增怕懼 又立功軍將 並錄入朝 已到京下 即云 今新羅並無功 夫軍將歸來 百姓更加怕懼"

(3) 현종의 조치

윤중의 전기에는 당 현종이 신라로 하여금 발해의 남부를 공격하도록 지시하며 윤중을 지휘관으로 삼도록 했다는 일화가 실려 있다. 이때 현종은 구장(舊將) 김유신의 손자 윤중이 있다고 들었는데 이 사람을 장수로 삼으라고 하며 윤중에게 금백(金帛)을 내려주었고, 신라는 윤중·윤문(允文) 형제를 포함한 네 명의 장군에게 발해를 공격하도록 했다고 한다.

당 현종이 김유신 손자의 이름까지 알고 직접 지휘관으로 지명했다는 것은 현실성이 없다. 이는 당 황제를 통해 김유신의 위상을 후손으로 이어가는 서사이다. 윤중 등이 발해 공격에 참여한 사적은 사실일 수 있고, 이 경우 해당 사적을 이용하여 당 현종의 지시를 가공해 넣었다고 판단할 수 있다.

그런데 또다른 가능성도 지적된다. 신라본기에는 성덕왕 32년(733) 당의 지시로 발해 남부를 공격했으나 큰 눈과 험한 산길로 인해 성과 없이 돌아왔다는 기사가 있다.[55] 발해와 실질적인 전투는 발생하지 않은 것이다. 따라서 관련 기록에 출정 사실만 나타날 뿐 실제 전황은 존재하지 않으므로 특정인의 활동을 확인할 수 없다. 실제 전쟁이 벌어졌다면 참여 여부가 드러나지만 도중에 무산된 경우는 전황 기록이나 논공행상이 없으므로 후대에 이를 확인하기 어렵다. 이런 사정을 생각하면 당시에 있었던 출정에 이들을 끼워 넣었을 수도 있어 보인다.[56]

---

55 『三國史記』 권8, 新羅本紀8 聖德王 32년 7월, "唐玄宗 以渤海靺鞨 越海入寇登州 遣太僕員外卿金思蘭歸國 仍加授王 爲開府儀同三司寧海軍使 發兵擊靺鞨南鄙 會大雪丈餘 山路阻隘 士卒死者過半 無功而還"

56 이는 667년 김유신이 참여한 것으로 나오는 고구려 원정이 獐塞에서 돌아온 것과 비슷하다(『三國史記』 권7, 新羅本紀7 文武王 7년 9월, "王領大角干金庾信等三十將軍 出京"; 11월 11일, "至獐塞 聞英公歸 王兵亦還"). 실제 전황이 존재하는 668년 출정에 김유신이 참여하지 않은 상황을 생각하면, 도중에 돌아온 667년 원정 참여는 사실이 아닐 수 있다.

3) 후손·부하를 통한 평가

김유신의 권위는 당 황제나 신라 국왕으로부터 보증받은 한편, 다른 사람을 평가하는 준거가 되었다. 이것은 '가훈'을 형성하여 후손을 평가하거나 지휘관으로서 부하를 평가하는 형태로 표출되었다. 전자의 사례로는 잘 알려진 원술(元述)의 일화가 있으며, 후자의 사례는 비녕자(丕寧子)가 대표적이다. 이들의 사적은 당시 전쟁에서의 역할 행동을 근간으로 하며, 김유신 자신이 모범이 되어 타인을 평가하는 준거가 된다. 아래에서는 이러한 유형에 속하는 주요 사례를 살펴보기로 한다.

(1) 낭비성 전투

진평왕 51년(629)의 낭비성(娘臂城: 포천) 전투는 신라가 한강 이북으로 진출하면서 발생한 것으로서 김유신이 전쟁에 참여한 첫 사례이다. 신라본기에는 대장 용춘(龍春)과 서현(舒玄)이 신라군을 이끌었으며 김유신은 부장군(副將軍)으로 되어 있다.[57] 열전에는 이찬 임영리(任永里), 파진찬 용춘·백룡(白龍), 소판 대인(大因)·서현 등이 지휘관으로 나섰고 김유신의 직책은 중당당주(中幢幢主)로 되어 있다.

당시 전투에서 김유신은 적의 군세가 강성함을 본 신라군이 위축되자, "나는 '옷깃을 떨쳐 옷을 바로잡고, 벼리를 당겨 그물을 편다[振領而裘正 提綱而網張]'라고 들었으니 내가 그 강령이 될 것이다"라고 하며 돌격하였고, 이에 신라군이 성을 함락할 수 있었다고 한다.

이러한 활약상은 비녕자나 관창(官昌), 반굴(盤屈) 등 7세기 전쟁에서 활약한 인물들의 사적에 보편적으로 나타난다. 이것은 당시 전쟁을 치르던 신라 사회의 가치 기준이었을 것인데, 김유신은 그것을 보여주는 첫 사례

---

57 『三國史記』 권4, 新羅本紀4 眞平王 51년 8월

로 제시되었다. 이때 자신의 활동을 '강령'으로 규정한 것은 낭비성 전투에서의 활동을 반영하지만, 한편으로 이후 전쟁 영웅의 모범이자 평가 기준이 된다.[58] 나아가 후손에 대한 지침, 곧 가훈으로도 기능한다.

(2) 원술의 사적

김유신의 2남인 원술은 나당전쟁 때인 문무왕 12년(672) 석문(石門) 전투에 비장(裨將)으로 참여했다가 패배하자 목숨을 던지려 했으나 측근의 만류로 살아 돌아왔다. 당시 그는 "사내로서 구차하게 살아남는다면 무슨 면목으로 내 아버지를 보겠는가[男兒不苟生 將何面目以見吾父乎]"라며 출전을 강행하려 하였다. 이 말은 그의 행동에 김유신이 준거가 됨을 보여준다.

김유신은 대책을 묻는 문무왕에게 요해(要害)를 잘 지킬 것을 당부하면서 원술에 대해서는 왕명을 욕보이고 가훈을 저버렸다며 처벌을 주장하였다. 문무왕은 그를 용서했지만 원술은 아버지를 보지 못하고 은둔하였다. 김유신이 말한 가훈은 위에서 원술이 "무슨 면목으로 아버지를 보겠는가"라고 말한 것과 조응한다.

원술은 김유신 사망 후 어머니를 만나려 했으나 어머니는 "선군(先君)에게 자식으로 인정받지 못한 아들에게 어머니가 될 수 없다"라며 거부하였다. 원술은 문무왕 15년(675) 매소천성(買蘇川城) 전투에서 공을 세웠으나 부모에게 용납되지 못했다며 평생 벼슬하지 않았다고 한다.

그런데 석문 전투와 매소천성 전투의 시차는 불과 3년이다. 석문 전투 당시 지휘관들은 사찬(8등)에서 아찬(6등) 사이였으므로 비장인 원술은 그보다

---

58 신라본기를 보면 品日이 官昌에게 출전을 독려하며 "今日之役 能爲三軍標的乎"(『三國史記』 권5, 新羅本紀5 武烈王 7년 7월 9일)라고 하였다. 여기서 '標的'은 '綱領'과 같은 의미이다. 그런데 관창열전에는 품일의 말이 "今日 是立功名取富貴之時 其可無勇乎"(『三國史記』 권47, 列傳7 官昌)로 되어 있어 서사의 변형이 짐작된다. 신라본기 기사는 김유신의 강령 수립과 연동된다는 점에서 그 원전이 『김유신행록』이 아닐까 한다.

관등이 낮았을 것이다. 그런데 자녀 소개에서 그는 소판(3등)으로 나온다. 형제 중 이찬인 장남 삼광 다음으로 높다. 그가 매소천성 전투의 공로로 포상되었더라도 단숨에 소판까지 올랐다고 보기 어렵다. 이로 보아 그가 평생 은둔하며 벼슬하지 않았다는 서사는 사실과 다르다고 판단된다.

이 서사는 '가훈'을 강조하는 맥락을 띠고 있다. 이 가훈은 전술한 낭비성 전투에서 김유신이 말한 '강령'으로 표상되는데, 구체적으로는 전쟁에 나가 나라를 위해 목숨을 바치는 것이다. 이것은 가문의 명예를 위해 황산 전투에서 전사한 관창의 사례와 통한다. 원술은 이 가훈을 저버린 사례로 언급된 것인데, 원술에 대한 비판이라기보다는 가훈을 수립한 김유신의 엄정함, 그리고 이를 따르는 부인의 태도를 부각하는 데 목적이 있다. 추정컨대 패전 후 귀환한 원술의 사적을 이용하여 서사를 구성함으로써 가문의 남다른 전통을 과시한 게 아닌가 한다.[59]

(3) 비녕자의 사적

진덕여왕 원년(647) 10월 백제가 무산(茂山)·감물(甘勿)·동잠(桐岑) 등 세 성을 포위하자 신라는 김유신을 보내 물리치게 하였다. 신라군의 힘이 떨어지자 김유신은 비녕자에게 중심(衆心)을 모을 것을 당부하였다. 비녕자는 "명령대로 따르겠다[惟命之從]"라며 돌격하여 전사하였고, 아들 거진(擧眞)과 가노(家奴) 합절(合節)도 뒤따라 출격하여 전사하였다. 이에 힘입어 신라군이 백제군을 격파하였다. 이 사적은 신라본기 및 백제본기에도 비슷한 형태로 실려 있다.

또한 비녕자는 따로 입전되었는데, 구성은 김유신열전의 것과 비슷하지만

---

59 신라본기에 일부 행적이 전하는 장남 三光의 전기를 김유신열전에 싣지 않은 사실을 들어 원술의 전기가 행록이 아닌 다른 자료에서 채록되었다고 보는 견해가 있다(전덕재, 2020 앞의 논문, 21쪽). 그러나 원술 전기의 초점은 본인이 아니라 그를 꾸짖는 김유신에게 있으며, 이는 윤중의 일화와 같은 속성을 가진다. 삼광은 본인이 직접 김유신과 관련된 서사가 없어 따로 입전되지 않은 것이다. 裂起와의 일화를 통해 김유신의 위세가 드러나고 있으나 이는 김유신의 권위를 구현하는 매개가 열기이기 때문에 그가 입전되었다.

내용이 더 자세하다.[60] 특히 주목되는 것은 김유신이 비녕자에게 돌격을 요청할 때 "날이 추워진 후에 비로소 송백이 늦게 지는 것을 안다[歲寒然後 知松栢之後彫]"라고 한 부분이다.[61] 이것은 『논어』에 나오는 유명한 구절로서 낭비성 전투에서 김유신이 말한 '강령'과 같은 취지를 가진다. 김유신이 수립한 가치가 비녕자에게서 동일하게 구현되는 것을 보여주는 서사이다.

결국 비녕자의 활약은 김유신의 지시를 통해 그 의미가 보증되는 구도이다. 이로 보아 이 일화는 김유신의 권위를 드러내는 서사로 역시 행록에 실렸는데, 주인공을 비녕자로 삼아 따로 입전하면서 김유신열전에서는 내용을 줄여 정리한 것으로 이해된다.

(4) 열기·구근의 사적

문무왕 2년(662) 초 김유신은 군량을 싣고 평양을 공격하던 당군에게 전하는 임무를 수행하였다. 평양 인근에 다다른 김유신은 보기감(步騎監) 열기(裂起)를 보내 당군에게 양곡의 도착 소식을 전하였다. 이때 그는 "내가 어렸을 때 너와 놀면서 너의 지절(志節)을 알았다"라며[62] 열기에게 임무를 맡겼고, 열기는 그의 지시를 욕되게 하지 않겠다며 수락하였다. 이는 김유신이 특정인을 지목하여 임무를 맡기고 그가 이를 기꺼이 수락하면서 김유신을 가치의 준거로 삼고 있다는 점에서 비녕자의 서사와 같은 맥락을 띠고 있다. 그는

---

60 김유신열전에는 비녕자와 거진의 출격이 하나로 간단히 처리되고 있으나 비녕자열전에는 비녕자가 먼저 출전하여 전사하고 이어 거진과 합절이 차례로 출전하는 형태로 되어 있으며, 출격에 앞서 이들이 한 말이 구체적으로 서술되어 있다.

61 『三國史記』권47, 列傳7 丕寧子

62 여기서 '어려서' 함께 놀았다는 의미는 김유신이 花郎일 때 그 아래의 郎徒였음을 말하는 것으로 짐작된다. 어려서 함께 놀았다면 두 사람의 나이 차이는 10년을 넘기 어렵다. 그런데 이 경우 김유신 사후 열기가 삼광에게 태수 관직을 요청할 때의 나이는 70세 전후가 되어 현실성이 떨어진다. 이로 보아 실제 열기는 김유신과 나이 차이가 상당히 컸는데, 일찍이 그의 지절을 알아보았다는 취지를 내세우기 위해 어려서 함께 놀았다는 서사를 만들었다고 생각된다.

장사 구근(仇近)과 함께 임무를 무사히 수행하였다.

열기는 따로 입전되어 있는데,[63] 여기에는 같은 상황에 대해 김유신의 요청이 없고 열기가 나서서 임무를 맡은 것으로 되어 있다. 또한 김유신열전에는 임무 수행까지만 나오는데 열기열전에는 귀환한 뒤의 내용이 더 있다.[64] 김유신은 임무를 마치고 온 그의 용기를 칭찬하며 급찬(9등)을 수여한 뒤 돌아와 왕에게 청하여 사찬(8등)을 줄 것을 청하였다. 왕이 과하지 않느냐고 하자 김유신은 공로에 맞게 작록을 주어야 한다고 주장하여 허락받았다. 이는 열기의 포상에 김유신의 권위가 작동한 것을 보여준다.

다만 김유신이 급찬을 주었다는 것은 사실로 보기 어렵다. 이것은 국왕의 권한이기 때문이다. 출정 당시 상벌의 권한을 위임받은 바 있고 해당 기사에 '편의(便宜)'에 따라 했다는 단서가 붙어 있지만, 물질적 포상도 아니고 사후에 논공이 있을 것인데 미리 현장에서 지휘관이 관등을 줄 이유가 없다. 이 서사는 문무왕보다 김유신의 권위를 더 높게 평가하는 맥락을 담고 있다는 점에서 역시 가공된 서사로 짐작된다.[65] 그리고 뒤에 김유신의 아들 삼광(三光)이 집정(執政)할 때 열기가 태수 관직을 요청했다가 들어주지 않자 "삼광은 아버지가 죽었다고 나를 잊은 것인가"라며 반발하였고. 이에 삼광은 삼년산군태수(三年山郡太守)를 주었다고 한다.

한편 열기와 함께 임무를 수행했던 구근은 김유신의 3남 원정(元貞)을 따

---

63 『三國史記』권47, 列傳7 裂起

64 열기열전의 일화 또한 김유신을 실질적인 주인공으로 하고 있다는 점에서 김유신열전 기사와 원전이 달랐다고 생각되지 않는다. 비녕자의 경우처럼 자세한 사적은 해당 인물의 전기에 싣고 김유신열전에는 일부 또는 축약하여 실을 것으로 짐작된다. 통상적 관점에서 보면 김유신이 적임자를 찾고 이에 열기가 자원하여 나섰으며 이에 김유신이 그의 자질에 대해 언급하는 구도였을 것이다. 이때 열기열전에서는 그의 자원을, 김유신열전에서는 김유신의 평가를 중심으로 정리하였다.

65 당시 김유신은 "爵祿은 公器"라는 논리를 내세웠는데, 이 말은 통상 공로에 비해 포상이 지나칠 때 하는 말로, 국왕의 사적인 포상을 제어하는 취지이다. 그런데 김유신은 왕의 생각보다 높은 포상을 요구하는 데 사용하였다. 이는 찬자가 임의적으로 사용한 수식으로 판단된다.

라 서원술성(西原述城)을 축조했는데, 원정이 다른 사람의 말을 듣고 그가 태만하다며 처벌하였다. 이에 구근은 자신이 열기와 함께 임무를 수행한 일을 환기하며, "대각간의 명을 욕되지 않게 하였고 대각간도 나를 무능하다고 하지 않아 국사(國土)로 대우하였다"라며 떠도는 말을 믿고 자신을 욕보인 것에 분개하였다. 이 말을 들은 원정은 크게 부끄러워했다고 한다.

열기와 구근의 사적은 김유신의 권위를 매개로 부하의 공적이 평가되는 맥락이다. 곧 목숨을 걸고 임무를 수행한 데 대한 포상의 정당성을 말하는 것으로, 이 정당성은 김유신이 열기 포상의 당위를 말한 것이나 자신을 국사로 대우했다는 구근의 말에서 드러난다.

이와 함께 이들에 대해 적절한 대우를 하지 않은 아들들을 질책하는 의미도 공유한다는 점에서 가훈을 어긴 원술의 사적과 맥이 닿는다. 원술의 일화가 전쟁에서 나라를 위해 목숨을 바치지 않은 데 대한 질책을 담고 있다면, 삼광과 원정의 일화는 부친이 수립한 가치에 부합하는 행동을 한 사람들에게 정당한 대우를 하지 않은 데 대한 비판을 담고 있다.

이러한 서사는 찬자가 김유신을 전범으로 한 가훈에 대해 첨예한 인식이 있었음을 보여준다. 나아가 현실의 자신들이 김유신의 정통성을 계승하고 있음을 말하려는 의도로 읽힌다.[66]

---

66 이에 비추어 행록의 찬자는 비판을 받은 세 아들의 후손이 아닌 것으로 짐작된다. 이는 손자 윤중의 나이를 통해서도 추론할 수 있다. 그는 733년에 발해 원정에 참한 것으로 되어 있다. 이때의 나이를 대략 55세 정도로 잡으면 출생 연도는 678년이 된다. 한편 김유신은 595년에 태어났으므로 두 사람의 시차는 80년이 넘는다. 그의 부친이 30세에 그를 낳았다고 보더라도 부친은 김유신이 50세가 넘어서 낳은 것이 된다. 결국 윤중은 김유신의 4남이나 5남의 소생일 가능성이 높다. 그를 '嫡孫'이라 명시한 것은 그가 김유신의 정통을 이었다는 의식의 표현이며, 찬자로 추정되는 김암이 윤중의 庶孫인 것을 상쇄하는 장치가 아닌가 한다.

3. 김유신의 신이성 과시

김유신 열전에는 비법(祕法)이나 신술(神術)로 표현되는 신이한 능력을 발휘하는 사례가 여럿 보인다. 이는 일반인과 다른 그의 자질과 능력을 과시함으로써 그의 공업을 선양하고 그 후손의 입지를 뒷받침하려는 의도를 담고 있다.

김유신의 신이한 능력은 그의 출생 서사에 담긴 신성성과 17세에 입산했을 때 얻은 비법을 바탕으로 한다. 이로부터 그는 일반인과 다른 통찰력과 예지력을 보이며, 때로는 주술적 능력까지 구사하고 있다. 아래에서는 이러한 범주로 분류되는 주요 서사들을 살펴보기로 한다. 이 중 한산성 전투(성부산 설화)는 앞서 검토했으므로 여기서는 따로 다루지 않고 다른 사례를 이해하는 참고로만 언급한다.

(1) 태몽과 작명

열전에는 김유신의 출생과 관련하여 서현과 만명(萬明)의 태몽이 실려 있다. 서현은 경진(庚辰)일에 형혹(熒惑)과 진성(鎭星)이 자신에게 내려오는 꿈을, 만명은 신축(辛丑)일에 동자가 금갑(金甲)을 입고 구름을 타고 집에 들어오는 꿈을 꾸고 곧이어 임신하여 20개월 만에 그를 낳았다. 태몽의 내용과 20개월의 임신 기간은 모두 김유신의 신성성을 표상하는 요소이다.

별자리와 관련된 서현의 꿈은 도교적 속성을 가진다. 형혹(화성)과 진성(토성)이 지목된 이유는 분명치 않지만 그의 공업과 관련된 것으로 추정된다. 형혹은 모반과 전쟁 같은 재난을 예고하는 기능을 한다. 이것이 신라의 일일 수는 없으므로 그가 뛰어난 무장으로 성장하여 외적을 평정할 존재임을 표상하는 것이 아닐까 한다. 진성은 오행 중 토(土)에 해당하며, 그 색인 황색은 천자의 색이다. 그러나 그가 천자나 왕은 아니었으므로 이 내용은 다른 맥락에서 해석해야 하는데, 그것은 국가 수호신으로서의 성격이 아닐까 한다. 취선사 연기설화에서 국가 수호신으로서 김유신의 속성을 볼 수 있는데, 특히 김씨의 시조인 미추왕에 의해 보증되는 구도이다. 진성은 이러한 위상과 관련되는 것으로 짐작된다.[67]

『삼국유사』에는 그가 칠요(七曜)의 정기를 타고 나서 등에 칠성(七星) 무늬가 있었고 신이함이 많았다는 설명도 보인다.[68] 칠성 무늬는 남다른 능력을 예시하는 서사로서 영웅 설화에 자주 보인다. 이 또한 그의 신이성을 별자리를 통해 표현하는 서사로서 서현의 태몽과 맥을 같이 한다.[69]

한편 동자가 금갑을 입고 구름을 타고 내려오는 만명의 꿈은 본래 그가 천상계의 존재임을 상징하는데, 이 점에서 33천의 하나가 내려와 김유신이 되었다는 태종 시호 기사의 내용과 연결된다. 이에 만명의 꿈은 그의 신성성을 불교적으로 상징한 것으로 이해할 수 있다.

다음에 유신의 작명(作名)은 서현과 만명이 태몽을 꾼 일자와 관련된다. 서현은 '경진'을 이름으로 삼고자 하지만 일월로 이름을 쓰지 않는다는 인식에 따라 '경(庚)'은 글자의 비슷한 '유(庾)'로 바꾸고, '진(辰)'은 음의 유사한 '신(信)'으로 바꾸어 '유신'이라 했다는 것이다. 여기에 유신이 옛 현인의 이름이라는 설명을 덧붙였다.

이러한 설명은 모두 후대에 가공된 것이다. 일월로 이름을 짓지 않는다는 내용은 『예기(禮記)』에 나온다.[70] 무장인 서현이 『예기』의 구문을 인용한다는 것은 현실성이 없다. 이는 해당 경전의 내용이나 중국의 작명 관행을 인지한

---

67 『고려사』에는 왕건의 즉위와 통일을 예언한 도참이 새겨진 銅鏡의 서사가 실려 있다. 여기에 당의 상인 王昌瑾에게 동경을 전해주고 사라진 노인이 塡星(鎭星)의 古像과 모습이 같았다는 내용이 보인다. 여기서 진성이 천명을 전달하는 상징이 유추되는데, 김유신 또한 왕이 되는 김춘추에게 그러한 역할을 하게 됨을 표상한 것이라고 해석해 볼 수도 있다.
68 『三國遺事』 권1, 紀異 金庾信, "稟精七曜 故背有七星文 又多神異"
69 『삼국유사』 김유신조는 이 기사와 楸南 환생 설화, 그리고 흥무대왕 추봉을 경명왕 때의 일로 적은 기사만으로 구성되어 있다. 다른 항목에 행록에서 가져온 것으로 보이는 서사가 다수 있음을 볼 때, 김유신조는 이와 다른 자료에 기반하여 구성한 것으로 짐작된다.
70 『禮記』 曲禮 上, "名子者 不以國 不以日月 不以隱疾 不以山川"

찬자가 윤색한 것이다.

또한 서현이 지목한 현인은 남북조 말기에 활동한 유신(庾信: 513-581)을 말하는데, 당시 신라까지 알려질 정도의 인물이라고 보기 어렵다. 이 역시 후대에 중국 인물에 대한 지식을 갖춘 찬자가 이름이 같은 데 착안하여 서사를 꾸민 것이다. 이들은 모두 그의 이름으로[71] 연역하여 만든 것이다.[72]

(2) 비법 전수

열전에 따르면 김유신은 17세에 고구려·백제·말갈이 국강(國疆)을 침탈하는 것을 보고 분개하여 구적(寇賊)을 평정할 뜻을 품고 중악(中嶽) 석굴에 들어가 하늘에 힘을 빌려달라고 서원하였고, 홀연히 나타난 노인이 그에게 비법을 전수해 주었다고 한다. 이 서사는 그가 어려서부터 외적 평정의 포부를 가지고 있었음을 보여주는 한편, 비법을 구사할 수 있는 능력을 예고한다. 실제 김유신의 활동 중에는 주술적 능력을 발휘하는 사례가 여럿 발견되는데, 그의 입산은 이러한 능력의 근거를 마련하는 기능을 한다.

(3) 석토성 전투

진덕여왕 3년(649) 3월 백제가 석토성(石吐城) 등 7성을 공격하자 김유신은 죽지(竹旨) 등과 삼군(三軍)을 구성하여 방어하였다. 이때 물새 한 마리가 김유신의 장막을 지나갔는데 상서롭지 못하다는 의견이 있었다. 김유신은

---

71 서현이 「김유신비」에 金逍衍으로 나오는 것에 대해 열전 찬자는 改名이나 字일 가능성을 언급했지만, '서현'과 '소연'은 발음이 비슷하여 음차에 따른 이표기로 짐작된다. 유신 또한 본래 음차 형태의 표기였다고 생각된다.

72 한 가지 의아한 것은 서현과 만명이 모두 태몽을 꾸었고 각기 일자까지 밝혔는데, 정작 작명은 서현의 태몽일만 가지고 설명되고 있다는 점이다. 그렇다면 본래 유신의 '신'은 庚辰의 '辰'이 아니라 辛丑의 '辛'과 결부되었을 가능성이 높다. 곧 유신의 작명은 본래 두 사람의 태몽일의 첫 글자를 가져다 만들었다는 서사로 내려왔는데, 행록에서 해석을 바꾸었다는 것이다. 그 이유는 분명치 않으나 일월로 이름을 삼지 않는다는 원칙에 따라 음이 같은 글자를 피하는 서사로 재구성한 것이 아닐까 한다.

이를 일축하고 백제 첩자가 올 것을 예견한 뒤 이튿날에 원군이 올 것이라는 거짓 정보를 흘렸고, 이를 전해들은 백제군이 위축되자 공격하여 대승을 거두었다. 이는 김유신의 예지력과 함께 일반적인 길흉 판단에 휘둘리지 않는 모습을 보여준다. 후자는 전술한 비담의 난 서사에서도 찾아볼 수 있다.

(4) 백제 공멸

소정방이 이끄는 당군과 김유신이 이끄는 신라군은 사비도성에서 합류하여 백제 공격에 나섰다. 열전에는 당시 사적이 나와 있지 않고 김유신의 공이 많다는 사실만 간단히 적고 있다. 당초 행록에 있던 관련 서사가 대부분 본기에 편집된 결과이다. 실제 김유신의 주술적 능력을 담은 서사가 변형된 형태로 신라본기에 실린 사례를 찾을 수 있다.

무열왕 7년(660) 7월 12일 나당연합군은 의자도성(義慈都城), 곧 사비를 포위하기 위해 소부리원(所夫里原)으로 진격했는데, 소정방이 꺼리는 바가 있어 나아가지 못하니 김유신이 설득하여 비로소 나아갔다고 한다.[73] 꺼리는 바가 무엇인지는 나와 있지 않다.

그런데 이와 관련된 서사를 『삼국유사』에서 찾을 수 있다. 이에 따르면 백제를 공격할 때 소정방의 군영 위로 새가 맴도는 일이 있었다. 소정방은 원수가 다치는 징조라는 점괘를 듣고 진격하지 않았다. 이에 김유신은 "하늘에 순응하고 민심을 따르며 불인(不仁)을 정벌하는데 상서롭지 못할 것이 무엇인가"라고 반발하면서 신검(神劍)으로 새를 겨누었다. 그러자 새가 찢어져 떨어졌고, 소정방도 비로소 출격하여 백제를 격파했다고 한다.[74]

여기서 소정방이 꺼리는 바가 곧 새가 맴돈 현상을 해석한 점괘를 말하

73　『三國史記』권5, 新羅本紀5 武烈王 7년 7월 12일
74　『三國遺事』권1, 紀異 太宗春秋公, "忽有鳥廻翔於定方營上 使人卜之 曰 必傷元帥 定方懼欲引兵而止 庾信謂定方曰 豈可以飛鳥之怪 違天時也 應天順人 伐至不仁 何不祥之有 乃拔神劍擬其鳥 割裂而墜於座前 於是 定方出左涯 垂山而陣 與之戰 百濟軍大敗"

는 것이고, 김유신의 설득은 위의 인용문 내용임을 알 수 있다. 그리고 여기에 더하여 칼을 겨누는 것만으로 새를 떨어뜨리는 김유신의 능력에 대한 설명도 들어 있었다. 이 서사는 본래 행록에 있던 것으로서 신라본기는 신비적 내용을 삭제하고 간추려 정리하였고, 『삼국유사』는 원전을 그대로 채록하였다. 이는 태종 시호 기사와 같은 양상이다.

(5) 661년 고구려 원정

전술한 문무왕 원년(661) 고구려 원정 기사를 보면, 김유신이 출정에 앞서 불사에 가서 문을 닫고 홀로 앉아 여러 날 분향한 뒤에 나와서는 죽지 않고 돌아올 수 있다고 예언했다는 내용이 있다. 이 역시 김유신의 예지력을 보여주는 사례인데, 성부산 설화처럼 주술적 내용을 불교적으로 손질하였다.

또한 식량을 싣고 고구려 경내로 진입한 후 군사들을 독려하면서 "마음으로 맹세하고 하늘에 고하여 음조(陰助)를 기약한다"라고 한 것은 그가 입산하여 하늘에 힘을 달라고 한 것이나 성부산에서 행한 기도와 같은 맥락을 가진다. 음조의 구체적인 상황은 나타나지 않지만, 원전에는 성부산 설화처럼 이를 불러오는 김유신의 능력과 관련된 서사가 있었을 것이다.[75]

(6) 사비성 반란 진압

열전에는 문무왕 4년(664) 3월 사비성이 반란을 일으키자 웅진도독부가 토벌에 나선 기사가 있다. 그런데 당시 짙은 안개로 싸우지 못하자 이를 김유신에게 알렸고, 이에 김유신이 '음모(陰謀)'를 주어 극복했다고 한다. 당시 김유신이 주었다는 음모의 내용은 알 수 없지만, 문맥상 작전에 방해가 된 안개를 걷게 하는 주술적 행위로 짐작된다. 원전에는 그 내용이 있었으나 열

---

75 성부산 설화의 '神術'이 열전 기사에서는 '陰助'로 바뀐 것을 볼 때, 이 기사의 '음조' 역시 본래 김유신의 '신술'이었을 것으로 추정된다.

전 편집 때 삭제한 것으로 보인다. 신라본기에는 사비성의 반란과 웅진도독부의 토벌 내용만 실려 있다.[76]

(7) 김유신의 사망 예고

열전에는 문무왕 13년(673) 6월 군복을 입고 무기를 든 수십 명이 김유신의 집에서 울며 나가더니 금방 사라졌는데, 이 말을 들은 김유신이 자신을 지키는 음병(陰兵)이 자신의 명이 다했음을 보고 떠난 것이라고 했다는 기사가 있다. 김유신을 호위하는 음병의 존재는 그가 신성한 존재임을 표상한다. 이 음병은 『삼국유사』 수록 취선사 연기설화에서 미추왕릉으로 호소하러 가는 김유신을 따라간 군병들과 같은 존재이다. 김유신 생전에는 그를 보호하고, 그의 사후에는 함께 나라를 진호하는 존재를 상정한 것이다.

이처럼 김유신 서사에는 그의 신성성을 표상하거나 주술적 능력을 발휘하는 사례가 다수 발견된다. 『삼국사기』는 이러한 내용이 대부분 허구라고 보고 삭제하거나 문맥과 표현을 수정하였다. 그런데 이 중에는 그 원형으로 파악되는 기사가 『삼국유사』에 실린 경우가 여럿 있어 해당 기사가 어떤 식으로 재정리되었는지를 추적할 수 있다. 이들은 대개 행록에서 채용한 것으로 보이며, 『삼국사기』 찬자가 지목한 양사(釀辭)의 대표적인 사례이다. 따라서 행록에는 이보다 훨씬 많은 주술적 서사가 들어 있었을 것이다.[77]

---

76 『三國史記』 권6, 新羅本紀6 文武王 4년 3월

77 『高麗史』 尹瓘 열전을 보면, 그가 김유신의 전기를 본 사실이 확인된다. 이때 그는 "김유신은 6월에도 강을 얼려 삼군을 건너게 했으니 이는 다른 것이 아니라 지성일 뿐이다"라고 하였다(『高麗史』 권96, 列傳9 尹瓘, "庾信 六月冰河 以渡三軍 此無他 至誠而已"). 그가 이 사적을 접한 원전이 행록이며, 여기에 6월에 강을 얼리는 神術이 등장한 것을 알 수 있다. 곧 행록에는 『삼국사기』나 『삼국유사』 등에서 확인되는 것 이상으로 그의 신술에 대한 서사가 많이 들어 있었던 것이다. 한편 김유신 사적 중 6월과 관련되는 것은 660년 백제 공멸이어서 당시 백제 도성으로 진격하는 과정에 結氷渡河의 서사가 있었음을 추론할 수 있다.

5부
9세기 중반 삼한일통의식의 출현

1장_ 흥덕왕대 체제 정비와 김유신 추봉
2장_ 신무왕-문성왕대 정치 변동과 삼한일통의식의 출현

1장_ 흥덕왕대 체제 정비와 김유신 추봉

1. 헌덕왕-흥덕왕대 체제 위기와 대응

1) 김헌창·범문의 난

8세기 말 혜공왕이 피살되면서 무열왕계가 단절되고 내물왕의 후손인 선덕왕과 원성왕이 잇달아 즉위하였다. 선덕왕은 성덕왕의 외손이었기 때문에 무열왕계와 친연성이 있었다. 하지만 그러한 관련성이 없던 원성왕은 무열왕계인 김주원(金周元)을 누르고 왕이 되었다. 즉위 후 김주원을 명주군왕(溟州君王)에 봉하고 무열왕과 문무왕을 불천지주로 유지한 것은 기존 무열왕계를 압도할 정도의 입지를 확보하지는 못한 사정을 보여준다.

원성왕의 태자 인겸(仁謙)이 일찍 죽자 인겸의 아들 준옹(俊邕)이 왕위를 이었다(소성왕). 소성왕이 재위 2년 만에 죽자 그의 아들 청명(淸明)이 13세 나이로 즉위하였다(애장왕). 애장왕은 무열왕과 문무왕을 별묘(別廟)로 분리하고, 시조대왕과 자신의 직계 4대조로 오묘를 구성하는 개편을 단행하였다.[1]

---

1   『三國史記』 권10, 新羅本紀10 哀莊王 2년 2월

이는 무열왕계를 대신해 성립한 원성왕계의 왕통과 권위를 확립하고, 그 후
계자라는 명분을 통해 어린 나이에 즉위한 애장왕의 입지를 강화하려는 의
도로 해석된다.[2]

그러나 애장왕은 재위 10년 만에 숙부인 상대등 언승(彦昇) 등에 의해 피
살되었고, 언승이 그 뒤를 이어 즉위하였다(헌덕왕). 헌덕왕의 즉위는 무력에
의한 왕위 쟁탈이 본격화되는 것을 의미하였다. 그리고 이것은 지방사회를
토대로 한 도전으로 이어졌는데, 그 산물이 바로 김헌창(金憲昌)의 난이다.[3]

웅천주도독(熊川州都督)으로 재임하던 김헌창은 아버지 김주원이 원성왕과
의 경쟁에서 밀려 왕이 되지 못한 것에 불만을 품고 헌덕왕 14년(822) 3월
반란을 일으켜 국호를 장안(長安), 연호를 경운(慶雲)이라 하였다. 그는 무진
주(武珍州)·완산주(完山州)·청주(菁州)·사벌주(沙伐州)의 도독(都督)과 국원경(國
原京)·서원경(西原京)·금관경(金官京)의 사신(仕臣), 그리고 여러 군현의 수령까
지 복속시키며 세력을 떨쳤으나 결국 토벌군에 의해 웅진이 함락되면서 진
압되었다.[4]

김헌창의 반란은 그의 아버지가 왕위 계승에서 밀린 것이 주된 이유로 제
시되어 있지만, 이보다는 김헌창 자신이 정계에서 소외된 것이 본질적인 이
유로 지목되기도 한다.[5] 그런데 헌덕왕의 즉위는 무력으로 왕위를 차지할 수
있다는 가능성을 보여준 것이었고, 이것은 김헌창에게 왕위 도전의 동기를

2   애장왕대 五廟 개정의 핵심은 기존 구성 원리를 따를 경우 탈락할 상황이었던 曾祖 원성왕
     의 신위를 존속시키는 데 있었다. 이것은 하대 왕실의 출발인 원성왕의 위상과 그 후손의
     권위와 관련된다(채미하, 2008「애장왕대 오묘제의 경정」『신라 국가제사와 왕권』혜안, 213
     쪽 ; 최홍조, 2009「新羅 哀莊王代의 政治改革과 그 性格」『韓國古代史硏究』54, 311-312쪽).
3   金憲昌 난의 역사적 의미를 다룬 논고로는 다음이 있다.
     黃善榮, 1998「新羅 下代 金憲昌 亂의 性格」『釜山史學』35
     金甲童, 1999「百濟遺民의 動向과 羅末麗初의 公州」『역사와역사교육』3·4합
     朴勇國, 2005「新羅 憲德王代 金憲昌의 난과 晋州地域」『退溪學과 韓國文化』37
     朱甫暾, 2008「新羅 下代 金憲昌의 亂과 그 性格」『韓國古代史硏究』51
4   『三國史記』권10, 新羅本紀10 憲德王 14년 3월
5   金東洙, 1982「新羅 憲德 興德王代의 改革政治」『韓國史硏究』39, 39쪽

부여하기에 충분하였다. 따라서 김주원의 실패가 김헌창의 난에 본원적인 배경이 되었음은 부정할 수 없다.

그가 중앙 정계에서 밀려나 외직에 머물게 된 것은 정변 대신에 지방 반란을 선택하는 토대가 되었다. 애장왕 8년(807) 시중으로 있던[6] 그는 헌덕왕 5년(813)에 무진주도독으로 나갔다가[7] 이듬해 들어와 다시 시중이 되었고,[8] 동왕 8년(816)에는 다시 청주도독으로 나갔다.[9] 그리고 동왕 13년(821) 4월에 웅천주도독으로 옮겼다.[10]

김헌창은 이듬해 3월 거병했으므로 웅천주도독이 된 지 1년이 되지 않아 반란을 일으킨 셈이다. 이것은 그의 반란이 이전부터 계획된 것임을 시사한다. 그가 거병한 웅천주 외에 무진주와 완산주, 청주 등의 도독이 곧바로 세력권에 들어온 것은 그가 앞서 여러 곳의 도독을 역임하는 과정에서 반란을 준비했기에 가능하였다.

흥미로운 것은 김헌창이 도독으로 나간 지역이 구 백제 지역과 일치하며, 이들이 반란 세력의 중심을 형성했다는 점이다. 그가 거병한 웅천주(공주)는 사비 천도 이전 백제의 도읍이었고, 백제 멸망 당시 의자왕이 마지막 항전을 벌인 곳이다. 백제 멸망 후 당은 그 땅을 통치하기 위한 거점으로 웅진도독부(熊津都督府)를 설치하였고, 이를 접수한 신라도 주(州)를 두었다. 그만큼 웅천주는 사비보다 백제의 상징성이 더 뚜렷한 곳이었다.

한편 김헌창은 웅천주도독으로 옮겨오기까지 청주(진주)에서 5년이나 재임하였다. 아버지가 왕위 계승에서 밀린 데 대한 불만과 더불어 오랫동안 외직에 머문 것이 반란의 직접적인 계기가 되었을 것이라고 보면, 오래 재임하

---

6 『三國史記』권10, 新羅本紀10 哀莊王 8년 정월, "伊湌金憲昌[一作貞]爲侍中"

7 『三國史記』권10, 新羅本紀10 憲德王 5년 정월, "以伊湌憲昌爲武珍州都督"

8 『三國史記』권10, 新羅本紀10 憲德王 6년 8월, "武珍州都督憲昌 入爲侍中"

9 『三國史記』권10, 新羅本紀10 憲德王 8년 정월, "侍中憲昌出爲菁州都督"

10 『三國史記』권10, 新羅本紀10 憲德王 13년 4월, "侍中金忠恭卒 伊湌永恭爲侍中 菁州都督憲昌改爲熊川州都督"

던 청주에서 반란 계획이 수립되고 세력 기반도 어느 정도 형성되었을 것으로 생각된다.

『삼국사기』 지리지에서 청주, 곧 강주(康州)는 신라로 분속(分屬)되어 있다. 그러나 지리지의 삼국 분속은 의도적으로 9주를 삼국에 3주씩 나누어 귀속시킴으로써 '통일'의 인식을 유도한 것일 뿐, 실제 해당 지역의 연원적 귀속과는 차이가 있다. 7세기 전쟁 때 전선이 형성되었던 거열성(居列城: 거창)이 백제 땅으로 인식되었고, 강주 지역 또한 백제 권역으로 파악된다.[11]

이처럼 김헌창은 청주와 웅천주를 연결하면서 주 세력권을 형성하였고, 이를 바탕으로 주변 지역까지 영향을 미쳤다. 여기에 그가 한때 도독으로 재임하던 무진주(광주)와 그 사이에 있는 완산주(전주)까지 아우를 수 있었다. 결국 김헌창의 난이 옛 백제 지역을 토대로 하였다고 해석하는 데 무리는 없다.

이러한 특징과 관련하여 김헌창이 구 백제 지역의 민심을 활용하여 거병했을 가능성이 제기된다. 김헌창의 난이 지방사회의 동향과 무관하지 않을 것이라는 판단에서 볼 때, 백제 유민의 반란 참여를 유추해 볼 수 있다. 이는 견훤의 후백제 건국을 통해 뒷받침된다.[12]

하지만 신라의 왕위 경쟁에서 밀려난 김주원의 아들인 김헌창이 후일 견훤의 경우처럼 직접 백제계승의식을 표방할 수는 없었다. 그가 '장안(長安)'이라는 새 국호를 제시한 만큼, 반란 과정에서 백제계승의식이 현실적으로 작용할 여지는 크지 않다. 웅천주 함락으로 반란이 손쉽게 마무리된 것도 반란과 기층 사회와의 연계성이 높지 않았음을 보여준다.

청주나 무진주, 사벌주 등이 반란에 가담했다고 하여 해당 주가 관할하는

---

11 윤경진, 2012 「『三國史記』 地理志 수록 군현의 三國 分屬」 『韓國史學報』 47 ; 2012 『高麗史 地理志의 分析과 補正』 여유당

12 김헌창의 난에 대한 연구는 가담 지역과 관련하여 백제 유민과의 관련성을 지적하는 경우가 많은데(황선영, 1998 앞의 논문, 6-8쪽 ; 김갑동, 1999 앞의 논문, 314-317쪽), 독자 국호를 채용한 것은 백제 유민은 물론 고구려 및 가야 유민까지 포괄하는 지향을 가진 것으로 보는 견해도 있다(주보돈, 2008 앞의 논문, 255-256쪽).

지역이 반란의 영향권에 들었다거나 지역 주민들의 호응이 있었다고 볼 수는 없다. 이것은 해당 지방관이나 군사 관계자들의 정치적 선택의 관점에서 해석할 문제이다. 가담 지역이 광범위해 보임에도 반란이 단기간에 진압되었고, 가담 지역에 대한 특별한 사후 조치도 나타나지 않는 것은 이 때문이다. 이러한 조건을 고려할 때 반란 과정에 백제와 관련된 의식이 직접 작용하지는 않았으며, 실제 백제 유민과의 관련성도 별로 없었을 것으로 생각된다.

그러나 실제 내용과 별개로 구 백제의 거점에서 발생한 반란의 경험이 궁극적으로 백제계승의식을 재생, 또는 확산시켰을 가능성은 충분하다. 김헌창의 난은 지방에서 새로운 국가 건설을 도모한 것이었던 만큼, 이 지역 주민들도 신라에 맞서 다시 그들의 나라를 세우겠다는 지향을 가질 수 있기 때문이다. 한편 중앙 정부의 관점에서 지방 반란은 국가 분열의 위기를 가져오는 것이었다. 그것이 직접 백제와 관련되지 않았다 하더라도 국가 분열은 과거 삼국이 상쟁을 벌이던 상태로 회귀한다는 것을 의미하였다.

헌덕왕 17년(825)에 발생한 범문(梵文)의 난은 이러한 문제를 더 선명하게 드러내었다. 김헌창의 아들 범문은 고달산적(高達山賊)과 함께 반란을 일으키고 평양(平壤)에 도읍하기 위해 북한산주(北漢山州)를[13] 공격했다가 도독 총명(聰明)에 의해 진압된 것으로 정리되어 있다.[14]

여기서 평양은 후대에 남평양(南平壤), 곧 양주(楊州)로 해석되고 있는데, 이는 『삼국사기』 찬자가 이곳이 양주라고 고증해 놓은 데 기인한다. 하지만 이 평양은 고구려 도읍으로 보는 것이 타당하다. 신라의 군사력이 모여 있는 패

---

13 범문은 평양에 도읍하기 위해 北漢山州를 공격했다고 되어 있는데, 이 당시에 북한산주는 없으며 헌덕왕 8년(816) 기사에 漢山州가 나온다. 북한산주는 평양을 楊州로 이해하는 전제에서 설정된 것이며, 범문이 공격한 곳도 실제로는 한산주로 파악된다. 당시 범문은 한산주를 장악한 후 한강과 서해 항로를 이용하여 평양으로 가고자 했으나(윤경진, 2022① 「삼국-신라 후기 한강 항로의 운용」 『歷史學報』 253, 24-26쪽) 한산주 공략에 실패함으로써 좌절되었다.

14 『三國史記』 권10, 新羅本紀10 憲德王 17년 정월, "憲昌子梵文與高達山賊壽神等百餘人 同謀叛 欲立都於平壤 攻北漢山州 都督聰明率兵 捕殺之[平壤 今楊州也 太祖製庄義寺齋文 有高麗舊壤平壤名山 之句]"

강진(浿江鎭) 남쪽에 반란 세력이 나라를 세운다는 것은 현실성이 없기 때문이다.[15]

평양에 도읍하려는 범문의 행보는 당연히 고구려 계승과 연관될 수밖에 없다. 『삼국사기』에 인용된 고려 태조의 「장의사재문(庄義寺齋文)」에는 "고려의 옛 땅, 평양의 명산[高麗舊壤 平壤名山]"이라는 구절이 있는데, 이 구문은 고려(고구려)와 평양이 연결되는 인식 구조를 보여준다. 마찬가지로 범문의 평양 도읍 시도는 고구려 계승의 이념을 내포한다. 웅천주에서 발생한 김헌창의 난은 직접 백제 계승의 면모를 보이지는 않았다.

웅천주는 그가 도독으로 있던 곳으로서 거점이 되었던 반면, 범문은 거병 후 평양으로 이동하여 도읍하는 것을 목표로 삼았다. 이는 김헌창이 웅천주를 도읍으로 삼았음에도 이곳에 잠재해 있던 백제계승의식을 적절히 이용하지 못한 실책을 거울삼아 고구려 계승을 표방하려는 의도로 짐작된다. 여기에 현실적으로 신라 경내에서는 국가 건설이 어렵다고 판단하고 영토 밖에서 이를 도모한 측면도 생각할 수 있다. 설령 반란 당시에 그것이 구체적으로 나타나지 않았더라도 반란의 전개 과정에서 그 방향으로 발전할 여지는 충분하다. 그리고 무엇보다 반란을 진압하는 정부 입장에서는 그러한 위험성이 더 첨예하게 인식될 수밖에 없다.

이처럼 김헌창·범문 부자의 반란은 7세기 전쟁 후 처음으로 지방에서 새 국가 건설을 도모한 것이었다. 이것은 그 자체가 백제와 고구려에 대한 계승의식을 현실화한 것은 아니었지만, 반란으로 인한 국가 분열이 그러한 방향으로 발전할 수 있다는 우려를 낳았다. 따라서 신라 정부는 무력으로 반란을

---

15 최근 南平壤은 고려가 고구려 영토의 남방 경계를 한강으로 파악하면서 신라 이래의 '평양 이남 백제토지'와 양립시키기 위해 설정한 것으로 파악되었다(윤경진, 2017 「고구려 '南平壤'의 실체와 출현 배경」 『서울과역사』 95). 한편 고구려의 남방 영토의식과 이에 대한 고려의 인식은 윤경진, 2020 「고구려·고려의 영토의식과 한강 : 고구려의 한강이남 영유 문제에 대한 새로운 접근」 『서울학연구』 81 참조.

진압함과 아울러 체제 위기를 수습하기 위한 정책적 방안을 모색하게 되었다. 이러한 작업은 헌덕왕을 이어 즉위한 흥덕왕대에 본격화되었다.

2) 흥덕왕대의 군진 설치와 체제 정비

헌덕왕의 친동생인 수종(秀宗: 흥덕왕)은 헌덕왕 14년(822) 정월 부군(副君)으로 임명되었다.[16] 부군 임명은 헌덕왕의 정치에 대해 확실한 협조자를 마련하는 것이었다. 수종의 부군 임명에 대해서는 그가 월지궁(月池宮)에 들어간 것과 관련하여 태자가 된 것으로 보는 것이 일반적이다. 그런데 헌덕왕이 충공(忠恭)의 딸을 태자비로 맞이한 기사에 근거하여[17] 부군과 태자를 구분하고 당시 헌덕왕의 태자가 따로 있었다고 보는 견해도 있다.[18]

그런데 개념상 부군은 태자와 구분되지 않는다. 같은 내용을 전하는 녹진(祿眞)열전의 기사에는 수종이 '저이(儲貳)'로 지칭되고 있으며, 같은 열전의 다른 기사에서는 '저군(儲君)'으로도 나온다. 저이는 저부(儲副)라고도 하며,[19] 태자나 세자 등 후계자를 나타내는 일반적인 말이다. 부군 또한 후대의 기록이지만 태자 및 국저(國儲)와 같은 의미로 제시한 기사에서 알 수 있듯이 저군과 같은 말로 볼 수 있다.[20] 따라서 부군이 특별한 제도적 의미를 가졌다고 보기 어렵다.

수종이 정월에 부군이 되고 곧이어 3월에 충공의 딸을 태자비로 맞이했다는 것도 부군과 태자가 동일인이라는 것을 시사한다. 그렇다면 수종은 동생

16 『三國史記』 권10, 新羅本紀10 憲德王 14년 정월, "以母弟秀宗爲副君 入月池宮"
17 『三國史記』 권10, 新羅本紀10 憲德王 14년 3월, "聘角干忠恭之女貞嬌 爲太子妃"
18 조범환, 2010 「신라 하대 憲德王의 副君 설치와 그 정치적 의미」 『震檀學報』 110
   김병곤, 2013 「신라 헌덕왕대의 副君 秀宗의 정체성과 太子」 『東國史學』 55
19 『高麗史』 권7, 文宗 7년 11월 己丑, "太子 國之本也 定立儲副 嫡庶有別 所以重宗統 一民心也"
20 『仁祖實錄』 권8, 仁祖 3년 정월 14일(癸亥), "太子國儲副君"

의 딸과 결혼한 셈이다. 이것은 후계자로서 흥덕왕의 지위를 확증하는 동시에 그다음 왕위는 충공으로 간다는 것을 예정하는 조치로 해석된다.

후술하듯이 최치원이 찬술한 「봉암사지증대사비」에는 충공이 '선강태자(宣康太子)'로 나온다. 그는 아들 김명(金明: 민애왕)이 왕위에 오른 뒤 선강대왕으로 추봉(追封)되었다. 그가 태자로 불린 것은 흥덕왕의 후계자로 지명되었다는 뜻이다.[21] 이렇게 보면 헌덕왕대 부군과 태자 모두 수종을 가리킨다고 보는 데 무리가 없다.

수종이 부군이 된 지 두 달 뒤인 3월에 김헌창의 난이 발생하였다.[22] 따라서 수종은 부군으로서 반란의 수습에 중요한 역할을 했을 것이다. 그리고 그는 즉위 후 반란으로 인한 후유증을 극복하고 국가 분열을 막을 방안을 모색하였다.[23]

그 산물로 우선 주목되는 것이 청해진(淸海鎭)과 당성진(唐城鎭) 등 지방 군진(軍鎭)의 설치이다. 흥덕왕 3년(828) 4월 궁복(弓福: 張保皐)의 요청에 따라 완도에 청해진을 두었다. 장보고열전에는 신라인들이 해적에게 잡혀 중국에 노비로 팔려 가는 것을 막기 위한 것으로 서술되어 있다. 하지만 흥덕왕이 그에게 군사 1만을 주어 진을 설치한 것은 지방에 새로운 군사 거점을 확보

---

21 이로 보아 헌덕왕이 애장왕을 죽이고 즉위하는 데에는 형제들의 협조가 있었고, 이에 동생들에게 왕위를 물려주기로 미리 약속한 것으로 짐작된다. 그런데 충공은 왕위를 물려받기 전에 죽었고, 이로 인해 均貞과 悌隆 사이에 왕위쟁탈전이 벌어지게 되었다. 이에 대해서는 5부 2장에서 자세히 다룰 것이다.

22 수종의 부군 임명, 김헌창의 난, 그리고 충공의 딸을 태자비로 들인 것이 거의 같은 시점이라는 것은 이들이 서로 밀접히 관련됨을 시사한다. 수종의 부군 임명은 헌덕왕 형제들의 왕위 독점을 의미하는 것이었다. 김헌창은 이를 계기로 거병하였고, 헌덕왕은 반란이라는 위기 상황에 맞서 서둘러 충공의 딸을 태자비로 들여서 형제의 정치적 결합을 더욱 공고히 한 것이다.

23 흥덕왕대의 개혁정치가 김헌창의 난으로 촉발된 정치적 위기를 타개하는 데 일차적인 목표가 있었음은 널리 지적되고 있다(김동수, 1982 앞의 논문 ; 李基東, 1991 「신라 흥덕왕대의 정치와 사회」 「國史館論叢」 21).

함으로써 무력의 측면에서 지방 통제를 강화하는 것으로 평가된다.[24]

신라의 지방군 운영체계는 확실하지 않지만 군(郡)을 매개로 기초 단위가 편성되고 주(州)를 단위로 광역의 군사 운영이 이루어졌던 것으로 파악된다. 헌덕왕 11년(819) 초적(草賊)이 많이 발생하자 도독과 태수로 하여금 잡도록 한 기사는 주와 군의 행정체계가 군사적으로도 운영되었음을 보여준다.[25] 이 원리는 고려에서 외관 설치 군현을 매개로 군사도(軍事道)가 편성되고, 그 상급 체계인 계수관(界首官)을 단위로 군사 운영이 이루어진 것에서 유추할 수 있다.[26]

김헌창의 난은 지방 군사권을 쥔 도독의 지위를 이용하여 정부에 반기를 든 것이었다. 청주와 완산주, 무진주 등이 반란에 합류한 것도 같은 맥락이다. 도독의 군사권이 반란의 근거가 될 수 있다는 것이 확인된 것이다. 이런 상황에서 지방을 군사적으로 직접 제어할 수 있는 진을 새로 설치한 것은 한편으로 기존에 도독이 장악하고 있던 지방 군사권을 분할·견제하는 의미가 있다. 이로 미루어 신설 군진은 도독의 지휘를 받지 않고 중앙 정부와 직결되어 운영되었을 것으로 추측된다.

청해진이 설치된 이듬해 당성진이 설치된 것도 같은 맥락이다. 청해진과 당성진은 김헌창의 난이 일어난 지역을 남북에서 견제할 수 있는 곳에 자리하고 있다. 곧 두 진은 해당 지역에서 재차 반란이 발생하지 않도록 사전에

---

24 청해진 연구는 대부분 장보고의 정치적 활동 및 해상 무역과 관련하여 이루어졌으나 설치 배경과 관련하여 장보고열전의 내용을 전적으로 채용하는 것은 곤란하다. 지방통치의 관점에서 다른 鎭의 일반적 성격과 연계하여 이해하는 작업이 필요하다. 청해진을 포함한 신라 하대 鎭에 대해서는 다음 논고들이 참고된다.
　　배종도, 1989「新羅下代의 地方制度 개편에 대한 고찰」『學林』11
　　全德在, 1997「新羅 下代 鎭의 設置와 性格」『軍史』35
　　尹載云, 1999「新羅 下代 鎭의 再檢討」『史學研究』58·59합
　　한준수, 2009「신라 中·下代 鎭·道·府의 설치와 체제 정비」『韓國學論叢』31
25 『三國史記』권10, 新羅本紀10 憲德王 11년 3월, "草賊遍起 命諸州郡都督太守 捕捉之"
26 윤경진, 2004「고려전기 界首官의 운영체계와 기능」『東方學志』126

통제하는 기능과 함께 실제 반란이 일어나면 이를 곧바로 제압할 수 있는 장치였다.[27]

이러한 기능과 관련하여 두 진의 위치가 주목된다. 우선 두 진은 신라의 교통로에서 육로에서 해로로 나아가는 길목의 배후에 자리한다. 청해진은 왕경에서 무주를 거쳐 해로로 나아가는 경로와 관련된다. 신라말 당에 유학한 선승들이 돌아오는 경로를 보면 대개 영산강 어귀의 회진(會津)을 거치고 있다. 이러한 입지는 해상 교통과 무역을 제어하는 기능을 내포하며,[28] 동시에 국내 정치에 군사적으로 용이하게 개입할 수 있는 기반을 제공한다.

장보고의 지원을 받은 우징(祐徵: 신무왕) 세력은 민애왕 원년(838) 3월 처음 왕경 공격에 나섰을 때 가장 먼저 무주를 공격하고, 무주에서 항복을 받아낸 뒤 이어서 남원을 공격하였다. 그리고 11월 2차 출정에서 다시 무주를 거쳐 대구로 진격한 뒤 왕경으로 진입하였다. 이는 당시 왕경과 청해진을 연결하는 경로를 잘 보여준다.[29]

이와 함께 영산강 하구에서 다시 해로를 이용하여 사천만에 상륙하여 강주(진주)를 거쳐 왕경으로 가는 경로도 파악된다. 「고달원원종대사비」에는 원종대사(元宗大師) 찬유(璨幽)가 당에서 귀국한 후 강주 덕안포(德安浦)를 거쳐 봉림산문(鳳林山門)의 진경대사(眞鏡大師) 심희(審希)를 만나러 가는 행적이 실려 있다.[30] 덕안포는 봉림산문이 자리한 창원 일대로 보는 경우가 많으나 문무왕 3년(663) 신라가 거열성(거창) 방면을 경략할 때 함께 덕안성(德安城)을 공격한

---

27 김동수, 1982, 앞의 논문, 43쪽
　황선영, 1998, 앞의 논문, 20-21쪽
　김호범, 2007 「신라 흥덕왕대의 청해진 설치 배경」『歷史學硏究』29, 64-71쪽
　김동수와 황선영은 두 진의 지리적 위치를 통해 김헌창의 난과 관련됨을 추론하였고, 김호범은 김헌창의 난에 해상 세력이 가담한 것이 청해진 설치의 한 배경이 되었다고 보았다.
28 같은 맥락에서 穴口鎭은 한강 항로와 연결된다. 이를 통해 신라후기의 진이 서해로 나가는 포구와 연계되어 있음을 짐작할 수 있다(윤경진, 2022① 앞의 논문, 17-21쪽).
29 『三國史記』권44, 列傳4 金陽
30 『譯註羅末麗初金石文』高達院元宗大師碑, "貞明七年秋七月 達康州德安浦 逕詣鳳林 歸覲眞鏡大師"

사실로 미루어[31] 진주 방면으로 보는 것이 적절하다.[32]

이처럼 청해진은 왕경에서 대구와 남원, 무주를 거치거나 강주를 거쳐 바다로 나아가는 경로를 아울러 제어할 수 있는 위치에 있었다. 완도에 군진을 설치함으로써 요새의 성격을 갖추었고, 유사시에 군대를 내어 지방 거점인 무주와 남원을 차례로 공략할 수 있었다. 그만큼 지방사회를 군사적으로 제어하는 기능도 뚜렷하였다.

한편 당성진은 계립령을 넘어 지금의 아산만을 통해 서해로 나아가는 위치에 있으며, 충주 방면에서 바다로 나갈 수 있는 최단 경로를 구성한다.[33] 이로 보아 당성진도 청해진과 같은 기능을 가지고 있었을 것인데, 충주로 가는 교통로와 더불어 웅주 방면을 제어할 수 있다.

이처럼 흥덕왕대의 군진 설치는 지방에 새로운 군사 거점을 마련하는 조치였다. 이는 기존의 9주 중심으로 편성되던 지방 군사 운영체계를 재편한 것이었다. 특히 이들이 왕경에서 바다로 나가는 교통로의 교두보에 자리함으로써 항로와 무역 활동에 대한 제어 기능을 확보하는 한편, 그와 연결된 육상 교통로를 통해 국내 상황에 군사적으로 대응할 수 있는 기반을 제공하였다. 이는 김헌창의 난과 같은 광범위한 지방 반란의 재발을 막고 지방사회

---

31 『三國史記』권6, 新羅本紀6 文武王 3년 2월, "欽純天存領兵 攻取百濟居列城 斬首七百餘級 又攻居勿城沙平城降之 又攻德安城 斬首一千七十級"

32 후삼국 시기 고려는 나주를 거점으로 강주(진주) 방면을 경략했는데, 이를 통해 나주 지역에서 강주까지 해로를 거쳐 신라 왕경으로 이어지는 경로를 유추할 수 있다(『高麗史』권1, 太祖 10년 4월 壬戌, "遣海軍將軍英昌 能式等 率舟師 往擊康州 下轉伊山老浦平西山突山等四鄉 虜人物而還").

33 그동안 이곳은 진흥왕대 이후 신라가 중국과 통교하는 길목이었던 党項城과 같은 곳으로 파악되었다. 그런데 당항성과 당성은 지명 원리가 전혀 다르고, 당시 백제와 고구려가 접경하며 충돌한 상황과도 맞지 않는다. 668년 고구려 원정 때 劉仁軌는 党項津으로 도래했는데, 당시 신라가 확보한 한강 항로를 두고 당성까지 우회할 이유가 없다. 이에 당항성은 한강으로 비정하는 것이 타당하다(윤경진, 2021「7세기 초 신라 당항성(党項城)의 위치 재론(再論): '당성(唐城)'설 비판과 '한강(漢江)'설 제기」『歷史와實學』76). 나아가 통설과 달리 당시 신라가 당성을 포함하는 경기 서남부 지역을 확보했다는 근거가 없다는 사실도 지적되었다(윤경진, 2022②「7세기 전반 삼국의 경계: 신라의 경기도 서남부 영유설 비판」『역사문화연구』83).

에 대한 안정적인 통제를 위한 방안으로 평가된다. 우징의 왕경 공격이나 장보고의 난은 이것이 역으로 작동한 사례이다.

한편 흥덕왕대에는 민심 수습을 위한 노력도 두드러지게 나타났다. 우선 다음 기사가 주목된다.

> 한산주 표천현의 요사한 사람이 말하기를 "빨리 부자가 되는 방법이 있다"라고 하니 사람들이 자못 현혹되었다. 왕이 듣고 말하기를, "좌도로 사람을 현혹하는 자를 처벌하는 것은 선왕의 법이다"라고 말하고 그 사람을 먼 섬에 유배 보냈다.[34]

위 기사는 흥덕왕 3년(828) 민심을 현혹한 사람에 대해 흥덕왕이 직접 강력한 처벌을 지시한 내용을 담고 있다. 흥덕왕이 좌도(左道)로 지목한 것은 넓게 보면 백성을 선동하여 반란을 일으키는 문제로도 연결된다. 특히 6년 전에 김헌창의 난이, 3년 전에 범문의 난이 발생한 점을 고려하면, 흥덕왕의 조치는 지방 민심의 동요를 가라앉히기 위한 것으로 평가할 수 있다.

다음 자료도 이러한 이해와 연결된다.

> 흥덕대왕께서 왕위를 이어받고 선강태자께서 국사를 돌보시니 사악한 것을 없애고 나라를 바로잡아 선을 즐기고 왕가를 기름지게 하였다.[35]

위의 기사는 최치원이 찬술한 「봉암사지증대사비」의 일부로서 흥덕왕의 정치를 "사악한 것을 없애고 나라를 바로잡는것[去邪豎國]"으로 평가하고 있

---

34 『三國史記』 권10, 新羅本紀10 興德王 3년 4월, "漢山州瓢川縣 妖人自言有速富之術 衆人頗惑之 王聞之曰 執左道以惑衆者 刑之 先王之法也 投畀其人遠島"
표천현은 『삼국사기』 지리지에는 보이지 않는 지명이다. 이에 대해서는 신라 연혁이 未詳인 고려의 平澤縣에 비정하는 견해가 있다(윤경진, 2012 앞의 책, 274쪽). 혹 662년 평양으로 양곡을 운반하는 사적에 등장하는 瓢河와 연결하면 임진강 방면으로 비정할 여지도 있다.
35 『譯註韓國古代金石文』 鳳巖寺智證大師碑, "興德大王纂戎 宣康太子監撫 去邪豎國 樂善肥家"

다. 이를 통해 흥덕왕이 강력한 이념 정책을 구사했음을 추측할 수 있다. '거사(去邪)'의 지향은 앞서 인용한 기사처럼 혹세무민에 대한 강력한 처벌로 나타났지만, 정치 이념의 측면에서 보면 반란의 소지를 이념적으로 차단하고 체제 통합의 당위성을 강조하는 방향으로 구현될 수 있었다.

한편 흥덕왕 후반기에는 계속 재해가 발생하였다. 흥덕왕 7년(832) 봄부터 여름까지 가뭄이 이어졌고,[36] 그 여파로 8월에는 기근이 들어 도적이 발생하였다.[37] 이에 흥덕왕은 10월에 사신을 파견하여 안무하도록 하였다.[38]

하지만 기근은 이듬해 봄까지 이어졌고,[39] 10월에는 역병으로 많은 사상자가 발생하였다.[40] 동년 11월 시중 윤분(允芬)이 물러나고[41] 흥덕왕 9년(834) 정월에 우징이 다시 시중이 되는 것도[42] 이러한 사태를 수습하는 과정으로 짐작된다.

흥덕왕은 동년 9월 서형산(西兄山) 아래에서 대열(大閱)을 베풀었고,[43] 10월에는 남쪽의 주군에 행차하여 노인들과 환과고독(鰥寡孤獨)을 위로하고 곡식과 포를 내려주었다.[44] 연달아 이루어진 두 조치는 지방사회 안정을 위한 양면적인 정책을 잘 보여준다.

대열을 행한 것은 군사적 측면에서 통치자로서 국왕의 입지를 확인하고 무력을 통한 지방 통제의 의지를 표명한 것이다. 이는 즉위 초반에 군진을 설치한 의도와도 연결된다. 한편 직접 남쪽의 주군을 순행하여 백성을 위무한 것은 군사적 강경책과 별도로 온건한 위무책을 통해 민심을 수습한다는

---

36 『三國史記』권10, 新羅本紀10 興德王 7년, "春夏旱 赤地 王避正殿 减常膳 赦內外獄囚"

37 『三國史記』권10, 新羅本紀10 興德王 7년 8월, "飢荒 盜賊遍起"

38 『三國史記』권10, 新羅本紀10 興德王 7년 10월, "王命使安撫之"

39 『三國史記』권10, 新羅本紀10 興德王 8년, "春 國內大飢"

40 『三國史記』권10, 新羅本紀10 興德王 8년 10월, "民多疫死"

41 『三國史記』권10, 新羅本紀10 興德王 8년 11월, "侍中允芬退"

42 『三國史記』권10, 新羅本紀10 興德王 9년 정월, "祐徵復爲侍中"

43 『三國史記』권10, 新羅本紀10 興德王 9년 9월, "王幸西兄山下 大閱 御武平門觀射"

44 『三國史記』권10, 新羅本紀10 興德王 9년 10월, "巡幸國南州郡 存問耆老及鰥寡孤獨 賜穀布有差"

의미였다.

국왕이 직접 순행에 나서서 백성을 위로한 것은 흔치 않은 일이었다. 신라는 국가 팽창기에 국왕이 경내를 순행하는 일이 종종 있었지만, 중대 이후 국왕의 순행은 드물었다. 전쟁 종료 후 흥덕왕 이전에 국왕이 순행에 나선 것은 성덕왕과 혜공왕, 선덕왕의 사례가 보인다.

성덕왕은 동왕 10년(711) 국남(國南)의 주군을 순수(巡狩)하였고,[45] 동왕 17년(718)에는 국서(國西)의 주군을 순무(巡撫)하며 백성을 위무하였다.[46] 혜공왕은 동왕 6년(770) 서원경에 행차하면서 경로의 주현에서 사면을 행하였다.[47] 선덕왕의 사례는 한산주에 순행하여 패강진에 민호를 채운 것이다.[48]

흥덕왕의 순행은 백성 위무를 병행한 점에서 성덕왕의 사례, 특히 성덕왕 17년의 순행과 맥을 같이 한다. 하지만 성덕왕대는 신라의 전성기로서 국왕의 순행은 안정된 체제를 확인하는 의미가 컸다. 반면 흥덕왕의 순행은 지방 반란에 이어 자연재해까지 겪은 뒤로서 위기 대응의 성격이 강했다. 다시 말해 흥덕왕의 순행은 국왕이 직접 백성을 위무함으로써 체제 위기를 완화하려는 의도가 강하게 내포되어 있었던 것이다.

흥덕왕 9년(834)의 교서 또한 체제 정비의 관점에서 이해할 수 있다.

흥덕왕이 즉위한 지 9년, 곧 태화 8년에 교서를 내리기를, "사람은 상하가 있고 지위에는 존비가 있어 명례가 같지 않고 의복 또한 다르다. 풍속이 점점 어지럽고 박해져서 백성들이 다투어 사치하니, 외국 물건은 진기하다고 숭상하고 토산

---

45 『三國史記』 권8, 新羅本紀8 聖德王 10년 10월, "巡狩國南州郡"

46 『三國史記』 권8, 新羅本紀8 聖德王 17년 2월, "王巡撫國西州郡 親問高年及鰥寡孤獨 賜物有差"

47 『三國史記』 권9, 新羅本紀9 惠恭王 6년 정월, "王幸西原京 曲赦所經州縣繫囚"
   경덕왕이 태자(혜공왕)의 왕통을 확증하기 위해 조성한 「성덕대왕신종」이 이듬해에 완성되는 것을 생각하면, 서원경 순행은 성덕왕의 국서 순무를 환기하는 조치로 짐작된다. 곧 순행 자체에 목적이 있는 것이 아니라 성덕왕의 공업을 매개로 혜공왕의 위상을 보강하는 데 초점이 있었던 것이다.

48 『三國史記』 권9, 新羅本紀9 宣德王 3년 2월, "王巡幸漢山州 移民戶於浿江鎭"

은 비야하다고 도리어 싫어하여 예법은 참람함에 잃게 되고 풍속은 타락하기에 이르렀다. 감히 옛 법을 따라 명을 반포하니 만약 의도적으로 범하는 자가 있다면 나라에 정해진 형벌이 있을 것이다"라고 하였다.[49]

위의 기사에 이어 골품(骨品)에 따른 복색(服色)의 세부 규정이 구체적으로 제시되어 있다. 그리고 뒤이어 거기(車騎), 기용(器用), 옥사(屋舍) 규정이 보이는데, 이들도 흥덕왕 9년(834)에 함께 제정된 것이다(이들을 통틀어 '여복(輿服) 규정'으로 약칭함).[50]

위에서 흥덕왕은 상하(上下)·존비(尊卑)에 따라 명례(名例)와 복색이 다르다는 원론을 제시하고, 이어 당시 예법의 문란과 풍속의 타락을 지적하였다. 따라서 여복 규정은 상하·존비, 다시 말해 신분 질서를 재정비한다는 의미가 있었다. 이것은 좌도에 대한 처벌 천명 및 '거사'의 지향과 연결되며, 궁극적으로 체제 안정을 모색하는 방안이라는 점에서 같은 시기에 이루어진 대열 및 순행과 궤를 같이한다.[51]

이처럼 헌덕왕의 뒤를 이어 즉위한 흥덕왕은 김헌창의 난으로 야기된 체제 위기를 수습하는 데 주력하였다. 청해진과 당성진 등 군진을 설치하여 기

---

49 『三國記』권33, 志2 輿服, "興德王卽位九年 太和八年 下敎曰 人有上下 位有尊卑 名例不同 衣服亦異 俗漸澆薄 民競奢華 只尙異物之珍寄 却嫌土産之鄙野 禮數失於逼僭 風俗至於陵夷 敢 率舊章 以申明命 苟或故犯 國有常刑"

50 흥덕왕 9년의 교서와 여복 규정은 주로 골품제와 관련하여 논의되었다. 주요 논점과 연구 동향에 대해서는 채미하, 2013 「신라 흥덕왕대의 정치와 儀禮」『新羅文化』 42, 292-293쪽 참조.

51 채미하는 흥덕왕 9년의 교서가 흔들리고 있던 골품제의 모습을 그대로 인정하면서 신라 사회의 총체적인 난국을 극복하려고 한 것이라고 평가하고, 동년에 이루어진 대열과 순행 등 군사의례를 통해 자신이 반포한 교서를 대내외적으로 표방하면서 개혁 의지를 다졌다고 이해하였다(채미하, 위의 논문). 기본적으로 수긍되는 논지이지만 순행을 군사의례의 관점에서 이해한 것은 무리가 있다. 진흥왕의 巡狩는 군사의례로 생각할 여지가 있지만, 영토 확장에 따라 새로 개척한 지역을 순행하는 것이라는 특수성이 있다. 성덕왕의 경우 순수와 순행 두 사례가 보이는데, 후자에는 백성 위무가 수반되었다. 흥덕왕의 순행도 후자와 같은 경우로서 군사적 의미보다는 백성 위무의 차원에서 이해하는 것이 적절할 것으로 본다.

존의 주 외에 새로운 군사 거점을 마련함으로써 지방사회의 동요를 직접 제어할 수 있는 기반을 마련하였다. 또한 거듭된 자연재해로 민심의 동요가 우려되자 대열을 통해 강경책의 의지를 드러내는 한편, 직접 주군을 순행하여 백성을 위무하는 온건책을 병행하였다.

이러한 일련의 행보는 김헌창의 난과 같은 지방 반란이 재연될 경우 국가 분열이 초래될 수 있다는 위기의식의 산물이었다. 그런데 이러한 위기 대응은 군사적 통제나 민심 수습의 차원에서만 이루어지는 것은 아니었다. 궁극적으로 분열의 위험을 해소하기 위해서는 체제 통합의 이념적 당위를 부각하는 것이 중요하였다. 흥덕왕 9년의 여복 정비는 흐트러진 체제를 다시 추스른다는 의지를 담아낸 것이었다. 이와 더불어 통합의 당위를 역사적으로 확인하는 조치도 이루어졌는데, 그 산물이 바로 김유신을 흥무대왕(興武大王)으로 추봉한 것이었다. 다음에는 이 조치가 가지는 의미에 대해 구체적으로 살펴보기로 한다.

2. 김유신의 흥무대왕 추봉 시기와 의미

1) 흥무대왕 추봉 시기

김헌창 부자의 반란은 국가 분열의 위기 속에 체제가 삼국 병립과 같은 상태로 회귀할 가능성을 상기시켰다. 당초 삼국은 독자적인 역사의식을 가지고 있었다. 신라가 통합하고 있다 하더라도 역사의식이 분리되어 있다면 언제든지 과거로 회귀하려는 반란이 발생할 수 있었다. 이는 후일 후삼국 분열에서 현실화되지만 김헌창 부자의 반란 또한 그 가능성을 보여주었다.

이에 신라 정부는 반란의 후유증을 수습하고 또다른 반란과 분열을 막는 조치를 강구하였다. 여기에는 체제 정비와 민심 안정책에서 한 걸음 더 나아가 이념적으로 반란의 명분을 무력화하는 조치가 필요하였다. 지방 반란으로 인한 국가 분열이 결국 삼국이 정립하여 상쟁하던 역사적 경험을 되살리는 것이라고 보면, 이를 예방하는 이념적 방안은 응당 신라에 의한 통합의 정당성을 강조하는 방향에서 모색될 것이다.

삼한(三韓)은 삼국의 동질성을 표상함으로써 삼국으로 나뉜 상황이 아니라 하나로 통합된 상황이 원형임을 보여주는 역사적 근거였다. 수·당을 거치면서 중국 왕조는 '해동삼국(海東三國)'을 '삼한'이라는 동질적 연원을 가진 존재로 인식하였다.[52] 신라가 이를 수용하면서 신라의 '통일'은 삼국으로 나뉘었던 것을 다시 하나로 합치는 역사적 필연으로 자리하게 되는데, 이것이 곧 '삼한일통의식'이다.

이러한 역사의식의 전환은 단기간에 이루어지지 않는다. 자신의 역사에 대한 재인식과 더불어 그 이념을 현상화할 수 있는 매개고리가 필요하였다. 이를 보여주는 단서로 김유신을 흥무대왕으로 추봉한 조치가 주목된다. 이 매개고리는 통상 그러한 이념을 담아낼 수 있는 특정 인물을 선양하거나 상징물을 만드는 등의 작업을 통해 마련된다.

『삼국사기』 김유신열전에는 "뒤에 흥덕왕이 공을 흥무대왕으로 봉하였다"[53]라는 기사가 있다. 이 기사는 신라본기에는 나오지 않으나 「봉림사진경대사비」에 진경대사(眞鏡大師) 심희(審希)의 선조인 김유신이 '흥무대왕'으로 적혀 있어 추봉 사실을 확인할 수 있다. 그런데 『삼국유사』에는 추봉 시기가 흥덕왕대가 아니라 경명왕대로 되어 있다.[54] 이에 대해서는 『삼국사기』 기사에

52　본서 1부 1장 참조
53　『三國史記』 권43, 列傳3 金庾信 下, "後興德大王 封公爲興武大王"
54　『三國遺事』 권1, 紀異 金庾信, "至五十四景明王 追封公爲興虎大王"

따라 흥덕왕대로 보는 것이 일반적이며,[55] 『삼국유사』의 기록은 오류로 보고 있다.[56]

한편 조선초기에 찬술된 편년체 사서인 『삼국사절요(三國史節要)』와 『동국통감(東國通鑑)』에도 흥무대왕 추봉 시기가 있는데, 그 시점이 서로 다르게 되어 있다. 『삼국사절요』는 경명왕 7년(923) 11월로, 『동국통감』은 흥덕왕 10년(835) 2월로 적었다. 각각 경명왕대와 흥덕왕대로 보는 점에서 『삼국사절요』는 『삼국유사』와, 『동국통감』은 『삼국사기』와 맥을 같이 한다.

하지만 두 사서가 구체적인 연월까지 적었다는 점에서 그 근거가 무엇인지 의문이 생긴다. 『삼국사절요』와 『동국통감』을 편찬하던 시기에 『삼국사기』 및 『삼국유사』와 다른 계통의 자료가 존재하여 이 내용을 추가했다고 보기는 어렵다.[57] 그런 자료가 있었다면 두 사서에서 시점을 달리 기재할 이유가 없다. 구체적인 연월은 편집 과정에서 들어간 것으로 판단된다.

여기서 흥덕왕과 경명왕의 재위 연수가 각각 11년과 8년이라는 점이 주목된다. 주지하듯이 『삼국사기』는 즉위년칭원으로 정리되어 있다. 이를 유년칭원으로 환산하면 각각 10년과 7년이 된다. 『삼국사절요』와 『동국통감』은 즉위년칭원을 수용하고 있지만, 고려말 조선초에는 즉위년칭원을 잘못된 것으로 간주하고 유년칭원으로 고쳐 이해하는 경우가 많았다. 삼국의 역사를 편년체로 정리한 첫 사서인 권근(權近)의 『동국사략(東國史略)』에서 『삼국사기』

---

55 김유신의 흥무대왕 추봉 시기에 대한 자료적 검토는 金台植, 2006 「金庾信의 興武大王 추봉 시기」 『新羅史學報』 6 참조.

56 『삼국유사』에서 김유신 추봉 시기를 경명왕대로 본 것은 이때 건립된 「봉림사진경대사비」에 김유신이 흥무대왕으로 나오는 것을 매개로 생성된 전승을 채록한 결과로 추정하기도 한다(김창겸, 2011 「신라시대 김유신의 興武大王 추봉과 '新金氏'」 『흥무대왕 김유신 연구』 경인문화사, 235쪽).

57 두 사서가 『삼국사기』나 『삼국유사』와 다른 자료를 참고했을 가능성을 지적하는 견해도 있지만(이현태, 2006 「新羅 中代 新金씨의 登場과 그 背景」 『韓國古代史研究』 42, 239쪽), 『삼국사기』나 『삼국유사』 단계에서 파악되지 못한 자료를 조선초기에 찾아내 반영했다는 것은 현실성이 떨어진다.

의 즉위년칭원을 모두 유년칭원으로 고친 것은 그 예이다.

이런 상황에서 『삼국사절요』가 즉위년칭원을 따르더라도 다른 자료를 통해 연기를 비정해 삽입하는 경우에는 칭원법으로 인한 혼선이 발생할 수 있었다. 처음 자료를 채록할 때 유년칭원에 따라 정리한 것을 즉위년칭원으로 간주하고 그대로 넣을 수 있는 것이다.

한편 특정 왕대의 기사로서 명확한 연기를 알 수 없는 경우에는 대개 해당 왕대의 말미에 들어간다. 이러한 기사는 편집 형태로 인해 해당 국왕 말년의 기사로 오인되기도 한다. 『삼국사기』 신문왕대 기사를 보면, 신문왕 12년 7월의 훙서 기사 앞에 무열왕의 태종 시호를 둘러싼 신라와 당 사이의 논변이 들어가 있다. 이는 실제 신문왕 12년 기사가 아니라 신문왕대 사적으로 판단하여 해당 왕대 말년에 삽입한 것이다.[58]

김유신 추봉은 『삼국사기』와 『삼국유사』 모두 연기가 밝혀져 있지 않다. 따라서 이 사적을 채록할 때 해당 국왕의 말미에 넣게 되고, 이로 인해 말년 기사로 오인할 여지가 생긴다. 그리고 해당 국왕의 연기를 유년칭원으로 고쳐 인식하면 해당 기사는 즉위년칭원보다 1년 당겨진다. 최종적으로 『삼국사절요』를 편찬할 때 이 기사를 즉위년칭원에 맞추어 조정하지 않는다면 해당 기사는 말년보다 1년 앞에 들어가게 되는 것이다.[59]

그렇다면 이들 기사에 월까지 명시된 것은 어떻게 이해해야 할까. 앞서 지적했듯이 이것이 실제 연기를 자세히 밝힌 원전을 채용한 것으로 보기는 어렵다. 그렇다면 연기와 같이 월도 편집 과정에서 설정된 것으로 볼 수밖에 없다.

---

58 『삼국사절요』에서 이 기사는 『삼국사기』와 동일하게 신문왕 12년 기사로 들어가 있다. 연도가 달라지지 않은 것은 신라본기에 이미 구체적인 연기를 가진 형태로 정리되었기 때문에 편집 과정에서 문제가 생기지 않은 것이다. 한편 해당 기사의 시점이 '春'으로 된 것은 『삼국사기』에서 앞 기사가 "春竹枯"인 데 따라 동일 시점으로 판단했기 때문이다.

59 이 원리는 후술할 孝子 孫順의 경우에도 동일하게 적용된다.

『삼국사절요』는 추봉 시기가 경명왕 7년 11월로 되어 있다. 11월로 설정된 이유는 그 앞 기사에서 단서를 찾을 수 있다. 동서(同書) 경명왕 7년 기사는 7월에 김락(金樂)과 김유경(金幼卿)을 후당(後唐)에 보내 조공한 기사와 11월에 김유신을 추봉한 기사 등 두 개뿐이다. 『삼국사기』에 해당 사신 파견 기사는 경명왕 7년 7월 명지성장군(命旨城將軍) 성달(城達) 등이 태조에게 항복한 기사[60] 다음에 있으며, 동년의 마지막 기사이다. 이와 같이 특정 연도 끝에 월 표시 없이 자리한 기사는 앞 기사와 같은 월이 아닐 수 있다. 월을 모르는 기사가 해당 연도 말미에 삽입된 것일 수도 있는 것이다.

실제 사신 파견은 『구오대사(舊五代史)』에 동광(同光) 원년 11월의 일로 되어 있다. 『삼국사절요』 편찬 과정에서 이 기사를 채록한다면 사신 파견은 11월로 조정될 수 있다. 그리고 그 뒤에 김유신 추봉 기사가 월 표시 없이 정리되는 것이다. 이에 따라 『삼국사절요』 편찬을 위해 일차로 여러 자료를 편년 기사로 정리할 때 사신 파견과 김유신 추봉은 경명왕 7년 11월 기사로 함께 정리되었던 것이 아닐까 한다.

그런데 뒤이어 『삼국사기』 기사를 반영하면 사신 파견은 7월 기사로 바뀌게 된다. 곧 사신 파견은 처음에는 『구오대사』 기사를 준거로 11월 기사로 정리되었다가 최종 편집 과정에서 7월 기사로 조정된 것이다. 그리고 다른 근거 자료가 없는 김유신 추봉 기사는 그대로 남으면서 11월 기사로 정리되었다.

다음에 『동국통감』 기사는 흥덕왕 10년 2월 김균정(金均貞)을 상대등으로 삼은 기사와 효자 손순(孫順) 기사 사이에 사론(史論)과 함께 들어가 있다. 『삼국사절요』에는 김균정 기사와 손순 기사만 있고, 『삼국사기』에는 동년에 김균정 기사만 있다. 손순 기사는 『삼국유사』에서 채록한 것이다. 그런데 『삼국유사』에 손순 기사는 흥덕왕대로만 되어 있고 연기는 나와 있지 않다. 이것은 김유신 추봉 기사와 같은 상황이다. 손순 기사 또한 연기를 알 수 없어

---

60 『三國史記』 권12, 新羅本紀12 景明王 7년 7월, "命旨城將軍城達 京山府將軍良文等 降於太祖"

흥덕왕 말년 기사로 편집될 상황이었는데, 흥덕왕 11년이 아니라 10년 기사로 들어갔다. 이 역시 처음 편년 정리 때 유년칭원에 따라 조정되면서 흥덕왕 10년 기사로 들어간 것을 즉위년칭원으로 간주해 넣으면서 발생한 문제이다.

그런데 손순 기사는 월도 알 수 없는 기사이기 때문에 해당 연도의 말미에 삽입되었다. 그 결과 『삼국사절요』와 『동국통감』은 동년 2월의 김균정 기사 뒤에 넣었고, 이 때문에 2월 기사인 것처럼 보이게 된 것이다.

이때 『동국통감』은 『삼국사절요』에서 김유신 추봉 기사를 경명왕 7년에 넣은 것을 수용하지 않고 흥덕왕대 기사로 넣었다. 이 기사가 당초 『삼국사기』와 『삼국유사』에 모두 있는 것이므로 『삼국사절요』의 편년 단계에서는 두 기사가 모두 정리되었을 것이다. 그런데 『삼국사절요』는 『삼국유사』에서 가져와 정리한 기사를 채용하였고, 『동국통감』은 『삼국사기』에서 가져와 정리한 기사를 채용한 것이다.[61]

이처럼 김유신 추봉 기사는 칭원법 문제로 흥덕왕 10년 기사로 들어가게 되었는데 역시 월을 알 수 없는 것이므로 해당 연도 마지막에 들어갈 상황이었다. 그런데 김유신 기사와 손순 기사를 정리할 때 신분적 관점이 작용하여 김유신 기사를 앞에 넣은 것으로 보인다.

이상에서 김유신의 흥무대왕 추봉은 흥덕왕대와 경명왕대의 두 가지 기사가 있지만 실제 추봉 시점은 흥덕왕대로 판단할 수 있다. 다만 『동국통감』에서 흥덕왕 10년으로 정리한 것은 편집 과정의 오류이므로 실제 추봉 시점으로 판단할 수는 없다. 그렇다면 실제 추봉 시점은 언제일까.

---

61 삼국의 역사를 편년으로 정리한 『삼국사절요』의 편찬은 동국 역사를 편년으로 정리한 『동국통감』 편찬의 전 단계 작업의 성격을 띤다. 따라서 『동국통감』 편찬에서 삼국 부분은 『삼국사절요』 편찬을 위해 정리한 편년 자료를 토대로 진행되었을 것인데, 여기에는 전거가 다른 두 가지 추봉 기사가 함께 정리되었던 것으로 보인다. 이 중 『삼국사절요』는 경명왕대 기사를 취하였고, 『동국통감』은 흥덕왕대 기사를 취한 것이다. 그런데 두 기사 모두 유년칭원으로 정리되어 있었기 때문에 1년씩 당겨졌다.

이 문제를 따지기에 앞서 흥덕왕 때 김유신의 대왕 추봉이라는 이례적 조치를 실행한 이유부터 짚어볼 필요가 있다. 이전에도 왕의 생부를 대왕으로 추존하는 경우가 종종 있었지만, 김유신처럼 신하를 대왕으로 추봉하는 것은 유례가 없는 일이었다. 이는 김유신 추봉을 통해 천명하려는 뚜렷한 정치적 목적이 있었음을 의미한다.

이에 대해 김유신계와의 정치적 연대를 위한 조치라고 해석하는 경우가 많다.[62] 김헌창의 난 당시 금관경이 그에 호응하였던 점에 근거하여 금관가야계를 회유하는 조치로 평가하기도 한다.[63] 김유신 추봉이 후손들의 위상을 높이게 되므로 이것이 그들과 관련된 정치적 함의를 가짐은 분명하다.

하지만 대왕 추봉이라는 전례없는 조치를 단순히 정치적 제휴나 우대의 관점에서 설명하기는 어렵다. 정치적 제휴는 다양한 형태로 구현될 수 있으므로 굳이 그 선조를 대왕으로 추봉할 이유가 없다. 또한 반란 지역이 금관경에 국한된 것도 아니어서 굳이 금관경에 정치적으로 주목할 이유도 없다.

따라서 이 문제는 정치적 제휴보다는 추봉 조치와 추봉 대상이 가지는 의미에서 접근할 필요가 있다. 추봉은 해당 인물의 위상을 새롭게 규정하는 것이다. 이는 그의 위상이나 공업이 추봉 시기에, 그리고 추봉을 행하는 주체에게 각별한 의미가 있기 때문이다. 생부의 대왕 추봉은 왕의 아들이 아니면서 왕위에 오른 현 국왕의 왕통을 명분적으로 보강하는 조치이다. 추봉된 인물은 "국왕의 아버지"라는 상징성에 근거하여 추봉의 당위를 확보하며, 이는 다시 현 국왕의 위상을 뒷받침하는 기능을 한다.

마찬가지로 신하를 대왕으로 추봉하는 데에는 해당 인물이 가지는 의미를 강조하고 이를 정치적으로 활용하겠다는 의도가 있었을 것이다. 이것은 당연히 '대왕'의 후손으로서 김유신계의 정치적 지위 향상을 유도하지만, 그것

---

62 이기동, 1991 앞의 논문, 123-124쪽 ; 김창겸, 2010 앞의 논문, 55쪽
63 주보돈, 2008 앞의 논문, 249-252쪽

은 추봉에 따른 산물이지 그 자체가 추봉의 이유가 될 수는 없다. 이 문제는 흥덕왕대의 상황과 김유신이 가지는 상징성의 관계를 통해 설명해야 한다.

이러한 관점에서 흥덕왕대에 진행된 일련의 조치들이 주목된다. 전술한 바와 같이 흥덕왕대에는 김헌창의 난으로 인한 후유증을 극복하기 위한 여러 조치가 있었다. 흥덕왕은 즉위 초기에 여러 군진을 설치하여 지방사회에 대한 군사적 장악력을 높였고, 연이은 기근에 대응하여 직접 순행을 통해 민심을 수습하였다. 특히 흥덕왕 9년에는 여복 규정을 정비하여 신분 질서를 다시 확립하고자 했는데, 이념적 성격을 가진 김유신의 대왕 추봉도 이와 같은 속성을 가진다. 이에 비추어 김유신의 추봉 또한 흥덕왕 9년을 전후하여 이루어진 것이 아닐까 한다.

이러한 조치들은 궁극적으로 체제의 통합을 지향한다. 체제 통합은 군사적 통제력의 강화나 민심 수습이라는 현실 정책과 더불어 통합의 당위를 부각하는 이념적 조치를 수반한다. 이러한 목적과 관련하여 추봉 배경으로 당시 김유신이 7세기 전쟁의 주역으로 부각되고 있었던 점이 주목되는데, 다음에는 이에 대해 자세히 살펴보기로 한다.

2) 대왕 추봉의 의미

흥덕왕이 김헌창이 난으로 촉발된 체제 위기를 극복하는 방안의 하나로 김유신을 대왕으로 추봉한 것은 결국 그가 가지는 상징성이 그러한 정치적 목적에 부합했기 때문이다. 그리고 여기에는 그러한 상징성을 제공하는 자료적 기반이 상정되는데, 그것이 바로 『김유신행록』(이하 '행록'으로 약칭함)이다.

행록은 김유신의 현손 장청(長淸)이 찬술한 것으로서 『삼국사기』 김유신열전의 저본이 되었다. 구체적인 찬술 시기는 알 수 없지만, 장청의 대수(代數), 김유신열전 수록 내용 중 대왕 추봉 기사를 제외하면 혜공왕대를 배경으로 한 취선사 연기설화가 마지막인 점, 김유신에 부록된 김암(金巖)의 활동 역시 혜공왕대를 하한으로 하는 점 등에서 하대 초기에 찬술되었을 것으로 판단된다.

행록의 찬술은 중대 말 김유신 가문의 몰락을 배경으로 하는데, 이는 취선사 연기설화에서 경술년, 곧 혜공왕 6년(770)에 김유신의 후손이 화를 입었다는 내용을 통해 유추된다. 행록의 내용이 김유신의 특별한 능력과 공업을 현창하는 데 초점이 있음을 볼 때, 김유신을 내세워 가문의 위세를 회복하려는 의도가 짐작된다.[64]

이처럼 행록이 하대 초에 찬술되었다고 보면 흥덕왕대와 시차가 크지 않다. 곧 김헌창의 난을 겪은 뒤, 하대 왕실이 행록을 통해 김유신의 사적을 접하면서 그것이 자신들의 정치적 필요에 부합한다고 판단함으로써 대왕 추봉이 이루어졌다는 해석이 가능하다. 그렇다면 하대 왕실은 행록의 어떤 내용과 특징에 주목한 것일까.

이는 크게 두 가지 지표를 통해 접근할 수 있다. 하나는 김유신을 전쟁의 주역으로 삼는 것이 결과적으로 중대 왕실의 권위를 삭감하는 효과를 가진다는 점이다. 7세기 전쟁은 신라와 당이 연합하여 백제와 고구려를 공멸한 것인데, 이를 통해 신라가 얻은 결실은 백제 영토를 차지한 것이었다.[65] 곧 7세기 전쟁의 역사적 성격은 '백제병합'인 것이다. 전쟁 후 신라는 백제의 고유 영토로서 평양 이남을 온전히 확보하고자 하였고, 이는 성덕왕대에 패강 이남의 영유권을 인정받음으로써 실현되었다.

이를 계기로 7세기 전쟁에 대한 신라의 인식이 바뀌었다. 이전까지는 평양 이남의 확보를 위해 백제의 병합을 전면에 내세웠고, 이에 따라 고구려를

---

64 행록의 찬자와 편찬 시기, 편찬 배경 등에 대해서는 본서 4부 1장 참조.

65 전쟁 후 신라는 백제 영토에 대해서만 권리를 주장하였다. 이는 671년 「答薛仁貴書」에서 신라가 '평양이남 백제토지'의 영유권을 주장한 것과 당이 고구려 환속을 통보한 卑列城에 대해 자국의 고유 영토임을 주장한 것을 통해 확인된다. 이에 대해서는 윤경진, 2016 「671년 「答薛仁貴書」의 '平壤已南 百濟土地'에 대한 재해석: 백제의 영토의식과 浿河의 새로운 이해」 『역사문화연구』 60 참조.

인식에서 배제하였다. 그런데 영토를 확보하고 난 뒤에는 이에 구애될 필요가 없었기에 전쟁 전반을 자국 중심으로 재인식하였다. 혜공왕대 무열왕과 문무왕을 묶어 불천지주(不遷之主)로 삼으면서 '양국평정'을 명분으로 내세운 것은 이러한 인식 변화를 반영하고 있다.

혜공왕의 조치는 선왕의 공업을 절대적 가치로 확립함으로써 어린 국왕의 즉위로 인한 권위 약화를 타개하고자 한 것이었다.[66] 이렇게 두 국왕의 권위가 높아지는 데 수반하여 김유신의 위세는 크게 약화될 수밖에 없었다. 김유신계의 정치적 위축은 성덕왕대부터 이미 나타나고 있었지만, 혜공왕대의 종묘제도 개편은 이를 더욱 가속하였다. 김유신 가문이 모반에 연루되는 것도 이런 사정과 무관하지 않거니와 모반의 실패는 김유신 가문에 더 큰 타격을 주었을 것이다.

행록의 찬술은 7세기 전쟁의 주역이 김유신임을 주장한 것이라는 점에서 중대 왕실의 인식에 대한 반론의 성격을 띠고 있다. 그의 초인적 능력을 과시하고 그의 역할이 신라 국왕은 물론 중국 황제로부터 인정받았음을 거듭 내세웠으며, 후손과 부하들을 평가하는 준거로 제시하였다. 이를 위해 타인의 사적을 차용하거나 김유신 중심으로 가공하였다. 특히 김유신의 역할이 미미했던 고구려 공멸 과정에서의 행적을 부풀린 것은 '양국평정'을 온전히 그의 공업으로 만들기 위한 것이었다.[67]

이러한 내용을 받아들이면 7세기 전쟁은 국왕이 아니라 김유신을 중심으로 바라보게 된다. 이는 특히 전쟁을 마무리한 문무왕의 공업이 김유신에게 흡수되는 결과를 유도하였다. 문무왕 때 고구려를 공멸하였고 나당전쟁을 치르면서 영토를 확정하였기 때문에 전쟁의 귀결로서 '양국평정' 또한 궁극

---

66 당시 조치의 핵심은 문무왕에게 있었다. 무열왕은 태종 칭호를 받아 이미 불천지주로 확정되어 있었고, 무열왕의 여러 아들들의 후손들이 존재한 상황에서 혜공왕의 정통성은 문무왕으로부터 오기 때문이다.

67 본서 4부 2장 참조.

적으로 문무왕의 공업이 되었다. 혜공왕대의 불천지주 설정은 이를 분명히 한 것이다. 그런데 행록은 그 성과를 김유신에게로 가져왔다.

김유신 서사 중에는 무열왕과 김유신의 관계를 '동체(同體)'로 표현한 것이 보인다. 중대 왕실이 무열왕과 문무왕을 묶어 인식했다면, 행록은 무열왕과 김유신의 결합을 전면화한 것이다. 이에 수반하여 문무왕은 무열왕과 분리되고 공업에서도 이들에게 종속된 존재가 되어 권위가 삭감될 수밖에 없었다.

실제 김유신 서사에는 유달리 문무왕이 김유신의 공업을 공인하거나 김유신의 논리에 끌려가는 내용이 많다. 일례로 문무왕 원년(661) 옹산성(甕山城: 瓮山城) 전투는 백제 저항 세력으로 인해 웅진도독부가 고립된 것을 타개하는 과정에서 발생한 것이다. 당시 직접 출정한 문무왕이 투항을 설득했으나 듣지 않자 무력으로 함락하고 웅현성(熊峴城)을 쌓아 도로를 개통하였다. 이는 신라본기와 「답설인귀서」 기사를 통해 확인된다.

그런데 열전에서는 이 전투가 고구려 원정 과정에서 발생한 것으로 바뀌어 있으며 투항을 설득한 주체도 김유신으로 나온다. 문무왕의 사적을 김유신의 것으로 만들고, 이를 고구려 평정이라는 공업으로 변개한 것이다. 또한 김유신은 평양을 공격하던 소정방에게 군량의 도착 소식을 알린 열기(裂起)의 공로에 대해 급찬의 직을 주고 돌아와 사찬 수여를 요청하였다. 이때 문무왕이 포상이 과하다고 지적하자 김유신이 공로에 합당한 포상을 해야 한다고 주장하여 관철하였다. 이 서사 또한 문무왕을 넘어서는 김유신의 권위를 표상한다.[68]

여기서 하대 왕실이 김유신에 주목하는 단서가 발견된다. 김헌창의 난은 왕위 경쟁에서 밀린 무열왕계가 일으킨 것이다. 혜공왕대 수립된 '양국평정'의 공업은 문무왕에게 초점을 둔 것이지만 내물왕계가 수립된 이후에는 범무열왕계의 명분으로 작동할 수 있었다. 하지만 하대 왕실이 현 신라 체제를

---

68 옹산성 전투 및 열기의 활동 서사에 대해서는 본서 4부 2장 참조.

가져온 7세기 전쟁의 성과 자체를 평가절하할 수는 없었다. 원성왕 즉위 후에도 무열왕과 문무왕이 불천지주로 유지된 것은 그러한 조건을 반영한다.

이러한 상황에서 김유신이 공업의 중심이 된다면 무열왕계의 권위는 크게 떨어지며, 그만큼 하대 왕실의 권위가 확장될 공간이 생긴다. 흥덕왕이 그를 대왕으로 추봉한 것은 결국 그에게 무열왕과 대등한 권위를 부여함으로써 이러한 효과를 극대화한 것이라 할 수 있다.

다른 하나는 그의 공업이 궁극적으로 체제 통합의 명분을 제공하고 있다는 점이다. 이와 관련하여 『삼국유사』에 실린 태종 시호 기사의 내용을 음미할 필요가 있다. 이 기사는 무열왕이 태종의 칭호를 받은 근거로 '일통삼국'을 말하고 있다.[69] 이 기사의 원전은 행록으로 파악된다.[70] 그런데 이는 행록에 기반한 김유신 사적이 대체로 '양국평정'을 내세운 것과 결이 다르다.[71] 이는 기사의 앞부분에 정리된 당 태종의 공업과 맞추는 과정에서 형성된 내용으로 이해된다.

무열왕이 당 태종에 비견되는 것은 이들이 공통적으로 '태종' 칭호를 가진 것에 근거한다. 다시 말해 무열왕의 태종 칭호를 이용하여 그의 업적을 당 태종에 견준 것이다. 이때 당 태종의 공업을 '일통천하'로 제시함에 따라[72] 무열왕의 공업도 그에 맞추어 '일통삼국'으로 제시하였다.

이러한 구도는 당의 시각을 차용한 것이다. 당은 분립하던 삼국을 '해동(海東)'이라는 범주로 아우르고, 공통의 역사적 연원으로 '삼한'을 설정하였다. 이것은 당 고종이 의자왕에게 보낸 글에서 '해동삼국'의 상쟁을 지적하고 그

---

69 『삼국사기』에는 '一統三韓'으로 되어 있으나 이는 『삼국사기』 편찬 때 수정한 것이다.

70 태종 시호 기사의 내용과 의미에 대해서는 본서 3부 1장 참조.

71 대표적인 것이 17세에 입산하며 백제·고구려·말갈의 평정을 서원한 것과 김춘추가 고구려에 청병하러 갈 때 그가 기일 내에 돌아오지 않으면 백제와 고구려를 짓밟겠다고 한 것을 들 수 있다. 이러한 서사는 '외적평정'을 표현한 것으로서 '일통'과는 맥락이 다르다.

72 기본적으로 천하의 일통은 隋에 의해 이루어진 것으로 인식되었지만(『舊唐書』 권45, 志25 輿服 서문, "裘冕之服 歷代不行 后魏北齊 輿服奇詭 至隋氏一統 始復舊儀"), 수가 곧바로 붕괴하고 당이 건국된 후 태종대에 체제가 안정됨으로써 저간의 성과가 태종에게 수렴되었다.

로 인한 '삼한' 백성의 피해를 말한 것에서 잘 나타난다.[73] 해동은 중국 중심의 천하관인 사해(四海)에서 동쪽을 가리키는 말인데, 한편으로 그 안에서 중국과 구별되는 별도의 공간을 표상한다. 후대에 '해동천하(海東天下)'라는 범주가 나타나는 것에서 그 의미를 읽을 수 있다. 고종의 언급은 이 해동이 삼국으로 구성되어 있다는 의미이다.

이때 당이 확립되고 천자로서 태종이 천하를 일통한 존재로 표상되는 데 상응하여 해동에도 같은 구도가 적용된다. 곧 7세기 전쟁으로 신라가 확립되고 국왕인 무열왕에게 일통의 공업이 설정되는 것이다. 이를 통해 외적으로서 평정 대상이었던 백제·고구려가 일통의 대상으로 전환되는 준거가 마련되었다.[74]

한편 이에 연동하여 김유신은 위징(魏徵)에 비견되었다. 당 태종의 최측근으로서 그의 공업을 뒷받침한 위징과 무열왕의 공업을 뒷받침한 김유신을 등치한 것이다. 주목할 부분은 무열왕의 경우 당 태종을 통해 그 공업을 형상화했다면, 김유신의 경우는 반대로 그의 공업에 맞추어 위징의 역할을 설정하고 있다는 점이다.

당 태종이 "정관 이전에 나를 따라 천하를 평정하고 거칠고 험한 데 고생한 것은 방현령의 공이며, 정관 이후에 충간을 바치고 나의 잘못을 바로잡아 국가의 긴 이익을 삼은 것은 위징이다"[75]라고 한 데서 드러나듯이 위징은 체

---

73 『舊唐書』 권199, 列傳149 東夷 百濟, "至如海東三國 開基自久 幷列疆界 地實犬牙 近代已來 遂構嫌隙 戰爭交起 略無寧歲 遂令三韓之氓 命懸刀俎"

74 당과 신라에 대한 대칭적 인식을 통해 '일통삼국'이 유도되는 구도는 나당전쟁에 대한 인식을 통해서도 유추된다. 당이 신라까지 공멸하려 하였고 신라가 이를 막아냈다는 인식은 김유신의 당군 독살설과 明朗法師의 文豆婁祕法에서 극명하게 나타난다. 이러한 대립은 앞서 당에게 멸망한 백제와 고구려를 역시 멸망 위협에 놓인 신라와 같은 입장에 놓게 되며, 당을 물리친 신라는 결국 백제와 고구려를 아우른 존재가 된다. 이에 따라 7세기 전쟁은 '일통삼국'의 의미를 획득하게 되는 것이다. 이에 대해서는 본서 3부 2장 참조.

75 『新唐書』 권97, 列傳 22 魏徵, "貞觀以前 從我定天下 間關草昧 玄齡功也 貞觀之后 納忠諫 正朕違 爲國家長利 徵而已"

제 정비와 안정에 기여한 인물이다. 굳이 '일통천하'와 관련한다면 방현령에 비견되는 것이 합리적이다.

그럼에도 위징을 거론한 것은 후대에 그가 당 태종과 불가분의 관계로 인식되었고 무엇보다 당 태종의 치세가 위징 덕에 가능했다고 여겨졌기 때문이다. 태종 시호 기사는 무열왕의 공업이 김유신 덕에 가능했다고 보고 있고, 그러한 평가에 비견될 수 있는 인물은 위징이다. 이에 위징이 당 태종과 함께 '일통천하'를 이룩한 것으로 묘사된 것이다.

결국 이 서사는 당 태종을 매개로 무열왕의 공업을 제시하고 다시 그것을 가능하게 한 김유신의 업적을 위징과의 대비를 통해 형상화한 것이다. 그리고 그 과정에서 무열왕의 공업을 '일통삼국'으로 제시하게 되었다. 물론 고구려는 문무왕 때 멸망했기 때문에 이 명제는 원천적으로 수립되지 않는다. 그럼에도 이것이 가능한 이유는 그 실질적인 주체가 김유신이기 때문이다.

중대 왕실은 무열왕과 문무왕을 묶어 '양국평정'의 공업을 제시했지만 행록에서는 문무왕을 대신해 김유신의 역할을 전면화하였다. 따라서 문무왕의 역할 내지 사적을 김유신이 흡수하였고, 이것이 다시 그의 '동체'인 무열왕에게로 이전됨으로써 무열왕에게 '일통삼국'을 적용할 수 있게 되었다. 물론 현실적인 주체는 김유신이다.

따라서 하대 왕실이 이러한 서사를 수용하면 김유신을 매개로 '일통삼국'을 체제 이념으로 수립할 수 있다. 그리고 이것은 '일통'의 개념에서 드러나듯이 체제의 통합을 뒷받침하는 논리가 된다. 신라 자신을 포함한 일통의 달성은 그 결과로 수립된 체제의 통합 유지에 역사적 정당성을 제공하기 때문이다. 이는 김헌창이 난 이후 고조된 체제 분열의 위기를 타개하는 이념으로서 효용성을 가진다. 다만 행록의 서사에서 김유신은 어디까지나 무열왕의 '신하'로 되어 있다. 해당 서사가 형식적으로라도 무열왕의 공업으로 귀결되는 것은 왕조 국가에서 군신관계의 규정력을 반영한다. 따라서 이를 그대로 따르면 체제 통합의 이념이 무열왕의 권위로 환원될 수 있다.

바로 여기서 김유신을 대왕으로 추봉한 의도가 추출된다. 곧 무열왕과 김유신의 군신관계를 해소함으로써 김유신을 통해 '일통삼국'을 현 체제 이념으로 수용하더라도 그것이 무열왕에게 귀속되지 않도록 한 것이다. 결국 김유신은 무열왕의 신하로서가 아니라 그 자체로서 7세기 전쟁 및 그 결과인 '일통삼국'의 중심으로 자리하게 되었다.

　이처럼 '일통삼국'은 체제 통합의 이념으로서 기존 '양국평정'에 비해 진전된 것이었지만 여전히 근본적인 한계도 내포하고 있다. 삼국이라는 현상의 존재들을 통합한 것에 불과하므로 다시 분열될 수 있는 명분적 요소는 그대로 남아있었다.

　건국설화에서 드러나듯이 신라는 명백히 백제·고구려와 이질적 기원을 설정하고 있었다. 무력으로 외적을 평정했다는 인식에서 이들과의 동질성을 수립할 여지는 없다. 이러한 한계를 극복하려면 원래 하나였다는 명제가 요구된다. 원래 하나였다가 분열된 것을 다시 합친 것이라는 이념이 필요하였다. 이 부분을 채운 것이 바로 삼한의 정체성이다. 전술한 당 고종의 글에서 드러나듯이 중국은 해동삼국의 역사적 연원을 삼한으로 설정함으로써 그 동질성의 근거를 제시하였다. 이 정체성을 채용하면 7세기 전쟁은 삼국의 본원적 동질성을 바탕으로 일통을 이룩한 과정이 된다.

　결국 신라는 '일통삼국'의 시각을 가지면서 자연스럽게 삼한의 정체성도 수용하게 되었다. 그 결과 '일통삼국'은 '일통삼한'의 이념으로 나아가게 되는데, 이는 흥덕왕 사후 벌어진 왕위쟁탈전을 수습하는 과정에서 구체적으로 드러나게 된다.

2장_ 신무왕-문성왕대 정치 변동과 삼한일통의식의 출현

1. 신무왕대 전후 무열왕계의 동향

1) 신무왕의 즉위와 김양

무열왕계의 왕위 계승이 단절되고 내물왕의 후손인 선덕왕과 원성왕이 즉위한 뒤 원성왕의 후손이 왕위를 이어가게 되었다. 하지만 국왕의 입지는 그렇게 안정적이지 않았다. 애장왕의 숙부 언승(彦昇: 헌덕왕)이 왕을 죽이고 왕위를 차지하였다.[1] 그의 뒤를 이어 동생 수종(秀宗: 흥덕왕)이 즉위했으나 그가

[1] 신라 하대 왕위계승 분쟁에 대해서는 많은 연구가 있었는데, 주요 성과로는 다음이 있다.
李基白, 1962 「上大等考」 『歷史學報』 19 ; 1974 『新羅政治社會史硏究』 一潮閣
吳 星, 1979 「新羅 元聖王系의 王位交替」 『全海宗華甲紀念論叢』 一潮閣
李基東, 1980 「新羅 下代의 王位繼承과 政治過程」 『歷史學報』 85
尹炳熙, 1982 「新羅 下代 均貞系의 王位繼承과 金陽」 『歷史學報』 96
姜聲媛, 1983 「新羅 下代 叛逆의 歷史的 性格 : 『三國史記』를 중심으로」 『韓國史硏究』 43
李明植, 1984 「新羅 下代 金周元系의 정치적 입장」 『大丘史學』 26
文暻鉉, 1992 「神武王의 등장과 金昕」 『趙恒來停年紀念論叢』 아세아문화사 ; 2000 『增補新羅史硏究』 慶北大學校出版部
金昌謙, 1994 「新羅 下代 王位簒奪型 反逆에 대한 一考察」 『韓國上古史學報』 17 ; 2003 『新羅下代 王位繼承 硏究』 景仁文化社
權永五, 2000 「新羅下代 왕위계승분쟁과 閔哀王」 『韓國古代史硏究』 19 ; 2011 『新羅下代 政治史 硏究』 혜안

후사 없이 사망하면서 다시 왕위를 둘러싼 분쟁이 발생하였다.

흥덕왕 사후 당제(堂弟) 균정(均貞)과 당제 헌정(憲貞)의 아들 제륭(悌隆)이 모두 왕이 되고자 하면서 충돌하였다. 이때 흥덕왕의 동생 충공(忠恭)의 아들인 시중 김명(金明) 등은 제륭의 편에 섰고, 균정의 아들인 우징(祐徵)은 예징(禮徵)·김양(金陽)과 함께 균정을 받들어 내전을 벌였다. 그러나 김양은 화살에 맞아 부상을 입었고 우징 등은 도주하였다. 결국 균정은 피살되었고 제륭이 왕위에 올랐다(희강왕).

헌덕왕 4년(812) 시중이 된 균정[2]은 김헌창의 난을 진압하는 데에도 공을 세웠고,[3] 흥덕왕 10년(835)에는 상대등이 되었다.[4] 아들 우징 또한 반란 진압에 참여하였고, 흥덕왕 3년(828)에 시중이 되었다가[5] 동왕 6년에 면직되었으나[6] 9년에 다시 시중이 되었다.[7] 흥덕왕 10년 균정이 상대등이 되자 우징은 해직을 청하였고, 그를 대신해서 시중이 된 인물이 김명이다.[8]

한편 헌정은 『삼국사기』에는 헌덕왕 11년(819) 병으로 거동이 불편하여 70세가 되기 전에 궤장(几杖)을 내려준 기록이 보일 뿐이다.[9] 그런데 헌덕왕 5년(813)에 건립된 「단속사신행선사비」에는 비문의 찬술자로 국상(國相) 병부령(兵部令) 김헌정(金獻貞)이 보인다.[10] 그는 한자는 다르지만 헌정과 동일인으로 파악된다. 이를 통해 헌덕왕 초에 그가 병부령으로 재임했음을 판단할

---

2 『三國史記』 권10, 新羅本紀10 憲德王 4년, "春 以均貞爲侍中"

3 『三國史記』 권10, 新羅本紀10 憲德王 14년 3월, "伊湌均貞 迊湌雄元 大阿湌祐徵等掌三軍徂征 (중략) 均貞等與賊戰星山 滅之"

4 『三國史記』 권10, 新羅本紀10 興德王 10년 2월, "拜阿湌金均貞爲上大等 侍中祐徵以父均貞入相 表乞解職"
   균정은 김헌창의 난 당시 이미 이찬이었으므로 위의 阿湌은 伊湌의 오기로 보아야 할 것이다.

5 『三國史記』 권10, 新羅本紀10 興德王 3년 정월, "大阿湌金祐徵爲侍中"

6 『三國史記』 권10, 新羅本紀10 興德王 6년 정월, "侍中祐徵免 伊湌允芬爲侍中"

7 『三國史記』 권10, 新羅本紀10 興德王 9년 정월, "祐徵復爲侍中"

8 『三國史記』 권10, 新羅本紀10 興德王 10년 2월

9 『三國史記』 권10, 新羅本紀10 憲德王 4년, "春 以均貞爲侍中 以伊湌忠永年七十 賜几杖"

10 『譯註韓國古代金石文』 斷俗寺神行禪師碑, "皇唐衛尉卿國相兵部令兼修城府令伊干金獻貞撰"

수 있다. 하지만 헌정이 은퇴한 후 그 아들 제륭은 정계에서 특별한 이력이 보이지 않는다.

헌덕왕 4년 시중이 되었던 균정이 20여 년만인 흥덕왕 10년(835)에 상대 등이 된 것은 흥덕왕 이후의 후계 구도와 관련된다.[11] 흥덕왕이 죽은 뒤 균정이 먼저 적판궁(積板宮)에 들어갔고 그를 지원하던 김양이 궁궐을 공격하는 제륭 무리에게 "새 임금이 이곳에 있는데 너희들은 어찌 이와 같이 감히 흥역(兇逆)하는가"[12]라고 말한 것도 당시 상황에서 균정이 실질적인 후계자 위치에 있었음을 시사한다.[13]

그럼에도 제륭이 균정과 경쟁에 나설 수 있었던 것은 그가 예영(禮英: 仁謙의 동생)의 장손(長孫)이었기 때문이다. 헌정이 건강 문제로 은퇴할 때 궤장을 내려준 것을 보면 그가 70세가 되지는 않았어도 연로했던 것은 분명하다. 이로 미루어 헌정이 예영의 큰아들이며 왕위쟁탈전 당시 제륭의 나이도 적지 않았을 것으로 짐작된다. 흥덕왕 말엽 정계의 축이 인겸계에서 예영계로 넘어올 때 헌정의 아들 제륭이 나름 정통성을 가질 수 있었다.[14]

하지만 그 자신은 특별한 정치적 지위를 가지고 있지 못하였다. 그럼에도 한발 앞서 있던 균정 부자를 누르고 왕위에 오를 수 있었던 것은 김명과의 제휴가 결정적이었다. 김명은 흥덕왕의 동생인 충공의 아들이다. 헌덕왕에 이어 흥덕왕이 왕위를 계승하였고, 흥덕왕에게 후사가 없었기에 다시 동생

---

11 신라 하대에는 왕의 후사가 없을 경우 대개 상대등이 왕위를 계승하는 경향이 있었다(이기 백, 1973 앞의 논문, 122-123쪽). 한편 상대등과 왕위계승의 상관성에 대한 자세한 검토는 김창겸, 2003 「上大等과 왕위계승」 앞의 책 및 권영오, 2011 「하대 왕위계승과 상대등」 앞의 책 참조.

12 『三國史記』 권44, 列傳 4 金陽, "新君在此 爾等何敢兇逆如此"

13 仁謙系가 禮英系의 헌정과 제휴하고 균정을 견제한 것으로 보는 견해도 있으나(권영오, 2011 앞의 논문, 153쪽), 흥덕왕 말년에 균정이 상대등이 된 것과 균정이 먼저 적판궁에 들어가 新君 즉위를 선언한 것을 보면, 균정이 후계자 위치에 있었다고 이해된다.

14 균정과 제륭의 경쟁은 長子가 없을 때 次子와 長孫 중 누가 우선권을 가지는가 하는 속성을 가지고 있다.

충공이 왕위를 계승할 위치에 있었다.

충공의 행적과 관련하여 『삼국사기』 기록에 혼선이 보인다. 충공은 헌덕왕 9년(817) 이찬으로 시중이 되었으며,[15] 동왕 13년 사망한 것으로 되어 있다.[16] 그런데 이듬해 김헌창의 난을 진압하는 과정에서 각간(角干) 충공이 보이며,[17] 곧이어 그의 딸을 태자비로 삼은 기사도 있다.[18] 이를 두고 동명이인으로 보는 경우가 있으나,[19] 같은 시기 최고 권력층에 동명이인이 포진하고 있다는 것은 자연스럽지 않다. 설사 그런 경우가 생기더라도 개명을 통해 구분이 이루어졌을 것이라고 보면, 이 문제는 헌덕왕 13년 사망 기사에 오류가 있는 것으로 보는 것이 합리적이다.[20]

충공을 대신해 시중이 된 영공(永恭)이 흥덕왕 2년에 은퇴한 것으로 볼 때,[21] 영공의 시중 임명은 분명하다. 따라서 그가 시중이 되는 전제로 충공이 시중에서 물러난 것 또한 분명하다. 그리고 헌덕왕 14년 수종(흥덕왕)이 부군(副君)이 되는 것과 관련된 열전 기사에는 각간 충공이 상대등으로 인사를 담당했다는 내용이 보인다.[22] 따라서 헌덕왕 13년 기사는 충공의 사망이 아니라 상대등으로 올라간 것을 잘못 정리한 것으로 볼 수 있다.

앞서 수종은 헌덕왕 11년(819)에 상대등이 되었다.[23] 그리고 헌덕왕 14년에 부군이 되어 후계자로 지명되었다.[24] 이는 헌덕왕 13년 수종이 후계자 지

---

15 『三國史記』권10, 新羅本紀10 憲德王 9년 정월, "以伊湌金忠恭爲侍中"

16 『三國史記』권10, 新羅本紀10 憲德王 13년 4월, "侍中金忠恭卒 伊湌永恭爲侍中"

17 『三國史記』권10, 新羅本紀10 憲德王 14년 3월, "角干忠恭迊湌允膺 守蚊火關門"

18 『三國史記』권10, 新羅本紀10 憲德王 14년 3월, "聘角干忠恭之女貞嬌 爲太子妃"

19 이기동, 1980 앞의 논문, 19쪽, 주 59) 참조.

20 이러한 논거에서 '卒'을 '退'나 '免'의 오기로 이해하기도 한다(문경현, 2000 앞의 책, 429쪽).

21 『三國史記』권10, 新羅本紀10 興德王 2년 8월, "侍中永恭退"

22 『三國史記』권45, 列傳5 祿眞, "十四年 國王無嗣子 以母弟秀宗爲儲貳 入月池宮 時 忠恭角干 爲上大等 坐政事堂 注擬內外官"

23 『三國史記』권10, 新羅本紀10 憲德王 11년 2월, "上大等金崇斌卒 伊湌金秀宗爲上大等"

24 『三國史記』권10, 新羅本紀10 憲德王 14년 정월, "以母弟秀宗爲副君 入月池宮"

명을 앞두고 상대등에서 물러나고 대신 충공이 상대등이 되었던 것으로 이 해할 수 있다. 흥덕왕의 후사가 없었으므로 다음 왕위는 충공으로 내려갈 상황이었다.

이것은 그가 선강태자(宣康太子)로 지칭된 것에서 확인된다. 「봉암사지증대사비」를 보면, 흥덕왕 즉위 후 선강태자가 국사를 돌보았다는 내용이 있다.[25] 충공이 민애왕 즉위 후 선강대왕으로 추봉된 것에서 선강태자가 그를 가리키는 것임을 알 수 있다. 곧 헌덕왕과 흥덕왕에 이어 충공이 왕위를 계승하기로 약정되어 있었던 것이다.

그러나 충공은 흥덕왕 사후 벌어진 왕위쟁탈전에 나타나지 않아 그전에 사망한 것으로 보인다. 따라서 김명은 충공을 대신할 후계자로 지명될 수도 있었다. 하지만 흥덕왕은 후계자를 확정하지 못한 채 사망하였고, 인겸계가 아닌 예영계에서 왕위쟁탈전이 벌어졌다.

당시 김명은 나이가 20세에 불과해 독자적인 세력을 꾸리기 어려웠다. 흥덕왕 말엽에 균정이 상대등이 되는 것도 충공 사후 김명을 후계자로 지명하기 곤란한 사정이 있었기 때문일 것인데, 상대등 임명 당시 균정의 나이가 많았던 것에 비추어 김명의 나이가 너무 적었다는 점이 고려된 것으로 보인다. 하지만 김명은 20대에 시중이 되는 데서 드러나듯이 충공 이래의 기반이 있었기에 그의 가담은 제륭의 승리에 결정적인 역할을 하였다.

그가 제륭을 지원한 것은 두 측면에서 이해할 수 있다. 하나는 제륭의 비 문목부인(文穆夫人)이 갈문왕(葛文王) 충공의 딸로 되어 있다는 점이다.[26] 곧 희강왕은 김명의 매부로서 이것이 김명이 제륭 편에 서는 바탕이 되었을 것이다.

그런데 더 근본적인 요인으로 그가 다음 왕위에 대한 보증을 받았을 가능성이 지적된다. 충공 사후 균정이 정계의 실질적인 핵심이 되었고, 우징 또

---

25 『譯註韓國古代金石文』鳳巖寺智證大師碑, "興德大王纂戎 宣康太子監撫 去邪蟊國 樂善肥家"
26 『三國史記』권10, 新羅本紀10 僖康王, "妃文穆夫人 葛文王忠恭之女"

한 시중을 역임한 만큼 김명이 이들을 지지하더라도 후계자로서 입지를 확보하기 어려웠다. 반면 제륭은 아버지 헌정 사후 정계의 기반이 약했던 만큼, 그가 즉위한 후 김명이 실권을 쥘 수 있었다. 그가 희강왕 즉위 후 곧바로 상대등이 된 것은 후계자로서 입지를 확인받은 것이다.[27]

그런데 희강왕이 즉위한 지 3년 만에 김명은 시중 이홍(利弘)과 난을 일으켜 왕위를 빼앗았다. 희강왕의 즉위에 결정적 역할을 하고 상대등까지 된 그가 얼마 되지 않아 난을 일으킨 것은 결국 왕위 계승과 관련된 희강왕의 행보가 달라졌기 때문으로 짐작된다. 희강왕에게는 아들 계명(啓明)이 있었고, 후일 그의 아들 응렴(膺廉)이 헌안왕의 사위가 되어 왕위를 계승하게 된다(경문왕). 기록에는 드러나지 않으나 희강왕은 아들 계명을 후계자로 삼으려 하였고, 이에 반발한 김명이 무력으로 왕위를 차지한 것으로 보인다.

이처럼 김명의 가담으로 인겸계의 지원을 업은 제륭은 균정과 우징이 먼저 궁궐에 들어왔음에도 이를 힘으로 밀어낼 수 있었다. 처음 궁궐에 들어왔을 때 균정과 우징이 김양의 족병(族兵)을 동원하여 숙위에 나선 것은 이들이 군사적으로 밀렸음을 시사한다. 예영계가 분열한 상황에서 인겸계의 지원이 결정적인 차이를 가져온 것이다.

한편 균정계에 가담하여 족병을 동원한 김양은 무열왕의 9세손으로, 원성왕과의 경쟁에서 밀려났던 김주원의 증손이다. 조부 종기(宗基)가 소판, 부 정여(貞茹)가 파진찬으로서 여전히 중앙 정계에 참여하며 대대로 장상(將相)을 배출하였다. 그 위상이 점차 낮아지기는 했으나 족병을 동원할 수 있을 만큼 군사적 기반도 유지하고 있었다.

---

27 제륭은 뚜렷한 행적이 보이지 않아 스스로 왕위에 오를 수 있는 여건이 아니었으며, 사실상 김명이 왕위에 오르기 위한 발판으로 제륭을 이용했다고 해석하기도 한다(윤병희, 1982 앞의 논문, 66-67쪽 ; 권영오, 2011 앞의 논문, 151-152쪽). 그러나 흥덕왕 사망 당시 왕위 계승권은 이미 균정에게 넘어가 있었고, 김명이 시중에 올랐지만 나이가 20세에 불과한 점을 감안하면, 제륭 쪽에서 왕위 계승을 보장하는 조건으로 그를 끌어들였을 가능성이 높아 보인다.

균정이 제륭에게 밀려 피살되자 우징은 패잔병을 이끌고 청해진(淸海鎭)의 장보고(張保皐)에게 의탁하였다. 소식을 들은 김양 역시 군사를 모아 우징에 합류하였다.[28] 우징은 청해진의 군사력을 발판으로 왕경 공격에 나섰는데, 실제 군사를 이끈 사람은 김양이었다. 반면 장보고 자신이 직접 내전에 나선 흔적은 보이지 않는다.

청해진에 있던 우징은 희강왕이 죽고 민애왕이 즉위하자 장보고에게 군사를 청하였다. 흥미로운 것은 우징이 의탁한 직후가 아니라 민애왕 즉위 후 비로소 군사를 일으켰다는 점이다. 이는 당시 우징이 "김명은 임금을 죽이고 자립했으며 이홍은 함부로 군부(君父)를 죽였으니 하늘 아래 같이 살 수 없다"라며 군대를 얻어 군부의 원수를 갚겠다고 한 것에서 드러난다.[29] 곧 민애왕의 행위를 '시군자립(弑君自立)'으로 규정한 것이다. 희강왕은 나름의 정통성이 있었고, 쟁탈전에서 승리하여 즉위한 것이기 때문에 우징이 명분적으로 문제삼을 수 없었다. 하지만 민애왕에 대해서는 군주 시해로 규정하며 그의 즉위를 부정할 수 있었다.

우징의 요청에 장보고는 군대 5천을 나누어 친구인 정년(鄭年)에게 주었다. 그리고 민애왕 원년(838) 3월 김양은 5천의 군사를 이끌고 무주(武州)를 공격했는데, 이 5천의 군대는 바로 장보고가 내어준 군대이다. 군사력은 청해진에 있던 사람들이지만 지휘는 장보고가 아니라 김양이 맡은 것이다. 실상 중앙 정계에 참여한 경력이 없는 장보고 등이 군대를 직접 지휘하여 중앙으로 진격한다는 것은 무리가 있었다.

김양의 공격을 받은 무주는 바로 항복하였다. 군대는 남원으로 진격하여 정부군을 격파한 뒤 청해진으로 돌아왔다. 청해진에서 왕경으로 진격하기 위해

28　『三國史記』 권44, 列傳4 金陽, "至開成二年八月 前侍中祐 收殘兵 入淸海鎭 結大使弓福 謀報 不同天之讎 陽聞之 募集謀士兵卒 以三年二月入海 見祐徵與謀擧事"

29　『三國史記』 권10, 新羅本紀10 閔哀王 원년 2월, "金明弑君自立 利弘枉殺君父 不可共戴天也 願仗將軍之兵 以報君父之讎"

서는 무주와 남원을 거쳐 대구 방면으로 진격하게 되어 있다. 일단 무주와 남원을 장악하여 왕경 진격을 위한 교두보를 마련한 것이다. 이것은 왕위쟁탈전 바로 전에 무주도독(武州都督)을 지냈던 김양의 판단에 따른 것으로 보인다.

김양은 동년 12월 본격적인 왕경 공격에 나섰다. 이때 그는 평동장군(平東將軍)이라는 명칭으로 불렸는데, 이는 동쪽에 있는 왕경을 평정한다는 뜻이다.[30] 그가 출정하자 김양순(金亮詢)이 무주의 군대를 이끌고 왔다. 이는 3월의 공격에서 무주를 장악한 결과이다. 김양이 이끄는 군대는 도중에 대감(大監) 김민주(金敏周)가 이끄는 군대와 일전을 벌여 격파하였다. 이듬해 정월 김양의 군대는 달벌(達伐: 대구)에 이르러 이찬 대흔(大昕) 등이 이끄는 정부군을 다시 대파하였고, 곧바로 왕경으로 진입하였다. 민애왕은 병사에게 피살되었고 김양의 군대는 왕성을 접수하였다. 이어 궁궐을 정리한 뒤 우징을 맞이하여 옹립하였다.

이처럼 김양은 균정과 제륭의 왕위쟁탈전에서 족병을 동원하여 균정을 지원하였고, 균정이 피살되고 우징이 청해진으로 들어가자 이에 합류한 뒤 청해진의 군대를 이끌고 신무왕을 세우는 데 핵심적인 역할을 하였다. 그리고 신무왕이 즉위 3개월 만에 사망하고 태자가 왕위에 오르면서(문성왕) 그 후견인으로서 김양의 입지는 더욱 높아지게 되었다.

2) 김흔(대흔)의 활동과 행적

흥덕왕 사후 왕위쟁탈전에서 김양이 균정의 편에 서고 신무왕이 즉위하는 데 공을 세웠지만 무열왕계가 모두 같은 정치적 지향을 보인 것은 아니었다.

---

30 『三國史記』 권44, 列傳4 金陽, "陽號爲平東將軍"
　　당시 우징의 군대는 閻長·張弁·鄭年·駱金·張建榮·李順行 등 6명의 장수가 이끌었는데 김양은 이들을 총괄하는 위치에 있었다.

김양의 종부형(從父兄) 김흔(金昕)은 그와 다른 행보를 보였다. 먼저 김양열전에 부록된 김흔의 전기를 살펴보자.

① (김양의) 종부형 흔은 자가 태이고, 아버지 장여는 벼슬이 시중 파진찬에 이르렀다. 흔은 어려서 총명하고 학문을 좋아하였다. ② 장경 2년(헌덕 14, 822) 헌덕왕이 사람을 당에 보내려는데 적임자를 찾기 어려웠다. 누군가 흔을 천거하기를, "태종의 후예로서 정신이 맑고 빼어나며 그릇은 깊이가 있어 선발될 만하다"라고 하므로 마침내 당에 들어가 숙위하도록 하였다. ③ 1년 남짓 지나 돌아가기를 청하니 황제가 조서를 내려 금자광록대부 시태상경을 제수하였다. 신라에 돌아오니 국왕이 왕명을 욕되게 하지 않았다 하여 남원태수로 발탁하였고, 여러 번 옮겨 강주대도독에 이르렀으며, 곧이어 이찬겸상국을 더하였다. ④ 개성 기미년(민애 2, 839) 윤정월에 대장군이 되어 10만의 군대를 이끌고 대구에서 청해진의 군대를 막았으나 패배하였다. ⑤ 스스로 패군한 죄가 있지만 죽어서 편할 수도 없었기에 다시 관직을 하지 않고 소백산에 들어가 칡옷을 입고 채소를 먹으며 승려들과 함께 노닐었다. ⑥ 대중 3년(문성 11, 849) 8월 27일에 이르러 병을 얻어 산재에서 죽으니 향년 47세였다. 그해 9월 10일 내령군의 남쪽 언덕에 장사지냈다. 아들이 없어 부인이 상사를 주관했는데 뒤에 비구니가 되었다.[31]

①은 김흔에 관한 기본 정보를 제시한 것이다. 김흔은 김양의 종부형이며, 자는 태(泰), 아버지는 시중 파진찬을 지낸 장여(璋如)로 되어 있다.

여기서 우선 그의 자를 '태'라고 한 것이 눈길을 끈다. 통상 자는 두 글자

---

31 『三國史記』 권44, 列傳4 金昕, "從父兄昕 字泰 父璋如仕至侍中波珍湌 昕幼而聰悟 好學問 長慶二年 憲德王將遣人入唐 難其人 或薦昕 太宗之裔 精神朗秀 器宇深沈 可以當選 遂令入朝宿衛 歲餘請還 皇帝詔授金紫光祿大夫試太常卿 及歸 國王以不辱命 擢授南原太守 累遷至康州大都督 尋加伊湌兼相國 開成己未閏正月 爲大將軍 領軍十萬 禦淸海兵於大丘 敗績 自以敗軍 又不能死綏 不復仕宦 入小白山 葛衣蔬食 與浮圖遊 至大中三年八月二十七日 感疾終於山齋 享年四十七歲 以其年九月十日 葬於奈靈郡之南原 無嗣子 夫人主喪事 後爲比丘尼"

이기 때문이다. 『삼국사기』 열전에서 자를 밝힌 사례도 모두 두 글자로 되어 있어[32] 김흔의 사례에 의문이 생긴다. 현실적으로 한 글자의 자를 사용했다기보다 본래 두 글자이지만 한 글자가 빠진 것으로 보아야 할 것이다.

여기서 하나의 단서는 김양의 자가 '위흔(魏昕)'이고 김흔이 이름에 '흔'을 사용하고 있다는 점이다. 따라서 그의 자가 본래 '태흔(泰昕)'인데 어떤 이유에선가 본래의 자에서 '흔'이 탈락한 것이 아닌가 한다. 그리고 '태(泰)'와 '태(太)'가 혼용될 수 있고 '태(太)'는 '대(大)'로 기재되는 경우가 많다는 점에서 그의 자가 '대흔(大昕)'일 가능성도 찾아진다. 이에 대해서는 뒤에서 자세히 언급할 것이다.

②는 김흔이 당에 파견되어 숙위하게 되는 경위를 설명하고 있다. 그는 무열왕의 후손으로서 자질을 평가받아 추천되어 입당하게 되었다는 것이다. 신라본기에도 김흔의 파견과 숙위 기사가 보인다.

왕자 김흔을 보내 당에 들어가서 조공하고 드디어 아뢰기를, "앞서 대학생으로 있던 최이정·김숙정·박계업 등을 고국으로 돌려보내 주시고, 새로 조정에 온 김윤부·김입지·박양지 등 12인은 머물러 숙위하기를 청합니다"라고 하였다. 이어 국자감에 배치하여 공부하게 하고 홍려시에서 양곡을 지급할 것을 청하니 따랐다.[33]

위의 기사에서 김흔은 '왕자(王子)'로 되어 있는데, 실제 왕의 아들이 아니라 당에 파견되는 신라 왕족은 흔히 왕자를 칭한 것으로 보고 있다.[34] 또한 그

---

32 김흔 외에 金仁問(仁壽), 김양(魏昕), 崔致遠(孤雲·海雲), 薛聰(聰智), 向德의 아버지 善(潘吉)을 찾을 수 있다.

33 『三國史記』 권10, 新羅本紀10 憲德王 17년 5월, "遺王子金昕 入唐朝貢 遂奏言 先在大學生 崔利貞金叔貞朴季業等 請放還蕃 其新赴朝金允夫金立之朴亮之等一十二人 請留宿衛 仍請配國子監習業 鴻臚寺給資粮 從之"

34 李基東, 1991「新羅 興德王代의 정치와 사회」『國史館論叢』 21 ; 1997『新羅社會史研究』 一潮閣, 159-160쪽

의 파견 시점이 헌덕왕 17년(825)으로 되어 있어 헌덕왕 14년으로 적은 열전 기사와 차이를 보인다.

최치원이 찬술한 「성주사낭혜화상비」에도 그의 입당 기사가 보인다.

장경 초에 조정사로 가는 왕자 흔이 당은포에 배를 정박하니 태워줄 것을 청하였다.[35]

위의 기사는 김흔 일행이 중국으로 가는 배편에 낭혜(朗慧)가 동승을 요청한 일화를 담고 있다. 그 시점이 '장경 초'라고 하였는데, 헌덕왕 14년은 장경 2년, 헌덕왕 17년은 보력(寶曆) 원년이 되어 열전 기사와 부합한다. 그러나 최치원이 비문을 찬술할 때 김흔의 전기를 채용했을 것이라고 보면, 비문에서 김흔의 입당 시점을 장경 초라고 한 것은 당연하다. 따라서 이것만으로 실제 김흔의 입당 시점을 헌덕왕 14년이라고 단정할 수 없다.

사실 헌덕왕 14년 12월에 계필(桂弼)을 보내 조공하고 있어[36] 같은 해 김흔을 따로 보냈다고 보기 어려운 면도 있다. 또한 연대기 자료와 전기 자료의 차이가 발생할 때 아무래도 연대기 자료 쪽의 신뢰성이 높다. 『구당서』 신라전에 보력 원년, 곧 헌덕왕 17년에 왕자 김흔이 내조한 것으로 되어 있다는 점도 이를 뒷받침한다.[37] 따라서 김흔의 입당 시점은 신라본기의 헌덕왕 17년으로 보는 것이 타당할 것이다.[38]

---

35 『譯註韓國古代金石文』 聖住寺朗慧和尙塔碑, "泊長慶初 朝正王子昕 艤舟唐恩浦 請寓載許焉"
36 『三國史記』 권10, 新羅本紀10 憲德王 14년 12월, "遣桂弼入唐朝貢"
37 『舊唐書』 권199, 列傳149 新羅, "寶曆元年 其王子金昕來朝"
38 헌덕왕 14년 3월에 김헌창의 난이 발생하였고, 김흔의 파견은 헌덕왕 17년 5월의 일로 되어 있다. 열전 기사대로 헌덕왕 14년에 파견되었다고 보고 이를 5월로 비정하면, 반란 와중에 김흔을 파견한 것이 되어 현실성이 떨어진다. 따라서 동왕 17년 정월에 일어난 범문의 난까지 수습한 뒤에 파견한 것으로 보는 것이 적절할 것이다. 헌덕왕 14년은 그의 파견을 김헌창의 난에 대한 대응으로 인식한 데 따른 것이 아닐까 한다.

김흔의 발탁은 당시 발생한 김헌창 부자의 반란과 관련된다. 선덕왕 사후 무열왕 후손인 김주원은 내물왕 후손인 김경신(원성왕)에게 밀려 왕위에 오르지 못했다. 김주원의 아들 김헌창은 그에 반발하여 웅천주에서 반란을 일으켰으나 진압되었다. 3년 뒤 김헌창의 아들 범문이 다시 반란을 일으켰으나 역시 진압되었다. 따라서 하대 정계에서 무열왕계는 크게 위축될 수밖에 없었다.

하지만 기존의 왕실이었던 무열왕계를 모두 배제할 수는 없었다. 이에 일부 인물을 발탁하여 무열왕계와 원만한 관계를 도모할 필요가 있었다. 그 대상이 바로 김흔이었다고 생각된다. 그를 발탁한 시점이 범문의 난을 진압한 직후라는 점과 발탁 당시 그를 "태종의 후예"로 적시한 것은 이러한 의도를 시사한다. 이후 김흔은 정계의 중요 인물로 성장하는데, 이에 대해서는 뒤에서 자세히 살펴볼 것이다.

③은 김흔이 숙위를 마치고 귀국한 후의 관력을 정리한 내용이다. 그는 남원태수(南原太守)와 강주도독(康州都督)을 역임하고 이찬까지 올랐다. 비슷한 시기 김양이 고성군태수(固城郡太守)와 중원대윤(中原大尹), 무주도독을 역임한 것과 유사한 모습이지만, 김양과 달리 그는 중앙 정계의 고위직까지 올랐다. 이는 흥덕왕 사후 벌어진 왕위쟁탈전에서 김명(민애왕)의 편에 섰던 결과로 해석된다. 특히 그는 김양이 청해진의 군사를 얻어 왕경을 공격하자 이를 방어하는 책임자로 나섰다. ④에 따르면 그는 민애왕 2년(839) 윤정월에 대장군이 되어 10만의 군대를 이끌고 대구에서 청해진의 군대에 맞섰으나 패하였다.

그런데 당시 전황에 대해 신라본기에는 다음과 같이 정리되어 있다.

(김양의 군대가) 19일에 달벌 언덕에 이르렀다. 왕이 군대가 이른다는 소식을 듣고 이찬 대흔과 대아찬 윤린·억훈 등에게 명하여 군대를 거느리고 막게 하였다. 또 (김양의 군대가) 일전을 벌여 크게 이기니 왕의 군대에서 죽은 자가 만 명이 넘

었다.[39]

위의 기사에는 이찬 대흔이 대아찬 윤린 등과 함께 군대를 이끌고 김양의 군대에 맞선 것으로 되어 있다. 대흔이 이찬이라는 점과 가장 먼저 언급되어 총지휘관으로 보인다는 점은 김흔이 이찬으로서 대장군이 되어 정부군을 지휘한 것과 합치한다. 여기서 대흔이 바로 김흔이라는 판단을 얻을 수 있다.[40] 이는 그의 실제 자가 태흔(대흔)이었다는 앞의 해석과 부합한다.

같은 상황에 대해 이름이 다르게 나오는 것은 근거 자료가 달랐기 때문으로, 열전 기사는 전기 자료를, 본기 기사는 연대기를 각각 채용한 것이다. 열전에 '대구(大丘)'라는 한식 지명이 나오는 것과 달리 신라본기에는 '달벌(達伐)'이라는 고유 지명이 나온다. 경덕왕대 한식으로 수정된 읍호는 혜공왕대 다시 고유어로 바뀌었다. 이 상황에 비추어 보면 본래 기사는 '달벌'로 되어 있었을 것이다. 이에 대해 '대구'로 적은 것은 이 자료가 연대기보다 후대에 정리된 것임을 시사한다. 김흔과 대흔의 인명 차이도 이에 따른 것으로 해석할 수 있다.

한편 ④에서 김흔은 패전 후 은거하다가 그대로 생을 마감한 것으로 되어 있다. 최치원이 찬술한 「성주사낭혜화상비」에는 문성왕 7년(845) 귀국한 낭혜가 김흔을 만났는데, 이때 김흔이 산중재상(山中宰相)으로 불렸다고 소개하고 있다. 산중재상은 재상을 지낸 그가 은퇴하여 소백산에 들어간 사정과 연결된다. 따라서 그가 정계에 복귀하지 않은 것은 분명하다.

하지만 신라본기에는 문성왕 11년(849) 기사에 그가 등장한다.

---

39 『三國史記』 권10, 閔哀王 2년 윤정월, "十九日 至于達伐之丘 王聞兵至 命伊湌大昕大阿湌允璘 嶷勛等 將兵拒之 又一戰大克 王軍死者過半"

40 金昕과 大昕을 별개의 인물로 보는 경우가 많지만 양자를 동일인으로 보는 견해도 있다 (김윤곤, 1991 「羅代의 寺院莊舍 : 浮石寺를 중심으로」 『考古歷史學志』 7, 286-287쪽 ; 문경현, 2000 앞의 논문, 417-427쪽; 송은일, 2004 「新羅下代 景文王系의 成立」 『全南史學』 22, 140쪽).

이찬 김식과 대흔 등이 반란을 일으켰다가 복주되었다. 대아찬 흔린은 죄에 연좌되었다.[41]

위의 기사에는 대흔이 모반에 가담했다가 복주(伏誅)되었다는 내용이 나온다. 은거하고 있던 대흔이 모반의 주역으로 언급되고 있다.

이 문제는 대흔과 김흔이 별개의 인물이라고 보면 간단하다. 그러나 위 기사의 대흔이 청해진 군대에 맞선 이찬 대흔과 다른 인물이라고 보기 어렵고, 동일한 상황에서 군대를 지휘한 대흔과 김흔이 별개의 인물이라고 보기도 어렵다. 따라서 위 기사의 대흔은 김흔으로 보지 않을 수 없다.

이것은 사망 시점이 서로 비슷하다는 것을 통해서도 뒷받침된다. 열전에서 김흔은 문성왕 11년 8월 27일에 사망하였고, 동년 9월 10일에 소백산에 인접한 내령군(奈寧郡: 영주)에 장사를 지낸 것으로 되어 있다. 김식(金式)의 모반은 바로 동년 9월에 발생하였다. 이러한 시점의 일치는 우연이라고 보기 어렵다. 다시 말해 문성왕 11년의 모반과 김흔의 사망은 깊이 관련되어 있다는 것이다. 다만 사망 일시가 모반 시점보다 약간 앞선 것으로 되어 있는 점이 걸리는데, 이에 대해서는 뒤에서 다시 언급할 것이다.

김흔이 '이찬겸상국(伊飡兼相國)'이 되었고 청해진 군사에 맞서 정부군을 지휘했다는 것은 민애왕 정권의 핵심이었음을 보여준다. 따라서 그는 민애왕 축출 후 정계에 남아 있을 수 없었다. 열전에서 그가 패전의 책임을 지고 은거했다는 설명은 중앙 정계에서 밀려난 사정을 반영한다.

한편 문성왕 11년 모반 사건은 전년에 위흔(김양)이 시중에서 물러난 것을 계기로 발생한 것으로 보인다. 김양은 문성왕 19년(857) 50세의 나이로 사망하므로 문성왕 11년에는 나이가 42세에 불과하였다. 문성왕 즉위 이래 실권자로 있던 그가 40대 초반에 시중에서 물러나는 것은 의외의 상황이다.

---

41 『三國史記』 권11, 文聖王 11년 9월, "伊飡金式大昕等叛 伏誅 大阿飡昕鄰 緣坐罪"

그가 정치적으로 밀려난 것으로 볼 수도 있으나, 그의 사망 후 이루어진 예우를 감안하면 가능성이 낮다.[42] 「성주사낭혜화상비」에는 그가 문성왕 9년 (847) 이후 헌안왕과 함께 남북재상(南北宰相)으로 정국을 주도했다는 내용이 나온다. 헌안왕 의정(誼靖)은 문성왕 11년(849)에 상대등이 되고 있어 두 사람의 권력 양분은 이보다 뒤의 상황으로 판단된다.

이로 보아 김양은 시중 사퇴 후에도 여전히 권력의 중추로 자리하고 있었다고 생각된다. 이 점에서 그의 사퇴는 건강 문제로 인한 것으로 짐작하는데, 그는 왕위쟁탈전에서 화살을 맞아 부상을 입은 전력이 있다. 다만 김양이 권력을 양분하고 있었다 하더라도 정치 일선에서 한발 물러선 것은 정계의 변동을 초래할 수 있는 변수였다.

김식의 모반은 이러한 정치적 틈을 이용하여 민애왕 계열에서 일으킨 것으로 추정된다.[43] 그리고 김흔은 민애왕 정권의 책임자였기 때문에 정계에서 물러나 은거하고 있었음에도 모반에 연루되었다. 기사 뒤에 연좌가 언급된 것을 보면, 당시 모반에 대한 처벌 범위가 넓었음을 알 수 있다. 은거 중인 김흔의 주동 여부는 알 수 없지만, 민애왕 정권의 핵심이었던 그가 모반의 책임에서 벗어날 수 없었을 것이다.

이처럼 문성왕 11년 모반 기사에 보이는 대흔은 김흔으로 판단된다. 하지만 김흔의 전기에 모반에 관련된 내용이 보이지 않고 사망 시점도 모반보다 앞서는 것은 어떻게 해석해야 할까. 이는 원전의 계통과 기사의 생성 과정을

---

42 송은일은 당시 김양이 정치적으로 몰락했고, 이를 대신하여 경문왕의 아버지 啓明이 부상한 것으로 이해하였다(송은일, 2004 앞의 논문, 136-138쪽). 그리고 문성왕 9년에 태자로 책봉된 왕자가 김양의 외손일 것으로 추정했는데, 외손의 후계자 지명과 김양의 실각은 앞뒤가 맞지 않아 보인다. 다만 문성왕이 동왕 3년 당의 책봉을 받았음에도 동왕 9년에 비로소 태자 책봉이 이루어진 것을 보면, 태자가 김양의 외손일 가능성은 인정된다.

43 金昌謙, 1994 앞의 논문, 250쪽
송은일, 2004 앞의 논문, 140쪽
姜在光, 2011 「文聖王代의 政局과 「昌林寺 無垢淨塔願記」 造成의 정치적 배경」 『韓國古代史探究』 7, 108쪽

통해 설명할 수 있다.

우선 김흔의 전기는 김양의 전기에 부록되어 있다. 김양의 공업을 부각하는 전기가 무열왕계의 복권에 연동된 것이라고 보면, 김흔의 전기 또한 같은 맥락에서 정리되었을 것이다. 하지만 김흔의 실제 이력은 그러한 목적에 반하는 성격을 띠고 있다. 이에 전기 작자는 모반 연루와 복주라는 부정적 내용을 숨기고 호의적인 평가가 가능하도록 윤색하였다.

통상 전기 자료는 주인공의 부정적 측면을 숨기고 긍정적 부분을 부풀리는 경향이 있다. 경우에 따라서는 행적에 오류가 개재할 여지도 크고, 일부 행적을 의도적으로 변형하거나 가공할 소지도 있다. 김흔의 전기에 근거한 열전 기사에도 이러한 요소가 다수 검출된다.

우선 민애왕 때 상국을 지내며 김양에 맞서 군대를 지휘한 것보다 패전 후 그 책임을 지고 은거한 행적이 부각된 것은 전기에서 긍정적 부분을 드러내는 경향을 그대로 보여준다. 또한 전술한 바와 같이 입당 숙위 시점이 신라 본기와 다른데, 이는 열전 기사에 오류가 개재된 것으로 파악된다. '달벌'이 '대구'로 기재된 것도 후대 인식의 일단을 보여준다.

또한 그의 자가 한 글자로만 되어 있는 것도 이상한 일이다. 단순한 누락이라고 볼 수도 있지만, 그가 대흔과 동일인이라는 사실을 숨기려고 의도적으로 한 글자를 삭제했을 가능성도 있다. 김흔이 맞선 대상을 "청해진의 병사"라고만 말하고 지휘관인 김양을 언급하지 않은 것은 두 사람의 대립을 드러내지 않으려는 의도로 해석된다.

이러한 내용들을 고려하면 그의 죽음과 관련하여 모반의 혐의를 피하려고 사망 일자를 조정했을 가능성이 있다. 실상 그의 사망 일자와 장례 일자까지 상세히 정리된 것 자체가 예외적이다. 열전 수록 인물 중 사망 일자까지 명시된 것은 김유신과 김인문, 김양, 김흔 등이다. 이 중 김유신은 사망 일자만 있고 장례 일자는 없다. 김인문은 당에서 사망하고 6개월 뒤 신라에서 장례를 치렀다는 점에서 일반적인 장례와 차이가 있다. 결국 사망 일자와 장례 일자까지 명시한 것은 김양과 김흔 두 사람뿐이다.

더구나 김흔은 내용상 은거 중에 사망한 것임에도 사망과 장례 일자를 확인할 수 있었다는 것은 이해하기 어렵다. 이것은 후대의 관점에서 김양과 함께 김흔의 전기를 찬술하면서 그의 사망 시점을 8월 말로 기록한 결과로 이해된다. 이를 통해 9월에 발생한 모반과의 관련성을 숨긴 것이다.[44]

이 문제는 결국 대흔과 김흔을 별개로 볼 것인가 동일인으로 볼 것인가 하는 문제와 연결된다. 그러나 전술한 바와 같이 그의 자에 대한 기록이 가지는 예외적 양상과 청해진의 군대에 맞선 책임 지휘관이 기록에 따라 다른 사람으로 기재되기 어렵다는 점 등을 감안하면, 두 사람은 동일인으로 보는 것이 타당하다. 여기에 전기 자료의 속성을 고려하면 사망 일자의 조정은 충분히 생각할 수 있는 일이다.[45]

이상에서 김흔에 대해 분석 추론한 내용을 정리하면 다음과 같다. 김양(위흔)의 종부형인 김흔(태흔·대흔)은 헌덕왕 17년에 발탁되어 당에 파견되었다. 그는 김헌창 부자의 반란 이후 원성왕계에서 무열왕계를 포용하는 상징적인 인물이었다. 귀국 후 지방 관직을 역임하다 중앙 정계에 자리를 잡았고, 민애왕의 즉위에 공헌하고 이찬겸상국에 이름으로써 그 반대편에 섰던 김양과 다른 길을 걷게 되었다. 그는 김양이 청해진의 군대를 이끌고 왕경을 공격하자 대장군이 되어 정부군을 이끌고 맞섰으나 패하였다.

민애왕 축출 후 그도 정계에서 밀려나 은거하였다. 그런데 문성왕 10년 김

---

44 장례 일자로 되어 있는 9월 10일이 실제로는 사망한 일자일 가능성도 있어 보인다.

45 사망 일자를 포함하여 金昕(大昕) 기사가 신라본기와 열전에 차이가 있는 것을 두고 김윤곤은 신라본기의 대흔을 김흔의 오기로 보고 열전의 사망 기사를 부정하였다(김윤곤, 1981 앞의 논문, 286-287쪽). 문경현은 자료 계통의 차이를 지적하며 열전 기사가 후손들의 전기에 의거했기 때문이라고 보았다(문경현, 2000 앞의 논문, 424쪽). 자료 계통의 차이를 지적한 부분에는 전적으로 공감하지만, 김흔은 아들이 없어 부인이 장례를 주관한 것으로 되어 있으므로 후손의 존재를 상정할 수 없다. 따라서 헌덕왕대 이후 무열왕계의 활동을 긍정적 관점에서 제시하기 위해 김양과 김흔의 전기가 함께 정리된 것으로 보는 것이 적절하지 않을까 한다.

양이 건강 문제로 시중에서 물러나자 이듬해 민애왕 계열로 추정되는 김식 등의 모반이 발생하였다. 김흔은 민애왕 정권의 핵심이었던 전력으로 인해 이에 연루되어 처형되었다. 하지만 전기에서는 그의 전력이 김양의 공업 및 이에 따른 무열왕계의 복권에 저촉된다고 보아 그가 은거 중에 죽은 것으로만 정리하였고, 사망 시점도 모반 바로 직전인 것처럼 고쳤다.

2. 문성왕대 무열왕계의 복권과 삼한일통의식의 출현

1) 김양의 활동과 무열왕계의 복권

신무왕의 뒤를 이어 즉위한 문성왕은 곧바로 김양의 공을 추록(追錄)하여 소판겸창부령(蘇判兼倉部令)을 제수하였고, 이어 시중겸병부령(侍中兼兵部令)에 임명하였다.[46] 김양이 재상으로서 병부령을 겸직한 것은 정치와 군사의 실권을 모두 장악하게 되었음을 보여준다.

김양은 신무왕 즉위에 결정적인 역할을 한 만큼, 문성왕 즉위 후에도 정계의 중추적 위치를 점할 것이지만, 문성왕 즉위 후 발생한 일련의 모반 사건은 그의 정치적 입지를 더욱 다지는 매개가 되었다. 문성왕 3년(841)에는 일 길찬 홍필(弘弼)이 모반했다가 일이 발각되자 해도(海島)로 도주하였다.[47]

이 해 7월 문성왕은 당의 책봉을 받았다.[48] 이것은 흥덕왕 사후 왕위쟁탈전

---

46 『三國史記』 권44, 列傳4 金陽
    이 조치는 신라본기에서 문성왕 9년의 일로 확인된다.
47 『三國史記』 권11, 新羅本紀11 文聖王 3년, "(春) 一吉湌弘弼謀叛 事發逃入海島 捕之不獲"
48 『三國史記』 권11, 新羅本紀11 文聖王 3년 7월

이 벌어진 뒤 처음으로 이루어진 국왕 책봉이었다. 신무왕이 무력으로 왕위를 차지했다가 일찍 사망한 만큼 문성왕 초기 정국은 크게 불안할 수밖에 없었다. 이에 당의 책봉을 통해 국왕으로서 권위를 확립하고자 한 것이다. 그리고 이듬해 위흔(김양)의 딸을 비로 들였는데,[49] 이는 김양과의 정치적 결합을 공고히 하는 의미였다.

한편 문성왕 8년(846)에는 장보고가 반란을 일으켰다. 전년에 장보고의 딸을 차비(次妃)로 들이고자 했으나 섬사람의 딸이라는 이유로 신하들이 반대하면서 무산되었다. 이에 불만을 품은 장보고는 반란을 일으켰으나 암살되었다.[50]

그런데 장보고의 피살 시점에 대해서는 논란이 있다. 장보고의 피살은 『속일본후기(續日本後記)』에 문성왕 3년(841) 11월의 일로 나온다.[51] 이것은 일본 승려 엔닌[圓仁]의 『입당구법순례행기(入唐求法巡禮行記)』의 회창(會昌) 5년(845) 7월 9일 기사에 청해진병마사(淸海鎭兵馬使)를 지낸 최훈(崔暈)이 '국난(國難)'으로 인해 당으로 도망해 와 있었다는 내용을 통해 뒷받침되었다.[52] 두 자료는 장보고의 활동과 가까운 시기에 작성된 것이기 때문에 일반적으로 이를 따르고 있다.[53]

한편 『삼국유사』에는 신무왕이 궁파(弓巴: 弓福)에 의탁했을 때 도움을 청하며 왕위에 오를 경우 그의 딸을 비로 맞이하겠다고 약속했다는 전승이 실려 있다.[54] 이에 따르면 신무왕이 장보고에게 납비(納妃)를 약속했으나 곧바

---

49 『三國史記』 권11, 新羅本紀11 文聖王 4년 3월, "納伊湌魏昕之女爲妃"

50 『三國史記』 권11, 新羅本紀11 文聖王 8년, "春 淸海弓福怨王不納女 據鎭叛"

51 『續日本後記』 권9, 承和 9년 정월, "己等張寶高所攝島民也 寶高去年十一月中死去"
　　승화 9년은 문성왕 4년에 해당하며, 장보고의 죽음은 前年인 문성왕 3년의 일이 된다.

52 『入唐求法巡禮行記』 권4, 會昌 5년 7월 9일, "遇崔暈第十二郎 曾爲淸海鎭兵馬使 在登州赤山院時 一度相見 (중략) 相期之後 其人又歸到新羅 遇國難 逃至漣水住"

53 李永澤, 1979 「張保皐 海上勢力에 關한 考察」 『韓國海洋大學論文集』 14, 89쪽
　　이후 장보고 연구에서는 대개 이 설을 따르고 있다.

54 『三國遺事』 권2, 紀異 弓巴, "四十五神武大王潛邸時 謂俠士弓巴曰 我有不同天之讎 汝能爲我除之 獲居大位 則娶爾女爲妃 弓巴許之"

로 사망하였고, 이에 장보고가 문성왕에게 약속 이행을 요구했다가 실패하
자 난을 일으켰다는 해석을 얻을 수 있다. 그리고 그 이듬해 김양의 딸이 왕
비가 된 것은 결국 장보고에게 약속한 자리를 김양이 차지한 셈이 된다. 이
에 장보고 제거에 김양이 결정적인 역할을 했다고 보기도 한다.[55]

이 사건과 관련하여 다음 두 가지에 주목할 수 있다. 하나는 일반적으로
지적되는 것처럼 장보고의 제거가 김양의 정치적 입지를 더욱 공고히 하는
결과를 가져왔다는 점이다. 장보고의 납비 실패에 뒤이어 김양이 납비한 것
은 이러한 맥락을 잘 보여준다.

이후에도 김양은 연이은 모반을 제압하며 권력의 중추로 자리를 잡았다.
문성왕 9년(847) 5월에는 이찬 양순(良順) 등이 모반했다가 복주되었다.[56] 양
순은 아찬이던 희강왕 2년(837) 청해진에 있던 우징에게 투항한 인물로,[57] 문
성왕 2년(840)에 이찬으로 승진하였고,[58] 문성왕 5년에는 시중까지 올랐다.[59]
그러나 이듬해 바로 시중에서 물러나고 김여(金茹)가 대신 시중이 되었다.[60]
그가 1년 만에 물러난 것은 정치적인 갈등을 시사하는데, 아마도 김양의 정
치적 실권 장악에 따라 밀려난 것이 아닌가 한다.[61]

양순이 김양 및 장보고와 더불어 신무왕 옹립에 공을 세운 인물임을 감안
하면, 그의 모반은 장보고 암살 후 그 잔여 세력과 연계하여 도모한 것일 가
능성도 있다. 이들의 모반은 김양의 권력 독점 과정과 맞물려 일어난 것이
며, 결과적으로 김양의 권력을 더욱 공고하게 만들었다.

일련의 반란을 진압한 뒤 문성왕은 태자를 책봉하는 한편, 김양을 시중으

---

55 윤병희, 1982 앞의 논문, 72쪽
56 『三國史記』권11, 新羅本紀11 文聖王 9년 5월, "伊飡良順 波珍飡興宗等叛 伏誅"
57 『三國史記』권10, 新羅本紀10 僖康王 2년 6월, "均貞妹壻阿飡禮徵 與阿飡良順, 亡投於祐徵"
58 『三國史記』권11, 新羅本紀11 文聖王 2년 정월, "以禮徵爲上大等 義琮爲侍中 良順爲伊飡"
59 『三國史記』권11, 新羅本紀11 文聖王 5년 정월, "侍中義琮病免 伊飡良順爲侍中"
60 『三國史記』권11, 新羅本紀11 文聖王 6년 3월, "侍中良順退 大阿飡金茹爲侍中"
61 金昌謙, 2003 「왕위계승과 叛逆」『新羅 下代 王位繼承 硏究』景仁文化社, 306-308쪽

로 임용하여 정국의 안정을 도모하였다.[62] 이때 김양은 전술한 바와 같이 병부령까지 겸하였는데, 이것은 그가 장보고와 양순을 제거하면서 정치와 군사에서 모두 실권을 잡은 것을 보여준다.

다른 하나는 김헌창의 난에 이어 또다시 지방에 근거를 둔 반란이 발생했다는 점이다. 장보고의 반란이 어떤 정치적 지향을 가졌는지는 알 수 없지만, 지방에서 일어난 반란은 체제 분열의 위험을 다시 환기하였다. 더구나 청해진 또한 구 백제 지역이었기 때문에 신라 정부는 사태를 더욱 첨예하게 인식하였다. 문성왕 13년(851) 청해진을 해체한 것은 그러한 부담을 시사한다.[63]

따라서 김헌창의 난을 수습하기 위한 흥덕왕의 행보처럼 문성왕대에도 반란의 여파를 줄이고 체제 통합을 위한 이념적 조치가 모색되었다. 그 표현의 하나가 창림사무구정탑(昌林寺無垢淨塔)의 건립이다. 문성왕이 직접 발원하여 건립한 이 탑의 지문(誌文)에는 다음과 같은 내용이 있다.

생각하건대 국왕께서는 여러 겁 동안 선을 닦으셔서 지위가 인간과 천상의 위에 있게 되었습니다. 생명이 있는 것이 고해를 떠다니고 육도를 도는 것을 불쌍히 여겨 장차 그들을 구원할 길을 만들어 부처의 정토로 이끌고자 하는 것이 무구정탑을 건립하는 일 만한 것이 없습니다. (중략) 다시 바라건대 국왕께서는 길이 인간과 천상의 주인이 되고 그 업보가 다하는 날을 만나 곡식을 보시하는 이름이 가장 높은 자리에 있기를 기원합니다.[64]

---

62 『三國史記』권11, 新羅本紀11 文聖王 9년 11월, "封王子爲王太子 侍中金茹卒 伊湌魏昕爲侍中"

63 『三國史記』권11, 新羅本紀11 文聖王 13년 2월, "罷淸海鎭 徙其人於碧骨郡"
    서윤희는 장보고를 암살하는 閣長이 『續日本後記』에 武州別駕로 나오는 것을 토대로 청해진을 무주의 지배하에 편입시킨 것이라고 이해하였다(徐侖希, 2001 「淸海鎭大使 張保皐에 관한 연구 : 新羅 王室과의 관계를 중심으로」 『震檀學報』 92, 32쪽).

64 『譯註韓國古代金石文』 昌林寺無垢淨光塔誌, "伏以國王 曆劫修善 位冠人天 而愍有情之 浮苦海 環廻六途 將設拯濟之門 導引淨域者 無越於建立无垢淨塔 (중략) 復願國王 永主人天 會其報盡之日 捨粟散之名 齊於无上之位"

위의 지문은 중생을 구원하는 방안으로 무구정탑을 세우는 의의를 밝히고 있다. 이것은 일차적으로 정토신앙(淨土信仰)의 표현이지만 국왕이 직접 발원했다는 것은 나름의 정치적 의미를 시사한다.

이에 대해서는 현실 세계에서 국왕의 초월적 지위를 강조하고, 정치적 변란과 자연재해를 겪은 뒤 화합을 도모한 것이라는 해석이 있다.[65] 실제 불교적 보편성을 통해 중생을 구원하는 국왕의 지위는 그 이면에서 국왕을 중심으로 체제 통합을 도모하는 정치적 함의를 가진다.

그리고 이러한 정치적 지향은 사상적 종교적 측면에서만 나타나는 것은 아니며 역사의식에서도 표출된다. 특히 체제 분열의 위기는 이를 봉합할 수 있는 역사적 당위를 필요로 한다는 점에서 문성왕의 지향은 후술할 삼한일통의식의 출현을 상정하는 하나의 단서가 된다.

이처럼 김양은 신무왕 즉위에 이어 문성왕대에 발생한 일련의 모반 사건을 제압하는 데 공을 세움으로써 문성왕의 정치적 기반이 되었다. 김양의 정치적 부상은 김주원이 왕위 경쟁에서 밀려나고 김헌창의 난이 실패하면서 퇴락하고 있던 무열왕계의 본격적인 정치적 복권을 의미하였다. 헌덕왕대 이후 무열왕계는 김흔이 대표하고 있었으나 그가 민애왕의 측근으로 활동하다가 숙청된 후 김양이 무열왕계의 중심이 되었고, 그 권위 또한 김흔을 능가하는 것이었다.

이러한 김양의 위상은 그의 사후에 이루어진 조치를 통해 확인할 수 있다.

> 부음이 전해지자 대왕이 애통해 하며 서발한을 추증하고, 부의를 내리는 것은 모두 김유신의 구례에 의거하도록 하였다. 그해 12월 8일 태종대왕의 능에 배장하였다.[66]

---

65 강재광, 2011 앞의 논문, 119-120쪽
66 『三國史記』 권44, 列傳4 金陽, "訃聞 大王哀慟 追贈舒發翰 其贈賻殮葬 一依金庾信舊例 以其 年十二月八日 陪葬于太宗大王之陵"

문성왕이 김양의 장례와 관련하여 내린 조치에서 두 가지 사항이 눈길을 끈다. 하나는 그에 대한 부의를 김유신의 구례(舊例)에 따르도록 했다는 점이다. 당시 김유신은 무열왕 즉위에 공헌하고 7세기 전쟁을 이끈 인물로 인식되고 있었다. 특히 흥덕왕대 흥무대왕으로 추봉되면서 그의 공업이 새롭게 조명을 받았다.

김양에 대한 예우가 김유신을 전례로 삼는다는 것은 그의 공업이 김유신에 견주어 손색이 없다는 평가에 따른 것이다. 그는 신무왕의 즉위에 결정적 공헌을 하였고, 문성왕이 즉위한 뒤에는 딸을 비로 들여보냈다. 그리고 문성왕대 정치를 주도하며 연이은 모반을 제압하는 데에도 기여하였다. 이러한 공업으로 인해 그의 위상이 김유신에 비견된 것이다.

다른 하나는 그를 무열왕릉에 배장하도록 했다는 점이다. 김양은 무열왕의 9세손이다. 이와 같이 먼 후손을 왕릉에 배장한 것은 그의 공업에 대한 특별한 평가에 따른 것이지만, 한편으로 무열왕에 대한 재인식을 유도하였다.

무열왕은 문무왕과 더불어 불천지주로 공인되었지만 애장왕대 개편으로 종묘에서 밀려나 별묘로 이동하였다. 이것은 무열왕에 대한 평가가 전에 비해 하락하는 것을 반영한다. 특히 김유신의 흥무대왕 추봉은 전쟁의 공업을 통해 통합의 이념을 끌어내고자 한 것이었지만, 그와 군신관계였던 무열왕의 권위를 삭감할 수밖에 없었다.

그런데 무열왕의 후손인 김양의 정치적 부상은 무열왕계의 복권과 더불어 무열왕의 권위 회복이라는 효과를 수반하였다. 문성왕으로서도 김양의 공적을 공인함과 더불어 그 연원이 되는 무열왕의 공업과 권위를 되살리는 조치가 필요하였다. 김양을 무열왕릉에 배장한 것은 그 방안이었다. 김양의 공업이 무열왕과 하나의 맥락임을 보여줌으로써 무열왕은 뚜렷한 현실적 함의를 확보하였고, 김양의 후손 또한 확고한 위세를 가질 수 있었다.[67]

---

67   金入宅의 하나로 金陽宗宅이 열거된 것은 그 가문의 정치적 사회적 위세를 시사한다.

다만 무열왕의 공업에 대한 인식은 어디까지나 무열왕계가 원성왕계에 대해 '신하'로서 고정된 상황에서 이루어진 것이었다. 김양의 장례를 김유신의 예에 준하여 치른 데에는 이러한 전제를 확인하는 의미도 담겨 있었다. 김유신의 대왕 추봉으로 그 후손은 왕족으로서 명분을 획득했지만, 추봉 주체인 원성왕계에 대해서는 여전히 신하로 규정된다. 김양은 무열왕의 후손으로서 왕족이지만 그 역시 신하의 위치에 있다.

이처럼 문성왕대에는 무열왕계의 복권과 더불어 무열왕의 공업을 재인식하는 것이 더 이상 현 국왕에 대한 명분적 위협이 되지 않는다고 여기게 되었다. 오히려 무열왕의 권위를 인정함으로써 무열왕계와의 정치적 결합이 공고해질 것이며, 통합의 주체로서 현 국왕의 위상을 강화하는 데 무열왕의 공업과 위상을 활용할 수 있다는 인식 전환도 이루어졌다.

그리고 이러한 흐름과 맞물려 체제 이념으로서 삼한일통의식이 출현하게 되는데, 이를 보여주는 자료가 「성주사비」이다. 다음에는 이 비의 내용을 통해 삼한일통의식이 출현하는 맥락을 알아보기로 한다.

2) 성주사비 건립과 삼한일통의식의 출현

신무-문성왕대 김양의 정치적 부상과 이에 따른 무열왕계의 복권은 그 선조인 무열왕의 공업에 대한 재인식을 유도하였다. 여기에 장보고의 반란은 체제 분열의 위기를 다시 환기하였다. 이러한 조건에서 통합의 이념으로서 삼한일통의식이 모습을 드러내게 되었다.

이러한 변화를 보여주는 단서로서 성주사(聖住寺)의 창건이 주목된다. 낭혜(朗慧) 무염(無染)의 주석(住錫)을 통해 창건된 성주사는 무열왕의 후손인 김흔과 김양이 사업에 깊이 간여하고 있었다. 또한 사찰이 구 백제 권역에 있다는 점도 주목된다.

현재 성주사와 관련된 비문으로 김입지(金立之)가 찬술한 「성주사비」와 최치원이 찬술한 「성주사낭혜화상비」(이하 '낭혜화상비'로 약칭함)가 있다. 「성주사비」는 낭혜가 생존해 있을 때인 문성왕대에 건립된 것으로 추정되며,[68] 「낭혜화상비」는 낭혜 입적 후 진성여왕 때 건립된 탑비(塔碑)이다. 「성주사비」는 「낭혜화상비」에도 소개되었는데, "대사가 서쪽으로 유학하고 동쪽으로 돌아온 시기, 계율을 받고 깨달음을 얻은 인연, 공경(公卿) 수재(守宰)가 귀의하고 숭모한 일, 불상과 전각·영당(影堂)을 개창한 일"을 담았다고 한다.[69] 이를 통해 「성주사비」가 성주사 창건과 관련된 사적비임을 알 수 있다.

하지만 「성주사비」는 현재 몇 개의 비편만 남아 있어 정확한 내용을 파악하기 어렵다. 따라서 먼저 「낭혜화상비」의 내용을 검토하고, 이를 토대로 「성주사비」의 내용에 접근해 보기로 한다. 먼저 「낭혜화상비」에서 김흔 및 김양과 관련된 부분을 추출하면 다음과 같다.

① 이에 북쪽으로 가서 평생 의탁할 곳을 찾았다. 마침 왕자 흔이 은퇴하여 산중 재상으로 불렸는데, 우연히 만나 원하는 바가 맞게 되었다. 흔이 말하기를, "대사와 나는 모두 용수 을찬의 후예인데 대사의 내외가 용수의 자손이니 놀라움이 미칠 수 없는 듯합니다. 그리고 바다 밖에서 함께 했던 적이 있으니 친구의 인연이 진실로 얕지 않습니다. 웅천주 서남쪽에 절이 하나 있는데, 우리 조상 임해공[조상의 휘는 인문인데, 당에서 예맥[70]을 멸한 공에 보답하여 임해군

---

68 金立之는 문성왕이 발원한 昌林寺無垢淨塔의 誌文도 찬술하였다.

69 『譯註韓國古代金石文』 金立之撰 聖住寺碑, "大師西遊東返之歲年 稟戒悟禪之因緣 公卿守宰之歸仰 像殿影堂之開刱"

70 예맥은 통상 고구려를 가리키지만 수봉지의 위치를 감안할 때 여기서는 백제를 나타내는 것으로 파악된다. 김인문열전에 언급된 고종의 언급에는 고구려가 예맥과 악을 같이 한다는 내용이 나오는데, 이 예맥 또한 문맥상 백제로 보아야 한다(『三國史記』 권44, 列傳4 金仁間, "朕旣滅百濟 除爾國患 今高句麗負固 與穢貊同惡 違事大之禮 棄善鄰之義 朕欲遣兵致討 爾歸告國王 出師同伐 以殲垂亡之虜").

공으로 봉하였다]께서 수봉한 곳입니다. 그사이에 큰 화재로 절이 반은 재가 되었으니 자비롭고 현명한 분이 아니면 누가 다시 일으켜 이어가게 하겠습니까. 이 부족한 사람을 위해 주지가 되어 주시기를 바랍니다"라고 하였다.[71]

② 당시 헌안대왕께서 단월 계서발한 위흔과 더불어 남북재상[각기 그 관청에 거주하니 좌·우상과 같다]이 되어 멀리서 제자의 예를 보이고 향과 차를 예물로 보내기를 거르는 달이 없었다.[72]

①은 낭혜가 문성왕 7년(845) 유학을 마치고 돌아와 성주사에 자리를 잡게 되는 경위를 담았다. 왕자 흔은 곧 김흔으로서 그가 당에 숙위하러 갈 때 취한 명칭을 반영한 것이다. 낭혜는 그의 도움을 받아 유학길에 오를 수 있었다.

김흔은 정계에서 밀려난 후 산중재상으로 불렸는데, 이는 그가 소백산에 은거한 것을 나타낸다. 김흔은 낭혜와의 인연에 대해 같은 무열왕계임을 말하고 있다. 그가 말한 용수(龍樹) 을찬(乙粲: 이찬)은 곧 무열왕의 아버지 용춘(龍春)을 말한다. 비문에 의하면 낭혜의 8대조가 무열왕이며, 김흔은 김인문의 후손으로 되어 있다. 김흔이 헌덕왕대 이후 정계에 발탁된 것은 왕계가 단절된 후 그가 실질적인 무열왕의 적손(嫡孫)으로 간주되었기 때문이다.

김흔은 낭혜에게 웅천주의 서남쪽에 있는 절을 소개했는데, 이곳은 임해군공(臨海君公) 김인문이 수봉(受封)한 곳으로 설명되어 있다. 이곳에 있던 절이 반이나 소실되자 김흔은 낭혜에게 이곳에 주석하며 절을 일으켜 줄 것을 요청하였다. 이에 낭혜는 대중(大中: 847-859) 초에 이곳에 머물게 되었고, 사세(寺勢)가 번창하자 문성왕이 사명(寺名)을 '성주(聖住)'라 내려주고 흥륜사(興

---

71 『譯註韓國古代金石文』聖住寺朗慧和尙塔碑, "酒北行擬目選終焉之所 會王子昕 懸車爲山中宰相 邂逅適願謂曰 師與吾俱祖龍樹乙粲 則師內外爲龍樹令孫 眞瞠若不可及者 而滄海外躡蕭湘故事 則親舊緣固不淺 有一寺在熊川州坤隅 是吾祖臨海公[祖諱仁問 唐酬伐酬貊功 封爲臨海君公]受封之所 間劫(盡火)菑金田半灰匪慈哲孰能興滅繼絶 可强爲枿夫住持乎"

72 『譯註韓國古代金石文』聖住寺朗慧和尙塔碑, "時憲安大王 與檀越季舒發韓魏昕 爲南北宰相[各居其官 猶左右相] 遙展攝禮 贄以茗靜 使無虛月"

輪寺)에 속하게 하였다.

이 사업에는 김양도 참여하였다. ②는 절의 창건에 이어지는 내용으로서 즉위 전 헌안왕과 위흔(김양)[73]이 낭혜를 지원한 사적이 언급되어 있다. 김흔이 발원한 성주사에 김양이 단월로 참여한 것은 몇 가지 측면에서 생각할 수 있다. 우선 이곳이 선조 김인문의 수봉지로 인식되었던 만큼 김양으로서도 성주사의 창건과 경영에 관심을 가졌을 수 있다. 하지만 처음부터 관여한 것이 아님을 생각할 때, 김양의 참여에는 나름의 계기가 있었을 것이다. 그것은 바로 김흔의 사망이다.

전술한 것처럼 김흔은 은거 중 문성왕 11년에 발생한 김식의 모반에 연루되어 처형되었다. 정치적으로 다른 길을 걸었으나 무열왕의 후손으로서 김인문의 수봉지에 역시 무열왕계인 낭혜가 주석하는 성주사가 창건된 만큼 김흔이 사망한 뒤 김양이 이를 이어받아 완성에 이르게 된 것이라 짐작된다.

다만 「낭혜화상비」는 진성여왕 때 찬술되었기 때문에 김흔이나 김양의 활동이 크게 부각되지 않았다. 주 내용은 역대 국왕의 예우를 중심으로 정리되어 있다. 이에 대해 문성왕대에 건립된 「성주사비」는 사적비로서 낭혜보다 성주사에 무게가 있으므로 절의 창건 및 지원과 관련된 단월들의 행적이나 창건이 가지는 의미 등이 서술되었을 것이다. 이에 「성주사비」의 내용을 구체적으로 살펴보기로 한다. 비편만 남아 있어 정확한 내용 파악이 어려운데, 수습된 비문은 단월의 시주를 통한 성주사의 조성에 관한 내용이 주류를 이룬다. 이 중 내용이 비교적 많은 3편과 7편을 먼저 살펴보기로 한다.[74]

---

73 『삼국사기』 열전에 따르면 舒發韓은 사후에 追贈된 것으로 되어 있다.

74 판독문은 『譯註韓國古代金石文』의 것을 따랐다. 앞서 「성주사비」에 대해서는 黃壽永의 기초적인 고찰이 있었다.

黃壽永, 1969 「金立之撰 新羅 聖住寺碑」 『文化財』 4

黃壽永, 1972 「金立之撰 新羅 聖住寺碑(續)」 『考古美術』 115

黃壽永, 1973 「金立之撰 新羅 聖住寺碑(其三)」 『考古美術』 117

[3편]

(1) 助成功德(下缺)

(2) 丹檻琁題鴛鳳鱗□(下缺)

(3) 租稻充入鑄像工價魏昕伊飡(下缺)

(4) 文紫磨金色臨寶座以益光□(下缺)

(5) 之常租稻已至於寺林衡運(下缺)

(6) 宜和夫人是允興伊飡(下缺)

(7) 潺湲高峯尋日(下缺)

(8) 年月成(下缺)

[7편]

(1) (上缺)　　　　伊飡庶兄施□□(下缺)

(2) (上缺)　　　乃以成花殿雲楣綠(下缺)

(3) (上缺)　　　金殿歟無佛像頓捨家(下缺)

(4) (上缺)　　盤紺絲之髮紅掌展瑞印之(下缺)

(5) (上缺) 三層無垢淨石塔又擬立七祖(下缺)

(6) (上缺)　　□領色羅匹段并租一百石(下缺)

(7) (上缺)　　　暮異□□□淸潤日(下缺)

우선 3편의 내용부터 살펴보자. 1행의 "조성공덕(助成功德)"은 성주사의 창건 내지 불전(佛殿) 조성 등에 참여한 단월에 관한 내용이 이어질 것임을 시사한다. 2행은 '단함(丹檻)'을 통해 이 부분에 불전 조성 내용이 있음을 유추할 수 있다. 3행은 김양이 조도(租稻)와 불상 주성(鑄成)에 들어가는 비용을 부담했다는 내용으로, 그가 "조성공덕"에서 중요한 역할을 했음을 알 수 있다. 4행에는 불상이 놓이는 보좌(寶座)에 대한 설명이 이어지는 것으로 보인다.

5행에는 의화부인(宜和夫人)과 윤흥(允興) 이찬 두 사람이 보인다. 의화부인

은 『삼국사기』에는 나오지 않으며, 윤흥은 경문왕 6년(866)에 모반했다가 주
살되는 인물이다.[75] 이 구절은 "의화부인은 윤흥 이찬의 …이다"로 해석되는
데, 이 경우 대개 그 아버지가 나온다는 점에서 의화부인은 윤흥의 딸일 가능
성이 높다.[76]

다음에 7편의 내용을 살펴보자. 1행의 이찬서형(伊湌庶兄)은 구체적으로
누구인지 확인되지 않는다. 비편에는 위흔과 윤흥 두 명의 이찬이 보이며,
이외에도 더 있을 수 있다. 하지만 위흔이 불상 조성의 중심 단월이라는 점
과 윤흥은 의화부인과의 관계가 제시될 뿐으로 실제 단월 참여 여부를 알 수
없다는 점을 볼 때, 여기서 이찬은 위흔으로 판단된다. 그리고 그의 서형(庶
兄)은 종부형 김흔을 가리키는데, 이는 다음 내용을 해석하는 과정에서 자연
스럽게 확인된다.

2행은 화전(花殿), 곧 성주사의 불전이 완성된 사실을 말하고 있다. 따라서
1행에 보이는 시주자로서 이찬서형은 바로 불전 조성의 시주자이고, 이는
성주사 창건과 관련된다는 것을 알 수 있다. 이것은 김흔이 성주사 창건의
주역이라는 사실과 연결된다.

3행의 내용은 불전이 완성되었으나 안에 불상이 봉안되지 못한 사정과 이
에 단월이 재산을 희사하여 불상을 조성했음을 나타내고 있다. 3편에서 확
인되듯이 불상을 조성한 단월은 위흔이다. 그는 서형의 시주로 불전이 완성
되었으나 불상이 이루어지지 못하자 불상 조성에 나섰다. 여기서 이찬이 위
흔이고, 서형은 김흔이라는 것을 재차 확인할 수 있다.

---

75 『三國史記』 권11, 新羅本紀11 景文王 6년 10월, "伊湌允興與弟叔興季興謀逆 事發覺 走岱山
   郡 王命追捕斬之 夷一族"

76 일부 예외가 있지만 당시 왕비가 통상 夫人 칭호를 사용한 점으로 볼 때 의화부인 역시 왕
   비로 짐작된다. 의화부인은 윤흥의 딸로서 왕비가 된 인물로 보는 것이 무난하며, 이 경우
   문성왕의 元妃 朴氏일 가능성이 높다. 책봉 기사에 보이는 박씨는 同姓婚 혐의를 피하기 위
   해 칭한 것으로, 실제로는 김씨로 판단된다. 헌덕왕의 모후인 聖穆太后에서 같은 사례를 찾
   을 수 있다.

서형은 일반적으로 아버지의 첩이 낳은 형을 가리키지만 골품제가 강고했던 신라에서 진골 내부의 결혼이라면 일반적 의미에서의 적서(嫡庶) 구분을 생각하기 어렵다. 그리고 여기서 벗어나는 부인의 소생이라면, 그 신분을 온전히 인정받지 못할 것이므로 비문에 등장할 여지가 없다. 그렇다면 서자(庶子)가 중자(衆子)의 의미로도 사용되는 것에 비추어[77] 서형 또한 포괄적인 의미에서 친형(동모형) 이외의 친족 형을 가리키는 의미로 볼 수 있다. 위흔의 종부형 김흔 역시 서형의 범주에 들어간다.

한편 불전이 조성된 뒤에 불상이 제작되지 못한 것은 둘 사이에 어떤 단절이 있었음을 시사한다. 그것은 바로 김흔의 사망으로 판단된다. 성주사 창건은 문성왕 9년(847) 이후에 시작되었으며, 김흔은 동왕 11년에 사망하였다. 이로 미루어 김흔은 불전의 완성도 보지 못한 채 사망했을 가능성이 높다. 그리고 그의 죽음이 김식의 모반에 연루된 것이라고 보면, 그의 사망 후 성주사의 창건은 차질을 빚지 않을 수 없었을 것이다. 이러한 사정으로 인해 김양이 나서서 다시 성주사를 완성하고 불상도 제작한 것이다.[78] 4행은 이렇게 해서 제작된 불상의 모습을 묘사한 것이며, 5행은 불상 제작과 더불어 3층의 무구정석탑(無垢淨石塔)도 건립했음을 말하고 있다.

이어지는 "의립칠조(擬立七祖)"는 정확한 의미를 알 수 없으나 석탑 다음에 나오고 '립(立)'이라는 표현을 썼으므로 별도의 건물을 지은 것으로 보인다. '칠조'는 김인문을 가리키는 것이 아닌가 한다. 무열왕이 낭혜의 8대조이므로 김인문은 그의 7대조가 된다. 전술한 「낭혜화상비」에 따르면 「성주사비」에는 불전과 더불어 영당(影堂)에 대한 설명도 있다고 나온다. 성주사 부지가

---

77 무열왕 2년 元子 法敏을 太子로 삼고 庶子 文王과 老旦, 仁泰, 智鏡, 愷元에게 각기 관등을 수여하였다. 여기서 서자는 원자 법민을 제외한 나머지 아들들을 가리킨다. 문왕은 무열왕 5년에 中侍가 되었고 문무왕 5년 사망했을 때 왕자의 예로 장례를 치르도록 하였다. 愷元 역시 효소왕 때 상대등에 오르고 있어 이들에 대해 출신의 하자를 생각하기 어렵다.

78 김흔의 지원으로 성주사가 창건되었다는 통설적 이해에 대해 김양이 실질적인 창건 지원자였다고 이해하는 견해도 있다(李喜寬, 2001 「聖住寺와 金陽」『聖住寺와 朗慧』 서경문화사).

김인문의 수봉지였으므로 그를 추모하기 위해 영당을 따로 건립한 것으로 짐작된다.[79]

이상의 내용 검토를 통해 성주사가 김흔의 발원으로 창건되었으나 그가 불전 조성 단계에서 사망하자 김양이 이어받아 완성하고 불상과 석탑, 영당 등을 조성했음을 알 수 있다. 「성주사비」의 내용은 이러한 성주사 창건 과정에 초점을 둔 것인데, 「낭혜화상비」에서 "불상과 전각, 영당을 개창한 일"을 다루었다고 한 것은 바로 이 부분을 가리킨다.

한편 비의 2편에는 절의 창건 경위와 별도로 이곳의 역사적 연원 및 이와 연계된 역사의식이 담겨 있어 주목된다.

[2편]

(1) (上缺) 口遺言 東流於震旦之國 翻貝

(2) (上缺) 韓鼎足之代 百濟國獻王太子

(3) (上缺) 推者一七僧 請居此精舍

(4) (上缺)　　者辰韓京邑口所

(5) (上缺)　　　口寺久聽

(6) (上缺)　　　　　天業

위에서 가장 먼저 짚어볼 부분은 2행의 "口한정족(韓鼎足)"이라는 구절이다. 앞에 결락된 글자는 뒤의 '정족'에 비추어 '삼(三)'으로 판단할 수 있다. 그리고 뒤에 '백제국(百濟國)'이 나오는 것을 통해 "삼한의 정족"은 삼국 정립기를 가리킨다는 것도 알 수 있다. 4행의 "진한경읍(辰韓京邑)"은 신라 왕경을 가

79　필자는 앞서 이것이 앞 구문과 마찬가지로 탑의 건립을 말하는 것으로 추정했으나(윤경진, 2015 「신라 神武-文聖王代의 정치 변동과 三韓一統意識의 출현」 『新羅文化』 46, 236쪽) 影堂으로 보는 것이 더 합리적일 생각되어 수정한다.

리킨다. 이것은 당시 신라가 진한의 정체성을 가지고 있었음을 보여준다.[80]

한편 헌왕(獻王)은 백제 혜왕(惠王)을 가리키며,[81] 그 태자는 법왕(法王)이다. 이 구문은 이곳이 본래 백제 때 창건된 사찰임을 말한 것이다.[82] 실제 백제 때 이곳에 사찰을 세웠는지는 판단하기 어렵지만, 중요한 것은 「성주사비」 건립 당시에 그러한 역사적 연원을 설정하고 있었다는 사실이다. 이를 통해 성주사는 백제 때의 사찰에서 출발하여 7세기 전쟁 후 김인문에게 내려진 봉지(封地), 무열왕의 후손 김흔과 김양의 성주사 창건 지원, 그리고 낭혜의 주석으로 이어지는 사적을 가지게 된다.

이러한 역사성은 신라의 진한 정체성과 '삼한정족'에 대한 인식과 연결됨으로써 궁극적으로 신라의 '일통삼한(一統三韓)'을 표상하게 된다. 삼한은 삼국의 역사적 동질성을 표상하는 개념이었고, 신라후기에는 당이 신라를 가리키는 말로 사용하였다. 이때 삼국이 정립한 시기를 '삼한'으로 지칭한다는 것은 곧 삼국으로 나뉘어 있을 때의 사적을 자신의 역사로 수용한다는 뜻이다. 이러한 인식이 수립되면서 신라는 진한에서 출발하여 삼한을 아우르는 존재로 자리하게 되었다.

이 상황은 신라의 백제·고구려 통합을 통해 이루어진 것이다. 따라서 삼한일통의식은 7세기 전쟁에 대한 인식으로 올라가게 된다. 신라의 전쟁은 삼한의 정체성을 공유한 삼국을 하나로 합쳤다는 '일통삼한'의 역사적 의미를 확보하게 되는 것이다. 성주사 창건의 중심에 있던 김양이 죽은 뒤 김유신의 예에 준하여 부의를 내리고 무열왕릉에 배장하도록 한 것도 이러한 이념과 밀접히 연관된다. 이 점에서 성주사 창건은 문성왕대 무열왕계의 복권과 체제 통합의 지향을 바탕으로 삼한일통의식이 출현하는 상황을 직접 보여주는

80　신라의 진한 정체성에 대해서는 본서 6부 2장 참조.

81　『三國遺事』王曆에 獻王으로 나온다.

82　황수영이 인용한 「崇嚴山聖住寺事蹟」에는 이 절이 백제 법왕 때 창건된 烏合寺에서 연원한 것으로 되어 있다(황수영, 1972 앞의 논문, 3쪽).

사례로 평가할 수 있다.

　이렇게 수립된 삼한일통의식은 체제 통합의 이념으로서 유효성을 가질 수 있었다. 정치적 통합이 현안으로 떠오를 때 그 정당성을 역사적으로 보증하는 논리를 제공하는 것이다. 나아가 이것은 삼국 이전의 역사로서 삼한에 대한 관심을 추동하였다. 그 결과 삼한일통의식은 신라말의 체제 이념을 넘어 동국의 역사를 인식하는 틀을 제공하였고, 이것이 이후 역사계승의식의 근간을 형성하게 되었다.

6부
삼한일통의식의 확립과 심화

1장_ 경문왕의 통합정책과 삼한일통의식의 확립
2장_ 신라의 진한 정체성과 '마한 - 고구려' 인식

1장_ 경문왕의 통합정책과 삼한일통의식의 확립

1. 경문왕의 통합 이념과 정책

1) 민애왕 복권과 감은사 행차

헌덕왕대 김헌창의 반란으로 체제 분열의 위기가 고조되면서 신라는 이를 수습할 수 있는 통합의 이념이 필요해졌다. 흥덕왕대 김유신을 흥무대왕(興武大王)으로 추봉한 것은 그 일환이었다. 곧이어 신무왕과 문성왕의 즉위 과정에 무열왕의 후손인 김양(金陽)이 결정적인 역할을 하면서 무열왕계의 정치적 복권이 이루어졌다. 이것은 그 선대인 무열왕과 문무왕의 공업을 다시금 환기하는 계기가 되었다.

이 과정에서 신라는 7세기 전쟁을 '일통삼국'으로 평가하게 되었고, 다시 여기에 삼한의 정체성을 채용함으로써 신라가 삼한을 일통한 국가라는 이념, 곧 삼한일통의식을 확립하게 되었다. 삼국에 선행한 역사적 경험으로서 삼한을 자신과 백제·고구려에 동일하게 적용되는 역사적 정체로 인식하고, 그 바탕에서 신라가 세 나라를 하나로 통합했다고 자부하였다.

이에 따라 삼한일통의식은 구성원의 역사적 동질성과 통합의 당위성을 보증하는 이념이 되었다. 이후 신라 왕실은 삼한일통의식을 적극 표방하면서 체제 안정을 도모해 나갔는데, 이는 경문왕 때 두드러지게 나타났다.

경문왕 응렴(膺廉)은 희강왕의 손자이며 헌안왕의 사위이다. 문성왕의 뒤를 이어 즉위한 헌안왕은 아들이 없어 맏사위인 그를 후계자로 지명하였고, 이에 헌안왕의 뒤를 이어 왕위에 올랐다.[1] 그는 흥덕왕 사후 왕위 경쟁의 한 축이었던 희강왕의 후손이므로 경쟁 상대였던 신무왕 계열과 대립하는 면이 있었다. 그러나 두 사람은 모두 예영계에 속하거니와 희강왕이 인겸계의 민애왕에게 시해되고 신무왕이 민애왕을 제거한 만큼, 두 계열이 정치적으로 결합할 여지는 충분하였다. 앞서 신무왕의 딸과 희강왕의 아들인 계명(啓明)이 결혼하였고, 그 소생이 바로 응렴이다.[2] 그리고 헌안왕은 응렴을 사위로 삼음으로써 실제 두 계열은 거듭된 혼인으로 결속이 강화되고 있었다.[3]

이런 점에서 경문왕의 즉위는 저간의 왕위쟁탈전 종식과 새로운 통합을 전망하는 것이었다. 더불어 경문왕은 여러 정치세력을 아우르는 한편, 그 안에서 자신의 정통성과 권위를 강화해 나가고자 하였다. 이 중 전자는 신무왕의 공격으로 피살되고 국왕 지위도 박탈당한 민애왕을 복권하는 일에서 시작되었다.

「민애왕석탑사리합기」는 함통(咸通) 4년, 곧 경문왕 3년(863)에 작성된 것으로서 서두에 다음과 같은 내용이 새겨져 있다.

---

1 헌안왕의 遺詔에 대해서는 당초 그가 선덕여왕과 진덕여왕의 전례를 이용하여 딸을 여왕으로 삼으려다 반발에 부딪히자 사위를 지명하게 된 것으로 보기도 한다(황선영, 2006 「新羅下代 景文王家의 王位繼承과 政治的 推移」 『新羅文化』 27, 28쪽).

2 이 내용은 『삼국사기』에는 보이지 않으며, 『삼국유사』 王曆 기사를 통해 확인된다.

3 경문왕의 즉위가 예영계의 왕위 계승을 유지하는 것이었다고 보면서도 그 이면에 균정계에서 헌정계로의 교체라는 의미를 강조하는 의견도 있다(全基雄, 1989 「新羅 下代末의 政治社會와 景文王家」 『釜山史學』 16, 8쪽). 그러나 경문왕 즉위에 대해서는 균정계와 헌정계의 교체보다는 양자의 융합이라는 관점에서 그 의미를 평가해야 하지 않을까 한다. 그래야 이어지는 민애왕의 복권과 무열왕계의 포용이라는 행보를 무리 없이 이해할 수 있다.

國王奉爲敏哀大王追崇福業造石塔記[4]

위의 내용은 국왕, 곧 경문왕이 민애왕(敏哀王: 閔哀王)의 추숭(追崇)과 복업
(福業)을 위해 석탑을 만든다는 것이다. 여기서 '추숭'이 주목된다. 통상 추숭
은 사후에 그 지위를 높여준다는 의미로, 국왕이 아닌 사람을 국왕으로 올릴
때 사용하기도 한다.[5] 그리고 복업은 죽은 사람의 명복을 비는 것이다.

경문왕이 민애왕에 대해 '추숭'을 행한 내용과 의미는 무엇일까. 이와 관
련하여 우징(祐徵: 신무왕)이 민애왕을 축출할 때 내세운 논리가 주목된다. 우
징은 청해진의 장보고에게 군사를 청할 때 다음과 같이 말하였다.

김명은 임금을 시해하고 스스로 왕위에 올랐고[弒君自立], 이홍은 군부를 함부로
죽였으니 하늘 아래 함께 살 수 없습니다. 바라건대 장군의 군대에 의탁하여 군
부의 원수를 갚고자 합니다.[6]

위에서 우징은 민애왕을 '왕'으로 부르지 않고 이름으로 불렀으며, 그의
즉위를 '시군자립(弒君自立)'으로 규정하였다. 이는 김명의 즉위를 인정하지
않는다는 의미이다.[7]

우징은 아버지 균정이 제륭과 왕위를 놓고 싸우다 피살되었음에도 제륭

---

4   『譯註韓國古代金石文』閔哀王石塔舍利盒記
5   『삼국사기』에는 국왕이 아니었던 선조를 사후에 국왕으로 올릴 때 주로 '追封'이라는 표현
     을 사용하는데, 민애왕 경우에는 국왕으로 재위했기 때문에 이들과는 상황이 다소 다르다.
6   『三國史記』권10, 新羅本紀10 閔哀王 원년 2월, "金明弒君自立 利弘枉殺君父 不可共戴天也
     願仗將軍之兵 以報君父之讎"
7   후일 明은 조선 태조 이성계가 고려의 네 임금을 죽이고 스스로 왕위에 올랐다며 그의 즉
     위를 '弒君自立'으로 인식하였다. 이것은 이성계가 李仁任의 아들이라는 기록과 더불어 조
     선에 외교적 부담으로 작용하였다. 조선은 이른바 宗系辨誣를 통해 이 문제를 바로잡기 위
     해 노력하였다. 종계변무의 경위와 내용에 대해서는 金暎綠, 2006 「朝鮮初期 宗系辨誣의
     展開樣相과 對明關係」『國史館論叢』108 참조.

의 즉위에 대해서는 문제를 제기하지 않았다. 균정은 흥덕왕 말년 상대등으로서 계승권을 부여받은 것에서, 제륭은 예영(禮英)의 장손으로서 각각 즉위의 명분이 있었다. 이에 우징은 희강왕의 즉위는 인정하였고, 청해진에 의탁한 상황에서도 희강왕에 대한 도전 의지를 드러내지 않았다. 위의 언급에서도 희강왕을 '군부(君父)'로 지칭하고 있어 그가 희강왕을 인정하고 있음을 확인할 수 있다.[8]

그런데 우징은 민애왕(김명)이 즉위하자 이에 격렬하게 반발하였다. 그가 청해진의 군사를 얻어 복수에 나선 대상은 민애왕이었다. 우징의 군대가 왕경을 점령하고 민애왕이 피살되었을 때, 김양은 군사를 보내 사람들에게 다음과 같이 공지하였다.

> 본래 원수를 갚기 위한 것인데 지금 괴수가 죽임을 당하였다. 의관과 사녀, 백성은 각기 편안히 지내며 함부로 행동하지 말라.[9]

위의 발언은 민심을 안정시키기 위한 것이지만, 거병의 명분이 원수를 갚기 위한 것이었음을 천명하고 있다. 원천적으로 민애왕이 균정의 죽음에 책임이 있다는 의미도 포함될 수 있지만 희강왕을 건너뛰고 민애왕에 대해 균정 피살의 책임을 묻고 제거를 정당화할 수는 없다. 김양의 발언은 민애왕이 희강왕을 죽음에 몰아넣은 것을 지목한 것이다. 그리고 민애왕을 '괴수'로 지목한 것 또한 그를 국왕으로 인정하지 않는 태도를 보여준다.

이러한 명분에 비추어 신무왕 즉위 후 민애왕은 폐위되어 국왕의 지위를 박탈당했을 것으로 판단된다. 따라서 국왕에 상응하는 장례나 능침도 마련되지 않았을 것이다. 이러한 상황은 문성왕과 헌안왕 재위 중에도 그대로 유

---

8   본서 5부 2장 참조.
9   『三國史記』 권44, 列傳4 金陽, "本爲報讎 今渠魁就戮 衣冠士女百姓 宜各安居勿妄動"

지되었다. 그런데 경문왕이 동왕 3년 민애왕을 위해 탑을 세우고 '추숭'을 말한 것은 곧 그를 국왕으로 복권시킨다는 의미로 해석할 수 있다. 그리고 이에 수반하여 국왕에 대한 예우가 이루어졌을 것이다.

민애왕이 죽은 지 20여 년이 지난 시점에 추숭과 복업을 위한 석탑을 조성하는 것은 앞서 국왕에 합당한 의례가 실행되지 않은 것을 대신하는 의미가 있다. 『삼국사기』에는 그가 피살된 후 신하들이 예장한 것으로 되어 있으나 실제로는 경문왕 때의 조치를 소급하여 표현한 것으로 생각된다. 애도한다는 의미를 가진 '민애'라는 시호도 그를 시군(弑君)의 역적으로 간주한 신무왕 때의 조치로 보기 어려우며, 경문왕 때 비로소 올렸다고 보는 것이 합리적이다.

이는 물론 민애왕 개인의 문제가 아니라 그동안의 왕위쟁탈전을 종식하고 왕통에서 배제된 인겸계를 포용한다는 정치적 상징성도 있었다.[10] 그리고 민애왕의 핵심 측근이었던 김흔(金昕)도 이때 복권되었을 것으로 생각된다. 김흔은 신무왕 정권 수립의 공신인 김양의 종부형이지만 김양과는 정치적으로 다른 길을 걸었다. 그는 헌덕왕 때 김헌창 부자의 반란 후 무열왕계를 포섭하기 위해 발탁된 전력으로 인해 헌덕왕의 조카인 김명의 편에 섰다. 김흔은 민애왕 때 상국(相國)의 지위에 올랐으나 청해진의 군대에 맞섰다가 패배한 후 소백산에 은거하였고, 문성왕 11년(849) 김식(金式)의 모반 사건에 연루되어 처형되었다.[11]

---

10 경문왕의 민애대왕석탑 건립은 인겸계와의 정치적 결합이라는 관점에서 이해하는 것이 일반적이다(黃壽永, 1969 「新羅 敏哀大王 石塔記」 『史學志』 3, 84쪽 ; 金昌謙, 1988 「新羅景文王代 '修造役事'의 政治史的 考察 : 王權强化策과 관련하여」 『閔丙河停年紀念論叢』 간행위원회, 69-70쪽). 이에 대해 석탑을 건립한 곳이 桐華寺라는 데 주목하여 당시 유행하던 미륵신앙을 수용하는 한편, 그곳에 주석하고 있던 心智의 지원을 얻기 위한 것이었다고 해석하기도 한다(曺凡煥, 1999 「新羅 下代 景文王의 佛教政策」 『新羅文化』 16, 3-4쪽). 그런데 당시 조치의 본령은 탑의 건립보다 민애왕의 복권에 있으며, 이는 왕위 계승을 둘러싼 그동안의 갈등을 해소하기 위한 것으로 평가된다.

11 자세한 내용은 본서 5부 2장 참조.

그런데 경문왕 때 민애왕이 국왕으로 복권된 만큼 김흔도 복권되었을 것이다. 최치원이 찬술한 「성주사낭혜화상비」에 김흔은 '왕자 흔'으로 나오며 성주사 창건의 중요한 계기를 제공한 인물로 제시되고 있다. 그가 역적으로 간주되는 상황에서 이런 서술이 나오기 어렵다고 보면, 비문이 찬술된 진성여왕 때 그가 복권된 상태였음을 짐작할 수 있다. 이에 비추어 경문왕 때 민애왕과 함께 복권되었다고 판단할 수 있다.

이처럼 경문왕의 행보는 기존의 여러 세력을 아우름으로써 권력 기반의 확대와 안정을 도모하는 것이었다. 따라서 그의 지향은 원성왕계에 국한되지 않고 무열왕계까지 포섭하는 방향으로 나아가게 되었다. 이미 문성왕대 김양의 활동을 통해 하대 왕실과 무열왕계가 연대할 수 있는 기반이 마련되었는데, 경문왕은 통합의 표상으로서 문무왕 사적의 환기를 통해 이러한 지향을 구체화하였다. 그 표현으로 이해되는 것이 경문왕 4년(864)의 감은사(感恩寺) 행차이다.

> 왕이 감은사에 행차하여 바다에 망제를 지냈다.[12]

감은사는 문무왕의 원찰로 창건되었다. 특히 이곳은 문무왕의 유언에 따라 바다에 능을 만들었다는 대왕암 전승과도 연결되어 있다.

『삼국사기』 문무왕대 기사 말미에는 문무왕 사후 군신들이 그의 유언에 따라 동해의 큰 돌 위에 능을 만들었고 이를 대왕석(大王石)이라 불렀다는 내용이 있다.[13] 그리고 『삼국유사』에는 문무왕이 죽은 뒤 호국대룡(護國大龍)이 되고자 했다는 설화가 수록되어 있으며, 만파식적(萬波息笛) 설화에도 문무왕이 해룡이 되어 삼한을 진호하고 있다는 내용이 보인다. 이러한 전승이 언제

---

12 『三國史記』 권11, 新羅本紀11 景文王 4년 2월, "王幸感恩寺望海"
13 『三國史記』 권7, 新羅本紀7 文武王 21년 7월, "羣臣以遺言葬東海口大石上 俗傳王化爲龍 仍 指其石爲大王石"

만들어졌는지는 분명치 않지만,[14] 그 초점은 문무왕을 호국의 표상으로 제시하는 데 있다. 문무왕의 원찰로서 감은사의 존재를 생각할 때, 경문왕의 행보는 문무왕의 공업을 찬미하는 전승을 배경으로 이루어졌을 것으로 생각된다.

경문왕대 이전에도 국왕이 동해로 와서 망제(望祭)를 지낸 기사는 두 차례 보인다. 신라 초기 미추이사금은 동쪽으로 순행하여 망제를 지냈다.[15] 이것은 신라가 경주 지역에서 벗어나 동해안 방면으로 강역을 확대한 데 따른 것으로 이해할 수 있다. 곧 당시의 동해 망제는 영토 인식의 상징적 표현인 것이다.[16]

이후 국왕의 동해 망제는 혜공왕 때 다시 보인다. 그런데 이번에는 감은사 행차에 수반되었다.[17] 이것은 감은사가 표상하는 문무왕의 공업이 망제로 표현되는 영토 인식과 연계되는 것을 보여준다. 미추이사금의 망제가 동해까지 영토를 확보한 것을 확인하는 조치라면, 혜공왕의 동해 망제는 강역을 크게 넓힌 문무왕의 공업을 환기하는 것이라 할 수 있다.

혜공왕대에는 오묘(五廟)를 정비하면서 무열왕과 문무왕을 불천지주로 삼는 조치가 있었다. 이 조치는 백제와 고구려 양국을 평정한 공업을 명분으로 삼았는데, 무열왕은 태종 칭호를 받아 이미 불천지주로 예정되어 있었기 때문에 문무왕을 불천지주로 삼는 데 그 본령이 있었다. 따라서 혜공왕의 감은사 행차와 동해 망제는 오묘 정비와도 연계된 것으로, 문무왕의 위상과 공업을 환기하고 이를 통해 혜공왕의 권위를 높이기 위한 것이었다고 평가할 수

---

14 『삼국유사』萬波息笛조에는 신문왕 때 만파식적을 얻게 되는 설화에 이어 효소왕 때 이름을 '萬萬波波息笛'으로 고친 사적이 언급되어 있는데, 그 구체적인 사적은 栢栗寺조에 실려 있다. 그리고 元聖大王조에도 그가 만파식적을 전수받는 사적이 있다. 여기서 이들이 하나의 자료에 있던 것임을 짐작할 수 있다. 특히 문무왕의 사적인 만파식적이 하대 왕실의 출발인 원성왕의 사적으로 채용된 것은 이 설화들이 원성왕대 이후에 정리되면서 당시의 인식을 투영한 것임을 시사한다. 만파식적 설화에 대해서는 본서 3부 2장 참조.

15 『三國史記』권2, 新羅本紀2 味鄒尼師今 3년 2월, "東巡幸 望海"

16 고구려도 문자명왕 때 남방 순행에서 望海한 사적이 보인다(『三國史記』권19, 高句麗本紀7 文咨明王 4년 7월, "南巡狩 望海而還"). 이 역시 확장된 영토에 대한 인식의 표현으로 해석된다.

17 『三國史記』권9, 新羅本紀9 惠恭王 12년 정월, "幸感恩寺 望海"

있다.[18]

경문왕의 감은사 행차와 동해 망제는 혜공왕의 전례를 재현하는 것이었다. 전술한 것처럼 경문왕은 헌안왕의 사위로서 그의 지명을 받아 왕위에 올랐다. 따라서 초기 권력 기반은 상대적으로 취약할 수밖에 없었다. 「숭복사비」에서 경문왕의 즉위와 관련하여 "새들이 정원에 모인 일이 있었다[有集烏之苑]"라고 표현한 것은 경문왕의 즉위 과정이 순탄치 않았음을 반영한다.[19] 경문왕은 동왕 3년(863) 11월 왕비 영화부인(寧花夫人)의 동생까지 들여 비로 삼았는데, 이는 헌안왕의 후계자로서 확고한 입지를 다지는 조치로 이해된다.[20] 그리고 이듬해 정월 감은사에 행차하였다.

이 시점에서 그가 감은사에 행차하여 문무왕의 사적을 환기한 것은 무열왕계까지 포괄하는 정치적 지형을 만들기 위한 것으로 해석할 수 있다.[21] 앞서 민애왕 복권을 통해 범원성왕계의 결집을 도모한 것처럼 이번에는 감은사 행차를 통해 무열왕계까지 아우르는 명분을 마련한 것이다. 민애왕은 신무왕 정권의 수립 및 무열왕계의 복권을 이끈 김양과 대척점에 있었다. 따라서 민애왕 복권은 자칫 무열왕계의 정치적 퇴조로 이어질 것이라는 우려를 낳을 수 있었다. 이에 경문왕은 문무왕 사적을 매개로 무열왕계를 포섭하는

---

18 혜공왕대 오묘 개정의 의미에 대해서는 본서 4부 2장 참조.

19 崔柄憲, 1978 「新羅 下代社會의 動搖」 『한국사』 3, 491-494쪽
    경문왕이 즉위 후 숭복사를 중창하고 민애대왕석탑을 건립한 것도 이러한 문제를 해소하기 위한 것으로 평가된다(김창겸, 1988 앞의 논문, 53-58쪽).

20 연구자에 따라서는 경문왕의 즉위 배경으로 아버지 啓明의 세력 기반과 본인이 花郎으로서 구축한 기반에 주목하는 경우가 많다. 그러나 이러한 조건이 헌안왕의 주목을 받아 사위가 되는 매개가 될 수는 있어도 경문왕 즉위의 직접적인 배경이라고 보기는 어렵다. 후술하듯이 경문왕이 동왕 6년에 비로소 생부 계명을 대왕으로 追尊한 것은 그의 세력 기반이 공고하지 않았고, 여전히 헌안왕과의 연계가 중요한 조건이었음을 반증한다.

21 경문왕의 감은사 행차는 신라의 국가통합을 강조한 것으로, 앞서 숭복사 중창과 민애대왕석탑 건립을 통해 범원성왕계 결집을 도모한 것의 연장에 있다고 해석되고 있다(이기봉, 2012 「신라 경문왕대의 정국운영과 災異」 『新羅文化』 39, 100-101쪽). 이러한 통합의 행보가 범원성왕계의 결집을 넘어 무열왕계의 포섭으로 나아갈 것임은 어렵지 않게 짐작할 수 있다.

지향을 보인 것이다.

문무왕 사적의 환기는 문성왕대 무열왕의 위상이 새롭게 인식된 것의 연장에 있다. 그리고 이것은 앞서 김유신이 차지했던 7세기 전쟁의 주역 자리를 다시 국왕에게 돌리는 것이었다.

김유신을 흥무대왕으로 추봉한 것은 혜공왕대 오묘 개정을 통해 무열왕과 문무왕의 공업으로 설정된 '양국평정'을 김유신의 공업으로 돌림으로써 중대 왕실이 권위를 삭감한 것이었다. 그리고 그 전거가 된 『김유신행록』을 매개로 '양국평정'은 '일통삼국'으로 확장되었다. 그런데 이것은 그대로 무열왕과 문무왕의 공업으로 회귀하였다. 여기에 삼한의 정체성이 더해지면서 7세기 전쟁은 '일통삼한'으로 입법화되고, 무열왕이 다시 그 중심으로서 상징성을 확보하였다.[22] 이에 대해서는 뒤에서 좀더 자세히 다룰 것이다.

2) 원성왕 묘호 추상과 생부 추존

경문왕은 인겸계를 포괄하는 범원성왕계의 결집과 더불어 무열왕계까지 아우르는 통합을 도모하였다. 그 중심에는 경문왕 자신이 자리하는 만큼 통합의 구심점으로서 권위를 확고히 하는 방안을 모색하였다. 경문왕이 자신의 왕통을 확증하는 방안으로 실행한 대표적인 조치는 하대 왕실의 출발인 원성왕의 위상을 높이는 일이었다. 원성왕의 원찰로서 숭복사(崇福寺)를 중창하고

---

22 태종 시호 기사에 보이듯이 '일통삼국'은 무열왕이 김유신을 얻어 이룩한 공업이었고, 그 중심은 김유신이었다. 여기서 김유신의 비중이 삭감되면 그가 담지한 상징성은 그대로 무열왕에게 귀속된다. 그 결과 무열왕대에는 백제병합만 이루었음에도 그의 공업이 삼한의 일통으로 표상되었는데, 「月光寺圓朗禪師碑」(890)에서 "昔我太宗大王 痛黔黎之塗□ □□海之□□ 止戈三韓之年 垂衣一統之日"이라고 한 것은 이를 잘 보여준다. 그리고 문무왕의 공업은 자연히 여기에 포괄된다. 결국 문무왕의 환기는 7세기 전쟁의 주역을 김유신에서 무열왕으로 되돌리는 역할을 하는 것이다.

열조(烈祖) 묘호를 추상(追上)하여 불천지주로 확정한 것은 그 일환이었다.[23]

최치원이 찬술한 「숭복사비」에는 이 절의 연혁에 대해서 다음과 같이 적혀
있다.

> 금성의 남쪽, 해를 볼 수 있는 기슭에 '숭복'이라는 절이 있는데, 선조께서 왕위
> 를 이은 첫해에 받들어 열조 원성대왕의 원릉에 추복하는 곳으로 건립하였다.
> 옛 절의 연원을 고찰하고 새 절이 다시 이루어진 것을 살피니 옛날 파진찬 김원
> 량이란 사람은 소문왕후의 원구이자 숙정왕후의 외조이다.[24]

숭복사는 본래 김원량(金元良)이 창건한 것을 선조(先朝) 초재(初載), 곧 경문
왕 원년(861)에 중창한 것이며,[25] 원성왕의 능을 수호하고 명복을 비는 곳으
로 삼은 사찰이다. 숭복사의 본래 이름은 곡사(鵠寺)인데 중화(中和) 을사, 곧
헌강왕 11년(885)에 '대숭복사'로 이름을 바꾸었다. 김원량은 소문왕후(昭文
王后: 원성왕의 모후)의 원구(元舅: 외숙)이자 숙정왕후(肅貞王后: 원성왕의 비)의
외조부로 소개되어 있다.

주목되는 것은 경문왕이 즉위 후 곧바로 곡사를 원성왕의 원찰로 삼았다
는 점이다. 비문에는 꿈에 원성왕을 만난 일화가 소개되어 있는데, 원성왕이
다음과 같이 말한 것으로 되어 있다.

---

23 원성왕의 원찰인 숭복사의 중창이 결국 경문왕의 왕위 계승에 정당성을 부여하고 왕실의
    여러 세력을 같은 원성왕 후손이라는 명분 아래 묶는 방안이라는 점은 보편적으로 인정되
    는 사항이다. 다만 그러한 경문왕의 정치적 의도는 숭복사 중창보다 뒤이어 이루어진 烈祖
    廟號 追上에 본령이 있다.
24 『譯註韓國古代金石文』崇福寺碑, "金城之离 日觀之麓 有伽藍號崇福者 乃先朝嗣位之初載 奉爲
    烈祖元聖大王園陵追福之所修建也 粤若稽古寺之濫觴 審新刹之覆簣 則昔波珍湌金元良者 昭文
    王后之元舅 肅貞王后之外祖也"
25 숭복사 중창 시점을 경문왕 2년으로 조정하는 의견도 있다(張日圭, 2006 「숭복사비명과 경문
    왕계 왕실」『歷史學報』192, 43쪽, 주 24)).

나는 너의 선조이니 불상을 세워 나의 능역을 꾸미고 보호하고자 한다. 조심하고 경건하게 하되 경영을 서두르지 말라. 부처의 덕과 내 힘이 네 몸을 감쌀 것이니 중도를 지키면 천록이 영원할 것이다.[26]

위에서 원성왕은 자신이 경문왕의 선조임을 밝히고 불상을 만들어 능을 수호하면 부처의 덕과 자신의 힘으로 왕의 신변을 보호하고 천록(天祿), 곧 왕업을 무궁하게 할 것임을 약속하였다. 이것은 곧 곡사를 중창하여 원성왕의 원찰로 삼는 것이 원성왕의 뜻임을 표방한 것으로, 그를 매개로 한 경문왕의 정치적 의도를 보여준다. 그 요체는 하대 왕실의 출발인 원성왕의 권위를 통해 자신의 왕통을 확증함으로써 정치적 입지를 다지고 정국의 안정을 끌어내는 데 있었다.[27] '중도(中道)'를 지키라고 한 것은 곧 여러 세력의 포용을 상징한다.

이러한 속성은 원성왕의 '열조' 묘호에서 잘 드러난다. 열조는 공업이 큰 선조를 가리키는 말인데, 묘호로 사용되면 '중흥주'를 표방한다.[28] 조선 인조(仁祖)의 본래 묘호가 '열조'였던 것에서 그 의미를 확인할 수 있다.[29] 『삼국사기』에 원성왕의 묘호에 대한 언급이 없어 이 칭호가 묘호인지 아니면 공업이 큰 선조라는 의미로 쓴 것인지 단정하기 어렵지만 "열조원성대왕(烈祖元聖大王)"이라는 칭호 구성으로 볼 때 묘호로 채용된 것으로 판단된다.

---

26 『譯註韓國古代金石文』崇福寺碑, "余而祖也 而欲建佛像 飾護予陵域 小心翼翼 經始勿亟 佛之德 予之力 庇爾躬 允執厥中 天祿永終"

27 경문왕은 동왕 2년 神宮에 親祭했는데, 당시 그가 신궁보다 격이 높아져 있던 五廟에 제사하지 않고 신궁에 제사한 것을 숭복사 중창과 연결하여 분열된 진골 귀족들을 범원성왕계로 회유·포섭하려는 의도로 해석하기도 한다(이기봉, 2012 앞의 논문, 98쪽). 그러나 앞서 흥덕왕도 즉위 2년에 신궁에 친제하였고, 동왕 8년에 始祖廟에 제사하였다. 경문왕도 동왕 6년 생부 啓明의 대왕 추존에 따라 종묘에 친제하였을 것이 분명하다고 보면, 경문왕의 신궁 제사를 숭복사 중창과 연결하여 정치적으로 해석하기는 어려워 보인다.

28 金昌謙, 2004 「新羅 國王의 皇帝的 地位」 『新羅史學報』 2, 227쪽

29 『孝宗實錄』 권1, 孝宗 즉위년 5월 15일(癸酉)

원성왕의 열조 묘호는 중흥주라는 의미에 비추어 볼 때 새로운 왕계의 출발을 분명히 하는 의미가 있다. 이것은 앞서 무열왕에게 '태종' 칭호를 올려 태조의 정통 후계자임을 내세운 것과 같은 맥락이다.[30]

그렇다면 원성왕에게 열조 묘호를 올린 시점은 언제일까. 애장왕 때 불천지주였던 무열왕과 문무왕을 별묘로 옮기고 시조와 자신의 4대 선조로 오묘를 구성했는데, 원성왕에게 따로 열조 칭호를 사용하지 않은 것으로 보아 이때 묘호를 올리지는 않은 것으로 보인다. 묘호를 올렸다면 신문왕대 오묘 제정에서 무열왕이 '태종대왕'으로 나오는 것처럼 '열조대왕'으로 지칭하였을 것이기 때문이다.

그렇다면 원성왕의 묘호는 조천(祧遷)해야 하는 시점에 불천지주로 삼기 위해 올린 것으로 판단할 수 있다. 열조는 '조(祖)' 칭호를 띠는 데서 드러나듯이 불천지주이다. 위(魏) 명제(明帝) 경초(景初) 원년에 미리 황제의 묘호를 '열조'로 정하고 태조·고조와 함께 불천지주로 삼도록 한 것에서 그 의미를 확인할 수 있다.[31] 그런데 문성왕대에는 원성왕이 그의 고조가 되어 조천이 발생할 단계가 아니다. 원성왕의 조천 문제는 경문왕이 왕위에 오르면서 발생하였다.[32]

경문왕은 희강왕의 손자이고, 희강왕은 원성왕의 증손이다. 불천지주인 시조를 제외하면 현 국왕의 4대조까지 오묘를 구성하는데, 경문왕이 즉위하면서 원성왕이 이 범위에서 벗어나게 된다. 경문왕의 선조 중 국왕이 아닌 증조부 헌정(憲貞)은 희강왕 때 익성대왕(翌成大王)으로 추봉되었고,[33] 고조부

---

30 본서 3부 1장 참조.

31 『晉書』 권28, 志18 五行 中, "景初元年 有司奏 帝爲烈祖 與太祖高祖 幷爲不毀之廟 從之"

32 앞서 애장왕 때에는 원성왕이 증조이지만 무열왕과 문무왕이 불천지주였기 때문에 親廟가 2개뿐이어서 소성왕이 부묘되면 원성왕이 조천될 상황이었다. 그런데 당시에는 무열왕과 문무왕을 별묘로 옮겨 문제를 해결하였다. 경문왕 때에는 대수가 차면서 원성왕이 다시 조천될 차례가 된 것이다.

33 『三國史記』 권10, 新羅本紀10 僖康王 2년 정월, "追封考爲翌成大王"

예영(禮英)은 신무왕이 즉위한 뒤 혜강대왕(惠康大王)으로 추봉되었다.[34] 따라서 경문왕을 기준으로 오묘를 구성할 경우, 그의 5대조인 원성왕이 조천할 차례가 된다.

경문왕은 동왕 6년(866) 정월 생부인 계명을 의공대왕(懿恭大王)으로 추존하고 태자도 책봉하였다.[35] 이에 따라 의공왕의 부묘가 진행되었을 것인데, 조천 대상이 되는 원성왕에게 열조 묘호를 올려 불천지주로 삼은 것이다. 계명이 국왕으로 추봉되어 부묘를 진행해야 비로소 원성왕의 조천 문제가 발생하기 때문이다. 계명의 부묘로 원성왕이 조천되었을 것으로 보는 견해도 있으나[36] 실질적인 왕계의 출발인 원성왕이 조천될 가능성은 없다.

그런데 여기서 한 가지 의문이 드는 것은 통상 국왕 즉위 직후 생부 추존이 이루어진 것과 달리 경문왕은 동왕 6년에 이르러 비로소 추존을 행했다는 점이다. 경문왕 5년(865) 4월에 당으로부터 책봉을 받은 것을 계기로 추존 조치가 실행된 것으로 이해할 수 있지만, 왜 즉위 후 곧바로 생부를 추존하지 않았는가 하는 문제는 여전히 남는다.

이에 대해서는 계명이 전년에 사망했을 것으로 추정하는 견해가 일반적이지만,[37] 왕조 국가에서 직계 후손이 아닌 사람을 후계자로 지명할 때 그 아버지가 살아 있는 경우는 거의 없다. 아버지가 생존해 있으면 국왕을 정점으로 하는 권력 구조에 혼선이 생길 수 있기 때문이다. 이러한 맥락에 비추어 계

---

34 『三國史記』권10, 新羅本紀10 神武王 원년, "追尊祖伊湌禮英[一云孝眞]爲惠康大王 考爲成德大王"

35 『三國史記』권11, 新羅本紀11 景文王 6년 정월, "封王考爲懿恭大王 母朴氏和夫人爲光懿王太后 夫人金氏爲文懿王妃 立王子晸爲王太子"

36 채미하, 2008 「오묘제와 하대 왕권」 『신라의 국가제사와 왕권』 혜안, 223쪽
　　박남수, 2012 「新羅 下代 王室의 祭禮와 元聖王 追崇의 정치사회적 의의」 『史學研究』 108, 52쪽
　　이기봉, 2012 앞의 논문, 104쪽

37 김창겸, 1988 앞의 논문, 59쪽
　　논자는 뒤에 당의 책봉을 계기로 계명을 추봉한 것으로 보면서 계명이 이전에 사망했을 가능성을 언급하기도 하였다(김창겸, 2009 「신라 경문왕에 대한 연구의 현황과 제안」 『이기동정년기념논총(한국고대사연구의 현단계)』 주류성출판사, 864쪽).

명이 살아 있는 상황에서 응렴이 즉위했을 가능성은 없다.[38] 무엇보다 계명이 살아 있었다면 경문왕이 헌안왕의 차녀까지 비로 들일 이유가 없다.

이 문제는 아들이 없던 헌안왕이 경문왕을 사위로 들여 왕위를 물려주었다는 점에서 단서가 발견된다. 경문왕은 자신의 힘이나 군신의 추대로 왕이 된 것이 아니다. 헌안왕이 유조(遺詔)에서 여왕으로 이어갈 수 없음을 천명하고 응렴을 세우도록 함에 따라 왕위에 올랐다. 이 경우 경문왕은 사실상 헌안왕의 '아들'로서 왕위를 물려받은 것이다.

이것은 『삼국유사』에 실린 전승을 통해서도 유추할 수 있다. 헌안왕은 국선(國仙)이던 응렴의 자질을 확인하고 사위로 삼고자 두 딸 중에서 아내를 고르도록 하였다. 부모는 미색이 있는 둘째를 추천했으나 첫째를 고르면 뒤에 세 가지 좋은 일이 있을 것이라는 범교사(範敎師)의 조언에 따라 박색인 첫째를 택하였다. 경문왕 즉위 후 확인된 세 가지 좋은 일의 첫째 사항은 장녀를 취했기 때문에 왕위에 오를 수 있었다는 것이다.[39]

이는 당초 응렴을 사위로 들인 것 자체가 후계자로 삼기 위한 것이었음을 보여준다. 여왕은 안된다는 헌안왕의 유조와 응렴이 첫째 딸과 결혼하는 상황은 결국 경문왕이 헌안왕의 실질적인 '장자'로서 왕위를 물려받는다는 것을 의미한다.

따라서 경문왕 즉위 후 오묘는 시조와 원성왕, 예영, 균정, 헌안왕으로 구성된다. 앞서 문성왕 즉위 후의 오묘는 시조와 원성왕, 예영, 균정, 신무왕으로 구성되었을 것이다. 그런데 헌안왕이 즉위한 후 문성왕은 헌안왕보다 아

---

38 현재 다수의 연구자가 응렴의 즉위에 계명이 직접 개입했다는 해석을 내리고 있다(김창겸, 1988 앞의 논문 ; 송은일, 2004 「新羅下代 景文王系의 成立」『全南史學』 22). 이는 계명이 대왕 추존 前年에 사망했다고 보는 데 근거한다. 그러나 추존 시점이 계명의 사망 시점을 직접 보증할 수는 없다. 조선말 고종의 즉위는 생부 興宣君의 존재가 큰 문제가 되었고, 실제로 흥선대원군이 10년 동안 섭정하였다. 계명이 살아 있었다면 그의 섭정은 피할 수 없는 상황인데, 현재 이를 뒷받침할 수 있는 자료를 찾을 수 없다.

39 『三國遺事』 권2, 紀異48 景文大王

래 항렬이기 때문에 오묘에 들어가지 못한 듯하다. 그리고 경문왕이 즉위한 후 헌안왕이 부묘되었다.[40]

그런데 경문왕은 동왕 5년 당의 책봉을 계기로 이듬해 생부를 추존함으로써 자신의 왕계를 새롭게 구성하였다. 당시 태자 책봉과 함께 생부 추존이 이루어진 것에서 왕계를 확립하려는 그의 의도를 읽을 수 있다. 이것은 자신을 실질적인 '아들'로 삼아 왕위를 계승시킨 헌안왕의 조치를 파기하는 것이라는 점에서 정치적 부담이 컸다. 따라서 국왕으로서 입지가 확보되지 않은 즉위 직후에 추존을 도모하기는 어려웠을 것이다.

경문왕의 생부 추존에 따라 오묘는 그가 헌안왕의 후계자일 때와 다른 구성을 가지게 되었다. 기존의 균정과 헌안왕이 배제되고 대신 헌정과 희강왕, 그리고 계명이 들어가면서 자리가 하나 모자라게 되며, 이 경우 대수에서 벗어난 원성왕이 조천 대상이 된다. 그러나 원성왕은 하대 왕실의 출발이므로 조천이 불가하였다. 그러한 위상은 숭복사 중창과 관련된 경문왕의 꿈 이야기에서 잘 드러난다. 이에 경문왕은 그에게 열조 묘호를 올려 불천지주로 삼았다. 따라서 예영이 조천되었을 것이다.

이처럼 경문왕이 생부 계명을 국왕으로 추존하고 원성왕을 불천지주로 삼은 것은 원성왕의 직계로서 자신의 정통성을 확립하는 조치였다. 이것은 헌정계 중심으로 왕계를 정리하는 것이라는 점에서 헌정계와 균정계의 대립을 재연할 수 있었다.[41] 하지만 이미 헌안왕의 사위로서 정치적 결합이 이루어진 상황이었고, 앞서 민애왕 추숭을 통해 인겸계까지 포용하고 있었던 만큼, 왕계의 조정이 일각의 반발을 불러올 수는 있어도[42] 궁극적으로 정치적 연합

---

40 형제를 같이 부묘하지 않는다는 방침에 따라 헌안왕이 부묘되지 않았다고 보는 경우도 있으나(박남수, 2012 앞의 논문, 53쪽), 親廟로 구성되는 원칙에서 볼 때 신무왕이 탈락하고 헌안왕이 부묘되었다고 보는 것이 타당할 것이다.

41 경문왕 8년 金銳의 반란은 이러한 요소가 드러난 것이다.

42 후술하듯이 경문왕 6년에 발생한 윤흥의 모반은 균정계의 반발로 추정된다.

의 붕괴를 가져올 여지는 적었다.

이처럼 생부 추존은 원성왕의 불천지주 설정과 맞물려 범원성왕계를 아우르는 중심으로서 경문왕 자신의 정통성을 부각하려는 조치였다. 대통합을 위해서는 그 구심점으로서 국왕의 정통성과 권위가 확보되어야 했기 때문이다. 결국 경문왕의 통합 정책은 국왕의 권위 강화라는 토대에서 진행된 것이다.

2. 황룡사구층목탑의 개건과 삼한일통의식의 확립

1) 황룡사구층목탑과 삼한일통의식

통합을 위한 경문왕의 지향은 여러 세력을 아우르는 정치 지형의 수립과 더불어 통합의 당위성을 부각하는 이념적 사업으로도 구현되었다. 중앙 정계의 통합에서 확장하여 국가의 통합까지 제시하는 것이 필요했기 때문이다. 이 바탕에서 국가의 중심으로서 국왕의 입지는 더 확고해질 수 있었다.

이런 이념에 따라 이루어진 사업으로 주목되는 것이 경문왕 11년(871)의 황룡사구층목탑 개건(改建)이다. 주지하듯이 황룡사는 진흥왕 때 창건되었으며, 선덕여왕 때 9층의 목탑을 건립하였다. 황룡사는 진흥왕 14년(553) 월성의 동쪽에 신궁(新宮)을 지었다가 그곳에서 황룡이 나타나자 궁궐을 불사(佛寺)로 개조하고 이름을 '황룡'이라 했다고 전한다.[43] 이 전승은 절의 창건 의의를 황룡의 출현을 통해 표상한 것으로, 일반적으로 호국 이념의 표현으로 해

---

43 『三國史記』 권4, 眞興王 14년 2월 "王命所司築新宮於月城東 黃龍見其地 王疑之 改爲佛寺 賜號曰皇龍"

석된다.[44] 목탑의 건립 또한 그러한 이념의 연장에서 이해할 수 있다.[45]

『삼국유사』에는 탑의 건립을 주도한 자장(慈藏)의 활동과 관련된 연기설화가 소개되어 있다. 이에 따르면 중국에 유학하던 자장은 문수보살을 만나 신라 국왕이 천축의 찰리종왕(刹利種王)이라는 말을 들은 데 이어 중국 태화지(太和池)가에서 신인(神人)을 만나 조속히 귀국하라는 충고를 받았다. 이때 신인은 신라가 외적의 침입으로 어려움을 겪는다는 자장의 말에 여왕이 다스리기 때문이라고 지적하고, 돌아가 9층의 탑을 세우면 구한(九韓)이 내공(來貢)할 것이라고 말해 주었다.[46]

선덕여왕이 탑을 건립한 것은 백제의 침공으로 국가적 위기를 겪으며 크게 위축되어 있던 국왕의 권위를 높이기 위한 것이었다. 자장의 연기설화에서 신라 국왕이 찰리종왕이라는 내용이 나오는 것은 선덕여왕 혈통의 신성화와 탑의 건립이 하나의 맥락이라는 것을 반영한다.

한편 탑의 건립을 충고한 신인이 자기 아들이 황룡사의 호국룡이라고 설명한 것은 이 설화가 황룡사 창건 전승과 같은 바탕에서 생성된 것임을 보여준다. 황룡사는 진흥왕 때 세운 것이라는 점에서 이곳에 탑을 세우는 것은 선덕여왕이 진흥왕의 정통 계승자임을 과시하는 의미가 있다.

진흥왕의 태자인 동륜(銅輪)은 즉위하기 전에 사망하였고, 동생 금륜(金輪: 진지왕)이 왕위를 이었다. 그런데 진지왕의 뒤를 이어 동륜의 아들 진평왕이 즉위하였다. 진평왕은 아들을 얻지 못하자 딸에게 왕위를 물려주었는데, 그가 선덕여왕이다.

---

44 황룡사와 호국이념의 관계에 대한 논의는 申東河, 2001「新羅佛國寺 思想과 皇龍寺」『新羅文化祭學術論文集』22 참조.

45 역사학적 맥락에서 황룡사구층목탑을 전론으로 다룬 논고로는 다음이 있다.
    金相鉉, 1992「黃龍寺九層塔考」『張忠植華甲紀念論叢(역사학편)』간행위원회
    박순교, 2002「皇龍寺九層塔의 歷史的 虛實」『淸溪史學』16·17
    최희준, 2011「『三國遺事』皇龍寺九層塔條에 대한 재검토와 阿非의 출처」『韓國學論叢』36
    허인욱, 2014「『三國遺事』皇龍寺九層塔條의 編在 검토」『史學研究』113

46 『三國遺事』권3, 塔像 黃龍寺九層塔

설화에서 여왕이라 덕은 있으되 위엄이 없다고 한 것은 선덕여왕이 국정 장악에 어려움을 겪었음을 시사한다. 선덕여왕은 이 어려움을 혈통의 신성성을 내세워 타개하려고 했는데, 자장이 말한 찰리종왕은 그 표현이다. 이 계보는 진흥왕으로부터 내려오는 것으로서 진평왕계의 정통성을 재확인하는 의미가 있다.

구층목탑의 건립은 그러한 혈통적 신성성을 천하관으로 확대 표현한 것이다. 신성한 제왕으로서 선덕여왕이 주재하는 천하는 구한의 내공으로 표상된다. 구한은 중국에 대한 사대 외교가 본격 수립되기 전에 구이(九夷)의 관념을 차용하여 만든 것으로, 신라 중심으로 형성된 천하를 나타낸다.[47]

황룡사구층목탑의 건립은 신라를 침구하는 인적(隣賊)을 제압하고 나름의 천하를 형성한다는 지향을 담고 있다. 설화의 내용에서 고구려와 백제는 결국 그러한 인적의 범주에 속하면서 신라에 내공하는 존재가 된다.[48] 여기에는 역사적 동질성이나 다른 부류와 구분되는 삼국만의 친연성은 설정되지 않는다.

그런데 탑의 개건 때에는 탑을 건립한 의미 내지 효과와 관련하여 삼한일통의식이 직접 제시되고 있다. 개건 당시 사리함에 새긴 명문, 이른바 「찰주본기」에는 탑의 건립과 개건의 전말이 정리되어 있다. 이 역시 자장의 유학과 귀국 과정에 탑을 짓게 되는 사연을 담고 있다.

① 국왕(선덕여왕) 12년 계묘에 본국으로 돌아가고자 하여 남산 원향선사에게 인사하니 선사가 이르기를, "내가 관심법으로 그대의 나라를 보니 황룡사에 9층의 탑을 세우면 해동제국이 모두 너희 나라에 항복할 것이다"라고 하니 자장이 그 말을 품고 돌아왔다. 이를 보고하니 (왕이) 감군 이간 용수와 대장 백

---

47 九韓의 성격에 대해서는 본서 1부 2장 참조.
48 이는 「광개토왕릉비」에서 고구려가 "백제와 신라는 예전에 屬民으로서 조공을 바쳤다"라고 한 것과 같은 형태의 인식이다.

제 아비 등에게 명하여 소장 200인을 이끌고 이 탑을 세우게 하였다.[49]

② 그(선덕여왕) 14년 을사에 처음 짓기 시작하여 4월에 □□하고, 찰주를 세웠다. 이듬해 공역을 마치니 철반 이상의 높이가 7보이고 이하의 높이가 40보 3척이다. 과연 삼한을 합쳐 □□를 이루고 군신이 안락하니 지금까지 그에 힘입고 있다.[50]

①은 자장이 탑을 건립하게 되는 배경으로 원향선사(圓香禪師)의 조언을 인용한 것이다. 자장에게 충고를 전한 인물이 연기설화에는 신인(神人)으로 되어 있는데 여기에는 원향선사로 바뀌어 있다. 신비적 설화를 좀더 현실적인 서사로 대체한 것이다.[51]

다음에 탑의 건립이 가져올 효과가 "구한의 내공"에서 "해동제국(海東諸國)의 항복"으로 바뀌어 있다. 여기서 해동은 중국과 구별되는 또 하나의 공간적 단위를 표상하는데, 고려에서는 나름의 천하를 구성하는 의미로도 사용되었다. 다만 이 경우에도 중국을 배제하거나 복속 대상에 넣지는 않는다는 점에서 구한의 천하관과 차이가 있다. 당에 대한 사대 외교를 전개하던 신라에서 구한의 천하관을 내세울 수는 없기에 그 대상 지역을 '해동'으로 설정한 것이다.

②는 탑의 건립이 가져온 결과에 대한 인식을 담고 있는데, 그 내용이 "과연 삼한을 합쳤다[果合三韓]"로 되어 있다. 앞서 문성왕 때 건립된 「성주사비」에는 삼국 병립기를 "삼한정족(三韓鼎足)"으로 서술하고 신라 자신을 진한(辰

---

49 『譯註韓國古代金石文』 皇龍寺九層木塔舍利函記, "國王之十二年 癸卯歲 欲歸本國 頂辭南山圓香禪師 禪師謂曰 吾以觀心 觀公之國 皇龍寺建九層 窣堵波 海東諸國 渾降汝國 慈藏持語而還 以聞 乃命監君伊干龍樹 大匠[百]濟阿[非]等 率小匠二百人造斯塔焉"

50 『譯註韓國古代金石文』 皇龍寺九層木塔舍利函記, "其十四年歲次乙巳始構建四月□□ 立刹柱 明年乃畢功 鐵盤已上 高(七)(步) 已下高 卅步三尺 果合三韓 以爲□□ 君臣安樂"

51 『三國遺事』에서는 神人에 대해 "寺中記云 於終南山圓香禪師處 受建塔因由"라고 註記하였다. 원향선사의 실체에 대해서는 논란이 있으나 신인을 대체하여 설정한 가공의 인물일 가능성이 높다.

韓)으로 칭하고 있어 삼한일통의식의 출현을 보여준다.[52] 이에 대해 「찰주본기」는 탑의 건립 배경으로 언급된 해동제국의 항복이 현실화된 내용을 삼한의 통합으로 표현하였다. 이것은 천하관과 역사계승의식을 직접 연결했다는 점에서 삼한일통의식의 확립을 보여주는 내용으로 평가할 수 있다.

해동은 당초 중국이 사해(四海) 천하관에서 동쪽 지역 및 해당 지역에 있는 여러 부류들을 범주화한 용어이다. 『삼국지』 동이전을 보면, "한 말엽 공손도는 웅대하게 해동을 장악하고 위세가 외이를 복속시켰다"[53]라고 한 것에서 해동이 동이(東夷)로 범칭되는 부류들이 분포한 지역을 가리키는 개념이었음을 알 수 있다. 삼국 정립기에는 삼국을 아우르는 표현으로 사용되었는데, 당 고종이 백제 의자왕에게 보낸 새서(璽書)에는 다음과 같은 내용이 있다.

> 해동 삼국은 나라를 세운 지 오래되었고, 경계를 나란히 하며 땅이 개 이빨처럼 서로 맞물려 있다. 요즘에 와서는 마침내 혐의와 간격이 생겨 전쟁이 번갈아 일어나 편안한 해가 거의 없어 삼한 백성들의 목숨이 위태로울 지경에 이르게 되었다.[54]

위에서 '해동삼국'은 이전 시기부터 '해동'으로 범칭되던 공간이 신라와 백제·고구려의 세 나라로 정리되어 있음을 말한 것이다. 그리고 "나라를 세운 지 오래되었다[開基日久]"라고 하여 그 역사적 연원의 유구함을 말했는데, 그 연원이 바로 삼한이다. 이에 삼국의 주민을 "삼한의 백성[三韓之氓]"으로 표현하였다. 이것은 공간 개념으로서 해동과 역사의식으로서 삼한이 유기적으로 연결된 모습을 잘 보여준다.

한편 『삼국유사』에 인용된 당의 『속고승전(續高僧傳)』의 원광(圓光) 항목에

---

52 본서 5부 2장 참조.
53 『三國志』 권30, 魏志30 烏丸鮮卑東夷傳 夫余, "漢末 公孫度雄張海東 威服外夷"
54 『三國史記』 권18, 百濟本紀6 義慈王 11년, "海東三國 開基日久 並列疆界 地實犬牙 近代已來 遂構嫌隙 戰爭交起 略無寧歲 遂令三韓之氓 命懸刀俎"

서 이와 비슷한 인식 구조를 찾을 수 있다.

> 신라 황룡사의 승려 원광은 속성이 박씨이다. 본래 삼한에 살았는데 (삼한은) 변한·진한·마한으로, 원광은 곧 진한 사람이다. 집안이 대대로 해동에 살았다.[55]

위에서 원광은 신라의 승려로 '삼한' 중 하나인 '진한' 사람이며 가문이 대대로 '해동'에 살았다고 되어 있다. 따라서 삼한과 해동은 같은 범주가 된다. 이 중 신라는 진한에 해당하지만, 백제와 고구려 멸망 후 신라만 남은 상황에서 삼한과 해동은 모두 신라로 귀속된다. 신라는 해동의 실질적인 범주이자 삼한의 현실적 존재가 되는 것이다.

원론적으로 "해동제국의 항복"으로 제시되는 천하관과 "삼한의 통합"으로 제시되는 역사의식은 층위가 다르다. 해동제국의 항복은 신라가 주변의 다른 나라들을 지배하는 천하를 구성한다는 의미를 담고 있다. 여기서 제국(諸國)의 동질성은 상정되지 않는다. 반면 삼한일통의식은 역사적 동질성을 가진 삼한을 하나로 통합한다는 의미로 지배-복속의 구조가 아니라 내적인 통합에 초점을 두고 있다.

그런데 위의 사례에 보이듯이 해동의 공간이 삼국을 거쳐 신라로 정리되고 그 신라가 자신의 역사적 연원을 삼한으로 인식하게 되면, 해동의 천하관과 삼한일통의식은 밀접히 연결된다. 신라가 해동의 천하를 주재하는 상황과 삼한에서 연원한 현실의 통합은 같은 내용이 되기 때문이다.

신라가 자신을 해동으로 인식하는 상황에서 그 정체성을 삼한으로 연결하면, 삼한에서 현재의 신라에 이르는 과정은 하나의 역사가 되고, 해당 지역에 있던 모든 존재는 해동의 범주에 들어가게 된다. 해동에서 유일하게 존립

---

55 『三國遺事』 권4, 義解 圓光西學, "新羅皇隆寺釋圓光 俗姓朴氏 本住三韓 卞韓辰韓馬韓 光卽辰韓人也 家世海東"

한 신라는 해동의 제국을 장악한 것이 되며, 이는 그 연원으로서 삼한이 하나로 통합되었다는 관념으로 연결되는 것이다. 결국 해동의 천하관이 삼한의 정체성과 결합하면서 삼한일통의식이 확립되는 것으로 정리할 수 있다.[56]

현재 『삼국사기』에 보이는 해동의 용례는 중국의 시각에서 제시된 것이거나 사서 편찬 당시의 인식을 반영한 것이며, 신라 중대 및 하대(후삼국 분열 이전)의 사례를 직접 확인할 수 없다. 한편 경문왕대 이전의 금석문에서는 헌덕왕 5년(813) 찬술된 「단속사신행선사비」에서 처음 해동의 용례를 발견할 수 있다.

① 해동고신행선사지비병서(海東故神行禪師之碑幷序)
② 빈도는 해동에서 태어나 법을 구하러 왔습니다. [貧道生緣海東 因求法而至耳][57]

①은 비문의 서두이고, ②는 신행(神行)이 중국에서 유학하던 중 도적을 단속하던 관리에게 구금되었을 때 자신의 신분을 밝힌 내용이다. 여기서 해동은 모두 중국에 대해 신라를 가리킨 것으로서 천하관을 직접 드러내지 않는다.

이후 금석문에는 신라를 해동으로 표현하는 사례가 종종 보인다. 그런데 단순히 신라를 지칭하는 것이 아니라 중국과 구별되는 하나의 공간적 단위를 나타내는 사례도 보인다. 대표적인 것이 「성주사낭혜화상비」에 보이는 "해동신동(海東神童)"과 "해동대부(海東大父)"이다. 여기서 말하는 해동은 신라를 가리키지만, 그 이면에는 '신동'과 '대부'를 인식하는 준거로서 중국과 구별되는 공간이 상정된다.

이것은 고려 국왕을 '해동천자(海東天子)'로 지칭한 것에서 유추된다. 천자는 천하를 주재하는 존재이므로 해동천자는 중국과 대비되는 또다른 천하를 전제하는데, 그 천하가 바로 해동이다. 최충(崔冲)을 '해동공자(海東孔子)'로 칭한

---

56 삼한일통의식이 해동의 천하관과 융합되어 표현되는 양상에 대해서는 윤경진, 2018 「고려 건국기의 三韓一統意識과 '海東天下' 인식」 『한국중세사연구』 55 참조.

57 『譯註韓國古代金石文』 斷俗寺神行禪師碑

것도 이와 같은 맥락이다. 따라서 같은 개념 구조를 가지는 해동신동이나 해동대부는 하나의 천하로서 해동에 대한 인식을 담은 것으로 이해할 수 있다.[58]

　신라가 언제부터 해동의 천하관을 수립했는지는 관련 자료가 적어 파악하기 어렵다. 그런데 그에 선행하는 구한의 천하관이 결국 여왕의 권위 약화를 막기 위한 방안이었다는 점을 감안하면, 해동의 천하관 또한 국왕의 권위 약화라는 현실 조건과 맞물릴 가능성이 높다.

　중대는 백제병합을 통해 국왕의 권위가 확고하였고, 이를 당과의 사대외교를 통해 뒷받침하였다. 무열왕은 태조의 정통 계승자로서 태종 시호를 부여받았고, 이후 왕통은 무열왕의 후예로서 정통성을 확보하였다. 따라서 자신을 중심으로 설정되는 관념적 천하관을 따로 표방할 필요가 없었다. 반면 왕위쟁탈전과 모반이 반복된 하대의 국왕은 권위 확보가 중요한 과제였다. 선덕여왕 때처럼 천하관을 통한 권위 과시가 필요한 상황이었다. 이러한 관점에서 해동의 천하관은 신라 하대의 정치 과정을 통해 형성되어 나가며, 경문왕대 황룡사구층목탑의 개건을 통해 구체화되어 나타났다고 이해할 수 있다.[59] 당초 황룡사구층목탑의 건립이 구한의 천하관을 표명함으로써 이념적 측면에서 왕권의 강화를 도모한 것이라고 할 때, 탑의 개건 또한 같은 맥락의 지향을 가질 것이기 때문이다. 진성여왕대 찬술된 「성주사낭혜화상비」에 보이는 관념은 경문왕 때 천명된 해동의 천하관을 자세히 담아낸 것이다.

58　백제 의자왕이 태자 시절 孝友로 '海東曾子'로 불렸다는 것 또한 이러한 천하관의 표현이다. 그러나 이를 실제 백제 때의 인식으로 보기 어렵다. 이 사적에 대해 『舊唐書』에는 '海東曾閔', 『新唐書』에는 '海東曾子'로 적고 있어 『삼국사기』가 중국 자료를 채록한 것으로 볼 여지도 있다. 그러나 반대로 신라 혹은 고려에서 생성된 자료를 중국 사서가 참고했을 수도 있다. 어느 경우든 신라, 혹은 삼국 당시 백제의 천하관을 직접 보여주는 자료가 되기는 어려우므로 논외로 한다.

59　『삼국유사』에 수록된 설화 말미의 "탑을 세운 후 천지가 안정되고 삼한이 하나가 되었으니 어찌 탑의 영험한 덕택이 아니겠는가[樹塔之後 天地開泰 三韓爲一 豈非塔之靈蔭乎]"라는 서술은 「찰주본기」의 "果合三韓"과 상통하는 인식이다. 이는 경문왕대 이후 황룡사구층목탑이 신라의 '일통삼한'을 표상하게 되면서 이것이 연기설화의 이해에도 투영되는 것을 보여준다.

결국 경문왕의 황룡사구층목탑 개건은 탑의 건립이 가지고 있던 신라 중심의 천하관을 다시 구현하는 것이었다고 평가할 수 있다. 이때 중국을 하위로 보는 구한의 천하관을 대신하여 중국의 천하를 전제로 그와 구별되는 나름의 천하를 설정하는 해동의 천하관을 수립하였다. 그리고 이것은 해동의 역사적 실체인 삼한에 대한 인식과 맞물리면서 삼한이 하나로 통합되었다는 역사의식으로 수렴되었다.

문성왕대 무열왕계의 복권과 함께 현실 이념으로 모습을 드러낸 삼한일통의식이 경문왕대에 확립되는 것은 그 사이에 있었던 정치 과정과 연계하여 이해할 수 있다. 특히 탑의 개건이 문성왕대에 시도되었다가 경문왕대에 완성을 보았다는 점은 이러한 이해를 뒷받침한다. 다음에는 이 부분에 대해 자세히 살펴보기로 한다.

2) 황룡사구층목탑 개건의 배경

「찰주본기」에는 경문왕이 황룡사구층목탑을 개건하는 직접적인 동기가 다음과 같이 설명되어 있다.

> 문성대왕 때에 이르러 □□한 지 오래되어 동북쪽을 향해 기울어지니 나라에서 무너질까 염려하여 장차 고쳐 □하기로 하고 여러 재료를 모았으나 30여 년이 되도록 고쳐 짓지 못하였다.[60]

위에서 문성왕대에 탑이 기울어지면서 이미 탑의 개구(改構)를 도모했음을

---

60 『譯註韓國古代金石文』皇龍寺九層木塔舍利函記, "旣于文聖大王之代 □□旣久 向東北傾 國家 恐墜 擬將改□ □致衆材 三十餘年 其未改構"

알 수 있다. 곧 황룡사구층목탑의 개건은 문성왕대에 시작하여 경문왕이 실현한 사업으로서 연속성을 가지는 것이다.

그런데 「찰주본기」에 설명된 탑의 이념적 성격을 감안하면, 문성왕의 개구 시도 역시 단순히 탑의 기울어짐 때문만으로 설명할 수는 없다. 명문에서 30여 년 동안 고쳐 짓지 못했다고 한 것을 보면, 문성왕 즉위 초에 개구를 도모한 것을 알 수 있다.[61] 문성왕은 부왕 신무왕이 장보고와 김양의 도움으로 즉위한 지 1년도 되지 않아 사망하자 왕위를 물려받았다. 흥덕왕 사후 전개된 왕위쟁탈전의 여파가 채 가시기 전임을 고려할 때, 문성왕이 정계의 통합과 안정을 도모할 목적으로 황룡사구층목탑의 개구를 도모했을 가능성이 높다.[62]

그러나 문성왕 2년(840) 가뭄으로 겨울에 기근이 들었고,[63] 이듬해 봄에는 경성에 역질이 돌고 일길찬 홍필(弘弼)이 반역을 꾀했다.[64] 이 때문에 탑의 개구가 중단되었고 당대에는 더 이상 진척을 보지 못한 것으로 보인다. 그 뒤 경문왕대에 이르러 다시 탑의 개건을 도모하게 되었다. 경문왕 8년(868)에는 황룡사 탑에 벼락이 떨어졌는데,[65] 이것을 계기로 개건 논의가 제기되었을 것으로 짐작된다. 하지만 보다 근본적인 이유는 역시 정계의 통합을 도모해야 하는 상황이었다.

전술한 바와 같이 경문왕은 동왕 6년 정월 태자를 책봉하고 생부 계명도 대왕으로 추존하면서 명실상부한 국왕의 위상을 과시하였다.[66] 이것은 헌안왕의 '아들'로서 왕위를 계승한 명분을 파기하는 것이었다. 이 과정에서 경문왕은 원성왕의 정통 계승자로서 여러 세력을 아우르는 지향을 보였지만

---

61 허인욱, 2014 앞의 논문, 14쪽

62 문성왕은 遺詔에서 "三事大夫와 百辟卿士가 左右에서 도와주어 왕위를 잘 유지할 수 있었다"라고 표현했는데(『三國史記』 권11, 新羅本紀11 文聖王 19년 9월), 이는 그의 정치 과정에 여러 세력의 통합이 모색되고 있었음을 시사한다(황선영, 2006 앞의 논문, 5쪽).

63 『三國史記』 권11, 新羅本紀11 文聖王 2년, "自夏四月至六月 不雨 (중략) 冬 饑"

64 『三國史記』 권11, 新羅本紀11 文聖王 3년, "春 京都疾疫 一吉湌弘弼謀叛 事發逃入海島 捕之不獲"

65 『三國史記』 권11, 新羅本紀11 景文王 8년 6월, "震皇龍寺塔"

66 『三國史記』 권11, 新羅本紀11 景文王 6년 정월

일각에서는 균정계의 배제에 대한 우려를 낳을 수 있었다.

동년 10월 이찬 윤흥(允興) 형제가 모반했다가 복주되었다.[67] 윤흥에 대해서는 김헌창 반란 당시 진압 작전에 참여했던 윤응(允膺)과 동일인으로 보는 견해도 있고,[68] 양자를 별개로 보면서 윤흥을 김양의 서형(庶兄)으로 보는 견해도 있다.[69]

전자의 경우, 윤흥 형제가 숙흥(叔興)과 계흥(季興)이라는 점을 보면, '흥(興)'과 '응(膺)'의 통용이나 이표기 가능성은 높지 않다. 따라서 윤흥과 윤응은 별개로 보는 것이 타당하다. 한편 윤흥을 김양의 서형으로 보는 것은 「성주사비」에 등장한 그를 동 비문의 이찬서형(伊湌庶兄)과 연결한 데 따른 해석으로서 특별한 근거는 없다. 그는 의화부인(宜和夫人)의 출신을 밝히는 구문에 등장하여 부인의 아버지로 보는 것이 타당하다. 그리고 '부인'이 통상 왕비를 가리킨다는 점에 비추어 의화부인은 문성왕의 첫 왕비 박씨로 판단된다.[70]

윤흥이 문성왕의 첫 왕비의 아버지라면 그는 문성왕의 최측근인 셈이다. 김양과 의정(誼靖: 헌안왕)이 양분하고 있던 권력 구조에서 윤흥의 지분은 제한적이었겠지만 이들이 차례로 사망하면서 문성왕 세력의 구심점이 되었을 것이다. 재위 중반부터 경문왕이 헌안왕의 그늘에서 벗어나 독자적으로 정통성을 확립해 나가자 이에 반발하여 모반한 것으로 해석된다.

이어 경문왕 8년(868) 정월에는 이찬 김예(金銳) 등이 역시 모반했다가 복주되었다.[71] 김예는 문성왕 17년(855)에 작성된 「창림사무구정광탑지」에 문

---

67 『三國史記』 권11, 新羅本紀11 景文王 6년 10월, "伊湌允興與弟叔興季興謀逆 事發覺 走岱山郡 王命追捕斬之 夷一族"

68 李基東, 1980 「新羅 下代의 王位繼承과 政治過程」『歷史學報』 85, 30쪽
여기서는 윤흥 형제를 均貞의 방계로 보고 있다.

69 박남수, 2012 앞의 논문, 56-57쪽

70 伊湌庶兄은 김양의 從父兄으로서 성주사 창건의 직접적인 계기를 제공한 金昕으로 판단된다(본서 5부 2장 참조).

71 『三國史記』 권11, 新羅本紀11 景文王 8년 정월, "伊湌金銳金鉉等謀叛 伏誅"

성왕의 종제(從弟)로 등장한다. 여기에는 종숙(從叔) 김계종(金繼宗)과 김훈영(金勳榮)도 보인다. 이 탑은 문성왕의 발원으로 건립된 것이어서 여기에 등장하는 인물들은 문성왕과 혈연적으로 가까운 관계에 있었을 것이다.

그런데 김예는 탑지 작성 당시 관등이 사지(舍知)에 불과함에도 봉교선수조탑사(奉教宣修造塔使)를 담당했고, 13년이 지난 모반 시점에는 이찬에 올라 있었다. 반면 김계종은 헌강왕 5년(879)에 건립된 「봉암사지증대사비」에 그보다 낮은 한찬(韓粲: 대아찬)으로 나오고 있어 지위에 차이가 보인다. 이로 보아 김예는 문성왕과 매우 가까운 혈족인 반면 김계종은 그보다 방계에 속했음을 짐작할 수 있다.[72]

한편 제륭과 균정의 왕위쟁탈전 당시 우징은 균정의 매서(妹壻)로 나오는 예징(禮徵)[73] 및 김양과 함께 균정을 받들었다. 예징은 우징이 장보고에게 의탁하자 뒤따라 청해진에 들어갔으며,[74] 김양이 민애왕 제거에 성공한 후 궁금(宮禁)을 정돈하여 신무왕을 맞이하였다.[75]

예징은 문성왕 2년(840)에 상대등이 되었는데, 의정(헌안왕)은 이때 시중이 되었고, 예징과 함께 청해진에 들어간 양순(良順)은 이찬이 되었다.[76] 이 인사는 문성왕이 자신의 최측근을 정계의 전면에 배치한 것으로서 예징이 의정보다 우위에 있었다.

---

72 金繼宗에 대해서는 헌정계의 인물로 보는 견해(전기웅, 1989 앞의 논문, 27쪽)가 일반적으로 받아들여지고 있으며, 이 경우 그는 헌정의 또다른 아들로 추정된다. 그러나 그가 문성왕 17년에 行武州長史를 지내고 있어 당시 나이가 많지 않았을 것으로 판단된다는 점과 헌강왕대까지 활동한 것을 볼 때, 예영의 큰아들로 생각되는 憲貞의 아들로 보기에 무리가 있다. 당초 균정과 제륭이 왕위를 놓고 대립한 것은 長子가 없을 때 次子와 長孫 중 누가 우선권을 가지는가의 갈등이라는 요소를 내포하고 있다. 따라서 예영에게 헌정과 균정 외에 또다른 아들이 있었고 김계종은 그 아들이라고 보는 것이 좀더 합리적이다.

73 禮徵은 신라본기 기사에는 균정의 姪, 또는 妹壻로 나오며, 김양 열전에는 妹壻로 되어 있다.

74 『三國史記』권10, 新羅本紀10 僖康王 2년 6월, "均徵妹壻阿湌禮徵 與阿湌良順 亡投於祐徵"

75 『三國史記』권10, 新羅本紀10 神武王 원년, "禮徵等旣淸宮禁 備禮迎之卽位"

76 『三國史記』권11, 新羅本紀11 文聖王 2년 정월, "以禮徵爲上大等 義琮爲侍中 良順爲伊湌"

문성왕의 태자가 동왕 9년(847)에 사망하면서[77] 후계 구도에 차질이 생겼다. 그런데 당시 상대등으로서 새 후계자로 지명될 수 있었던 예징은 동왕 11년(849)에 사망하였고, 의정이 대신 상대등이 되었다.[78] 의정은 이를 발판으로 문성왕의 뒤를 이어 왕위에 올랐다.[79]

이러한 상황에서 보면 김예가 예징의 아들이라는 추정을 얻을 수 있다.[80] 그는 예징이 사망하지 않고 왕위에 올랐다면 그 뒤를 이어 즉위할 수 있는 위치에 있었다. 그러나 예징이 사망하고 대신 상대등이 된 의정이 왕위를 계승하였다.[81]

문성왕은 거듭된 변란을 극복하면서 나이가 젊고 혈연상 거리가 있는 김예보다는 나이가 들고 혈연적으로 더 가까운 숙부를 선택하였다. 하지만 이후 정계의 최고위로 성장한 김예는 헌안왕에게 아들이 없는 상황에서 여전히 왕위 계승에 가까운 위치에 있었다. 따라서 헌안왕이 사위 응렴에게 왕위를 물려준 것에 반발하였을 것이다.[82] 이런 상황에서 경문왕이 헌안왕과의 의제적 부자 관계를 끊고 생부를 추존한 것을 계기로 반역을 꾀한 것이다.

이렇게 연이은 모반은 경문왕이 추진하던 통합 정책을 흔드는 것이었다. 따라서 그로서는 다시금 통합의 이념을 추스를 방안이 필요하였다. 이때 황룡사 탑에 벼락이 떨어진 것을 빌미로 문성왕대 이래 중단되어 있던 탑의 개

---

77 『三國史記』 권11, 新羅本紀11 文聖王 14년 11월, "王太子卒"

78 『三國史記』 권11, 新羅本紀11 文聖王 11년 정월, "上大等禮徵卒 伊湌義正爲上大等"

79 義正과 誼靖(憲安王)은 동일인으로 보는 경우가 많으나 별개로 보는 경우도 있다. 이에 대한 논의는 강재광, 2011 「文聖王代의 政局과 「昌林寺 無垢淨塔願記」 造成의 정치적 배경」 『韓國古代史探究』 7, 101쪽, 주 10)의 내용 참조.

80 김예를 신무왕의 아들로 보는 견해도 있으나(강재광, 2011 앞의 논문, 125쪽), 형제, 또는 이복형제를 從弟로 표현할 이유가 없다. 김예를 예징의 아들로 보면 그는 문성왕의 고모의 아들이 되어 從弟로 표현될 수 있다.

81 이 점에서 김예는 흥덕왕 동생인 忠恭의 아들 金明(민애왕)과 유사한 위치에 있었다고 볼 수 있다.

82 이 점에서 김예는 「숭복사비」에 보이는 왕위계승분쟁[集烏之苑]의 한 축이었을 것으로 짐작할 수 있다.

건을 재개한 것이다.[83] 결국 경문왕은 동왕 11년(871) 정월 황룡사 탑의 개조(改造)를 명하였고,[84] 3년 가까운 공역을 거쳐 동왕 13년(873) 9월 탑이 완성되었다.[85]

이때 완공에 앞서 찰주 아래에 있던 기존의 사리함을 확인하고 사리를 추가로 넣으면서 탑을 처음 세운 연원과 개작(改作)하게 된 이유를 적어 넣었는데, 이것이 바로 「찰주본기」이다. 여기서 탑의 개건은 "옛것을 폐기하고 새로 짓는 것[廢舊造新]"으로 표현되고 있어 부분적인 보수가 아니라 사실상 새로 짓는 것이었음을 알 수 있다. 이것은 당시 공역 중에 사리함까지 확인한 사실을 통해서도 뒷받침된다.

한편 명문 내용은 처음 탑의 건립 목적이 해동제국의 항복으로 표상되는 신라 중심의 천하를 염원하는 것이었음을 밝히고, 그 결과를 "과연 삼한을 합하여 □□를 이루었다"[86]라고 천명하였다. 이것은 곧 탑의 개건을 통해 7세기 전쟁을 신라의 '일통삼한'으로 인식하면서 그것을 현 사회에 통합 이념으로 구현하고자 하였음을 보여준다. 이에 이어 "군신의 안락함이 지금까지 이에 힘입고 있다"라고 한 것에서 탑의 개건을 통해 얻고자 한 것이 무엇이었는지 확인할 수 있다.

결국 경문왕의 황룡사구층목탑 개건은 하대의 왕위계승분쟁을 종식하고

---

83 경문왕대에 진행된 일련의 영건 사업을 당시의 정치적 사건과 연계하여 이해하면서 황룡사구층목탑 개건을 윤흥의 모반과 관련짓는 견해도 있다(김창겸, 1988 앞의 논문, 61-64쪽). 모반처럼 정치적 파장이 큰 사건이 일어났을 때, 그 파장을 완화하기 위해 토목 공사를 활용하는 맥락은 충분히 인정되지만, 영건 대상이 가지는 정치적 상징성에 대한 고려가 수반될 필요가 있다.

84 『三國史記』 권11, 新羅本紀11 景文王 11년 정월, "王命有司 改造皇龍寺塔"

85 『三國史記』 권11, 新羅本紀11 景文王 13년 9월, "皇龍寺塔成 九層 高二十二丈"
    「찰주본기」에는 경문왕 11년 8월에 "廢舊造新"을 시작하였고, 이듬해 7월 9층의 공역이 끝났으며, 동년 11월에 사리를 다시 안치하면서 명문을 새긴 것으로 되어 있다. 이에 대해 『삼국사기』 기록은 공역을 위한 명령과 최종 완공을 나타낸 것으로 보고 있다(허인욱, 2014 앞의 논문, 15-16쪽).

86 결락된 글자는 통상적인 표현에 비추어 '一家'로 추정할 수 있다.

체제의 통합을 천명하는 이념적 사업이었다고 평가할 수 있다.[87] 그리고 「찰주본기」의 내용은 신라의 삼한일통의식이 체제 이념으로서 확립된 양상을 뚜렷하게 보여준다. 이후 제작된 금석문 등에서 삼한일통의식이 보편적으로 표방되는 것은 황룡사구층목탑 개건의 역사적 의미를 잘 보여준다.

---

87 경문왕대의 정치적 상황 및 「찰주본기」의 내용을 통해 황룡사구층목탑 개건이 전국가적인 통합을 도모한 것임은 관련 연구에서 지적되는 바이다(이기봉, 2012, 앞의 논문, 11쪽). 다만 기존 연구들이 「찰주본기」 내용을 탑을 처음 건립할 때의 인식으로 보는 경향이 있다. 하지만 그것이 경문왕대에 새롭게 해석된 것으로 보는 것이 타당하다.

2장_ 신라의 진한 정체성과 '마한-고구려' 인식

1. 신라의 진한 정체성

1) 신라와 진한의 관계

9세기 신라는 7세기 전쟁을 통해 삼한을 하나로 합쳤다는 역사의식을 수립하였다. 삼국에 선행하는 역사적 존재로서 삼한이 설정되면서 삼한 각각을 삼국과 연결하는 인식도 등장하였다. 이 과정에서 신라는 자신을 진한(辰韓)으로 연결하였다.

신라의 출발인 사로국(斯盧國)이 진한 소국의 하나였고, 지리적으로도 일치하기 때문에 진한과 신라의 연결성은 쉽게 도출될 수 있었다. 그러나 역사적으로 진한이 곧 신라인 것은 아니고, 신라가 처음부터 자신을 진한으로 인식하거나 선후관계로 생각한 것도 아니었다. 따라서 어떤 경위로 신라가 진한 정체성을 가지게 되었는지, 그리고 그 과정에 어떤 정치적 배경이 작용했는지 살펴볼 필요가 있다.

진한의 용례는 『삼국사기』 등 문헌 자료와 금석문 자료에서 모두 확인된다. 그런데 문헌 자료는 후대에 편찬된 것으로서 편찬 시점의 인식이 투영될수 있다. 따라서 작성 시기가 분명한 금석문의 용례를 먼저 살펴보고, 이를 바탕으로 문헌 자료의 용례를 검토하기로 한다.

진한 용례는 신라말 비문에서부터 확인된다. 주요 사례를 추출하여 제시하면 다음과 같다.

① 진한경읍(辰韓京邑)[1]
② 위대한 불일은 모든 땅에 두루 미치지만 성대한 법□은 방향을 골라 흐르지 않으니 진한은 □□를 매우 숭상하고[2]
③ 끝내 두 적을 평정하여 길이 토군 사람들을 안정시키고, 세 임금을 섬겨 멀리 진한의 습속을 위무하였다.[3]

①은 김입지가 찬술한 「성주사비」의 일부이다. 비편만 남아 있어 전후 문맥을 알 수 없지만, 뒤에 '경읍(京邑)'이라는 표현이 있으므로 진한이 신라를 가리킨다는 것은 분명하다. 이것은 현존 금석문에서 확인되는 진한 용례 중 가장 이른 시기의 것이다. 특히 이 비문에는 백제 때의 사적을 소개하며 당시를 "삼한정족(三韓鼎足)"으로 표현하고 있어 삼한일통의식의 출현을 보여주는 사례이기도 하다. 신라는 분립하고 있던 삼국을 삼한으로 범주화하는 한편, 자신을 그중 하나인 진한으로 규정한 것이다.

②는 정강왕 때 건립된 「선림원지홍각선사비」의 말미에 적혀 있는 구문이다. 여기서 진한은 불법의 전래 대상으로서 신라를 가리킨다. ③은 경명왕 때 찬술된 「봉림사진경대사비」에서 선사의 출신을 정리한 대목이다. 이 구절은 그의 선조인 김유신의 행적을 설명한 부분으로, 역시 신라를 진한으로 칭하고 있다.

---

1   『譯註韓國古代金石文』金立之撰 聖住寺碑
2   『譯註韓國古代金石文』禪林院址弘覺禪師碑, "大哉佛日 有土皆周 盛乎法□ 簡方不流 辰韓酷尙 □□"
3   『譯註韓國古代金石文』鳳林寺眞鏡大師碑, "終平二敵 永安兔郡之人 克奉三朝 遐撫辰韓之俗"

이처럼 신라말 금석문에서 진한은 신라를 가리키는 말로 널리 사용되었다. 신라가 진한에서 연원했다는 인식에서 더 나아가 자신을 진한으로 칭한 것이다. 자연히 이는 고구려와 백제 역시 삼한의 하나로 연결하는 인식을 유도하였다. 삼한이라는 포괄적 동질성을 설정하면서도 그 안에서 여전히 각국의 기원이 서로 다르다는 인식이 유지된 것이다.

③에서 이러한 사정을 구체적으로 확인할 수 있다. 여기서 평정 대상이 되는 '두 적[二敵]'은 고구려와 백제이다. 두 나라를 '적'으로 간주한 것은 연원적 동질성을 상정하는 것과 배치된다. 이것은 김유신 개인을 평가할 때 고구려와 백제를 '적국'으로 간주하여 '평정'의 공업을 도출한 것으로,[4] 체제 이념으로서 삼한일통의식과 층위가 다르다. 하지만 신라의 삼한일통의식이 가지는 내적인 한계인 것 또한 분명하다.[5]

비문에서 신라는 토군(兔郡)으로도 지칭되었다. 토군은 현도군(玄菟郡)에서 가져온 것으로서 본래 의미로 본다면 고구려로 연결된다. 지역적으로도 일치하고 실제 고구려왕의 봉작명에 현도군이 사용되었다. 그런데 신라는 삼한일통의식을 통해 고구려의 역사는 물론 그 범위에 있던 이전의 역사까지도 자신의 것으로 간주하였다. 이에 따라 당초 삼한과 무관한 사군(四郡)까지 수용되면서 그중 현도군을 자신과 연결한 것이다.[6]

'진한-신라' 인식은 고려가 후삼국을 통일한 뒤에 건립된 비문에서도 다수의 사례가 발견된다.

---

4 「성주사낭혜화상비」(890년 이후)를 보면, 낭혜의 선조인 무열왕의 공업에 대해 "선조께서는 두 적국을 평정하고 사람들로 하여금 모습을 바꾸게 하였다[先祖平二敵國 俾人變外飭]" 라고 하여 비슷한 인식이 보인다.

5 윤경진, 2018① 「고려 건국기의 三韓一統意識과 '海東天下' 인식」 『한국중세사연구』 55, 246쪽.

6 신라는 본래 병합 대상이 아니었던 고구려를 자신의 역사로 수렴하기 위해 현도군을 역사적 정체로 채용한 것으로 짐작된다(윤경진, 2018① 앞의 논문, 264-265쪽).

① 대사의 휘는 개청이고 속성은 김씨이니 진한 계림 사람이다.[7]

② 선사의 법휘는 홍준이고 속성은 김씨이다. 그 선조는 진한의 번성한 집안이며 토군의 명문가이다.[8]

③ 인연이라는 자는 진한의 번성한 가문 사람이다.[9]

위의 기사들은 선사(禪師), 또는 비문 찬자의 출신이 신라 왕경임을 나타낸 것으로, 신라를 '진한'으로 표현하고 있다. 이처럼 신라말에서 고려초에 '진한-신라' 인식은 확고하게 수립되어 있었다.[10]

이번에는 문헌 자료에 보이는 진한 용례를 살펴보자. 『삼국사기』에서 진한의 첫 용례는 건국 기사에 보인다.

이에 앞서 조선의 유민이 산골짜기 사이에 나뉘어 살며 6촌이 되었다. (중략) 이것이 진한 6부이다.[11]

위의 기사는 신라의 건국 과정에서 혁거세 즉위 이전의 상황을 서술한 것으로, 그 기반이 된 6촌을 '진한 6부'로 표현하고 있다. 여기서 진한은 6부로 구성되어 있으므로 신라를 가리킨다. 『삼국유사』에서 "진한의 땅에는 옛날에 6촌이 있었다"[12]라고 한 것도 마찬가지이다. 이것은 신라가 진한에서 비롯되었다는 인식이 수립된 후 양자를 동일시한 결과이다.

---

7 『譯註羅末麗初金石文』 地藏禪院朗圓大師碑, "大師諱開淸 俗姓金氏 辰韓鷄林人也"
8 『譯註羅末麗初金石文』 境淸禪院慈寂禪師碑, "禪師法諱洪俊 俗姓金氏 其先辰韓茂族 兔郡名家"
9 『譯註羅末麗初金石文』 太子寺朗空大師碑, "其仁渷者 辰韓茂族族人也"
10 진한 정체성을 수립한 시기의 신라는 백제와 고구려까지 포괄한 존재라는 점에서 '진한'이 삼한을 대신하는 의미로 확대될 여지도 있다. 그런데 그러한 포괄적 인식의 사례가 분명치 않은 반면, 왕경인을 표현할 때 '진한'이 두드러지게 사용된다는 점은 신라가 삼한일통의식의 수립에도 불구하고 여전히 자신을 백제·고구려와 연원적으로 구분하고 있음을 반영한다.
11 『三國史記』 권1, 新羅本紀1, "先是 朝鮮遺民 分居山谷之間 爲六村 (중략) 是爲辰韓六部"
12 『三國遺事』 권1, 紀異 新羅始祖赫居世王, "辰韓之地 古有六村"

한편 혁거세 38년 기사에는 마한(馬韓)에 사신으로 파견된 호공(瓠公)에게 마한의 왕이 "진한과 변한은 우리의 속국인데 근래 직공을 수행하지 않고 있다"[13]라며 힐책하는 기사가 있다. 직접 신라를 언급한 것은 아니지만 내용상 진한은 신라를 염두에 둔 표현이다. 그런데 호공의 답변에는 이와 다른 맥락의 내용이 보인다.

> 우리나라는 두 성인이 처음 일어나 인사가 닦이고 천시가 조화를 이루니 창고가 충실하고 인민이 겸손합니다. 진한유민으로부터 변한·낙랑·왜인에 이르기까지 경외하지 않는 이가 없습니다.[14]

위에서 "두 성인[二聖]"은 혁거세와 알영을 가리키는데, 호공의 설명은 이들이 즉위한 후의 국가 상황을 말한 것이다.

주목할 부분은 "진한유민(辰韓遺民)"이다. 진한유민은 뒤의 변한(卞韓)·낙랑(樂浪)·왜인(倭人)과 함께 신라에 복속한 부류로 열거되고 있다. 변한 등이 병존 상태에서 신라에 복속한 것이라면, 진한은 신라에 흡수되었기 때문에 '유민'으로 설명하였다. 이 기사에서 진한은 신라에 선행한 역사적 존재이다. 마한왕이 신라를 진한으로 칭한 것은 이에 근거한다. 하지만 호공은 신라와 진한을 동일시하지 않았다. 이것은 진한에 대한 신라의 인식이 형성되는 초기적인 양상을 반영한다.

마한왕과 호공의 대화에 대해 『삼국사기』는 다음과 같이 부연 설명하였다.

> 이에 앞서 중국 사람이 진의 난리에 힘겨워 동래한 자가 많았다. 마한의 동쪽에 많이 자리를 잡으면서 진한과 잡거하였다. 이때에 이르러 점차 융성하니 마한이

13　『三國史記』권1, 新羅本紀1 赫居世居西干 38년, "辰卞二韓 爲我屬國 比年不輸職貢"
14　『三國史記』권1, 新羅本紀1 赫居世居西干 38년, "我國自二聖肇興 人事修 天時和 倉庾充實 人民敬讓 自辰韓遺民 以至卞韓樂浪倭人 無不畏懷"

꺼려서 이렇게 질책한 것이다.[15]

위의 설명은 진(秦)의 난리를 피해 들어온 사람들이 마한 동쪽에 정착했는데 "진한과 잡거(雜居)"하다가 강성해졌다는 것으로 풀이된다. 이 문맥대로라면 진에서 유입된 인구는 진한과 구분되며, 신라는 진한이 아니라 이들과 잡거하던 유망민을 그 연원으로 한다. 마한왕이 신라를 진한의 범주에 넣어 마한의 속국임을 주장한 데 맞서 호공은 양자의 차이를 제시하며 속국이 아님을 주장한 것이다. 그리고 『삼국사기』는 이를 바탕으로 신라의 연원을 진의 유망민으로 해석하였다. 호공이 말한 진한유민은 바로 유망민(신라)에게 복속된 토착민이다.

이러한 내용은 중국 사서의 설명을 변형한 것이다. 『삼국지』 동이전에는 진한과 관련된 다음 두 기사가 보인다.

> ① 진한은 마한의 동쪽에 있다. 그 노인들이 대대로 전하며 스스로 말하기를 "옛날 망명한 사람들이 진의 노역을 피해 한국으로 오니 마한이 그 동쪽 땅을 떼어주었다"라고 한다.[16]
> ② 변진은 진한과 잡거하는데, 역시 성곽이 있다. 의복과 거처는 진한과 같고 언어와 법속도 서로 비슷하지만 귀신을 제사하는 데서는 차이가 있다.[17]

①에서는 진한을 유망민의 이주로 형성된 존재로 보고 있다. 『후한서』는 이들을 "진의 유망민[秦之亡人]"으로 표현하였다. 이것은 유망민이 이주하여

---

15 『三國史記』 권1, 新羅本紀1 赫居世居西干 38년, "前此 中國之人 苦秦亂 東來者衆 多處馬韓東 與辰韓雜居 至是 寖盛, 故馬韓忌之 有責焉"

16 『三國志』 권30, 魏志 烏丸鮮卑東夷傳, "辰韓在馬韓之東 其耆老傳世自言 古之亡人 避秦役來適 韓國 馬韓割其東界地與之"

17 『三國志』 권30, 魏志 烏丸鮮卑東夷傳, "弁辰與辰韓雜居 亦有城郭 衣服居處與辰韓同 言語法俗 相似 祠祭鬼神有異"

진한이 된 것이라는 점에서 유망민이 진한과 '잡거(雜居)'했다는 『삼국사기』의 설명과 차이가 있다. ②에서는 변진(변한)이 진한과 잡거한 것으로 되어있다. 유망민의 진한 잡거는 이로부터 유도된 표현으로 짐작된다.

결국 『삼국사기』의 설명은 진에서 유입된 존재를 진한에서 신라로 바꾸어 놓은 셈이다. 곧 신라를 진한과 구분하는 인식에 기반하면서 진한을 흡수한 신라에게 진한의 연원에 대한 설명을 가져다 붙인 것이다.[18]

이처럼 『삼국사기』가 중국 사서의 내용을 변형해 부연한 것을 보면, 마한왕과 호공의 대화 내용은 『삼국사기』 단계에서 생성된 것은 아니며, 신라의 기록을 채록한 것으로 판단된다. 이를 통해 신라가 처음 진한을 인식할 때는 자신의 연원을 진한과 구분하다가 나중에 양자를 동일시하는 것으로 바뀌었음을 알 수 있다.

중국 자료에서도 신라를 진한으로 지칭하는 사례가 보인다. 『삼국유사』에는 원광(圓光)의 출신과 관련하여 7세기 중반에 찬술된 『속고승전(續高僧傳)』의 다음 기사를 인용하였다.[19]

> 신라 황룡사의 승려 원광은 속성이 박씨이다. 본래 삼한에 살았는데 (삼한은) 변한·진한·마한으로, 원광은 곧 진한 사람이다.[20]

위에서 원광의 출신을 "본래 삼한에 살았다[本住三韓]"라고 설명한 것은 중국의 관점에서 삼국을 삼한으로 범주화한 데 따른 것이다. 원광은 삼국이 병

---

18 혁거세 즉위 기사에는 진한의 기원을 '朝鮮遺民'으로 설정하고 있는데, 이 조선은 箕子가 分封된 조선을 가리킨다. 이 기사는 중국 사서에서 '진'의 유망민이라고 한 것을 '조선'으로 바꾼 것으로, 실제 신라에서 형성된 인식인지는 의문이 든다. 다만 '조선'이 '진한'을 대신하여 신라를 가리키는 용어로 사용된 경우가 보이는데, 이에 대해서는 후술할 것이다.

19 『續高僧傳』은 梁의 慧皎가 편찬한 『高僧傳』을 이어 내용을 추가한 것으로, 서문에 645년에 집필을 끝낸 것으로 나온다.

20 『三國遺事』 권4, 義解 圓光西學, "唐續高僧傳第十三卷載 新羅皇隆寺釋圓光 俗姓朴氏 本住三韓卞韓辰韓馬韓 光卽辰韓人也"

립하던 시기의 인물인데, 전기의 찬자는 당시 상황과 관련하여 삼한 각각을 열거하고 원광을 진한 출신으로 정리하였다. 곧 신라와 진한을 동일시한 것이다.

7세기 초반에 편찬된 『양서』 신라전에서도 "신라는 그 선조가 본래 진한의 부류이다"[21]라고 하여 신라의 기원을 진한으로 보았다.[22] 이것은 삼국의 연원을 삼한으로 설정한 상황에서 진한이 마한의 동쪽에 있다는 사서의 기록과 신라의 위치가 일치한 데 따른 귀결로 보인다. 이러한 중국의 인식이 신라에 영향을 주면서 신라가 진한을 자신의 정체로 채용하였고, 이에 따라 진한이 신라를 가리키는 말로 정착한 것이다.

이상의 내용을 포함하여 신라의 진한 정체성 수립 과정은 다음과 같이 정리할 수 있다. 당초 삼한은 신라의 역사인식 대상이 아니었다. 본래 한(韓)은 낙랑의 남쪽에 있던 부류들을 포괄적으로 나타내던 범주로서 그 내부에 서로 이질적인 세 부류를 구분하면서 '삼한' 개념이 성립하였다. 그런데 중고기 신라는 자국 중심의 천하관을 구성하면서 외이(外夷)를 포괄적으로 가리키는 말로 '한'을 채용하였다. 이는 황룡사구층목탑의 연기설화에 보이는 구한(九韓)을 통해 유추할 수 있다.

한편 역사적 실체로서 삼한이 소멸한 후 중국 왕조는 삼국으로 분립해 있던 동국(東國)의 역사적 연원을 나타내는 말로 '삼한'을 채용하였고, 외교 과정에서 이들의 역사적 동질성을 표상하는 근거로 활용하였다. 백제병합 후 신라는 당과의 외교 과정에서, 혹은 중국 사서에 대한 이해를 통해 삼한에

---

21 『梁書』 권54, 列傳48 諸夷 新羅, "新羅者 其先本辰韓種也"

22 반면 『舊唐書』와 『新唐書』는 신라에 대해 "弁韓之苗裔"로 설명하였다. 이는 『唐會要』에서 "新羅者 本弁韓之地"라고 서술한 데 따른 것으로 보인다. 이들 자료에서 신라의 기원을 진한이 아니라 변한으로 제시한 이유는 분명치 않으나 삼한 인식의 출발이 되는 『三國志』에서 진한과 변진의 24국이 변진 항목에 함께 열거되어 있고 그중에 사로국이 들어 있었던 것으로 인한 혼선이 아닐까 한다.

대한 인식을 구체화하게 되었다.[23]

　삼한의 역사를 접한 신라는 그중 자신과 공간적으로 겹치는 진한에 주목하였다. 처음에는 자신과 진한을 이질적 존재로 파악하였다. 신라는 중국 사서에서 진한의 연원으로 지목한 진의 유망민을 자신의 연원으로 가져오고, 대신 진한은 신라에 복속한 토착민 집단으로 간주하였다. 그런데 나중에 신라가 진한에서 나왔다는 인식으로 바뀌었고, 이후 진한은 신라를 가리키는 말로 일반화되었다. 다음에는 신라가 진한을 역사적 정체로 채용하는 배경과 그것이 가지는 의미에 대해 좀더 구체적으로 살펴보기로 한다.

2) 진한 정체성의 출현 배경

　중대까지 신라가 선행한 역사적 존재와 자신을 연결한 흔적은 보이지 않는다. 혜공왕 때 완성된 「성덕대왕신종」을 보면, 세계의 탄생과 그에 수반된 신라의 형성을 말하고 있을 뿐, 역사적 계승에 대한 인식이 나타나지 않는다. 이로 미루어 볼때 진한 정체성의 수립은 하대에 들어 나타난 변화로 판단된다. 그리고 그 계기 내지 배경으로 주목할 부분이 바로 시조 출자 관념의 변화이다.

　일반적으로 왕조 국가의 정체성은 시조 또는 그를 중심으로 한 건국 집단의 연원과 국가를 건설한 지역의 두 가지 층위에서 설정된다. 토착적으로 발생한 국가라면 양자가 일치하겠지만 유이민 집단의 이주와 건국이라는 과정을 상정하고 있다면 양자가 나뉘게 된다.

　고구려 시조 주몽은 천손(天孫)이라는 혈통의 신성성과 별개로 부여 출신이라는 속성을 가지고 있다. 고구려가 숭배한 부여신(夫餘神)은 주몽의 어머

23　이에 대해서는 후술할 것이다.

니 유화(柳花)이다.[24] 유화는 부여에서 주몽을 낳았고 그곳에서 사망했으며 사당도 부여에 마련된 것으로 되어 있다.[25] 그가 부여신으로 숭배된 것은 고구려의 부여 정체성을 반영한다.

이에 대해 건국 지역과 관련된 정체성은 수립되지 않았다. 주몽은 선주민 국가인 송양(松讓)의 비류국(沸流國)을 복속시키고 나라를 세웠다. 비류국은 복속 내지 결합 대상일 뿐[26] 고구려에 선행한 정체로 간주되지는 않았다. 곧 고구려의 역사의식은 시조 및 건국 집단의 출자에 바탕을 두고 있었던 것이다.

이에 대해 신라의 진한 정체성은 건국 지역의 역사에 기반한다는 점에서 대비된다. 특히 전술한 호공의 서사에서 진한이 신라에 복속한 집단으로 인식된 것은 고구려와 비류국의 관계와 유사하다. 이 점에서 진한 정체성의 수립에는 신라와 진한의 관계에 대한 인식의 변화, 곧 역사의식의 전환이 상정된다. 이를 추동한 매개로 주목되는 것이 시조 출자 관념의 변화이다.

신라 시조 혁거세는 난생(卵生)의 천손 관념을 띠고 있지만 토착의 사로 6촌을 기반으로 즉위하였다. 탈해는 외부에서 유입된 존재이지만 기존 집단을 정복한 것이 아니라 흡수되는 맥락이다. 알지의 금궤 설화 또한 내부 연원의 속성을 가진다.

그런데 중대 왕실은 이와 다른 형태의 시조 출자 관념을 수립하였다. 무열왕계는 기존 진평왕계가 불교를 매개로 혈통의 신성성을 내세운 것에 대응하여 왕계를 중국과 연결하여 권위를 확보하고자 하였다. 『삼국사기』에는 신라인에게 소호금천(少昊金天)의 후예라는 인식이 있었다는 서술이 있다. 소호금천은 황제(黃帝) 헌원(軒轅)의 맏아들 설(挈)을 말한다. 아울러 중국식 종

---

24 『北史』권94, 列傳82, "有神廟二所 一曰夫余神 刻木作婦人像 一曰高登神 云是其始祖 夫余神之子 幷置官司 遣人守護 蓋河伯女朱蒙云"

25 『三國史記』권13, 高句麗本紀1 東明聖王 14년 8월, "王母柳花 薨於東扶餘 其王金蛙 以太后禮葬之 遂立神廟"

26 유리명왕 때 송양의 딸을 妃로 들인 것에서 결합의 속성을 유추할 수 있다(『三國史記』권13, 高句麗本紀1 瑠璃明王 2년 7월, "納多勿侯松讓之女爲妃").

묘제도를 도입하고 무열왕에게 태종 칭호를 추상함으로써 시조(태조) 성한(星漢)의 정통 후계자로서 위상을 확립하였다.[27]

중대 초기에 건립된 비문에는 이러한 관념이 투영되어 있다. 「김인문묘비」를 보면 소호금천에 대한 서술 다음 행에 태조(太祖) 한왕(漢王)에 대한 서술이 보인다.[28] 이는 한왕(성한)이 소호금천의 후예라는 맥락으로 파악된다. 김인문은 무열왕의 아들로서 오랜 기간 당에서 숙위하며 신라와 당을 연결하는 역할을 하였다. 김씨 왕실의 소호금천 기원설은 중국의 성씨 문화 및 고대 신화에 대한 지식을 토대로 한다는 점에서 김인문의 재당 활동을 통해 유입되었을 것으로 생각된다.

다음에 「문무왕릉비」에는 소호금천과 함께 김일제(金日磾)에 대한 서술이 나타난다. 다음은 비 전면의 5행과 6행 부분이다.

> [5] ⋯ 신령한 근원이 멀리서 내려왔고, 화관의 후예에서 번창한 터전을 이으니 우뚝 세워져 바야흐로 융성하다. 이로 인해 ⋯ 뛰어난 후손들이 태어났다. 하늘에 제사한 투후의 자손이 7대를 전하여 ⋯ 하였다. [6] ⋯ 15대조 성한왕은 하늘에서 자질을 받고 선악에서 신령함을 얻어 ⋯ 에 처음 임하셨다. ⋯ 옥란을 대하였고, 비로소 조상의 복이 드리우니 석뉴를 보는 것 같다. 금수레에 앉아 ⋯[29]

비문 중 "화관(火官)의 후예"는 소호금천을 가리킨다. 화관은 신농씨(神農氏)로서 황제가 그의 아들로 되어 있으므로 계보가 자연스럽게 소호금천으로 이어진다. "하늘에 제사한 투후(柁侯)의 자손"은 한 무제 때의 인물인 김일제

---

27 본서 3부 1장 참조.
28 『譯註韓國古代金石文』, 金仁問墓碑, "(결락)□五之君 少壚分星于而超碧海 金天命(결락)□太祖 漢王 啓千齡之□聖 臨百谷之(결락)"
29 『譯註韓國古代金石文』, 文武王陵碑, "[5] (결락)君 靈源自夐 繼昌基於火官之后 峻構方隆 由是 克 (결락) 枝載生英 柂侯祭天之胤 傳七葉以□(결락) [6] (결락)焉 □□ 十五代祖星漢王 降質圓 穹 誕靈仙岳 肇臨 (결락) 以對玉欄 始蔭祥林 如觀石紐 坐金輿而(결락)"

를 가리킨다. 『한서』에 따르면 그는 흉노 휴도왕(休屠王)의 태자로서 무제의 총애를 받았는데, 휴도왕이 금인(金人)을 만들어 하늘에 제사한 사적으로 인해 무제로부터 김성(金姓)을 하사받았다고 한다.[30]

곧 김씨의 기원은 소호금천과 김일제의 두 가지 설이 있었던 것인데, 소호금천은 신화에 기반을 둔 것이므로 역사적 관점에서 실질적인 출발은 김일제가 된다. 그리고 김일제가 시조 성한으로 연결되는 데에는 7엽(葉)의 계승이 매개되고 있다[傳七葉]. 7엽 계승에 대해서는 문무왕의 7대 계승을 가리키는 것으로 보기도 한다.[31] 그런데 앞에 김일제에 대한 언급이 있고, 문무왕에 대해 시조 성한은 15대조로 되어 있으므로 이 7엽은 김일제와 성한의 연결로 보는 것이 타당하다. 5행의 7엽 계승과 6행의 15대조 성한 사이의 내용은 김일제로부터 7엽 계승 후 문무왕의 15대조인 성한이 출현하는 맥락으로 파악된다. 7엽 계승은 『한서』에서 김일제로부터 7세가 내시로서[七世內侍] 번영을 누렸다는 내용으로부터 도출된 것으로 짐작된다.

흥미로운 점은 김씨 시조인 미추왕의 선대 계보 또한 7대라는 점이다. 『삼국사기』 기록에 따르면 미추왕의 계보는 알지(閼智)-세한(勢漢)-아도(阿道)-수류(首留)-욱보(郁甫)-구도(仇道)-미추(味鄒)로 되어 있다. 이때 대수 산정에서 '엽'을 따지는 것은 본대(本代)도 포함된다.[32] 이에 준하여 김일제부터 미추왕까지 연결해 계산하면 8엽이 된다. 따라서 이를 7엽에 맞추어 이해하면 김일제와 알지가 겹치게 된다.

김일제와 알지는 모두 '김'씨의 출발이라는 공통성을 가진다. 결국 신라 김씨 왕실의 시조로서 미추왕의 선대를 김일제로 연결하는 과정에서 7세 계보

---

30 『漢書』68, 列傳38 金日磾, "金日磾夷狄亡國 羈虜漢庭 而以篤敬寤主 忠信自著 勒功上將 傳國后嗣 世名忠孝 七世內侍 何其盛也 本以休屠作金人爲祭天主 故因賜姓金氏云"

31 文暻鉉, 1972 「新羅 建國 說話의 硏究」 『大邱史學』 4, 66쪽

32 고려 국왕은 대수를 '葉'으로 표현했는데, 이는 '태조=1엽'부터 산정된다. 『大覺國師文集』을 보면 "時後高麗十三葉在宥之八年 歲次庚午"라는 구문이 있는데, 13엽은 13대 국왕인 宣宗을 가리킨다(『大覺國師文集』 권1, 新編諸宗敎藏總錄序).

가 만들어졌고, 다시 김일제 대신 알지를 설정했다는 이해를 얻을 수 있다.

　박씨와 석씨의 시조로서 혁거세와 탈해는 설화의 주인공이자 본인이 왕위에 올랐다. 김씨 역시 첫 국왕인 미추왕에 대한 설화가 형성되는 것이 다른 사례에 비추어 자연스럽다. 그런데 미추왕이 아니라 그 선조인 알지 설화가 전승된 것은 의아한 일이다. 그렇다면 알지의 금궤 설화는 당초 미추왕의 것이 아니었을까. 이것이 알지 설화로 전환되는 과정은 다음과 같이 설명된다.

　미추왕(성한)의 금궤 설화를 가지고 있던 김씨 왕실은 시조의 계보를 김일제와 연결하면서 그 사이에 5명의 계보를 만들어 넣었다. 중국 역사로 연결한 만큼 신비적인 금궤 설화는 덮였을 것이다. 그런데 이후 계보가 다시 김일제와 분리되면서 그 자리에 김씨 왕실의 시조로서 알지를 설정하였고, 금궤 설화도 그에게 적용되었다.[33] 또한 왕위에 오른 것은 미추왕이지만 알지부터 그 자격을 갖추고 있었음을 보증하기 위해 탈해 때 태자로 책립되었으나 파사이사금에게 양보했다는 서사가 만들어졌다.[34]

　그렇다면 김씨 왕실의 계보가 김일제에서 분리되고 알지가 시조로 수립된 이유는 무엇일까. 이 변화가 무열왕계 안에서 나타날 여지는 없으므로 하대 왕실의 수립과 관련될 것이다.[35] 하대 왕실은 무열왕계를 대체하면서 시조 계보에 대한 관념도 재구성할 필요가 있었다. 이에 무열왕계가 계보의 기점으로 삼은 김일제를 파기하고 내부 출신의 알지로 대체하였고,[36] 알지에서

33　혜공왕대 五廟制 개혁으로 太祖大王이 始祖大王으로 칭호가 바뀌면서 소호금천 기원설이 퇴조하고 알지 전승이 재부상하였으며, 경문왕대 소호금천 기원설이 다시 등장하는 것으로 보는 견해도 있다(李文基, 1999 「新羅 金氏 王室의 少昊金天氏 出自觀念의 標榜과 變化」 『歷史敎育論集』 23·24합).

34　『三國遺事』 권1, 奇異 金閼智 脫解王代, "擇吉日 冊位太子 後讓於婆娑 不卽王位"

35　『삼국사기』에 언급된 대로 신라인이 소호금천의 후예라는 인식은 신라말까지 유지되었지만, 이는 중대 왕실의 역사적 유산으로서 알지 설화와 별개로 전승된 것이다.

36　알지는 내부 연원의 시조라는 점에서 혁거세와 상통한다. 『삼국유사』에서 혁거세의 居西干 칭호와 관련하여 그가 처음 입을 열 때 "閼智居西干"이라고 했다는 전승은 양자의 서사가 혼용되었거나 같은 데서 나왔다는 것을 시사한다.

미추왕까지의 계보를 재정리한 것이다.

그리고 이러한 변화는 국가 연원에 대한 인식의 변화를 유도하였다. 왕실 혈통을 김일제와 연결한 것은 곧 국가 정체성을 외부에서 찾는 것이다. 주몽이나 온조 형제의 사례에서 보이듯이 통상 시조의 이입(移入)에는 그를 따르는 집단의 이주가 수반된다. 그리고 토착민은 그와 융합하거나 지배 대상이 된다.

여기서 앞서 서술한 호공의 언급에 다시 주목해 보자. 그는 '진한유민'이 신라에 복속하고 있음을 말하였다. 진한은 선주민이고 신라 건국 세력은 이주민이다. 그런데 『삼국사기』는 중국 사서에 진한의 기원으로 설정된 진의 유망민을 신라 건국 집단으로 바꾸어 설명하였다. 이는 시조의 이입에 수반되는 건국 집단의 이주를 국가 형성 단계로 소급한 것이다.

그런데 신라본기 서두에 진한 6부가 조선유민으로 구성되었다는 내용이 있는 것을 보면, 진한과 신라를 구분하는 호공의 언급은 이보다 앞선 인식으로 파악된다. 그리고 신라 건국 집단의 이주를 상정한 내용은 중대의 중국 기원설과 맥이 닿는다. 위에서 지적한 것처럼 시조의 이주에는 건국 집단이 따라왔다는 인식이 수반되기 때문이다.

다만 이것이 선행한 존재와의 역사적 연결로 이어진 것은 아니었다. 고구려가 부여 정체성을 수립한 것처럼 신라가 흉노나 진을 자신의 정체로 삼은 흔적은 보이지 않는다. 「성덕대왕신종」에 드러나듯이 스스로 세계를 구성했다는 전통적 관념을 유지하였고, 새로 인식된 진한은 지배 대상으로 간주하였다.

그런데 하대 왕실은 무열왕계가 제시한 계보 관념을 파기하고 왕실의 연원을 내부로 돌려놓았다. 따라서 시조의 이입에 수반된 건국 집단의 이주 또한 설정할 필요가 없었다. 대신 신라가 건국 지역에 있던 기존 집단을 계승했다고 이해하면 내부 출자설은 확고해진다.

결국 알지 전승의 수립은 다시금 지역 안에서 자신의 역사적 연원을 찾는 전환점이 되었고, 이 과정에서 진한에 주목하게 된 것이다. 그 결과 신라는 진한에서 출발한 것으로 간주되었고, 종국에는 진한이 신라를 나타내는 말로 정착하였다.

한편 신라가 역사의식의 전환 과정에서 진한을 채용하게 되는 데에는 두 가지 매개고리를 생각할 수 있다. 하나는 7세기 이래 당의 삼국 내지 신라에 대한 인식이다. 삼국 각각은 당과 치열한 외교전을 벌였다. 이들의 각축에 당은 처음에 화해를 종용하는 정책을 폈다. 이 과정에서 삼국이 모두 삼한에서 나왔다는 역사적 동질성을 내세워 화해의 당위를 제시하였다.[37]

이러한 인식은 8세기에도 이어졌다. 성덕왕 때 당이 보낸 조서에는 "삼한선린(三韓善隣)"[38]이라는 구절이 들어 있다. 이는 당이 삼국에 이어 신라까지 지속적으로 삼한으로 인식했음을 보여준다. 이를 접한 신라 또한 삼한을 자신의 연원으로 수용할 단서가 마련된다. 물론 독자 연원에 대한 인식이 강고한 상황에서 이는 중국의 일방적 표현을 넘기 어렵지만, 신라가 선행 역사에 주목하게 되면 이것을 수용할 여지가 커지게 된다.

다른 하나는 진덕여왕 때 『진서(晉書)』가 들어온 점이다. 이전에 신라가 중국 사서를 가져와 그 내용을 이해했는지는 분명치 않다. 일각에서는 『삼국사기』의 중고기 관련 기록에서 중국 사서의 내용이 인용된 점을 들어 그 가능성을 언급하기도 하지만, 이는 후대에 전기 저술 과정에서 윤색한 것이다. 유교 경전에 대한 이해도 제대로 자리잡지 않은 상황에서 사서의 도입과 이해는 생각하기 어렵다.[39] 이에 비추어 『진서』의 도입은 신라가 중국 사서의 내용을 보편적으로 이해하는 계기가 되었을 것이다.

---

37 『三國史記』 권28, 百濟本紀6 義慈王 11년, "至如海東三國 開基自久 幷列疆界 地實犬牙 近代已來 遂構嫌隙 戰爭交起 略無寧歲 遂令三韓之氓 命懸刀俎"
38 『三國史記』 권8, 新羅本紀8 聖德王 30년 2월
39 윤경진, 2019 「「壬申誓記石」의 제작 시기와 신라 중고기의 儒學 이해에 대한 재검토」 『木簡과文字』 22

『진서』에는 진한과 신라의 연결에 대한 직접적인 언급은 없지만 진한이 삼한을 대신하는 표현으로 등장하는 점이 특징적이다. 우선 한(韓)에는 마한·진한·변한 세 부류가 있다고 한 뒤, "진한은 대방의 남쪽에 있으며 동서가 바다에 다다른다[辰韓在帶方南 東西以海爲限]"라고 하였다. 이 구문은 『삼국지』에서 세 한을 열거한 후 "진한은 옛날의 진국이다[辰韓者 古之辰國也]"라고 설명한 것을 채용하면서 서두의 '한'을 '진한'으로 고친 것이다.

『진서』는 '진왕'도 '진한'으로 바꾸었다. "진한은 항상 마한 사람을 왕으로 삼으니 비록 대대로 이어져 왔어도 자립할 수 없었다[辰韓常用馬韓人作主 雖世世相承 而不得自立]"라고 한 것은 『삼국지』에서 "진왕은 항상 마한 사람을 세워 대대로 내려왔는데, 진왕은 자립하여 왕이 될 수 없었다[辰王常用馬韓人作之 世世相繼 辰王不得自立爲王]"라고 한 것을 변형한 것이다.

이러한 『진서』의 시각이 뒤에 신라가 자신을 진한으로 인식하는 데 영향을 미쳤을 여지가 있다. 물론 지리적으로 신라는 진한 지역에 속하고 진한 소국의 하나로 사로국이 열거된 만큼 당연한 측면도 있지만, 진한이 한반도 지역의 군왕인 진왕의 실체로 표현된 것은 신라가 진한을 역사적 정체로 채용할 수 있는 조건이 되었을 것이다.[40]

그런데 시조의 중국 출자설을 수립한 중대에는 이러한 중국의 삼한 인식이나 사서에 보이는 삼한의 실체에 주목하지 않았다. 신라 건국집단은 이주민이고 진한은 복속민으로 간주되므로 다시 진한을 자신의 역사로 수용할

---

40 『晉書』가 한반도에서 삼국에 상응하는 존재로 '고구려-현도군의 속현'과 더불어 '백제-마한'과 '신라-진한'을 꼽았으며, 이러한 인식의 영향을 받았다면 신라 지배층은 백제통합만으로도 '일통삼한'이라 인식할 수 있었을 것이라는 의견도 있다(김영하, 2014 「신라의 '통일' 영역 문제 : 교과서 내용의 시정을 위한 제언」 『韓國史學報』 56, 17쪽). 그러나 『진서』에는 '마한-백제'나 '진한-신라'의 내용은 나타나지 않으며, '삼한'이라는 직접적인 표현도 보이지 않는다. 이런 상황에서 신라가 『진서』의 내용을 통해 '일통삼한'의 인식체계를 마련했다고 보기는 어렵다. 그보다는 후대에 자신의 역사적 연원으로서 진한을 채용하는 자료적 토대가 되었고, 이것이 삼한일통의식의 준거를 제공했다는 맥락에서 이해하는 것이 적절할 듯하다.

이유가 없었다. 반면 하대 왕실은 알지 전승을 구성하면서 선행 집단을 자신의 역사로 수용하였고 이에 진한을 역사적 정체로 삼게 된 것이다.

이상의 내용을 종합하면 신라의 진한 정체성이 출현하는 배경에 대해 다음과 같이 정리할 수 있다. 신라는 당의 외교문서를 통해, 그리고 당에서 들여온 『진서』 등 사서를 통해 자신에 선행한 역사적 존재로서 삼한 내지 진한을 인지하게 되었다. 그러나 무열왕계가 자신의 연원을 흉노 출신 김일제로 연결한 상황에서 국가 정체성을 삼한으로 연결하는 의식은 수립되기 어려웠다. 그렇다고 국가의 연원을 직접 중국으로 연결한 것도 아니었으며, 독자적 세계의 형성이라는 전통적 관념이 그대로 유지되었다. 다만 진한이 신라와 지역적으로 겹치기 때문에 진한을 지배 대상으로 설정하는 과도적 인식이 나타났다.

그런데 하대 왕실의 수립과 함께 중대의 김일제 출자설이 파기되고 내부 연원의 알지 전승으로 재구성되었다. 그리고 알지 출현의 역사적 토대로서 선행한 정치체에 대한 계승의식이 대두하였고, 그 결과로 진한 정체성이 수립되었다. '삼한'이 역사적 연원에 대한 포괄적 인식을 담은 것이라면, '진한'은 그 안에서 공간적 연결성 및 삼한의 대표성이 반영되어 있다.

그런데 신라는 '일통삼국'의 준거로서 삼국을 포괄하는 삼한의 정체성을 채용하는 것과 더불어 자신의 역사적 연원을 진한으로 규정했기 때문에 마한·변한과의 구별 인식 또한 분명하였다. 곧 일통의 근거로서 삼한과 자신의 정체로서 진한이 병존한 것이다. 이때 신라는 진한 정체성에 상응하여 마한을 고구려로, 변한을 백제로 연결했는데, 다음에는 그것이 가지는 함의를 찾아보기로 한다.

2. '마한-고구려' 인식의 함의

1) '마한-고구려' 인식의 출현 배경

　신라가 삼한을 삼국 공통의 역사적 정체로 삼아 일통의 당위성을 유도하는 한편에서 자신의 연원을 진한으로 설정함에 따라 마한·변한과 고구려·백제를 연결하는 인식도 나타나게 되었다. 삼한과 삼국을 선후관계로 연결한다면 마한은 백제와 연결하는 것이 합리적이었다. 사로국이 진한 소국의 하나였던 것처럼 백제국 또한 마한 소국의 하나였고, 신라·백제의 상대적 위치도 진한·마한과 같은 구도였기 때문이다.

　그런데 신라는 마한을 백제가 아닌 고구려로 연결하였다. 이것은 잘 알려진 최치원의 글에서 나타난다.

　　엎드려 듣건대 동해의 밖에 삼국이 있으니 그 이름이 마한·변한·진한인데, 마한은 곧 고려이고 변한은 곧 백제이며 진한은 곧 신라입니다.[41]

　이 내용은 『삼국사기』 최치원 열전과 『삼국유사』에도 인용되어 있다. 여기서 최치원은 고구려를 마한으로, 백제를 변한으로 각각 연결하였다.

　그런데 주지하듯이 『삼국지』 등 중국 사서에서 고구려와 삼한은 병존한 것으로 기록되어 있다. 또한 진덕여왕 때 『진서』가 들어와 이를 통해 삼국에 선행한 삼한의 존재를 확인할 수 있었고, 진한 정체성을 수립한 이후에는 중국 사서에 보이는 삼한 관련 내용도 충분히 인지했을 것이다. 『삼국사기』 초

41　『三國史記』 권46, 列傳6 崔致遠, "伏聞東海之外有三國 其名馬韓卞韓辰韓 馬韓則高麗 卞韓則百濟 辰韓則新羅也"

기 기록에 마한과 변한 등이 등장하는 것은 이들을 인지한 바탕에서 국초 사적을 정리한 데 따른 것이다.

특히 최치원은 유학생으로서 당의 과거에 합격한 만큼 중국 사서의 관련 내용에 대해서도 지식을 가졌을 것이다.[42] 그가 "동해의 밖에 삼국이 있다"라고 말한 것은 당이 삼국과의 외교에서 표방한 '해동삼국'을 풀어서 표현한 것이다.

『구당서』에는 "고조가 해동삼국이 예전에 원한과 틈이 있어 서로 공벌(攻伐)한다는 것을 듣고 그들이 번부(蕃附)이므로 화목해야 한다고 생각하였다"[43]라고 한 기사가 보이고, 고종이 의자왕에게 보낸 글에도 "해동삼국에 이르러서는 나라를 연 지 오래되었고 경계를 나란히 하며 땅이 서로 맞물려 있다"[44]라는 내용이 있다.

중국은 전통적인 사해(四海) 천하관에서 중국[海內]과 외이[海外]를 구분했는데, 해외 중 동쪽이 곧 해동(海東)이다. 당은 삼국과의 외교를 전개하면서 이들을 해동의 범주로 묶어 인식하였다. 그리고 해동의 역사적 연원으로 지목된 것이 바로 삼한이다. 고종의 글에는 전쟁의 피해를 입는 삼국의 백성들을 "삼한의 백성[三韓之氓]"으로 지칭하고 있어 '해동삼국'과 '삼한'이 같은 범주로 사용되었음을 알 수 있다. 최치원이 "동해의 밖에 삼국이 있다"라고 하고 이들을 삼한과 연결한 것은 이러한 당의 인식을 바탕으로 하고 있다.

---

42 「上太師侍中狀」에는 삼국의 연원에 이어 수 양제와 당 태종의 고구려 원정, 고종 때의 백제·고구려 공멸, 현종 때의 발해 공격 등의 사적이 열거되고 있어 관련 역사에 대한 지식을 엿볼 수 있다. 『帝王年代曆』을 편찬한 것에서도 그의 역사 지식을 가늠할 수 있다. 최치원의 역사관에 대해서는 그간 다수의 연구가 있었는데, 특히 삼한 문제를 다룬 논고로는 다음이 참고된다.
　　이강래, 2004 「최치원의 고대 인식과 그 함의 : 일통삼한을 매개로」 『孤雲學報』 2
　　金炳坤, 2005 「崔致遠의 三韓觀에 대한 認識과 評價」 『韓國古代史研究』 40
　　金炳坤, 2008 「崔致遠의 三韓觀 再考」 『韓國史研究』 141

43 『舊唐書』 권199, 列傳149 東夷 新羅, "高祖旣聞海東三國 舊結怨隙 遞相攻伐 以其俱爲蕃附 務在和睦"

44 『舊唐書』 권199, 列傳149 東夷 百濟, "至如海東三國 開基自久 幷列疆界 地實犬牙"

최치원이 찬술한 「봉암사지증대사비」에는 "백제에 소도의 의례가 있었다[有百濟蘇塗之儀]"라는 구절이 보인다. 소도는 『삼국지』 동이전의 마한 항목에 나오며, 『진서』에도 같은 내용이 실려 있다. 이에 근거하여 최치원이 '마한-백제'의 내용도 인지하고 있었음을 지적하기도 한다.[45]

그가 실제 사서를 통해 마한과 백제의 연결 관계를 도출한 것인지, 아니면 구 백제 지역에 전승되던 소도를 언급한 것인지는 판단하기 어렵다. 그런데 그가 소도를 불교 전래의 토대로 이해한 것은 『삼국지』나 『진서』에서 소도의 의례가 불교와 유사하다고 설명한 데 근거한다.[46] 해당 사서에서 소도는 마한 항목에 나오므로 그가 현실적으로 '마한-백제'를 인지했을 여지는 충분하다.

그렇다면 최치원의 '마한-고구려' 인식은 그가 중국 사서를 통해 얻은 지식이나 개인적 역사관이 아니라 당시 신라에 보편화되어 있던 내용을 피력한 것으로 보아야 한다. 곧 신라는 자신의 연원을 진한으로 설정하면서 의식적으로 마한을 고구려에 연결한 것이다. 그렇다면 신라는 어떤 의도에서 이렇게 한 것일까.[47]

실상 중국 사서에서 마한과 고구려를 연결할 수 있는 직접적인 근거나 단서는 없다. 신라의 '마한-고구려' 인식은 사실에 근거한 것이 아니라 작위적으로 만들어낸 것이다. 그리고 이는 '마한-백제'를 받아들일 수 없었던 데서 나타난 결과로 해석된다. 당대(唐代)에 편찬되어 신라에서도 인지했을 여지가 있는 사서를 통해 마한의 후신에 대한 인식 및 신라가 '마한-백제'를 수용할 수 없었던 조건을 찾아보기로 하자.

---

45   김병곤, 2008 앞의 논문, 52쪽

46   『三國志』 권30, 魏志30 烏丸鮮卑東夷傳 韓, "其立蘇塗之義 有似浮屠 而所行善惡有異"
     『晉書』 권97, 列傳67 四夷 馬韓, "其立蘇塗之義 有似西域浮屠也 而所行善惡有異"

47   『新增東國輿地勝覽』의 찬자는 京畿 연혁 중 "古馬韓之域"에 대한 주기에서 최치원의 설을 定論이라 하면서 "이것은 최치원이 만들어낸 것이 아니라 삼국 초부터 전해져 내려오던 설이다[此非致遠創爲之說 自三國初相傳之說也]"라고 하여 최치원 이전에 존재하던 것으로 판단하였다.

우선 당 태종이 내려준 『진서』(644)에서 삼국은 따로 입전되지 않았다. 동이(東夷) 항목에는 부여와 마한·진한이 입전되고 변한이 함께 언급될 뿐, 고구려는 따로 항목을 두지 않았다. 이는 부여·삼한과 함께 고구려가 입전된 『삼국지』와 차이를 보이는데, 삼국이 정립하면서 해당 지역에서 삼국에 선행한 존재로서 부여와 삼한만 채용한 결과로 보인다. 곧 고구려는 신라·백제와 더불어 현재의 '삼국'을 구성하고 있었기 때문에 함께 빠진 것이다. 여기에는 당이 '삼국'을 하나의 범주로 포괄하는 시각이 투영되어 있다.[48]

한편 『양서』(629)[49]의 삼국 기원 서술에서 유의할 내용이 발견된다.

> ① 백제는 그 조상인 동이에 삼한국이 있었는데, 마한·진한·변한이다. 변한과 진한은 각기 12국이고 마한은 54국이다. 대국은 만여 가이고 소국은 수천 가이니 총 10여만 호로, 백제는 그중 하나이다. 뒤에 점점 강대해져서 여러 소국을 겸병하였다.[50]
>
> ② 신라는 그 선조가 본래 진한의 부류이다. (중략) 또한 진한의 왕은 항상 마한 사람으로 삼아 대대로 이어갔다. 진한은 자립하여 왕이 될 수 없었는데, 그들이 흘러들어온 사람이 분명하여 항상 마한의 제어를 받았기 때문이다.[51]

위의 기사에는 백제와 신라의 역사적 연원에 대한 인식이 나타난다. 우선

---

48 당 태종이 신라에 『진서』를 내려준 것에 대해 삼국이 立傳되지 않은 것과 관련하여 고구려와 백제를 멸망시키려는 의도를 전한 것으로 해석하기도 한다(李成珪, 2004 「中國 古文獻에 나타난 東北觀」 『동북아시아 선사 및 고대사 연구의 방향』 학연문화사, 51-52쪽). 그러나 신라도 입전되지 않았으므로 이를 두 나라에 대한 문제로 국한할 수 없다. 그보다는 이들을 하나의 범주로 파악하며 그 연원으로서 부여와 삼한만 다룬 결과로 보는 것이 합리적이라고 본다.

49 『양서』는 陳代부터 편찬이 시작되어 당 태종 2년에 완성을 본 것이어서 태종의 명으로 편찬된 『진서』보다 해당 시기의 인식에 충실한 것으로 볼 수 있다.

50 『梁書』 권54, 列傳48 諸夷, "百濟者 其先東夷有三韓國 一曰馬韓 二曰辰韓 三曰弁韓 弁韓辰韓各十二國 馬韓有五十四國 大國萬余家 小國數千家 總十余萬戶 百濟即其一也 后漸强大 兼諸小國"

51 『梁書』 권54, 列傳48 諸夷, "新羅者 其先本辰韓種也 (중략) 又辰韓王常用馬韓人之 世世相系 辰韓不得自立爲王 明其流移之人故也 恒爲馬韓所制"

①에서 삼한의 명칭과 국수(國數) 등에 대한 설명은 『삼국지』의 서술과 같지만 그 뒤에 "백제가 곧 그 하나이다[百濟卽其一也]"를 첨부하였다. 일차적으로 "삼한 여러 나라의 하나"라는 의미도 되지만, 문장 구조로 보면 마한 54국의 하나로 귀속된다. 그 앞의 호수(戶數) 부분도 『삼국지』에서 마한 항목에 있던 것이다. 마한보다 변한과 진한의 국수를 먼저 적은 것도 이후 내용이 마한 항목에 있던 것이기 때문으로 짐작된다.

결국 『양서』는 삼한에 관련된 내용을 마한 중심으로 구성하여 백제 항목에 넣고 여기에 진한과 변한을 부연한 것이다. 실제 『삼국지』 이래 삼한 서술은 마한을 중심으로 하는데, 이는 낙랑과 접한 한의 실체가 바로 마한이었기 때문이다. 진한·변한은 마한과 함께 낙랑의 남쪽에 있는 부류로서 '한'으로 포괄되지만 언어나 습속에서 차이가 있어 명칭이 구분되었다. 이러한 맥락에서 볼 때 삼한에 관한 내용을 백제 항목에서 처리한 것은 삼한의 중심이 마한인 것처럼 그 후신으로서 백제가 삼국의 중심이라고 본 결과이다.

그리고 ②에서는 신라가 진한에서 비롯되었다는 언급이 나온다. 이어 인용문에서 생략한 부분에는 진 망명인 기원설에 대한 설명이 있는데, 이 부분은 『삼국지』 기사와 동일하다. 결국 『양서』는 적어도 백제와 신라에 대해서는 삼한에서 연원했다고 보았으며, '마한-백제'와 '진한-신라'의 인식체계를 수립한 것이다.

『주서』(636)에는 "백제는 그 선조가 대개 마한의 속국으로서 부여의 별종이다"[52]라고 하여 마한과의 연결이 명시적으로 언급되어 있다. 『구당서』 또한 이러한 인식을 계승하여 "본래 역시 부여의 별종으로 일찍이 마한의 옛 땅이다"[53]라고 적었다. 계통적으로는 부여와 연결되지만 지역적으로는 마한에 속한다는 맥락이다.

---

52 『周書』 권49, 列傳41 異域上, "百濟者 其先蓋馬韓之屬國 夫余之別種"
53 『舊唐書』 권199, 列傳149 東夷 百濟, "本亦扶余之別種 嘗爲馬韓故地"

그런데 중국 사서에는 마한이 유이민 집단인 진한에게 땅을 떼어주었다는 내용 및 진한이 마한의 제어를 받았다는 내용이 지속적으로 나타난다. 이는 신라가 연원적으로 백제의 부용(附庸)이었다는 의미가 되는 만큼, 백제를 병합한 신라가 받아들이기 어려운 내용이다. 이에 의식적으로 마한을 고구려로 연결함으로써 부담을 피해 간 것으로 짐작된다.

이러한 이해는 『수서』(636)를 통해 뒷받침된다. 『수서』는 『양서』와 달리 삼국의 연원을 삼한으로 설정하지 않았다. 대신 고구려의 출자는 부여로, 백제의 출자는 고구려로 연결하였다. 그리고 신라의 연원에 대해 특징적인 설명이 나타난다.

> 위의 장수 관구검이 고려를 토벌하여 격파하니 옥저로 도망했다가 다시 고국으로 돌아왔다. 남은 자들은 마침내 신라가 되었다. 그래서 그 사람들은 중국과 고려·백제의 무리와 섞였고, 아울러 옥저와 불내, 한예의 땅도 차지하였다. 그 왕은 본래 백제 사람인데 바다로 도망하여 신라에 들어와 마침내 그 나라의 왕이 되었다.[54]

위에서 신라의 연원을 두 가지로 설명하고 있다. 하나는 신라를 형성한 집단의 기원을 고구려와 연결한 것이다. 관구검(毌丘儉)의 침입 때 동천왕이 옥저(沃沮)로 피난한 사적에 연결하여 당시 피난처에 남아 있던 사람이 신라를 형성했다고 보았다.

이는 과거 진한의 진 망명인 기원설에서 변형된 것이다. 진이 고구려로 바뀌는 맥락을 정확히 파악하기는 어렵지만, 4세기 후반 신라가 고구려에 속국화되어 있었던 상황에서 유도된 것이 아닐까 한다. 곧 이는 신라인의 인식

---

54 『隋書』 권81, 列傳46 東夷 新羅, "魏將毌丘儉討高麗 破之 奔沃沮 其后 復歸故國 留者遂爲新羅 焉 故其人雜有華夏高麗百濟之屬 兼有沃沮不耐韓獩之地 其王本百濟人 自海逃入新羅 遂王其國"

이라기보다는 고구려에서 신라를 바라보는 시각에 영향을 받은 것이라 추정된다.

다른 하나는 백제 사람이 신라의 왕이 되었다는 것이다.[55] 이것은 진한이 자립하지 못하고 마한 사람을 왕으로 세웠다는 서술과 연결된다. 곧 마한과 진한의 관계에 대한 인식이 그대로 그 후신으로서 백제와 신라에 투영된 것이다. '진한-신라' 인식을 바탕으로 할 때 '마한-백제'를 수용하면 마한과 진한의 관계가 그대로 백제와 신라의 관계로 연장됨으로써 백제 사람이 신라의 왕이 되었다는 인식까지 유도할 수 있었다. 이는 신라의 정체성에서 수용할 수 없는 내용이다.

『삼국사기』에도 이러한 인식 구도를 엿볼 수 있는 내용이 발견된다.

> 호공을 보내 마한에 조빙하였다. 마한왕이 호공에게 꾸짖어 말하기를, "진한과 변한은 우리의 속국인데, 근래 직공을 보내지 않으니 사대의 예에 어찌 이와 같을 수 있는가"라고 하였다.[56]

위의 기사는 앞서 언급한 호공 사적의 일부이다. 여기서 마한왕은 진한과 변한이 '속국(屬國)'임을 주장하고 조공을 바치지 않은 것을 힐책하였다. 신라의 호공이 사신으로 갔을 때 마한왕이 한 말이므로 이는 신라의 행위를 말한 것이며, 그 바탕에는 신라가 진한에 포괄된다는 인식이 깔려 있다. 따라서 이 기사는 진한이 마한의 제어를 받았다는 중국 사서의 기록과 맥을 같이한다. 이 사적이 부정되지 않은 상황에서 '마한-백제'를 수용하면 신라가 백

---

55 바다로 도망하여 신라에 들어와 왕이 되었다는 설명은 조선의 準王이 南遷하여 마한의 왕이 되었다는 서사를 차용한 것으로 짐작된다(『後漢書』 권85, 列傳75, "初 朝鮮王準 爲衛滿所攻 乃將其餘衆數千人 走入海攻馬韓 破之 自立爲韓王").

56 『三國史記』 권1, 新羅本紀1 赫居世居西干 38년 2월, "遣瓠公聘於馬韓 馬韓王讓瓠公曰 辰卞二韓爲我屬國 比年不輸職貢 事大之禮 其若是乎"

제의 제어를 받았다는 의미로 확장될 수밖에 없다.

「답설인귀서(答薛仁貴書)」에는 신라와 백제가 누대의 원수이며, 당이 백제를 다시 세우면 후손들이 백제에 탄멸(呑滅)될 것이라는 우려가 피력되어 있다.[57] 이러한 우려에 비추어 보면 '진한-신라'가 '마한-백제'의 부용이었다는 인식은 백제의 신라 탄멸을 역사적으로 정당화하는 논리가 될 수 있다. 신라가 '마한-백제'를 받아들일 수 없는 여건을 잘 보여준다.

이에 신라는 마한을 고구려로 연결하였다. 7세기 전쟁에서 신라는 백제만을 병합했기에 고구려와 관련된 사적은 신라의 역사의식에 직접 영향을 미치지 않았다. 고구려를 삼한에 넣어 삼한일통의식을 구성한 것은 관념적 차원의 문제였기에[58] '마한-백제' 인식과 같은 부담은 발생하지 않는다.

이처럼 자료상 마한은 백제로 연결되는 것이 순리였지만, 신라가 이를 수용할 경우 진한이 마한의 부용이었던 사적이 그대로 백제와 신라의 관계로 연장될 수 있었다. 이는 백제를 병합한 신라의 정체성에서 수용하기 어려운 내용이었기에 마한을 고구려로 연결하였다.

2) 삼한일통의식과 '진마'

즉위 초 신라에 대한 존왕(尊王)을 표방하던 고려 태조 왕건은 경순왕 즉위 후 이를 파기하고 스스로 삼한의 주인으로 나서게 되었다. 이는 태조 16년 (933) 후당(後唐)의 책봉을 통해 공식화되었다.[59] 그리고 신라의 삼한일통의식

---

57 『三國史記』권7, 新羅本紀7 文武王 11년 7월, "新羅百濟 累代深讎 今見百濟形況 別當自立一國 百年已後 子孫必見呑滅 新羅旣是國家之州 不可分爲兩國 願爲一家 長無後患"

58 최치원이 「봉암사지증대사비」에서 불교 전래를 매개로 삼국의 사적을 묶어 이해하고 "옛날 옹기종기 삼국이 지금은 장대하게 일가가 되었다[昔之簇爾三國 今也壯哉一家]"라고 설명한 것은 그 예이다.

59 윤경진, 2018② 「고려의 對後唐 외교와 신라 : '尊王論'의 전개와 관련하여」 『史林』 66

을 흡수하여 통일전쟁의 이념적 기반으로 삼았다.

그런데 전쟁기 고려의 삼한일통의식은 신라의 것과 몇 가지 점에서 차이가 있었다. 우선 신라의 삼한일통의식은 자신이 일통을 달성했음을 천명하는 데 본령이 있었다. 따라서 현재의 신라를 정당화하면서 후삼국 분립을 부정하는 맥락을 가진다.

고려가 신라에 대해 존왕을 유지한다는 것은 신라의 '일통삼한'을 인정하고 자신은 그 아래의 존재로 자임하는 것을 의미했지만 존왕이 폐기되면서 신라의 일통도 부정되었다. 현실적으로 후삼국은 신라가 분열된 것이지만 이념적으로는 7세기 상황의 유지 또는 재연으로 간주되었다. 따라서 고려에게 삼한일통의식은 그렇게 나뉘어 있는 사회를 통합해야 하는 당위로 제시되었다.

다만 이는 고려와 신라의 관계에만 적용되었다. 고려는 후백제를 국가로 인정하지 않았다. 고려는 본원적으로 신라와 병립한 존재이지만 백제는 이미 신라에 흡수된 존재로 간주되었다. 따라서 후백제의 수립은 신라에 대한 '반역'이었다.

성종대 최승로(崔承老)는 경애왕을 죽인 견훤의 행위를 "주인을 죽인 것[殺主]"으로 표현하였고, 이에 맞서 후백제를 응징하려 한 태조의 행위를 "옛 주인을 잊지 않은 것[不忘舊主]"으로 규정하였다. 이는 후백제를 신라에 부속된 존재로 보는 반면, 고려는 신라에서 분리된 존재임을 분명히 한 것이다.[60] 다만 최승로는 신라 출신으로서 신라가 고려의 주인이었다는 시각을 가지고 있었다. 그러나 고려의 주체적 입장에서 고려는 신라에 포섭되지 않은 채 그 역사를 유지한 것으로 인식되었다.[61]

또한 『고려사』 기록을 보면, 궁예는 고구려 땅을 차지하고 나라를 세운 것

---

60 윤경진, 2017① 「고려 성종대 歷史繼承意識의 전개 양상」 『한국문화』 77, 120쪽
61 윤경진, 2014③ 「고려의 건국과 고구려계승의식 : '弓裔의 高麗'에 대한 인식을 중심으로」 『한국문화』 68, 167-173쪽

으로 서술한 반면, 견훤은 "남쪽 고을[南州]"을 "반란으로 점거[叛據]"한 것으로 설명하였다.[62] 이 또한 후백제를 인정하지 않는 인식을 보여준다. 따라서 고려는 후백제의 정체성을 따로 상정할 필요가 없었다.

이에 따라 후삼국은 고려와 신라의 병존으로 현상화되며, 삼한의 일통은 두 나라의 통합을 통해 달성된다. 이를 보여주는 개념이 바로 '진마(辰馬)'이다. 진마는 진한과 마한을 합칭한 것으로, 이들의 결합으로 형성된 공간을 나타낸다. 곧 그 자체가 '일통삼한'을 내포하는 개념인 것이다.[63]

이 표현이 등장하는 대표적인 사례는 태조 왕건의 즉위를 암시했다는 왕창근(王昌瑾) 동경(銅鏡)의 도참이다.

> 삼수의 가운데 사유의 아래, 상제가 진마에 아들을 보내어
> [三水中四維下 上帝降子於辰馬]
> 먼저 닭을 잡고 뒤에 기러기를 잡으니, 이는 운세가 일삼갑에 가득함을 말한다.
> [先操雞後搏鴨 此謂運滿一三甲][64]

궁예가 재위할 때 당의 상인 왕창근은 시중에서 청동 거울을 얻었는데, 여기에 글이 새겨져 있었다고 한다. 위 기사는 그 명문의 일부로서 태조의 즉위와 통일을 암시한 도참으로 해석되었다.

진마는 태조가 통일할 대상으로서 삼한을 포괄하고 있다. 그 의미는 태조

---

62 『高麗史』 권1, 太祖 總序, "時, 新羅政衰 群賊競起 甄萱叛據南州 稱後百濟 弓裔據高勾麗之地 都鐵圓 國號泰封"

63 辰馬는 온조왕 25년 1首2身의 소가 나타난 것이 隣國을 병합할 징조라는 해석에 대해 온조가 辰馬를 병탄할 마음을 가졌다는 기사에도 보인다(『三國史記』 권23, 百濟本紀1 溫祚王 25년 2월, "牛一首二身者 大王幷鄰國之應也 王聞之喜 遂有幷吞辰馬之心"). 그런데 여기서 인국은 마한을 말하며, 실제 뒤이어 마한을 정벌하는 기사가 나온다. 그럼에도 '진마'라 한 것은 단순한 오기일 수도 있고 진한이 마한의 부용이었다는 사적이 투영된 것일 수도 있지만, 후대의 진마와는 맥락이 달라 논외로 한다.

64 『高麗史』 권1, 太祖 總序

의 통일 과정이 "먼저 닭을 잡고 뒤에 기러기를 잡는다"로 표현된 것에서 잘 드러난다. '닭(雞)'은 계림(雞林:신라)을 나타내며 닭을 잡는다는 것은 신라 병합을 뜻한다. '기러기[鴨]'는 압록강을 말하는 것으로, 기러기를 잡는다는 것은 북방 개척을 통해 고구려 구지를 회복한다는 의미다. 결국 고구려의 후신으로서 고려가 신라를 병합하고 구지를 수복함으로써 삼한의 일통을 달성한다는 내용이다. 이어지는 구문에서 말한 '일삼(一三)'은 셋을 하나로 만든다는 의미로서 '통삼(統三: 一統三韓)'과 같은 말로 추정된다.

최승로가 태조의 업적을 평가한 내용에서도 이러한 구도가 나타난다.[65]

요패의 거친 파도를 안정시키고 진한의 구지를 얻어 19년 만에 천하를 통일하니 공은 더없이 높고 덕은 더없이 크다고 할 것입니다.[66]

위에서 요패(遼浿)는 요하와 패수를 말하며, 그 사이의 공간은 곧 고구려 구지이다. 이곳의 파도를 안정시킨다는 것은 고구려 구지의 수복을 일컫는다. 진한(秦韓: 辰韓)은 신라를 말하는 것이므로 진한 구지의 획득은 신라 병합을 나타낸다.

한편 숙종 때 김위제(金謂磾)가 남경 설치를 건의하면서 인용한 도선(道詵)의 「답산가(踏山歌)」에도 진마가 보인다.

송악산이 진마의 주인이 되니 [松嶽山爲辰馬主]
아. 어느 대에 시종을 알겠는가. [嗚呼誰代知始終]
꽃과 뿌리가 가늘고 약하면 가지와 잎도 그러하여 [花根細劣枝葉然]

---

65 최승로의 평가에 나타난 역사계승의식에 대해서는 윤경진, 2017① 앞의 논문, 119-123쪽 참조.
66 『高麗史』 권93, 列傳6 崔承老, "於是 値金雞自滅之期 乘丙鹿再興之運 不離鄕井 便作闕庭 遼浿之驚波 得秦韓之舊地 十有九載 統一寰瀛 可謂功莫高矣 德莫大焉"

겨우 백 년을 기약하니 어찌 파하지 않겠는가. [纔百年期何不罷][67]

위의 도참은 송악산의 운세가 다했으므로 신화세(新花勢)의 명당인 한강 북쪽에 도읍을 건설해야 한다는 맥락이다. 여기서 "송악산이 진마의 주인이 되었다"라는 구문이 주목된다.

이것은 고려가 고구려와 신라가 결합한 존재임을 표상한다. 이 원리는 '고려삼경(高麗三京)'을 통해서도 이해할 수 있다. 고려삼경은 고구려에 평양성과 국내성, 한성의 삼경이 있다는 『수서』의 기록에서 연원한다.[68] 고려에서는 개경과 서경에 이어 성종 때 동경을 설치하면서 고려삼경을 표방했는데, 이는 고구려와 신라의 결합을 통한 '일통삼한'을 나타낸다.[69] 송악산이 진마의 주인이 되었다는 것 또한 이러한 내용을 담은 것이다. 이 점에서 '진마의 주인'은 「고려세계(高麗世系)」에서 도선이 왕건을 지칭한 '삼한을 통합할 군주[統合三韓之主]'와 같은 의미를 가진다.

다만 한 가지 덧붙일 사항은 고려가 고구려 정체성을 가지고 있었지만 그렇다고 자신을 마한으로 인식한 것은 아니었다는 점이다. 고려가 고구려의 후신으로서 마한 정체성을 가졌더라도 그것은 신라와 통합되기 전의 고구려를 표상하면서 '진한-신라'와 대칭되는 것이다. 고려는 이들의 결합으로 수립되기 때문에 역사적 명분은 '일통삼한'에서 찾았다. 고려의 '개국(開國)'이 왕건의 즉위가 아니라 후삼국 통일에 준거를 둔 것도 이 때문이다.[70] 이에 고려는 자신을 삼한의 어느 하나로 규정하지 않고 포괄적 의미의 '삼한'으로

---

67 『高麗史』 권122, 列傳35 方技 金謂磾

68 『隋書』 권81, 列傳46 東夷 高麗, "都於平壤城 亦曰長安城 東西六里 隨山屈曲 南臨浿水 復有國內城漢城 幷其都會之所 其國中呼爲三京"

69 『고려사』 지리지에는 현종 21년 동경 복구의 근거로 고려삼경을 제시했으나 본래 동경을 설치하는 논리였다고 판단된다(윤경진, 2017② 「고려초기 三韓一統意識과 '高麗三京': 東京 연혁의 역사적 함의」 『한국중세사연구』 51, 365-372쪽).

70 윤경진, 2016③ 「고려의 三韓一統意識과 '開國' 인식」 『한국문화』 74

표현하였다.

　이러한 조건에서 고려가 자신을 마한으로 규정한다면 '진한-신라'와 대비하여 양자의 연원적 차이를 부각함으로써 일통의 명분과 배치될 우려도 있었다. 이것은 신라의 진한 정체성이 가지는 본원적인 한계였다. 고려 일대에 걸쳐 자신의 연원을 '삼한'으로 포괄한 것은 이러한 사정에 기인한다. 실제 진마 용례는 고려의 성립과 관련된 도참에만 등장한다.

　한편 '진마'와 비슷한 개념 구조를 가진 '진변(辰卞)'에 대해서도 짚어볼 필요가 있다. 해당 사례를 몇 개 인용하면 다음과 같다.

　　① 진변의 구역은 네가 모두 가지고 있다.[71]
　　② 그 사업은 환문처럼 무겁고, 명망은 진변에 드높다.[72]
　　③ 환문의 옛 사업을 세우고, 진변의 봉토를 위무하였다.[73]
　　④ 진변에 교화를 펴니 위무하는 공업이 넉넉하고, 환문의 공업이 무성하니 제후의 직분을 다하였다.[74]

　위의 사례들은 모두 거란이 보낸 책봉문에 나온다. ①은 성종 15년(996)의 것으로, 고려의 영토를 '진변'으로 표현하였다. ②는 정종 5년(1039)의 것으로, 고려가 환문(桓文), 곧 제(齊) 환공(桓公)과 진(晉) 문공(文公)에 상응하는 제후로서 진변을 다스리고 있다고 하였다. ③은 문종 9년(1055)의 것이고, ④는 문종 18년(1064)의 것으로서 역시 환문과 진변이 보인다. 여기서 진변은 '진한-신라'에 대응하여 '변한-고구려'를 합칭함으로써 현 고려의 영토를 나타낸다. 내용상 진마와 같은 것인데, 고구려를 마한으로 보느냐 변한으로 보

71　『高麗史』 권3, 成宗 15년, "辰卞之區 汝惟全有"
72　『高麗史』 권6, 靖宗 5년 4월 辛酉, "其有業重桓文 望高辰卞"
73　『高麗史』 권7, 文宗 9년 5월 辛酉, "樹桓文之遐業 撫辰卞之全封"
74　『高麗史』 권8, 文宗 19년 3월 己未, "化敷辰卞 洽宣綏撫之功 業茂桓文 妙盡修輸之節"

느냐에 따라 표현이 달라진 것이다.

고구려를 직접 변한으로 지칭한 사례도 있다. 신종 2년(1199)의 책봉문에서 "기자의 옛 구역이며 변한의 옛 땅"[75]이라고 한 것이 대표적이다. 후당이 태조를 책봉한 글을 보면, "터전은 융성하니 주몽의 상서를 뒤따랐고, 저곳의 군장이 되니 기자가 번병이 된 자취를 밟았다"[76]라고 하여 기자(箕子)와 주몽(朱蒙)이 짝을 이루고 있다. 기자는 중국에 대한 사대의 전통을, 주몽은 고려의 정체성 및 영토를 각각 표상한다. 앞의 책봉문과 대비하면 기자는 환문과, 주몽은 진변과 조응한다.

흥미로운 것은 이러한 사례들이 중국에서 작성한 책봉문에 나온다는 점이다. 이는 중국에서 '진한-신라'와 더불어 '마한-백제' 인식이 보편적이었으며, 이에 상응하여 고구려를 변한으로 간주했음을 보여준다. 자연히 진한과 변한의 합칭인 진변을 통해 고려를 표현한 것이다. 물론 삼한 각각이 삼국에 임의적으로 사용되는 양상도 있지만, 이는 삼한을 대신하여 쓰거나 각각을 구분할 필요가 없는 상황에서 나온 것이다. 외교문서가 가장 공식화된 인식을 반영한다고 보면, 중국에서는 '진한-신라', '마한-백제', '변한-고구려'가 보편적이었음을 알 수 있다. 결국 '진마'는 마한을 고구려와 연결한 신라 이래의 인식이 투영된 것이다. 최치원이 글의 서두에서 굳이 삼한과 삼국의 일대일 연결을 제시한 것도 이것이 중국의 일반적인 인식 내용과 달랐기 때문이다.

한편 '마한-고구려' 인식이 변형된 사례로 다음 기사가 주목된다.

> 대왕께서 조선·숙신·변한의 땅에 왕이 되고자 한다면, 먼저 송악에 성을 쌓고 제장자를 성주로 삼는 것만한 것이 없습니다.[77]

---

75 『高麗史』 권21, 神宗 2년 5월 辛丑, "粤箕子之故區 寔卜韓之舊壤"
76 『高麗史』 권2, 太祖 16년 3월 辛巳, "基址克豊 踵朱蒙啓土之禎 爲彼君長 履箕子作蕃之跡"
77 『高麗史』 권1, 太祖 總序, "大王若欲王朝鮮肅愼卜韓之地 莫如先城松嶽 以吾長子 爲其主"

위의 기록은 태조의 아버지 세조가 궁예에게 투항하면서 송악을 도읍으로 삼을 것을 청한 내용을 담고 있다. 여기서 조선·숙신·변한은 동국(해동)을 구성하는 것으로, 내용상 삼한과 같은 의미이다. 그런데 기존 삼한과 다른 명칭을 사용한 점이 특이하다.

『삼국사기』의 신라 건국 기사를 보면, 조선의 유민이 진한 6부를 구성했다는 내용이 있어 '조선-진한'의 연결 관계가 유도된다. 그리고 진한은 신라로 이어지므로 위의 조선은 '진한-신라'를 대체한 표현으로 판단할 수 있다.

숙신(肅愼)은 통상 중국 동북방 외이의 원형으로서 읍루(挹婁)와 물길(勿吉), 말갈(靺鞨) 등의 전신으로 인식되었다. 그리고 해당 지역은 고구려의 영향권으로 들어왔는데, 『삼국사기』에는 서천왕 때 고구려를 침공한 숙신을 정벌하여 복속시킨 기사가 보인다.[78]

이러한 전사(前史)에 따라 숙신이 고구려를 표상하게 된 것인데, 다음 기사는 이러한 인식의 일단을 보여준다.

> 옛날 고려가 융성할 때 동서 여진 무리와 거란·발해의 백성들이 줄지어 복속했으니 모두 위덕으로 이룬 것이다. 역대 임금들이 정성껏 받아들였기에 양계의 땅을 확대하여 숙신의 봉강을 회복할 수 있었다.[79]

위의 기사는 조선 세종 18년(1436) 변방을 제어할 방책을 모아 평안도도절제사 이천(李蕆)에게 보낸 항목 중 하나이다. 회유책의 중요성을 말하는 과정에서 나오는 내용으로, 고려가 융성할 때 여진을 비롯한 외방 부류들을 적

---

78 『三國史記』권17, 高句麗本紀5 西川王 11년 10월, "肅愼來侵 屠害邊民 (중략) 達賈出奇掩擊 拔檀盧城 殺酋長 遷六百餘家於扶餘南烏川 降部落六七所 以爲附庸 王大悅 拜達賈爲安國君 知內外兵馬事 兼統梁貊肅愼諸部落"

79 『世宗實錄』권73, 世宗 18년 윤6월 19일(癸未), "昔高麗之盛時 東西女眞之俗 契丹渤海之民 絡繹降附 皆威德之致也 歷世之君 推誠納之 故能擴兩界之地 以復肅愼之封"

극 포용함으로써 양계의 영토를 확대할 수 있었다는 것이다. 그런데 그 귀결을 "숙신의 봉강(封疆)"을 수복하는 것으로 설명하였다.

고려의 영토 정책에서 수복 대상은 고구려 구지이다. 따라서 고려가 양계의 영역을 확대하여 숙신의 봉강을 회복했다는 것은 결국 고구려 구지의 수복을 나타내며, 여기서 말한 숙신은 고구려를 대신하여 그 영역의 연원을 제시한 것이다. 세조가 말한 숙신 또한 고려에 선행한 고구려를 지칭하는 것으로 볼 수 있다. 그리고 남은 변한은 백제를 가리킨다.

진한과 마한을 조선과 숙신으로 고쳐 부른 것은 고려중기 역사의식의 변화와 관련된다. 국초 이래의 역사의식은 고구려 계승자인 고려가 백제를 병합한 신라를 흡수함으로써 삼한의 일통이 달성되는 구도였다. 그런데 『삼국사기』 편찬을 전후하여 고구려를 고려와 분리하여 선행한 삼국의 하나로 귀결시켰으며, '일통삼한'은 고려가 기존 삼국의 역사와 영역을 아우름으로써 이루어졌다고 이해하였다.[80] 이렇게 되면 그동안 신라에 부속된 존재로 제외되었던 백제가 온전히 고구려·신라와 병존한 존재가 된다.

그런데 삼국의 연원을 표상할 때 진한과 마한을 그대로 열거하면 '진한-신라'와 '마한-고구려'의 결합이라는 이전의 인식이 환기될 수 있다. 이에 진한과 마한을 조선과 숙신으로 대체함으로써 삼한 각각이 삼국으로 이어지며 연원을 달리하게 되는 문제를 차단한 것이다. 다만 '변한-백제'는 기존의 인식에 포괄되지 않기 때문에 그대로 두었다. 결국 세조의 언급은 후삼국 분열 초기의 상황을 대상으로 한 것이지만 내용에 사용된 개념은 고려중기 이후의 인식을 반영하고 있다.

이처럼 자료상 '마한-백제'가 자연스럽게 유도될 수 있음에도 불구하고 신라는 '진한-신라'에 상응하여 '마한-고구려' 인식을 수립하였다. 이는 '마한-백제'를 수용할 경우 진한이 마한의 부용이었다는 사적이 백제를 병합한 상

---

80   윤경진, 2022 「고려중기 東神聖母의 재해석과 仙桃聖母」 『한국문화』 98

황과 충돌하게 되기 때문이었다. 7세기 이후 백제는 신라에 부속된 존재로 간주되었고 삼한을 일통한 고려도 같은 인식을 보였다. 고려의 일통은 신라와 결합함으로써 달성된 것으로 해석되었고, 이는 진한과 마한을 합칭한 '진마' 개념을 통해 표상되기도 하였다. 반면 중국의 책봉문에는 '마한-백제', '변한-고구려' 인식에 기반하여 고려를 '진변'으로 표현하였다.

다만 진마 인식은 신라의 시각에 기반한 것으로서 신라와 고구려의 이질적 기원을 내포하며, 고려 건국과 관련된 도참에만 등장한다. 고려는 자신을 삼한의 어느 하나로 규정하지 않았고 고려 일대에 걸쳐 '삼한'이 고려를 가리키는 말로 보편적으로 사용되었다.

결 론

신라의 삼한일통의식은 7세기에 수립되었다는 것이 통설로 자리하고 있다. 그러나 관련 자료를 검토한 결과 해당 자료들이 모두 후대에 수립된 것임을 확인하였다. 신라의 삼한일통의식은 9세기 체제 분열의 위기에 대응하는 이념으로 출현했으며, 후삼국 분열 뒤에는 이를 통합해야 하는 역사적 당위를 제공하였다. 그리고 후삼국을 통일한 고려가 체제 이념으로 채용하면서 삼한일통의식은 주류적인 역사의식으로 확립되었다. 여기에 더하여 분단이라는 현실 조건에서 통일의 역사적 경험과 인식은 사회적으로도 남다른 함의를 가진다.

본서는 이러한 삼한일통의식의 역사적 무게에 유념하면서 그 실체적 내용을 실증적으로 탐구한 것이다. 연구 결과를 요약 정리하면 다음과 같다.

1부에서는 삼한일통의식이 수립되는 바탕으로서 삼한 인식의 연원을 살펴보고, 중국과 일본, 신라의 삼한 인식 내용을 구체적으로 검토하였다.

'한'은 중국에서 한반도 남부에 있던 정치체들을 포괄하는 범주였다. 곧 낙랑의 동쪽은 예, 북쪽은 맥, 남쪽은 한이라 한 것이다. 삼한은 한에 세 부류가 있다는 이해에서 나온 개념으로서 이들을 마한·진한·변한(변진)으로 구분하였다. 곧 삼한은 본래 한 내부의 이질성을 반영한 개념이었다.

그런데 역사적 실체로서 삼한이 소멸한 뒤, 수대부터 중국 동쪽에 존재한 역사 단위를 총칭하는 개념으로 '삼한'을 사용하였다. 그 결과 본래 삼한과 구분되었던 고구려가 삼한의 범주에 포함되었다. 이에 낙랑의 한 통제나 기자와의 관련성을 통해 그 기제를 유추하기도 하지만 뚜렷한 실증적 근거를 가진 것은 아니다.

삼국이 삼한으로 범칭된 것은 당의 외교 논리에서 유도된 것이었다. 당은 치열한 외교전을 벌이던 삼국에 대해 이들의 역사적 동질성을 내세워 갈등을 무마하고자 하였다. 그 결과 삼한은 삼국의 공통적 연원을 매개로 이들을 범칭하는 용어로 정착하였고, 이전에 존재하던 고조선까지 포괄하는 보편적인 역사 범주로 확장되었다. 이를 기반으로 삼한은 일통의 역사적 당위를 제공함으로써 통합 이념의 준거가 되었다.

'한' 내지 '삼한'은 일본에서도 한반도 남부의 정치체를 가리키는 말로 사용되었다. 『일본서기』에서 한은 일본이 지배하는 지역을 가리켰으며, 지역에 따라 동한과 남한으로 구분되기도 하였다. 이들은 각각 진한과 변한에 상응한다. 백제와 고구려가 멸망하자 일본은 이들까지 자신의 번국으로 간주하면서 이를 '삼한'으로 칭하였다. 이것은 『일본서기』 단계에서 비로소 수립된 인식으로서 신라로부터 도입된 것으로 볼 수 없다.

한편 7세기 신라는 당이 사용하던 삼한 개념을 받아들이지 않았다. 『삼국사기』와 『삼국유사』에는 신라가 자신의 역사를 삼한으로 표현하는 사례가 보이지만 모두 후대의 인식이 소급된 것이다. 신라는 백제와 고구려를 적국이자 평정 대상으로만 보았고, 자신과 두 나라를 아우르는 '삼국'의 범주도 수립하지 않았다.

외침에 시달리던 신라는 이를 이념적으로 타개하기 위해 천하의 중심으로 자처하면서 자신에 복속하는 외이로서 '구한'을 설정하였다. 구한은 구이 관념을 토대로 만든 것으로, 신라에 복속하는 존재이기 때문에 신라 자신을 포함하는 삼한과 성격이 다르다. 이는 7세기 신라가 삼한일통의식을 수립하지 않았음을 보여주는 한 지표가 된다.

2부에서는 7세기 삼한일통의식의 근거 자료 중 금석문 자료에 대해 검토하였다. 핵심 자료인 「운천동비」의 건립 시기를 파악하고, 현전 금석문 사례를 종합적으로 검토하여 삼한일통의식이 9세기에 비로소 출현하였음을 확인하였다.

「운천동비」는 1982년 발견 당시 7세기 후반에 건립된 것으로 파악되었고, 비문의 "삼한을 합쳐 땅을 넓혔다"라는 구문은 7세기 신라의 삼한일통의식을 설명하는 핵심 자료가 되었다. 그러나 시기 비정의 준거가 된 수공 2년 기사는 사찰의 초창 사적을 담은 것으로, 비의 건립과 연동된 사찰의 중창은 이와 시차가 크게 벌어질 수 있다.

현전하는 신라의 불교비는 모두 9세기 이후에 건립된 것인데, 「운천동비」만 7세기에 그것도 지방에서 건립되었다고 보기 어렵다. 이 비의 후면은 후기로서 처음 비문이 작성된 후 바로 비를 세우지 못하다가 나중에 비로소 세웠음을 보여준다. 이런 비는 대개 탑비로서 비문 중에 '탑(塔)'으로 판독되는 글자도 보인다. 전면에 보이는 '육대'는 중국 선종의 계보를 말하는 것으로, 이것이 나말려초 선승의 탑비임을 뒷받침한다.

비문에 나타난 사회상은 나말려초 상황과 부합한다. 후면에는 창업주의 출현을 나타내는 하락영도, 가장 포괄적이고 강력한 천하관인 사해, 사회의 분열에 따른 내전과 이를 통합하는 제왕의 공업이 자세하게 묘사되고 있다. 이는 모두 고려 태조 왕건을 찬미하는 것으로, 나말려초 승려비에서 비슷한 내용을 찾아볼 수 있다. 측면에 새겨진 단월 명단이 '인명+아간'의 형태로 나열된 것은 나말려초 재지관반의 기재 양식과 합치한다. 그리고 사업을 지원한 주성대왕의 이름은 '소(昭)'로 판독되는데, 이 경우 비의 건립 시기는 고려 광종대로 특정된다.

신라 중대의 금석문 중에는 삼한일통의식의 표현으로 유추할 수 있는 요소를 가진 사례가 몇 개 있으나 실제 내용을 따져보면 그렇게 해석할 수 없다. 우선 제액에 '태종' 칭호를 함께 사용한 「무열왕릉비」는 신문왕대 종묘제도 시행으로 태종 칭호를 올리면서 함께 세운 것이다. 「문무왕릉비」는 외적 평정과 영토 확장의 공업은 나타나지만 '일통삼한'과 관련된 내용은 확인할 수 없다. '의봉사년개토'명기와의 '개토'는 기와 제작과 관련된 표현으로 이념적 성격을 추출할 수 없으며, 「성덕대왕신종」은 신라의 독자적인 연원을 표방하고 있다.

「이차돈순교비」는 9세기 초반에 건립된 것으로 이해되었으나 비문 내용을 볼 때 고려에서 건립된 것으로 판단된다. 문성왕 때 건립된 「성주사비」는 삼국 병립기를 '삼한정족'으로 표현하고 신라를 '진한'으로 지칭하고 있어 삼한일통의식의 출현이 확인되는 가장 이른 사례이다. 경문왕대 작성된 「찰주본기」에는 7세기 전쟁을 삼한의 일통으로 평가하는 인식이 보이며, 진성여왕대 건립된 「봉암사지증대사비」에는 불교를 통해 삼국의 역사를 아우르고, 과거 삼국이 현재 한 집안이 되었음을 명시하였다. 「월광사원랑선사비」에서는 무열왕의 업적을 '일통삼한'으로 평가하였다. 이러한 사례들은 삼한일통의식이 9세기 체제 이념으로 확립되었음을 보여준다.

3부에서는 7세기 삼한일통의식의 근거 자료 중 문헌 자료에 대해 검토하였다. 『삼국사기』 신라본기의 태종 시호 기사와 열전의 김유신 헌의, 그리고 『삼국유사』에 실린 몇몇 설화가 이에 해당한다.

무열왕의 태종 칭호는 묘호에서 가져온 것이지만 시호처럼 사용되어 '태종왕'이 보편적인 칭호였다. 『삼국사기』 신라본기 신문왕 12년조에는 그의 태종 칭호를 둘러싼 당과 신라의 논변이 실려 있는데, 여기에 '일통삼한'의 공업에 따라 태종 칭호를 올렸다는 내용이 있다. 이는 이후 무열왕과 삼국통일을 연결하는 준거가 되었다. 그러나 실권이 없는 중종이 구칙으로 문제를 제기한 것이나 신라의 변명만으로 문제가 해결되는 등 내용이 불합리하다.

그리고 무열왕대에는 백제만 공멸했으므로 그의 일통삼한은 사실적으로 성립하지 않는다.

『삼국유사』에도 같은 취지를 담은 기사가 실려 있는데, 여기서는 고종이 문제를 제기하고 있다. 특히 고종이 태자 때 허공에서 김유신이 33천의 하나라는 말을 들었다는 허구가 들어 있어 이 기사가 가공된 것임을 알 수 있다. 『삼국사기』의 기사는 이 원전을 채록하면서 내용을 수정 편집한 것이며, 태종 칭호와 일통삼한을 연결한 서사 또한 사실로 볼 수 없다.

태종 묘호는 태조의 정통 후계자라는 평가를 담은 것으로, 대개 정통성이 결여된 인물이 태조를 계승하여 이후 왕계의 출발이 되었을 때 적용된다. 무열왕계는 불교적 신성성을 내세운 진평왕계를 대신하면서 중국의 종묘제도를 도입하여 왕계의 권위를 확보했는데, 이때 무열왕에게 태조의 정통 후계자라는 명분을 부여함으로써 그 준거를 마련한 것이다.

김유신 헌의는 그가 문무왕에게 유언으로 당부한 것으로, 그 내용 중 "삼한이 한 집안이 되었다"라는 구문은 삼한일통의식을 반영한다. 그러나 김유신이 『서경』의 구절을 인용하고 군자·소인의 분별 같은 유교정치이념을 표방한 것은 평생 무장이었던 그의 이력이나 당시 신라의 유교 이해 수준과 맞지 않는다. 또한 나당전쟁이 진행 중이던 당시를 '소강'으로 평가하거나 문무왕을 '수성'의 군주로 규정한 것 등도 당시의 인식으로 볼 수 없다. 더구나 그의 헌의는 위징의 유표를 차용한 것이다. 이는 무열왕을 당 태종과 비견하면서 김유신을 위징에 견주는 것으로 후대의 평가에 기반한다.

이외에 김유신 설화 중에는 삼한일통의식을 담거나 이를 유추할 수 있는 것들이 있지만 모두 후대의 인식에 따라 가공한 것이다. 김유신이 전생에 고구려의 점쟁이 추남이었다는 설화는 수의 양명이 연개소문으로 환생하여 고구려를 멸망케 했다는 설화를 가져다 만든 것이다. 이 설화는 본래 백제 공멸과 관련된 것이었으나 그의 공업을 '양국평정'으로 확대하면서 고구려에 대한 것으로 변형되었다.

김유신이 당군을 독살했다는 설화는 당과 신라를 대립적으로 설정하면서 신라를 백제·고구려와 같은 위치에 놓음으로써 '일통삼국'의 명분을 유도하고 있다. 이는 7세기 전쟁에 대한 신라의 인식이 달라진 것을 반영한다. 만파식적 설화는 문무왕이 해룡이 되어 삼한을 진호하며 김유신과 함께 수성의 보배를 전해준다는 내용이다. 원래 서사는 왜병을 격퇴한다는 내용이었으나 이를 삼한의 진호로 바꾸고 김유신을 끼워 넣었다.

4부에서는 7세기 전쟁에 대한 인식이 달라지면서 『김유신행록』이 찬술되는 과정과 내용을 살펴보았다. 삼한일통의식과 관련된 문헌 자료 대부분에 김유신이 등장한다는 것은 그의 전기가 삼한일통의식 형성의 토대가 되었음을 시사한다.

당초 7세기 전쟁의 결과는 백제병합이었다. 신라는 평양 이남이 곧 백제 토지라는 인식 아래 대동강 이남의 온전한 병합을 추구했기에 고구려와 관련된 인식은 부각되지 않았다. 그런데 어린 혜공왕이 즉위한 뒤 그 왕통을 보증하기 위해 무열왕과 문무왕을 불천지주로 삼으면서 그 명분으로 '양국 평정'을 내세웠다. 무열왕은 이미 태종 칭호를 받아 불천지주로 확정되어 있었기에 이 조치는 문무왕을 부각하는 데 본령이 있었다. 문무왕이 '양국평정'의 중심으로 자리하면서 무열왕의 정치적 파트너였던 김유신의 비중이 삭감되었다. 김유신 사후 위상이 점차 하락하던 김유신계는 이 조치로 타격을 받았고 혜공왕대 모반에도 연루되면서 몰락하였다. 『김유신행록』은 김유신이 7세기 전쟁의 주역임을 내세워 이러한 난국을 타개하려는 것이었다.

행록은 김유신의 현손인 장청이 찬술하였으며, 그 시점은 하대 초기인 원성왕대로 추정된다. 이는 김유신열전의 내용이 혜공왕대를 하한으로 하는 것에서 유추된다. 또한 김유신열전에 부록된 원술이나 윤중 등 후손의 사적은 모두 내용상 김유신을 주인공으로 하고 있다. 다만 윤중의 서손인 김암은 그러한 관련성이 나타나지 않는데, 그는 행록의 찬자인 장청과 동일인으로 판단된다. 두 사람의 대수가 같다는 점과 태종 시호 기사에서 음양가인 이순풍이 등장하는 것은 이를 뒷받침한다. 하대 왕실은 행록의 내용을 적극 수용함으로써 무열왕계의 권위 삭감에 활용하였다.

행록은 김유신열전의 저본이 되었지만, 열전 찬자는 이 책에 꾸며낸 이야기가 많다고 지적하며 내용을 산략하여 편집하였다. 해당 서사의 원전이 신라본기나 『삼국유사』에서 확인되는 사례가 있어 비교 검토할 수 있다.

김유신 서사 중에는 다른 사람의 사적을 차용하거나 해당 서사에 김유신을 끼워 넣어 그를 중심으로 바꾼 경우가 많다. 무열왕의 백제병합을 모티브로 한 대고구려 청병 서사에 김유신의 '양국평정'을 투영하여 가공한 것, 웅진도독부를 구원하는 과정에서 발생한 옹산성 전투를 고구려 원정 때의 일로 바꾸고 투항을 설득하는 주체를 문무왕에서 김유신으로 바꾼 것, 성주 동타천의 한산성 방어 사적을 김유신이 주술적 능력을 발휘하는 서사로 바꾼 것 등이 대표적이다.

또한 상위 권력인 신라 국왕과 중국 황제를 통해 김유신의 공업을 띄우거나 후손과 부하들을 평가하는 준거로서 김유신의 권위를 내세우는 서사가 만들어졌다. 특히 문무왕의 평가가 많은 사례를 보이는 것은 당시 김유신의 실제 활동이 미미했던 것을 보완하고 문무왕을 대체하는 김유신의 권위를 부각하기 위한 것이다. 그밖에 그의 신성성이나 주술적 능력을 과시하는 서사가 여럿 보인다. 이러한 내용들은 김유신 서사가 대부분 가공된 것임을 보여주는 만큼 자료적 활용에 신중해야 한다.

5부에서는 9세기 삼한일통의식이 출현하는 과정을 당시 정치사와 연계하여 살펴보았다. 통합의 이념으로서 삼한일통의식의 출현은 헌덕왕대 김헌창 부자의 반란으로 인한 국가 분열의 위기를 배경으로 하며, 이에 대응하여 흥덕왕이 김유신을 흥무대왕으로 추봉한 것이 중요한 전기가 되었다. 이후 전개된 왕위쟁탈전과 김양의 활동을 통해 무열왕계의 복권이 이루어졌다.

어린 나이에 즉위한 애장왕은 종묘제도 개편을 통해 원성왕의 적통으로서 권위를 확보하려 했지만 숙부인 헌덕왕은 그를 밀어내고 왕위를 차지하였다. 헌덕왕 14년 앞서 원성왕과의 왕위 경쟁에서 밀려난 김주원의 아들 김헌창은 웅천주에서 반란을 일으켰으나 진압되었다. 이것은 지방에서 새로 나라를 세우려 한 것으로서 국가 분열의 위기를 불러왔다. 특히 거점이 된 곳이 백제의 도읍이었던 웅천주라는 것은 3년 뒤 그의 아들 범문이 평양 도읍을 목표로 봉기한 것과 더불어 신라가 삼국으로 분립하던 시기로 회귀할 수 있다는 우려를 낳았다.

헌덕왕의 뒤를 이어 즉위한 흥덕왕은 이러한 위기를 타개하기 위해 노력하였다. 청해진과 당성진 등을 설치하여 지방에 대한 통제력을 높이고 지방 순행을 통해 백성을 위무하였다. 좌도에 대한 단속을 표방하는 한편 골품제도 정비를 통해 신분 질서를 다잡고자 하였다. 김유신을 흥무대왕으로 추봉한 것도 그 일환이었다. 이 조치는 김유신을 7세기 전쟁의 주역으로 공인하여 무열왕계의 권위를 삭감하는 한편, 무열왕계와 김유신계를 모두 원성왕계의 신하로 확정하는 것이었다. 이에 따라 행록에서 김유신의 공업으로 표방하던 '일통삼국'을 체제 이념으로 수용하였고, 여기에 삼한의 정체성이 더해지면서 삼한일통의식이 나타나게 되었다.

흥덕왕이 후계자를 정하지 못하고 사망하자 균정과 제륭(희강왕) 사이에서 왕위쟁탈전이 벌어졌는데, 흥덕왕의 조카 김명(민애왕)의 지원을 받은 제륭이 승리하였다. 균정은 피살되고 그 아들 우징(신무왕)과 그를 지원하던 김양은 청해진으로 들어갔다. 김명이 희강왕을 죽이고 왕위를 차지하자 우징은 장보고로부터 군사를 얻어 민애왕을 제거하고 즉위하였다. 이를 주도한 김양은 문성왕이 즉위한 뒤 장보고의 반란을 비롯한 연이은 모반을 제압하고 딸을 차비로 들이면서 정치와 군사의 실권을 장악하였다. 그는 무열왕의 9세손으로서 그의 부상은 무열왕계의 본격적인 복권을 의미하였다.

한편 앞서 헌덕왕은 무열왕계를 포용하는 일환으로 김흔을 발탁하였다.

그는 김양의 종부형이었으나 민애왕 정권의 핵심이 되면서 다른 길을 걸었다. 그는 정부군을 지휘하며 청해진 군대에 맞섰으나 패배하고 은거하다가 문성왕 때 모반에 연루되어 처형되었다. 은거 당시 김흔은 같은 무열왕계인 낭혜를 맞이하여 선조 김인문의 수봉지에 성주사를 창건하였다. 그의 사후에는 김양이 사업을 이어받아 마무리하였다. 성주사의 창건 사적을 담은 「성주사비」에는 삼국 시기를 '삼한정족'으로 표현하고 신라를 '진한'으로 칭하는 등 삼한일통의식이 뚜렷하게 나타난다. 이를 통해 흥덕왕 사후 왕위쟁탈전을 수습하는 과정에서 통합의 이념으로서 삼한일통의식이 출현하게 되었음을 알 수 있다.

6부에서는 9세기 후반 신라의 삼한일통의식이 체제 이념으로 확립되고 이것이 이전 역사를 이해하는 준거로 기능하는 양상을 살펴보았다. 삼한일통의식은 경문왕 즉위와 황룡사구층목탑의 개건을 통해 확립되며, 이후 삼한과 삼국을 연결하는 인식도 나타나게 되었다.

문성왕의 뒤를 이어 즉위한 헌안왕은 아들이 없자 사위 응렴(경문왕)에게 왕위를 물려주었다. 경문왕은 제륭의 손자로서 즉위 후 민애왕을 복권함으로써 저간의 왕위쟁탈전을 청산하였고, 감은사에 행차하여 문무왕의 공업을 기림으로써 무열왕계까지 포용하는 행보를 보였다. 또한 종묘제도 정비를 통해 조천 차례가 된 원성왕에게 열조 묘호를 올려 불천지주로 삼고 생부 계명을 대왕으로 추존함으로써 자신의 정통성을 확립하였다.

경문왕의 통합 지향은 황룡사구층목탑의 개건에서 집약적으로 나타났다. 문성왕 때부터 퇴락한 탑의 개건을 도모했으나 이루지 못한 것을 경문왕이 실행하였다. 이때 넣은 사리함에 새긴 「찰주본기」에는 탑을 건립하는 목적이 해동제국의 항복으로, 탑을 건립하여 얻은 결과가 삼한의 통합으로 제시되어 있다. 이를 통해 삼한일통의식이 체제 이념으로 확립되고 이것이 7세기 전쟁을 이해하는 준거가 된 것을 확인할 수 있다. 이를 바탕으로 경문왕은 즉위 초부터 계속되던 모반을 제압하고 안정된 권력을 확보할 수 있었다. 그러나 얼마 후 신라는 결국 분열하였고, 삼한일통의식은 후삼국을 통일한 고려의 체제 이념으로 역사성을 확보하게 되었다.

한편 삼한일통의식이 확립되면서 삼국을 삼한과 일대일로 연결하는 인식도 나타나게 되었다. 원래 신라는 진한을 자신에게 복속한 선주민 집단으로 인식했으나 나중에 자신과 진한을 동일시하였다. 이러한 진한 정체성이 출현하는 것은 하대 초기 시조 인식의 변화에 연동된 것이다. 중대 왕실은 시조 성한(미추왕)의 출자를 전설상의 소호금천과 흉노 출신의 김일제로 연결하였다. 이때 김일제 이후 7대의 사적에 맞추기 위해 그와 미추왕 사이에 5명의 계보를 가공해 넣었다. 왕실의 출자를 중국으로 설정하면서 진한은 그 지배 대상으로 인식되었다. 그런데 하대 왕실은 시조의 출자를 내부로 바꾸면서 김일제를 알지로 대체하고 미추왕의 금궤 설화도 알지의 것으로 소급하였다. 이렇게 시조의 출자가 내부로 바뀌면서 선행한 역사인 진한을 자신의 정체로 삼게 되었다.

이와 함께 신라는 고구려를 마한으로, 백제를 변한으로 연결하였다. 중국 사료에 따르면 마한은 백제로 연결하는 것이 합리적이었지만, 신라는 과거에 진한이 마한에 복속했다는 사적이 백제를 병합한 사적과 충돌하는 문제를 피하기 위해 고구려로 연결하였다.

마한-고구려 인식이 수립되고 신라에 병합된 백제의 독자성이 부정되면서 마한과 진한의 결합만으로 삼한의 일통을 표시했는데, 그 표현이 바로 '진마'이다. 다만 고려는 마한이 아니라 삼한 전체를 자신의 정체로 삼았다. 한편 중국에서는 고구려를 변한으로 인식하여 신라를 병합한 고려를 '진변'으로 지칭하기도 하였다.

참고 문헌

■ 자료

『三國史記』『三國遺事』『高麗史』『三國史節要』『世宗實錄』『仁祖實錄』『孝宗實錄』
『桂苑筆耕集』『大覺國師文集』『東國李相國集』『東人之文四六』『海東高僧傳』『東文選』『梅溪集』
　　　『星湖僿說』『阮堂全集』『靑莊館全書』『大觀齋亂稿』
『新增東國輿地勝覽』
『史記』『漢書』『後漢書』『三國志』『晉書』『宋書』『南齊書』『梁書』『魏書』『周書』『隋書』『北史』
　　　『舊唐書』『新唐書』『遼史』『續高僧傳』
『書經』『禮記』『論語』『孟子』『周禮』『爾雅』『國語』『山海經』『鹽鐵論』『高麗圖經』『呂氏春秋』
　　　『淮南子』
『日本書紀』『古事記』『續日本後記』『入唐求法巡禮行記』

李基白 편, 1987 『韓國上代古文書資料集成』一志社
韓國古代社會研究所 편, 1992 『譯註韓國古代金石文』駕洛國史蹟開發研究院
한국역사연구회 편, 1996 『譯註羅末麗初金石文』혜안
노명호 외, 2000 『韓國古代中世古文書研究』서울大學校出版部
노명호 외, 2004 『韓國古代中世 地方制度의 諸問題』集文堂

■ 연구 논저

1) 저서

곽승훈, 2006 『新羅 金石文 研究』韓國史學
權永五, 2011 『新羅下代 政治史 研究』혜안
金庠基, 1974 『東方史論叢』서울大學校出版部
김영하, 2007 『新羅中代社會研究』一志社
金昌謙, 2003 『新羅 下代 王位繼承 研究』景仁文化社
金漢奎, 1982 『古代 中國的 世界秩序 研究』一潮閣
나희라, 2003 『신라의 국가제사』知識産業社
노태돈, 2009 『삼국통일전쟁사』서울대학교 출판부

文暻鉉, 2000『增補新羅史研究』慶北大學校出版部

徐榮敎, 2006『羅唐戰爭史 研究』아세아문화사

윤경진, 2012『高麗史 地理志의 分析과 補正』여유당

李基東, 1997『新羅社會史研究』一潮閣

李基白, 1974『新羅政治社會研究』一潮閣

임기환, 2004『고구려 정치사 연구』한나래

전덕재, 2021『삼국사기 잡지·열전의 원전과 편찬』주류성

정요근 엮음, 2023『신라는 정말 삼국을 통일했을까』역사비평사

蔡美夏, 2008『신라 국가제사와 왕권』혜안

한국서예학회 엮음, 2017『한국서예사』미진사

今西龍, 1933『新羅史研究』近江書店

2) 논문

姜聲媛, 1983「新羅時代 叛逆의 歷史的 性格:『三國史記』를 중심으로」『韓國史研究』43

姜在光, 2011「文聖王代의 政局과「昌林寺 無垢淨塔願記」造成의 정치적 배경」『韓國古代史探究』7

강진원, 2020「신라 중대 宗廟制 운영과 五廟 始定」『歷史學報』245

郭丞勳, 1997「新羅 哀莊王代 誓幢和上碑의 建立과 그 意義」『國史館論叢』74

具山祐, 2000「고려초기 향촌지배층의 사회적 동향: 금석문 분석을 통한 접근」『釜山史學』39

權悳永, 2005「8-9세기 '君子國'에 온 唐나라 使節」『新羅文化』25

권덕영, 2014「唐 墓誌의 고대 한반도 삼국 명칭에 대한 검토」『韓國古代史研究』75

權純烈, 1993「三國遺事 所載의 金庾信說話 研究」『人文科學研究(조선대)』15

權永五, 2000「新羅下代 왕위계승분쟁과 閔哀王」『韓國古代史研究』19

기경량, 2019「'일통삼한 의식'과 표상으로서의 '삼한'」『역사비평』128

金甲童, 1999「百濟遺民의 動向과 羅末麗初의 公州」『역사와역사교육』3·4합

金暎綠, 2006「朝鮮初期 宗系辨誣의 展開樣相과 對明關係」『國史館論叢』108

金東洙, 1982「新羅 憲德 興德王代의 改革政治」『韓國史研究』39

金炳坤, 2005「崔致遠의 三韓觀에 대한 認識과 評價」『韓國古代史研究』40

金炳坤, 2008「崔致遠의 三韓觀 再考」『韓國史研究』141

김병곤, 2013「신라 헌덕왕대의 副君 秀宗의 정체성과 太子」『東國史學』55

김병남, 2004「신라의 삼국통일 의식과 그 실제」『韓國思想과 文化』24

金庠基, 1948「韓·濊·貊移動考」『史海』창간호

金相鉉, 1981「萬波息笛說話의 形成과 意義」『韓國史研究』34

金相鉉, 1992 「黃龍寺九層塔考」『張忠植華甲紀念論叢』 간행위원회

김상현, 2011 「一然의 一統三韓 認識」『新羅文化』 38

김석형, 1981 「『구삼국사』와 『삼국사기』」『력사과학』 1981-4

김선주, 2011 「신라 경덕왕대 삼모부인(三毛夫人)의 생애와 정치적 의미」『歷史學硏究』 44

김성혜, 2018 「만파식적 관련 연구사 검토(1)」『新羅文化祭學術論文集』 39

金壽泰, 1993 「新羅 神文王代 專制王權의 확립과 金欽突亂」『新羅文化』 9

김수태, 2002 「百濟 聖王代의 郡令과 城主」『百濟文化』 31

김수태, 2014 「신라의 천하관과 삼국통일론」『新羅史學報』 32

김수태, 2015 「일연의 삼한·삼국통일론」『서강인문논총』 43

金瑛河, 1983 「丹齋 申采浩의 新羅三國統一論: 滄江 金澤榮의 서술논리와 비교하면서」『民族文化硏究』 17

金瑛河, 1999 「新羅의 百濟統合戰爭과 體制變化: 7세기 동아시아의 國際戰과 사회변동의 一環」『韓國古代史硏究』 16

김영하, 2010 「一統三韓의 실상과 의식」『韓國古代史硏究』 59

김영하, 2014 「신라의 '통일'영역 문제: 교과서 내용의 시정을 위한 제언」『韓國史學報』 56

김영하, 2016 「7세기 동아시아의 정세와 전쟁: 신라의 백제 통합과 관련하여」『新羅史學報』 38

김영하, 2018 「신라의 '백제통합'과 '일통삼한' 재론: 최근의 사료 비판과 해석을 중심으로」『韓國古代史硏究』 89

김영하, 2019 「신라의 '삼국통일론'은 타당한가」『역사비평』 129

김영하, 2019 「신라의 '백제통합'과 '일통삼한' 재론 2: 핵심 사료의 쟁점과 해석을 중심으로」『韓國古代史硏究』 95

김유철, 2004 「中國 史書에 나타난 高句麗의 國家的 正體性」『高句麗硏究』 18

김윤곤, 1991 「羅代의 寺院莊舍: 浮石寺를 중심으로」『考古歷史學志』 7

金鎭光, 2009 「『三國史記』 本紀에 나타난 靺鞨의 性格」『高句麗渤海硏究』 35

金昌謙, 1988 「新羅景文王代 '修造役事'의 政治史的 考察: 王權强化策과 관련하여」『閔丙河停年紀念論叢』 간행위원회

金昌謙, 1994 「新羅 下代 王位簒奪型 反逆에 대한 一考察」『韓國上古史學報』 17

김창겸, 2004 「新羅 國王의 皇帝的 地位」『新羅史學報』 2

金昌謙, 2007 「新羅 中祀의 '四海'와 海洋信仰」『韓國古代史硏究』 47

김창겸, 2009 「신라 경문왕에 대한 연구의 현황과 제안」『이기동정년기념논총(한국고대사연구의 현단계)』 주류성출판사

김창겸, 2011 「신라시대 김유신의 興武大王 추봉과 '新金氏'」『흥무대왕 김유신 연구』 경인문화사

金昌鎬, 1986 「文武王陵碑에 보이는 新羅人의 祖上認識: 太祖星漢의 添補」『韓國史硏究』 53

金台植, 2006 「金庾信의 興武大王 추봉 시기」『新羅史學報』 6

김한규, 1994 「우리 나라의 이름: '東國'과 '海東' 및 '三韓'의 槪念」『李基白古稀紀念論叢』 간행위원회

金晧東, 2011 「金庾信의 追崇에 관한 연구」『新羅史學報』22

김호범, 2007 「신라 흥덕왕대의 청해진 설치 배경」『歷史學研究』29

나희라, 1997 「신라의 종묘제 수용과 그 내용」『韓國史研究』98

南東信, 2001 「新羅 中古期 佛教治國策과 皇龍寺」『新羅文化祭學術論文集』22

盧明鎬, 1999 「高麗時代의 多元的 天下觀과 海東天子」『韓國史研究』105

盧泰敦, 1982 「三韓에 대한 認識의 變遷」『韓國史研究』38

노태돈, 1988 「5세기 金石文에 보이는 高句麗人의 天下觀」『韓國史論(서울대 국사학과)』19

노태돈, 2011 「7세기 전쟁의 성격을 둘러싼 논의」『韓國史研究』154

노태돈, 2016 「삼한일통의식의 형성 시기에 대한 고찰 : 일본서기 '삼한' 기사의 분석을 중심으로」『木簡과文字』16

文暻鉉, 1972 「新羅 建國 說話의 研究」『大邱史學』4

文暻鉉, 1992 「神武王의 등장과 金昕」『趙恒來停年紀念論叢』아세아문화사

박남수, 2016 「신라 문무대왕의 삼국통일과 宗廟制 정비」『新羅史學報』38

박남수, 2012 「新羅 下代 王室의 祭禮와 元聖王 追崇의 정치사회적 의의」『史學研究』108

박남수, 2020 「신라 宗廟制의 정비와 운영 : 중국 종묘제의 변천 및 운영 원리와 관련하여」『新羅史學報』49

박수진, 2021 「신라 성골연구의 현황과 과제」『新羅史學報』52

박순교, 2002 「皇龍寺九層塔의 歷史的 虛實」『淸溪史學』16·17

朴成柱·金秀旻, 2008 「金庾信關聯 文獻史料와 說話의 比較」『新羅文化』31

박승범, 2014 「7세기 전반기 新羅危機意識의 실상과 皇龍寺9층木塔」『新羅史學報』30

朴勇國, 2005 「新羅 憲德王代 金憲昌의 난과 晋州地域」『退溪學과 韓國文化』37

박초롱, 2022 『新羅 國家禮制 研究』이화여자대학교 박사학위논문

박초롱, 2022 「신라 하대 왕실의 종묘제 운영과 그 여파」『史林』81

박홍국, 2008 「昌寧 仁陽寺碑文의 塔 關聯記事에 대한 검토」『新羅文化』32

拜根興, 2002 「激動의 50년 : 高句麗와 唐 關係 研究」『高句麗研究』14

배종도, 1989 「新羅下代의 地方制度 개편에 대한 고찰」『學林』11

변태섭, 1964 「廟制의 變遷을 통하여 본 新羅社會의 發展過程」『歷史教育』8

邊太燮, 1985 「三國統一의 民族史的 意味 : '一統三韓'意識과 관련하여」『新羅文化』2

徐榮敎, 2002 「羅唐戰爭과 吐蕃」『東洋史學研究』79

서영교, 2005 「신라 혜공왕대의 星變과 政變」『民族文化論叢』31

徐侖希, 2001 「淸海鎭大使 張保皐에 관한 연구 : 新羅 王室과의 관계를 중심으로」『震檀學報』9

선석열, 2001 「신라사 속의 가야인들 : 金海金氏와 慶州金氏」『한국 고대사 속의 가야』혜안

송은일, 2004 「新羅下代 景文王系의 成立」『全南史學』22

申東河, 2001 「新羅 佛國土思想과 皇龍寺」『新羅文化祭學術論文集』22

신정훈, 2003 「淸州 雲泉洞 新羅寺蹟碑 再檢討」『白山學報』65

辛鍾遠, 1990 「古代의 日官과 巫 : 샤마니즘의 政治思想史的 意義」『國史館論叢』13

安永勳, 1998 『金庾信 傳承 研究』 경희대학교 박사학위논문

안주홍, 2019 「신라 혜공왕대의 종묘제 개편과 그 함의」 『역사와경계』 111

안주홍, 2020 「신라 애장왕대의 종묘개편과 천자 지향」 『嶺南學』 73

吳 星, 1979 「新羅 元聖王系의 王位交替」 『全海宗華甲紀念論叢』 一潮閣

余昊奎, 2009 「4세기 高句麗의 樂浪·帶方 경영과 中國系 亡命人의 정체성 인식」 『韓國古代史研究』 53

尹京鎭, 1997 「高麗前期 鄕史制의 구조와 戶長의 직제」 『韓國文化』 20

尹京鎭, 2002 「高麗初期 在地官班의 정치적 위상과 지방사회 운영」 『韓國史研究』 116

윤경진, 2004 「고려전기 界首官의 운영체계와 기능」 『東方學志』 126

윤경진, 2012 「『三國史記』 地理志 수록 군현의 三國 分屬」 『韓國史學報』 47

윤경진, 2013 「「청주운천동사적비」의 건립 시기에 대한 재검토」 『史林』 45

윤경진, 2013 「新羅 太宗(武烈王) 諡號 논변에 대한 자료적 검토: 原典에 대한 이해를 중심으로」 『歷史와實學』 51

윤경진, 2013 「新羅 中代 太宗(武烈王) 諡號의 追上과 재해석」 『韓國史學報』 53

윤경진, 2014 「신라 통일기 금석문에 나타난 天下觀과 歷史意識: 三韓一統意識의 성립 시기 고찰」 『史林』 49

윤경진, 2014 「三韓 인식의 연원과 통일전쟁기 신라의 천하관」 『東方學志』 167

윤경진, 2014 「고려의 건국과 고구려계승의식: '弓裔의 高麗'에 대한 인식을 중심으로」 『한국문화』 68

윤경진, 2015 「신라 興德王代 체제 정비와 金庾信 追封: 三韓一統意識 출현의 일 배경」 『史林』 52

윤경진, 2015 「신라 神武-文聖王代의 정치 변동과 三韓一統意識의 출현」 『新羅文化』 46

윤경진, 2015 「신라 景文王의 통합정책과 皇龍寺九層木塔의 改建: 9세기 三韓一統意識의 확립과 관련하여」 『韓國史學報』 61

윤경진, 2016 「고려의 三韓一統意識과 '開國' 인식」 『한국문화』 74

윤경진, 2016 「671년 「答薛仁貴書」의 '平壤已南 百濟土地'에 대한 재해석: 백제의 영토의식과 浿河의 새로운 이해」 『역사문화연구』 60

윤경진, 2016 「三韓一統意識의 성립 시기에 대한 재론: 근거 자료에 대한 검토를 중심으로」 『韓國史研究』 175

윤경진, 2016 「중국·일본의 '三韓' 인식에 대한 재검토: 신라 삼한일통의식의 성립 시기와 관련하여」 『木簡과文字』 17

윤경진, 2017 「고려 성종대 歷史繼承意識의 전개 양상」 『한국문화』 77

윤경진, 2017 「買肖城 전투와 羅唐戰爭의 종결: 『三國史記』 신라본기 675년 2월 기사의 분석」 『史林』 60

윤경진, 2017 「고구려 '南平壤'의 실체와 출현 배경」 『서울과역사』 95

윤경진, 2017 「고려초기 三韓一統意識과 '高麗三京': 東京 연혁의 역사적 함의」 『한국중세사연구』 51

윤경진, 2018 「고려의 對後唐 외교와 신라: '尊王論'의 전개와 관련하여」 『史林』 66

윤경진, 2018 「고려 건국기의 三韓一統意識과 '海東天下' 인식」 『한국중세사연구』 55

윤경진, 2019 「신라의 영토의식과 삼한일통의식」 『역사비평』 126

윤경진, 2019 「삼한일통의식은 7세기의 이념인가: 백제병합론의 반론에 대한 재론」『韓國古代 史研究』93

윤경진, 2019 「「壬申誓記石」의 제작 시기와 신라 중고기의 儒學 이해에 대한 재검토」『木簡과 文字』22

윤경진, 2019 「「청주운천동사적비」의 건립 시기와 건립 배경: 최근 비판에 대한 반론과 추가 판 독」『韓國史研究』186

윤경진, 2019 「신라 '삼국통일' 논쟁의 논점과 방향」『역사비평』129

윤경진, 2020 「고려중기 고구려계승의식의 변화와 '句高麗'」『歷史와實學』72

윤경진, 2020 「고구려·고려의 영토의식과 한강: 고구려의 한강이남 영유 문제에 대한 새로운 접근」『서울학연구』81

윤경진, 2021 「7세기 초 백제의 對隋 군사외교와 史書의 인식」『嶺南學』78

윤경진, 2021 「7세기 초 신라 당항성(党項城)의 위치 재론(再論): '당성(唐城)'설 비판과 '한강(漢 江)'설 제기」『歷史와實學』76

윤경진, 2021 「唐 高祖代 삼국의 對唐 외교와 史書의 인식」『震檀學報』137

윤경진, 2022 「삼국-신라후기 한강 항로의 운용」『歷史學報』253

윤경진, 2022 「고려중기 東神聖母의 재해석과 仙桃聖母」『한국문화』98

윤경진, 2022 「7세기 전반 삼국의 경계: 신라의 경기도 서남부 영유설 비판」『역사문화연구』83

윤경진, 2023 「신라의 辰韓 정체성과 '馬韓-고구려' 인식의 함의」『嶺南學』85

윤경진, 2023 「金庾信 說話의 敍事와 三韓一統意識」『震檀學報』140

윤경진, 2023 「「金庾信行錄」의 찬술 배경과 경위」『東國史學』77

윤경진, 2023 「「金庾信行錄」의 서사 구성 방식과 의미」『歷史와實學』81

윤경진, 2023 「「청주운천동비」의 판독과 건립 시기에 대한 종합적 검토」『木簡과文字』31

尹炳熙, 1982 「新羅下代 均貞系의 王位繼承과 金陽」『歷史學報』96

윤선태, 2007 「'통일신라'의 발명과 근대역사학의 성립」『新羅文化』29

윤선태, 2018 「淸州 雲泉洞寺蹟碑의 건립 연대」한국목간학회 2018년 하계 워크샵 발표문

尹載云, 1999 「新羅 下代 鎭의 再檢討」『史學研究』58·59합

윤 정, 2007 「조선후기 開城 潛邸舊基의 표장과 국왕의 인식: 숙종·영조대를 중심으로」『조선 시대 문화사(상)』一志社

이강래, 2004 「최치원의 고대 인식과 그 함의: 일통삼한을 매개로」『孤雲學報』2

李基東, 1980 「新羅下代의 王位繼承과 政治過程」『歷史學報』85

李基東, 1991 「신라 흥덕왕대의 정치와 사회」『國史館論叢』21

李基白, 1958 「新羅 惠恭王代의 政治的 變革」『社會科學』2

李基白, 1962 「上大等考」『歷史學報』19

李基白, 1987 「金大問과 金長淸」『韓國史市民講座』1

이기봉, 2018 「新羅 興德王代의 薦擧와 災異」『新羅文化』51

이기봉, 2012 「신라 경문왕대의 정국운영과 災異」『新羅文化』39

李道學, 1985「羅唐同盟의 性格과 蘇定方被殺說」『新羅文化』2

이동주, 2013「新羅〈儀鳳四年皆土〉명 기와와 納音五行」『歷史學報』220

李明植, 1984「新羅 下代 金周元系의 정치적 입장」『大丘史學』26

李文基, 1999「新羅 金氏 王室의 少昊金天氏 出自觀念의 標榜과 變化」『歷史敎育論集』23·24합

李文基, 1999「新羅 惠恭王代 五廟制 改革의 政治的 意味」『白山學報』52

李文基, 2004「金官伽倻系의 始祖 出自傳承과 稱姓의 變化」『新羅文化祭學術發表會論文集』25

李丙燾, 1957「壬申誓記石에 대하여」『서울대학교논문집(인문사회과학)』5

李丙燾, 1983「西原 新羅寺蹟碑에 대하여」『湖西文化硏究』3

이상훈, 2016「661년 북한산성 전투와 김유신의 대응」『국학연구』31

이성규, 2003「고대 중국인이 본 한 민족의 원류」『韓國史市民講座』32

李成珪, 2004「中國 古文獻에 나타난 東北觀」『동북아시아 선사 및 고대사 연구의 방향』학연문화사

이영철, 2010「高麗時代 金石文의 書藝風格 考察」『동방논집』3-2

李泳鎬, 1986「新羅 文武王陵碑의 再檢討」『歷史敎育論集』8

李永澤, 1979「張保皐 海上勢力에 關한 考察」『韓國海洋大學論文集』14

李完雨, 1998「서예(삼국)」『(신편)한국사(8)』국사편찬위원회

李完雨, 1998「서예(통일신라)」『(신편)한국사(9)』국사편찬위원회

이재환, 2010「新羅 中·下代 官等制의 성격 변화: 人名·官等의 표기 방식을 중심으로」『韓國史論
　　(서울대 국사학과)』56

이현태, 2006「新羅 中代 新金씨의 登場과 그 背景」『韓國古代史硏究』42

李昊榮, 1975「聖德大王神鐘銘의 解釋에 관한 몇 가지 문제」『考古美術』125

이호영, 1981「신라 삼국통일에 관한 재검토: 통일의식을 중심으로」『史學志』15

李昊榮, 1996「新羅의 統一意識과 ‘一統三韓’ 意識의 成長」『東洋學』26

李喜寬, 2001「聖住寺와 金陽」『聖住寺와 朗慧』서경문화사

張日圭, 2006「숭복사비명과 경문왕계 왕실」『歷史學報』192

全基雄, 1989「新羅 下代末의 政治社會와 景文王家」『釜山史學』16

全德在, 1997「新羅 下代 鎭의 設置와 性格」『軍史』35

全德在, 2004「新羅의 對外認識과 天下觀」『역사문화연구』20

전덕재, 2019「신라는 삼국을 통일하려고 하였을까」『역사비평』128

전덕재, 2020「『삼국사기』김유신열전의 원전과 그 성격」『사학연구』139

전진국, 2012「한(韓)의 유래와 그 명칭의 형성」『정신문화연구』129

전진국, 2016「‘九韓’의 용례와 ‘韓’에 대한 인식」『新羅史學報』36

전진국, 2016「三韓의 용례와 그 인식」『韓國史硏究』173

전진국, 2019「「청주운천동신라사적비」의 제작 연대 검토: 서체와 주변 환경을 중심으로」『韓
　　國史硏究』184

정연식, 2011「신라태조 미추왕과 은하수 星漢」『韓國古代史硏究』62

정연식, 2012「제왕의 별 북극오성을 형상화한 무열왕릉」『역사문화연구』41

정현숙, 2008 「新羅와 北魏·隋·唐의 書藝 比較 研究」 『서예학연구』 13

정현숙, 2013 「통일신라 서예의 다양성과 서풍의 특징」 『서예학연구』 22

曺凡煥, 2007 「金庾信의 가계와 후손들의 활동: '가야계 출신이어서 가지는 한계'의 학설로부터 자유롭게 하기」 『新羅史學報』 11

曺凡煥, 1999 「新羅 下代 景文王의 佛教政策」 『新羅文化』 16

조범환, 2010 「신라 하대 憲德王의 副君 설치와 그 정치적 의미」 『震檀學報』 110

趙法鍾, 1989 「百濟 別稱 鷹準考」 『韓國史研究』 66

조영광, 2008 「7세기 중국인들의 對高句麗 '三韓' 호칭에 관하여」 『白山學報』 81

주보돈, 2007 「김유신의 정치지향: 연구의 활성화를 기대하며」 『新羅史學報』 11

朱甫暾, 2008 「新羅 下代 金憲昌의 亂과 그 性格」 『韓國古代史研究』 51

朱甫暾, 2012 「통일신라 (陵)墓碑에 대한 몇 가지 논의」 『木簡과文字』 9

車勇杰, 1983 「淸州 雲泉洞 古碑 調査記」 『湖西文化研究』 3

蔡美夏, 2000 「新羅 惠恭王代 五廟制의 改定」 『韓國史研究』 108

채미하, 2002 「신라 종묘제의 수용과 그 의미」 『歷史學報』 176

채미하, 2004 「新羅의 五廟制'始定'과 神文王權」 『白山學報』 70

채미하, 2006 「高句麗의 國母信仰」 『北方史論叢』 12

채미하, 2013 「신라 흥덕왕대의 정치와 儀禮」 『新羅文化』 42

최민희, 2002 「'儀鳳四年開土' 글씨기와를 통해 본 신라의 통일의식과 통일기년」 『慶州史學』 21

崔珉熙, 2018 「'儀鳳四年皆土' 글씨기와의 '개토' 재론: '納音五行'론 비판」 『韓國古代史探究』 30

崔柄憲, 1978 「新羅 下代社會의 動搖」 『한국사』 3

최연식, 2016 「新羅의 變格漢文」 『木簡과文字』 17

최장미, 2011 「사천왕사지 발굴조사 성과와 추정 사적비편」 『木簡과文字』 8

최진열, 2009 「唐人들이 인정한 高句麗人의 正體性: 唐代墓誌銘에 보이는 高句麗의 別稱(朝鮮·三韓·扶餘) 分析을 중심으로」 『東北亞歷史論叢』 24

최진열, 2012 「唐代 高句麗 표기 기피현상: 隋唐 墓誌銘의 國名 표기 분석을 중심으로」 『東北亞歷史論叢』 38

최홍조, 2009 「新羅 哀莊王代의 政治改革과 그 性格」 『韓國古代史研究』 54

최희준, 2011 「『三國遺事』 皇龍寺九層塔條에 대한 재검토와 阿非의 출처」 『韓國學論叢』 36

秋明燁, 2005 「高麗時期 '海東' 인식과 海東天下」 『韓國史研究』 129

하일식, 1996 「昌寧 仁陽寺碑文의 硏究: 8세기 말-9세기 초 신라 지방사회의 단면」 『韓國史研究』 95

하일식, 2023 「운천동사적비의 역사환경, 판독 교정」 『木簡과文字』 30

한준수, 2009 「신라 中·下代 鎭·道·府의 설치와 체제 정비」 『韓國學論叢』 31

洪思俊, 1961 「新羅 文武王陵 斷碑의 發見」 『美術資料』 3

洪思俊, 1962 「新羅 文武王陵 斷碑 追記」 『考古美術』 26

黃善榮, 1998 「新羅 下代 金憲昌 亂의 性格」 『釜山史學』 35

황선영, 2006 「新羅下代 景文王家의 王位繼承과 政治的 推移」 『新羅文化』 27

黃壽永, 1969「新羅 敏哀大王 石塔記」『史學志』 3

黃壽永, 1969「金立之撰 新羅 聖住寺碑」『文化財』 4

黃壽永, 1972「金立之撰 新羅 聖住寺碑(續)」『考古美術』 115

黃壽永, 1973「金立之撰 新羅 聖住寺碑(其三)」『考古美術』 117

黃雲龍, 1982「新羅 太宗廟號의 紛糾始末」『東國史學』 17

허인욱, 2014「『三國遺事』皇龍寺九層塔條의 編在 검토」『史學硏究』 113

今西龍, 1921「新羅文武王陵碑に就きて」『藝文』 12-7

塚國義信, 1969「三韓の用語に關する一考察-日本書紀資料論研究序說(上)」『日本歷史』 258

大坂金太郎, 1969「「儀鳳四年皆土」在銘新羅古瓦」『朝鮮學報』 53

金子修一, 2001「中國의 입장에서 본 三國統一」『韓國古代史硏究』 23

Vladimir M.Tikhonov, 1995「『三國史記』列傳 金庾信條가 內包하는 意義」『梨花史學硏究』 22

찾아보기

ㄱ

가라국(加羅國) • 44
감은사(感恩寺) • 313, 470
강령(綱領) • 385
강수(强首) • 290
개국(開國) • 273, 523
개선사석등기 • 183
개오(開梧) • 212
개태사(開泰寺) • 157
경운(慶雲) • 400
경진(鯨津) • 211
계림대도독부(雞林大都督府) • 381
계명(啓明) • 434, 466, 477
고기(古記) • 357
고달원원종대사비 • 408
고려고기(高麗古記) • 302
고려삼경(高麗三京) • 523
고려세계(高麗世系) • 523
고사기(古事記) • 82
고선사서당화상비 • 137, 174, 453
곡사(鵠寺) • 148, 474
골품(骨品) • 413
광개토왕릉비 • 170
광조사진철대사비 • 160
구근(仇近) • 388
구당서(舊唐書) • 62, 513, 516
구삼국사(舊三國史) • 357
구서당(九誓幢) • 169, 286
구오(九五) • 217
구오대사(舊五代史) • 418
구이(九夷) • 69, 104
구종(九種) • 69, 228

구주(九州) • 79, 169, 215, 220
구한(九韓) • 101, 219, 481
국선(國仙) • 288
국원경(國原京) • 191
군국묘(郡國廟) • 265
궁복(弓福) • 406
궁파(弓巴) • 447
귀문(龜文) • 125
규흥사종명 • 85
균정(均貞) • 430
금마저(金馬渚) 285
기자(箕子) • 67, 72, 74
길흉요례(吉凶要禮) • 271
김경신(金敬信) • 344
김계종(金繼宗) • 491
김명(金明) • 406, 430
김식(金式) • 442
김암(金巖) • 322, 339
김양(金陽) • 238, 430, 436, 453
김양상(金良相) • 344
김예(金銳) • 490
김원량(金元良) • 474
김위제(金謂磾) • 522
김유신 헌의(獻議) • 280, 336
김유신행록(金庾信行錄) • 297, 321, 338, 352, 421
김융(金融) • 334, 349
김인문(金仁問) • 150, 455
김인문묘비 • 152, 168, 215, 505
김일제(金日磾) • 173, 505
김주원(金周元) • 345, 399, 440

김춘추(金春秋) • 274, 354
김헌창(金憲昌) • 400, 440
김흔(金昕) • 150, 437, 453, 469
김흠돌(金欽突) • 275
김흠순(金欽純) • 371
김흠운(金欽運) • 364

ㄴ

남제서(南齊書) • 43
남천주(南川州) • 369
남평양(南平壤) • 403
남한(南韓) • 86
낭비성(娘臂城) • 384
낭혜(朗慧) • 439, 453

ㄷ

단속사신행선사비 • 430, 486
단혈(丹穴) • 122
답산가(踏山歌) • 522
답설인귀서(答薛仁貴書) • 155, 173, 286,
        309, 325, 368, 382, 519
당교(唐橋) • 310
당군 독살설 • 304
당성진(唐城鎭) • 407
당평제비(唐平濟碑) • 228
대공(大恭) • 334
대동금석서목(大東金石書目) • 207

대묘(大廟) • 378
대안사적인선사비 • 239
대야성(大耶城) • 354
대왕석(大王石) • 470
대흔(大昕) • 436, 441
덕물도(德勿島) • 364
덕안성(德安城) • 408
덕안포(德安浦) • 408
도비천성(刀比川城) • 363
동국사략(東國史略) • 416
동국통감(東國通鑑) • 416
동궁(東宮) • 332
동도성립기(東都成立記) • 102
동륜(銅輪) • 481
동리(佟利) • 50
동타천(冬陁川) • 366
동한(東韓) • 85

ㅁ

마한(馬韓) • 42, 499, 512
만만파파식적(萬萬波波息笛) • 316
만명(萬明) • 390
만파식적(萬波息笛) • 284, 312, 480
말갈(靺鞨) • 93
망제(望祭) • 471
매소천성(買蘇川城) • 385
맥(貊) • 99
명랑법사(明朗法師) • 285, 308
모한(慕韓) • 89

무력(武力) • 372
무열왕릉비 • 204
무위사선각대사비 • 157
문두루밀법(文豆婁密法) • 310
문무왕 유조(遺詔) • 219, 284, 327
문무왕릉비 • 152, 168, 198, 210, 329, 505
문선(文選) • 79, 290
문왕(文王) • 380
미추왕(味鄒王) • 216, 323, 378
민애왕(敏哀王·閔哀王) • 466
민애왕석탑사리합기 • 466

ㅂ

방현령(房玄齡) • 258, 293
배구(裵矩) • 72
배인기(裵仁基) • 62
백률사석당기 • 229
백무(白武) • 213
범문(梵文) • 403, 440
변진(弁辰) • 42, 501
변한(卞韓) • 512, 525
보덕국(報德國) • 285
보림사보조선사비 • 240
보림사석탑지 • 183
봉림사진경대사비 • 415, 496
봉암사지증대사비 • 138, 223, 410, 514
부군(副君) • 405
부여신(夫餘神) • 503
북한산주(北漢山州) • 403
불천지주(不遷之主) • 278, 324
붕당론(朋黨論) • 298
비녕자(丕寧子) • 386
비로암진공대사비 • 160
비류국(沸流國) • 504

비열성(卑列城) • 325

ㅅ

사군(四郡) • 497
사방(四方) • 168, 214
사변(四邊) • 170, 174
사우(四隅) • 174
사이(四夷) • 99
사중기(寺中記) • 314
사천왕사(四天王寺) • 308
사해(四海) • 166, 174, 231
사해위일가(四海爲一家) • 281
산해경(山海經) • 122, 174
삼광(三光) • 388
삼국사절요(三國史節要) • 416
삼국지(三國志) • 42, 500
삼산(三山) • 211, 300, 378
삼오(三五) • 215
삼존(三尊) • 115
삼한(三韓) • 39, 68, 79, 228, 415, 486
삼한위일가(三韓爲一家) • 281, 336
서경(書經) • 288
서도부(西都賦) • 79
서운사요오화상비 • 142, 165, 171
서현(舒玄) • 372, 390
석문(石門) • 385
석토성(石吐城) • 392
선강태자(宣康太子) • 406, 410, 433
선림원지홍각선사비 • 241, 496
성공(成功) • 282, 337
성덕대왕신종 • 174, 182, 221, 332
성덕왕비 • 210, 332
성부산(星浮山) • 366
성주사(聖住寺) • 149, 453

성주사낭혜화상비 • 149, 439
성주사비 • 133, 149, 237, 453, 483, 496
성한(星漢) • 152, 216, 272, 505
세세불훼지종(世世不毀之宗) • 278
세조만장(世祖挽章) • 215
소(昭) • 131
소강(小康) • 284, 337
소도(蘇塗) • 139, 514
소부리원(所夫里原) • 393
소정방(蘇定方) • 305
소호금천(少昊金天) • 173, 217, 504
속고승전(續高僧傳) • 484, 501
속일본후기(續日本後記) • 447
송서(宋書) • 89
송양(松讓) • 504
수공(壽拱) • 126
수서(隋書) • 60, 517
수성(守成) • 282, 337
수종(秀宗) • 405
숙신(肅愼) • 526
술천성(述川城) • 366
숭복사(崇福寺) • 473
숭복사비 • 140, 472
시군자립(弑君自立) • 435, 467
시장군비 • 156, 198
시조대왕(始祖大王) • 272, 279
신라고전(新羅古傳) • 304
신래한예(新來韓穢) • 52
신행(神行) • 485

ㅇ

아간(阿干) • 180
아도비 • 138
악진해독(嶽鎭海瀆) • 174

안홍(安弘) • 103
알지(閼智) • 506
알천(閼川) • 361
압량주군주(押梁州軍主) • 363
양고(陽固) • 59
양국평정 • 159, 280, 298, 325, 362, 423
양명(羊皿) • 301
양서(梁書) • 44, 502, 515
양순(良順) • 447
여씨춘추(呂氏春秋) • 212
여진(女眞) • 160
연색부(演賾賦) • 59
연지사종명 • 185
열기(裂起) • 387, 424
열조(烈祖) • 346, 474
영묘사(靈妙寺) • 134
영태이년명사리장치기 • 146
예(濊·穢) • 41, 53, 99
예기(禮記) • 391
예맥(濊貊·穢貊) • 48, 53, 156, 454
예영(禮英) • 431, 477
예징(禮徵) • 430, 491
오룡사법경대사비 • 157
오릉(五陵) • 378
오묘(五廟) • 169, 271, 323
옥백(玉帛) • 123
온언박(溫彦博) • 73
옹산성(甕山城·瓮山城) • 368, 424
왕창근(王昌瑾) • 521
요동군공(遼東郡公) • 65
요동한현도태수령(遼東韓玄菟太守領) • 50
요패(遼浿) • 522
용수(龍樹) • 455
우작(虞綽) • 60
우징(祐徵) • 408, 430
웅진현(熊津峴) • 369

웅천주(熊川州) • 401

웅현성(熊峴城) • 368, 424

원광(圓光) • 484, 501

원성왕(元聖王) • 317, 399

원술(元述) • 385

원정(元貞) • 389

원향선사(圓香禪師) • 483

원화첩(元和帖) • 231

월광사원랑선사비 • 155, 177, 240, 284

위략(魏略) • 55

위서(魏書) • 46, 59

위우(委羽) • 123

위징(魏徵) • 252, 257, 291, 340, 426

위흔(魏昕) • 438

유덕민(劉德敏) • 369

유화(柳花) • 504

육대(六代) • 115, 143

육합(六合) • 167

윤응(允膺) • 490

윤중(允中) • 347, 374, 383

윤흥(允興) • 457, 490

응렴(膺廉) • 434, 466

의봉사년개토(儀鳳四年皆土) • 225

의화부인(宜和夫人) • 457

이강(李絳) • 295

이다조(李多祚) • 63

이순풍(李淳風) • 257, 340

이아(爾雅) • 122

이차돈순교비 • 138, 229

인양사비 • 133

일본서기(日本書紀) • 78

일주서(逸周書) • 53

일통삼국(一統三國) • 204, 241, 260

일통삼한(一統三韓) • 248

임나(任那) • 88

임신서기석(壬申誓記石) • 289

입당구법순례행기(入唐求法巡禮行記) • 447

ㅈ

자장(慈藏) • 481

장보고(張保皐) • 435, 447

장안(長安) • 400

장의사재문(庄義寺齋文) • 404

장청(長淸) • 321, 339

재지관반(在地官班) • 181

저수량(褚遂良) • 62

적판궁(積板宮) • 431

전밀양소대리사지당탑조성기 • 147

정관정요(貞觀政要) • 258, 293

정릉비(定陵碑) • 205

정토사법경대사비 • 181, 190

제륭(悌隆) • 430

제릉(齊陵) • 205

제학(鯷壑) • 69

조묘(祖廟) • 266, 270

조선(朝鮮) • 74, 526

조선군왕(朝鮮郡王) • 66

조천성(助川城) • 364

주몽(朱蒙) • 213

주서(周書) • 46, 516

준왕(準王) • 55, 71

지소(智炤) • 347, 374

지정(志貞) • 335

진마(辰馬) • 521

진변(辰卞) • 524

진서(晉書) • 509, 515

진성(鎭星) • 390

진왕(辰王) • 40

진한(辰韓·秦韓) • 42, 485, 495

진한유민(辰韓遺民) • 499

집사랑(執事郞) • 339
찰리종왕(利利種王) • 481

ㅊ

찰주본기(刹柱本記) • 146, 182, 238, 482,
                          488, 493
창녕비 • 168
창림사(昌林寺) • 136
창림사무구정광탑지 • 184, 188, 449, 490
청주(菁州) • 401
청주운천동비 • 113
청해진(淸海鎭) • 406
촉향분예불결사문(髑香墳禮佛結社文) • 230
총재(家宰) • 174
추남(楸南) • 298
춘남(春南) • 300
충공(忠恭) • 405, 432
취도(驟徒) • 364
취선사(鷲仙寺) • 312, 343, 349, 374
칠요(七曜) • 391

ㅌ

태갑(太甲) • 263
태대각간(太大角干) • 373
태대서발한(太大舒發翰) • 342, 372
태몽(太蒙) • 122
태자사낭공대사비 • 142, 157
태조대왕(太祖大王) • 269
태종 시호 기사 • 247, 253, 292, 424
태종왕(太宗王) • 206, 247
태평(太平) • 122
태흔(泰昕) • 438

토군(兎郡) • 497
투후(柁侯) • 505

ㅍ

팔인(八奋) • 215
패강(浿江) • 335
패강진(浿江鎭) • 404
평동장군(平東將軍) • 436
평양군개국공(平壤郡開國公) • 380
평양이남백제토지(平壤已南百濟土地) • 160,
                          296, 325
품석(品釋) • 354

ㅎ

하도낙서(河圖洛書) • 151
하한(下韓) • 88
한(韓) • 44, 48, 99
한산성(漢山城) • 366
한예맥(韓濊貊) • 52
한왕(漢王) • 217
한유삼종(韓有三種) • 40
한인지(韓人池) • 91
해내(海內) • 166
해동(海東) • 97, 161, 485, 513
해동공자(海東孔子) • 486
해동금석원(海東金石苑) • 209, 210
해동대부(海東大父) • 486
해동삼국(海東三國) • 64, 97, 484
해동신동(海東神童) • 486
해동제국(海東諸國) • 232, 483
해동천자(海東天子) • 161, 486
해동천하(海東天下) • 161, 426

해서제한(海西諸韓) • 84

해외(海外) • 166, 178

헌왕(獻王) • 460

헌정(憲貞·獻貞) • 430, 476

형혹(熒惑) • 390

혜능(慧能) • 143

호공(瓠公) • 499, 518

홍필(弘弼) • 446

화관(火官) • 505

화엄경사경발문 • 184

환문(桓文) • 524

황룡사구층목탑 • 101, 480

황복사금동사리함기 • 185

회남자(淮南子) • 215

효양(孝讓) • 317

후한서(後漢書) • 40, 500

훈요십조(訓要十條) • 234

휴도왕(休屠王) • 506

흥녕사징효대사비 • 157, 181

흥덕왕릉비 • 210

흥무대왕(興武大王) • 322, 415